最优控制理论与系统

（第三版）

胡寿松　王执铨　胡维礼　编著

科学出版社

北京

内 容 简 介

本书从理论及工程应用的角度，系统地介绍了最优控制理论及最优控制系统的各个基本方面。全书共分 10 章。第 2～4 章介绍变分法、极小值原理和动态规划的基本内容、方法及应用；第 5、6 章对状态调节器、输出调节器以及跟踪系统进行了较为深入的讨论；第 7～9 章介绍了最优控制理论中较为新颖的分支——鲁棒最优控制、奇异最优控制以及随机最优控制；第 10 章介绍各种典型的实用最优控制系统。

本书深入浅出，结构严谨，实例丰富，便于自学。既可作为高等院校自动控制专业研究生教材和自动化类专业高年级本科生教材，亦可供从事自动控制、信息处理、系统工程及计算机应用等专业的科研人员和工程技术人员参考。

图书在版编目(CIP)数据

最优控制理论与系统/胡寿松，王执铨，胡维礼编著. —3 版. —北京：科学出版社，2017. 1
ISBN 978-7-03-051476-9

Ⅰ. ①最… Ⅱ. ①胡… ②王… ③胡… Ⅲ. ①最佳控制-数学理论 Ⅳ. ①O232

中国版本图书馆 CIP 数据核字(2017)第 001608 号

责任编辑：匡 敏 余 江 / 责任校对：桂伟利
责任印制：张 伟 / 封面设计：迷底书装

科 学 出 版 社 出版
北京东黄城根北街 16 号
邮政编码：100717
http://www.sciencep.com
北京盛通数码印刷有限公司 印刷
科学出版社发行 各地新华书店经销
*
2005 年 9 月第 二 版 开本：787×1092 1/16
2017 年 1 月第 三 版 印张：23
2023 年12月第七次印刷 字数：541 000

定价：98. 00 元

(如有印装质量问题，我社负责调换)

前　　言

20 世纪 60 年代初，由于空间技术的迅猛发展和数字计算机的广泛应用，动态系统的优化理论得到迅速发展，形成了最优控制理论这一重要的学科分支。时至今日，动态系统优化理论不仅有了许多成功的应用，而且远远超出了自动控制的传统界限，在系统工程、经济管理与决策、人口控制等许多领域都有越来越广泛的应用，取得了显著的成效。同时，最优控制理论自身在不断完善和充实的过程中又产生了许多需要解决的理论和实践问题。也许，正是因为这些原因，最优控制目前仍然是一个相当活跃的学科领域。

本书试图从理论及工程应用的角度，系统地介绍最优控制理论的各个基本方面。全书共分 10 章。第 2～4 章系统介绍变分法、极小值原理和动态规划的基本内容、方法及应用；第 5、6 章对状态调节器、输出调节器以及跟踪系统进行了较为深入的讨论；第 7～9 章介绍了最优控制理论中较为新颖的分支——鲁棒最优控制、奇异最优控制以及随机最优控制；第 10 章集中介绍各种典型的实用最优控制系统。

在编著过程中，我们在注重理论的严谨性，保持内容的先进性、完整性和系统性的同时，力求深入浅出，便于读者自学。书中编入了相当数量的例题、习题和应用实例，以利于深入理解和应用最优控制理论。

本书第 1～6 章，为最优控制学科的基本内容，可供 32～40 学时授课之用。在本书第三版中，提供了授课内容的 PPT，并制成二维码，附于书中，以便查询之需。

本书由胡寿松教授、王执铨教授和胡维礼教授编著。在编著过程中，得到了史维教授、刘士中教授、肖迪博士的协助。对此，我们表示衷心的感谢。

本书是编著者在多年教学和科研的基础上，经充实和提高而写成的，其中大部分内容都已为控制专业研究生、高年级本科生以及有关工程技术人员多次讲授过，但由于编著者水平所限，书中疏漏和不妥之处在所难免，殷切希望广大读者不吝指正。

胡寿松
2016 年 5 月

目　　录

第1章　导　　论

1.1　引　　言

最优控制理论是现代控制理论的重要组成部分，其形成与发展奠定了整个现代控制理论的基础。早在20世纪50年代初，就开始了对最短时间控制问题的研究；随后，由于空间技术的发展，越来越多的学者和工程技术人员投身于这一领域的研究和开发，逐步形成了一套较为完整的最优控制理论体系。

最优控制理论研究的主要问题是：根据已建立的被控对象的时域数学模型或频域数学模型，选择一个容许的控制律，使得被控对象按预定要求运行，并使给定的某一性能指标达到最优值。从数学观点来看，最优控制理论研究的问题是求解一类带有约束条件的泛函极值问题，属于变分学的理论范畴。然而，经典变分理论只能解决容许控制属于开集的一类最优控制问题，而工程实践中所遇到的多是容许控制属于闭集的一类最优控制问题。对于这一类问题，经典变分理论变得无能为力，因而为了适应工程实践的需要，20世纪50年代中期出现了现代变分理论。在现代变分理论中，最常用的两种方法是动态规划和极小值原理。

动态规划是美国学者R. E. 贝尔曼于1953～1957年为了优化多级决策问题的算法而逐步创立的。贝尔曼依据最优性原理，发展了变分学中的哈密顿-雅可比理论，解决了控制有闭集约束的变分问题。极小值原理是前苏联科学院院士 л. с. 庞特里亚金于1956年至1958年间逐步创立的。庞特里亚金在力学哈密顿原理启发下，进行推测，并证明了极小值原理的结论，同样解决了控制有闭集约束的变分问题。动态规划与极小值原理是现代变分理论中的两种卓有成效的方法，推动了最优控制理论的发展。

近年来，由于数字计算机的飞速发展和完善，逐步形成了最优控制理论中的数值计算法。当性能指标比较复杂，或者不能用变量显函数表示时，可以采用直接搜索法，经过若干次迭代，搜索到最优点。常用的数值计算法有邻近极值法、梯度法、共轭梯度法及单纯形法等。同时，由于可以把计算机作为控制系统的一个组成部分，以实现在线控制，从而使最优控制理论的工程实现成为现实。因此，最优控制理论提出的求解方法，既是一种数学方法，又是一种计算机算法。

时至今日，最优控制理论的研究，无论在深度和广度上，都有了很大的发展，并日益与其他控制理论相互渗透，形成了更为实用的学科分支。如鲁棒最优控制、随机最优控制、分布参数系统的最优控制及大系统的次优控制等。可以说，最优控制理论目前仍然是正在发展中的、极其活跃的学科领域之一。

1.2 最优控制问题

1.2.1 最优控制实例

例 1-1 最大面积问题。

设一渔轮进行围网作业，如图 1-1 所示。已知渔轮相对海流的速度为 $\boldsymbol{v}$，其大小不变。作业区海流速度 $\boldsymbol{w}$ 的大小和方向一定。求渔轮方位角 $\theta(t)$ 的最优变化律，使渔轮在给定时间 t_f 内所围的海域面积 A 最大。

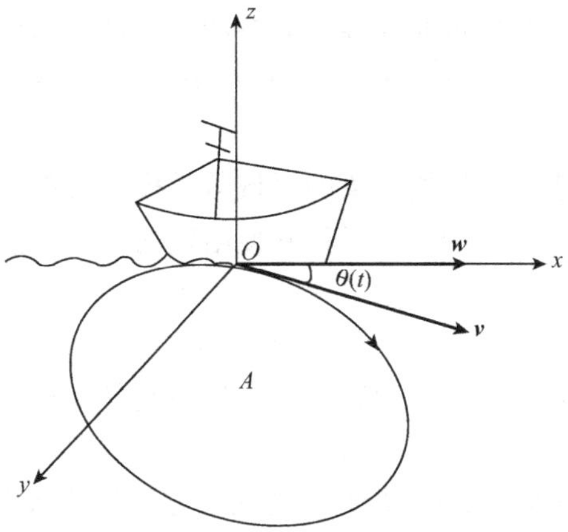

图 1-1 渔轮围网作业图

选海流速度 $\boldsymbol{w}$ 的方向为 x 轴，垂直方向为 y 轴，则渔轮的运动方程为

$$\left.\begin{aligned}\dot{x}(t)&=\boldsymbol{v}\cos\theta(t)+\boldsymbol{w}\\ \dot{y}(t)&=\boldsymbol{v}\sin\theta(t)\end{aligned}\right\}\tag{1-1}$$

初始条件与末端条件为

$$\left.\begin{aligned}x(0)&=x(t_f)=x_0\\ y(0)&=y(t_f)=y_0\end{aligned}\right\}\tag{1-2}$$

要求确定最优控制律 $\theta^*(t)$，使下列代表面积的性能指标为最大

$$\begin{aligned}J&=\oint y(t)\mathrm{d}x(t)=\int_0^{t_f} y(t)\dot{x}(t)\mathrm{d}t\\ &=\int_0^{t_f} y(t)[\boldsymbol{v}\cos\theta(t)+\boldsymbol{w}]\mathrm{d}t\end{aligned}\tag{1-3}$$

例 1-2 最小燃耗问题。

为了使宇宙飞船登月舱在月球表面实现软着陆，即登月舱到达月球表面时的速度为零，要寻求登月舱发动机推力的最优变化律，使燃料消耗最少，以便在完成登月考察任务后，登月舱有足够燃料离开月球与母船会合，从而返回地球。

设飞船登月舱质量为 $m(t)$，高度为 $h(t)$，垂直速度为 $\boldsymbol{v}(t)$，发动机推力为 $\boldsymbol{u}(t)$，月球重力加速度为常数 g，飞船登月舱不含燃料时的质量为 M，登月舱所载燃料质量为 F。已知登月舱登月时的初始高度为 h_0，初始垂直速度为 $\boldsymbol{v}_0$。登月舱在月球上实现软着陆的示意图如图 1-2 所示。由图可列出登月舱的运动方程为

$$\left.\begin{aligned}\dot{h}(t)&=\boldsymbol{v}(t)\\ \dot{\boldsymbol{v}}(t)&=\frac{\boldsymbol{u}(t)}{m(t)}-g\\ \dot{m}(t)&=-k\boldsymbol{u}(t)\end{aligned}\right\}\tag{1-4}$$

式中 k 为常数。

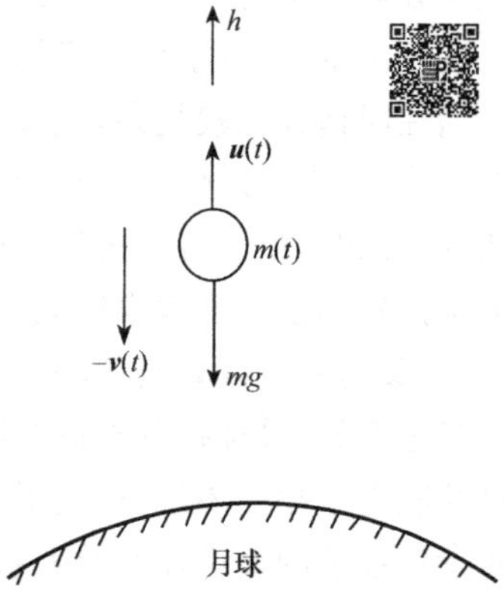

图 1-2 登月舱软着陆示意图

初始条件为

$$\left.\begin{aligned}h(0)&=h_0\\ \boldsymbol{v}(0)&=\boldsymbol{v}_0\\ m(0)&=M+F\end{aligned}\right\}\tag{1-5}$$

末端条件为

$$\left.\begin{aligned} h(t_f)=0 \\ \boldsymbol{v}(t_f)=0 \end{aligned}\right\} \tag{1-6}$$

式中 t_f 为登月舱发动机工作的末端时刻。

控制约束条件

$$0 \leqslant \boldsymbol{u}(t) \leqslant \boldsymbol{u}_{\max} \tag{1-7}$$

式中 $\boldsymbol{u}_{\max}$为登月舱发动机最大推力。

性能指标取为表征燃料消耗量的登月舱着陆时的质量，即

$$J=m(t_f) \tag{1-8}$$

最优控制任务是：在满足控制约束条件下，寻求发动机推力最优变化律 $\boldsymbol{u}^*(t)$，使登月舱由已知的初态(初始状态)转移到要求的末态(末端状态)，并使式(1-8)为最大，从而使登月过程中燃料消耗量最小。

例 1-3 最快拦截问题。

设空中有一枚敌方导弹 M(称为目标)和一枚我方反导弹导弹 L(称为拦截器)。已知 M 以 $\boldsymbol{v}_M$ 做等速飞行，其重力加速度为 g；L 的质量为 $m(t)$，满载燃料时的质量为 $m(0)$，燃料消耗完毕时的质量为 m_e，发动机推力为 $\boldsymbol{p}(t)$，单位推力的燃料消耗率为常数 k，推力的方位角为 $\theta(t)$，发动机的最大推力限额为 $\boldsymbol{p}_M$。作战任务要求确定 L 推力及其方位角的最优变化律 $\boldsymbol{p}^*(t)$和 $\theta^*(t)$，以便在空中尽快摧毁目标 M。

为便于研究起见，假定 L 与 M 在同一平面内运动，如图 1-3 所示。由图可列出目标 M 的运动方程为

$$\left.\begin{aligned} \dot{x}_M(t)&=\boldsymbol{v}_{Mx}(t) \\ \dot{y}_M(t)&=\boldsymbol{v}_{My}(t) \\ \dot{\boldsymbol{v}}_{Mx}(t)&=0 \\ \dot{\boldsymbol{v}}_{My}(t)&=-g \end{aligned}\right\} \tag{1-9}$$

式中(x_M, y_M)表示平面上目标 M 的位置，$(\boldsymbol{v}_{Mx}, \boldsymbol{v}_{My})$表示目标 M 的速度。

若以(x_L, y_L)表示平面上 L 的位置，$(\boldsymbol{v}_{Lx}, \boldsymbol{v}_{Ly})$表示 L 的速度，则其运动方程为

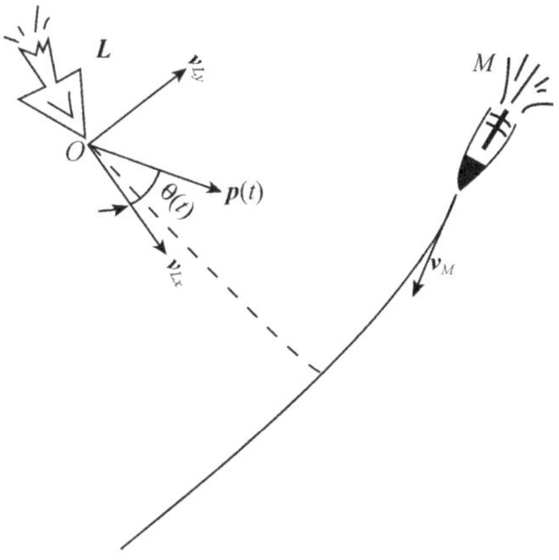

图 1-3 最快拦截问题示意图

$$\left.\begin{aligned} \dot{x}_L(t)&=\boldsymbol{v}_{Lx}(t) \\ \dot{y}_L(t)&=\boldsymbol{v}_{Ly}(t) \\ \dot{\boldsymbol{v}}_{Lx}(t)&=\frac{\boldsymbol{p}(t)}{m(t)}\cos\theta(t) \\ \dot{\boldsymbol{v}}_{Ly}(t)&=\frac{\boldsymbol{p}(t)}{m(t)}\sin\theta(t)-g \\ \dot{m}(t)&=k\boldsymbol{p}(t) \end{aligned}\right\} \tag{1-10}$$

为了进一步简化运动方程，取相对运动坐标系。令 L 与目标的相对位置及相对速度为

$$\left.\begin{aligned} x(t)&=x_L(t)-x_M(t)\\ y(t)&=y_L(t)-y_M(t)\\ \boldsymbol{v}_x(t)&=\boldsymbol{v}_{Lx}(t)-\boldsymbol{v}_{Mx}(t)\\ \boldsymbol{v}_y(t)&=\boldsymbol{v}_{Ly}(t)-\boldsymbol{v}_{My}(t) \end{aligned}\right\} \tag{1-11}$$

于是，拦截器与目标的相对运动方程可写为

$$\left.\begin{aligned} \dot{x}(t)&=\boldsymbol{v}_x(t)\\ \dot{y}(t)&=\boldsymbol{v}_y(t)\\ \dot{\boldsymbol{v}}_x(t)&=\frac{\boldsymbol{p}(t)}{m(t)}\cos\theta(t)\\ \dot{\boldsymbol{v}}_y(t)&=\frac{\boldsymbol{p}(t)}{m(t)}\sin\theta(t)\\ \dot{m}(t)&=k\boldsymbol{p}(t) \end{aligned}\right\} \tag{1-12}$$

初始状态

$$\left.\begin{aligned} &x(t_0)=x(0),\quad y(t_0)=y(0),\quad m(t_0)=m(0)\\ &\boldsymbol{v}_x(t_0)=\boldsymbol{v}_x(0),\quad \boldsymbol{v}_y(t_0)=\boldsymbol{v}_y(0) \end{aligned}\right\} \tag{1-13}$$

式中 t_0 为初始时刻。

末态要求为

$$\left.\begin{aligned} &x(t_f)=y(t_f)=0\\ &m(t_f)\geqslant m_e \end{aligned}\right\} \tag{1-14}$$

其意义是要求拦截器在燃料消耗完毕前击中目标。

控制约束为

$$\left.\begin{aligned} &|\boldsymbol{p}(t)|\leqslant \boldsymbol{p}_M\\ &\theta(t)\text{不限} \end{aligned}\right\} \tag{1-15}$$

性能指标取为

$$J=\int_{t_0}^{t_f}\mathrm{d}t \tag{1-16}$$

最优控制任务是：在容许控制中确定 $\boldsymbol{p}^*(t)$和 $\theta^*(t)$，使拦截器 L 从已知初态转移到要求的末态，并使给定的性能指标极小(时间最短)。

例 1-4 最大半径轨道转移问题。

已知宇宙飞船沿环形地球轨道飞行，现要求用有限推力的小火箭发动机在预定时间 t_f 内，使飞船转移到最大半径的环形火星轨道上，试确定小火箭发动机推力方位角的最优变化律。

设宇宙飞船小火箭发动机的推力为 $\boldsymbol{p}$，其大小恒定；推力方位角为 $\theta(t)$，宇宙飞船到引力中心的径向距离为 $r(t)$，地球轨道的径向距离为 $r(0)$，火星轨道的径向距离为 $r(t_f)$，宇宙飞船速度向量的径向分量为 $\boldsymbol{u}(t)$，切向分量为 $\boldsymbol{v}(t)$，宇宙飞船的质量为 m，燃料消耗率为常数 m，引力中心的引力常数为 λ。低推力最大半径轨道转移问题如图 1-4 所示。

根据力学规律，可以列出系统的运动方程为

$$\left.\begin{aligned}&\dot r(t)=\boldsymbol u(t)\\&\dot{\boldsymbol u}(t)=\frac{\boldsymbol v^2(t)}{r(t)}-\frac{\lambda}{r^2(t)}+\frac{\boldsymbol p\sin\theta(t)}{m_0-|\dot m|t}\\&\dot{\boldsymbol v}(t)=-\frac{\boldsymbol u(t)\boldsymbol v(t)}{r(t)}+\frac{\boldsymbol p\cos\theta(t)}{m_0-|\dot m|t}\end{aligned}\right\}\tag{1-17}$$

初始状态为

$$\begin{aligned}&r(0)=r_0,\quad \boldsymbol u(0)=0\\&\boldsymbol v(0)=\sqrt{\frac{\lambda}{r_0}},\quad m(0)=m_0\end{aligned}\tag{1-18}$$

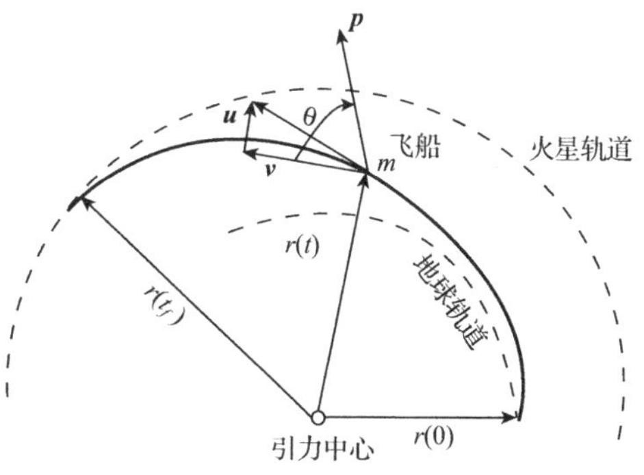

图 1-4　最大半径轨道转移示意图

末态要求为

$$\boldsymbol u(t_f)=0,\quad \boldsymbol v(t_f)=\sqrt{\frac{\lambda}{r(t_f)}}\tag{1-19}$$

性能指标为

$$J=r(t_f)\tag{1-20}$$

最优控制任务是确定 $\theta^*(t)$，使宇宙飞船在预定时间 t_f 内，由已知初态转移到要求的末态，并使性能指标（轨道转移半径）最大。

1.2.2　最优控制问题的基本组成

从上述几个最优控制的实例可见，任何一个最优控制问题均应包含以下四个方面内容。

(1) 系统数学模型

在集中参数情况下，被控系统的数学模型通常以定义在时间间隔$[t_0,t_f]$上的状态方程来表示

$$\dot{\boldsymbol x}(t)=\boldsymbol f[\boldsymbol x(t),\boldsymbol u(t),t],\quad t\in[t_0,t_f]\tag{1-21}$$

式中 $\boldsymbol x\in R^n$，为系统状态向量；$\boldsymbol u\in R^m$，为系统控制向量。在确定的初始状态 $\boldsymbol x(t_0)=\boldsymbol x_0$ 情况下，若已知控制律 $\boldsymbol u(t)$，则状态方程(1-21)有唯一解 $\boldsymbol x(t)$。

(2) 边界条件与目标集

动态系统的运动过程，归根结底是系统从其状态空间的一个状态到另一个状态的转移，其运动轨迹在状态空间中形成一条轨线 $\boldsymbol x(t)$。为了确定要求的轨线 $\boldsymbol x(t)$，需要确定轨线的两点边界值。因此，要求确定初始状态和末端状态，这是求解状态方程(1-21)所必需的边界条件。

在最优控制问题中，初始时刻 t_0 及初始状态 $\boldsymbol x(t_0)$ 通常是已知的，但末端时刻 t_f 和末端状态 $\boldsymbol x(t_f)$ 则视具体问题而异。例如，末端时刻 t_f 可以是固定的（如例 1-1，例 1-2 和例 1-4），也可以是自由的（如例 1-3）；末端状态 $\boldsymbol x(t_f)$ 可以是固定的（如例 1-1 和例 1-2），也可以是自由的（如例 1-3），或者是部分固定、部分自由的（如例 1-4）。一般，可用如下目标集加以概括：

$$\boldsymbol\psi[\boldsymbol x(t_f),t_f]=\boldsymbol 0\tag{1-22}$$

式中 $\boldsymbol\psi\in R^r$，$r\leqslant n$；$\boldsymbol x(t_f)\in\boldsymbol\psi(\cdot)$。若末端状态 $\boldsymbol x(t_f)=\boldsymbol x_f$ 为一固定向量，则目标集 $\boldsymbol\psi(\cdot)$ 仅有一列元素 $\boldsymbol x_f$；若 $\boldsymbol x(t_f)$ 应满足某些约束条件，则目标集 $\boldsymbol\psi(\cdot)$ 为 n 维空间中的 r 维超

曲面；若 $\boldsymbol{x}(t_f)$ 自由，则目标集 $\boldsymbol{\psi}(\cdot)$ 扩展到整个 n 维空间。因此，目标集又称为终点流形。

(3) 容许控制

在实际控制系统中，存在两类控制：一类是变化范围受限制的控制，如例 1-2 中的发动机推力和例 1-3 中拦截器的推力等，这一类控制属于某一闭集；另一类是变化范围不受限制的控制，如例 1-1 中的渔轮方位角和例 1-3 中拦截器推力的方位角以及例 1-4 中宇宙飞船小火箭发动机推力的方位角等，这一类控制属于某一开集。

在属于闭集的控制中，控制向量 $\boldsymbol{u}(t)$ 的取值范围称为控制域，以 Ω 标志。Ω 是 m 维控制空间 R^m 中的一个闭点集。由于 $\boldsymbol{u}(t)$ 可在 Ω 的边界上取值，故凡属于集合 Ω 且分段连续的控制向量 $\boldsymbol{u}(t)$，称为容许控制，以 $\boldsymbol{u}(t)\in\Omega$ 标志。

(4) 性能指标

在状态空间中，可采用不同的控制向量函数去实现从已知初态到要求的末态（或目标集）的转移。性能指标则是衡量系统在不同控制向量函数作用下工作优良度的标准。

性能指标的内容与形式主要取决于最优控制问题所要完成的任务。不同的最优控制问题，有不同的性能指标。然而，即使是同一个最优控制问题，其性能指标的选取也可能因设计者的着眼点而异。例如，有的要求时间最短，有的注重燃料最省，有的时间与燃耗兼顾。应当指出，性能指标选取的合适与否，是决定系统是否存在最优解的关键所在。

在控制术语中，性能指标又称为性能泛函、目标函数或代价函数。

1.2.3 最优控制问题的提法

根据最优控制问题的基本组成部分，可以概括最优控制问题的一般提法如下。

设系统状态方程及初始条件为

$$\boldsymbol{x}(t)=\boldsymbol{f}[\boldsymbol{x}(t),\boldsymbol{u}(t),t],\quad \boldsymbol{x}(t_0)=\boldsymbol{x}_0 \tag{1-23}$$

式中 $\boldsymbol{x}\in R^n$；$\boldsymbol{f}(\boldsymbol{x},\boldsymbol{u},t)\in R^n$，是 $\boldsymbol{x}(t)$、$\boldsymbol{u}(t)$ 和 t 的连续向量函数，并对 $\boldsymbol{x}(t)$ 和 t 连续可微；$\boldsymbol{u}(t)$ 在 $[t_0,t_f]$ 上分段连续，且 $\boldsymbol{u}(t)\in\Omega\subset R^m$，其中 Ω 为有界闭集，R^m 为 m 维完备线性赋范空间。要求确定最优控制函数 $\boldsymbol{u}^*(t)$，使系统从已知初态 $\boldsymbol{x}(t_0)$ 转移到要求的末态 $\boldsymbol{x}(t_f)$，并使性能指标

$$J=\varphi[\boldsymbol{x}(t_f),t_f]+\int_{t_0}^{t_f}L[\boldsymbol{x}(t),\boldsymbol{u}(t),t]\mathrm{d}t \tag{1-24}$$

达到极值，同时满足：

① 控制不等式约束

$$\boldsymbol{g}[\boldsymbol{x}(t),\boldsymbol{u}(t),t]\geqslant\boldsymbol{0} \tag{1-25}$$

② 目标集等式的约束

$$\boldsymbol{\psi}[\boldsymbol{x}(t_f),t_f]=\boldsymbol{0} \tag{1-26}$$

式中 $\varphi[\boldsymbol{x}(t_f),t_f]$ 和 $L[\boldsymbol{x}(t),\boldsymbol{u}(t),t]$ 是连续可微的纯量函数；$\boldsymbol{g}[\boldsymbol{x}(t),\boldsymbol{u}(t),t]$ 是 p 维连续可微向量函数，$p\leqslant m$；$\boldsymbol{\psi}[\boldsymbol{x}(t_f),t_f]$ 是 r 维连续可微向量函数，$r\leqslant n$。

1.3 性能指标类型

性能指标是衡量系统在任一容许控制作用下，性能优劣的尺度，其内容与形式取决于

最优控制问题所要完成的主要任务。不同的控制问题,应取不同形式的性能指标。

(1) 积分型性能指标

$$J=\int_{t_0}^{t_f} L[\boldsymbol{x}(t),\boldsymbol{u}(t),t]\mathrm{d}t \tag{1-27}$$

表示在整个控制过程中,状态 $\boldsymbol{x}(t)$和控制 $\boldsymbol{u}(t)$应达到某些要求。例如:

1) 最短时间控制。

取 $L[\boldsymbol{x}(t),\boldsymbol{u}(t),t]=1$,则有

$$J=\int_{t_0}^{t_f}\mathrm{d}t=t_f-t_0$$

2) 最少燃耗控制。

取 $L[\boldsymbol{x}(t),\boldsymbol{u}(t),t]=\sum_{j=1}^{m}|u_j(t)|$,则有

$$J=\int_{t_0}^{t_f}\sum_{j=1}^{m}|u_j(t)|\mathrm{d}t$$

3) 最小能量控制。

取 $L[\boldsymbol{x}(t),\boldsymbol{u}(t),t]=\boldsymbol{u}^{\mathrm{T}}(t)\boldsymbol{u}(t)$,则有

$$J=\int_{t_0}^{t_f}\boldsymbol{u}^{\mathrm{T}}(t)\boldsymbol{u}(t)\mathrm{d}t$$

在变分法中,积分型性能指标的泛函极值最优控制问题称为拉格朗日问题。

(2) 末值型性能指标

$$J=\varphi[\boldsymbol{x}(t_f),t_f] \tag{1-28}$$

表示系统在控制过程结束后,末端状态 $\boldsymbol{x}(t_f)$应达到某些要求。例如,要求导弹的脱靶量最小。末端时刻 t_f 可以固定,也可自由,视最优控制问题的性质而定。在变分法中,末值型性能指标的泛函极值最优控制问题称为迈耶尔问题。

(3) 复合型性能指标

复合型性能指标如式(1-24)所示,表示对控制过程中的状态 $\boldsymbol{x}(t)$、控制 $\boldsymbol{u}(t)$及控制过程结束后的末端状态 $\boldsymbol{x}(t_f)$均有要求,是最一般的性能指标形式。例如:

1) 有限时间线性状态调节器问题。

$$J=\frac{1}{2}\boldsymbol{x}^{\mathrm{T}}(t_f)\boldsymbol{F}x(t_f)+\frac{1}{2}\int_{t_0}^{t_f}[\boldsymbol{x}^{\mathrm{T}}(t)\boldsymbol{Q}(t)\boldsymbol{x}(t)+\boldsymbol{u}^{\mathrm{T}}(t)\boldsymbol{R}(t)\boldsymbol{u}(t)]\mathrm{d}t \tag{1-29}$$

式中 $\boldsymbol{F}=\boldsymbol{F}^{\mathrm{T}}\geqslant 0,\boldsymbol{Q}(t)=\boldsymbol{Q}^{\mathrm{T}}(t)\geqslant 0,\boldsymbol{R}(t)=\boldsymbol{R}^{\mathrm{T}}(t)>0$,均为加权矩阵。

2) 有限时间线性跟踪系统问题。

$$J=\frac{1}{2}\boldsymbol{e}^{\mathrm{T}}(t_f)\boldsymbol{F}\boldsymbol{e}(t_f)+\frac{1}{2}\int_{t_0}^{t_f}[\boldsymbol{e}^{\mathrm{T}}(t)\boldsymbol{Q}(t)\boldsymbol{e}(t)+\boldsymbol{u}^{\mathrm{T}}(t)\boldsymbol{R}(t)\boldsymbol{u}(t)]\mathrm{d}t \tag{1-30}$$

式中 $\boldsymbol{F}=\boldsymbol{F}^{\mathrm{T}}\geqslant 0,\boldsymbol{Q}(t)=\boldsymbol{Q}^{\mathrm{T}}(t)\geqslant 0,\boldsymbol{R}(t)=\boldsymbol{R}^{\mathrm{T}}(t)>0$,且

$$\boldsymbol{e}(t)=\boldsymbol{z}(t)-\boldsymbol{y}(t)$$

为输出误差向量,而 $\boldsymbol{z}(t)$为希望输出向量,$\boldsymbol{y}(t)$为输出向量。

在变分法中,复合型性能指标的泛函极值问题称为波尔扎问题。

第 2 章　最优控制中的变分法

最优控制问题是在一定的约束条件下，寻求使性能指标达到极值时的控制函数。当被控对象的运动特性由向量微分方程来描述，性能指标由泛函来表示时，确定最优控制函数（最优控制律）的问题，就成了在微分方程约束下求泛函的条件极值问题。变分法是研究泛函极值问题的数学方法，可以确定容许控制为开集时的最优控制函数。掌握变分法的基本概念，还有助于理解以极小值原理和动态规划为代表的现代变分法的思想和内容。

2.1　泛函与变分

泛函是函数概念的一种扩充。求泛函极值的方法与求函数极值的方法有许多类似之处。由于性能指标是一种泛函，因此本节将简要介绍有关泛函及其变分的若干基本概念。

2.1.1　线性赋范空间

控制系统的状态可由观测决定，而观测值总是近似的，若要求近似值能任意逼近准确值，需要在状态之间定出距离量度，以便确切规定“任意逼近”的概念。因此，我们先给出距离空间的概念，再进一步引出赋范空间与内积空间。

定义 2-1　设 X 为非空集合，X 称为距离空间是指 $\forall \boldsymbol{x},\boldsymbol{y}\in X$，实函数 $d(\boldsymbol{x},\boldsymbol{y})$ 满足：

① $d(\boldsymbol{x},\boldsymbol{y})\geqslant 0,\ \forall \boldsymbol{x},\boldsymbol{y}\in X$；当且仅当 $\boldsymbol{x}=\boldsymbol{y}$ 时，$d(\boldsymbol{x},\boldsymbol{y})=0$；

② $d(\boldsymbol{x},\boldsymbol{y})=d(\boldsymbol{y},\boldsymbol{x})$；

③ $d(\boldsymbol{x},\boldsymbol{y})\leqslant d(\boldsymbol{x},\boldsymbol{z})+d(\boldsymbol{z},\boldsymbol{y}),\ \forall \boldsymbol{x},\boldsymbol{y},\boldsymbol{z}\in X$。

式中 $d(\boldsymbol{x},\boldsymbol{y})$ 称为 X 上的距离。由定义 2-1 知，若动点 $\boldsymbol{x}$ 无限逼近定点 $\boldsymbol{x}_0$，必有 $d(\boldsymbol{x},\boldsymbol{x}_0)\to 0$；反之亦然。

定义 2-2　若点列 $\boldsymbol{x}_n\in X$，且有

$$\lim_{n\to\infty}\boldsymbol{x}_n=\boldsymbol{x}_0$$

则称点列 $\boldsymbol{x}_n$ 以点 $\boldsymbol{x}_0$ 为极限，或称 $\boldsymbol{x}_n$ 收敛于 $\boldsymbol{x}_0$。

定义 2-3　设点列 $\boldsymbol{x}_n\in X$，若对任意的 $\varepsilon>0$ 均存在一个足够大的数 N，使得当 $m,n>N$ 时，有

$$d(\boldsymbol{x}_m,\boldsymbol{x}_n)<\varepsilon$$

则称 $\boldsymbol{x}_n$ 为 X 的柯西序列。若 X 中的每个柯西序列均收敛于 X 中的一点，则称 X 为完备的距离空间。

定义 2-4　在 X 中，点集

$$S(\boldsymbol{x}_0;\tau)=\{\boldsymbol{x}\in X\,|\,d(\boldsymbol{x},\boldsymbol{x}_0)<\tau,\tau>0\}$$

称为以点 $\boldsymbol{x}_0$ 为中心，以 τ 为半径的开球。设对于子集 $M\subset X$，存在以 $\boldsymbol{x}$ 为中心的开球 $S(\boldsymbol{x};\varepsilon)\subset M$，则点 $\boldsymbol{x}\in X$ 称为集 M 的内点。M 所有内点的全体叫做 M 的内部，记作 $\mathrm{Int}M$。若 $M=\mathrm{Int}M$，即 M 的一切点都是其内点，则 M 称为开集。

定义 2-5　设子集 $M \subset X$，若以点 $\boldsymbol{x}$ 为中心的开球 $S(\boldsymbol{x};\varepsilon)$ 与 M 之交集非空，即

$$S(\boldsymbol{x};\varepsilon) \cap M \neq \varnothing, \quad \forall \ \varepsilon > 0$$

则点 $\boldsymbol{x} \in X$ 称为 M 的附着点。M 所有附着点的集称为 M 的闭包，记作 $\overline{M}$。若 $M=\overline{M}$，则 $M \subset X$ 叫做闭集。

定义 2-6　若对于线性空间 R^n 中每一个元素 $\boldsymbol{x} \in R^n$ 都可定义范数 $\|\boldsymbol{x}\|: \boldsymbol{x} \to R$，满足：

① $\|\boldsymbol{x}\| \geqslant 0$，当且仅当 $\boldsymbol{x}=0$ 时，$\|\boldsymbol{x}\|=0$；

② $\|\boldsymbol{x}+\boldsymbol{y}\| \leqslant \|\boldsymbol{x}\| + \|\boldsymbol{y}\|, \forall \boldsymbol{x}, \boldsymbol{y} \in R^n$；

③ $\|\alpha \boldsymbol{x}\| = |\alpha| \cdot \|\boldsymbol{x}\|$，$\alpha$ 为任意常数。

则 R^n 称为线性赋范空间。

定义 2-7　在 n 维线性空间 R^n 中，若用数积定义内积

$$\langle \boldsymbol{x}, \boldsymbol{y} \rangle = \sum_{i=1}^{n} x_i y_i, \quad \forall \boldsymbol{x}, \boldsymbol{y} \in R^n$$

用内积定义范数

$$\|\boldsymbol{x}\| = \langle \boldsymbol{x}, \boldsymbol{x} \rangle^{\frac{1}{2}} = \sqrt{\sum_{i=1}^{n} x_i^2}$$

再用范数定义距离

$$d(\boldsymbol{x}, \boldsymbol{y}) = \|\boldsymbol{x}-\boldsymbol{y}\| = \sqrt{\sum_{i=1}^{n} (x_i - y_i)^2}, \quad \forall \boldsymbol{x}, \boldsymbol{y} \in R^n$$

则 R^n 也称为希尔伯特空间。

定义 2-8　设 m 个控制函数 $u_i(t)$，$i=1,2,\cdots,m$，定义在时间闭区间 $[t_0, t_f]$ 上，则对于每一个固定的 $t \in [t_0, t_f]$，函数向量

$$\boldsymbol{u}(t) = [u_1(t) \ u_2(t) \ \cdots \ u_m(t)]^{\mathrm{T}}$$

是 m 维空间中的一个点，即 $\boldsymbol{u}(t) \in R^n$，且设 $\boldsymbol{u}(t)$ 平方可积。若在 m 维线性空间 R^m 中定义内积

$$\begin{aligned}\langle \boldsymbol{u}(t), \boldsymbol{v}(t) \rangle &= \int_{t_0}^{t_f} \boldsymbol{u}^{\mathrm{T}}(t) \boldsymbol{v}(t) \mathrm{d}t \\ &= \int_{t_0}^{t_f} \sum_{i=1}^{m} u_i(t) v_i(t) \mathrm{d}t, \quad \forall \boldsymbol{u}(t), \boldsymbol{v}(t) \in R^m\end{aligned}$$

用内积定义范数

$$\|\boldsymbol{u}(t)\| = \left[\int_{t_0}^{t_f} \sum_{i=1}^{m} u_i^2(t) \mathrm{d}t\right]^{\frac{1}{2}}$$

则 R^m 称为控制向量函数空间。

定义 2-9　在控制向量函数空间 R^m 中，若可用范数定义距离

$$\begin{aligned}d(\boldsymbol{u}, \boldsymbol{v}) &= \|\boldsymbol{u}(t) - \boldsymbol{v}(t)\| \\ &= \left[\int_{t_0}^{t_f} \sum_{i=1}^{m} (u_i - v_i)^2 \mathrm{d}t\right]^{\frac{1}{2}}, \quad \forall \boldsymbol{u}(t), \boldsymbol{v}(t) \in R^m\end{aligned}$$

则 R^m 也是线性赋范空间。若对于任一 $\varepsilon > 0$，都存在一个充分大的自然数 N，使得 $r > N$ 时，均有

$$d(\boldsymbol{u}_r, \boldsymbol{u}_0) < \varepsilon, \quad \forall \boldsymbol{u}_r, \boldsymbol{u}_0 \in R^m$$

或

$$\lim_{r\to\infty}\boldsymbol{u}_r=\boldsymbol{u}_0,\quad \forall\,\boldsymbol{u}_r,\boldsymbol{u}_0\in R^m$$

则称向量函数序列 $\boldsymbol{u}_r$ 收敛于向量函数 $\boldsymbol{u}_0$，或称 R^m 也是完备的线性赋范空间。

2.1.2 泛函及其定义域

一般地说，若对于某类函数中的所有函数 $x(t)$，变量 J 都有一确定的值与之对应，则称 J 为依赖于函数 $x(t)$ 的泛函，记作 $J=J[x(t)]$。泛函可以理解为“函数的函数”，其值由函数的选取而定。例如，函数的定积分是一个泛函。设

$$J(x)=\int_0^1 x(t)\,\mathrm{d}t$$

则 $J(x)$ 的值由函数 $x(t)$ 而定。当 $x(t)=t$ 时

$$J(x)=\frac{1}{2}$$

当 $x(t)=\cos t$ 时

$$J(x)=\sin 1$$

又如，平面上给定两点之间的曲线长度是一个泛函。设 (x,y) 平面上有 A、B 两点，其坐标取为 $A(x_0,y_0)$ 和 $B(x_1,y_1)$，如图 2-1 所示。设两点间曲线长度为 $J=l$，取单元弧长为 $\mathrm{d}l$，则有

$$\mathrm{d}l=\sqrt{(\mathrm{d}x)^2+(\mathrm{d}y)^2}$$

单元弧长变化率

$$\frac{\mathrm{d}l}{\mathrm{d}x}=\sqrt{1+\dot{y}^2}$$

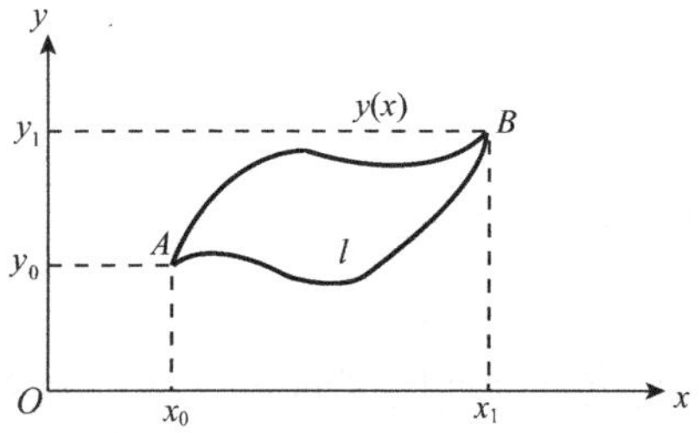

图 2-1　平面上给定两点间的曲线长度

因而 A、B 两点间曲线长度

$$J[y(x)]=l=\int_{x_0}^{x_1}\sqrt{1+\dot{y}^2}\,\mathrm{d}x$$

其值取决于函数 $y(x)$ 的选取。

因此，最优控制问题中的性能指标，由于其值取决于控制 $\boldsymbol{u}(t)$ 和状态 $\boldsymbol{x}(t)$ 的选取，必定是一个泛函，故又称为性能泛函。性能泛函可以看作是线性赋范空间中的某个子集到实数集的算子，其定义如下。

定义 2-10　设 R^n 为 n 维线性赋范空间，$\mathbf{R}$ 为实数集，若存在一一对应关系

$$y=J(\boldsymbol{x}),\quad \forall\,\boldsymbol{x}\in R^n,y\in\mathbf{R} \tag{2-1}$$

则 $J(\boldsymbol{x})$ 称为 R^n 到 $\mathbf{R}$ 的泛函算子。若式(2-1)满足下列线性条件：

① $$J(\boldsymbol{x}_1+\boldsymbol{x}_2)=J(\boldsymbol{x}_1)+J(\boldsymbol{x}_2),\quad \forall\,\boldsymbol{x}_1,\boldsymbol{x}_2\in R^n \tag{2-2}$$

② $$J(\alpha\boldsymbol{x})=\alpha J(\boldsymbol{x}),\quad \forall\,\boldsymbol{x}\in R^n \tag{2-3}$$

则 $J(\boldsymbol{x})$ 称为线性泛函算子。

在许多问题中，只确定所用的函数空间是不够的，因为泛函算子 J 不一定在空间的任意元上都有定义，因此引出泛函定义域的概念。

定义 2-11　在线性赋范空间 R^n 上，使泛函算子 J 作用有意义的元的全体，称为 J 的

$$=\int_{\bar{t}_0}^{\bar{t}_1} \xi_1(t)(t-\bar{t}_0)^2(t-\bar{t})^2\mathrm{d}t>0$$

与原有条件式(2-14)矛盾，因此本定理结论成立。

2.2 欧拉方程

变分法总是从推导泛函极值的必要条件开始。本节将根据2.1节给出的泛函及其变分的一般概念，针对拉格朗日问题，导出无约束及有约束情况下泛函极值的必要条件——欧拉方程，又称为欧拉-拉格朗日方程。同时，为了判断欧拉方程求出的泛函极值是极小值还是极大值，我们还讨论了泛函极小值的充分条件——勒让德条件。

2.2.1 无约束泛函极值的必要条件

研究使泛函

$$J(\boldsymbol{x})=\int_{t_0}^{t_f} L(\boldsymbol{x},\dot{\boldsymbol{x}},t)\mathrm{d}t \tag{2-15}$$

达到极小值的问题。其中 $\boldsymbol{x}\in R^n$，在时间区间$[t_0,t_f]$上，$\boldsymbol{x}(t)$及被积函数$L(\boldsymbol{x},\dot{\boldsymbol{x}},t)$连续可微。要求确定一个容许函数$\boldsymbol{x}^*(t)$，使泛函(2-15)取极小值。用几何语言说，要求找出一条容许曲线$\boldsymbol{x}^*(t)$，使给定函数$L(\boldsymbol{x},\dot{\boldsymbol{x}},t)$沿$\boldsymbol{x}^*(t)$的积分取极小值。

如果$\boldsymbol{x}(t)$代表控制系统的状态向量，则式(2-15)代表系统的性能指标。变分问题是要求在状态空间中确定一条最优轨线，使给定性能指标(2-15)达到极小值。由于控制问题是多种多样的，因而变分问题也不尽相同。

假定现在考虑最简单的两端固定问题，其t_0及t_f固定，两点边界条件已知为

$$\boldsymbol{x}(t_0)=\boldsymbol{x}_0,\quad \boldsymbol{x}(t_f)=\boldsymbol{x}_f \tag{2-16}$$

则无约束泛函极值问题可以描述如下。

问题 2-1 无约束泛函极值问题为

$$\min_{\boldsymbol{x}} J(\boldsymbol{x})=\int_{t_0}^{t_f} L(\boldsymbol{x},\dot{\boldsymbol{x}},t)\mathrm{d}t \tag{2-17}$$

式中$L(\boldsymbol{x},\dot{\boldsymbol{x}},t)$及$\boldsymbol{x}(t)$在$[t_0,t_f]$上连续可微，$t_0$及$t_f$固定。已知$\boldsymbol{x}(t_0)=\boldsymbol{x}_0$，$\boldsymbol{x}(t_f)=\boldsymbol{x}_f$，$\boldsymbol{x}(t)\in R^n$，求满足式(2-17)的极值轨线$\boldsymbol{x}^*(t)$。

设$\boldsymbol{x}^*(t)$是满足边界条件(2-16)的极值轨线，$\boldsymbol{x}(t)$是$\boldsymbol{x}^*(t)$邻域中的一条容许轨线，如图2-2所示。$\boldsymbol{x}(t)$与$\boldsymbol{x}^*(t)$之间有下列关系：

$$\boldsymbol{x}(t)=\boldsymbol{x}^*(t)+\delta\boldsymbol{x}(t) \tag{2-18}$$

$$\dot{\boldsymbol{x}}(t)=\dot{\boldsymbol{x}}^*(t)+\delta\dot{\boldsymbol{x}}(t) \tag{2-19}$$

以及

$$\boldsymbol{x}(t_0)=\boldsymbol{x}^*(t_0)=\boldsymbol{x}_0$$

$$\boldsymbol{x}(t_f)=\boldsymbol{x}^*(t_f)=\boldsymbol{x}_f$$

式中$\delta\boldsymbol{x}(t)$是$\boldsymbol{x}(t)$的一次变分，$\delta\dot{\boldsymbol{x}}(t)$是$\dot{\boldsymbol{x}}(t)$的一次变分。

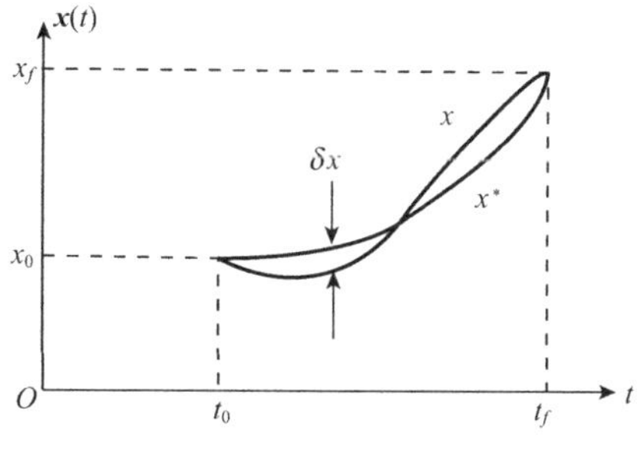

图 2-2 端点固定的极值曲线

将式(2-18)和式(2-19)代入泛函(2-15)，则有

$$J(\boldsymbol{x})=\int_{t_0}^{t_f} L(\boldsymbol{x}^*+\delta\boldsymbol{x},\dot{\boldsymbol{x}}^*+\delta\dot{\boldsymbol{x}},t)\mathrm{d}t \tag{2-20}$$

因为被积函数$L(\cdot)$连续可微，所以泛函$J(\boldsymbol{x})$连续可微。只要$\boldsymbol{x}(t)$任意逼近$\boldsymbol{x}^*(t)$，必可求出使泛函(2-20)取极值的必要条件。

定理 2-6 对于问题 2-1，使性能泛函(2-15)取极值的必要条件，是轨线$\boldsymbol{x}(t)$满足下列欧拉方程：

$$\frac{\partial L}{\partial \boldsymbol{x}}-\frac{\mathrm{d}}{\mathrm{d}t}\frac{\partial L}{\partial \dot{\boldsymbol{x}}}=\boldsymbol{0} \tag{2-21}$$

证明 对于式(2-20)，由于$L(\cdot)$及$\boldsymbol{x}(t)$连续可微，故可将$L(\cdot)$在极值轨线$\boldsymbol{x}^*(t)$处展成泰勒级数

$$L(\boldsymbol{x}^*+\delta\boldsymbol{x},\dot{\boldsymbol{x}}^*+\delta\dot{\boldsymbol{x}},t)=L(\boldsymbol{x}^*,\dot{\boldsymbol{x}}^*,t)+\left(\frac{\partial L}{\partial \boldsymbol{x}}\right)^{\mathrm{T}}\bigg|_{\boldsymbol{x}=\boldsymbol{x}^*}\delta\boldsymbol{x}+\left(\frac{\partial L}{\partial \dot{\boldsymbol{x}}}\right)^{\mathrm{T}}\bigg|_{\dot{\boldsymbol{x}}=\dot{\boldsymbol{x}}^*}\delta\dot{\boldsymbol{x}}+\mathrm{HOT}$$

式中 HOT 代表泰勒展开式中的高阶项。于是，泛函增量可表示为

$$\begin{aligned}\Delta J(\boldsymbol{x})&=J(\boldsymbol{x}^*+\delta\boldsymbol{x})-J(\boldsymbol{x}^*)\\&=\int_{t_0}^{t_f}[L(\boldsymbol{x}^*+\delta\boldsymbol{x},\dot{\boldsymbol{x}}^*+\delta\dot{\boldsymbol{x}},t)-L(\boldsymbol{x}^*,\dot{\boldsymbol{x}}^*,t)]\mathrm{d}t\\&=\int_{t_0}^{t_f}\left[\left(\frac{\partial L}{\partial \boldsymbol{x}}\right)^{\mathrm{T}}\delta\boldsymbol{x}+\left(\frac{\partial L}{\partial \dot{\boldsymbol{x}}}\right)^{\mathrm{T}}\delta\dot{\boldsymbol{x}}+\mathrm{HOT}\right]\mathrm{d}t\end{aligned}$$

由定义 2-13 知，泛函变分是泛函增量的线性主部，故

$$\delta J=\int_{t_0}^{t_f}\left[\left(\frac{\partial L}{\partial \boldsymbol{x}}\right)^{\mathrm{T}}\delta\boldsymbol{x}+\left(\frac{\partial L}{\partial \dot{\boldsymbol{x}}}\right)^{\mathrm{T}}\delta\dot{\boldsymbol{x}}\right]\mathrm{d}t \tag{2-22}$$

利用分部积分公式，式(2-22)中的第二项为

$$\int_{t_0}^{t_f}\left(\frac{\partial L}{\partial \dot{\boldsymbol{x}}}\right)^{\mathrm{T}}\delta\dot{\boldsymbol{x}}\,\mathrm{d}t=\left(\frac{\partial L}{\partial \dot{\boldsymbol{x}}}\right)^{\mathrm{T}}\delta\boldsymbol{x}\bigg|_{t_0}^{t_f}-\int_{t_0}^{t_f}\left(\frac{\mathrm{d}}{\mathrm{d}t}\frac{\partial L}{\partial \dot{\boldsymbol{x}}}\right)^{\mathrm{T}}\delta\boldsymbol{x}\,\mathrm{d}t \tag{2-23}$$

于是，式(2-22)可写为

$$\delta J=\int_{t_0}^{t_f}\left(\frac{\partial L}{\partial \boldsymbol{x}}-\frac{\mathrm{d}}{\mathrm{d}t}\frac{\partial L}{\partial \dot{\boldsymbol{x}}}\right)^{\mathrm{T}}\delta\boldsymbol{x}\,\mathrm{d}t+\left(\frac{\partial L}{\partial \dot{\boldsymbol{x}}}\right)^{\mathrm{T}}\delta\boldsymbol{x}\bigg|_{t_0}^{t_f} \tag{2-24}$$

由定理 2-3 知，泛函取极值的必要条件是$\delta J=0$。再由变分定理 2-5 知，由于$\delta\boldsymbol{x}$任意，故式(2-24)为零等价为

$$\frac{\partial L}{\partial \boldsymbol{x}}-\frac{\mathrm{d}}{\mathrm{d}t}\frac{\partial L}{\partial \dot{\boldsymbol{x}}}=\boldsymbol{0} \tag{2-25}$$

以及

$$\left(\frac{\partial L}{\partial \dot{\boldsymbol{x}}}\right)^{\mathrm{T}}\delta\boldsymbol{x}\bigg|_{t_0}^{t_f}=\left(\frac{\partial L}{\partial \dot{\boldsymbol{x}}}\right)^{\mathrm{T}}\bigg|_{t=t_f}\delta\boldsymbol{x}(t_f)-\left(\frac{\partial L}{\partial \dot{\boldsymbol{x}}}\right)^{\mathrm{T}}\bigg|_{t=t_0}\delta\boldsymbol{x}(t_0)=0 \tag{2-26}$$

式(2-25)即为要求证的欧拉方程，或称欧拉-拉格朗日方程，而式(2-26)则是求解时变非线性二阶欧拉方程(2-25)所需要的两点边界值。对于问题 2-1，因为两端固定，必有

$$\delta\boldsymbol{x}(t_0)=\boldsymbol{0},\quad \delta\boldsymbol{x}(t_f)=\boldsymbol{0}$$

因此式(2-26)自然成立。求解式(2-25)所需的两点边界值就是问题 2-1 中已知的端点条件：$\boldsymbol{x}(t_0)=\boldsymbol{x}_0$ 和 $\boldsymbol{x}(t_f)=\boldsymbol{x}_f$。式(2-26)一般称为横截条件，将在下节专题讨论。

例 2-2 设泛函

$$J(x)=\int_{0}^{\pi/2}[\dot{x}^2(t)-x^2(t)]\mathrm{d}t$$

边界条件

$$x(0)=0,\quad x\left(\frac{\pi}{2}\right)=2$$

求使泛函达到极值的极值轨线 $x^*(t)$。

解 对于本例

$$L(x,\dot{x},t)=\dot{x}^2-x^2$$

根据欧拉方程(2-25),得

$$\ddot{x}+x=0$$

其通解为

$$x(t)=c_1\cos t+c_2\sin t$$

代入已知边界条件,求出

$$c_1=0,\quad c_2=2$$

因此,泛函极值只能在下列极值轨线上实现

$$x^*(t)=2\sin t$$

2.2.2 有等式约束的泛函极值的必要条件

了解无约束泛函极值的必要条件,对于掌握变分法的基本概念是重要的。然而,实际系统都有其自身的运动规律,这种规律的数学描述就是系统的运动微分方程式。在求解实际系统的最优控制问题时,我们要求使性能泛函取极值的极值轨线,同时满足系统的运动微分方程式。因此,控制系统的最优化问题,是要求确定在微分方程等式约束条件下的泛函极值,即条件极值的变分问题。

在讨论条件极值的变分问题时,我们仍然先考虑最简单的两端固定问题。设性能泛函为拉格朗日问题,系统运动微分方程取为

$$\boldsymbol{f}(\boldsymbol{x},\dot{\boldsymbol{x}},t)=\boldsymbol{0} \tag{2-27}$$

式中 $\boldsymbol{x}\in R^n$,$\boldsymbol{f}(\cdot)$为 n 维向量函数。于是,有等式(2-27)约束的泛函极值问题可以描述如下。

问题 2-2 有等式约束的泛函极值问题为

$$\min_{\boldsymbol{x}} J(\boldsymbol{x})=\int_{t_0}^{t_f} g(\boldsymbol{x},\dot{\boldsymbol{x}},t)\mathrm{d}t \tag{2-28}$$

$$\text{s. t.}\quad \boldsymbol{f}(\boldsymbol{x},\dot{\boldsymbol{x}},t)=\boldsymbol{0} \tag{2-29}$$

式中 $g(\boldsymbol{x},\dot{\boldsymbol{x}},t)$及 $\boldsymbol{x}(t)$在$[t_0,t_f]$上连续可微,t_0 及 t_f 固定。已知 $\boldsymbol{x}(t_0)=\boldsymbol{x}_0$,$\boldsymbol{x}(t_f)=\boldsymbol{x}_f$,$\boldsymbol{x}\in R^n$,$\boldsymbol{f}(\cdot)\in R^n$。求满足式(2-28)及式(2-29)的极值轨线 $\boldsymbol{x}^*(t)$。

如果引入拉格朗日乘子向量,可以把有约束的泛函极值问题化为无约束的泛函极值问题,则由定理 2-6 立即可得条件泛函极值的必要条件。

定理 2-7 对于问题 2-2,在约束条件(2-29)下,使泛函(2-28)取极值的必要条件,是轨线 $\boldsymbol{x}(t)$满足下列欧拉方程:

$$\frac{\partial L}{\partial \boldsymbol{x}}-\frac{\mathrm{d}}{\mathrm{d}t}\frac{\partial L}{\partial \dot{\boldsymbol{x}}}=\mathbf{0} \tag{2-30}$$

式中

$$L(\boldsymbol{x},\dot{\boldsymbol{x}},\boldsymbol{\lambda},t)=g(\boldsymbol{x},\dot{\boldsymbol{x}},t)+\boldsymbol{\lambda}^{\mathrm{T}}(t)\boldsymbol{f}(\boldsymbol{x},\dot{\boldsymbol{x}},t) \tag{2-31}$$

在式(2-31)中，$\boldsymbol{\lambda}\in R^n$，为待定拉格朗日乘子向量。

证明 设 $\boldsymbol{\lambda}(t)\in R^n$ 为待定拉格朗日乘子，构造广义泛函

$$J_a=\int_{t_0}^{t_f}[g(\boldsymbol{x},\dot{\boldsymbol{x}},t)+\boldsymbol{\lambda}^{\mathrm{T}}(t)\boldsymbol{f}(\boldsymbol{x},\dot{\boldsymbol{x}},t)]\mathrm{d}t$$

令拉格朗日函数

$$L(\boldsymbol{x},\dot{\boldsymbol{x}},\boldsymbol{\lambda},t)=g(\boldsymbol{x},\dot{\boldsymbol{x}},t)+\boldsymbol{\lambda}^{\mathrm{T}}(t)\boldsymbol{f}(\boldsymbol{x},\dot{\boldsymbol{x}},t)$$

则广义泛函可表示为

$$J_a=\int_{t_0}^{t_f}L(\boldsymbol{x},\dot{\boldsymbol{x}},\boldsymbol{\lambda},t)\mathrm{d}t$$

于是，原性能泛函的条件极值问题转化为广义泛函的无条件极值问题。根据定理 2-6，立即得到式(2-30)。由于两端固定，因此求解欧拉方程(2-30)的两点边界值，就是问题 2-2 中已知的两点边界条件，$\boldsymbol{x}(t_0)=\boldsymbol{x}_0$ 及 $\boldsymbol{x}(t_f)=\boldsymbol{x}_f$。

在应用定理 2-7 时，若将式(2-31)代入式(2-30)，则欧拉方程形式为

$$\left[\frac{\partial g}{\partial \boldsymbol{x}}+\left(\frac{\partial \boldsymbol{f}^{\mathrm{T}}}{\partial \boldsymbol{x}}\right)\boldsymbol{\lambda}\right]-\frac{\mathrm{d}}{\mathrm{d}t}\left[\frac{\partial g}{\partial \dot{\boldsymbol{x}}}+\left(\frac{\partial \boldsymbol{f}^{\mathrm{T}}}{\partial \dot{\boldsymbol{x}}}\right)\boldsymbol{\lambda}\right]=\mathbf{0} \tag{2-32}$$

如果问题 2-2 中的约束方程为

$$\boldsymbol{f}(\boldsymbol{x},t)=\mathbf{0}$$

则欧拉方程(2-32)简化为

$$\left[\frac{\partial g}{\partial \boldsymbol{x}}+\left(\frac{\partial \boldsymbol{f}^{\mathrm{T}}}{\partial \boldsymbol{x}}\right)\boldsymbol{\lambda}\right]-\frac{\mathrm{d}}{\mathrm{d}t}\frac{\partial g}{\partial \dot{\boldsymbol{x}}}=\mathbf{0} \tag{2-33}$$

例 2-3 设人造地球卫星姿态控制系统的状态方程为

$$\dot{\boldsymbol{x}}(t)=\begin{bmatrix}0 & 1\\ 0 & 0\end{bmatrix}\boldsymbol{x}(t)+\begin{bmatrix}0\\ 1\end{bmatrix}u(t)$$

性能泛函取为

$$J=\frac{1}{2}\int_0^2 u^2(t)\mathrm{d}t$$

边界条件

$$\boldsymbol{x}(0)=\begin{bmatrix}1\\ 1\end{bmatrix},\quad \boldsymbol{x}(2)=\begin{bmatrix}0\\ 0\end{bmatrix}$$

求使性能泛函取极值的极值轨线 $\boldsymbol{x}^*(t)$和极值控制 $u^*(t)$。

解 由题意

$$g=\frac{1}{2}u^2$$

$$\boldsymbol{f}=\begin{bmatrix}0 & 1\\ 0 & 0\end{bmatrix}\begin{bmatrix}x_1\\ x_2\end{bmatrix}+\begin{bmatrix}0\\ 1\end{bmatrix}u-\begin{bmatrix}\dot{x}_1\\ \dot{x}_2\end{bmatrix}$$

令

$$\boldsymbol{\lambda}=\begin{bmatrix}\lambda_1\\ \lambda_2\end{bmatrix}$$

则拉格朗日标量函数

$$\begin{aligned}L(\boldsymbol{x},u,\boldsymbol{\lambda},t)&=g+\boldsymbol{\lambda}^{\mathrm{T}}\boldsymbol{f}\\&=\frac{1}{2}u^2+\lambda_1(x_2-\dot{x}_1)+\lambda_2(u-\dot{x}_2)\end{aligned}$$

欧拉方程

$$\frac{\partial L}{\partial x_1}-\frac{\mathrm{d}}{\mathrm{d}t}\frac{\partial L}{\partial \dot{x}_1}=\dot{\lambda}_1=0$$

$$\frac{\partial L}{\partial x_2}-\frac{\mathrm{d}}{\mathrm{d}t}\frac{\partial L}{\partial \dot{x}_2}=\lambda_1+\dot{\lambda}_2=0$$

$$\frac{\partial L}{\partial u}-\frac{\mathrm{d}}{\mathrm{d}t}\frac{\partial L}{\partial \dot{u}}=u+\lambda_2=0$$

解得

$$\lambda_1=a$$

$$\lambda_2=-at+b$$

$$u=at-b$$

式中常数 a、b 待定。

由状态约束方程

$$\dot{x}_2(t)=u=at-b$$

$$x_2(t)=\frac{1}{2}at^2-bt+c$$

$$\dot{x}_1(t)=x_2(t)=\frac{1}{2}at^2-bt+c$$

$$x_1(t)=\frac{1}{6}at^3-\frac{1}{2}bt^2+ct+d$$

式中积分常数 c、d 将待定。代入已知的边界条件,求得

$$a=3,\quad b=3.5,\quad c=1,\quad d=1$$

于是,极值轨线

$$x_1^*(t)=\frac{1}{2}t^3-\frac{7}{4}t^2+t+1$$

$$x_2^*(t)=\frac{3}{2}t^2-\frac{7}{2}t+1$$

极值控制

$$u^*(t)=3t-3.5$$

最优乘子

$$\lambda_1^*(t)=3$$

$$\lambda_2^*(t)=-3t+3.5$$

泛函极值

$$J^*=\frac{1}{2}\int_0^2 u^{*2}(t)\mathrm{d}t=15.5$$

2.2.3 泛函极小值的充分条件

欧拉方程只是泛函取极值的必要条件。为了确定极植的性质，需要给出泛函取极小值的充分条件。

(1) 无约束情况

定理 2-8 对于问题 2-1，使性能泛函(2-17)成立的充分条件是：除欧拉方程(2-21)应成立外，下列等价勒让德条件之一应成立：

① $$\begin{bmatrix} \frac{\partial^2 L}{\partial \boldsymbol{x}^2} & \frac{\partial^2 L}{\partial \boldsymbol{x}\partial \dot{\boldsymbol{x}}} \\ \left(\frac{\partial^2 L}{\partial \boldsymbol{x}\partial \dot{\boldsymbol{x}}}\right)^{\mathrm{T}} & \frac{\partial^2 L}{\partial \dot{\boldsymbol{x}}^2} \end{bmatrix} > \boldsymbol{0} \tag{2-34}$$

② $$\frac{\partial^2 L}{\partial \boldsymbol{x}^2} - \frac{\mathrm{d}}{\mathrm{d}t}\frac{\partial^2 L}{\partial \boldsymbol{x}\partial \dot{\boldsymbol{x}}} \geqslant \boldsymbol{0}, \quad \frac{\partial^2 L}{\partial \dot{\boldsymbol{x}}^2} > \boldsymbol{0} \tag{2-35}$$

③ $$\frac{\partial^2 L}{\partial \boldsymbol{x}^2} - \frac{\mathrm{d}}{\mathrm{d}t}\frac{\partial^2 L}{\partial \boldsymbol{x}\partial \dot{\boldsymbol{x}}} > \boldsymbol{0}, \quad \frac{\partial^2 L}{\partial \dot{\boldsymbol{x}}^2} \geqslant \boldsymbol{0} \tag{2-36}$$

证明 泛函增量

$$\begin{aligned} \Delta J(\boldsymbol{x}) &= J(\boldsymbol{x}^* + \delta\boldsymbol{x}) - J(\boldsymbol{x}^*) \\ &= \int_{t_0}^{t_f} [L(\boldsymbol{x}^* + \delta\boldsymbol{x}, \dot{\boldsymbol{x}}^* + \delta\dot{\boldsymbol{x}}, t) - L(\boldsymbol{x}^*, \dot{\boldsymbol{x}}^*, t)]\mathrm{d}t \end{aligned}$$

在极值轨线处，泰勒级数展开式

$$\begin{aligned} L(\boldsymbol{x}^* + \delta\boldsymbol{x}, \dot{\boldsymbol{x}}^* + \delta\dot{\boldsymbol{x}}, t) &= L(\boldsymbol{x}^*, \dot{\boldsymbol{x}}^*, t) + \left(\frac{\partial L}{\partial \boldsymbol{x}}\right)^{\mathrm{T}}\delta\boldsymbol{x} + \left(\frac{\partial L}{\partial \dot{\boldsymbol{x}}}\right)^{\mathrm{T}}\delta\dot{\boldsymbol{x}} \\ &\quad + \frac{1}{2}\left[\delta\boldsymbol{x}^{\mathrm{T}}\frac{\partial^2 L}{\partial \boldsymbol{x}^2}\delta\boldsymbol{x} + \delta\boldsymbol{x}^{\mathrm{T}}\frac{\partial^2 L}{\partial \boldsymbol{x}\partial \dot{\boldsymbol{x}}}\delta\dot{\boldsymbol{x}} + \delta\dot{\boldsymbol{x}}^{\mathrm{T}}\left(\frac{\partial^2 L}{\partial \boldsymbol{x}\partial \dot{\boldsymbol{x}}}\right)^{\mathrm{T}}\delta\boldsymbol{x} + \delta\dot{\boldsymbol{x}}^{\mathrm{T}}\frac{\partial^2 L}{\partial \dot{\boldsymbol{x}}^2}\delta\dot{\boldsymbol{x}}\right] + \cdots \end{aligned} \tag{2-37}$$

将式(2-37)代入 ΔJ，取其二次项，得泛函 J 的二次变分

$$\delta^2 J = \frac{1}{2}\int_{t_0}^{t_f}\left[\delta\boldsymbol{x}^{\mathrm{T}}\frac{\partial^2 L}{\partial \boldsymbol{x}^2}\delta\boldsymbol{x} + 2\delta\boldsymbol{x}^{\mathrm{T}}\frac{\partial^2 L}{\partial \boldsymbol{x}\partial \dot{\boldsymbol{x}}}\delta\dot{\boldsymbol{x}} + \delta\dot{\boldsymbol{x}}^{\mathrm{T}}\frac{\partial^2 L}{\partial \dot{\boldsymbol{x}}^2}\delta\dot{\boldsymbol{x}}\right]\mathrm{d}t \tag{2-38}$$

式(2-32)为二次型积分式，可改写为

$$\delta^2 J = \frac{1}{2}\int_{t_0}^{t_f}[\delta\boldsymbol{x}^{\mathrm{T}} \quad \delta\dot{\boldsymbol{x}}^{\mathrm{T}}]\begin{bmatrix} \frac{\partial^2 L}{\partial \boldsymbol{x}^2} & \frac{\partial^2 L}{\partial \boldsymbol{x}\partial \dot{\boldsymbol{x}}} \\ \left(\frac{\partial^2 L}{\partial \boldsymbol{x}\partial \dot{\boldsymbol{x}}}\right)^{\mathrm{T}} & \frac{\partial^2 L}{\partial \dot{\boldsymbol{x}}^2} \end{bmatrix}\begin{bmatrix} \delta\boldsymbol{x} \\ \delta\dot{\boldsymbol{x}} \end{bmatrix}\mathrm{d}t \tag{2-39}$$

由定理 2-4 知，在式(2-17)成立时，泛函取极小值的充分条件是 $\delta^2 J > 0$，因此本定理结论①成立。

若对式(2-38)被积函数的第二项进行分部积分，因

$$\delta\dot{\boldsymbol{x}} = \frac{\mathrm{d}}{\mathrm{d}t}\delta\boldsymbol{x} \tag{2-40}$$

故

$$\begin{aligned} 2\int_{t_0}^{t_f}\delta\boldsymbol{x}^{\mathrm{T}}\frac{\partial^2 L}{\partial \boldsymbol{x}\partial \dot{\boldsymbol{x}}}\delta\dot{\boldsymbol{x}}\,\mathrm{d}t &= 2\int_{t_0}^{t_f}\delta\boldsymbol{x}^{\mathrm{T}}\frac{\partial^2 L}{\partial \boldsymbol{x}\partial \dot{\boldsymbol{x}}}\mathrm{d}\delta\boldsymbol{x} \\ &= -\int_{t_0}^{t_f}\delta\boldsymbol{x}^{\mathrm{T}}\frac{\mathrm{d}}{\mathrm{d}t}\frac{\partial^2 L}{\partial \boldsymbol{x}\partial \dot{\boldsymbol{x}}}\delta\boldsymbol{x}\,\mathrm{d}t + 2\delta\boldsymbol{x}^{\mathrm{T}}\frac{\partial^2 L}{\partial \boldsymbol{x}\partial \dot{\boldsymbol{x}}}\delta\boldsymbol{x}\Big|_{t_0}^{t_f} \end{aligned} \tag{2-41}$$

由于两端固定，$\delta\boldsymbol{x}(t_0)=\delta\boldsymbol{x}(t_f)=\boldsymbol{0}$，所以将式(2-41)代入式(2-38)得

$$\delta^2 J=\frac{1}{2}\int_{t_0}^{t_f}\delta\boldsymbol{x}^{\mathrm{T}}\left(\frac{\partial^2 L}{\partial\boldsymbol{x}}-\frac{\mathrm{d}}{\mathrm{d}t}\frac{\partial^2 L}{\partial\boldsymbol{x}\partial\dot{\boldsymbol{x}}}\right)^{\mathrm{T}}\delta\boldsymbol{x}\,\mathrm{d}t+\frac{1}{2}\int_{t_0}^{t_f}\delta\dot{\boldsymbol{x}}^{\mathrm{T}}\frac{\partial^2 L}{\partial\dot{\boldsymbol{x}}^2}\delta\dot{\boldsymbol{x}}\,\mathrm{d}t \tag{2-42}$$

由式(2-42)可见，当本定理结论②或③成立时，必有 $\delta^2 J>0$。

(2) 有约束情况

定理 2-9 对于问题 2-2，在约束条件(2-29)下，使性能泛函(2-28)成立的充分条件是：除欧拉方程(2-30)应成立外，下列等价勒让德条件之一应成立：

① $$\begin{vmatrix}\dfrac{\partial^2 L}{\partial\boldsymbol{x}^2} & \dfrac{\partial^2 L}{\partial\boldsymbol{x}\partial\dot{\boldsymbol{x}}}\\ \left(\dfrac{\partial^2 L}{\partial\boldsymbol{x}\partial\dot{\boldsymbol{x}}}\right)^{\mathrm{T}} & \dfrac{\partial^2 L}{\partial\dot{\boldsymbol{x}}^2}\end{vmatrix}>\boldsymbol{0} \tag{2-43}$$

② $$\frac{\partial^2 L}{\partial\boldsymbol{x}^2}-\frac{\mathrm{d}}{\mathrm{d}t}\frac{\partial^2 L}{\partial\boldsymbol{x}\partial\dot{\boldsymbol{x}}}\geqslant\boldsymbol{0},\quad \frac{\partial^2 L}{\partial\dot{\boldsymbol{x}}^2}>\boldsymbol{0} \tag{2-44}$$

③ $$\frac{\partial^2 L}{\partial\boldsymbol{x}^2}-\frac{\mathrm{d}}{\mathrm{d}t}\frac{\partial^2 L}{\partial\boldsymbol{x}\partial\dot{\boldsymbol{x}}}>\boldsymbol{0},\quad \frac{\partial^2 L}{\partial\dot{\boldsymbol{x}}^2}\geqslant\boldsymbol{0} \tag{2-45}$$

式中 $L=(\boldsymbol{x},\dot{\boldsymbol{x}},\boldsymbol{\lambda},t)$ 满足式(2-31)，$\boldsymbol{\lambda}$ 为 n 维拉格朗日乘子向量。

证明 令 $\boldsymbol{\lambda}(t)\in R^n$，构造广义泛函

$$J_a=\int_{t_0}^{t_f}L(\boldsymbol{x},\dot{\boldsymbol{x}},\boldsymbol{\lambda},t)\,\mathrm{d}t$$

式中 $L(\boldsymbol{x},\dot{\boldsymbol{x}},\boldsymbol{\lambda},t)$ 满足式(2-31)。因为 $L(\boldsymbol{x},\dot{\boldsymbol{x}},\boldsymbol{\lambda},t)$ 连续可微，故在极值轨线处，可将广义泛函 J_a 展成泰勒级数，类似于定理 2-8 的证明过程，立即证得本定理结论。

例 2-4 设性能泛函为

$$J(x)=\int_1^2(\dot{x}^2t^2+\dot{x})\,\mathrm{d}t$$

边界条件

$$x(1)=1,\quad x(2)=2$$

求使性能泛函 $J(x)$ 为极小值的最优轨线 $x^*(t)$。

解 本题为两端固定，无约束泛函的极小值问题。先求泛函极值。由题意

$$L(x,\dot{x},t)=\dot{x}^2t^2+\dot{x}$$

算得

$$\frac{\partial L}{\partial x}=0,\quad \frac{\partial L}{\partial\dot{x}}=1+2\dot{x}t^2$$

$$\frac{\partial^2 L}{\partial x\partial\dot{x}}=0,\quad \frac{\partial^2 L}{\partial\dot{x}^2}=2t^2$$

由定理 2-6，欧拉方程为

$$\frac{\partial L}{\partial x}-\frac{\mathrm{d}}{\mathrm{d}t}\frac{\partial L}{\partial\dot{x}}=-\frac{\mathrm{d}}{\mathrm{d}t}(1+2\dot{x}t^2)=0$$

于是

$$1+2\dot{x}t^2=c$$

$$\dot{x}=\frac{c-1}{2t^2}=-\frac{c_1}{t^2}$$

式中

$$c_1=\frac{1}{2}(1-c)$$

为待定常数。不难解得极值轨线

$$x^*(t)=\frac{c_1}{t}+c_2$$

代入已知的边界条件,解出常数

$$c_1=-2,\quad c_2=3$$

故使泛函为极值的极值轨线

$$x^*(t)=3-\frac{2}{t}$$

然后,利用定理 2-8 判断泛函 $J(x)$ 在 $x^*(t)$ 上是否为极小值。因为

$$\frac{\partial^2 L}{\partial x^2}-\frac{\mathrm{d}}{\mathrm{d}t}\frac{\partial^2 L}{\partial x\partial\dot{x}}=0$$

$$\frac{\partial^2 L}{\partial\dot{x}^2}=2t^2>0,\quad \forall t\in[1,2]$$

所以求出的 $x^*(t)$ 为最优轨线,相应的泛函极小值

$$J^*(x^*)=\int_1^2\frac{6}{t^2}\mathrm{d}t=3$$

2.3 横截条件

求解欧拉方程,需要由横截条件提供两点边界值。两端固定且初始时刻 t_0 和末端时刻 t_f 同时固定只是一种最简单的情况。在实际工程问题中,情况要复杂得多。例如,初始时刻和末端时刻可以自由;初始状态 $\boldsymbol{x}(t_0)$ 和末端状态 $\boldsymbol{x}(t_f)$ 可以自由,也可以受约束。在多数控制工程中,初始时刻往往是固定的。因此,本节将讨论末端时刻固定和末端时刻自由时的各种横截条件,并简要介绍初始时刻自由时的横截条件。

2.3.1 末端时刻固定时的横截条件

当末端时刻固定时,由泛函极值的必要条件可知,横截条件的一般表达式为式(2-26),即

$$\left(\frac{\partial L}{\partial\dot{\boldsymbol{x}}}\right)^{\mathrm{T}}\bigg|_{t_f}\delta\boldsymbol{x}(t_f)-\left(\frac{\partial L}{\partial\dot{\boldsymbol{x}}}\right)^{\mathrm{T}}\bigg|_{t_0}\delta\boldsymbol{x}(t_0)=0$$

只要不是两端固定问题,宗量变分 $\delta\boldsymbol{x}(t_f)$ 和 $\delta\boldsymbol{x}(t_0)$ 不可能同时为零,使泛函一次变分 $\delta J=0$ 所缺少的条件,就应当由极值的基本必要条件来补足:或是 $\left(\frac{\partial L}{\partial\dot{\boldsymbol{x}}}\right)^{\mathrm{T}}\bigg|_{t_f}=\boldsymbol{0}$,或是 $\left(\frac{\partial L}{\partial\dot{\boldsymbol{x}}}\right)^{\mathrm{T}}\bigg|_{t_0}=\boldsymbol{0}$。如果把初始状态称为起点,把末端状态称为终点,则因:

起点固定时, $\boldsymbol{x}(t_0)=\boldsymbol{x}_0$, $\delta\boldsymbol{x}(t_0)=\boldsymbol{0}$;

起点自由时, $\delta\boldsymbol{x}(t_0)\neq\boldsymbol{0}$;

终点固定时, $\boldsymbol{x}(t_f)=\boldsymbol{x}_f$, $\delta\boldsymbol{x}(t_f)=\boldsymbol{0}$;

终点自由时， $\delta \boldsymbol{x}(t_f) \neq \boldsymbol{0}$；
所以，可把末端时刻固定时的各种横截条件列成表 2-1 所示。

表 2-1 末端时刻固定时的横截条件

序 号	名 称	横 截 条 件
1	固定起点和终点	$\boldsymbol{x}(t_0)=\boldsymbol{x}_0$， $\boldsymbol{x}(t_f)=\boldsymbol{x}_f$
2	自由起点和终点	$\left.\dfrac{\partial L}{\partial \dot{\boldsymbol{x}}}\right\|_{t_0}=\boldsymbol{0}$， $\left.\dfrac{\partial L}{\partial \dot{\boldsymbol{x}}}\right\|_{t_f}=\boldsymbol{0}$
3	自由起点和固定终点	$\left.\dfrac{\partial L}{\partial \dot{\boldsymbol{x}}}\right\|_{t_0}=\boldsymbol{0}$， $\boldsymbol{x}(t_f)=\boldsymbol{x}_f$
4	固定起点和自由终点	$\boldsymbol{x}(t_0)=\boldsymbol{x}_0$， $\left.\dfrac{\partial L}{\partial \dot{\boldsymbol{x}}}\right\|_{t_f}=\boldsymbol{0}$

在工程问题中，$\boldsymbol{x}(t)$一般表示运动轨迹，如飞机或导弹的飞行轨迹。从地面固定发射架发射，到达固定地面目标的地对地导弹的飞行轨迹，属于固定起点和终点问题；用地对空导弹射击空中目标，相当于固定起点和自由终点问题；在空战中，空对空导弹的飞行轨迹，属于自由起点和终点问题；利用空对地导弹袭击地面固定目标，相当于自由起点和固定终点问题。

2.3.2 末端时刻自由时的横截条件

末端时刻自由问题的实质是，末端时刻 t_f 不固定，末端状态或自由、或受约束，属于变动端点问题。在变动端点问题中，可以证明，极值仅在欧拉方程的解 $\boldsymbol{x}=\boldsymbol{x}(t,c_1,c_2)$上达到，其中 c_1 和 c_2 为求解欧拉方程的待定系数，由横截条件给出。因此，泛函极值由$\boldsymbol{x}(t,c_1,c_2)$一类函数确定。例如，敌机按预定轨迹 $\boldsymbol{c}(t)$飞行，我防空导弹从 t_0 时刻发射追击敌机，末端时刻 t_f 是无法事先规定的，但要求 $\boldsymbol{x}(t_f)=\boldsymbol{c}(t_f)$以保证击落敌机。这就是 t_f 自由、末端受约束的变分问题，如图 2-3 所示。在图 2-3 中，$\boldsymbol{x}^*(t)$为极值轨线，$\boldsymbol{x}(t)$为$\boldsymbol{x}^*(t)$邻域内的任一条容许轨线，$(\boldsymbol{x}_0,t_0)$表示起点，点$(\boldsymbol{x}_f,t_f)$到点$(\boldsymbol{x}_f+\delta\boldsymbol{x}_f,t_f+\delta t_f)$则表示变动端点，$\boldsymbol{c}(t)$表示端点约束曲线，$\delta t_f$ 表示末端时刻变分，为微变量。由图 2-3 知，在末端受约束时，存在如下近似关系式：

$$\delta \boldsymbol{x}(t_f)=\delta \boldsymbol{x}_f-\dot{\boldsymbol{x}}(t_f)\delta t_f \tag{2-46}$$

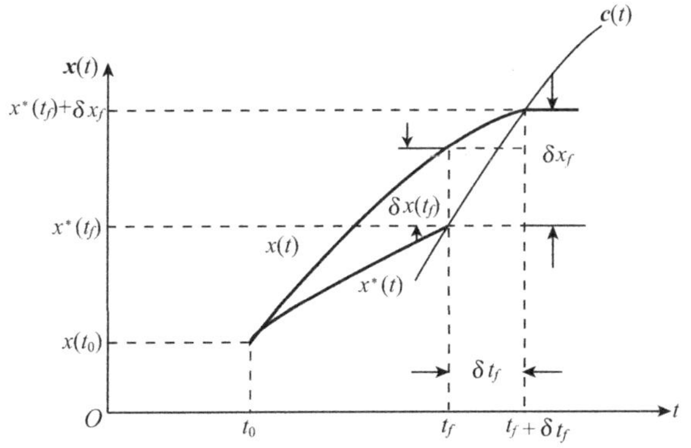

图 2-3 末端时刻自由时的变分问题

和

$$\delta \boldsymbol{x}_f=\dot{\boldsymbol{c}}(t_f)\delta t_f \tag{2-47}$$

如果末端自由，由于约束曲线 $\boldsymbol{c}(t)$ 不存在，则仅存在近似关系式(2-46)。

通过点$(\boldsymbol{x}_0,t_0)$的容许轨线形成一个容许轨线束 $\boldsymbol{x}=\boldsymbol{x}(t,c_1)$，泛函 $J[\boldsymbol{x}(t,c_1)]$ 在该束曲线上转换成常数 c_1 和末端时刻 t_f 的函数。因为容许轨线束 $\boldsymbol{x}=\boldsymbol{x}(t,c_1)$ 在所考虑的极值曲线 $\boldsymbol{x}^*(t)$ 的邻域内形成一个中心场，所以可由 t_f 和 $\boldsymbol{x}_f$ 的值确定出束中的极值曲线 $\boldsymbol{x}^*(t)$，从而也就确定出泛函的极值。

设性能泛函如式(2-15)所示，$\boldsymbol{x}(t)$ 与 $\boldsymbol{x}^*(t)$ 之间关系如式(2-18)和式(2-19)所示，当末端由$(\boldsymbol{x}_f,t_f)$位置移动到$(\boldsymbol{x}_f+\delta\boldsymbol{x}_f,t_f+\delta t_f)$位置时，产生如下泛函增量：

$$\begin{aligned}\Delta J&=\int_{t_0}^{t_f+\delta t_f} L(\boldsymbol{x}^*+\delta\boldsymbol{x},\dot{\boldsymbol{x}}^*+\delta\dot{\boldsymbol{x}},t)\mathrm{d}t-\int_{t_0}^{t_f} L(\boldsymbol{x}^*,\dot{\boldsymbol{x}}^*,t)\mathrm{d}t\\&=\int_{t_f}^{t_f+\delta t_f} L(\boldsymbol{x}^*+\delta\boldsymbol{x},\dot{\boldsymbol{x}}^*+\delta\dot{\boldsymbol{x}},t)\mathrm{d}t+\int_{t_0}^{t_f}[L(\boldsymbol{x}^*+\delta\boldsymbol{x},\dot{\boldsymbol{x}}^*+\delta\dot{\boldsymbol{x}},t)-L(\boldsymbol{x}^*,\dot{\boldsymbol{x}}^*,t)]\mathrm{d}t\end{aligned} \tag{2-48}$$

式(2-48)右端第一项，根据积分中值定理可变换为

$$\int_{t_f}^{t_f+\delta t_f} L(\boldsymbol{x}^*+\delta\boldsymbol{x},\dot{\boldsymbol{x}}^*+\delta\dot{\boldsymbol{x}},t)\mathrm{d}t=L(\boldsymbol{x}^*+\delta\boldsymbol{x},\dot{\boldsymbol{x}}^*+\delta\dot{\boldsymbol{x}},t)|_{t=t_f+\theta\delta t_f}\delta t_f$$

式中 $0<\theta<1$。由于函数 $L(\cdot)$ 是连续的，因此

$$L(\boldsymbol{x}^*+\delta\boldsymbol{x},\dot{\boldsymbol{x}}^*+\delta\dot{\boldsymbol{x}},t)|_{t=t_f+\theta\delta t_f}=L(\boldsymbol{x}^*,\dot{\boldsymbol{x}}^*,t)|_{t_f}+\varepsilon_1$$

当 $\delta t_f\to 0,\delta\boldsymbol{x}_f\to\boldsymbol{0}$ 时，有 $\varepsilon_1\to 0$，故

$$\int_{t_f}^{t_f+\delta t_f} L(\boldsymbol{x}^*+\delta\boldsymbol{x},\dot{\boldsymbol{x}}^*+\delta\dot{\boldsymbol{x}},t)\mathrm{d}t=L(\boldsymbol{x}^*,\dot{\boldsymbol{x}}^*,t)|_{t_f}\delta t_f+\varepsilon_1\delta t_f \tag{2-49}$$

对于式(2-48)右端第二项，将被积函数在极值轨线处展成泰勒级数，有

$$\begin{aligned}&\int_{t_0}^{t_f}[L(\boldsymbol{x}^*+\delta\boldsymbol{x},\dot{\boldsymbol{x}}^*+\delta\dot{\boldsymbol{x}},t)-L(\boldsymbol{x}^*,\dot{\boldsymbol{x}}^*,t)]\mathrm{d}t\\&=\int_{t_0}^{t_f}\left[\left(\frac{\partial L}{\partial\boldsymbol{x}}\right)^{\mathrm{T}}\delta\boldsymbol{x}+\left(\frac{\partial L}{\partial\dot{\boldsymbol{x}}}\right)^{\mathrm{T}}\delta\dot{\boldsymbol{x}}+\mathrm{HOT}\right]\mathrm{d}t\end{aligned} \tag{2-50}$$

对式(2-51)中的第二项进行分部积分，得

$$\int_{t_0}^{t_f}\left(\frac{\partial L}{\partial\dot{\boldsymbol{x}}}\right)^{\mathrm{T}}\delta\dot{\boldsymbol{x}}\,\mathrm{d}t=\left[\left(\frac{\partial L}{\partial\dot{\boldsymbol{x}}}\right)^{\mathrm{T}}\delta\boldsymbol{x}\right]\Bigg|_{t_0}^{t_f}-\int_{t_0}^{t_f}\left(\frac{\mathrm{d}}{\mathrm{d}t}\frac{\partial L}{\partial\dot{\boldsymbol{x}}}\right)^{\mathrm{T}}\delta\boldsymbol{x}\,\mathrm{d}t \tag{2-51}$$

将式(2-51)代入式(2-50)，所得结果代入式(2-48)，同时将式(2-49)代入式(2-48)，取泛函增量的线性主部，得泛函的一次变分

$$\delta J=\int_{t_0}^{t_f}\left(\frac{\partial L}{\partial\boldsymbol{x}}-\frac{\mathrm{d}}{\mathrm{d}t}\frac{\partial L}{\partial\dot{\boldsymbol{x}}}\right)^{\mathrm{T}}\delta\boldsymbol{x}\,\mathrm{d}t+\left[\left(\frac{\partial L}{\partial\dot{\boldsymbol{x}}}\right)^{\mathrm{T}}\delta\boldsymbol{x}\right]\Bigg|_{t_0}^{t_f}+L(\boldsymbol{x}^*,\dot{\boldsymbol{x}}^*,t)|_{t_f}\delta t_f$$

由定理 2-3，令 $\delta J=0$，得末端变动、t_f 自由时泛函极值的必要条件

$$\frac{\partial L}{\partial\boldsymbol{x}}-\frac{\mathrm{d}}{\mathrm{d}t}\frac{\partial L}{\partial\dot{\boldsymbol{x}}}=\boldsymbol{0} \tag{2-52}$$

以及

$$\left(\frac{\partial L}{\partial\dot{\boldsymbol{x}}}\right)^{\mathrm{T}}\Bigg|_{t_f}\delta\boldsymbol{x}(t_f)-\left(\frac{\partial L}{\partial\dot{\boldsymbol{x}}}\right)^{\mathrm{T}}\Bigg|_{t_0}\delta\boldsymbol{x}(t_0)+L(\boldsymbol{x}^*,\dot{\boldsymbol{x}}^*,t)|_{t_f}\delta t_f=0 \tag{2-53}$$

式(2-52)称为欧拉方程，可见 t_f 自由、末端变动时的欧拉方程形式与 t_f 固定时的欧拉方

程完全相同，这一结论同样适用于有等式约束的泛函极值问题；式(2-53)称为横截条件，除提供求解欧拉方程所需的两点边界值外，还提供了一个确定最优末端时刻 t_f^* 所需的边界条件。

末端时刻自由、末端状态变动时的横截条件，可分成如下两种情况讨论。

(1) 起点固定，末端自由

由于 $\boldsymbol{x}(t_0)=\boldsymbol{x}_0$，故 $\delta\boldsymbol{x}(t_0)=\boldsymbol{0}$。在末端自由情况下，由式(2-46)知

$$\delta\boldsymbol{x}(t_f)=\delta\boldsymbol{x}_f-\dot{\boldsymbol{x}}(t_f)\delta t_f$$

将上式及 $\delta\boldsymbol{x}(t_0)=\boldsymbol{0}$ 代入式(2-53)，得

$$\left(\frac{\partial L}{\partial \dot{\boldsymbol{x}}}\right)^{\mathrm{T}}\bigg|_{t_f}[\delta\boldsymbol{x}_f-\dot{\boldsymbol{x}}(t_f)\delta t_f]+L(\boldsymbol{x}^*,\dot{\boldsymbol{x}}^*,t)\big|_{t_f}\delta t_f=0$$

整理得

$$\left(L-\dot{\boldsymbol{x}}^{\mathrm{T}}\frac{\partial L}{\partial \dot{\boldsymbol{x}}}\right)\bigg|_{t_f}\delta t_f+\left(\frac{\partial L}{\partial \dot{\boldsymbol{x}}}\right)^{\mathrm{T}}\bigg|_{t_f}\delta\boldsymbol{x}_f=0 \tag{2-54}$$

在式(2-54)中，因 δt_f 及 $\delta\boldsymbol{x}_f$ 任意，故横截条件为

$$\left.\begin{aligned}&\left(L-\dot{\boldsymbol{x}}^{\mathrm{T}}(t)\frac{\partial L}{\partial \dot{\boldsymbol{x}}}\right)\bigg|_{t_f}=0\\&\left(\frac{\partial L}{\partial \dot{\boldsymbol{x}}}\right)\bigg|_{t_f}=\boldsymbol{0}\\&\boldsymbol{x}(t_0)=\boldsymbol{x}_0\end{aligned}\right\} \tag{2-55}$$

(2) 起点固定，末端受约束

设末端约束方程为

$$\boldsymbol{x}(t_f)=\boldsymbol{c}(t_f)$$

此时，$\delta\boldsymbol{x}_f$ 不能任意。由式(2-47)知

$$\delta\boldsymbol{x}_f=\dot{\boldsymbol{c}}(t_f)\delta t_f$$

于是，在式(2-54)基础上，横截条件进一步演化为

$$\left(L-\dot{\boldsymbol{x}}^{\mathrm{T}}(t)\frac{\partial L}{\partial \dot{\boldsymbol{x}}}\right)\bigg|_{t_f}\delta t_f+\left(\frac{\partial L}{\partial \dot{\boldsymbol{x}}}\right)^{\mathrm{T}}\bigg|_{t_f}\dot{\boldsymbol{c}}(t_f)\delta t_f=\left[L+(\dot{\boldsymbol{c}}-\dot{\boldsymbol{x}})^{\mathrm{T}}\frac{\partial L}{\partial \dot{\boldsymbol{x}}}\right]\bigg|_{t_f}\delta t_f=0 \tag{2-56}$$

在式(2-56)中，因 δt_f 任意，故横截条件为

$$\left.\begin{aligned}&\left[L+(\dot{\boldsymbol{c}}-\dot{\boldsymbol{x}})^{\mathrm{T}}\frac{\partial L}{\partial \dot{\boldsymbol{x}}}\right]\bigg|_{t_f}=0\\&\boldsymbol{x}(t_f)=\boldsymbol{c}(t_f)\\&\boldsymbol{x}(t_0)=\boldsymbol{x}_0\end{aligned}\right\} \tag{2-57}$$

2.3.3 初始时刻自由时的横截条件

初始时刻自由问题的实质是：末端固定 $\boldsymbol{x}(t_f)=\boldsymbol{x}_f$，初始时刻 t_0 不固定，初始状态 $\boldsymbol{x}(t_0)$或自由或受约束。例如，空对地导弹的极值控制，就属于起点受约束而终点固定的变分问题。当飞机发射导弹攻击地面固定军事目标时，为了提高命中率并躲避敌方地面防空炮火，应沿某一条飞行轨迹 $\boldsymbol{\psi}_0(t)$ 飞行，故在发射导弹的初始时刻 t_0，导弹运动轨线 $\boldsymbol{x}(t)$与飞机俯冲轨线 $\boldsymbol{\psi}_0(t)$之间，应满足如下关系：

$$\boldsymbol{x}(t_0)=\boldsymbol{\psi}_0(t_0) \tag{2-58}$$

设初始时刻自由时的变分问题如图 2-4 所示。图中 $\boldsymbol{x}^*(t)$表示极值轨线，$\boldsymbol{x}(t)$为 $\boldsymbol{x}^*(t)$邻域内的任一条容许轨线，点$(\boldsymbol{x}_0,t_0)$到点$(\boldsymbol{x}_0+\delta\boldsymbol{x}_0,t_0-\delta t_0)$表示初始端变动范围，$\delta t_0$ 表示初始时刻变分，为微变量。

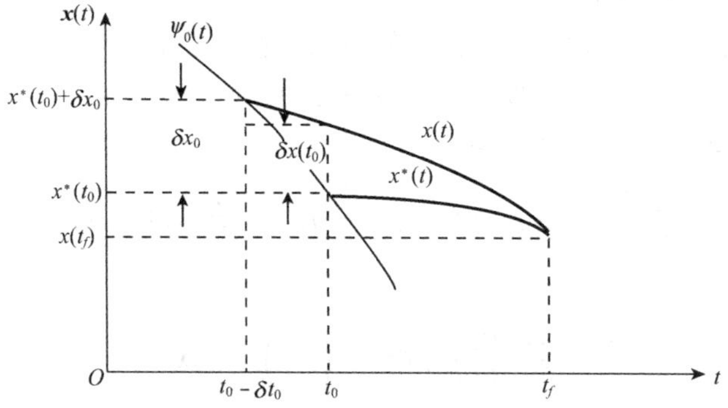

图 2-4　初始时刻自由时的变分问题

由图 2-4 可以看出，当起点受约束时，存在如下近似关系式：

$$\delta\boldsymbol{x}(t_0)=\delta\boldsymbol{x}_0+\dot{\boldsymbol{x}}(t_0)\delta t_0 \tag{2-59}$$

和

$$\delta\boldsymbol{x}_0=-\dot{\boldsymbol{\psi}}_0(t_0)\delta t_0 \tag{2-60}$$

如果起点自由，因为约束方程(2-58)不存在，故仅存在近似关系式(2-59)。

设性能泛函如式(2-15)所示，$\boldsymbol{x}(t)$与 $\boldsymbol{x}^*(t)$之间关系如式(2-18)和式(2-19)所示，当起点由$(\boldsymbol{x}_0,t_0)$位置移动到$(\boldsymbol{x}_0+\delta\boldsymbol{x}_0,t_0-\delta t_0)$位置时，产生如下泛函增量：

$$\begin{aligned}\Delta J&=\int_{t_0-\delta t_0}^{t_f}L(\boldsymbol{x}^*+\delta\boldsymbol{x},\dot{\boldsymbol{x}}^*+\delta\dot{\boldsymbol{x}},t)\mathrm{d}t-\int_{t_0}^{t_f}L(\boldsymbol{x}^*,\dot{\boldsymbol{x}}^*,t)\mathrm{d}t\\&=\int_{t_0-\delta t_0}^{t_0}L(\boldsymbol{x}^*+\delta\boldsymbol{x},\dot{\boldsymbol{x}}^*+\delta\dot{\boldsymbol{x}},t)\mathrm{d}t+\int_{t_0}^{t_f}[L(\boldsymbol{x}^*+\delta\boldsymbol{x},\dot{\boldsymbol{x}}^*+\delta\dot{\boldsymbol{x}},t)-L(\boldsymbol{x}^*,\dot{\boldsymbol{x}}^*,t)]\mathrm{d}t\end{aligned}$$

取上式的线性主部，得泛函的一次变分

$$\delta J=L(\boldsymbol{x}^*+\delta\boldsymbol{x},\dot{\boldsymbol{x}}^*+\delta\dot{\boldsymbol{x}},t)\big|_{t_0}\delta t_0+\int_{t_0}^{t_f}\left(\frac{\partial L}{\partial\boldsymbol{x}}-\frac{\mathrm{d}}{\mathrm{d}t}\frac{\partial L}{\partial\dot{\boldsymbol{x}}}\right)^{\mathrm{T}}\delta\boldsymbol{x}\,\mathrm{d}t+\left[\left(\frac{\partial L}{\partial\dot{\boldsymbol{x}}}\right)^{\mathrm{T}}\delta\boldsymbol{x}\right]\Bigg|_{t_0}^{t_f}$$

令 $\delta J=0$，考虑到 $\delta\boldsymbol{x}$ 是任意的，故泛函极值的必要条件为

$$\frac{\partial L}{\partial\boldsymbol{x}}-\frac{\mathrm{d}}{\mathrm{d}t}\frac{\partial L}{\partial\dot{\boldsymbol{x}}}=\boldsymbol{0} \tag{2-61}$$

以及

$$\left(\frac{\partial L}{\partial\dot{\boldsymbol{x}}}\right)^{\mathrm{T}}\Bigg|_{t_f}\delta\boldsymbol{x}(t_f)-\left(\frac{\partial L}{\partial\dot{\boldsymbol{x}}}\right)^{\mathrm{T}}\Bigg|_{t_0}\delta\boldsymbol{x}(t_0)+L(\boldsymbol{x}^*+\delta\boldsymbol{x},\dot{\boldsymbol{x}}^*+\delta\dot{\boldsymbol{x}},t)\big|_{t_0}\delta t_0=0 \tag{2-62}$$

式中式(2-61)为欧拉方程，其形式与式(2-25)、式(2-30)及式(2-52)完全相同；式(2-62)为初始时刻自由时的横截条件，可分为如下两种情况讨论。

(1) 末端固定，起点受约束

由于末端固定，故有 $\delta\boldsymbol{x}(t_f)=\boldsymbol{0}$。在式(2-62)中，代入式(2-59)及式(2-60)，得

$$\left[L+(\dot{\boldsymbol{\psi}}_0-\dot{\boldsymbol{x}})^{\mathrm{T}}\frac{\partial L}{\partial \dot{\boldsymbol{x}}}\right]\bigg|_{t_0}\delta t_0=0$$

因为 δt_0 任意，所以起点受约束时的横截条件为

$$\left.\begin{aligned}&\left[L+(\dot{\boldsymbol{\psi}}_0-\dot{\boldsymbol{x}})^{\mathrm{T}}\frac{\partial L}{\partial \dot{\boldsymbol{x}}}\right]\bigg|_{t_0}=0\\&\boldsymbol{x}(t_0)=\boldsymbol{\psi}_0\ (t_0)\\&\boldsymbol{x}(t_f)=\boldsymbol{x}_f\end{aligned}\right\}\tag{2-63}$$

(2) 末端固定，起点自由

将式(2-59)及 $\delta\boldsymbol{x}(t_f)=\boldsymbol{0}$ 代入式(2-62)，得

$$\left(L-\dot{\boldsymbol{x}}^{\mathrm{T}}\frac{\partial L}{\partial \dot{\boldsymbol{x}}}\right)\bigg|_{t_0}\delta t_0-\left(\frac{\partial L}{\partial \dot{\boldsymbol{x}}}\right)^{\mathrm{T}}\bigg|_{t_0}\delta\boldsymbol{x}_0=0$$

在起点自由情况下，$\delta\boldsymbol{x}_0$ 和 δt_0 是任意的，故横截条件为

$$\left.\begin{aligned}&\left(L-\dot{\boldsymbol{x}}^{\mathrm{T}}\frac{\partial L}{\partial \dot{\boldsymbol{x}}}\right)\bigg|_{t_0}=0\\&\left(\frac{\partial L}{\partial \dot{\boldsymbol{x}}}\right)\bigg|_{t_0}=\boldsymbol{0}\\&\boldsymbol{x}(t_f)=\boldsymbol{x}_f\end{aligned}\right\}\tag{2-64}$$

末端时刻或初始时刻自由时的横截条件如表 2-2 所示。

例 2-5 已知初始时刻 $t_0=0$，初始状态 $x(0)=1$，末态要求

$$x(t_f)=c(t_f)=2-t_f$$

式中末端时刻 t_f 自由。求使泛函

$$J=\int_0^{t_f}(1+\dot{x}^2)^{1/2}\mathrm{d}t$$

为极值的最优轨线 $x^*(t)$ 以及相应的 t_f^* 和 J^*。

解 本题属于 t_f 自由、起点固定、末端受约束的变分问题，约束方程为

$$c(t)=2-t$$

表 2-2 末端时刻或初始时刻自由时的横截条件

序 号	名 称	横 截 条 件
1	起点固定，末端自由	$\left(L-\dot{\boldsymbol{x}}^{\mathrm{T}}\frac{\partial L}{\partial \dot{\boldsymbol{x}}}\right)\Big\|_{t_f}=0$ $\left(\frac{\partial L}{\partial \dot{\boldsymbol{x}}}\right)\Big\|_{t_f}=\boldsymbol{0}$, $\boldsymbol{x}(t_0)=\boldsymbol{x}_0$
2	起点固定，末端受约束	$\left[L+(\dot{\boldsymbol{c}}-\dot{\boldsymbol{x}})^{\mathrm{T}}\frac{\partial L}{\partial \dot{\boldsymbol{x}}}\right]\Big\|_{t_f}=0$ $\boldsymbol{x}(t_f)=\boldsymbol{c}(t_f)$, $\boldsymbol{x}(t_0)=\boldsymbol{x}_0$
3	末端固定，起点受约束	$\left[L+(\dot{\boldsymbol{\psi}}_0-\dot{\boldsymbol{x}})^{\mathrm{T}}\frac{\partial L}{\partial \dot{\boldsymbol{x}}}\right]\Big\|_{t_0}=0$ $\boldsymbol{x}(t_0)=\boldsymbol{\psi}_0\ (t_0)$, $\boldsymbol{x}(t_f)=\boldsymbol{x}_f$
4	末端固定，起点自由	$\left(L-\dot{\boldsymbol{x}}^{\mathrm{T}}\frac{\partial L}{\partial \dot{\boldsymbol{x}}}\right)\Big\|_{t_0}=0$ $\left(\frac{\partial L}{\partial \dot{\boldsymbol{x}}}\right)\Big\|_{t_0}=\boldsymbol{0}$, $\boldsymbol{x}(t_f)=\boldsymbol{x}_f$

如图 2-5 所示。图中 $x(t)$为一条任意的容许轨线。由题意

$$L(x,\dot{x},t)=(1+\dot{x}^2)^{\frac{1}{2}}$$

根据欧拉方程

$$\frac{\partial L}{\partial x}-\frac{\mathrm{d}}{\mathrm{d}t}\frac{\partial L}{\partial \dot{x}}=0$$

求得

$$\frac{\mathrm{d}}{\mathrm{d}t}\left[\frac{\dot{x}}{\sqrt{1+\dot{x}^2}}\right]=0$$

积分上式并整理得

$$x(t)=at+b$$

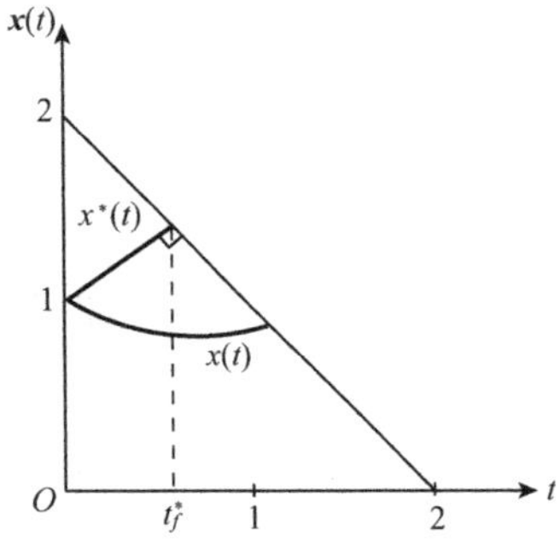

图 2-5　例 2-5 的极值曲线

式中 a 和 b 为待定常数。

根据横截条件(2-57),不难求得

$$a=1,\quad b=1$$

令 $x(t_f)=c(t_f)$,得 $t_f^*=\frac{1}{2}$。将 t_f^* 及 $x^*(t)$代入 J,得 $J^*=\frac{\sqrt{2}}{2}$。于是,本题的最优解为

$$x^*(t)=t+1$$

$$t_f^*=\frac{1}{2}$$

$$J^*=\frac{\sqrt{2}}{2}$$

最优轨线 $x^*(t)$已画在图 2-5 之中,$x^*(t)$与 $c(t)$正好正交。因此,对积分型性能泛函而言,横截条件又称为正交条件。

2.4　用变分法解最优控制问题

在控制变量的取值不受约束,即容许控制向量的集合可以充满整个函数空间,同时控制向量是时间的连续函数情况下,可以利用变分法求解最优控制问题。本节将讨论末端时刻固定和末端时刻自由时,最优解的必要条件与充分条件。

2.4.1　可用变分法求解的最优控制问题

设控制系统的状态方程为下列时变非线性向量微分方程:

$$\dot{\boldsymbol{x}}(t)=\boldsymbol{f}[\boldsymbol{x}(t),\boldsymbol{u}(t),t] \tag{2-65}$$

初始条件

$$\boldsymbol{x}(t_0)=\boldsymbol{x}(0) \tag{2-66}$$

式中 $\boldsymbol{x}(t)$为 n 维状态向量,$\boldsymbol{u}(t)$为 m 维控制向量。

性能泛函取为

$$J=\varphi[\boldsymbol{x}(t_f),t_f]+\int_{t_0}^{t_f}L(\boldsymbol{x},\boldsymbol{u},t)\mathrm{d}t \tag{2-67}$$

式中控制向量 $\boldsymbol{u}(t)$不受约束,且在$[t_0,t_f]$区间上连续;末端时刻 t_f 可以固定,也可以自由;末端状态 $\boldsymbol{x}(t_f)$或固定或自由或受约束;在时间区间$[t_0,t_f]$上,标量函数 $\varphi(\cdot)$和

$L(\cdot)$连续且二次可微，向量函数 $\boldsymbol{f}(\cdot)$连续且可微。

设要求的目标集为

$$\boldsymbol{\psi}[\boldsymbol{x}(t_f),t_f]=\boldsymbol{0} \tag{2-68}$$

式中 $\boldsymbol{\psi}\in R^r$，$r\leqslant n$。则最优控制问题是：寻求最优解 $\boldsymbol{x}^*(t)$和 $\boldsymbol{u}^*(t)$，使系统(2-65)从已知初态(2-66)转移到要求的目标集(2-68)，并使给定的性能泛函(2-67)达到极值。

如果系统的最优控制问题比较简单，则可以直接应用前面各节给出的结果求解。试看下例。

例 2-6 设一阶系统方程为

$$\dot{x}(t)=-x(t)+u(t),\quad x(0)=3$$

要求确定最优控制函数 $u^*(t)$及最优轨线 $x^*(t)$，在 $t=2$ 时将系统转移到 $x(2)=0$，并使下列性能泛函极小：

$$J=\int_0^2(1+u^2)\mathrm{d}t$$

解 若从系统方程中解出 $u(t)$，即

$$u(t)=\dot{x}(t)+x(t)$$

将其代入性能泛函，得

$$J=\int_0^2(1+\dot{x}^2+2x\dot{x}+x^2)\mathrm{d}t$$

于是，性能泛函中只含一个宗量 $x(t)$。这样，便可以直接应用前面几节的结论。

本例属于末端时刻固定、初态和末态两端固定、积分型性能泛函的变分问题。令

$$L(x,\dot{x},t)=1+\dot{x}^2+2x\dot{x}+x^2$$

由泛函极值的必要条件，欧拉方程为

$$\frac{\partial L}{\partial \boldsymbol{x}}-\frac{\mathrm{d}}{\mathrm{d}t}\frac{\partial L}{\partial \dot{\boldsymbol{x}}}=x-\ddot{x}=0$$

解得

$$x(t)=c_1\mathrm{e}^t+c_2\mathrm{e}^{-t}$$

式中 c_1 和 c_2 为待定常数。根据横截条件

$$x(0)=3,\quad x(2)=0$$

求出

$$c_1=3(1-\mathrm{e}^4)^{-1},\quad c_2=3(1-\mathrm{e}^{-4})^{-1}$$

于是，使给定性能泛函取极值的最优解为

$$u^*(t)=\frac{6}{1-\mathrm{e}^4}\mathrm{e}^t$$

$$x^*(t)=\frac{3}{1-\mathrm{e}^{-4}}\mathrm{e}^{-t}+\frac{3}{1-\mathrm{e}^4}\mathrm{e}^t$$

再由无约束泛函极小值的充分条件(2-35)得

$$\frac{\partial^2 L}{\partial \boldsymbol{x}^2}-\frac{\mathrm{d}}{\mathrm{d}t}\frac{\partial^2 L}{\partial \boldsymbol{x}\partial \dot{\boldsymbol{x}}}=2>0$$

$$\frac{\partial^2 L}{\partial \dot{\boldsymbol{x}}^2}=2>0$$

故所求得的 $u^*(t)$可使性能泛函取极小值。

一般来说，从系统约束方程中解出 $\boldsymbol{u}(t)$ 并非易事。若再考虑到目标集约束条件以及性能泛函为复合型的情况，例 2-6 的方法就失去了一般性。因此，对于一般的最优控制问题，应广泛采用拉格朗日乘子法，引入哈密顿函数概念，将泛函条件极值问题转化为无约束泛函极值问题，以获得最优解的必要条件和充分条件。

2.4.2 末端时刻固定时的最优解

当 t_f 固定时，以式(2-65)～式(2-68)表达的最优控制问题可以归纳为如下一般形式：

$$\min_{\boldsymbol{u}(t)} J=\varphi[\boldsymbol{x}(t_f)]+\int_{t_0}^{t_f} L(\boldsymbol{x},\boldsymbol{u},t)\mathrm{d}t$$

$$\text{s.t.}\quad \boldsymbol{f}(\boldsymbol{x},\boldsymbol{u},t)-\dot{\boldsymbol{x}}(t)=\boldsymbol{0},\quad \boldsymbol{x}(t_0)=\boldsymbol{x}_0$$

$$\boldsymbol{\psi}[\boldsymbol{x}(t_f)]=\boldsymbol{0}$$

假设各向量维数关系同前。末端状态 $\boldsymbol{x}(t_f)$ 或受约束、或自由、或固定。此时，最优控制问题的实质是有两个等式约束的泛函条件极值问题。

为了把泛函条件极值问题转化为无条件泛函极值问题，引入两个拉格朗日乘子向量：$\boldsymbol{\lambda}(t)\in R^n$ 和 $\boldsymbol{\gamma}(t)\in R^r$。构造如下广义泛函：

$$\begin{aligned}J_a=&\varphi[\boldsymbol{x}(t_f)]+\boldsymbol{\gamma}^{\mathrm{T}}(t)\boldsymbol{\psi}[\boldsymbol{x}(t_f)]\\&+\int_{t_0}^{t_f}\{L(\boldsymbol{x},\boldsymbol{u},t)+\boldsymbol{\lambda}^{\mathrm{T}}(t)[\boldsymbol{f},(\boldsymbol{x},\boldsymbol{u},t)-\dot{\boldsymbol{x}}(t)]\}\mathrm{d}t\end{aligned}\tag{2-69}$$

从变分观点来看，J_a 与 J 是等价的，因此确定了广义泛函 J_a 的无条件极值，也就确定了泛函 J 的条件极值。为了便于求解，定义如下哈密顿函数：

$$H(\boldsymbol{x},\boldsymbol{u},\boldsymbol{\lambda},t)=L(\boldsymbol{x},\boldsymbol{u},t)+\boldsymbol{\lambda}^{\mathrm{T}}(t)\boldsymbol{f}(\boldsymbol{x},\boldsymbol{u},t)\tag{2-70}$$

将式(2-70)代入式(2-69)，得

$$J_a=\varphi[\boldsymbol{x}(t_f)]+\boldsymbol{\gamma}^{\mathrm{T}}(t)\boldsymbol{\psi}[\boldsymbol{x}(t_f)]+\int_{t_0}^{t_f}[H(\boldsymbol{x},\boldsymbol{u},\boldsymbol{\lambda},t)-\boldsymbol{\lambda}^{\mathrm{T}}(t)\dot{\boldsymbol{x}}(t)]\mathrm{d}t$$

因为上式中最后一个积分项的分部积分为

$$-\int_{t_0}^{t_f}\boldsymbol{\lambda}^{\mathrm{T}}(t)\dot{\boldsymbol{x}}(t)\mathrm{d}t=-\boldsymbol{\lambda}^{\mathrm{T}}(t)\boldsymbol{x}(t)\Big|_{t_0}^{t_f}+\int_{t_0}^{t_f}\dot{\boldsymbol{\lambda}}^{\mathrm{T}}(t)\boldsymbol{x}(t)\mathrm{d}t$$

所以广义泛函可表示成如下形式：

$$\begin{aligned}J_a=&\varphi[\boldsymbol{x}(t_f)]+\boldsymbol{\gamma}^{\mathrm{T}}(t)\boldsymbol{\psi}[\boldsymbol{x}(t_f)]-\boldsymbol{\lambda}^{\mathrm{T}}(t_f)\boldsymbol{x}(t_f)+\boldsymbol{\lambda}^{\mathrm{T}}(t_0)\boldsymbol{x}(t_0)\\&+\int_{t_0}^{t_f}[H(\boldsymbol{x},\boldsymbol{u},\boldsymbol{\lambda},t)+\dot{\boldsymbol{\lambda}}^{\mathrm{T}}(t)\boldsymbol{x}(t)]\mathrm{d}t\end{aligned}\tag{2-71}$$

对式(2-71)取一次变分，注意到待定乘子向量 $\boldsymbol{\lambda}(t)$ 和 $\boldsymbol{\gamma}(t)$ 不变分，以及 $\delta\boldsymbol{x}(t_0)=\boldsymbol{0}$，可得

$$\begin{aligned}\delta J_a=&\delta\boldsymbol{x}^{\mathrm{T}}(t_f)\left[\frac{\partial\varphi}{\partial\boldsymbol{x}(t_f)}+\frac{\partial\boldsymbol{\psi}^{\mathrm{T}}}{\partial\boldsymbol{x}(t_f)}\boldsymbol{\gamma}(t_f)-\boldsymbol{\lambda}(t_f)\right]\\&+\int_{t_0}^{t_f}\left[\left(\frac{\partial H}{\partial\boldsymbol{x}}+\dot{\boldsymbol{\lambda}}\right)^{\mathrm{T}}\delta\boldsymbol{x}+\left(\frac{\partial H}{\partial\boldsymbol{u}}\right)^{\mathrm{T}}\delta\boldsymbol{u}\right]\mathrm{d}t\end{aligned}\tag{2-72}$$

根据泛函极值的必要条件，令式(2-72)为零，考虑到宗量变分 $\delta\boldsymbol{x}(t)$、$\delta\boldsymbol{u}(t)$ 和 $\delta\boldsymbol{x}(t_f)$ 的任意性，得广义泛函取极值的必要条件

欧拉方程
$$\dot{\boldsymbol{\lambda}}(t)=-\frac{\partial H}{\partial\boldsymbol{x}}\tag{2-73}$$

$$\frac{\partial H}{\partial \boldsymbol{u}}=\boldsymbol{0} \tag{2-74}$$

横截条件
$$\boldsymbol{\lambda}(t_f)=\frac{\partial \varphi}{\partial \boldsymbol{x}(t_f)}+\frac{\partial \boldsymbol{\psi}^{\mathrm{T}}}{\partial \boldsymbol{x}(t_f)}\boldsymbol{\gamma}(t_f) \tag{2-75}$$

引进哈密顿标量函数(2-70)后，使得极值必要条件中的如下两个方程具有正则形式：

$$\dot{\boldsymbol{x}}(t)=\frac{\partial H}{\partial \boldsymbol{\lambda}}=\boldsymbol{f}(\boldsymbol{x},\boldsymbol{u},t) \tag{2-76}$$

$$\dot{\boldsymbol{\lambda}}(t)=-\frac{\partial H}{\partial \boldsymbol{x}} \tag{2-77}$$

它们的右端都是哈密顿函数的适当偏导数，故称为正则方程。其中，式(2-76)是众所周知的状态方程；式(2-77)称为协态方程或共轭方程，相应的乘子向量 $\boldsymbol{\lambda}(t)$ 则称为协态向量或共轭向量。正则方程(2-76)和(2-77)是 $2n$ 个一阶微分方程组。初始条件(2-66)和横截条件(2-75)正好为正则方程提供了 $2n$ 个边界条件。根据对 $L(\cdot)$、$\varphi(\cdot)$ 和 $\boldsymbol{f}(\cdot)$ 的连续性与可微性假设，正则方程可以唯一确定状态 $\boldsymbol{x}(t)$ 和协态 $\boldsymbol{\lambda}(t)$。

对于确定的 $\boldsymbol{x}(t)$ 和 $\boldsymbol{\lambda}(t)$，哈密顿函数 H 是 $\boldsymbol{u}(t)$ 的函数。必要条件(2-74)表明，极值控制 $\boldsymbol{u}^*(t)$ 使哈密顿函数 H 取驻值。因此，式(2-74)通常称为极值条件或控制方程。式(2-74)为 m 次代数方程，可以确定极值控制 $\boldsymbol{u}^*(t)$ 与极值轨线 $\boldsymbol{x}^*(t)$、协态向量 $\boldsymbol{\lambda}^*(t)$ 之间的关系。

应当指出，正则方程(2-76)、(2-77)通过极值条件(2-74)成为变量互相耦合的方程。其边界条件中的一部分是初始条件，另一部分为末端条件。因此，求最优控制归纳为解微分方程两点边值问题。在多数情况下，需采用数字计算机求其数值解。

在求最优解过程中，经常使用哈密顿函数的下列性质：取哈密顿函数对时间的全导数，得

$$\frac{\mathrm{d}H}{\mathrm{d}t}=\left(\frac{\partial H}{\partial \boldsymbol{x}}\right)^{\mathrm{T}}\dot{\boldsymbol{x}}(t)+\left(\frac{\partial H}{\partial \boldsymbol{u}}\right)^{\mathrm{T}}\dot{\boldsymbol{u}}(t)+\left(\frac{\partial H}{\partial \boldsymbol{\lambda}}\right)^{\mathrm{T}}\dot{\boldsymbol{\lambda}}(t)+\frac{\partial H}{\partial t} \tag{2-78}$$

在最优轨线($\boldsymbol{x}=\boldsymbol{x}^*,\boldsymbol{u}=\boldsymbol{u}^*,\boldsymbol{\lambda}=\boldsymbol{\lambda}^*$)上，有

$$\dot{\boldsymbol{x}}=\frac{\partial H}{\partial \boldsymbol{\lambda}},\quad \frac{\partial H}{\partial \boldsymbol{u}}=\boldsymbol{0},\quad \dot{\boldsymbol{\lambda}}=-\frac{\partial H}{\partial \boldsymbol{x}}$$

于是，式(2-78)可写为

$$\frac{\mathrm{d}H}{\mathrm{d}t}=\frac{\partial H}{\partial t} \tag{2-79}$$

或

$$H(t)=H(t_f)-\int_t^{t_f}\frac{\partial H}{\partial \tau}\mathrm{d}\tau \tag{2-80}$$

若哈密顿函数不显含 t，则有

$$H(t)=\text{const},\quad t\in[t_0,t_f]$$

因此，哈密顿函数的性质是：沿最优轨线，H 对时间的全导数与对时间的偏导数相等；当 H 不显含 t 时，H 沿最优轨线保持为常数。

在以上讨论过程中，主要针对末端受约束的情况。若末端自由，则上述结果中不出现 $\boldsymbol{\psi}[\boldsymbol{x}(t_f)]$；若末端固定，则因 $\delta\boldsymbol{x}(t_f)=\boldsymbol{0}$，上述结果中，横截条件(2-75)不存在。因而，在各种末态条件下，可将上述结果归纳为如下定理。

(1) 末端时刻固定时最优解的必要条件

1) 末端受约束情况。

定理 2-10 对于如下最优控制问题

$$\min_{\boldsymbol{u}(t)} J=\varphi\left[\boldsymbol{x}(t_f)\right]+\int_{t_0}^{t_f} L(\boldsymbol{x},\boldsymbol{u},t)\mathrm{d}t,\quad t_f \text{ 固定}$$

$$\text{s. t.}\quad \dot{\boldsymbol{x}}(t)=\boldsymbol{f}(\boldsymbol{x},\boldsymbol{u},t),\quad \boldsymbol{x}(t_0)=\boldsymbol{x}_0$$

$$\boldsymbol{\psi}\left[\boldsymbol{x}(t_f)\right]=\boldsymbol{0}$$

最优解的必要条件是(为便于书写,今后凡不致混淆之处,均省略“*”号):

① $\boldsymbol{x}(t)$和 $\boldsymbol{\lambda}(t)$满足下列正则方程:

$$\dot{\boldsymbol{x}}(t)=\frac{\partial H}{\partial \boldsymbol{\lambda}}$$

$$\dot{\boldsymbol{\lambda}}(t)=-\frac{\partial H}{\partial \boldsymbol{x}}$$

式中

$$H(\boldsymbol{x},\boldsymbol{u},\boldsymbol{\lambda},t)=L(\boldsymbol{x},\boldsymbol{u},t)+\boldsymbol{\lambda}^{\mathrm{T}}(t)\boldsymbol{f}(\boldsymbol{x},\boldsymbol{u},t)$$

② 边界条件

$$\boldsymbol{x}(t_0)=\boldsymbol{x}_0$$

$$\boldsymbol{\lambda}(t_f)=\frac{\partial \varphi}{\partial \boldsymbol{x}(t_f)}+\frac{\partial \boldsymbol{\psi}^{\mathrm{T}}}{\partial \boldsymbol{x}(t_f)}\boldsymbol{\gamma}(t_f)$$

$$\boldsymbol{\psi}\left[\boldsymbol{x}(t_f)\right]=\boldsymbol{0}$$

③ 极值条件

$$\frac{\partial H}{\partial \boldsymbol{u}}=\boldsymbol{0}$$

2) 末端自由情况。

定理 2-11 对于如下最优控制问题:

$$\min_{\boldsymbol{u}(t)} J=\varphi\left[\boldsymbol{x}(t_f)\right]+\int_{t_0}^{t_f} L(\boldsymbol{x},\boldsymbol{u},t)\mathrm{d}t$$

$$\text{s. t.}\quad \dot{\boldsymbol{x}}(t)=\boldsymbol{f}(\boldsymbol{x},\boldsymbol{u},t),\quad \boldsymbol{x}(t_0)=\boldsymbol{x}_0$$

式中,t_f 固定,$\boldsymbol{x}(t_f)$自由。最优解的必要条件为:

① $\boldsymbol{x}(t)$和 $\boldsymbol{\lambda}(t)$满足下列正则方程:

$$\dot{\boldsymbol{x}}(t)=\frac{\partial H}{\partial \boldsymbol{\lambda}}$$

$$\dot{\boldsymbol{\lambda}}(t)=-\frac{\partial H}{\partial \boldsymbol{x}}$$

式中

$$H(\boldsymbol{x},\boldsymbol{u},\boldsymbol{\lambda},t)=L(\boldsymbol{x},\boldsymbol{u},t)+\boldsymbol{\lambda}^{\mathrm{T}}(t)\boldsymbol{f}(\boldsymbol{x},\boldsymbol{u},t)$$

② 边界条件

$$\boldsymbol{x}(t_0)=\boldsymbol{x}_0$$

$$\boldsymbol{\lambda}(t_f)=\frac{\partial \varphi}{\partial \boldsymbol{x}(t_f)}$$

③ 极值条件

$$\frac{\partial H}{\partial \boldsymbol{u}}=\mathbf{0}$$

3）末端固定情况。

当末端固定，即 $\boldsymbol{x}(t_f)=\boldsymbol{x}_f$ 时，性能泛函中的末值项已无存在的必要。由于 $\delta\boldsymbol{x}(t_0)=\mathbf{0}$ 和 $\delta\boldsymbol{x}(t_f)=\mathbf{0}$，广义泛函 J_a 的一次变分(2-72)变为

$$\delta J_a=\int_{t_0}^{t_f}\left[\left(\frac{\partial H}{\partial \boldsymbol{x}}+\dot{\boldsymbol{\lambda}}\right)^{\mathrm{T}}\delta\boldsymbol{x}+\left(\frac{\partial H}{\partial \boldsymbol{u}}\right)^{\mathrm{T}}\delta\boldsymbol{u}\right]\mathrm{d}t \tag{2-81}$$

令式(2-81)为零，考虑到 $\delta\boldsymbol{x}$ 是任意的，故仍有协态方程

$$\dot{\boldsymbol{\lambda}}(t)=-\frac{\partial H}{\partial \boldsymbol{x}}$$

成立。应特别注意的是：对协态方程而言，不再存在如式(2-75)那样的横截条件，也不能理解为 $\boldsymbol{\lambda}(t_f)=\mathbf{0}$。因为 $\delta\boldsymbol{x}(t_f)=\mathbf{0}$，所以为满足 $\delta J_a=0$，$\boldsymbol{\lambda}(t_f)=\mathbf{0}$ 不是必要的，也不能成立。此时，已知的 $\boldsymbol{x}(t_0)=\boldsymbol{x}_0$ 和 $\boldsymbol{x}(t_f)=\boldsymbol{x}_f$，就是正则方程的两端边界条件。此外，为满足 $\delta\boldsymbol{x}(t_f)=\mathbf{0}$，容许控制变分 $\delta\boldsymbol{u}(t)$ 已不再是完全任意的，必须满足某些限制条件。事实上，由状态方程的变分

$$\delta\dot{\boldsymbol{x}}(t)=\frac{\partial \boldsymbol{f}}{\partial \boldsymbol{x}^{\mathrm{T}}}\delta\boldsymbol{x}(t)+\frac{\partial \boldsymbol{f}}{\partial \boldsymbol{u}^{\mathrm{T}}}\delta\boldsymbol{u}(t) \tag{2-82}$$

可解得

$$\delta\boldsymbol{x}(t)=\boldsymbol{\Phi}(t,t_0)\delta\boldsymbol{x}(t_0)+\int_{t_0}^{t}\boldsymbol{\Phi}(t,s)\frac{\partial \boldsymbol{f}}{\partial \boldsymbol{u}^{\mathrm{T}}}\delta\boldsymbol{u}(s)\mathrm{d}s \tag{2-83}$$

式中 $\boldsymbol{\Phi}(t,t_0)$ 是微分方程(2-82)的状态转移矩阵。在式(2-83)中，令 $t=t_f$，考虑到 $\delta\boldsymbol{x}(t_0)=\mathbf{0}$，故有

$$\delta\boldsymbol{x}(t_f)=\int_{t_0}^{t_f}\boldsymbol{\Phi}(t,s)\frac{\partial \boldsymbol{f}}{\partial \boldsymbol{u}^{\mathrm{T}}}\delta\boldsymbol{u}(s)\mathrm{d}s \tag{2-84}$$

显然，为满足 $\delta\boldsymbol{x}(t_f)=\mathbf{0}$，容许控制变分 $\delta\boldsymbol{u}(t)$ 应满足如下限制条件：

$$\int_{t_0}^{t_f}\boldsymbol{\Phi}(t,s)\frac{\partial \boldsymbol{f}}{\partial \boldsymbol{u}^{\mathrm{T}}}\delta\boldsymbol{u}(s)\mathrm{d}s=0 \tag{2-85}$$

因此，不能简单地应用变分原理 2-5 导出 $\partial H/\partial\boldsymbol{u}=\mathbf{0}$ 的极值条件。但是，卡尔曼曾经推证：若被控系统完全可控，同样可以导出 $\partial H/\partial\boldsymbol{u}=\mathbf{0}$ 的极值条件。

定理 2-12 对于如下最优控制问题：

$$\min_{\boldsymbol{u}(t)}J=\int_{t_0}^{t_f}L(\boldsymbol{x},\boldsymbol{u},t)\mathrm{d}t$$

$$\text{s. t.}\quad \dot{\boldsymbol{x}}(t)=\boldsymbol{f}(\boldsymbol{x},\boldsymbol{u},t),\quad \boldsymbol{x}(t_0)=\boldsymbol{x}_0$$

式中 t_f 固定，$\boldsymbol{x}(t_f)=\boldsymbol{x}_f$。若系统完全可控，则最优解的必要条件为：

① $\boldsymbol{x}(t)$ 和 $\boldsymbol{\lambda}(t)$ 满足下列正则方程：

$$\dot{\boldsymbol{x}}(t)=\frac{\partial H}{\partial \boldsymbol{\lambda}}$$

$$\dot{\boldsymbol{\lambda}}(t)=-\frac{\partial H}{\partial \boldsymbol{x}}$$

式中

$$H(\boldsymbol{x},\boldsymbol{u},\boldsymbol{\lambda},t)=L(\boldsymbol{x},\boldsymbol{u},t)+\boldsymbol{\lambda}^{\mathrm{T}}(t)\boldsymbol{f}(\boldsymbol{x},\boldsymbol{u},t)$$

② 边界条件

$$\boldsymbol{x}(t_0)=\boldsymbol{x}_0$$
$$\boldsymbol{x}(t_f)=\boldsymbol{x}_f$$

③ 极值条件

$$\frac{\partial H}{\partial \boldsymbol{u}}=\boldsymbol{0}$$

例 2-7 设一阶系统方程为

$$\dot{x}(t)=u(t),\quad x(t_0)=x_0$$

性能指标取为

$$J=\frac{1}{2}cx^2(t_f)+\frac{1}{2}\int_{t_0}^{t_f}u^2(t)\mathrm{d}t$$

式中常数 $c>0$，t_0 和 t_f 给定，$x(t_f)$ 自由。试求使 J 取极小值的最优控制 $u^*(t)$ 和相应的性能指标 J^*。

解 本题为复合型性能指标、t_f 固定、末端自由问题。由题意

$$\boldsymbol{f}=u,\quad L(\cdot)=\frac{1}{2}u^2,\quad \varphi(\cdot)=\frac{1}{2}cx^2(t_f)$$

构造

$$H(x,u,\lambda,t)=\frac{1}{2}u^2+\lambda u$$

根据定理 2-11，最优解必要条件为

$$\dot{x}=\frac{\partial H}{\partial \lambda}=u,\quad x(t_0)=x_0$$
$$\dot{\lambda}=-\frac{\partial H}{\partial x}=0,\quad \lambda(t)=\text{const}$$
$$\frac{\partial H}{\partial u}=u+\lambda=0,\quad u(t)=-\lambda(t)$$
$$\lambda(t_f)=\frac{\partial \varphi}{\partial x(t_f)}=cx(t_f)$$

于是

$$\lambda(t)=\lambda(t_f)=cx(t_f)$$
$$u(t)=-cx(t_f)$$

从而

$$\dot{x}=-cx(t_f)$$

解得

$$x(t)=-\int_{t_0}^{t}cx(t_f)\mathrm{d}t=x_0-cx(t_f)(t-t_0)$$

在上式中，令 $t=t_f$，得

$$x^*(t_f)=\frac{x_0}{1+c(t_f-t_0)}$$

故最优解为

$$u^*(t)=-\frac{cx_0}{1+c(t_f-t_0)}$$

$$\lambda^*(t)=\frac{cx_0}{1+c(t_f-t_0)}$$

$$J^*(t)=\frac{1}{2}\frac{cx_0}{1+c(t_f-t_0)}$$

由于哈密顿函数 H 不显含 t，故沿最优轨线

$$H^*(t)=\frac{1}{2}u^{*2}+\lambda^* u^*$$

$$=-\frac{1}{2}\frac{c^2x_0^2}{[1+c(t_f-t_0)]^2}=\text{const}$$

由此可见，当 t_f 固定时，哈密顿函数的性质可作为一个验算条件。此外，由于问题有解，且由必要条件所得的极值控制是唯一的，所以 $u^*(t)$就是最优控制。

例 2-8 试求使被控系统

$$\dot{x}_1(t)=x_2(t)$$

$$\dot{x}_2(t)=u(t)$$

由已知初态 $x_1(0)=0$ 和 $x_2(0)=0$ 出发，在 $t_f=1$ 时转移到目标集

$$x_1(1)+x_2(1)=1$$

且使性能指标

$$J=\frac{1}{2}\int_0^1 u^2(t)\mathrm{d}t$$

为最小的最优控制 $u^*(t)$及相应的最优轨迹 $\boldsymbol{x}^*(t)$。

解 本题是积分型性能指标、t_f 固定、末端受约束的问题。由题意

$$\varphi[\boldsymbol{x}(t_f)]=0,\quad f_1(\cdot)=x_2(t),\quad f_2(\cdot)=u(t)$$

$$\boldsymbol{\psi}[\boldsymbol{x}(t_f)]=x_1(1)+x_2(1)-1,\quad L(\cdot)=\frac{1}{2}u^2(t)$$

根据定理 2-10，正则方程

$$\dot{x}_1(t)=x_2(t),\quad \dot{x}_2(t)=u(t)$$

$$\dot{\lambda}_1(t)=-\frac{\partial H}{\partial x_1}=0,\quad \dot{\lambda}_2(t)=-\frac{\partial H}{\partial x_2}=-\lambda_1(t)$$

式中

$$H=\frac{1}{2}u^2+\lambda_1x_2+\lambda_2u$$

边界条件

$$x_1(0)=0,\quad x_2(0)=0$$

$$\lambda_1(1)=\frac{\partial\boldsymbol{\psi}}{\partial x_1(1)}\gamma=\gamma,\quad \lambda_2(1)=\frac{\partial\boldsymbol{\psi}}{\partial x_2(1)}\gamma=\gamma$$

$$x_1(1)+x_2(1)=1$$

极值条件

$$\frac{\partial H}{\partial u}=u+\lambda_2=0$$

由协态方程及极值条件，得

$$\lambda_1(t)=c_1$$

$$\lambda_2(t)=-c_1t+c_2$$
$$u(t)=c_1t-c_2$$

于是,状态方程的解为

$$x_1(t)=\frac{1}{6}c_1t^3-\frac{1}{2}c_2t^2+c_3t+c_4$$

$$x_2(t)=\frac{1}{2}c_1t^2-c_2t+c_3$$

式中 $c_i,i=1,2,3,4$ 为待定常数。

由已知初态,求出

$$c_3=c_4=0$$

再由目标集条件求得

$$4c_1-9c_2=6$$

最后,由横截条件

$$\lambda_1(1)=\lambda_2(1)=\gamma$$

得到

$$c_1=\frac{1}{2}c_2$$

于是解出

$$c_1=-\frac{3}{7},\quad c_2=-\frac{6}{7}$$

本例的最优解为

$$u^*(t)=-\frac{3}{7}(t-2)$$

$$x_1^*(t)=-\frac{1}{14}t^3+\frac{3}{7}t^2$$

$$x_2^*(t)=-\frac{3}{14}t^2+\frac{6}{7}t$$

$$\lambda_1^*(t)=-\frac{3}{7}$$

$$\lambda_2^*(t)=\frac{3}{7}(t-2)$$

$$\gamma^*(t)=-\frac{3}{7}$$

$$J^*=\frac{1}{7}$$

(2)末端时刻固定时最优解的充分条件

如果要求广义泛函 J_a 取极小值,则由定理 2-4 知,广义泛函 J_a 沿最优轨线的二次变分必须为正。下面的定理给出了末端受约束时最优解的充分条件。

定理 2-13 对于如下最优控制问题:

$$\min_{\boldsymbol{u}(t)} J=\varphi[\boldsymbol{x}(t_f)]+\int_{t_0}^{t_f}L(\boldsymbol{x},\boldsymbol{u},t)\mathrm{d}t$$
$$\text{s. t.}\quad \dot{\boldsymbol{x}}(t)=\boldsymbol{f}(\boldsymbol{x},\boldsymbol{u},t),\quad \boldsymbol{x}(t_0)=\boldsymbol{x}_0$$

$$\boldsymbol{\psi}[\boldsymbol{x}(t_f)]=\boldsymbol{0}$$

式中 t_f 固定。使性能泛函 J 取极小值的最优解的充分条件是下列等价勒让德条件之一成立：

$$① \quad \begin{bmatrix} \dfrac{\partial^2 H}{\partial \boldsymbol{x}^2} & \dfrac{\partial^2 H}{\partial \boldsymbol{u}\partial \boldsymbol{x}} \\ \left(\dfrac{\partial^2 H}{\partial \boldsymbol{u}\partial \boldsymbol{x}}\right)^{\mathrm{T}} & \dfrac{\partial^2 H}{\partial \boldsymbol{u}^2} \end{bmatrix} > \boldsymbol{0}, \quad \frac{\partial^2 \Theta[\boldsymbol{x}(t_f),\boldsymbol{\gamma}]}{\partial \boldsymbol{x}^2(t_f)} \geqslant \boldsymbol{0} \tag{2-86}$$

$$② \quad \begin{bmatrix} \dfrac{\partial^2 H}{\partial \boldsymbol{x}^2} & \dfrac{\partial^2 H}{\partial \boldsymbol{u}\partial \boldsymbol{x}} \\ \left(\dfrac{\partial^2 H}{\partial \boldsymbol{u}\partial \boldsymbol{x}}\right)^{\mathrm{T}} & \dfrac{\partial^2 H}{\partial \boldsymbol{u}^2} \end{bmatrix} \geqslant \boldsymbol{0}, \quad \frac{\partial^2 \Theta[\boldsymbol{x}(t_f),\boldsymbol{\gamma}]}{\partial \boldsymbol{x}^2(t_f)} > \boldsymbol{0} \tag{2-87}$$

式中

$$H(\boldsymbol{x},\boldsymbol{u},\boldsymbol{\lambda},t)=L(\boldsymbol{x},\boldsymbol{u},t)+\boldsymbol{\lambda}^{\mathrm{T}}(t)\boldsymbol{f}(\boldsymbol{x},\boldsymbol{u},t) \tag{2-88}$$

$$\Theta[\boldsymbol{x}(t_f),\boldsymbol{\gamma}]=\varphi[\boldsymbol{x}(t_f)]+\boldsymbol{\gamma}^{\mathrm{T}}(t)\boldsymbol{\psi}[\boldsymbol{x}(t_f)] \tag{2-89}$$

证明 当式(2-88)及式(2-89)成立时，广义泛函表达式为

$$J_a=\Theta[\boldsymbol{x}(t_f),\boldsymbol{\gamma}]+\int_{t_0}^{t_f}[H(\boldsymbol{x},\boldsymbol{u},\boldsymbol{\lambda},t)-\boldsymbol{\lambda}^{\mathrm{T}}(t)\dot{\boldsymbol{x}}(t)]\mathrm{d}t$$

取上式的二次变分，得

$$\delta^2 J_a=\frac{1}{2}\delta\boldsymbol{x}^{\mathrm{T}}(t_f)\frac{\partial^2\Theta}{\partial\boldsymbol{x}^2(t_f)}\delta\boldsymbol{x}(t_f)+\frac{1}{2}\int_{t_0}^{t_f}[\delta\boldsymbol{x}^{\mathrm{T}},\delta\boldsymbol{u}^{\mathrm{T}}]\begin{bmatrix} \dfrac{\partial^2 H}{\partial \boldsymbol{x}^2} & \dfrac{\partial^2 H}{\partial \boldsymbol{u}\partial \boldsymbol{x}} \\ \left(\dfrac{\partial^2 H}{\partial \boldsymbol{u}\partial \boldsymbol{x}}\right)^{\mathrm{T}} & \dfrac{\partial^2 H}{\partial \boldsymbol{u}^2} \end{bmatrix}\begin{bmatrix}\delta\boldsymbol{x}\\ \delta\boldsymbol{u}\end{bmatrix}\mathrm{d}t$$

当条件(2-86)或(2-87)之一成立时，必有 $\delta^2 J_a>0$。由定理 2-4 知，沿最优轨线 J_a 取极小值，从而 J 取极小值。

如果末端自由，上述定理的结论仍然适用，只是式(2-89)应改写为

$$\Theta[\boldsymbol{x}(t_f)]=\varphi[\boldsymbol{x}(t_f)] \tag{2-90}$$

应当指出，只要最优控制问题有解，且由必要条件所得到的最优解是唯一的，则对物理系统而言，充分条件往往成立。

2.4.3 末端时刻自由时的最优解

当末端时刻 t_f 自由时，末端状态又可区分为受约束、自由或固定三种情况。这里以末端受约束情况进行一般讨论，所得到的结果可以方便地推广到末端自由和末端固定情况。末端时刻自由时所讨论的问题，除 t_f 自由外，其余与末端时刻固定时所讨论的问题相同。

对于复合型性能指标，在状态方程和目标集两个等式约束条件下，引入拉格朗日乘子 $\boldsymbol{\lambda}(t)$ 和 $\boldsymbol{\gamma}(t)$，构造如下广义泛函：

$$J_a=\varphi[\boldsymbol{x}(t_f),t_f]+\boldsymbol{\gamma}^{\mathrm{T}}(t)\boldsymbol{\psi}[\boldsymbol{x}(t_f),t_f]+\int_{t_0}^{t_f}[H(\boldsymbol{x},\boldsymbol{u},\boldsymbol{\lambda},t)-\boldsymbol{\lambda}^{\mathrm{T}}(t)\dot{\boldsymbol{x}}(t)]\mathrm{d}t \tag{2-91}$$

式中 $H(\boldsymbol{x},\boldsymbol{u},\boldsymbol{\lambda},t)$ 为哈密顿函数，定义式同式(2-70)。

当末端由 $(\boldsymbol{x}_f,t_f)$ 位置移动到 $(\boldsymbol{x}_f+\delta\boldsymbol{x}_f,t_f+\delta t_f)$ 位置时(参见图 2-3)，产生如下广义泛函增量：

$$
\begin{aligned}
\Delta J_a = & \varphi[\boldsymbol{x}^*(t_f)+\delta\boldsymbol{x}_f, t_f+\delta t_f]-\varphi[\boldsymbol{x}^*(t_f), t_f] \\
& +\boldsymbol{\gamma}^{\mathrm{T}}(t)\{\boldsymbol{\psi}[\boldsymbol{x}^*(t_f)+\delta\boldsymbol{x}_f, t_f+\delta t_f]-\boldsymbol{\psi}[\boldsymbol{x}^*(t_f), t_f]\} \\
& +\int_{t_f}^{t_f+\delta t_f}\{H(\boldsymbol{x}^*+\delta\boldsymbol{x}, \boldsymbol{u}^*+\delta\boldsymbol{u}, \boldsymbol{\lambda}, t)-\boldsymbol{\lambda}^{\mathrm{T}}(t)[\dot{\boldsymbol{x}}^*(t)+\delta\dot{\boldsymbol{x}}]\}\mathrm{d}t \\
& +\int_{t_0}^{t_f}[H(\boldsymbol{x}^*+\delta\boldsymbol{x}, \boldsymbol{u}^*+\delta\boldsymbol{u}, \boldsymbol{\lambda}, t)-H(\boldsymbol{x}^*, \boldsymbol{u}^*, \boldsymbol{\lambda}, t)-\boldsymbol{\lambda}^{\mathrm{T}}(t)\delta\dot{x}]\mathrm{d}t
\end{aligned} \tag{2-92}
$$

对式(2-92)取一次变分，并应用积分中值定理和分部积分，以及考虑到 $\delta\boldsymbol{x}(t_0)=\boldsymbol{0}$，得到广义泛函的一次变分表达式

$$
\begin{aligned}
\delta J_a = & \left[\frac{\partial\varphi}{\partial\boldsymbol{x}(t_f)}\right]^{\mathrm{T}}\delta\boldsymbol{x}_f+\frac{\partial\varphi}{\partial t_f}\delta t_f \\
& +\boldsymbol{\gamma}^{\mathrm{T}}(t)\left\{\left[\frac{\partial\boldsymbol{\psi}^{\mathrm{T}}}{\partial\boldsymbol{x}(t_f)}\right]^{\mathrm{T}}\delta\boldsymbol{x}_f+\frac{\partial\boldsymbol{\psi}}{\partial t_f}\delta t_f\right\}+(H-\boldsymbol{\lambda}^{\mathrm{T}}\dot{\boldsymbol{x}})|_{t_f}\delta t_f \\
& +\int_{t_0}^{t_f}\left[\left(\frac{\partial H}{\partial\boldsymbol{x}}+\dot{\boldsymbol{\lambda}}\right)^{\mathrm{T}}\delta\boldsymbol{x}+\left(\frac{\partial H}{\partial\boldsymbol{u}}\right)^{\mathrm{T}}\delta\boldsymbol{u}\right]\mathrm{d}t-[\boldsymbol{\lambda}^{\mathrm{T}}(t)\delta\boldsymbol{x}]|_{t_f}
\end{aligned} \tag{2-93}
$$

由式(2-46)知，如下关系式成立：

$$
\delta\boldsymbol{x}(t_f)=\delta\boldsymbol{x}_f-\dot{\boldsymbol{x}}(t_f)\delta t_f \tag{2-94}
$$

将式(2-94)代入式(2-93)，整理得

$$
\begin{aligned}
\delta J_a = & \left[\frac{\partial\varphi}{\partial t_f}+\boldsymbol{\gamma}^{\mathrm{T}}(t_f)\frac{\partial\boldsymbol{\psi}}{\partial t_f}+H(t_f)\right]\delta t_f+\left[\frac{\partial\varphi}{\partial\boldsymbol{x}(t_f)}+\frac{\partial\boldsymbol{\psi}^{\mathrm{T}}}{\partial\boldsymbol{x}(t_f)}\boldsymbol{\gamma}(t_f)-\boldsymbol{\lambda}(t_f)\right]^{\mathrm{T}}\delta\boldsymbol{x}_f \\
& +\int_{t_0}^{t_f}\left[\left(\frac{\partial H}{\partial\boldsymbol{x}}+\dot{\boldsymbol{\lambda}}\right)^{\mathrm{T}}\delta\boldsymbol{x}+\left(\frac{\partial H}{\partial\boldsymbol{u}}\right)^{\mathrm{T}}\delta\boldsymbol{u}\right]\mathrm{d}t
\end{aligned} \tag{2-95}
$$

令式(2-95)为零，可得各种末端状态情况下最优解的必要条件。应当指出：

当末端受约束时，式(2-95)中各微变量 $\delta t_f, \delta\boldsymbol{x}_f, \delta\boldsymbol{x}, \delta\boldsymbol{u}$ 均是任意的，且不为零；

当末端自由时，式(2-95)中各微变量 $\delta t_f, \delta\boldsymbol{x}_f, \delta\boldsymbol{x}, \delta\boldsymbol{u}$ 也都是任意的，但式中不出现有关 $\boldsymbol{\psi}[\boldsymbol{x}(t_f), t_f]$项；

当末端固定时，在式(2-95)中，微变量 δt_f 和 $\delta\boldsymbol{x}$ 任意，$\delta\boldsymbol{u}$ 应满足式(2-85)条件限制，而 $\delta\boldsymbol{x}(t_f)=\boldsymbol{0}$，$\delta\boldsymbol{x}_f=\boldsymbol{0}$，且式中不出现有关 $\boldsymbol{\psi}[\boldsymbol{x}(t_f), t_f]$的项，其极值条件$\partial H/\partial\boldsymbol{u}=\boldsymbol{0}$ 的获取，要求被控系统完全可控。

(1) 末端受约束时最优解的必要条件

定理 2-14 对于如下最优控制问题：

$$
\begin{aligned}
& \min_{\boldsymbol{u}(t)} J=\varphi[\boldsymbol{x}(t_f), t_f]+\int_{t_0}^{t_f}L(\boldsymbol{x}, \boldsymbol{u}, t)\mathrm{d}t \\
& \text{s. t.} \quad \dot{\boldsymbol{x}}(t)=\boldsymbol{f}(\boldsymbol{x}, \boldsymbol{u}, t), \qquad \boldsymbol{x}(t_0)=\boldsymbol{x}_0 \\
& \qquad \boldsymbol{\psi}[\boldsymbol{x}(t_f), t_f]=\boldsymbol{0}
\end{aligned}
$$

式中 t_f 自由。最优解的必要条件为：

① $\boldsymbol{x}(t)$和 $\boldsymbol{\lambda}(t)$满足下列正则方程：

$$
\dot{\boldsymbol{x}}(t)=\frac{\partial H}{\partial\boldsymbol{\lambda}}
$$

$$
\dot{\boldsymbol{\lambda}}(t)=-\frac{\partial H}{\partial\boldsymbol{x}}
$$

式中

$$
H(\boldsymbol{x}, \boldsymbol{u}, \boldsymbol{\lambda}, t)=L(\boldsymbol{x}, \boldsymbol{u}, t)+\boldsymbol{\lambda}^{\mathrm{T}}(t)\boldsymbol{f}(\boldsymbol{x}, \boldsymbol{u}, t)
$$

② 边界条件

$$\boldsymbol{x}(t_0)=\boldsymbol{x}_0$$

$$\boldsymbol{\lambda}(t_f)=\frac{\partial\varphi}{\partial\boldsymbol{x}(t_f)}+\frac{\partial\boldsymbol{\psi}^{\mathrm{T}}}{\partial\boldsymbol{x}(t_f)}\boldsymbol{\gamma}(t_f)$$

$$\boldsymbol{\psi}[\boldsymbol{x}(t_f),t_f]=\boldsymbol{0}$$

③ 极值条件

$$\frac{\partial H}{\partial\boldsymbol{u}}=\boldsymbol{0}$$

④ 哈密顿函数在最优轨线末端满足

$$H(t_f)=-\frac{\partial\varphi}{\partial t_f}-\boldsymbol{\gamma}^{\mathrm{T}}(t_f)\frac{\partial\boldsymbol{\psi}}{\partial t_f}$$

(2) 末端自由时最优解的必要条件

定理 2-15 对于如下最优控制问题:

$$\min_{\boldsymbol{u}(t)}J=\varphi\left[\boldsymbol{x}(t_f),t_f\right]+\int_{t_0}^{t_f}L(\boldsymbol{x},\boldsymbol{u},t)\mathrm{d}t$$

$$\text{s. t.}\quad\dot{\boldsymbol{x}}(t)=\boldsymbol{f}(\boldsymbol{x},\boldsymbol{u},t),\quad\boldsymbol{x}(t_0)=\boldsymbol{x}_0$$

式中 t_f 自由,$\boldsymbol{x}(t_f)$自由。最优解的必要条件为:

① $\boldsymbol{x}(t)$和$\boldsymbol{\lambda}(t)$满足下列正则方程:

$$\dot{\boldsymbol{x}}(t)=\frac{\partial H}{\partial\boldsymbol{\lambda}}$$

$$\dot{\boldsymbol{\lambda}}(t)=-\frac{\partial H}{\partial\boldsymbol{x}}$$

式中

$$H(\boldsymbol{x},\boldsymbol{u},\boldsymbol{\lambda},t)=L(\boldsymbol{x},\boldsymbol{u},t)+\boldsymbol{\lambda}^{\mathrm{T}}(t)\boldsymbol{f}(\boldsymbol{x},\boldsymbol{u},t)$$

② 边界条件

$$\boldsymbol{x}(t_0)=\boldsymbol{x}_0$$

$$\boldsymbol{\lambda}(t_f)=\frac{\partial\varphi}{\partial\boldsymbol{x}(t_f)}$$

③ 极值条件

$$\frac{\partial H}{\partial\boldsymbol{u}}=\boldsymbol{0}$$

④ 哈密顿函数在最优轨线末端满足

$$H(t_f)=-\frac{\partial\varphi}{\partial t_f}$$

(3) 末端固定时最优解的必要条件

定理 2-16 对于如下最优控制问题:

$$\min_{\boldsymbol{u}(t)}J=\varphi\left[\boldsymbol{x}(t_f),t_f\right]+\int_{t_0}^{t_f}L(\boldsymbol{x},\boldsymbol{u},t)\mathrm{d}t$$

$$\text{s. t.}\quad\dot{\boldsymbol{x}}(t)=\boldsymbol{f}(\boldsymbol{x},\boldsymbol{u},t),\quad\boldsymbol{x}(t_0)=\boldsymbol{x}_0$$

式中 t_f 自由,$\boldsymbol{x}(t_f)=\boldsymbol{x}_f$。若系统完全可控,则最优解的必要条件为:

① $\boldsymbol{x}(t)$和$\boldsymbol{\lambda}(t)$满足下列正则方程:

$$\dot{\boldsymbol{x}}(t)=\frac{\partial H}{\partial \boldsymbol{\lambda}}$$

$$\dot{\boldsymbol{\lambda}}(t)=-\frac{\partial H}{\partial \boldsymbol{x}}$$

式中

$$H(\boldsymbol{x},\boldsymbol{u},\boldsymbol{\lambda},t)=L(\boldsymbol{x},\boldsymbol{u},t)+\boldsymbol{\lambda}^{\mathrm{T}}(t)\boldsymbol{f}(\boldsymbol{x},\boldsymbol{u},t)$$

② 边界条件

$$\boldsymbol{x}(t_0)=\boldsymbol{x}_0$$

$$\boldsymbol{x}(t_f)=\boldsymbol{x}_f$$

③ 极值条件

$$\frac{\partial H}{\partial \boldsymbol{u}}=\boldsymbol{0}$$

④ 哈密顿函数在最优轨线末端满足

$$H(t_f)=-\frac{\partial \varphi}{\partial t_f}$$

例 2-9 设一阶系统方程为

$$\dot{x}(t)=u(t)$$

性能指标取为

$$J=t_f+\frac{1}{2}\int_0^{t_f} u^2(t)\mathrm{d}t$$

式中 t_f 自由。试确定最优控制 $u^*(t)$，使系统由 $x(0)=1$ 转移到 $x(t_f)=0$，并使性能指标为极小值。

解 本题为复合型性能指标、t_f 自由、末端固定、控制变量取值无约束的最优化问题，可用变分法求解。

根据定理 2-16，令哈密顿函数

$$H=\frac{1}{2}u^2+\lambda u$$

由协态方程

$$\dot{\boldsymbol{\lambda}}=-\frac{\partial H}{\partial \boldsymbol{x}}=\boldsymbol{0},\quad \lambda(t)=a=\text{const}$$

由极值条件

$$\frac{\partial H}{\partial u}=u+\lambda=0,\quad u(t)=-\lambda(t)=-a$$

由状态方程及初态条件

$$\dot{x}(t)=u(t)=-a,\quad x(t)=1-at$$

由末态条件

$$x(t_f)=1-at_f=0,\quad a=\frac{1}{t_f}$$

由哈密顿函数在最优轨线末端应满足的条件

$$H(t_f)=\frac{1}{2}u^2(t_f)+\lambda(t_f)u(t_f)=-\frac{\partial \varphi}{\partial t_f}=-1$$

即

$$\frac{1}{2}a^2-a^2=-1$$

解得

$$a=\sqrt{2}$$

于是最优解为

$$u^*(t)=-\sqrt{2},\quad t_f^*=\frac{\sqrt{2}}{2}$$

$$x^*(t)=1-\sqrt{2}t,\quad \lambda^*(t)=\sqrt{2}$$

$$J^*=t_f^*+\frac{1}{2}\int_0^{t_f^*}u^{*2}(t)\mathrm{d}t=\sqrt{2}$$

例 2-10 设一艘轮船驶经一强水流区域。水流方向是已知的位置函数

$$\boldsymbol{u}=\boldsymbol{u}(x,y)=-\frac{\mathbf{V}}{h}y$$

$$\boldsymbol{v}=\boldsymbol{v}(x,y)=0$$

式中 x 和 y 为直角坐标;$\boldsymbol{u}$ 和 $\boldsymbol{v}$ 分别是水流在 x 和 y 方向的速度分量;$\mathbf{V}$ 是轮船相对水的速度,为一常数;h 为恒值。试问怎样驾驶轮船,使船以最短时间从起点($x_0/h=3.66$,$y_0/h=-1.86$)驶至终点($x_f/h=0$,$y_f/h=0$)?

解 轮船的运动方程为

$$\dot{x}=\mathbf{V}\cos\theta+\boldsymbol{u}$$

$$\dot{y}=\mathbf{V}\sin\theta$$

式中 θ 为轮机驾驶方向与 x 轴之间的航向角,为控制变量,其值不受约束。

由题意,性能指标取为

$$J=\int_{t_0}^{t_f}\mathrm{d}t=(t_f-t_0)$$

本题属于积分型性能指标,t_f 自由,末端固定,控制量取值无约束的变分问题。由定理 2-16,令哈密顿函数

$$H=1+\lambda_x\mathbf{V}\left(\cos\theta-\frac{y}{h}\right)+\lambda_y\mathbf{V}\sin\theta$$

由协态方程

$$\dot{\lambda}_x=-\frac{\partial H}{\partial x}=0,\quad \lambda_x=a=\text{const}$$

$$\dot{\lambda}_y=-\frac{\partial H}{\partial y}=\frac{\mathbf{V}}{h}\lambda_x,\quad \lambda_y=\frac{\mathbf{V}}{h}at+b$$

式中 a 和 b 为待定常数。

由极值条件

$$\frac{\partial H}{\partial\theta}=-\lambda_x\mathbf{V}\sin\theta+\lambda_y\mathbf{V}\cos\theta=0$$

得

$$\tan\theta=\frac{\lambda_y}{\lambda_x}=\frac{\mathbf{V}}{h}$$

由哈密顿函数性质及其在最优轨线末端应满足的条件

$$H(t)=H(t_f)=0$$

取 $H(t_f)=0$，有

$$1+\lambda_x\boldsymbol{V}\left(\cos\theta_f-\frac{y_f}{h}\right)+\lambda_x\tan\theta_f\boldsymbol{V}\sin\theta_f=0$$

解得

$$\lambda_x=-\frac{\cos\theta_f}{\boldsymbol{V}},\quad \lambda_y=-\frac{\sin\theta_f}{\boldsymbol{V}}$$

取 $H(t)=0$，有

$$\lambda_x=-\frac{h\cos\theta}{\boldsymbol{V}(h-y\cos\theta)},\quad \lambda_y=-\frac{h\sin\theta}{\boldsymbol{V}(h-y\cos\theta)}$$

因为 λ_x 为常数，故有

$$\frac{h\cos\theta}{\boldsymbol{V}(h-y\cos\theta)}=\frac{\cos\theta_f}{\boldsymbol{V}}$$

解得

$$\frac{y}{h}=\sec\theta-\sec\theta_f$$

考虑到 $\dot{\lambda}_x=0$，得

$$\frac{\mathrm{d}\theta}{\mathrm{d}t}=-\frac{\boldsymbol{V}}{h}\cos^2\theta$$

积分上式，得

$$\frac{\boldsymbol{V}}{h}(t_f-t)=-\tan\theta+\tan\theta_f$$

于是由状态方程解得

$$\frac{\mathrm{d}x}{\mathrm{d}\theta}=-h(\sec\theta+\sec\theta_f+\sec^2\theta-\sec^3\theta_f)$$

积分上式，得

$$\frac{x}{h}=\frac{1}{2}\left[-\sec\theta_f(\tan\theta_f-\tan\theta)+\tan\theta(\sec\theta_f-\sec\theta)-\ln\frac{\tan\theta_f+\sec\theta_f}{\tan\theta+\sec\theta}\right]$$

设初始航向角为 θ_0，代入已知初值 $x_0/h=3.66$ 和 $y_0/h=-1.86$，解得

$$\theta_0=105°,\quad \theta_f=240°$$

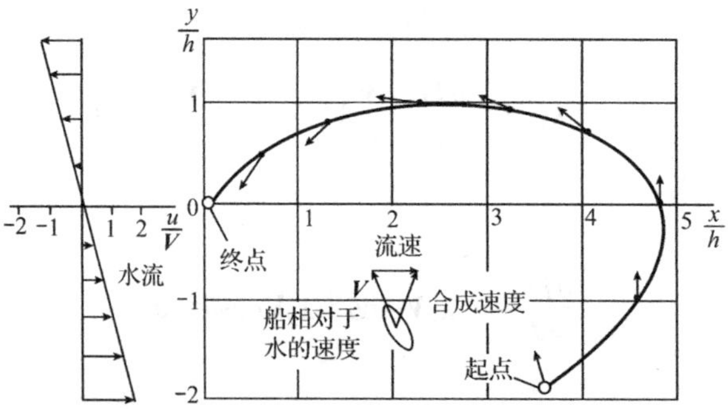

图 2-6　最短时间轨线

于是，从起点(3.66，−1.80)至终点(0,0)所需最短时间为

$$t_f - t_0 = 5.46\,\frac{h}{\mathbf{V}}$$

最优航线如图 2-6 所示。

2.5 角点条件与内点约束

用变分法求解最优控制问题，要求容许轨线 $\boldsymbol{x}(t)$ 连续可微。但是，实际上常有 $\boldsymbol{x}(t)$ 为分段光滑情况，即 $\boldsymbol{x}(t)$ 在有限个点上连续但不可微。这种连续而不可微的点称为角点。本节将研究在最优解的必要条件中，角点及内点应满足的条件。

2.5.1 维尔斯特拉斯-欧特曼条件

设 $\boldsymbol{x}^*(t)$ 分段光滑，且是使下列性能泛函：

$$J = \int_{t_0}^{t_f} L(\boldsymbol{x}, \dot{\boldsymbol{x}}, t)\,\mathrm{d}t \tag{2-96}$$

取极值的极值轨线，在 $x^*(t)$ 为标量情况下，如图 2-7 所示。

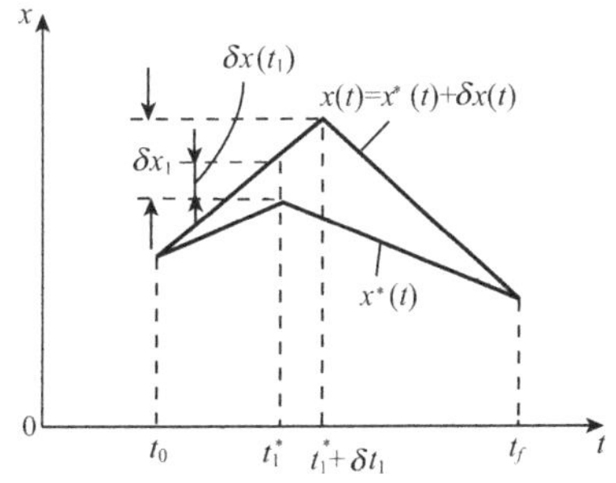

图 2-7 角点条件

假定在$[t_0, t_f]$区间中，$\boldsymbol{x}^*(t)$ 只在 t_1 有一个角点，t_1 未知，t_0 及 t_f 设为固定。在图 2-7 中，$\boldsymbol{x}(t)$ 为任一条容许轨线，满足

$$\boldsymbol{x}(t) = \boldsymbol{x}^*(t) + \delta\boldsymbol{x}(t) \tag{2-97}$$

由于在 $t = t_1$ 处不可微，故式(2-96)可以写为

$$J = J_1 + J_2 \tag{2-98}$$

式中

$$J_1 = \int_{t_0}^{t_1^-} L(\boldsymbol{x}, \dot{\boldsymbol{x}}, t)\,\mathrm{d}t \tag{2-99}$$

$$J_2 = \int_{t_1^+}^{t_f} L(\boldsymbol{x}, \dot{\boldsymbol{x}}, t)\,\mathrm{d}t \tag{2-100}$$

显然，J_1 对应自由末端时刻，J_2 对应自由初始时刻。

由 2.3 节知，泛函 J_1 的一次变分为

$$\delta J_1 = \int_{t_0}^{t_1^-} \left(\frac{\partial L}{\partial \boldsymbol{x}} - \frac{\mathrm{d}}{\mathrm{d}t}\frac{\partial L}{\partial \dot{\boldsymbol{x}}}\right)^{\mathrm{T}} \delta\boldsymbol{x}\,\mathrm{d}t + \left[\left(\frac{\partial L}{\partial \dot{\boldsymbol{x}}}\right)^{\mathrm{T}} \delta\boldsymbol{x}\right]\bigg|_{t_1^-} + L(\boldsymbol{x}^*, \dot{\boldsymbol{x}}^*, t)\big|_{t_1^-}\delta t_1 \tag{2-101}$$

由图 2-7 可见

$$\delta\boldsymbol{x}(t_1^-) = \delta\boldsymbol{x}_1 - \dot{\boldsymbol{x}}(t_1^-)\delta t_1 \tag{2-102}$$

将式(2-102)代入式(2-101)，得

$$\delta J_1 = \int_{t_0}^{t_1^-} \left(\frac{\partial L}{\partial \boldsymbol{x}} - \frac{\mathrm{d}}{\mathrm{d}t}\frac{\partial L}{\partial \dot{\boldsymbol{x}}}\right)^{\mathrm{T}} \delta\boldsymbol{x}\,\mathrm{d}t + \left(\frac{\partial L}{\partial \dot{\boldsymbol{x}}}\right)^{\mathrm{T}}\bigg|_{t_1^-} \delta\boldsymbol{x}_1 + \left[L - \left(\frac{\partial L}{\partial \dot{\boldsymbol{x}}}\right)^{\mathrm{T}} \dot{\boldsymbol{x}}\right]\bigg|_{t_1^-} \delta t_1 \tag{2-103}$$

类似地，由 2.3 节初始时刻自由、末端固定、起点自由的情况，可得泛函 J_2 的一次

变分

$$\delta J_2=\int_{t_1^+}^{t_f}\left(\frac{\partial L}{\partial \boldsymbol{x}}-\frac{\mathrm{d}}{\mathrm{d}t}\frac{\partial L}{\partial \dot{\boldsymbol{x}}}\right)^{\mathrm{T}}\delta \boldsymbol{x}\,\mathrm{d}t-\left(\frac{\partial L}{\partial \dot{\boldsymbol{x}}}\right)^{\mathrm{T}}\bigg|_{t_1^+}\delta \boldsymbol{x}_1+\left[L-\left(\frac{\partial L}{\partial \dot{\boldsymbol{x}}}\right)^{\mathrm{T}}\dot{\boldsymbol{x}}\right]\bigg|_{t_1^+}\delta t_1 \tag{2-104}$$

由式(2-103)和式(2-104)得泛函(2-98)的一次变分为

$$\delta J=\int_{t_0}^{t_f}\left(\frac{\partial L}{\partial \boldsymbol{x}}-\frac{\mathrm{d}}{\mathrm{d}t}\frac{\partial L}{\partial \dot{\boldsymbol{x}}}\right)^{\mathrm{T}}\delta \boldsymbol{x}\,\mathrm{d}t+\left[\left(\frac{\partial L}{\partial \dot{\boldsymbol{x}}}\right)^{\mathrm{T}}\bigg|_{t_1^-}-\left(\frac{\partial L}{\partial \dot{\boldsymbol{x}}}\right)^{\mathrm{T}}\bigg|_{t_1^+}\right]\delta \boldsymbol{x}_1$$

$$+\left[\left(L-\dot{\boldsymbol{x}}^{\mathrm{T}}\frac{\partial L}{\partial \dot{\boldsymbol{x}}}\right)\bigg|_{t_1^-}+\left(L-\dot{\boldsymbol{x}}^{\mathrm{T}}\frac{\partial L}{\partial \dot{\boldsymbol{x}}}\right)\bigg|_{t_1^+}\right]\delta t_1 \tag{2-105}$$

令式(2-105)为零，得有角点泛函(2-98)取极值的必要条件为

① 欧拉方程

$$\frac{\partial L}{\partial \boldsymbol{x}}-\frac{\mathrm{d}}{\mathrm{d}t}\frac{\partial L}{\partial \dot{\boldsymbol{x}}}=\boldsymbol{0},\quad t\in[t_0,t_f] \tag{2-106}$$

② 角点条件

$$\frac{\partial L}{\partial \dot{\boldsymbol{x}}}\bigg|_{t_1^-}=\frac{\partial L}{\partial \dot{\boldsymbol{x}}}\bigg|_{t_1^+} \tag{2-107}$$

$$\left(L-\dot{\boldsymbol{x}}^{\mathrm{T}}\frac{\partial L}{\partial \dot{\boldsymbol{x}}}\right)\bigg|_{t_1^-}=-\left(L-\dot{\boldsymbol{x}}^{\mathrm{T}}\frac{\partial L}{\partial \dot{\boldsymbol{x}}}\right)\bigg|_{t_1^+} \tag{2-108}$$

角点条件常称为维尔斯特拉斯-欧特曼条件。

2.5.2 内点约束条件

状态轨线的中间点称为内点。若存在一组内点约束条件

$$\boldsymbol{n}[\boldsymbol{x}(t_1),t_1]=\boldsymbol{0} \tag{2-109}$$

式中 $t_0<t_1<t_f$，t_1 为某一中间时刻；$\boldsymbol{n}(\cdot)$为 q 维向量函数。则泛函极值的必要条件有所变化。

设 t_f 固定、末端自由，存在内点约束的复合型性能泛函的变分问题为

问题 2-3

$$\min_{\boldsymbol{u}(t)} J=\varphi[\boldsymbol{x}(t_f)]+\int_{t_0}^{t_f}L(\boldsymbol{x},\boldsymbol{u},t)\mathrm{d}t$$

$$\text{s.t.}\quad \dot{\boldsymbol{x}}(t)=\boldsymbol{f}(\boldsymbol{x},\boldsymbol{u},t),\quad \boldsymbol{x}(t_0)=\boldsymbol{x}_0$$

$$\boldsymbol{n}[\boldsymbol{x}(t_1),t_1]=\boldsymbol{0}$$

式中 t_f 固定，$\boldsymbol{x}(t_f)$自由，t_1 自由，$\boldsymbol{x}(t_1)$自由。要求确定性能泛函极值的必要条件。

当存在内点约束条件时，$\boldsymbol{x}(t)$在 t_1 时未必可微。可以 t_1 为界，将 J 分成两部分

$$J=\varphi[\boldsymbol{x}(t_f)]+\int_{t_1^+}^{t_f}L(\boldsymbol{x},\boldsymbol{u},t)\mathrm{d}t+\int_{t_0}^{t_1^-}L(\boldsymbol{x},\boldsymbol{u},t)\mathrm{d}t$$

可以认为，内点约束条件(2-109)是 t_0 到 t_1 那部分轨线的一组末端约束条件。引入待定乘子向量 $\boldsymbol{\lambda}(t)\in R^n$ 和 $\boldsymbol{\pi}(t)\in R^q$，将同时考虑状态方程约束和内点约束的条件泛函转化为无条件泛函极值问题。构造如下广义泛函：

$$J_a=\varphi[\boldsymbol{x}(t_f)]+\int_{t_1^+}^{t_f}(H-\boldsymbol{\lambda}^{\mathrm{T}}\dot{\boldsymbol{x}})\mathrm{d}t+\boldsymbol{\pi}^{\mathrm{T}}\boldsymbol{n}[\boldsymbol{x}(t_1),t_1]+\int_{t_0}^{t_1^-}(H-\boldsymbol{\lambda}^{\mathrm{T}}\dot{\boldsymbol{x}})\mathrm{d}t \tag{2-110}$$

式中 t_1^+ 和 t_1^- 都是可变的，哈密顿函数

$$H(\boldsymbol{x},\boldsymbol{u},\boldsymbol{\lambda},t)=L(\boldsymbol{x},\boldsymbol{u},t)+\boldsymbol{\lambda}^{\mathrm{T}}(t)\boldsymbol{f}(\boldsymbol{x},\boldsymbol{u},t)$$

在式(2-110)中，等式右端前两项属于初始时刻自由的泛函，后两项属于末端时刻自由的泛函。因此，广义泛函的一次变分为

$$\delta J_a=\left(\frac{\partial\varphi}{\partial\boldsymbol{x}(t_f)}\right)^{\mathrm{T}}\delta\boldsymbol{x}_f-(H-\boldsymbol{\lambda}^{\mathrm{T}}\dot{\boldsymbol{x}})\big|_{t_1^+}\delta t_1-(\boldsymbol{\lambda}^{\mathrm{T}}\delta\boldsymbol{x})\big|_{t_1^+}^{t_f}$$
$$+\int_{t_1^+}^{t_f}\left[\left(\frac{\partial H}{\partial\boldsymbol{x}}-\dot{\boldsymbol{\lambda}}\right)^{\mathrm{T}}\delta\boldsymbol{x}+\left(\frac{\partial H}{\partial\boldsymbol{u}}\right)^{\mathrm{T}}\delta\boldsymbol{u}\right]\mathrm{d}t$$
$$+\frac{\partial\boldsymbol{\pi}^{\mathrm{T}}\boldsymbol{n}}{\partial\boldsymbol{x}(t_1)}\delta\boldsymbol{x}_1+\frac{\partial\boldsymbol{\pi}^{\mathrm{T}}\boldsymbol{n}}{\partial t_1}\delta t_1+(H-\boldsymbol{\lambda}^{\mathrm{T}}\dot{\boldsymbol{x}})\big|_{t_1^-}\delta t_1$$
$$-(\boldsymbol{\lambda}^{\mathrm{T}}\delta\boldsymbol{x})\big|_{t_0}^{t_1^-}+\int_{t_0}^{t_1^-}\left[\left(\frac{\partial H}{\partial\boldsymbol{x}}+\dot{\boldsymbol{\lambda}}\right)^{\mathrm{T}}\delta\boldsymbol{x}+\left(\frac{\partial H}{\partial\boldsymbol{u}}\right)^{\mathrm{T}}\delta\boldsymbol{u}\right]\mathrm{d}t \tag{2-111}$$

在式(2-111)中，代入如下关系式：

$$\delta\boldsymbol{x}_1=\delta\boldsymbol{x}(t_1^-)+\dot{\boldsymbol{x}}(t_1^-)\delta t_1=\delta\boldsymbol{x}(t_1^+)+\dot{\boldsymbol{x}}(t_1^+)\delta t_1$$

经整理后，得

$$\delta J_a=\int_{t_0}^{t_f}\left[\left(\frac{\partial H}{\partial\boldsymbol{x}}+\dot{\boldsymbol{\lambda}}\right)^{\mathrm{T}}\delta\boldsymbol{x}+\left(\frac{\partial H}{\partial\boldsymbol{u}}\right)^{\mathrm{T}}\delta\boldsymbol{u}\right]\mathrm{d}t+\left[\frac{\partial\varphi}{\partial\boldsymbol{x}(t_f)}-\boldsymbol{\lambda}(t_f)\right]^{\mathrm{T}}\delta\boldsymbol{x}_f$$
$$+\left[\boldsymbol{\lambda}(t_1^+)-\boldsymbol{\lambda}(t_1^-)+\frac{\partial\boldsymbol{n}^{\mathrm{T}}}{\partial\boldsymbol{x}(t_1)}\boldsymbol{\pi}\right]^{\mathrm{T}}\delta\boldsymbol{x}_1+\left[H(t_1^-)-H(t_1^+)+\boldsymbol{\pi}^{\mathrm{T}}\frac{\partial\boldsymbol{n}}{\partial t_1}\right]\delta t_1 \tag{2-112}$$

令式(2-112)为零，考虑到微变量 $\delta\boldsymbol{x}$，$\delta\boldsymbol{u}$，$\delta\boldsymbol{x}_f$，$\delta\boldsymbol{x}_1$ 和 δt_1 均是任意的，故立即可得泛函极值的必要条件，见如下定理。

定理 2-17 对于问题 2-3，最优解的必要条件为

① $\boldsymbol{x}(t)$ 和 $\boldsymbol{\lambda}(t)$ 满足下列正则方程：

$$\dot{\boldsymbol{x}}(t)=\frac{\partial H}{\partial\boldsymbol{\lambda}}$$
$$\dot{\boldsymbol{\lambda}}(t)=-\frac{\partial H}{\partial\boldsymbol{x}}$$

式中

$$H(\boldsymbol{x},\boldsymbol{u},\boldsymbol{\lambda},t)=L(\boldsymbol{x},\boldsymbol{u},t)+\boldsymbol{\lambda}^{\mathrm{T}}(t)\boldsymbol{f}(\boldsymbol{x},\boldsymbol{u},t)$$

② 横截条件与边界条件

$$\boldsymbol{x}(t_0)=\boldsymbol{x}_0$$
$$\boldsymbol{\lambda}(t_f)=\frac{\partial\varphi}{\partial\boldsymbol{x}(t_f)}$$

③ 极值条件

$$\frac{\partial H}{\partial\boldsymbol{u}}=\boldsymbol{0}$$

④ 内点约束条件

$$\boldsymbol{n}[\boldsymbol{x}(t_1),t_1]=\boldsymbol{0}$$
$$\boldsymbol{\lambda}(t_1^-)=\boldsymbol{\lambda}(t_1^+)+\frac{\partial\boldsymbol{n}^{\mathrm{T}}}{\partial\boldsymbol{x}(t_1)}\boldsymbol{\pi} \tag{2-113}$$
$$H(t_1^-)=H(t_1^+)-\boldsymbol{\pi}^{\mathrm{T}}\frac{\partial\boldsymbol{n}}{\partial t_1} \tag{2-114}$$

在定理 2-17 中，式(2-109)、式(2-113)和式(2-114)共给出$(q+n+1)$个方程，正好可以确定 $\boldsymbol{\pi}$、$\boldsymbol{x}(t_1)$和 t_1 共$(q+n+1)$个未知量。因此，求具有内点约束的泛函极值问题，需求解三点边界值问题，求解过程更加困难。

定理 2-17 还表明，在内点时刻 t_1 上，虽然状态向量 $\boldsymbol{x}(t)$是连续的，但协态向量 $\boldsymbol{\lambda}(t)$和哈密顿函数 H 是不连续的。式(2-113)和式(2-114)称为 $\boldsymbol{\lambda}(t)$和 H 在内点上的“跳跃”条件。

习　题

2-1　设性能泛函为

$$J=\int_0^1 [x^2(t)+tx(t)]\mathrm{d}t$$

试求：

(1) δJ 的表达式。

(2) 当 $x(t)=t^2$，$\delta x=0.1t$ 和 $\delta x=0.2t$ 时，δJ 的值。

2-2　已知性能泛函为

$$J=\int_0^{t_f}(t^2+x^2+\dot{x}^2)\mathrm{d}t$$

试求其变分 δJ。

2-3　试利用变分公式

$$\delta J=\frac{\partial}{\partial\varepsilon}J(\boldsymbol{x},\varepsilon\delta\boldsymbol{x})\Big|_{\varepsilon=0}$$

求泛函

$$J=\int_{t_0}^{t_f}F(\boldsymbol{x},\dot{\boldsymbol{x}},\ddot{\boldsymbol{x}})\mathrm{d}t$$

的变分，并写出相应的欧拉方程。

2-4　设 $x=x(t)$，$0\leqslant t\leqslant 1$，求从 $x(0)=0$ 到 $x(1)=1$ 之间的最短曲线。

2-5　求通过 $x(0)=1$，$x(1)=2$，使下列性能泛函为极值的极值曲线 $x^*(t)$：

$$J=\int_{t_0}^{t_f}(1+\dot{x}^2)\mathrm{d}t$$

2-6　已知状态的初值和终值为

$$x(1)=4,\quad x(t_f)=4$$

式中 t_f 自由且 $t_f>1$，试求使下列性能泛函达到极小值的极值轨线 $x^*(t)$：

$$J=\int_1^{t_f}\left[2x(t)+\frac{1}{2}\dot{x}^2(t)\right]\mathrm{d}t$$

2-7　设性能泛函为

$$J=\int_0^1(1+\dot{x}^2)\mathrm{d}t$$

求在边界条件 $x(0)=0$，$x(1)$ 自由情况下，使泛函取极值的极值轨线 $x^*(t)$。

2-8　设泛函

$$J=\int_{t_0}^{t_f}L(x_1,x_2,\dot{x}_1,\dot{x}_2,t)\mathrm{d}t$$

端点 $A(x_{10},x_{20},t_0)$ 固定，端点 $B(x_1(t_f),x_2(t_f),t_f)$ 可沿空间曲线

$$c_1(t_f)=\varphi(t_f),\quad c_2(t_f)=\psi(t_f)$$

移动。试证：当泛函取极值时，横截条件为

$$\left[L+(\dot{\varphi}-\dot{x}_1)\frac{\partial L}{\partial\dot{x}_1}+(\dot{\psi}-\dot{x}_2)\frac{\partial L}{\partial\dot{x}_2}\right]\Bigg|_{t_f}=0$$

2-9　求使泛函

$$J=\int_0^{\pi/2}(\dot{x}_1^2+2x_1x_2+\dot{x}_2^2)\mathrm{d}t$$

为极值并满足边界条件

$$x_1(0)=0,\quad x_2(0)=0$$

$$x_1\left(\frac{\pi}{2}\right)=1,\quad x_2\left(\frac{\pi}{2}\right)=-1$$

的极值轨线 $x_1^*(t)$和 $x_2^*(t)$。

2-10 求下列性能泛函的极值曲线 $x^*(t)$：

$$J=\int_{t_0}^{t_f}\left(\frac{1}{2}\dot{x}^2+x\dot{x}+\dot{x}+x\right)\mathrm{d}t$$

已知 $t_0=0, x(t_0)=\frac{1}{2}; t_f=1, x(t_f)$自由。

2-11 已知一阶系统

$$\dot{x}(t)=-x(t)+u(t)$$

试确定最优控制 $u^*(t)$，使系统由 $x(0)=3$ 转移到 $x(t_f)=0$，其中 t_f 自由，并使下列性能指标为极小值：

$$J=\int_0^{t_f}(1+u^2)\mathrm{d}t$$

2-12 设二次积分模型为

$$\dot{\theta}(t)=\omega(t),\quad \dot{\omega}(t)=u(t)$$

性能指标

$$J=\frac{1}{2}\int_0^1 u^2(t)\mathrm{d}t$$

已知初态 $\theta(0)=\omega(0)=1$，末态 $\theta(1)=0$，$\omega(1)$ 自由，试求最优控制 $u^*(t)$和最优轨线 $\theta^*(t)$与 $\omega^*(t)$。

2-13 设系统状态方程

$$\dot{x}_1(t)=x_2(t),\quad x_1(0)=2$$

$$\dot{x}_2(t)=u(t),\quad x_2(0)=1$$

性能指标

$$J=\frac{1}{2}\int_0^{t_f}u^2(t)\mathrm{d}t$$

要求达到 $\boldsymbol{x}(t_f)=\boldsymbol{0}$，试求

(1) $t_f=5$ 时的最优控制 $u^*(t)$。

(2) t_f 自由时的最优控制 $u^*(t)$。

2-14 设一阶系统

$$\dot{x}(t)=u(t),\quad x(0)=1$$

性能指标

$$J=\frac{1}{2}\int_0^1(x^2+u^2)\mathrm{d}t$$

已知 $x(1)=0$。某工程师认为，从工程观点出发可取最优控制函数 $u^*(t)=-1$。试分析他的意见是否正确，并说明理由。

2-15 已知一阶系统

$$\dot{x}(t)=-\frac{1}{2}x(t)+u(t),\quad x(0)=2$$

性能指标

$$J=\frac{1}{2}[10x^2(1)]+\frac{1}{2}\int_0^1 (2x^2+u^2)\mathrm{d}t$$

求最优控制 $u^*(t)$。

2-16 已知系统方程

$$\dot{x}_1(t)=-x_1(t)+x_2(t),\quad x_1(0)=0$$
$$\dot{x}_2(t)=u(t),\quad x_2(0)=0$$

目标集为

$$x_1^2(t_f)+x_2^2(t_f)=t_f^2+1$$

式中 t_f 自由。试写出使性能指标

$$J=\frac{1}{2}\int_0^{t_f} u^2(t)\mathrm{d}t$$

为最小的必要条件。

2-17 设一阶系统

$$\dot{x}(t)=4u(t)$$

性能指标

$$J=\int_0^{t_f} (x^2+4u^2)\mathrm{d}t$$

式中 t_f 已知。试求 $u^*(t)$，使系统由 $x(0)=x_0$ 转移到 $x(t_f)=x_f$，并使 J 达到最小值。

2-18 设二阶系统

$$\dot{x}_1(t)=x_2(t),\quad x_1(0)=1$$
$$\dot{x}_2(t)=u(t),\quad x_2(0)=1$$

性能指标

$$J=\int_0^1 (\|\boldsymbol{x}\|^2+\|\boldsymbol{u}\|^2)\mathrm{d}t$$

求最优控制 $u^*(t)$，使 J 达到最小值，并画出最优控制及最优轨线。

2-19 设二阶系统

$$\dot{x}_1(t)=x_2(t),\quad x_1(0)=1$$
$$\dot{x}_2(t)=u(t),\quad x_2(0)=1$$

性能指标

$$J=\int_0^{t_f} u^2(t)\mathrm{d}t$$

式中 t_f 自由。目标集

$$x_1(t_f)=c(t_f)=-t_f^2$$

试求最优控制 $u^*(t)$ 及最优轨线 $\boldsymbol{x}^*(t)$，并画出其图形。

2-20 设系统方程、初始条件及性能指标同题 2-19，t_f 自由，目标集为

$$x_1(t_f)=c(t_f)=-t_f^2$$
$$x_2(t_f)=0$$

求最优控制 $u^*(t)$ 及最优轨线 $\boldsymbol{x}^*(t)$，并画出其图形。

第 3 章　极小值原理及其应用

利用古典变分法求解最优控制问题时，只有当控制向量 $\boldsymbol{u}(t)$ 不受任何约束，其容许控制集合充满整个 m 维控制空间，用古典变分法来处理等式约束条件下的最优控制问题才是行之有效的。然而，在实际物理系统中，控制向量总是受到一定的限制，容许控制只能在一定的控制域内取值，可以预料，用古典变分法将难以处理这类问题。例如，在时间最优控制问题中，最优控制的取值正是在控制域方体的角点上跳来跳去，这时的 $\boldsymbol{u}(t)$ 也不再是时间的连续函数，而只是分段连续函数。而在有些问题中，容许控制集合甚至只是控制空间中一些孤立的点，对这样的控制问题，古典变分就更加无能为力了。因此，需要探讨新的理论和新的方法。

前苏联学者庞特里亚金等人在总结并运用古典变分法成果的基础上，提出了极小值原理，成为控制向量受约束时求解最优控制问题的有效工具，最初用于连续系统，以后又推广用于离散系统。

3.1　连续系统的极小值原理

最优控制问题的具体形式是多种多样的。为了方便阐述，先研究定常系统、末值型指标、末端自由控制问题的极小值原理，然后将所得结果逐步扩大到一般的最优控制问题中。

3.1.1　自由末端的极小值原理

定理 3-1　对于如下定常系统、末值型性能指标、末端自由、控制受约束的最优控制问题

$$\min_{\boldsymbol{u}(t)\in\Omega} J(\boldsymbol{u})=\varphi[\boldsymbol{x}(t_f)]$$

$$\text{s. t.}\quad \dot{\boldsymbol{x}}(t)=\boldsymbol{f}(\boldsymbol{x},\boldsymbol{u}),\quad \boldsymbol{x}(t_0)=\boldsymbol{x}_0,\quad t\in[t_0,t_f]$$

式中 $\boldsymbol{x}(t)\in R^n$，为系统状态向量；$\boldsymbol{u}(t)\in R^m$，为系统控制向量；Ω 为容许控制域；$\boldsymbol{u}(t)$ 是在 Ω 内取值的任何分段连续函数；末端时刻 t_f 未知；末态 $\boldsymbol{x}(t_f)$ 自由。假设

① 函数 $\boldsymbol{f}(\boldsymbol{x},\boldsymbol{u})$ 和 $\varphi(\boldsymbol{x})$ 都是其自变量的连续函数；

② 函数 $\boldsymbol{f}(\boldsymbol{x},\boldsymbol{u})$ 和 $\varphi(\boldsymbol{x})$ 对于 $\boldsymbol{x}$ 是连续可微的，即 $\partial\boldsymbol{f}/\partial\boldsymbol{x}^{\mathrm{T}}$ 和 $\partial\varphi/\partial\boldsymbol{x}$ 存在且连续；

③ 函数 $\boldsymbol{f}(\boldsymbol{x},\boldsymbol{u})$ 在任意有界集上对变量 $\boldsymbol{x}$ 满足李卜希茨条件：当 $\Omega_1\subset\Omega$ 为有界集时，存在一常数 $a>0$，使得只要 $\boldsymbol{x}^1$、$\boldsymbol{x}^2\in\boldsymbol{x}$，对于任意 $\boldsymbol{u}\in\Omega_1$，有

$$|\boldsymbol{f}(\boldsymbol{x}^1,\boldsymbol{u})-\boldsymbol{f}(\boldsymbol{x}^2,\boldsymbol{u})|\leqslant a|\boldsymbol{x}^1-\boldsymbol{x}^2|$$

则对于最优解 $\boldsymbol{u}^*(t)$ 和 t_f^*，以及相应的最优轨线 $\boldsymbol{x}^*(t)$，必存在非零的 n 维向量函数 $\boldsymbol{\lambda}(t)$，使得

① $\boldsymbol{x}(t)$ 及 $\boldsymbol{\lambda}(t)$ 满足下述正则方程：

$$\dot{\boldsymbol{x}}(t)=\frac{\partial H}{\partial \boldsymbol{\lambda}} \tag{3-1}$$

$$\dot{\boldsymbol{\lambda}}(t)=-\frac{\partial H}{\partial \boldsymbol{x}} \tag{3-2}$$

式中哈密顿函数

$$H(\boldsymbol{x},\boldsymbol{u},\boldsymbol{\lambda})=\boldsymbol{\lambda}^{\mathrm{T}}(t)\boldsymbol{f}(\boldsymbol{x},\boldsymbol{u}) \tag{3-3}$$

② $\boldsymbol{x}(t)$及$\boldsymbol{\lambda}(t)$满足边界条件

$$\begin{aligned}\boldsymbol{x}(t_0)&=\boldsymbol{x}_0\\ \boldsymbol{\lambda}(t_f)&=\frac{\partial \varphi}{\partial \boldsymbol{x}(t_f)}\end{aligned} \tag{3-4}$$

③ 哈密顿函数相对最优控制为极小值

$$H(\boldsymbol{x}^*,\boldsymbol{u}^*,\boldsymbol{\lambda})=\min_{\boldsymbol{u}(t)\in\Omega}H(\boldsymbol{x}^*,\boldsymbol{u},\boldsymbol{\lambda}) \tag{3-5}$$

④ 哈密顿函数沿最优轨线保持为常数。

当 t_f 固定时

$$H[\boldsymbol{x}^*(t),\boldsymbol{u}^*(t),\boldsymbol{\lambda}(t)]=H[\boldsymbol{x}^*(t_f),\boldsymbol{u}^*(t_f),\boldsymbol{\lambda}(t_f)]=\text{const} \tag{3-6}$$

当 t_f 自由时

$$H[\boldsymbol{x}^*(t_f^*),\boldsymbol{u}^*(t_f^*),\boldsymbol{\lambda}(t_f^*)]=0 \tag{3-7}$$

将上述庞特里亚金原理与变分法的结果相比，可以发现，二者结果的差别仅在于条件③。当控制无约束时，相应条件为$\partial H/\partial \boldsymbol{u}=\boldsymbol{0}$，即哈密顿函数 H 对最优控制 $\boldsymbol{u}^*(t)$取驻值；当控制有约束时，$\partial H/\partial \boldsymbol{u}=\boldsymbol{0}$ 不再成立，而代之为

$$H[\boldsymbol{x}^*(t),\boldsymbol{u}^*(t),\boldsymbol{\lambda}(t)]\leqslant \underset{\boldsymbol{u}(t)\in\Omega}{H}[\boldsymbol{x}^*(t),\boldsymbol{u}(t),\boldsymbol{\lambda}(t)]$$

即对所有 $t\in[t_0,t_f]$，$\boldsymbol{u}(t)$取遍 Ω 中的所有点，$\boldsymbol{u}^*(t)$使 H 为绝对极小值。因而庞特里亚金原理一般称为极小值原理。

当极小值原理出现后，第 2 章中所讨论的变分法就称之为经典变分法了。与经典变分法相比，极小值原理的重要意义有如下几方面。

1) 容许控制条件放宽了。在经典变分法中，需要假设 $\Omega\subseteq R^m$，即控制域充满全部控制空间。从控制变分 $\delta\boldsymbol{u}(t)$的任意性出发，导出极值条件$\partial H/\partial \boldsymbol{u}=\boldsymbol{0}$。这一极值条件虽然简单，但应用起来受到很大限制，例如，在末端固定的情况下，导出驻值条件$\partial H/\partial \boldsymbol{u}=\boldsymbol{0}$ 也并不容易。然而极小值原理中的极小值条件③对于通常的控制约束均适用，用极小值原理来求解各种最优控制问题，不会遇到很大的困难。

2) 最优控制使哈密顿函数取全局极小值。对 $t\in[t_0,t_f]$上的任意连续点，当容许控制 $\boldsymbol{u}(t)$取遍了控制域 Ω 的所有点，定理 3-1 中的条件③都应成立，换言之，$\boldsymbol{u}^*(t)$使 H 取全局最小值。如果把条件③也称为极值条件，则它是使 H 取强极值的条件。而在经典变分法中，由于 $\boldsymbol{u}^*(t)$只与“接近”的 $\boldsymbol{u}(t)$相比较，所以 $\boldsymbol{u}^*(t)$只能使 H 取弱极值，甚至只能得到 H 的驻点条件。不难理解，当满足经典变分法的应用条件时，$\partial H/\partial \boldsymbol{u}=\boldsymbol{0}$ 是定理 3-1 中条件③的一种特例。

3) 极小值原理不要求哈密顿函数对控制的可微性。因此，应用条件进一步放宽。在经典变分法中，对函数 $\boldsymbol{f}$ 和 L 的可微性要求很严格，特别是要求$\partial L/\partial \boldsymbol{u}$ 存在，但实际工程问题往往不满足这一条件。例如，在燃料最优控制系统中，性能指标泛函的形式为

$$J=\int_{0}^{t_f}\sum_{i=1}^{m}|u_i|\,\mathrm{d}t$$

它就不满足上述要求，因而无法用经典变分法求解最优控制，而只能用极小值原理求解。

4) 极小值原理给出了最优控制的必要而非充分条件。换言之，满足极小值原理的控制是否真能使性能指标泛函取最小值，还需进一步判断。如果由实际问题的物理意义已经能够判定所讨论问题的解是存在的，而由极小值原理所求出的控制又是唯一的，可以断言，所求出的控制就是要求的最优控制。实际遇到的工程问题往往属于这种情况。此外，可以证明，对于线性系统的最优控制问题，极小值原理给出的是必要充分条件。

例 3-1 设二阶系统的状态方程及初始条件为

$$\dot{x}_1(t)=-x_1(t)+u(t),\quad x_1(0)=1$$
$$\dot{x}_2(t)=x_1(t),\quad x_2(0)=0$$

式中标量控制 $u(t)$的约束条件为

$$|u(t)|\leqslant 1$$

若系统的末端状态 $\boldsymbol{x}(t_f)$是自由的，试求最优控制 $u^*(t)$，使性能指标

$$J=x_2(1)$$

取极小值。

解 本例为定常系统、末值型性能指标、末端自由、t_f 固定和控制受约束的最优控制问题。由题意

$$\varphi[\boldsymbol{x}(t_f)]=x_2(1),\quad t_f=1$$

令哈密顿函数

$$H(\boldsymbol{x},u,\boldsymbol{\lambda})=\lambda_1(-x_1+u)+\lambda_2 x_1$$

根据正则方程

$$\dot{\lambda}_1=-\frac{\partial H}{\partial x_1}=\lambda_1-\lambda_2$$

$$\dot{\lambda}_2=-\frac{\partial H}{\partial x_2}=0$$

因而

$$\lambda_1(t)=c_1\mathrm{e}^t+c_2$$
$$\lambda_2(t)=c_2$$

式中 c_1 和 c_2 为待定常数。

由横截条件(3-4)得

$$\lambda_1(1)=\frac{\partial\varphi}{\partial x_1(1)}=0$$

$$\lambda_2(1)=\frac{\partial\varphi}{\partial x_2(1)}=1$$

解出 $c_1=-\mathrm{e}^{-1}$，$c_2=1$，故有

$$\lambda_1(t)=1-\mathrm{e}^{t-1}$$

由极小值条件(3-5)，得

$$u^*(t)=-\operatorname{sgn}\{\lambda_1(t)\}$$

不难发现：$\lambda_1(0)=1-\mathrm{e}^{-1}>0$，$\lambda_1(1)=0$，即

$$\lambda_1(t)=1-e^{t-1}>0,\quad \forall t\in[0,1)$$

故所求最优控制为

$$u^*(t)=\begin{cases}-1, & \forall t\in[0,1)\\ 0, & t=1\end{cases}$$

3.1.2 极小值原理的证明

庞特里亚金在其原著中，用了很大篇幅对极小值原理作了严格的数学证明，其中包括一系列引理和定理，涉及包括拓扑学在内的许多数学问题。后来有些学者用增量法对极小值原理提供了浅近的证明。用增量法证明极小值原理涉及的数学知识较少，推证过程简洁，易于理解。在证明过程中，需要采用如下引理。

引理 3-1

$$\frac{d}{dt}|\Delta\boldsymbol{x}|\leqslant|\Delta\dot{\boldsymbol{x}}|$$

证明 因为

$$|\Delta\boldsymbol{x}|=\left[\sum_{i=1}^{n}\Delta x_i^2\right]^{1/2}$$

从而得

$$\frac{d}{dt}|\Delta\boldsymbol{x}|=\frac{1}{2}\frac{1}{|\Delta\boldsymbol{x}|}(2\Delta x_1\Delta\dot{x}_1+2\Delta x_2\Delta\dot{x}_2+\cdots+2\Delta x_n\Delta\dot{x}_n)$$

$$=\frac{\langle\Delta\dot{\boldsymbol{x}},\Delta\boldsymbol{x}\rangle}{|\Delta\boldsymbol{x}|}\leqslant\frac{1}{|\Delta\boldsymbol{x}|}|\Delta\boldsymbol{x}|\cdot|\Delta\dot{\boldsymbol{x}}|$$

引理 3-2 设 $b(t)$ 为分段连续函数，且 $b(t)\geqslant0$，若函数 $x(t)$ 满足下列不等式：

$$\frac{d}{dt}x(t)\leqslant ax(t)+b(t),\quad x(t_0)=0$$

则有

$$x(t)\leqslant\int_{t_0}^{t}e^{a(t-s)}b(s)ds,\quad t\in[t_0,t_f]$$

证明 将给定的不等式写为

$$\frac{d}{dt}x(t)-ax(t)\leqslant b(t)$$

两边乘以 e^{-at}，得

$$\frac{d}{dt}[e^{-at}x(t)]\leqslant e^{-at}b(t)$$

从 t_0 到 t 积分上式，并注意到 $x(t_0)=0$，可得

$$x(t)\leqslant\int_{t_0}^{t}e^{a(t-s)}b(s)ds$$

应当指出，定理 3-1 中的四条假设是使得下述证明过程得以顺利进行的前提。其中假设③是为了保证微分方程解的存在和唯一性。用增量法证明定理 3-1 的过程如下。

(1) 性能指标泛函在 $\boldsymbol{u}(t)=\boldsymbol{u}^*(t)$ 时的增量

我们只推证末态 $\boldsymbol{x}(t_f)$ 自由、末端时刻 t_f 固定的情形。根据 $\varphi[\boldsymbol{x}(t_f)]$ 对 $\boldsymbol{x}(t_f)$ 的连续可微性假设，性能泛函的增量可表示为

$$
\begin{aligned}
\Delta J &= J[\boldsymbol{u}^*(\cdot)+\Delta\boldsymbol{u}(\cdot)]-J[\boldsymbol{u}^*(\cdot)]\\
&=\boldsymbol{\varphi}[\boldsymbol{x}^*(t_f)+\Delta\boldsymbol{x}(t_f)]-\varphi[\boldsymbol{x}^*(t_f)]\\
&=\frac{\partial\varphi[\boldsymbol{x}^*(t_f)]}{\partial\boldsymbol{x}^{\mathrm{T}}(t_f)}\Delta\boldsymbol{x}(t_f)+o(|\Delta\boldsymbol{x}(t_f)|)
\end{aligned}
\tag{3-8}
$$

式中 $\boldsymbol{u}^*$ 及 $\boldsymbol{x}^*$ 分别表示最优控制及相应的最优轨线，$o(|\Delta\boldsymbol{x}(t_f)|)$表示泰勒级数展开式中关于 $\Delta\boldsymbol{x}(t_f)$的高阶项。

为了从泛函增量 $\Delta J\geqslant 0$ 的条件导出最优控制的必要条件，应求出状态增量 $\Delta\boldsymbol{x}(t)$与控制增量 $\Delta\boldsymbol{u}(t)$之间的关系，进而对 $\Delta\boldsymbol{x}(t)$作出估计。

(2) 状态增量的表达式

根据函数 $\boldsymbol{f}(\boldsymbol{x},\boldsymbol{u})$对 $\boldsymbol{x}$ 的可微性假设，由状态方程

$$
\dot{\boldsymbol{x}}(t)=\boldsymbol{f}(\boldsymbol{x},\boldsymbol{u}),\quad \boldsymbol{x}(t_0)=\boldsymbol{x}_0 \tag{3-9}
$$

可写出其增量表达式

$$
\begin{aligned}
\Delta\dot{\boldsymbol{x}}(t)=&\frac{\partial\boldsymbol{f}[\boldsymbol{x}^*(t),\boldsymbol{u}^*+\Delta\boldsymbol{u}(t)]}{\partial\boldsymbol{x}^{\mathrm{T}}}\Delta\boldsymbol{x}(t)+o(|\Delta\boldsymbol{x}(t)|)\\
&+\{\boldsymbol{f}[\boldsymbol{x}^*(t),\boldsymbol{u}^*(t)+\Delta\boldsymbol{u}(t)]-\boldsymbol{f}[\boldsymbol{x}^*(t),\boldsymbol{u}^*(t)]\}\\
=&\frac{\partial\boldsymbol{f}[\boldsymbol{x}^*(t),\boldsymbol{u}^*(t)]}{\partial\boldsymbol{x}^{\mathrm{T}}(t)}\Delta\boldsymbol{x}(t)+\{\boldsymbol{f}[\boldsymbol{x}^*(t),\boldsymbol{u}^*(t)+\Delta\boldsymbol{u}(t)]-\boldsymbol{f}[\boldsymbol{x}^*(t),\boldsymbol{u}^*(t)]\}\\
&+\left\{\frac{\partial\boldsymbol{f}[\boldsymbol{x}^*(t),\boldsymbol{u}^*(t)+\Delta\boldsymbol{u}(t)]}{\partial\boldsymbol{x}^{\mathrm{T}}(t)}-\frac{\partial\boldsymbol{f}[\boldsymbol{x}^*(t),\boldsymbol{u}^*(t)]}{\partial\boldsymbol{x}^{\mathrm{T}}(t)}\right\}\cdot\\
&\Delta\boldsymbol{x}(t)+o(|\Delta\boldsymbol{x}(t)|)
\end{aligned}
\tag{3-10}
$$

设下列线性方程：

$$
\Delta\dot{\boldsymbol{x}}=\frac{\partial\boldsymbol{f}(\boldsymbol{x},\boldsymbol{u})}{\partial\boldsymbol{x}^{\mathrm{T}}}\Delta\boldsymbol{x}
$$

的状态转移矩阵为 $\boldsymbol{\Phi}(t,s)$，满足

$$
\begin{cases}
\dfrac{\mathrm{d}\boldsymbol{\Phi}(t,s)}{\mathrm{d}t}=\dfrac{\partial\boldsymbol{f}(\boldsymbol{x},\boldsymbol{u})}{\partial\boldsymbol{x}^{\mathrm{T}}}\boldsymbol{\Phi}(t,s)\\
\boldsymbol{\Phi}(s,s)=\boldsymbol{I}
\end{cases}
\tag{3-11}
$$

考虑到 $\Delta\boldsymbol{x}(t_0)=\boldsymbol{0}$，则方程(3-10)在 $t=t_f$ 时的解为

$$
\begin{aligned}
\Delta\boldsymbol{x}(t_f)=&\int_{t_0}^{t_f}\boldsymbol{\Phi}(t_f,s)\{\boldsymbol{f}[\boldsymbol{x}^*(s),\boldsymbol{u}^*(s)+\Delta\boldsymbol{u}(s)]-\boldsymbol{f}[\boldsymbol{x}^*(s),\boldsymbol{u}^*(s)]\}\mathrm{d}s\\
&+\int_{t_0}^{t_f}\boldsymbol{\Phi}(t_f,s)\left\{\frac{\partial\boldsymbol{f}[\boldsymbol{x}^*(s),\boldsymbol{u}^*(s)+\Delta\boldsymbol{u}(s)]}{\partial\boldsymbol{x}^{\mathrm{T}}(s)}-\frac{\partial\boldsymbol{f}[\boldsymbol{x}^*(s),\boldsymbol{u}^*(s)]}{\partial\boldsymbol{x}^{\mathrm{T}}(s)}\right\}\Delta\boldsymbol{x}(s)\mathrm{d}s\\
&+\int_{t_0}^{t_f}o(|\Delta\boldsymbol{x}(s)|)\mathrm{d}s
\end{aligned}
\tag{3-12}
$$

式(3-12)给出了满足微分方程(3-9)约束的 $\Delta\boldsymbol{x}$ 与 $\Delta\boldsymbol{u}$ 的关系。将式(3-12)代入式(3-8)，可得

$$
\begin{aligned}
\Delta J=&\frac{\partial\varphi[\boldsymbol{x}^*(t_f)]}{\partial\boldsymbol{x}^{\mathrm{T}}(t_f)}\int_{t_0}^{t_f}\boldsymbol{\Phi}(t_f,s)\{\boldsymbol{f}[\boldsymbol{x}^*(s),\boldsymbol{u}^*(s)+\Delta\boldsymbol{u}(s)]\\
&-\boldsymbol{f}[\boldsymbol{x}^*(s),\boldsymbol{u}^*(s)]\}\mathrm{d}s+\frac{\partial\varphi[\boldsymbol{x}^*(t_f)]}{\partial\boldsymbol{x}^{\mathrm{T}}(t_f)}\int_{t_0}^{t_f}\boldsymbol{\Phi}(t_f,s)\cdot\boldsymbol{G}(s)\cdot\Delta\boldsymbol{x}(s)\mathrm{d}s
\end{aligned}
$$

$$+\frac{\partial\varphi[\boldsymbol{x}^*(t_f)]}{\partial\boldsymbol{x}^{\mathrm{T}}(t_f)}\int_{t_0}^{t_f}o(|\Delta\boldsymbol{x}(s)|)\mathrm{d}s+o(|\Delta\boldsymbol{x}(t_f)|) \tag{3-13}$$

式中

$$G(s)=\left\{\frac{\partial\boldsymbol{f}[\boldsymbol{x}^*(s),\boldsymbol{u}^*(s)+\Delta\boldsymbol{u}(s)]}{\partial\boldsymbol{x}^{\mathrm{T}}(s)}-\frac{\partial\boldsymbol{f}[\boldsymbol{x}^*(s),\boldsymbol{u}^*(s)]}{\partial\boldsymbol{x}^{\mathrm{T}}(s)}\right\}$$

式(3-13)给出了性能指标泛函增量 ΔJ 与 $\Delta\boldsymbol{u}$、$\Delta\boldsymbol{x}$ 的关系，且对任意的 $\Delta\boldsymbol{u}$ 均可成立。为此，取一种特定的控制变分 $\Delta\boldsymbol{u}$，以便于对式(3-13)中的各项进行估计。

(3) 对状态 $\boldsymbol{x}(t)$ 的估计

设 $\Delta\boldsymbol{u}(t)$ 是 $\boldsymbol{u}(t)$ 的任意变分，对应的 $\boldsymbol{x}(t)$ 的增量 $\Delta\boldsymbol{x}(t)$ 应满足下列方程：

$$\begin{cases}\Delta\dot{\boldsymbol{x}}(t)=\boldsymbol{f}[\boldsymbol{x}(t)+\Delta\boldsymbol{x}(t),\boldsymbol{u}(t)+\Delta\boldsymbol{u}(t)]-\boldsymbol{f}[\boldsymbol{x}(t),\boldsymbol{u}(t)] & (3\text{-}14)\\ \Delta\boldsymbol{x}(t_0)=\boldsymbol{0} & (3\text{-}15)\end{cases}$$

将式(3-14)改写为

$$\begin{aligned}\Delta\dot{\boldsymbol{x}}(t)=&\boldsymbol{f}[\boldsymbol{x}(t)+\Delta\boldsymbol{x}(t),\boldsymbol{u}(t)+\Delta\boldsymbol{u}(t)]-\boldsymbol{f}[\boldsymbol{x}(t),\boldsymbol{u}(t)+\Delta\boldsymbol{u}(t)]\\&+\boldsymbol{f}[\boldsymbol{x}(t),\boldsymbol{u}(t)+\Delta\boldsymbol{u}(t)]-\boldsymbol{f}[\boldsymbol{x}(t),\boldsymbol{u}(t)]\end{aligned} \tag{3-16}$$

对于给定的 $\boldsymbol{u}(t)$ 和 $\Delta\boldsymbol{u}(t)$，由于其分段连续性假定，必存在有界集 $\Omega_1\subset\Omega$、$X\subset R^n$，使 $\boldsymbol{u}(t)+\Delta\boldsymbol{u}(t)\in\Omega_1$、$\boldsymbol{x}(t)\in X$，$\forall t\in[t_0,t_f]$。根据李卜希茨条件，必存在一常数 $a>0$，满足

$$|\boldsymbol{f}[\boldsymbol{x}(t)+\Delta\boldsymbol{x}(t),\boldsymbol{u}(t)+\Delta\boldsymbol{u}(t)]-\boldsymbol{f}[\boldsymbol{x}(t),\boldsymbol{u}(t)+\Delta\boldsymbol{u}(t)]|\leqslant a|\Delta\boldsymbol{x}(t)| \tag{3-17}$$

且由函数 $\boldsymbol{f}(\boldsymbol{x},\boldsymbol{u})$ 对 $\boldsymbol{u}$ 的连续性知，必存在 $b(t)>0$，使下式成立：

$$|\boldsymbol{f}[\boldsymbol{x}(t),\boldsymbol{u}(t)+\Delta\boldsymbol{u}(t)]-\boldsymbol{f}[\boldsymbol{x}(t),\boldsymbol{u}(t)]|\leqslant b(t),\quad \forall t\in[t_0,t_f]$$

式中

$$b(t)=\begin{cases}0, & \text{当 }\Delta\boldsymbol{u}(t)=\boldsymbol{0}\\ b(\text{常数}), & \text{当 }\Delta\boldsymbol{u}(t)\neq\boldsymbol{0}\end{cases} \tag{3-18}$$

于是，$\Delta\boldsymbol{x}(t)$ 满足

$$|\Delta\dot{\boldsymbol{x}}(t)|\leqslant a|\Delta\boldsymbol{x}(t)|+b(t) \tag{3-19}$$

根据引理 3-1，式(3-19)变为

$$\frac{\mathrm{d}}{\mathrm{d}t}|\Delta\boldsymbol{x}|\leqslant a|\Delta\boldsymbol{x}(t)|+b(t) \tag{3-20}$$

再由式(3-20)及式(3-15)，依引理 3-2，可得

$$|\Delta\boldsymbol{x}(t)|\leqslant\int_{t_0}^{t}\mathrm{e}^{a(t-s)}b(s)\mathrm{d}s,\quad t\in[t_0,t_f] \tag{3-21}$$

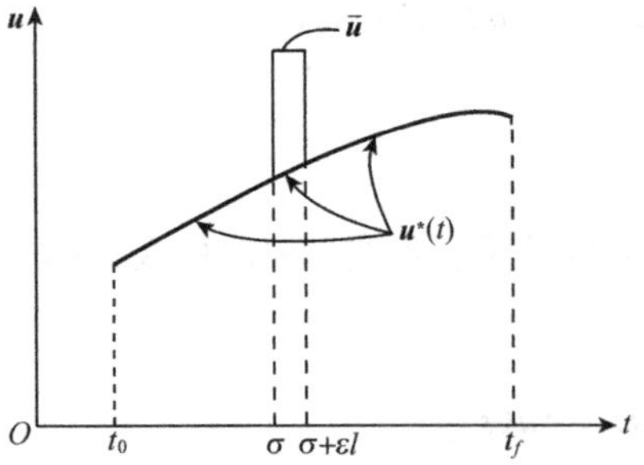

图 3-1 针状变分示意图

至此，我们并没有对 $\Delta\boldsymbol{u}(t)$ 作任何限制。为了使变分后的控制仍然是一容许控制，且有利于导出定理 3-1 中的极小值条件(3-5)，取 $\Delta\boldsymbol{u}(t)$ 为异于经典变分形式的针状变分。针状变分的示意图如图 3-1 所示。图中，σ 为最优控制 $\boldsymbol{u}^*(t)$ 的任意一个连续点，$l>0$ 为某一确定的数，$\varepsilon>0$ 是充分小的数。

将控制变分 $\Delta\boldsymbol{u}(t)$ 取成依赖于 σ、ε 的针状变分，记为 $\Delta_{\sigma\varepsilon}\boldsymbol{u}(t)$，则 $\Delta_{\sigma\varepsilon}\boldsymbol{u}(t)$ 可表示如下：

$$\boldsymbol{u}^*(t)+\Delta_\varepsilon \boldsymbol{u}(t)=\begin{cases}\boldsymbol{u}^*(t), & t_0\leqslant t<\sigma \text{ 及 } \sigma+\varepsilon l<t\leqslant t_f \\ \bar{\boldsymbol{u}}, & \sigma\leqslant t\leqslant \sigma+\varepsilon l\end{cases} \tag{3-22}$$

式中 $\bar{\boldsymbol{u}}\in\Omega$，表示容许控制，就是说，在充分小的时间区间$[\sigma,\sigma+\varepsilon l]$内，$\bar{\boldsymbol{u}}$ 可以取控制域 Ω 内的任何点，包括闭域 Ω 边界上的点。所以，$\Delta_\varepsilon \boldsymbol{u}(t)=\bar{\boldsymbol{u}}-\boldsymbol{u}^*(t)$，$t\in[t_0,t_f]$，是一个有限量。当 ε 为一充分小量时，由 $\Delta_\varepsilon \boldsymbol{u}(t)$引起的 $\Delta \boldsymbol{x}(t)$仍可能是一充分小量。可以证明，由针状变分 $\Delta_\varepsilon \boldsymbol{u}(t)$所引起的状态增量 $\Delta_\varepsilon \boldsymbol{x}(t)$是一与 ε 同阶的无穷小量。

事实上，当控制作针状变分时，式(3-18)可改写为

$$b(t)=\begin{cases}0, & \text{当 } t_0\leqslant t<\sigma,\sigma+\varepsilon l<t\leqslant t_f \\ b(\text{常数}), & \text{当 } \sigma\leqslant t\leqslant \sigma+\varepsilon l\end{cases} \tag{3-23}$$

于是，不等式(3-21)变为

$$\begin{aligned}|\Delta \boldsymbol{x}(t)|&\leqslant\int_{t_0}^{t} \mathrm{e}^{a(t-s)}b(s)\mathrm{d}s\leqslant\int_{t_0}^{t_f} \mathrm{e}^{a(t_f-s)}b(s)\mathrm{d}s \\ &\leqslant \mathrm{e}^{at_f}\int_{t_0}^{t_f} b(s)\mathrm{d}s=\mathrm{e}^{at_f}b\varepsilon l\end{aligned} \tag{3-24}$$

式(3-24)表明：$|\Delta \boldsymbol{x}(t)|$与 $\varepsilon>0$ 是同阶小量。

由式(3-13)可得，当控制作针状变分 $\Delta_\varepsilon \boldsymbol{u}(t)$时，性能指标泛函的增量为

$$\begin{aligned}\Delta_\varepsilon J=&\int_\sigma^{\sigma+\varepsilon l}\frac{\partial\varphi[\boldsymbol{x}^*(t_f)]}{\partial \boldsymbol{x}^{\mathrm{T}}(t_f)}\boldsymbol{\Phi}(t_f,s)\{\boldsymbol{f}[\boldsymbol{x}^*(s),\boldsymbol{u}^*(s)+\Delta_\varepsilon \boldsymbol{u}(s)] \\ &-\boldsymbol{f}[\boldsymbol{x}^*(s),\boldsymbol{u}^*(s)]\}\mathrm{d}s+\frac{\partial\varphi[\boldsymbol{x}^*(t_f)]}{\partial \boldsymbol{x}^{\mathrm{T}}(t_f)}\int_\sigma^{\sigma+\varepsilon l}\boldsymbol{\Phi}(t_f,s)\cdot \\ &\left\{\frac{\partial \boldsymbol{f}[\boldsymbol{x}^*(s),\boldsymbol{u}^*(s)+\Delta_\varepsilon \boldsymbol{u}(s)]}{\partial \boldsymbol{x}^{\mathrm{T}}(s)}-\frac{\partial \boldsymbol{f}[\boldsymbol{x}^*(s),\boldsymbol{u}^*(s)]}{\partial \boldsymbol{x}^{\mathrm{T}}(s)}\right\}\Delta \boldsymbol{x}(s)\mathrm{d}s \\ &+\frac{\partial\varphi[\boldsymbol{x}^*(t_f)]}{\partial \boldsymbol{x}^{\mathrm{T}}(t_f)}\int_\sigma^{\sigma+\varepsilon l}o(|\Delta \boldsymbol{x}(s)|)\mathrm{d}s+o(|\Delta \boldsymbol{x}(t_f)|)\end{aligned} \tag{3-25}$$

式(3-25)中后三项都是 ε 的高阶小量，可归并成一项，以 $o(\varepsilon)$表示。于是，式(3-25)可写为

$$\Delta_\varepsilon J=\int_\sigma^{\sigma+\varepsilon l}\frac{\partial\varphi[\boldsymbol{x}^*(t_f)]}{\partial \boldsymbol{x}^{\mathrm{T}}(t_f)}\boldsymbol{\Phi}(t_f,s)\{\boldsymbol{f}[\boldsymbol{x}^*(s),\boldsymbol{u}^*(s)+\Delta_\varepsilon \boldsymbol{u}(s)]-\boldsymbol{f}[\boldsymbol{x}^*(s),\boldsymbol{u}^*(s)]\}\mathrm{d}s+o(\varepsilon) \tag{3-26}$$

若令

$$\boldsymbol{\lambda}^{\mathrm{T}}(s)=\frac{\partial\varphi[\boldsymbol{x}^*(t_f)]}{\partial \boldsymbol{x}^{\mathrm{T}}(t_f)}\boldsymbol{\Phi}(t_f,s) \tag{3-27}$$

则协态向量 $\boldsymbol{\lambda}(t)$必满足状态方程(3-9)的协态方程

$$\dot{\boldsymbol{\lambda}}(s)=-\frac{\partial \boldsymbol{f}^{\mathrm{T}}[\boldsymbol{x}^*(s),\boldsymbol{u}^*(s)]}{\partial \boldsymbol{x}(s)}\boldsymbol{\lambda}(s) \tag{3-28}$$

以及横截条件

$$\boldsymbol{\lambda}(t_f)=\frac{\partial\varphi[\boldsymbol{x}^*(t_f)]}{\partial \boldsymbol{x}(t_f)} \tag{3-29}$$

若记哈密顿函数

$$H(\boldsymbol{x},\boldsymbol{u},\boldsymbol{\lambda})=\boldsymbol{\lambda}^{\mathrm{T}}\boldsymbol{f}(\boldsymbol{x},\boldsymbol{u}) \tag{3-30}$$

则协态方程(3-28)可写为

$$\dot{\boldsymbol{\lambda}}(t)=-\frac{\partial H(\boldsymbol{x}^*,\boldsymbol{u}^*,\boldsymbol{\lambda})}{\partial \boldsymbol{x}} \tag{3-31}$$

于是，定理 3-1 中结论①和②得证。而式(3-26)则可改写为

$$\Delta_{\sigma\varepsilon}J=\int_{\sigma}^{\sigma+\varepsilon l}\{H[\boldsymbol{x}^*(s),\boldsymbol{\lambda}(s),\boldsymbol{u}^*(s)+\Delta_{\sigma\varepsilon}\boldsymbol{u}(s)]-H[\boldsymbol{x}^*(s),\boldsymbol{\lambda}(s),\boldsymbol{u}^*(s)]\}\mathrm{d}s+o(\varepsilon) \tag{3-32}$$

(4) 极小值条件的推证

因为已设 $\boldsymbol{u}^*(t)$是使性能指标泛函取极小值的最优控制，$\boldsymbol{x}^*(t)$是相应的最优轨线，$\boldsymbol{\lambda}(t)$是协态方程的解，所以对任意的控制变分，包括对 $\boldsymbol{u}(t)$的针状变分，性能指标泛函的增量(3-32)必满足下列不等式：

$$\Delta_{\sigma\varepsilon}J=\int_{\sigma}^{\sigma+\varepsilon l}\{H[\boldsymbol{x}^*(s),\boldsymbol{\lambda}(s),\boldsymbol{u}^*(s)+\Delta_{\sigma\varepsilon}\boldsymbol{u}(s)]-H[\boldsymbol{x}^*(s),\boldsymbol{\lambda}(s),\boldsymbol{u}^*(s)]\}\mathrm{d}s+o(\varepsilon)\geqslant 0 \tag{3-33}$$

由于在 $t\in[t_0,t_f]$区间内，$\boldsymbol{x}^*(t)$和 $\boldsymbol{\lambda}(t)$都是连续的，而 $\boldsymbol{u}^*(t)$和 $\bar{\boldsymbol{u}}=\boldsymbol{u}^*(t)+\Delta_{\sigma\varepsilon}\boldsymbol{u}(t)$在式(3-33)的积分范围$[\sigma,\sigma+\varepsilon l]$内也是连续的，故 H 是一连续函数。根据积分中值定理及 H 的连续性，有

$$\begin{aligned}&\int_{\sigma}^{\sigma+\varepsilon l}\{H[\boldsymbol{x}^*(s),\boldsymbol{\lambda}(s),\boldsymbol{u}^*(s)+\Delta_{\sigma\varepsilon}\boldsymbol{u}(s)]-H[\boldsymbol{x}^*(s),\boldsymbol{\lambda}(s),\boldsymbol{u}^*(s)]\}\mathrm{d}s\\&=\varepsilon l\{H[\boldsymbol{x}^*(t),\boldsymbol{\lambda}(t),\boldsymbol{u}^*(t)+\Delta_{\sigma\varepsilon}\boldsymbol{u}(t)]-H[\boldsymbol{x}^*(t),\boldsymbol{\lambda}(t),\boldsymbol{u}^*(t)]\}\big|_{t=t_1}\\&=\varepsilon l\{H[\boldsymbol{x}^*(\sigma),\boldsymbol{\lambda}(\sigma),\boldsymbol{u}^*(\sigma)+\Delta_{\sigma\varepsilon}\boldsymbol{u}(\sigma)]-H[\boldsymbol{x}^*(\sigma),\boldsymbol{\lambda}(\sigma),\boldsymbol{u}^*(\sigma)]\}+o(\varepsilon)\end{aligned}$$

式中 $t_1=\sigma+\theta\varepsilon l, 0<\theta<1$。将上式代入式(3-33)，得

$$\Delta_{\sigma\varepsilon}J=\varepsilon l\{H[\boldsymbol{x}^*(\sigma),\boldsymbol{\lambda}(\sigma),\boldsymbol{u}^*(\sigma)+\Delta_{\sigma\varepsilon}\boldsymbol{u}(\sigma)]-H[\boldsymbol{x}^*(\sigma),\boldsymbol{\lambda}(\sigma),\boldsymbol{u}^*(\sigma)]\}+o(\varepsilon)\geqslant 0$$

用 ε 除上式，并考虑到 $\varepsilon\to 0$ 时，$l>0$，可得

$$H[\boldsymbol{x}^*(\sigma),\boldsymbol{\lambda}(\sigma),\bar{\boldsymbol{u}}]-H[\boldsymbol{x}^*(\sigma),\boldsymbol{\lambda}(\sigma),\boldsymbol{u}^*(\sigma)]\geqslant 0$$

或写为

$$H[\boldsymbol{x}^*(\sigma),\boldsymbol{\lambda}(\sigma),\boldsymbol{u}^*(\sigma)]\leqslant H[\boldsymbol{x}^*(\sigma),\boldsymbol{\lambda}(\sigma),\bar{\boldsymbol{u}}] \tag{3-34}$$

式(3-34)对于 $t\in[t_0,t_f]$内 $\boldsymbol{u}^*(t)$的所有连续点都成立。考虑到 $\bar{\boldsymbol{u}}$ 要取遍控制域 Ω 中的所有点，因此式(3-34)也可以表示为

$$H[\boldsymbol{x}^*(\sigma),\boldsymbol{\lambda}(\sigma),\boldsymbol{u}^*(\sigma)]=\min_{\bar{\boldsymbol{u}}\in\Omega}H[\boldsymbol{x}^*(\sigma),\boldsymbol{\lambda}(\sigma),\bar{\boldsymbol{u}}] \tag{3-35}$$

式中 σ 同样是区间$[t_0,t_f]$内 $\boldsymbol{u}^*(t)$的任意连续点。由于假定 $\boldsymbol{u}(t)$是分段连续函数，而 $\boldsymbol{u}^*(t)$的不连续点上的函数值不论如何都不会影响其控制效果。因此，不妨认为式(3-35)对任意 $\sigma\in[t_0,t_f]$均成立。也就是说，若 $\boldsymbol{u}^*(t)\in\Omega, t\in[t_0,t_f]$是最优控制，则对所有 $t\in[t_0,t_f]$都必须满足

$$H[\boldsymbol{x}^*(t),\boldsymbol{\lambda}(t),\boldsymbol{u}^*(t)]=\min_{\boldsymbol{u}(t)\in\Omega}H[\boldsymbol{x}^*(t),\boldsymbol{\lambda}(t),\boldsymbol{u}(t)]$$

或者

$$H[\boldsymbol{x}^*(t),\boldsymbol{\lambda}(t),\boldsymbol{u}^*(t)]\leqslant H[\boldsymbol{x}^*(t),\boldsymbol{\lambda}(t),\boldsymbol{u}(t)]$$
$$\forall t\in[t_0,t_f], \boldsymbol{u}(t)\in\Omega$$

从而证明了定理 3-1 中的结论③成立。

(5) 哈密顿函数沿最优轨线的性质

当末端时刻 t_f 自由时，需要考虑 t_f 改变量所引起的泛函增量。令 t_f 的改变量为

$$\Delta t_f=\varepsilon T_1 \tag{3-36}$$

式中 T_1 为任意实数。设 $\boldsymbol{u}^*(t)$ 和 t_f^* 是使性能指标泛函取极小值的最优解，$\boldsymbol{x}^*(t)$ 为相应的最优轨线。根据 $\varphi[\boldsymbol{x}(t_f)]$ 的可微性，并参考式(2-94)，有

$$\begin{aligned}\Delta J&=\frac{\partial\varphi[\boldsymbol{x}^*(t_f^*)]}{\partial\boldsymbol{x}^{\mathrm{T}}(t_f)}[\Delta\boldsymbol{x}(t_f^*)+\dot{\boldsymbol{x}}^*(t_f^*)\Delta t_f]+o(\varepsilon)\\&=\frac{\partial\varphi[\boldsymbol{x}^*(t_f^*)]}{\partial\boldsymbol{x}^{\mathrm{T}}(t_f)}\boldsymbol{f}[\boldsymbol{x}^*(t_f^*),\boldsymbol{u}^*(t_f^*)]\varepsilon T_1\\&\quad+\frac{\partial\varphi[\boldsymbol{x}^*(t_f^*)]}{\partial\boldsymbol{x}^{\mathrm{T}}(t_f)}\Delta\boldsymbol{x}(t_f^*)+o(\varepsilon)\geqslant 0\end{aligned} \tag{3-37}$$

式(3-37)对任意 T_1 及任意控制变分均成立，当然对 $\Delta\boldsymbol{u}(t)\equiv\boldsymbol{0}$，也应成立。由式(3-12)知，当 $t_f=t_f^*$，$\Delta\boldsymbol{u}(s)=\boldsymbol{0}$ 时，必有 $\Delta\boldsymbol{x}(t_f^*)=\boldsymbol{0}$；由式(3-13)知，同时应有 $\Delta J=0$。在式(3-37)中，因 $\varepsilon T_1\neq 0$，故应有

$$\frac{\partial\varphi[\boldsymbol{x}^*(t_f^*)]}{\partial\boldsymbol{x}^{\mathrm{T}}(t_f)}\boldsymbol{f}[\boldsymbol{x}^*(t_f^*),\boldsymbol{u}^*(t_f^*)]=0 \tag{3-38}$$

由式(3-27)知，当 $s=t_f$，$t_f=t_f^*$ 时，有

$$\boldsymbol{\lambda}^{\mathrm{T}}(t_f^*)=\frac{\partial\varphi[\boldsymbol{x}^*(t_f^*)]}{\partial\boldsymbol{x}^{\mathrm{T}}(t_f)}$$

于是式(3-38)可写为

$$\boldsymbol{\lambda}^{\mathrm{T}}(t_f^*)\boldsymbol{f}[\boldsymbol{x}^*(t_f^*),\boldsymbol{u}^*(t_f^*)]=H[\boldsymbol{x}^*(t_f^*),\boldsymbol{\lambda}(t_f^*),\boldsymbol{u}^*(t_f^*)]=0$$

从而证明了式(3-7)成立。

当取 $T_1=0$ 时，对于针状变分 $\Delta_{\sigma\varepsilon}\boldsymbol{u}(t)$，应有

$$\Delta_{\sigma\varepsilon}J=\frac{\partial\varphi[\boldsymbol{x}^*(t_f^*)]}{\partial\boldsymbol{x}^{\mathrm{T}}(t_f)}\Delta\boldsymbol{x}(t_f^*)+o(\varepsilon)\geqslant 0$$

可以证明

$$H[\boldsymbol{x}^*(t_f),\boldsymbol{u}^*(t_f),\boldsymbol{\lambda}(t_f)]=H[\boldsymbol{x}^*(t),\boldsymbol{u}^*(t),\boldsymbol{\lambda}(t)]=\text{const}$$

表明式(3-6)同时成立。因此，定理 3-1 中的结论④成立。

3.1.3 极小值原理的一些推广形式

定理 3-1 是针对定常系统、末值型性能指标导出的，但许多常见的最优控制问题都可以化为这种形式，从而可把极小值原理推广成各种便于应用的具体形式。

(1) 对于时变问题的推广

如果描述最优控制问题的一些函数，如 $\boldsymbol{f}$ 和 φ 等显含时间 t 或 t_f，则称为时变问题。通过引入新状态变量的方法，可以将时变问题化为等价定常问题，然后应用定理 3-1 的结论，得到时变系统的极小值原理。

定理 3-2 对于如下时变系统、末值型性能指标、末端自由、控制受约束的最优控制问题

$$\min_{\boldsymbol{u}(t)\in\Omega}J(\boldsymbol{u})=\varphi[\boldsymbol{x}(t_f),t_f]$$

$$\text{s.t.}\quad \dot{\boldsymbol{x}}(t)=\boldsymbol{f}(\boldsymbol{x},\boldsymbol{u},t),\quad \boldsymbol{x}(t_0)=\boldsymbol{x}_0$$

$$t \in [t_0, t_f], \quad t_f \text{ 未知}$$

假设同定理 3-1。若 $\boldsymbol{u}^*(t)$ 和 t_f^* 是使性能指标取最小值的最优解，$\boldsymbol{x}^*(t)$ 为相应的最优轨线，则必存在 n 维向量函数 $\boldsymbol{\lambda}(t)$，使得 $\boldsymbol{u}^*(t)$、$\boldsymbol{x}^*(t)$、t_f^* 和 $\boldsymbol{\lambda}(t)$ 满足如下必要条件：

① $\boldsymbol{x}(t)$ 及 $\boldsymbol{\lambda}(t)$ 满足下述正则方程：

$$\dot{\boldsymbol{x}}(t) = \frac{\partial H}{\partial \boldsymbol{\lambda}}$$

$$\dot{\boldsymbol{\lambda}}(t) = -\frac{\partial H}{\partial \boldsymbol{x}}$$

式中哈密顿函数

$$H(\boldsymbol{x}, \boldsymbol{\lambda}, \boldsymbol{u}, t) = \boldsymbol{\lambda}^{\mathrm{T}}(t) \boldsymbol{f}(\boldsymbol{x}, \boldsymbol{u}, t)$$

② $\boldsymbol{x}(t)$ 及 $\boldsymbol{\lambda}(t)$ 满足边界条件

$$\boldsymbol{x}(t_0) = \boldsymbol{x}_0$$

$$\boldsymbol{\lambda}(t_f) = \frac{\partial \varphi[\boldsymbol{x}(t_f), t_f]}{\partial \boldsymbol{x}(t_f)}$$

③ 哈密顿函数相对最优控制取绝对极小值

$$H[\boldsymbol{x}^*(t), \boldsymbol{\lambda}(t), \boldsymbol{u}^*(t), t] = \min_{\boldsymbol{u}(t) \in \Omega} H[\boldsymbol{x}^*(t), \boldsymbol{\lambda}(t), \boldsymbol{u}(t), t]$$

④ 在最优轨线末端哈密顿函数应满足

$$H[\boldsymbol{x}^*(t_f^*), \boldsymbol{\lambda}(t_f^*), \boldsymbol{u}^*(t_f^*), t_f^*] = -\frac{\partial \varphi[\boldsymbol{x}^*(t_f^*), t_f^*]}{\partial t_f}$$

⑤ 沿最优轨线哈密顿函数变化律

$$H[\boldsymbol{x}^*(t), \boldsymbol{\lambda}(t), \boldsymbol{u}^*(t), t] = H[\boldsymbol{x}^*(t_f), \boldsymbol{\lambda}(t_f), \boldsymbol{u}^*(t_f), t_f] - \int_t^{t_f} \frac{\partial H(\boldsymbol{x}, \boldsymbol{\lambda}, \boldsymbol{u}, \tau)}{\partial \tau} \mathrm{d}\tau$$

证明 引入新的辅助变量 $x_{n+1} = t$，使其满足

$$\dot{x}_{n+1} = 1, \quad x_{n+1}(t_0) = t_0, \quad x_{n+1}(t_f) = t_f$$

构造增广向量

$$\bar{\boldsymbol{x}}(t) = \begin{bmatrix} \boldsymbol{x}(t) \\ x_{n+1} \end{bmatrix}, \quad \bar{\boldsymbol{f}}(\bar{\boldsymbol{x}}, \boldsymbol{u}) = \begin{bmatrix} \boldsymbol{f}(\boldsymbol{x}, \boldsymbol{u}, t) \\ 1 \end{bmatrix}$$

$$\bar{\boldsymbol{x}}(t_0) = \begin{bmatrix} \boldsymbol{x}_0 \\ t_0 \end{bmatrix} = \bar{\boldsymbol{x}}_0 \tag{3-39}$$

则原来的时变问题代为如下定常问题：

$$\min_{\boldsymbol{u}(t) \in \Omega} J = \varphi[\bar{\boldsymbol{x}}(t_f)] = \varphi[\boldsymbol{x}(t_f), x_{n+1}(t_f)] \tag{3-40}$$

$$\text{s. t.} \quad \dot{\bar{\boldsymbol{x}}}(t) = \bar{\boldsymbol{f}}[\bar{\boldsymbol{x}}(t), \boldsymbol{u}(t)], \quad \bar{\boldsymbol{x}}(t_0) = \bar{\boldsymbol{x}}_0$$

令

$$\bar{\boldsymbol{\lambda}}(t) = \begin{bmatrix} \boldsymbol{\lambda}(t) \\ \lambda_{n+1}(t) \end{bmatrix} \tag{3-41}$$

式中 $\lambda_{n+1}(t)$ 为辅助协态变量。对问题式(3-40)构造哈密顿函数

$$\begin{aligned} \bar{H}[\bar{\boldsymbol{x}}(t), \bar{\boldsymbol{\lambda}}(t), \boldsymbol{u}(t)] &= \bar{\boldsymbol{\lambda}}^{\mathrm{T}}(t) \bar{\boldsymbol{f}}(\bar{\boldsymbol{x}}, \boldsymbol{u}) \\ &= \boldsymbol{\lambda}^{\mathrm{T}}(t) \boldsymbol{f}(\boldsymbol{x}, \boldsymbol{u}, t) + \lambda_{n+1}(t) \\ &= H[\boldsymbol{x}(t), \boldsymbol{\lambda}(t), \boldsymbol{u}(t), t] + \lambda_{n+1}(t) \end{aligned} \tag{3-42}$$

式中

$$H[\boldsymbol{x}(t),\boldsymbol{\lambda}(t),\boldsymbol{u}(t),t]=\bar{\boldsymbol{\lambda}}^{\mathrm{T}}(t)\boldsymbol{f}(\boldsymbol{x},\boldsymbol{u},t) \tag{3-43}$$

将定理 3-1 应用于定常问题式(3-40)。根据协态方程(3-2)

$$\dot{\bar{\boldsymbol{\lambda}}}(t)=-\frac{\partial \bar{H}(\bar{\boldsymbol{x}},\bar{\boldsymbol{\lambda}},\boldsymbol{u})}{\partial \bar{\boldsymbol{x}}}$$

代入式(3-41)、式(3-42)和式(3-39),得

$$\begin{bmatrix}\dot{\boldsymbol{\lambda}}(t)\\ \dot{\lambda}_{n+1}(t)\end{bmatrix}=-\begin{bmatrix}\dfrac{\partial H(\boldsymbol{x},\boldsymbol{\lambda},\boldsymbol{u},t)}{\partial \boldsymbol{x}}\\ \dfrac{\partial H(\boldsymbol{x},\boldsymbol{\lambda},\boldsymbol{u},t)}{\partial t}\end{bmatrix}$$

因而有

$$\dot{\boldsymbol{\lambda}}(t)=-\frac{\partial H(\boldsymbol{x},\boldsymbol{\lambda},\boldsymbol{u},t)}{\partial \boldsymbol{x}} \tag{3-44}$$

$$\dot{\lambda}_{n+1}(t)=-\frac{\partial H(\boldsymbol{x},\boldsymbol{\lambda},\boldsymbol{u},t)}{\partial t} \tag{3-45}$$

由式(3-43),下式显然成立:

$$\dot{\boldsymbol{x}}(t)=\frac{\partial H(\boldsymbol{x},\boldsymbol{\lambda},\boldsymbol{u},t)}{\partial \boldsymbol{\lambda}}=\boldsymbol{f}(\boldsymbol{x},\boldsymbol{u},t)$$

从而证明了定理 3-2 中结论①是成立的。

根据定理 3-1 中的条件②,定常问题式(3-40)的横截条件

$$\bar{\boldsymbol{\lambda}}(t_f)=\frac{\partial \varphi[\bar{\boldsymbol{x}}(t_f)]}{\partial \bar{\boldsymbol{x}}(t_f)}$$

也即

$$\begin{bmatrix}\boldsymbol{\lambda}(t_f)\\ \lambda_{n+1}(t_f)\end{bmatrix}=\begin{bmatrix}\dfrac{\partial \varphi[\bar{\boldsymbol{x}}(t_f)]}{\partial \boldsymbol{x}(t_f)}\\ \dfrac{\partial \varphi[\bar{\boldsymbol{x}}(t_f)]}{\partial x_{n+1}(t_f)}\end{bmatrix}=\begin{bmatrix}\dfrac{\partial \varphi[\boldsymbol{x}(t_f),t_f]}{\partial \boldsymbol{x}(t_f)}\\ \dfrac{\partial \varphi[\boldsymbol{x}(t_f),t_f]}{\partial t_f}\end{bmatrix}$$

从而得

$$\boldsymbol{\lambda}(t_f)=\frac{\partial \varphi[\boldsymbol{x}(t_f),t_f]}{\partial \boldsymbol{x}(t_f)} \tag{3-46}$$

$$\lambda_{n+1}(t_f)=\frac{\partial \varphi[\boldsymbol{x}(t_f),t_f]}{\partial t_f} \tag{3-47}$$

于是,证明了定理 3-2 中的结论②。

由定理 3-1 中的极小值条件(3-5),有

$$\bar{H}[\bar{\boldsymbol{x}}^*(t),\bar{\boldsymbol{\lambda}}(t),\boldsymbol{u}^*(t)]=\min_{\boldsymbol{u}(t)\in\Omega}\bar{H}[\bar{\boldsymbol{x}}^*(t),\bar{\boldsymbol{\lambda}}(t),\boldsymbol{u}(t)]$$

代入式(3-42),上式可写为

$$H[\boldsymbol{x}^*(t),\boldsymbol{\lambda}(t),\boldsymbol{u}^*(t),t]+\lambda_{n+1}(t)=\min_{\boldsymbol{u}(t)\in\Omega}H[\boldsymbol{x}^*(t),\boldsymbol{\lambda}(t),\boldsymbol{u}(t),t]+\lambda_{n+1}(t)$$

于是得

$$H[\boldsymbol{x}^*(t),\boldsymbol{\lambda}(t),\boldsymbol{u}^*(t),t]=\min_{\boldsymbol{u}(t)\in\Omega}H[\boldsymbol{x}^*(t),\boldsymbol{\lambda}(t),\boldsymbol{u}(t),t]$$

从而证明了定理 3-2 中的结论③。

由于 t_f 自由,根据定理 3-1 中的式(3-7),有

$$\overline{H}[\bar{\boldsymbol{x}}^*(t_f^*),\bar{\boldsymbol{\lambda}}(t_f^*),\boldsymbol{u}^*(t_f^*)]=H[\boldsymbol{x}^*(t_f^*),\boldsymbol{\lambda}(t_f^*),\boldsymbol{u}^*(t_f^*),t_f^*]+\lambda_{n+1}(t_f^*)=0$$

代入式(3-47)，可得

$$H[\boldsymbol{x}^*(t_f^*),\boldsymbol{\lambda}(t_f^*),\boldsymbol{u}^*(t_f^*),t_f^*]=-\frac{\partial\varphi[\boldsymbol{x}^*(t_f^*),t_f^*]}{\partial t_f} \tag{3-48}$$

于是证明了定理 3-2 中的结论④。

当 t_f 固定时，根据定理 3-1 中的式(3-6)，有

$$\overline{H}[\bar{\boldsymbol{x}}^*(t),\bar{\boldsymbol{\lambda}}(t),\boldsymbol{u}^*(t)]=\overline{H}[\bar{\boldsymbol{x}}^*(t_f),\bar{\boldsymbol{\lambda}}(t_f),\boldsymbol{u}^*(t_f)]$$

在上式中代入式(3-42)，得

$$H[\boldsymbol{x}^*(t),\boldsymbol{\lambda}(t),\boldsymbol{u}^*(t),t]=H[\boldsymbol{x}^*(t_f),\boldsymbol{\lambda}(t_f),\boldsymbol{u}^*(t_f),t_f]+\lambda_{n+1}(t_f)-\lambda_{n+1}(t) \tag{3-49}$$

将式(3-45)从 t 至 t_f 积分，可得

$$\lambda_{n+1}(t_f)-\lambda_{n+1}(t)=-\int_t^{t_f}\frac{\partial H(\boldsymbol{x},\boldsymbol{\lambda},\boldsymbol{u},\tau)}{\partial\tau}\mathrm{d}\tau \tag{3-50}$$

由式(3-49)及式(3-50)得

$$H[\boldsymbol{x}^*(t),\boldsymbol{\lambda}(t),\boldsymbol{u}^*(t),t]=H[\boldsymbol{x}^*(t_f),\boldsymbol{\lambda}(t_f),\boldsymbol{u}^*(t_f),t_f]-\int_t^{t_f}\frac{\partial H(\boldsymbol{x},\boldsymbol{\lambda},\boldsymbol{u},\tau)}{\partial\tau}\mathrm{d}\tau \tag{3-51}$$

从而证明了定理 3-2 中的结论⑤。

比较定理 3-2 与定理 3-1 可见，时变性并没有改变极小值原理中的正则方程、横截条件及极小值条件，但却改变了哈密顿函数在最优轨线末端的值以及沿最优轨线的变化律。当 t_f 自由时，定常系统的哈密顿函数在最优轨线末端的值为零；时变系统的哈密顿函数在最优轨线末端的值由式(3-48)确定。当 t_f 固定时，定常系统哈密顿函数沿最优轨线的变化律保持为常数；时变系统哈密顿函数的变化律由式(3-51)决定。

应当指出，哈密顿函数的上述结论是一个重要性质，在求最优解过程中经常使用，但还不是最优控制的必要条件。具体说，对于定常系统，当 t_f 自由时，定理 3-1 中的前三个结论和结论④中的式(3-7)是必要条件；当 t_f 固定时，定理 3-1 中的前三个结论才是必要条件，结论④中的式(3-6)可作为验算方程。对于时变系统，当 t_f 自由时，定理 3-2 中的前四个结论是必要条件；当 t_f 固定时，定理 3-2 中的前三个结论是必要条件，结论⑤也仅作为验算方程。

(2) 对于积分型性能指标问题的推广

当性能指标取为积分型指标时，极小值原理的具体形式如下。

定理 3-3 对于如下定常系统、积分型性能指标、末端自由、控制受约束的最优控制问题：

$$\min_{\boldsymbol{u}(t)\in\Omega}J(\boldsymbol{u})=\int_{t_0}^{t_f}L[\boldsymbol{x}(t),\boldsymbol{u}(t)]\mathrm{d}t$$

$$\text{s.t.}\quad \dot{\boldsymbol{x}}(t)=\boldsymbol{f}(\boldsymbol{x},\boldsymbol{u}),\quad \boldsymbol{x}(t_0)=\boldsymbol{x}_0$$

$$t\in[t_0,t_f],\quad t_f\ \text{未定}$$

假设同定理 3-1。若 $\boldsymbol{u}^*(t)$和 t_f^* 是使性能指标取最小值的最优解，$\boldsymbol{x}^*(t)$为相应的最优轨线，则必存在 n 维向量函数 $\boldsymbol{\lambda}(t)$，使得 $\boldsymbol{u}^*(t)$、$\boldsymbol{x}^*(t)$、t_f^* 和 $\boldsymbol{\lambda}(t)$满足如下必要条件：

① $\boldsymbol{x}(t)$和 $\boldsymbol{\lambda}(t)$满足下述正则方程：

$$\dot{\boldsymbol{x}}(t)=\frac{\partial H}{\partial \boldsymbol{\lambda}}$$

$$\dot{\boldsymbol{\lambda}}(t)=-\frac{\partial H}{\partial \boldsymbol{x}}$$

式中哈密顿函数为

$$H(\boldsymbol{x},\boldsymbol{\lambda},\boldsymbol{u})=L(\boldsymbol{x},\boldsymbol{u})+\boldsymbol{\lambda}^{\mathrm{T}}(t)\boldsymbol{f}(\boldsymbol{x},\boldsymbol{u})$$

② $\boldsymbol{x}(t)$和$\boldsymbol{\lambda}(t)$满足边界条件

$$\boldsymbol{x}(t_0)=\boldsymbol{x}_0$$

$$\boldsymbol{\lambda}(t_f)=0$$

③ 哈密顿函数相对最优控制取绝对极小值

$$H[\boldsymbol{x}^*(t),\boldsymbol{\lambda}(t),\boldsymbol{u}^*(t)]=\min_{\boldsymbol{u}(t)\in\Omega}H[\boldsymbol{x}^*(t),\boldsymbol{\lambda}(t),\boldsymbol{u}(t)]$$

④ 在最优轨线末端哈密顿函数应满足：

当 t_f 固定时

$$H[\boldsymbol{x}^*(t),\boldsymbol{\lambda}(t),\boldsymbol{u}^*(t)]=H[\boldsymbol{x}^*(t_f),\boldsymbol{\lambda}(t_f),\boldsymbol{u}^*(t_f)]=\text{const}$$

当 t_f 自由时

$$H[\boldsymbol{x}^*(t_f^*),\boldsymbol{\lambda}(t_f^*),\boldsymbol{u}^*(t_f^*)]=0$$

证明 引入新的辅助变量 x_0，使其满足

$$\dot{x}_0(t)=L[\boldsymbol{x}(t),\boldsymbol{u}(t)],\quad x_0(t_0)=0$$

$$x_0(t)=\int_{t_0}^{t}L[\boldsymbol{x}(t),\boldsymbol{u}(t)]\mathrm{d}t$$

$$x_0(t_f)=\int_{t_0}^{t_f}L[\boldsymbol{x}(t),\boldsymbol{u}(t)]\mathrm{d}t=J(\boldsymbol{u})$$

构造增广向量

$$\bar{\boldsymbol{x}}(t)=\begin{bmatrix}x_0(t)\\ \boldsymbol{x}(t)\end{bmatrix},\quad \bar{\boldsymbol{f}}(\bar{\boldsymbol{x}},\boldsymbol{u})=\begin{bmatrix}L(\boldsymbol{x},\boldsymbol{u})\\ \boldsymbol{f}(\boldsymbol{x},\boldsymbol{u})\end{bmatrix}$$

$$\bar{\boldsymbol{x}}(t_0)=\begin{bmatrix}0\\ \boldsymbol{x}_0\end{bmatrix}=\bar{\boldsymbol{x}}_0$$

则原来的定常系统、积分型性能指标问题可化为如下定常系统、末值型性能指标问题：

$$\min_{\boldsymbol{u}(t)\in\Omega}J(\boldsymbol{u})=x_0(t_f)\overset{\text{def}}{=\!=}\varphi[\bar{\boldsymbol{x}}(t_f)] \tag{3-52}$$

$$\text{s. t.}\quad \dot{\bar{\boldsymbol{x}}}(t)=\bar{\boldsymbol{f}}(\bar{\boldsymbol{x}},\boldsymbol{u}),\quad \bar{\boldsymbol{x}}(t_0)=\bar{\boldsymbol{x}}_0$$

令

$$\bar{\boldsymbol{\lambda}}(t)=\begin{bmatrix}\lambda_0(t)\\ \boldsymbol{\lambda}(t)\end{bmatrix} \tag{3-53}$$

式中 $\lambda_0(t)$为辅助协态变量。对于问题式(3-52)，构造哈密顿函数

$$\begin{aligned}\bar{H}[\bar{\boldsymbol{x}}(t),\bar{\boldsymbol{\lambda}}(t),\boldsymbol{u}(t)]&=\bar{\boldsymbol{\lambda}}^{\mathrm{T}}(t)\bar{\boldsymbol{f}}(\bar{\boldsymbol{x}},\boldsymbol{u})\\&=\lambda_0L(\boldsymbol{x},\boldsymbol{u})+\boldsymbol{\lambda}^{\mathrm{T}}(t)\boldsymbol{f}(\boldsymbol{x},\boldsymbol{u})\\&=H_0[\boldsymbol{x}(t),\boldsymbol{\lambda}(t),\boldsymbol{u}(t)]+\lambda_0L(\boldsymbol{x},\boldsymbol{u})\end{aligned} \tag{3-54}$$

式中

$$H_0[\boldsymbol{x}(t),\boldsymbol{\lambda}(t),\boldsymbol{u}(t)]=\boldsymbol{\lambda}^{\mathrm{T}}(t)\boldsymbol{f}[\boldsymbol{x}(t),\boldsymbol{u}(t)] \tag{3-55}$$

根据定理 3-1，问题式(3-52)的协态方程为

$$\dot{\bar{\boldsymbol{\lambda}}}(t)=-\frac{\partial \overline{H}(\bar{\boldsymbol{x}},\bar{\boldsymbol{\lambda}},\boldsymbol{u})}{\partial \bar{\boldsymbol{x}}}$$

代入式(3-53)及式(3-54)，得

$$\begin{bmatrix}\dot{\lambda}_0(t)\\ \dot{\boldsymbol{\lambda}}(t)\end{bmatrix}=-\begin{bmatrix}\dfrac{\partial \overline{H}}{\partial x_0}\\ \dfrac{\partial \overline{H}}{\partial \boldsymbol{x}}\end{bmatrix}=-\begin{bmatrix}0\\ \dfrac{\partial \overline{H}(\bar{\boldsymbol{x}},\bar{\boldsymbol{\lambda}},\boldsymbol{u})}{\partial \boldsymbol{x}}\end{bmatrix}$$

因而有

$$\lambda_0(t)=\text{const} \tag{3-56}$$

$$\dot{\boldsymbol{\lambda}}(t)=-\frac{\partial \overline{H}(\bar{\boldsymbol{x}},\bar{\boldsymbol{\lambda}},\boldsymbol{u})}{\partial \boldsymbol{x}} \tag{3-57}$$

再由定理 3-1 的横截条件可得

$$\bar{\boldsymbol{\lambda}}(t_f)=\frac{\partial \varphi[\bar{\boldsymbol{x}}(t_f)]}{\partial \bar{\boldsymbol{x}}(t_f)}$$

也即

$$\begin{bmatrix}\lambda_0(t_f)\\ \boldsymbol{\lambda}(t_f)\end{bmatrix}=\begin{bmatrix}\dfrac{\partial \varphi[\bar{\boldsymbol{x}}(t_f)]}{\partial x_0(t_f)}\\ \dfrac{\partial \varphi[\bar{\boldsymbol{x}}(t_f)]}{\partial \boldsymbol{x}(t_f)}\end{bmatrix}=\begin{bmatrix}1\\ \boldsymbol{0}\end{bmatrix}$$

从而得

$$\lambda_0(t_f)=1 \tag{3-58}$$

$$\boldsymbol{\lambda}(t_f)=\boldsymbol{0} \tag{3-59}$$

因而定理 3-3 的结论②得证。

由式(3-56)和式(3-58)可知

$$\lambda_0(t)=\lambda_0(t_f)=1$$

于是式(3-54)变为

$$\overline{H}(\bar{\boldsymbol{x}},\bar{\boldsymbol{\lambda}},\boldsymbol{u})=L(\boldsymbol{x},\boldsymbol{u})+\boldsymbol{\lambda}^{\mathrm{T}}(t)\boldsymbol{f}(\boldsymbol{x},\boldsymbol{u}) \tag{3-60}$$

对于原问题，定义哈密顿函数

$$H(\boldsymbol{x},\boldsymbol{\lambda},\boldsymbol{u})\overset{\text{def}}{=\!=}\overline{H}(\bar{\boldsymbol{x}},\bar{\boldsymbol{\lambda}},\boldsymbol{u})=L(\boldsymbol{x},\boldsymbol{u})+\boldsymbol{\lambda}^{\mathrm{T}}(t)\boldsymbol{f}(\boldsymbol{x},\boldsymbol{u}) \tag{3-61}$$

由定理 3-1，有

$$\dot{\bar{\boldsymbol{x}}}(t)=\begin{bmatrix}\dot{x}_0(t)\\ \dot{\boldsymbol{x}}(t)\end{bmatrix}=\begin{bmatrix}\dfrac{\partial H}{\partial \lambda_0}\\ \dfrac{\partial H}{\partial \boldsymbol{\lambda}}\end{bmatrix}=\begin{bmatrix}L(\boldsymbol{x},\boldsymbol{u})\\ \dfrac{\partial H}{\partial \boldsymbol{\lambda}}\end{bmatrix}$$

因此

$$\dot{x}_0(t)=L(\boldsymbol{x},\boldsymbol{u}) \tag{3-62}$$

$$\dot{\boldsymbol{x}}(t)=\frac{\partial H}{\partial \boldsymbol{\lambda}} \tag{3-63}$$

再将式(3-61)代入式(3-57)，得

$$\dot{\boldsymbol{\lambda}}(t)=-\frac{\partial H}{\partial \boldsymbol{x}}$$

于是定理 3-3 的结论①得证。

由定理 3-1 的极小值条件，则问题式(3-52)的极小值条件应为

$$\overline{H}(\overline{\boldsymbol{x}}^*,\overline{\boldsymbol{\lambda}},\boldsymbol{u}^*)=\min_{\boldsymbol{u}(t)\in\Omega}\overline{H}(\overline{\boldsymbol{x}}^*,\overline{\boldsymbol{\lambda}},\boldsymbol{u}) \tag{3-64}$$

将式(3-61)代入式(3-64)，得极小值条件为

$$H(\boldsymbol{x}^*,\boldsymbol{\lambda},\boldsymbol{u}^*)=\min_{\boldsymbol{u}(t)\in\Omega}H(\boldsymbol{x}^*,\boldsymbol{\lambda},\boldsymbol{u})$$

于是定理 3-3 的结论③得证。

由定理 3-1，问题式(3-52)的哈密顿函数(3-54)在最优轨线的末端应满足：

当 t_f 固定时

$$\overline{H}[\overline{\boldsymbol{x}}^*(t),\overline{\boldsymbol{\lambda}}(t),\boldsymbol{u}^*(t)]=\overline{H}(\overline{\boldsymbol{x}}^*(t_f),\overline{\boldsymbol{\lambda}}(t_f),\boldsymbol{u}^*(t_f))]=\text{const}$$

当 t_f 自由时

$$H[\overline{\boldsymbol{x}}^*(t_f^*),\overline{\boldsymbol{\lambda}}(t_f^*),\boldsymbol{u}^*(t_f^*)]-0$$

代入式(3-61)，可得相应的

$$H[\boldsymbol{x}^*(t),\boldsymbol{\lambda}(t),\boldsymbol{u}^*(t)]=H[\boldsymbol{x}^*(t_f),\boldsymbol{\lambda}(t_f),\boldsymbol{u}^*(t_f)]=\text{const} \tag{3-65}$$

以及

$$H[\boldsymbol{x}^*(t_f^*),\boldsymbol{\lambda}(t_f^*),\boldsymbol{u}^*(t_f^*)]=0 \tag{3-66}$$

于是定理 3-3 的结论④得证。

定理 3-3 表明，积分型性能指标改变了哈密顿函数的形式，如式(3-61)所示，而末值型性能指标对应的哈密顿函数则如式(3-3)所示，两者是不同的。

不难验证，若取复合型性能指标

$$J(\boldsymbol{u})=\varphi[\boldsymbol{x}(t_f)]+\int_{t_0}^{t_f}L(\boldsymbol{x},\boldsymbol{u})\mathrm{d}t \tag{3-67}$$

相应的哈密顿函数为

$$H(\boldsymbol{x},\boldsymbol{\lambda},\boldsymbol{u})=L(\boldsymbol{x},\boldsymbol{u})+\boldsymbol{\lambda}^{\mathrm{T}}(t)\boldsymbol{f}(\boldsymbol{x},\boldsymbol{u}) \tag{3-68}$$

与积分型性能指标时一样。可见，性能指标中的末值项 $\varphi[\boldsymbol{x}(t_f)]$并没有反映在哈密顿函数之中。因此，不论是复合型性能指标，还是积分型性能指标，抑或是末值型性能指标，其哈密顿函数的统一形式应为式(3-68)。这一形式对积分型性能指标自然不会改变，就是对于末值型性能指标，由于 $L(\boldsymbol{x},\boldsymbol{u})=0$，因而式(3-68)自动演化为式(3-3)。

比较定理 3-3 与定理 3-1 可知，若在性能指标中包含末值项 $\varphi[\boldsymbol{x}(t_f)]$，则相应的横截条件应为

$$\boldsymbol{\lambda}(t_f)=\frac{\partial\varphi[\boldsymbol{x}(t_f)]}{\partial\boldsymbol{x}(t_f)}$$

否则

$$\boldsymbol{\lambda}(t_f)=\boldsymbol{0}$$

因此，末值项虽不影响哈密顿函数的形式，却会影响横截条件的形式，且由定理 3-2 知，在时变情况下，末值项还会影响哈密顿函数在最优轨线末端的值。

例 3-2 设一阶系统状态方程

$$\dot{x}(t)=x(t)-u(t),\quad x(0)=5$$

式中控制约束

$$0.5 \leqslant u(t) \leqslant 1$$

试求使性能指标

$$J=\int_0^1 [x(t)+u(t)]\mathrm{d}t$$

为极小值的最优控制 $u^*(t)$及相应的最优性能指标 J^*。

解 本例为定常系统、积分型性能指标、t_f 固定和末端自由的最优控制问题。由定理 3-3，取哈密顿函数

$$H=x+u+\lambda(x-u)=x(1+\lambda)+u(1-\lambda)$$

由于 H 是 u 的线性函数，根据极小值原理知，使哈密顿函数绝对极小就相当于使性能指标极小，因此要求 $u(1-\lambda)$极小。由于 u 的取值上限为 1，下限为 0.5，故取

$$u^*(t)=\begin{cases}1, & \text{当 } \lambda>1 \text{ 时}\\ 0.5, & \text{当 } \lambda<1 \text{ 时}\end{cases}$$

由协态方程

$$\dot{\lambda}(t)=-\frac{\partial H}{\partial x}=-[1+\lambda(t)]$$

其解为

$$\lambda(t)=c\mathrm{e}^{-t}-1$$

由横截条件

$$\lambda(1)=c\mathrm{e}^{-1}-1=0$$

求得 $c=\mathrm{e}$。于是协态为

$$\lambda(t)=\mathrm{e}^{1-t}-1$$

显然，当 $\lambda(t_s)=1$ 时，$u^*(t)$产生切换，其中 t_s 为切换时间。不难求得 $t_s=0.307$，故最优控制

$$u^*(t)=\begin{cases}1, & 0\leqslant t<0.307\\ 0.5, & 0.307\leqslant t\leqslant 1\end{cases}$$

将 $u^*(t)$代入状态方程，得

$$\dot{x}(t)=\begin{cases}x(t)-1, & 0\leqslant t<0.307\\ x(t)-0.5, & 0.307\leqslant t\leqslant 1\end{cases}$$

解得

$$x(t)=\begin{cases}c_1\mathrm{e}^t+1, & 0\leqslant t<0.307\\ c_2\mathrm{e}^t+0.5, & 0.307\leqslant t\leqslant 1\end{cases}$$

代入初始条件 $x(0)=5$，求出 $c_1=4$，因而

$$x^*(t)=4\mathrm{e}^t+1, \quad 0\leqslant t<0.307$$

在上式中，令 $t=0.307$，可以求出 $0.307\leqslant t\leqslant 1$ 时 $x(t)$的初始条件

$$x(0.307)=4\mathrm{e}^{0.307}+1=6.44$$

从而解得 $c_2=4.37$。于是，最优轨线

$$x^*(t)=\begin{cases}4\mathrm{e}^t+1, & 0\leqslant t<0.307\\ 4.37\mathrm{e}^t+0.5, & 0.307\leqslant t\leqslant 1\end{cases}$$

本例最优解曲线如图 3-2 所示。

将求得的 $x^*(t)$ 和 $u^*(t)$ 代入 J，得最优性能指标

$$J^* = \int_0^1 [x^*(t) + u^*(t)]\mathrm{d}t$$

$$= \int_0^{0.307} (4\mathrm{e}^t + 2)\mathrm{d}t + \int_{0.307}^1 (4.37\mathrm{e}^t + 1)\mathrm{d}t = 8.68$$

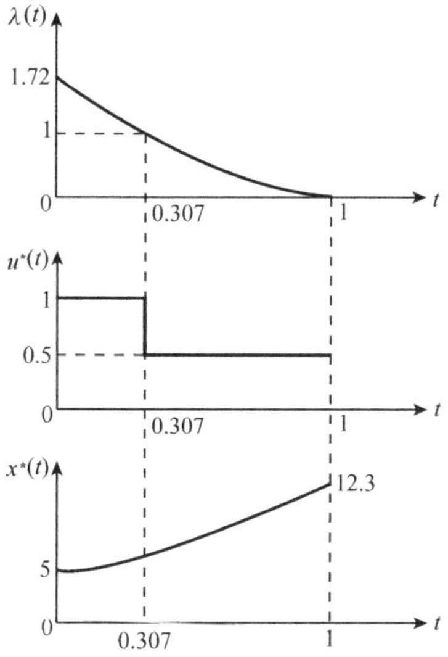

图 3-2　例 3-2 的最优解曲线

例 3-3　设一阶系统状态方程为

$$\dot{x}(t) = -x(t) + u(t), \quad x(0) = 10$$

性能指标

$$J = \frac{1}{2}\int_0^1 [x^2(t) + u^2(t)]\mathrm{d}t$$

如果

① $u(t)$ 无约束。

② $u(t)$ 的约束为：$|u(t)| \leqslant 0.3$。

试求最优控制 $u^*(t)$，使性能指标 J 为极小值。

解　本例为定常系统、积分型性能指标、t_f 固定和末端自由的最优控制问题。令哈密顿函数

$$H = \frac{1}{2}(x^2 + u^2) + \lambda(-x + u)$$

$$= \frac{1}{2}x^2 - \lambda x - \frac{1}{2}\lambda^2 + \frac{1}{2}(u + \lambda)^2$$

① $u(t)$ 无约束时。根据定理 2-11，极值条件为

$$\frac{\partial H}{\partial u} = u + \lambda = 0, \quad u^*(t) = -\lambda(t)$$

由正则方程

$$\dot{\lambda} = -\frac{\partial H}{\partial x} = -x + \lambda$$

$$\dot{x} = \frac{\partial H}{\partial \lambda} = -x - \lambda$$

整理得

$$\ddot{x}(t) = 2x(t)$$

解出

$$x(t) = c_1\mathrm{e}^{\sqrt{2}t} + c_2\mathrm{e}^{-\sqrt{2}t}$$

由横截条件及初始条件

$$\lambda(1) = 0, \quad x(0) = 10$$

求出 $c_1 = 0.1$，$c_2 = 9.9$，故最优轨线

$$x^*(t) = 0.1\mathrm{e}^{\sqrt{2}t} + 9.9\mathrm{e}^{-\sqrt{2}t}$$

最优控制

$$u^*(t) = 0.24\mathrm{e}^{\sqrt{2}t} - 4.1\mathrm{e}^{-\sqrt{2}t}$$

最优性能指标

$$J^* = \frac{1}{2}\int_0^1 [x^{*2}(t) + u^{*2}(t)]\mathrm{d}t = 18.4$$

② $u(t)$有约束时。根据定理 3-3,由极小值条件得最优控制

$$u^*(t)=-0.3\mathrm{sgn}\{\lambda(t)\}=\begin{cases}-0.3, & \lambda>0.3\\ -\lambda, & |\lambda|\leqslant 0.3\\ 0.3, & \lambda<-0.3\end{cases}$$

若$\lambda>0.3$,有$u^*=-0.3$,解出

$$\lambda(t)=-0.587\mathrm{e}^{t}+5.15\mathrm{e}^{-t}-0.3$$

$$x^*(t)=10.3\mathrm{e}^{-t}-0.3$$

令$\lambda(t)=0.3$,求出$t=0.914$。

当$0.914\leqslant t\leqslant 1$,有$u^*=-\lambda$,解出

$$\lambda(t)=-0.296\mathrm{e}^{\sqrt{2}t}+5.01\mathrm{e}^{-\sqrt{2}t}$$

$$x^*(t)=0.123\mathrm{e}^{\sqrt{2}t}+12.094\mathrm{e}^{-\sqrt{2}t}$$

于是得

$$u^*(t)=\begin{cases}-0.3, & 0\leqslant t<0.914\\ 0.296\mathrm{e}^{\sqrt{2}t}-5.01\mathrm{e}^{-\sqrt{2}t}, & 0.914\leqslant t\leqslant 1\end{cases}$$

$$x^*(t)=\begin{cases}10.3\mathrm{e}^{-t}-0.3, & 0\leqslant t<0.914\\ 0.123\mathrm{e}^{\sqrt{2}t}+12.094\mathrm{e}^{-\sqrt{2}t}, & 0.914\leqslant t\leqslant 1\end{cases}$$

(3) 对于末端约束问题的推广

前面讨论了末端自由问题的极小值原理。但是,不少最优控制问题具有目标集约束条件,因此需要把极小值原理的原始形式推广到有末端约束的最优控制问题。

设有定常系统,其末态$\boldsymbol{x}(t_f)$受到如下等式目标集约束:

$$\boldsymbol{\psi}[\boldsymbol{x}(t_f)]=\boldsymbol{0} \tag{3-69}$$

式中

$$\boldsymbol{\psi}[\boldsymbol{x}(t_f)]=[\psi_1(\boldsymbol{x}(t_f)),\psi_2(\boldsymbol{x}(t_f)),\cdots,\psi_r(\boldsymbol{x}(t_f))]^{\mathrm{T}}$$

表示r维向量函数,其各元都是连续可微的。若性能指标中含有末值项,则$r<n$;否则,$r\leqslant n$。

与末端自由问题不同的是,现在要求末端状态$\boldsymbol{x}(t_f)$只能落在式(3-69)所规定的目标集上。处理这种约束条件下的泛函极值问题,可引入拉格朗日乘子$\boldsymbol{\gamma}$,$\boldsymbol{\gamma}\in R^r$,将末端约束化为等价的末值型指标项。若原来的性能指标为末值型

$$J(\boldsymbol{u})=\varphi[\boldsymbol{x}(t_f)] \tag{3-70}$$

则考虑末端约束(3-69)的等价无约束末值型指标为

$$\tilde{J}(\boldsymbol{u})=\tilde{\varphi}[\boldsymbol{x}(t_f)]=\varphi[\boldsymbol{x}(t_f)]+\boldsymbol{\gamma}^{\mathrm{T}}\boldsymbol{\psi}[\boldsymbol{x}(t_f)] \tag{3-71}$$

式中乘子向量$\boldsymbol{\gamma}$待定。

不难发现,当末端约束条件(3-69)得到满足时,性能指标泛函(3-71)与原来的性能指标泛函(3-70)是相等的。因此,可用等价的末值型性能指标(3-71)去代替自由末端情况下的$\varphi[\boldsymbol{x}(t_f)]$,从而完全符合定理 3-1 的应用条件。

根据定理 3-1,在有末端约束条件下的横截条件应为

$$\boldsymbol{\lambda}(t_f)=\frac{\partial\tilde{\varphi}[\boldsymbol{x}(t_f)]}{\partial\boldsymbol{x}(t_f)}=\frac{\partial\varphi[\boldsymbol{x}(t_f)]}{\partial\boldsymbol{x}(t_f)}+\frac{\partial\boldsymbol{\psi}^{\mathrm{T}}[\boldsymbol{x}(t_f)]}{\partial\boldsymbol{x}(t_f)}\boldsymbol{\gamma} \tag{3-72}$$

而定理 3-1 的其他条件不变。于是,可将定常系统存在末端约束时的极小值原理归纳

如下。

定理 3-4 对于如下定常系统、末值型性能指标、末端受约束和控制受约束的最优控制问题

$$\min_{\boldsymbol{u}(t)\in\Omega} J(\boldsymbol{u})=\varphi[\boldsymbol{x}(t_f)]$$

$$\text{s.t.}\quad ① \ \dot{\boldsymbol{x}}(t)=\boldsymbol{f}(\boldsymbol{x},\boldsymbol{u}),\quad \boldsymbol{x}(t_0)=\boldsymbol{x}_0,\quad t\in[t_0,t_f],t_f\text{ 未定}$$

$$② \ \boldsymbol{\psi}[\boldsymbol{x}(t_f)]=\boldsymbol{0}$$

式中假设同定理 3-1，t_f 是状态轨线 $\boldsymbol{x}(t)$ 与目标集 $\boldsymbol{\psi}[\boldsymbol{x}(t_f)]=\boldsymbol{0}$ 首次相遇的末端时刻。若 $\boldsymbol{u}^*(t)$ 和 t_f^* 是使性能指标取最小值的最优解，$\boldsymbol{x}^*(t)$ 为相应的最优轨线，则必存在非零常向量 $\boldsymbol{\gamma}$ 及 n 维向量函数 $\boldsymbol{\lambda}(t)$，使得 $\boldsymbol{u}^*(t)$、$\boldsymbol{x}^*(t)$、t_f^* 和 $\boldsymbol{\lambda}(t)$ 满足如下必要条件：

① $\boldsymbol{x}(t)$ 和 $\boldsymbol{\lambda}(t)$ 满足下列正则方程：

$$\dot{\boldsymbol{x}}(t)=\frac{\partial H}{\partial \boldsymbol{\lambda}}$$

$$\dot{\boldsymbol{\lambda}}(t)=-\frac{\partial H}{\partial \boldsymbol{x}}$$

式中哈密顿函数

$$H(\boldsymbol{x},\boldsymbol{\lambda},\boldsymbol{u})=\boldsymbol{\lambda}^{\mathrm{T}}(t)\boldsymbol{f}(\boldsymbol{x},\boldsymbol{u})$$

② $\boldsymbol{x}(t)$ 和 $\boldsymbol{\lambda}(t)$ 满足边界条件

$$\boldsymbol{x}(t_0)=\boldsymbol{x}_0$$

$$\boldsymbol{\psi}[\boldsymbol{x}(t_f)]=\boldsymbol{0}$$

$$\boldsymbol{\lambda}(t_f)=\frac{\partial\varphi[\boldsymbol{x}(t_f)]}{\partial\boldsymbol{x}(t_f)}+\frac{\partial\boldsymbol{\psi}^{\mathrm{T}}[\boldsymbol{x}(t_f)]}{\partial\boldsymbol{x}(t_f)}\gamma$$

式中后两个条件表明末端状态 $\boldsymbol{x}(t_f)$ 要落在目标集上，以及在最优轨线的末端协态向量 $\boldsymbol{\lambda}(t_f)$ 横截于目标集。

③ 哈密顿函数相对于最优控制取绝对极小值

$$H[\boldsymbol{x}^*(t),\boldsymbol{\lambda}(t),\boldsymbol{u}^*(t)]=\min_{\boldsymbol{u}(t)\in\Omega}H[\boldsymbol{x}^*(t_f),\boldsymbol{\lambda}(t),\boldsymbol{u}(t)]$$

④ 在最优轨线末端哈密顿函数应满足：

当 t_f 固定时

$$H[\boldsymbol{x}^*(t),\boldsymbol{\lambda}(t),\boldsymbol{u}^*(t)]=H[\boldsymbol{x}^*(t_f),\boldsymbol{\lambda}(t_f),\boldsymbol{u}^*(t_f)]=\text{const}$$

当 t_f 自由时

$$H[\boldsymbol{x}^*(t_f^*),\boldsymbol{\lambda}(t_f^*),\boldsymbol{u}^*(t_f^*)]=0$$

对于时变系统，末端约束一般表示为

$$\boldsymbol{\psi}[\boldsymbol{x}(t_f),t_f]=\boldsymbol{0}$$

这时，等价的末值型性能指标为

$$\tilde{J}(\boldsymbol{u})=\tilde{\varphi}[\boldsymbol{x}(t_f),t_f]=\varphi[\boldsymbol{x}(t_f),t_f]+\boldsymbol{\gamma}^{\mathrm{T}}\boldsymbol{\psi}[\boldsymbol{x}(t_f),t_f]\tag{3-73}$$

因此，定理 3-2 中凡包含 φ 及其导数的地方，都要以 $\tilde{\varphi}$ 相应地替代，从而有

$$\boldsymbol{\lambda}(t_f)=\frac{\partial\tilde{\varphi}[\boldsymbol{x}(t_f),t_f]}{\partial\boldsymbol{x}(t_f)}=\frac{\partial\varphi[\boldsymbol{x}(t_f),t_f]}{\partial\boldsymbol{x}(t_f)}+\frac{\partial\boldsymbol{\psi}^{\mathrm{T}}[\boldsymbol{x}(t_f),t_f]}{\partial\boldsymbol{x}(t_f)}\boldsymbol{\gamma}\tag{3-74}$$

以及

$$
\begin{aligned}
&H[\boldsymbol{x}^*(t_f^*),\boldsymbol{\lambda}(t_f^*),\boldsymbol{u}^*(t_f^*),t_f^*]\\
=&-\frac{\partial\tilde{\varphi}[\boldsymbol{x}^*(t_f^*),t_f^*]}{\partial t_f}\\
=&-\frac{\partial\varphi[\boldsymbol{x}^*(t_f^*),t_f^*]}{\partial t_f}-\boldsymbol{\gamma}^{\mathrm{T}}\frac{\partial\boldsymbol{\psi}[\boldsymbol{x}^*(t_f^*),t_f^*]}{\partial t_f}
\end{aligned}\tag{3-75}
$$

而定理 3-2 中的其余各条件均不变。于是,可将时变系统存在末端约束时的极小值原理归纳如下。

定理 3-5 对于如下时变系统、末值型性能指标、末端受约束和控制受约束的最优控制问题:

$$\min_{\boldsymbol{u}(t)\in\Omega} J(u)=\varphi[\boldsymbol{x}(t_f),t_f]$$

$$
\begin{aligned}
\text{s. t.}\quad &① \quad \dot{\boldsymbol{x}}(t)=\boldsymbol{f}(\boldsymbol{x},\boldsymbol{u},t),\quad \boldsymbol{x}(t_0)=\boldsymbol{x}_0,\quad t\in[t_0,t_f],\quad t_f \text{ 未定}\\
&② \quad \boldsymbol{\psi}[\boldsymbol{x}(t_f),t_f]=\boldsymbol{0}
\end{aligned}
$$

式中假设同定理 3-1,t_f 是状态轨线 $\boldsymbol{x}(t)$ 与运动目标集 $\boldsymbol{\psi}[\boldsymbol{x}(t_f),t_f]=\boldsymbol{0}$ 首次相遇的末端时刻。若 $\boldsymbol{u}^*(t)$ 和 t_f^* 是使性能指标取最小值的最优解,$\boldsymbol{x}^*(t)$ 为相应的最优轨线,则必存在非零常向量 $\boldsymbol{\gamma}$ 和 n 维向量函数 $\boldsymbol{\lambda}(t)$,使得 $\boldsymbol{u}^*(t)$、$\boldsymbol{x}^*(t)$、t_f^* 和 $\boldsymbol{\lambda}(t)$ 满足如下必要条件:

① $\boldsymbol{x}(t)$ 和 $\boldsymbol{\lambda}(t)$ 满足下列正则方程:

$$\dot{\boldsymbol{x}}(t)=\frac{\partial H}{\partial\boldsymbol{\lambda}}$$

$$\dot{\boldsymbol{\lambda}}(t)=-\frac{\partial H}{\partial\boldsymbol{x}}$$

式中哈密顿函数

$$H(\boldsymbol{x},\boldsymbol{\lambda},\boldsymbol{u},t)=\boldsymbol{\lambda}^{\mathrm{T}}(t)\boldsymbol{f}(\boldsymbol{x},\boldsymbol{u},t)$$

② $\boldsymbol{x}(t)$ 和 $\boldsymbol{\lambda}(t)$ 满足边界条件

$$
\begin{aligned}
&\boldsymbol{x}(t_0)=\boldsymbol{x}_0\\
&\boldsymbol{\psi}[\boldsymbol{x}(t_f),t_f]=\boldsymbol{0}\\
&\boldsymbol{\lambda}(t_f)=\frac{\partial\varphi[\boldsymbol{x}(t_f),t_f]}{\partial\boldsymbol{x}(t_f)}+\frac{\partial\boldsymbol{\psi}^{\mathrm{T}}[x(t_f),t_f]}{\partial\boldsymbol{x}(t_f)}\boldsymbol{\gamma}
\end{aligned}
$$

式中后两个条件表明末态 $\boldsymbol{x}(t_f)$ 要落在运动目标集上,以及在最优轨线的末端协态向量 $\boldsymbol{\lambda}(t_f)$ 横截于运动目标集。

③ 哈密顿函数相对最优控制取绝对极小值

$$H[\boldsymbol{x}^*(t),\boldsymbol{\lambda}(t),\boldsymbol{u}^*(t),t]=\min_{\boldsymbol{u}(t)\in\Omega}H[\boldsymbol{x}^*(t),\boldsymbol{\lambda}(t),\boldsymbol{u}(t),t]$$

④ 在最优轨线末端哈密顿函数应满足

$$H[\boldsymbol{x}^*(t_f^*),\boldsymbol{\lambda}(t_f^*),\boldsymbol{u}^*(t_f^*),t_f^*]=-\frac{\partial\varphi[\boldsymbol{x}^*(t_f^*),t_f^*]}{\partial t_f}-\boldsymbol{\gamma}^{\mathrm{T}}\frac{\partial\boldsymbol{\psi}[\boldsymbol{x}^*(t_f^*),t_f^*]}{\partial t_f}$$

⑤ 沿最优轨线哈密顿函数变化律

$$H[\boldsymbol{x}^*(t),\boldsymbol{\lambda}(t),\boldsymbol{u}^*(t),t]=H[\boldsymbol{x}^*(t_f),\boldsymbol{\lambda}(t_f),\boldsymbol{u}^*(t_f),t_f]-\int_t^{t_f}\frac{\partial H(\boldsymbol{x},\boldsymbol{\lambda},\boldsymbol{u},\tau)}{\partial\tau}\mathrm{d}\tau$$

(4)对于复合型性能指标问题的推广

根据扩充变量的方法,可以导出时变系统、复合型性能指标情况下的极小值原理。为了简单起见,只考虑 t_f 自由及末端自由的情况。

定理 3-6 对于如下时变系统、复合型性能指标、末端自由和控制受约束的最优控制问题：

$$\min_{\boldsymbol{u}(t)\in\Omega} J(\boldsymbol{u})=\varphi[\boldsymbol{x}(t_f),t_f]+\int_{t_0}^{t_f} L(\boldsymbol{x},\boldsymbol{u},t)\mathrm{d}t$$

$$\text{s. t.}\quad \dot{\boldsymbol{x}}(t)=\boldsymbol{f}(\boldsymbol{x},\boldsymbol{u},t),\quad \boldsymbol{x}(t_0)=\boldsymbol{x}_0 \tag{3-76}$$

$$t\in[t_0,t_f],\quad t_f\ \text{自由}$$

假设同定理 3-1。若 $\boldsymbol{u}^*(t)$和 t_f^* 是使性能指标取最小值的最优解，$\boldsymbol{x}^*(t)$为相应的最优轨线，则必存在 n 维向量函数$\boldsymbol{\lambda}(t)$，使得 $\boldsymbol{u}^*(t)$、$\boldsymbol{x}^*(t)$、t_f^* 和$\boldsymbol{\lambda}(t)$满足如下必要条件：

① $\boldsymbol{x}(t)$和$\boldsymbol{\lambda}(t)$满足下列正则方程：

$$\dot{\boldsymbol{x}}(t)=\frac{\partial H}{\partial \boldsymbol{\lambda}}$$

$$\dot{\boldsymbol{\lambda}}(t)=-\frac{\partial H}{\partial \boldsymbol{x}}$$

式中哈密顿函数

$$H(\boldsymbol{x},\boldsymbol{\lambda},\boldsymbol{u},t)=L(\boldsymbol{x},\boldsymbol{u},t)+\boldsymbol{\lambda}^{\mathrm{T}}(t)\boldsymbol{f}(\boldsymbol{x},\boldsymbol{u},t)$$

② $\boldsymbol{x}(t)$和$\boldsymbol{\lambda}(t)$满足边界条件

$$\boldsymbol{x}(t_0)=\boldsymbol{x}_0$$

$$\boldsymbol{\lambda}(t_f)=\frac{\partial\varphi[\boldsymbol{x}(t_f),t_f]}{\partial \boldsymbol{x}(t_f)}$$

③ 哈密顿函数相对最优控制取绝对极小值

$$H[\boldsymbol{x}^*(t),\boldsymbol{\lambda}(t),\boldsymbol{u}^*(t),t]=\min_{\boldsymbol{u}(t)\in\Omega} H[\boldsymbol{x}^*(t),\boldsymbol{\lambda}(t),\boldsymbol{u}(t),t]$$

④ 在最优轨线末端哈密顿函数应满足

$$H[\boldsymbol{x}^*(t_f^*),\boldsymbol{\lambda}(t_f^*),\boldsymbol{u}^*(t_f^*),t_f^*]=-\frac{\partial\varphi[\boldsymbol{x}^*(t_f^*),t_f^*]}{\partial t_f}$$

证明 引入新的辅助变量

$$x_0(t)=t,\quad x_{n+1}(t)=\int_{t_0}^{t} L(\boldsymbol{x},\boldsymbol{u},t)\mathrm{d}t$$

使其分别满足

$$\dot{x}_0(t)=1,\quad x_0(t_0)=t_0,\quad x_0(t_f)=t_f$$

以及

$$\dot{x}_{n+1}(t)=L(\boldsymbol{x},\boldsymbol{u},t),\quad x_{n+1}(t_0)=0$$

$$x_{n+1}(t_f)=\int_{t_0}^{t_f} L(\boldsymbol{x},\boldsymbol{u},t)\mathrm{d}t$$

构造增广向量

$$\bar{\boldsymbol{x}}(t)=\begin{bmatrix} x_0(t)\\ \boldsymbol{x}(t)\\ x_{n+1}(t)\end{bmatrix},\quad \bar{\boldsymbol{f}}(\bar{\boldsymbol{x}},\boldsymbol{u})=\begin{bmatrix}1\\ \boldsymbol{f}(\boldsymbol{x},\boldsymbol{u},t)\\ L(\boldsymbol{x},\boldsymbol{u},t)\end{bmatrix}$$

$$\bar{\boldsymbol{x}}(t_0)=\begin{bmatrix} t_0\\ \boldsymbol{x}_0\\ 0\end{bmatrix}=\bar{\boldsymbol{x}}_0 \tag{3-77}$$

$$\bar{\varphi}[\bar{\boldsymbol{x}}(t_f)]=\varphi[\boldsymbol{x}(t_f),x_0(t_f)]+x_{n+1}(t_f) \tag{3-78}$$

则原来的时变系统、复合型性能指标、t_f 自由和末端自由问题式(3-79)，可以化为如下定常系统、末值型指标、t_f 自由和末端自由问题：

$$\min_{\boldsymbol{u}(t)\in\Omega} J=\bar{\varphi}[\bar{\boldsymbol{x}}(t_f)] \tag{3-79}$$

$$\text{s. t.}\quad \dot{\bar{\boldsymbol{x}}}(t)=\bar{\boldsymbol{f}}(\bar{\boldsymbol{x}},\boldsymbol{u}),\quad \bar{\boldsymbol{x}}(t_0)=\bar{\boldsymbol{x}}_0$$

令

$$\bar{\boldsymbol{\lambda}}=\begin{bmatrix}\lambda_0(t)\\ \boldsymbol{\lambda}(t)\\ \lambda_{n+1}(t)\end{bmatrix} \tag{3-80}$$

式中 $\lambda_0(t)$ 和 $\lambda_{n+1}(t)$ 为辅助协态变量。对问题式(3-79)构造哈密顿函数

$$\begin{aligned}\bar{H}[\bar{\boldsymbol{x}}(t),\bar{\boldsymbol{\lambda}}(t),\boldsymbol{u}(t)]&=\bar{\boldsymbol{\lambda}}^{\mathrm{T}}(t)\bar{\boldsymbol{f}}(\bar{\boldsymbol{x}},\boldsymbol{u})\\&=\lambda_0(t)+\boldsymbol{\lambda}^{\mathrm{T}}(t)\boldsymbol{f}(\boldsymbol{x},\boldsymbol{u},t)+\lambda_{n+1}(t)L(\boldsymbol{x},\boldsymbol{u},t)\end{aligned} \tag{3-81}$$

将定理 3-1 应用于定常问题式(3-79)，根据协态方程(3-2)

$$\dot{\bar{\boldsymbol{\lambda}}}(t)=-\frac{\partial\bar{H}(\bar{\boldsymbol{x}},\bar{\boldsymbol{\lambda}},\boldsymbol{u})}{\partial\bar{\boldsymbol{x}}}$$

代入式(3-80)、式(3-81)和式(3-77)，得

$$\begin{bmatrix}\dot{\lambda}_0(t)\\ \dot{\boldsymbol{\lambda}}(t)\\ \dot{\lambda}_{n+1}(t)\end{bmatrix}=\begin{bmatrix}-\dfrac{\partial\bar{H}}{\partial x_0}\\ -\dfrac{\partial\bar{H}}{\partial\boldsymbol{x}}\\ -\dfrac{\partial\bar{H}}{\partial x_{n+1}}\end{bmatrix}=\begin{bmatrix}-\dfrac{\partial\bar{H}}{\partial t}\\ -\dfrac{\partial\bar{H}}{\partial\boldsymbol{x}}\\ 0\end{bmatrix}$$

因而有

$$\dot{\lambda}_0(t)=-\frac{\partial\bar{H}}{\partial t} \tag{3-82}$$

$$\dot{\boldsymbol{\lambda}}(t)=-\frac{\partial\bar{H}}{\partial\boldsymbol{x}} \tag{3-83}$$

$$\lambda_{n+1}(t)=\text{const} \tag{3-84}$$

再由定理 3-1 的横截条件

$$\bar{\boldsymbol{\lambda}}(t_f)=\frac{\partial\bar{\varphi}[\bar{\boldsymbol{x}}(t_f)]}{\partial\bar{\boldsymbol{x}}(t_f)}$$

可得

$$\begin{bmatrix}\lambda_0(t_f)\\ \boldsymbol{\lambda}(t_f)\\ \lambda_{n+1}(t_f)\end{bmatrix}=\begin{bmatrix}\dfrac{\partial\bar{\varphi}}{\partial x_0(t_f)}\\ \dfrac{\partial\bar{\varphi}}{\partial\boldsymbol{x}(t_f)}\\ \dfrac{\partial\bar{\varphi}}{\partial x_{n+1}(t_f)}\end{bmatrix}=\begin{bmatrix}\dfrac{\partial\varphi[\boldsymbol{x}(t_f),t_f]}{\partial t_f}\\ \dfrac{\partial\varphi[\boldsymbol{x}(t_f),t_f]}{\partial\boldsymbol{x}(t_f)}\\ 1\end{bmatrix}$$

因而有

$$\lambda_0(t_f)=\frac{\partial\varphi[\boldsymbol{x}(t_f),t_f]}{\partial t_f} \tag{3-85}$$

$$\boldsymbol{\lambda}(t_f)=\frac{\partial\varphi[\boldsymbol{x}(t_f),t_f]}{\partial\boldsymbol{x}(t_f)} \tag{3-86}$$

$$\lambda_{n+1}(t_f)=1 \tag{3-87}$$

由式(3-86)知，定理3-6中的结论②得证。

将式(3-84)和式(3-87)代入式(3-81)，并记

$$H[\boldsymbol{x}(t),\boldsymbol{\lambda}(t),\boldsymbol{u}(t),t]=L(\boldsymbol{x},\boldsymbol{u},t)+\boldsymbol{\lambda}^{\mathrm{T}}(t)\boldsymbol{f}(\boldsymbol{x},\boldsymbol{u},t) \tag{3-88}$$

可得

$$\overline{H}[\bar{\boldsymbol{x}}(t),\bar{\boldsymbol{\lambda}}(t),\boldsymbol{u}(t)]=\lambda_0(t)+H[\boldsymbol{x}(t),\boldsymbol{\lambda}(t),\boldsymbol{u}(t),t] \tag{3-89}$$

于是，式(3-83)可改写为

$$\dot{\boldsymbol{\lambda}}(t)=-\frac{\partial\overline{H}}{\partial\boldsymbol{x}}=-\frac{\partial H}{\partial\boldsymbol{x}} \tag{3-90}$$

而定理3-1中的状态方程

$$\dot{\bar{\boldsymbol{x}}}(t)=\frac{\partial\overline{H}}{\partial\bar{\boldsymbol{\lambda}}}$$

代入式(3-80)、式(3-81)及式(3-89)，得

$$\begin{bmatrix}\dot{x}_0(t)\\ \dot{\boldsymbol{x}}(t)\\ \dot{x}_{n+1}(t)\end{bmatrix}=\begin{bmatrix}\dfrac{\partial\overline{H}}{\partial\lambda_0}\\ \dfrac{\partial\overline{H}}{\partial\boldsymbol{\lambda}}\\ \dfrac{\partial\overline{H}}{\partial\lambda_{n+1}}\end{bmatrix}=\begin{bmatrix}1\\ \dfrac{\partial H}{\partial\lambda}\\ L(\boldsymbol{x},\boldsymbol{u},t)\end{bmatrix} \tag{3-91}$$

由式(3-91)知

$$\dot{\boldsymbol{x}}(t)=\frac{\partial H}{\partial\boldsymbol{\lambda}} \tag{3-92}$$

式(3-92)、式(3-90)及式(3-88)表明，定理3-6中的结论①成立。

根据定理3-1的极小值条件，问题(3-79)的极小值条件应为

$$\overline{H}(\bar{\boldsymbol{x}}^*,\bar{\boldsymbol{\lambda}},\boldsymbol{u}^*)=\min_{\boldsymbol{u}(t)\in\boldsymbol{\Omega}}\overline{H}(\bar{\boldsymbol{x}}^*,\bar{\boldsymbol{\lambda}},\boldsymbol{u})$$

代入式(3-89)，上式可写为

$$H[\boldsymbol{x}^*(t),\boldsymbol{\lambda}(t),\boldsymbol{u}^*(t),t]+\lambda_0(t)=\min_{\boldsymbol{u}(t)\in\Omega}H[\boldsymbol{x}^*(t),\boldsymbol{\lambda}(t),\boldsymbol{u}(t),t]+\lambda_0(t)$$

于是得

$$H[\boldsymbol{x}^*(t),\boldsymbol{\lambda}(t),\boldsymbol{u}^*(t),t]=\min_{\boldsymbol{u}(t)\in\Omega}H[\boldsymbol{x}^*(t),\boldsymbol{\lambda}(t),\boldsymbol{u}(t),t]$$

从而证明了定理3-6中的结论③。

由于 t_f 自由，根据定理3-1中的式(3-7)，有

$$\overline{H}[\bar{\boldsymbol{x}}^*(t_f^*),\bar{\boldsymbol{\lambda}}(t_f^*),\boldsymbol{u}^*(t_f^*)]=0$$

因为

$$\overline{H}[\bar{\boldsymbol{x}}^*(t_f^*),\bar{\boldsymbol{\lambda}}(t_f^*),\boldsymbol{u}^*(t_f^*)]=H[\boldsymbol{x}^*(t_f^*),\boldsymbol{\lambda}(t_f^*),\boldsymbol{u}^*(t_f^*),t_f^*]+\lambda_0(t_f^*)$$

而由式(3-85)知

$$\lambda_0(t_f^*)=\frac{\partial\varphi[\boldsymbol{x}^*(t_f^*),t_f^*]}{\partial t_f}$$

故得

$$H[\boldsymbol{x}^*(t_f^*),\boldsymbol{\lambda}(t_f^*),\boldsymbol{u}^*(t_f^*),t_f^*]=-\frac{\partial\varphi[\boldsymbol{x}^*(t_f^*),t_f^*]}{\partial t_f}$$

从而证明了定理 3-6 中的结论④。

为了便于应用，表 3-1 和表 3-2 分别给出了各种具体最优控制问题的极小值原理的形式，以供查阅。

表 3-1　定常系统极小值原理

末端时刻	性能指标	末端状态	正则方程	极小值条件	边界条件	H 变化律
t_f 固定	$J=\varphi[\boldsymbol{x}(t_f)]$	末端自由	$\dot{\boldsymbol{x}}=\dfrac{\partial H}{\partial \boldsymbol{\lambda}}$ $\dot{\boldsymbol{\lambda}}=-\dfrac{\partial H}{\partial \boldsymbol{x}}$ 式中 $H=\boldsymbol{\lambda}^{\mathrm{T}}(t)\boldsymbol{f}(\boldsymbol{x},\boldsymbol{u})$	$H^*=H(\boldsymbol{x}^*,\boldsymbol{\lambda},\boldsymbol{u}^*)=\min\limits_{\boldsymbol{u}\in\Omega}H(\boldsymbol{x}^*,\boldsymbol{\lambda},\boldsymbol{u})$	$\boldsymbol{x}(t_0)=\boldsymbol{x}_0$ $\boldsymbol{\lambda}(t_f)=\dfrac{\partial\varphi}{\partial\boldsymbol{x}(t_f)}$	$H^*(t)=H^*(t_f)$ $=\mathrm{const}$
		末端约束			$\boldsymbol{x}(t_0)=\boldsymbol{x}_0,\boldsymbol{\psi}[\boldsymbol{x}(t_f)]=\boldsymbol{0}$ $\boldsymbol{\lambda}(t_f)=\left[\dfrac{\partial\varphi}{\partial\boldsymbol{x}}+\dfrac{\partial\boldsymbol{\psi}^{\mathrm{T}}}{\partial\boldsymbol{x}}\boldsymbol{v}\right]_{t_f}$	$H^*(t)=H^*(t_f)$ $=\mathrm{const}$
	$J=\int_{t_0}^{t_f}L(\boldsymbol{x},\boldsymbol{u})\mathrm{d}t$	末端固定	$\dot{\boldsymbol{x}}=\dfrac{\partial H}{\partial \boldsymbol{\lambda}}$ $\dot{\boldsymbol{\lambda}}=-\dfrac{\partial H}{\partial \boldsymbol{x}}$ 式中 $H=L(\boldsymbol{x},\boldsymbol{u})+$ $\boldsymbol{\lambda}^{\mathrm{T}}(t)\boldsymbol{f}(\boldsymbol{x},\boldsymbol{u})$		$\boldsymbol{x}(t_0)=\boldsymbol{x}_0,\boldsymbol{x}(t_f)=\boldsymbol{x}_f$ ($\boldsymbol{\lambda}(t_f)$未知)	$H^*(t)=H^*(t_f)$ $=\mathrm{const}$
		末端自由			$\boldsymbol{x}(t_0)=\boldsymbol{x}_0$ $\boldsymbol{\lambda}(t_f)=\boldsymbol{0}$	
		末端约束			$\boldsymbol{x}(t_0)=\boldsymbol{x}_0,\boldsymbol{\psi}[\boldsymbol{x}(t_f)]=\boldsymbol{0}$ $\boldsymbol{\lambda}(t_f)=\left[\dfrac{\partial\boldsymbol{\psi}^{\mathrm{T}}}{\partial\boldsymbol{x}}\boldsymbol{v}\right]_{t_f}$	
	$J=\varphi[\boldsymbol{x}(t_f)]$ $+\int_{t_0}^{t_f}L(\boldsymbol{x},\boldsymbol{u})\mathrm{d}t$	末端自由			$\boldsymbol{x}(t_0)=\boldsymbol{x}_0$ $\boldsymbol{\lambda}(t_f)=\dfrac{\partial\varphi}{\partial\boldsymbol{x}(t_f)}$	$H^*(t)=H^*(t_f)$ $=\mathrm{const}$
		末端约束			$\boldsymbol{x}(t_0)=\boldsymbol{x}_0,\boldsymbol{\psi}[\boldsymbol{x}(t_f)]=\boldsymbol{0}$ $\boldsymbol{\lambda}(t_f)=\left[\dfrac{\partial\varphi}{\partial\boldsymbol{x}}+\dfrac{\partial\boldsymbol{\psi}^{\mathrm{T}}}{\partial\boldsymbol{x}}\boldsymbol{v}\right]_{t_f}$	
t_f 自由	$J=\varphi[\boldsymbol{x}(t_f)]$	末端自由	$\dot{\boldsymbol{x}}=\dfrac{\partial H}{\partial \boldsymbol{\lambda}}$ $\dot{\boldsymbol{\lambda}}=-\dfrac{\partial H}{\partial \boldsymbol{x}}$ 式中 $H=\boldsymbol{\lambda}^{\mathrm{T}}(t)\boldsymbol{f}(\boldsymbol{x},\boldsymbol{u})$	$H^*=H(\boldsymbol{x}^*,\boldsymbol{\lambda},\boldsymbol{u}^*)=\min\limits_{\boldsymbol{u}\in\Omega}H(\boldsymbol{x}^*,\boldsymbol{\lambda},\boldsymbol{u})$	$\boldsymbol{x}(t_0)=\boldsymbol{x}_0$ $\boldsymbol{\lambda}(t_f)=\dfrac{\partial\varphi}{\partial\boldsymbol{x}(t_f)}$	$H^*(t_f^*)=0$
		末端约束			$\boldsymbol{x}(t_0)=\boldsymbol{x}_0,\boldsymbol{\psi}[\boldsymbol{x}(t_f)]=\boldsymbol{0}$ $\boldsymbol{\lambda}(t_f)=\left[\dfrac{\partial\varphi}{\partial\boldsymbol{x}}+\dfrac{\partial\boldsymbol{\psi}^{\mathrm{T}}}{\partial\boldsymbol{x}}\boldsymbol{v}\right]_{t_f}$	$H^*(t_f^*)=0$
	$J=\int_{t_0}^{t_f}L(\boldsymbol{x},\boldsymbol{u})\mathrm{d}t$	末端固定	$\dot{\boldsymbol{x}}=\dfrac{\partial H}{\partial \boldsymbol{\lambda}}$ $\dot{\boldsymbol{\lambda}}=-\dfrac{\partial H}{\partial \boldsymbol{x}}$ 式中 $H=L(\boldsymbol{x},\boldsymbol{u})+$ $\boldsymbol{\lambda}^{\mathrm{T}}(t)\boldsymbol{f}(\boldsymbol{x},\boldsymbol{u})$		$\boldsymbol{x}(t_0)=\boldsymbol{x}_0,\boldsymbol{x}(t_f)=\boldsymbol{x}_f$ ($\boldsymbol{\lambda}(t_f)$未知)	$H^*(t_f^*)=0$
		末端自由			$\boldsymbol{x}(t_0)=\boldsymbol{x}_0$ $\boldsymbol{\lambda}(t_f)=\boldsymbol{0}$	
		末端约束			$\boldsymbol{x}(t_0)=\boldsymbol{x}_0,\boldsymbol{\psi}[\boldsymbol{x}(t_f)]=\boldsymbol{0}$ $\boldsymbol{\lambda}(t_f)=\left[\dfrac{\partial\boldsymbol{\psi}^{\mathrm{T}}}{\partial\boldsymbol{x}}\boldsymbol{v}\right]_{t_f}$	
	$J=\varphi[\boldsymbol{x}(t_f)]$ $+\int_{t_0}^{t_f}L(\boldsymbol{x},\boldsymbol{u})\mathrm{d}t$	末端自由			$\boldsymbol{x}(t_0)=\boldsymbol{x}_0$ $\boldsymbol{\lambda}(t_f)=\dfrac{\partial\boldsymbol{\varphi}}{\partial\boldsymbol{x}(t_f)}$	$H^*(t_f^*)=0$
		末端约束			$\boldsymbol{x}(t_0)=\boldsymbol{x}_0,\boldsymbol{\psi}[\boldsymbol{x}(t_f)]=\boldsymbol{0}$ $\boldsymbol{\lambda}(t_f)=\left[\dfrac{\partial\varphi}{\partial\boldsymbol{x}}+\dfrac{\partial\boldsymbol{\psi}^{\mathrm{T}}}{\partial\boldsymbol{x}}\boldsymbol{v}\right]_{t_f}$	

表 3-2　时变系统极小值原理

末端时刻	性能指标	末端状态	正则方程	极小值条件	边界条件	H 变化律
t_f 固定	$J=\varphi[\boldsymbol{x}(t_f),t_f]$	末端自由	$\dot{\boldsymbol{x}}=\frac{\partial H}{\partial\boldsymbol{\lambda}}$ $\dot{\boldsymbol{\lambda}}=-\frac{\partial H}{\partial\boldsymbol{x}}$ 式中 $H=\boldsymbol{\lambda}^{\mathrm{T}}(t)\boldsymbol{f}(\boldsymbol{x},\boldsymbol{u},t)$	$H^*=H(\boldsymbol{x}^*,\boldsymbol{\lambda},\boldsymbol{u}^*,t)=\min\limits_{\boldsymbol{u}\in\Omega}H(\boldsymbol{x}^*,\boldsymbol{\lambda},\boldsymbol{u},t)$	$\boldsymbol{x}(t_0)=\boldsymbol{x}_0$ $\boldsymbol{\lambda}(t_f)=\frac{\partial\varphi}{\partial\boldsymbol{x}(t_f)}$	$H^*(t)$ $=H^*(t_f)$ $-\int_t^{t_f}\frac{\partial H}{\partial\tau}\mathrm{d}\tau$
		末端约束			$\boldsymbol{x}(t_0)=\boldsymbol{x}_0,\boldsymbol{\psi}[\boldsymbol{x}(t_f),t_f]=\boldsymbol{0}$ $\boldsymbol{\lambda}(t_f)=\left[\frac{\partial\varphi}{\partial\boldsymbol{x}}+\frac{\partial\boldsymbol{\psi}^{\mathrm{T}}}{\partial\boldsymbol{x}}\boldsymbol{v}\right]_{t_f}$	
	$J=\int_{t_0}^{t_f}L(\boldsymbol{x},\boldsymbol{u},t)\mathrm{d}t$	末端固定	$\dot{\boldsymbol{x}}=\frac{\partial H}{\partial\boldsymbol{\lambda}}$ $\dot{\boldsymbol{\lambda}}=-\frac{\partial H}{\partial\boldsymbol{x}}$ 式中 $H=L(\boldsymbol{x},\boldsymbol{u},t)+\boldsymbol{\lambda}^{\mathrm{T}}(t)\boldsymbol{f}(\boldsymbol{x},\boldsymbol{u},t)$		$\boldsymbol{x}(t_0)=\boldsymbol{x}_0,\boldsymbol{x}(t_f)=\boldsymbol{x}_f$ ($\boldsymbol{\lambda}(t_f)$未知)	$H^*(t)$ $=H^*(t_f)$ $-\int_t^{t_f}\frac{\partial H}{\partial\tau}\mathrm{d}\tau$
		末端自由			$\boldsymbol{x}(t_0)=\boldsymbol{x}_0$ $\boldsymbol{\lambda}(t_f)=\boldsymbol{0}$	
		末端约束			$\boldsymbol{x}(t_0)=\boldsymbol{x}_0,\boldsymbol{\psi}[\boldsymbol{x}(t_f),t_f]=\boldsymbol{0}$ $\boldsymbol{\lambda}(t_f)=\frac{\partial\boldsymbol{\psi}^{\mathrm{T}}}{\partial\boldsymbol{x}(t_f)}\boldsymbol{v}$	
	$J=\varphi[\boldsymbol{x}(t_f),t_f]+\int_{t_0}^{t_f}L(\boldsymbol{x},\boldsymbol{u},t)\mathrm{d}t$	末端自由			$\boldsymbol{x}(t_0)=\boldsymbol{x}_0$ $\boldsymbol{\lambda}(t_f)=\frac{\partial\boldsymbol{\varphi}}{\partial\boldsymbol{x}(t_f)}$	$H^*(t)$ $=H^*(t_f)$ $-\int_t^{t_f}\frac{\partial H}{\partial\tau}\mathrm{d}\tau$
		末端约束			$\boldsymbol{x}(t_0)=\boldsymbol{x}_0,\boldsymbol{\psi}[\boldsymbol{x}(t_f),t_f]=\boldsymbol{0}$ $\boldsymbol{\lambda}(t_f)=\left[\frac{\partial\varphi}{\partial\boldsymbol{x}}+\frac{\partial\boldsymbol{\psi}^{\mathrm{T}}}{\partial\boldsymbol{x}}\boldsymbol{v}\right]_{t_f}$	
t_f 自由	$J=\varphi[\boldsymbol{x}(t_f),t_f]$	末端自由	$\dot{\boldsymbol{x}}=\frac{\partial H}{\partial\boldsymbol{\lambda}}$ $\dot{\boldsymbol{\lambda}}=-\frac{\partial H}{\partial\boldsymbol{x}}$ 式中 $H=\boldsymbol{\lambda}^{\mathrm{T}}(t)\boldsymbol{f}(\boldsymbol{x},\boldsymbol{u},t)$	$H^*=H(\boldsymbol{x}^*,\boldsymbol{\lambda},\boldsymbol{u}^*,t)=\min\limits_{\boldsymbol{u}\in\Omega}H(\boldsymbol{x}^*,\boldsymbol{\lambda},\boldsymbol{u},t)$	$\boldsymbol{x}(t_0)=\boldsymbol{x}_0$ $\boldsymbol{\lambda}(t_f)=\frac{\partial\varphi}{\partial\boldsymbol{x}(t_f)}$	$H^*(t_f^*)=-\frac{\partial\varphi}{\partial t_f}$
		末端约束			$\boldsymbol{x}(t_0)=\boldsymbol{x}_0,\boldsymbol{\psi}[\boldsymbol{x}(t_f),t_f]=\boldsymbol{0}$ $\boldsymbol{\lambda}(t_f)=\left[\frac{\partial\varphi}{\partial\boldsymbol{x}}+\frac{\partial\boldsymbol{\psi}^{\mathrm{T}}}{\partial\boldsymbol{x}}\boldsymbol{v}\right]_{t_f}$	$H^*(t_f^*)=$ $-\left[\frac{\partial\boldsymbol{\varphi}}{\partial t}+\boldsymbol{v}^{\mathrm{T}}\frac{\partial\boldsymbol{\psi}}{\partial t}\right]_{t_f}$
	$J=\int_{t_0}^{t_f}L(\boldsymbol{x},\boldsymbol{u},t)\mathrm{d}t$	末端固定	$\dot{\boldsymbol{x}}=\frac{\partial H}{\partial\boldsymbol{\lambda}}$ $\dot{\boldsymbol{\lambda}}=-\frac{\partial H}{\partial\boldsymbol{x}}$ 式中 $H=L(\boldsymbol{x},\boldsymbol{u},t)+\boldsymbol{\lambda}^{\mathrm{T}}(t)\boldsymbol{f}(\boldsymbol{x},\boldsymbol{u},t)$		$\boldsymbol{x}(t_0)=\boldsymbol{x}_0,\boldsymbol{x}(t_f)=\boldsymbol{x}_f$ ($\boldsymbol{\lambda}(t_f)$未知)	$H^*(t_f^*)=0$
		末端自由			$\boldsymbol{x}(t_0)=\boldsymbol{x}_0$ $\boldsymbol{\lambda}(t_f)=\boldsymbol{0}$	$H^*(t_f^*)=0$
		末端约束			$\boldsymbol{x}(t_0)=\boldsymbol{x}_0,\boldsymbol{\psi}[\boldsymbol{x}(t_f),t_f]=\boldsymbol{0}$ $\boldsymbol{\lambda}(t_f)=\frac{\partial\boldsymbol{\psi}^{\mathrm{T}}}{\partial\boldsymbol{x}(t_f)}\boldsymbol{v}$	$H^*(t_f^*)$ $=-\boldsymbol{v}^{\mathrm{T}}\frac{\partial\boldsymbol{\psi}}{\partial t_f}$
	$J=\varphi[\boldsymbol{x}(t_f),t_f]+\int_{t_0}^{t_f}L(\boldsymbol{x},\boldsymbol{u},t)\mathrm{d}t$	末端自由			$\boldsymbol{x}(t_0)=\boldsymbol{x}_0$ $\boldsymbol{\lambda}(t_f)=\frac{\partial\boldsymbol{\varphi}}{\partial\boldsymbol{x}(t_f)}$	$H^*(t_f^*)=-\frac{\partial\varphi}{\partial t_f}$
		末端约束			$\boldsymbol{x}(t_0)=\boldsymbol{x}_0,\boldsymbol{\psi}[\boldsymbol{x}(t_f),t_f]=\boldsymbol{0}$ $\boldsymbol{\lambda}(t_f)=\left[\frac{\partial\varphi}{\partial\boldsymbol{x}}+\frac{\partial\boldsymbol{\psi}^{\mathrm{T}}}{\partial\boldsymbol{x}}\boldsymbol{v}\right]_{t_f}$	$H^*(t_f^*)=$ $-\left[\frac{\partial\varphi}{\partial t}+\boldsymbol{v}\frac{\partial\boldsymbol{\psi}}{\partial t}\right]_{t_f}$

例 3-4　设宇宙飞船登月舱的质量为 $m(t)$，高度为 $h(t)$，垂直速度为 $\boldsymbol{v}(t)$，发动机推力为 $\boldsymbol{u}(t)$，月球表面的重力加速度为常数 g，不带燃料的登月舱质量为 M，初始燃料的总质量为 F。已知登月舱的状态方程为

$$\dot{h}(t)=\boldsymbol{v}(t),\quad h(0)=h_0$$

$$\dot{\boldsymbol{v}}=-g+\frac{1}{m(t)}\boldsymbol{u}(t),\quad \boldsymbol{v}(0)=\boldsymbol{v}_0$$

$$\dot{m}(t)=-k\boldsymbol{u}(t),\quad m(0)=M+F$$

要求登月舱在月球表面实现软着陆，即末端约束为

$$\psi_1 = h(t_f) = 0$$

$$\psi_2 = \boldsymbol{v}(t_f) = 0$$

发动机推力 $\boldsymbol{u}(t)$的约束为

$$\boldsymbol{u}(t) \in \Omega, \quad \Omega = \{\boldsymbol{u}(t) \mid 0 \leqslant \boldsymbol{u}(t) \leqslant a\}, \quad \forall t \in [0, t_f]$$

试确定最优控制 $\boldsymbol{u}^*(t)$，使登月舱从已知初态转移到要求的目标集，并使登月舱燃料消耗

$$J = -m(t_f)$$

为最小值。

解 本例为时变系统、末值型性能指标、t_f 自由和末端约束的最优控制问题。由表 3-2，构造哈密顿函数

$$H = \lambda_h(t)\boldsymbol{v}(t) + \lambda_v(t)\left[-g + \frac{1}{m(t)}\boldsymbol{u}(t)\right] - \lambda_m(t)k\boldsymbol{u}(t)$$

式中 $\lambda_h(t)$，$\lambda_v(t)$和 $\lambda_m(t)$为待定的拉格朗日乘子。根据题意

$$\varphi = -m(t_f)$$

由协态方程

$$\dot{\lambda}_h(t) = -\frac{\partial H}{\partial h} = 0$$

$$\dot{\lambda}_v(t) = -\frac{\partial H}{\partial \boldsymbol{v}} = -\lambda_h(t)$$

$$\dot{\lambda}_m(t) = -\frac{\partial H}{\partial m} = \frac{1}{m^2(t)}\lambda_v(t)\boldsymbol{u}(t)$$

由横截条件

$$\lambda_h(t_f) = \frac{\partial \varphi}{\partial h(t_f)} + \frac{\partial \psi_1}{\partial h(t_f)}\gamma_1 = \gamma_1$$

$$\lambda_v(t_f) = \frac{\partial \varphi}{\partial \boldsymbol{v}(t_f)} + \frac{\partial \psi_2}{\partial \boldsymbol{v}(t_f)}\gamma_2 = \gamma_2$$

$$\lambda_m(t_f) = \frac{\partial \varphi}{\partial m(t_f)} = -1$$

式中 γ_1 和 γ_2 为待定的拉格朗日乘子。

将哈密顿函数整理成

$$H = (\lambda_h \boldsymbol{v} - \lambda_v g) + \left(\frac{\lambda_v}{m} - k\lambda_m\right)\boldsymbol{u}$$

由极值条件，H 相对 $\boldsymbol{u}^*(t)$取绝对极小值。因此，最优控制

$$\boldsymbol{u}^*(t) = \begin{cases} \alpha, & \text{当}\dfrac{\lambda_v}{m} - k\lambda_m < 0 \\ 0, & \text{当}\dfrac{\lambda_v}{m} - k\lambda_m > 0 \end{cases}$$

上述结果表明，只有当发动机推力在其最大值和零值之间进行开关控制，才有可能在实现软着陆的同时，保证登月舱的燃料消耗最少。

例 3-5 已知二阶系统的状态方程

$$\dot{x}_1(t)=x_2(t),\quad x_1(0)=0$$
$$\dot{x}_2(t)=u(t),\quad x_2(0)=0$$

设末端时刻 t_f 自由,末端状态

$$x_1(t_f)=x_2(t_f)=\frac{1}{4}$$

控制约束为

$$|u(t)|\leqslant 1$$

试确定最优控制 $u^*(t)$,使下列性能指标:

$$J=\int_0^{t_f}u^2(t)\mathrm{d}t$$

取极小值。

解 本例为最小能量控制问题,可用极小值原理求解。根据表 3-1 中给出的定常系统、积分型性能指标、t_f 自由和末端固定的问题的最优解必要条件,构造哈密顿函数

$$H=u^2+\lambda_1x_2+\lambda_2u=\left(u+\frac{1}{2}\lambda_2\right)^2+\lambda_1x_2-\frac{1}{4}\lambda_2^2$$

由极小值条件,最优控制应取

$$u^*(t)=\begin{cases}-1, & 当\ \lambda_2(t)>2\\ -\frac{1}{2}\lambda_2(t), & 当\ |\lambda_2(t)|\leqslant 2\\ +1, & 当\ \lambda_2(t)<-2\end{cases}$$

由哈密顿函数沿最优轨线的变化律

$$H^*(t)=H^*(t_f^*)=0$$

可得

$$u^{*2}(0)+\lambda_1(0)x_2^*(0)+\lambda_2(0)u^*(0)=0$$

以及

$$u^{*2}(t_f^*)+\lambda_1(t_f^*)x_2^*(t_f^*)+\lambda_2(t_f^*)u^*(t_f^*)=0$$

因为 $x_2(0)=0$,可以断定 $u^*(0)=0$;否则,$u^*(0)=-\lambda_2(0)$ 与 $u^*(0)=-\frac{1}{2}\lambda_2(0)$ 矛盾。

由协态方程

$$\dot{\lambda}_1(t)=-\frac{\partial H}{\partial x_1}=0$$

$$\dot{\lambda}_2(t)=-\frac{\partial H}{\partial x_2}=-\lambda_1(t)$$

解得

$$\lambda_1(t)=2c_1,\quad \lambda_2(t)=-2c_1t+c_2$$

因

$$u^*(0)=-\frac{1}{2}\lambda_2(0)=0$$

故 $c_2=0$,于是有

$$\lambda_2(t)=-2c_1t$$

对应于 c_1 的符号,最优控制应为

$$u^*(t)=\begin{cases} c_1 t, & \text{当 } t\leqslant \dfrac{1}{c_1} \\ 1, & \text{当 } t>\dfrac{1}{c_1} \end{cases} \tag{3-93}$$

或者

$$u^*(t)=\begin{cases} c_1 t, & \text{当 } t\leqslant -\dfrac{1}{c_1} \\ -1, & \text{当 } t>-\dfrac{1}{c_1} \end{cases} \tag{3-94}$$

由所给状态方程及初始条件不难推证：若 $c_1>0$，即 $x_2(t_f)>0$，应采用式(3-93)；否则，采用式(3-94)。本例已知 $x_2(t_f)=1/4$，故最优控制律应取式(3-93)。显然，状态方程的解应为

$$\begin{cases} x_1(t)=\dfrac{1}{6}c_1 t^3, \\ x_2(t)=\dfrac{1}{2}c_1 t^2, \end{cases} \quad \text{当 } t\leqslant \frac{1}{c_1} \tag{3-95}$$

或者

$$\begin{cases} x_1(t)=\dfrac{1}{6c_1^2}+\dfrac{1}{2c_1}t+\dfrac{1}{2}t^2, \\ x_2(t)=\dfrac{1}{2c_1}+t, \end{cases} \quad \text{当 } t>\frac{1}{c_1} \tag{3-96}$$

设解为式(3-95)，代入已知的末态

$$x_1(t_f)=x_2(t_f)=\frac{1}{4}$$

容易求得

$$t_f^*=3, \quad c_1=\frac{1}{18}$$

正好满足 $t_f\leqslant 1/c_1$ 要求，故所设状态方程的解是正确的。

最后，本例的最优控制为

$$u^*(t)=\frac{1}{18}t, \quad \forall t\in[0,3]$$

相应的最优性能指标为

$$J^*=\int_0^3 u^{*2}(t)\mathrm{d}t=\frac{1}{36}$$

最优轨线及拉格朗日乘子分别为

$$\begin{cases} x_1^*(t)=\dfrac{1}{108}t^3 \\ x_2^*(t)=\dfrac{1}{36}t^2 \end{cases} \quad \text{以及} \quad \begin{cases} \lambda_1(t)=\dfrac{1}{9} \\ \lambda_2(t)=-\dfrac{1}{9}t \end{cases}$$

3.2 离散系统的极小值原理

随着数字计算机日益普及，计算机控制系统日益增多。因此，离散系统最优控制问题

的研究显得十分重要。其原因是：一方面，许多实际问题本身就是离散的，例如，数字滤波、经济与资源系统的最优化问题，其控制精度高于连续系统；另一方面，即使实际系统本身是连续的，但为了对连续过程实行计算机控制，需要把时间整量化，从而得到一离散化系统，使得连续最优控制中难以求解的两点边界值问题，可以化为易于用计算机求解的离散化两点边值问题。

本节将介绍离散变分原理和离散极小值原理，并对连续及离散极小值原理的结果加以比较。

3.2.1 离散欧拉方程

当控制序列不受约束时，可以采用离散变分法求解离散系统的最优控制问题，得到离散极值的必要条件——离散欧拉方程。

设描述离散系统的状态差分方程为

$$\boldsymbol{x}(k+1)=\boldsymbol{f}[\boldsymbol{x}(k),\boldsymbol{u}(k),k],\quad k=0,1,\cdots,N-1 \tag{3-97}$$

式中 $\boldsymbol{x}(k)$是离散时刻 t_k 的 n 维状态向量；$\boldsymbol{u}(k)$是 t_k 的 m 维控制向量；$\boldsymbol{f}(\cdot)$是 n 维向量函数序列。对于等间隔采样，$k=kT$，T 为采样周期；N 为数据窗口长度。

离散最优控制问题中，性能指标取为如下标量函数的累加：

$$J=\sum_{k=0}^{N-1}L[\boldsymbol{x}(k),\boldsymbol{u}(k),\boldsymbol{x}(k+1),k]=\sum_{k=0}^{N-1}L_k \tag{3-98}$$

式中 $L_k=L[\boldsymbol{x}(k),\boldsymbol{u}(k),\boldsymbol{x}(k+1),k]$是第 k 个采样周期内性能指标 J 的增量。

设式(3-97)和式(3-98)构成的离散最优控制问题存在极值解，记为 $\boldsymbol{x}^*(k)$和 $\boldsymbol{u}^*(k)$，则在极值解附近的容许轨线和容许控制可以表示为

$$\begin{cases}\boldsymbol{x}(k)=\boldsymbol{x}^*(k)+\delta\boldsymbol{x}(k)\\ \boldsymbol{u}(k)=\boldsymbol{u}^*(k)+\delta\boldsymbol{u}(k)\\ \boldsymbol{x}(k+1)=\boldsymbol{x}^*(k+1)+\delta\boldsymbol{x}(k+1)\end{cases} \tag{3-99}$$

式中 $\delta\boldsymbol{x}(k)$、$\delta\boldsymbol{u}(k)$和 $\delta\boldsymbol{x}(k+1)$分别是 $\boldsymbol{x}(k)$、$\boldsymbol{u}(k)$和 $\boldsymbol{x}(k+1)$的变分。将式(3-99)代入式(3-98)得离散性能泛函

$$J=\sum_{k=0}^{N-1}L[\boldsymbol{x}^*(k)+\delta\boldsymbol{x}(k),\boldsymbol{u}^*(k)+\delta\boldsymbol{u}(k),\boldsymbol{x}^*(k+1)+\delta\boldsymbol{x}(k+1),k] \tag{3-100}$$

当不考虑式(3-97)所示的等式约束时，为了求得上述离散拉格朗日问题的极值解，对式(3-100)取离散一次变分

$$\delta J=\sum_{k=0}^{N-1}\left\{\left[\frac{\partial L_k}{\partial\boldsymbol{x}(k)}\right]^{\mathrm{T}}\delta\boldsymbol{x}(k)+\left[\frac{\partial L_k}{\partial\boldsymbol{u}(k)}\right]^{\mathrm{T}}\delta\boldsymbol{u}(k)+\left[\frac{\partial L_k}{\partial\boldsymbol{x}(k+1)}\right]^{\mathrm{T}}\delta\boldsymbol{x}(k+1)\right\} \tag{3-101}$$

对式(3-101)中的末项进行离散分部积分：令 $k=m-1$，对求和变量进行置换，得

$$\begin{aligned}&\sum_{k=0}^{N-1}\left[\frac{\partial L_k}{\partial\boldsymbol{x}(k+1)}\right]^{\mathrm{T}}\delta\boldsymbol{x}(k+1)\\ &=\sum_{m=1}^{N}\left[\frac{\partial L_{m-1}}{\partial\boldsymbol{x}(m)}\right]^{\mathrm{T}}\delta\boldsymbol{x}(m)\\ &=\sum_{m=0}^{N-1}\left\{\frac{\partial L[\boldsymbol{x}(m-1),\boldsymbol{u}(m-1),\boldsymbol{x}(m),m-1]}{\partial\boldsymbol{x}(m)}\right\}^{\mathrm{T}}\delta\boldsymbol{x}(m)\end{aligned}$$

$$-\left\{\frac{\partial L[\boldsymbol{x}(m-1),\boldsymbol{u}(m-1),\boldsymbol{x}(m),m-1]}{\partial \boldsymbol{x}(m)}\right\}_{m=0}^{\mathrm{T}}\delta\boldsymbol{x}(0)$$

$$+\left\{\frac{\partial L[\boldsymbol{x}(m-1),\boldsymbol{u}(m-1),\boldsymbol{x}(m),m-1]}{\partial \boldsymbol{x}(m)}\right\}_{m=N}^{\mathrm{T}}\delta\boldsymbol{x}(N)$$

再令 $m=k$，上式变为

$$\begin{aligned}&\sum_{k=0}^{N-1}\left[\frac{\partial L_k}{\partial \boldsymbol{x}(k+1)}\right]^{\mathrm{T}}\delta\boldsymbol{x}(k+1)\\&=\sum_{k=0}^{N-1}\left\{\frac{\partial L[\boldsymbol{x}(k-1),\boldsymbol{u}(k-1),\boldsymbol{x}(k),k-1]}{\partial \boldsymbol{x}(k)}\right\}^{\mathrm{T}}\delta\boldsymbol{x}(k)\\&\quad-\left\{\frac{\partial L[\boldsymbol{x}(k-1),\boldsymbol{u}(k-1),\boldsymbol{x}(k),k-1]}{\partial \boldsymbol{x}(k)}\right\}_{k=0}^{\mathrm{T}}\delta\boldsymbol{x}(0)\\&\quad+\left\{\frac{\partial L[\boldsymbol{x}(k-1),\boldsymbol{u}(k-1),\boldsymbol{x}(k),k-1]}{\partial \boldsymbol{x}(k)}\right\}_{k=N}^{\mathrm{T}}\delta\boldsymbol{x}(N)\end{aligned} \tag{3-102}$$

令

$$L_{k-1}=L[\boldsymbol{x}(k-1),\boldsymbol{u}(k-1),\boldsymbol{x}(k),k-1]$$

将式(3-102)代入式(3-101)，可得

$$\begin{aligned}\delta J=&\sum_{k=0}^{N-1}\left\{\left[\frac{\partial L_k}{\partial \boldsymbol{x}(k)}+\frac{\partial L_{k-1}}{\partial \boldsymbol{x}(k)}\right]^{\mathrm{T}}\delta\boldsymbol{x}(k)+\left[\frac{\partial L_k}{\partial \boldsymbol{u}(k)}\right]^{\mathrm{T}}\delta\boldsymbol{u}(k)\right\}\\&+\left[\frac{\partial L_{k-1}}{\partial \boldsymbol{x}(k)}\right]_{k=N}^{\mathrm{T}}\delta\boldsymbol{x}(N)-\left[\frac{\partial L_{k-1}}{\partial \boldsymbol{x}(k)}\right]_{k=0}^{\mathrm{T}}\delta\boldsymbol{x}(0)\end{aligned} \tag{3-103}$$

令式(3-103)为零，考虑到 $\delta\boldsymbol{x}(k)$ 和 $\delta\boldsymbol{u}(k)$ 是任意的，可得如下离散泛函极值的必要条件：

$$\begin{cases}\dfrac{\partial L_k}{\partial \boldsymbol{x}(k)}+\dfrac{\partial L_{k-1}}{\partial \boldsymbol{x}(k)}=\boldsymbol{0}\\[2ex]\dfrac{\partial L_k}{\partial \boldsymbol{u}(k)}=\boldsymbol{0}\end{cases} \tag{3-104}$$

以及

$$\left[\frac{\partial L_k}{\partial \boldsymbol{x}(k)}\right]_{k=N}^{\mathrm{T}}\delta\boldsymbol{x}(N)-\left[\frac{\partial L_{k-1}}{\partial \boldsymbol{x}(k)}\right]_{k=0}^{\mathrm{T}}\delta\boldsymbol{x}(0)=0 \tag{3-105}$$

式(3-104)为向量差分方程，常称为离散欧拉方程，而式(3-105)则是相应的离散横截条件。若始端固定，即 $\boldsymbol{x}(0)=\boldsymbol{x}_0$，末端自由，即 $\delta\boldsymbol{x}(N)$ 任意，则边界条件为

$$\boldsymbol{x}(0)=\boldsymbol{x}_0,\quad \frac{\partial L[\boldsymbol{x}(N-1),\boldsymbol{u}(N-1),\boldsymbol{x}(N),N-1]}{\partial \boldsymbol{x}(N)}=\boldsymbol{0}$$

由以上分析可见，离散拉格朗日问题的极值解 $\boldsymbol{x}^*(k)$ 与 $\boldsymbol{u}^*(k)$ 必须满足离散欧拉方程和横截条件。横截条件的应用情况可以参照连续系统中有关横截条件的讨论。

当考虑式(3-97)所示的等式约束时，与连续时间变分法一样，也可以通过拉格朗日乘子函数将等式约束下的极值问题化为无约束的极值问题。现举例说明如下。

例 3-6　设一阶离散系统及其边界条件为

$$x(k+1)=x(k)+u(k)$$

$$x(0)=1,\quad x(5)=0$$

性能指标

$$J=\frac{1}{2}\sum_{k=0}^{4}u^2(k)$$

试求使性能指标为极小的最优控制序列 $u^*(k)$ 和相应的最优状态序列 $x^*(k)$。

解 应用拉格朗日乘子函数 $\lambda(k)$，构造广义离散泛函

$$J_a=\sum_{k=0}^{4}\left\{\frac{1}{2}u^2(k)+\lambda(k+1)[-x(k+1)+x(k)+u(k)]\right\}$$

则原泛函在状态差分方程等式约束下的条件极小问题化为广义泛函 J_a 的无条件极小问题。这时

$$L_k=\frac{1}{2}u^2(k)+\lambda(k+1)[-x(k+1)+x(k)+u(k)]$$

$$L_{k-1}=\frac{1}{2}u^2(k-1)+\lambda(k)[-x(k)+x(k-1)+u(k-1)]$$

因为

$$\frac{\partial L_k}{\partial x(k)}=\lambda(k+1),\quad \frac{\partial L_{k-1}}{\partial x(k)}=-\lambda(k)$$

$$\frac{\partial L_k}{\partial u(k)}=u(k)+\lambda(k+1)$$

所以由离散欧拉方程(3-104)可得

$$\lambda(k+1)=\lambda(k)=c$$

$$u(k)=-\lambda(k+1)=-c$$

将 $u(k)=-c$ 代入状态差分方程，得

$$x(k+1)=x(k)-c$$

用迭代法求解上述差分方程，有

$$x(1)=x(0)-c$$

$$x(2)=x(1)-c=x(0)-2c$$

$$\vdots$$

$$x(k)=x(0)-kc$$

代入已知边界条件：$x(0)=1, x(5)=0$，不难解得

$$c=0.2$$

因此，该离散系统的最优控制与最优轨线分别为

$$u^*(k)=-0.2,\quad x^*(k)=1-0.2k,\quad k=0,1,2,3,4$$

应当指出，应用离散欧拉方程求解等式约束和不等式约束的离散极值问题比较麻烦，而用离散极小值原理处理这种约束问题却很方便。特别是，当控制序列受约束时，离散变分法不再适用，只能用离散极小值原理或离散动态规划法来求解离散极小值问题。有关动态规划的方法，我们将在第 4 章介绍。

3.2.2 离散极小值原理

庞特里亚金发表极小值原理时，只讨论了连续系统的情况。为了获得离散系统的极小值原理，有人曾从离散系统与连续系统比较接近这一事实出发，设想把连续极小原理直接推广到离散系统中去，但除了采样周期足够小的情况外，结果是失败的。离散极小值原理的普遍论述比较复杂，证明过程也十分冗长。为了简单起见，我们只研究控制向量序列不受约束情况下的离散极小值原理，然后不加证明地推广到控制向量序列受约束的情况。

对离散极小值原理详尽证明过程感兴趣的读者，可以参阅前苏联学者 Р. ГАБАСОВ 和 Ф. М. КИРИЛОВА 的著作《最优控制方法》。

离散极小值原理可以叙述如下。

定理 3-7 设离散系统状态方程

$$\boldsymbol{x}(k+1)=\boldsymbol{f}[\boldsymbol{x}(k),\boldsymbol{u}(k),k],\quad \boldsymbol{x}(0)=\boldsymbol{x}_0$$
$$k=0,1,2,\cdots,N-1 \tag{3-106}$$

性能指标

$$J=\varphi[\boldsymbol{x}(N),N]+\sum_{k=0}^{N-1}L[\boldsymbol{x}(k),\boldsymbol{u}(k),k] \tag{3-107}$$

式中 $\boldsymbol{f}(\cdot)$、$\varphi(\cdot)$和 $L(\cdot)$都是其自变量的连续可微函数，$\boldsymbol{x}(k)\in R^n$，$\boldsymbol{u}(k)\in R^m$。控制有不等式约束：$\boldsymbol{u}(k)\in\Omega$，$\Omega$ 为容许控制域。末端状态受下列等式约束限制：

$$\boldsymbol{\psi}[\boldsymbol{x}(N),N]=\boldsymbol{0} \tag{3-108}$$

式中 $\boldsymbol{\psi}(\cdot)\in R^r$，$r\leqslant n$。若 $\boldsymbol{u}^*(k)$是使性能指标(3-107)为最小的最优控制序列，$\boldsymbol{x}^*(k)$是相应的最优状态序列，则必存在 r 维非零常向量 $\boldsymbol{\gamma}$ 和 n 维向量函数 $\boldsymbol{\lambda}(k)$，使得 $\boldsymbol{u}^*(k)$、$\boldsymbol{x}^*(k)$和 $\boldsymbol{\lambda}(k)$满足如下必要条件：

① $\boldsymbol{x}(k)$和 $\boldsymbol{\lambda}(k)$满足下列差分方程：

$$\boldsymbol{x}(k+1)=\frac{\partial H(k)}{\partial\boldsymbol{\lambda}(k+1)} \tag{3-109}$$

$$\boldsymbol{\lambda}(k)=\frac{\partial H(k)}{\partial\boldsymbol{x}(k)} \tag{3-110}$$

式中离散哈密顿函数

$$\begin{aligned}H(k)&=H[\boldsymbol{x}(k),\boldsymbol{u}(k),\boldsymbol{\lambda}(k+1),k]\\&=L[\boldsymbol{x}(k),\boldsymbol{u}(k),k]+\boldsymbol{\lambda}^{\mathrm{T}}(k+1)\boldsymbol{f}[\boldsymbol{x}(k),\boldsymbol{u}(k),k]\end{aligned} \tag{3-111}$$

② $\boldsymbol{x}(k)$和 $\boldsymbol{\lambda}(k)$满足边界条件

$$\boldsymbol{x}(0)=\boldsymbol{x}_0 \tag{3-112}$$

$$\boldsymbol{\psi}[\boldsymbol{x}(N),N]=\boldsymbol{0} \tag{3-113}$$

$$\boldsymbol{\lambda}(N)=\frac{\partial\varphi[\boldsymbol{x}(N),N]}{\partial\boldsymbol{x}(N)}+\frac{\partial\boldsymbol{\psi}^{\mathrm{T}}[x(N),N]}{\partial\boldsymbol{x}(N)}\boldsymbol{\gamma} \tag{3-114}$$

③ 离散哈密顿函数对最优控制 $\boldsymbol{u}^*(k)$取极小值

$$\begin{aligned}&H[\boldsymbol{x}^*(k),\boldsymbol{u}^*(k),\boldsymbol{\lambda}(k+1),k]\\&=\min_{\boldsymbol{u}(k)\in\Omega}H[\boldsymbol{x}^*(k),\boldsymbol{u}(k),\boldsymbol{\lambda}(k+1),k]\end{aligned} \tag{3-115}$$

若控制变量不受约束，即 $\boldsymbol{u}(k)$可以在整个控制空间 R^m 中取值，则极值条件为

$$\frac{\partial H(k)}{\partial\boldsymbol{u}(k)}=\boldsymbol{0} \tag{3-116}$$

证明 下面仅就控制 $\boldsymbol{u}(k)$不受约束时的结论进行推证。利用拉格朗日乘子函数 $\boldsymbol{\lambda}(k+1)$和 $\boldsymbol{\gamma}$，将等式(3-106)和式(3-108)约束下性能泛函(3-107)的极值问题化为等价的无约束离散泛函极值问题。

构造广义离散泛函

$$J_a=\varphi[\boldsymbol{x}(N),N]+\boldsymbol{\gamma}^{\mathrm{T}}\boldsymbol{\psi}[\boldsymbol{x}(N),N]+\sum_{k=0}^{N-1}\{L[\boldsymbol{x}(k),\boldsymbol{u}(k),k]$$

$$+\boldsymbol{\lambda}^{\mathrm{T}}(k+1)[\boldsymbol{f}(\boldsymbol{x}(k),\boldsymbol{u}(k),k)-\boldsymbol{x}(k+1)]\}$$

令离散哈密顿函数

$$H(k)=L[\boldsymbol{x}(k),\boldsymbol{u}(k),k]+\boldsymbol{\lambda}^{\mathrm{T}}(k+1)\boldsymbol{f}[\boldsymbol{x}(k),\boldsymbol{u}(k),k]$$

则广义离散泛函可写为

$$J_a=\varphi[\boldsymbol{x}(N),N]+\boldsymbol{\gamma}^{\mathrm{T}}\boldsymbol{\psi}[\boldsymbol{x}(N),N]+\sum_{k=0}^{N-1}\{H(k)-\boldsymbol{\lambda}^{\mathrm{T}}(k+1)\boldsymbol{x}(k+1)\} \tag{3-117}$$

对式(3-117)中的末项进行离散分部积分，式(3-117)可写为

$$J_a=\varphi[\boldsymbol{x}(N),N]+\boldsymbol{\gamma}^{\mathrm{T}}\boldsymbol{\psi}[\boldsymbol{x}(N),N]+\sum_{k=0}^{N-1}\{H(k)-\boldsymbol{\lambda}^{\mathrm{T}}(k)\boldsymbol{x}(k)\}+\boldsymbol{\lambda}^{\mathrm{T}}(0)\boldsymbol{x}(0)-\boldsymbol{\lambda}^{\mathrm{T}}(N)\boldsymbol{x}(N)$$

取一次变分，考虑到 $\delta\boldsymbol{x}(0)=\mathbf{0}$，可得

$$\delta J_a=\left\{\frac{\partial\varphi[\boldsymbol{x}(N),N]}{\partial\boldsymbol{x}(N)}+\frac{\partial\boldsymbol{\psi}^{\mathrm{T}}[\boldsymbol{x}(N),N]}{\partial\boldsymbol{x}(N)}\boldsymbol{\gamma}-\boldsymbol{\lambda}(N)\right\}^{\mathrm{T}}\delta\boldsymbol{x}(N)$$
$$+\sum_{k=0}^{N-1}\left\{\left[\frac{\partial H(k)}{\partial\boldsymbol{x}(k)}-\boldsymbol{\lambda}(k)\right]^{\mathrm{T}}\delta\boldsymbol{x}(k)+\left[\frac{\partial H(k)}{\partial\boldsymbol{u}(k)}\right]^{\mathrm{T}}\delta\boldsymbol{u}(k)\right\}$$

令 $\delta J_a=0$，考虑到变分 $\delta\boldsymbol{x}(k)$ 和 $\delta\boldsymbol{x}(N)$ 是任意的，所以由离散欧拉方程及横截条件可得

$$\boldsymbol{\lambda}(k)=\frac{\partial H(k)}{\partial\boldsymbol{x}(k)}$$

$$\boldsymbol{\lambda}(N)=\frac{\partial\varphi[\boldsymbol{x}(N),N]}{\partial\boldsymbol{x}(N)}+\frac{\partial\boldsymbol{\psi}^{\mathrm{T}}[\boldsymbol{x}(N),N]}{\partial\boldsymbol{x}(N)}\boldsymbol{\gamma}$$

对于

$$\sum_{k=0}^{N-1}\left[\frac{\partial H(k)}{\partial\boldsymbol{u}(k)}\right]^{\mathrm{T}}\delta\boldsymbol{u}(k)=0$$

当 $\boldsymbol{u}(k)$ 不受约束时，$\delta\boldsymbol{u}(k)$ 是任意的，故必有

$$\frac{\partial H(k)}{\partial\boldsymbol{u}(k)}=\mathbf{0}$$

此外，定理中式(3-109)、式(3-112)和式(3-113)成立是显然的。

若离散系统末端状态自由，则离散极小值定理形式如下，其证明过程与定理 3-7 类似。

定理 3-8 设离散系统状态方程

$$\boldsymbol{x}(k+1)=\boldsymbol{f}[\boldsymbol{x}(k),\boldsymbol{u}(k),k],\quad \boldsymbol{x}(0)=\boldsymbol{x}_0$$
$$k=0,1,2,\cdots,N-1$$

性能指标

$$J=\varphi[\boldsymbol{x}(N),N]+\sum_{k=0}^{N-1}L[\boldsymbol{x}(k),\boldsymbol{u}(k),k]$$

式中 $\boldsymbol{f}(\cdot)$、$\varphi(\cdot)$ 和 $L(\cdot)$ 都是其自变量的连续可微函数，$\boldsymbol{x}(k)\in R^n$，$\boldsymbol{u}(k)\in R^m$。控制有不等式约束：$\boldsymbol{u}(k)\in\Omega$，$\Omega$ 为容许控制域。末端状态 $\boldsymbol{x}(N)$ 自由。若 $\boldsymbol{u}^*(k)$ 是使性能指标为极小的最优控制序列，$\boldsymbol{x}^*(k)$ 为相应的最优状态序列，则必存在 n 维向量函数 $\boldsymbol{\lambda}(k)$，使得 $\boldsymbol{u}^*(k)$、$\boldsymbol{x}^*(k)$ 和 $\boldsymbol{\lambda}(k)$ 满足如下必要条件：

① $\boldsymbol{x}(k)$ 和 $\boldsymbol{\lambda}(k)$ 满足下列差分方程：

$$\boldsymbol{x}(k+1)=\frac{\partial H(k)}{\partial\boldsymbol{\lambda}(k+1)}$$

$$\boldsymbol{\lambda}(k)=\frac{\partial H(k)}{\partial \boldsymbol{x}(k)}$$

式中离散哈密顿函数

$$H(k)=H[\boldsymbol{x}(k),\boldsymbol{u}(k),\boldsymbol{\lambda}(k+1),k]=L[\boldsymbol{x}(k),\boldsymbol{u}(k),k]+\boldsymbol{\lambda}^{\mathrm{T}}(k+1)\boldsymbol{f}[\boldsymbol{x}(k),\boldsymbol{u}(k),k]$$

② $\boldsymbol{x}(k)$和$\boldsymbol{\lambda}(k)$满足边界条件

$$\boldsymbol{x}(0)=\boldsymbol{x}_0$$

$$\boldsymbol{\lambda}(N)=\frac{\partial \varphi[\boldsymbol{x}(N),N]}{\partial \boldsymbol{x}(N)}$$

③ 离散哈密顿函数对最优控制$\boldsymbol{u}^*(k)$取极小值

$$H[\boldsymbol{x}^*(k),\boldsymbol{u}^*(k),\boldsymbol{\lambda}(k+1),k]=\min_{\boldsymbol{u}(k)\in\Omega}H[\boldsymbol{x}^*(k),\boldsymbol{u}(k),\boldsymbol{\lambda}(k+1),k]$$

若控制变量不受约束,有

$$\frac{\partial H(k)}{\partial \boldsymbol{u}(k)}=\boldsymbol{0}$$

上述离散极小值原理表明,离散系统最优化问题归结为求解一个离散两点边值问题。而对离散极小值原理的理解,与连续极小值原理一样,使离散性能泛函为极小与使离散哈密顿函数为极小是等价的。

例 3-7 已知离散系统

$$x(k+1)=x(k)+u(k),\quad x(0)=x_0$$

性能指标

$$J=\sum_{k=0}^{2}[x^2(k)+u^2(k)]$$

求使性能指标达到极小的最优控制序列$u^*(k)$。

解 本例$N=3$,末态$x(3)$自由,可用定理 3-8 求解。令离散哈密顿函数

$$H(k)=x^2(k)+u^2(k)+\lambda(k+1)[x(k)+u(k)]$$

因为

$$\lambda(k)=\frac{\partial H(k)}{\partial x(k)}=2x(k)+\lambda(k+1)$$

$$\frac{\partial H(k)}{\partial u(k)}=2u(k)+\lambda(k+1)=0$$

$$\lambda(3)=\frac{\partial \varphi[\boldsymbol{x}(N),N]}{\partial \boldsymbol{x}(N)}=0$$

所以

$$u(k)=-\frac{1}{2}\lambda(k+1)$$

$$\lambda(k+1)=\lambda(k)-2x(k)$$

即

$$\begin{cases}u(0)=-\dfrac{1}{2}\lambda(1)\\ u(1)=-\dfrac{1}{2}\lambda(2)\\ u(2)=-\dfrac{1}{2}\lambda(3)=0\end{cases}$$

$$\begin{cases}\lambda(2)=2x(2)\\ \lambda(1)=2[x(1)+x(2)]\\ \lambda(0)=2[x(0)+x(1)+x(2)]\end{cases}$$

由状态方程

$$x(k+1)=x(k)+u(k)$$

代入

$$\begin{cases}u(0)=-x(1)-x(2)\\ u(1)=-x(2)\\ u(2)=0\end{cases}$$

求出

$$\begin{cases}x(1)=\dfrac{1}{2}[x(0)-x(2)]\\ x(2)=\dfrac{1}{2}x(1)\\ x(3)=x(2)\end{cases}$$

根据已知的 $x(0)=x_0$，最后求得最优轨线、最优控制及最优性能指标为

$$\begin{cases}x^*(1)=\dfrac{2}{5}x_0\\ x^*(2)=\dfrac{1}{5}x_0\\ x^*(3)=\dfrac{1}{5}x_0\end{cases}$$

$$\begin{cases}u^*(0)=-\dfrac{3}{5}x_0\\ u^*(1)=-\dfrac{1}{5}x_0\\ u^*(2)=0\end{cases}$$

$$J^*=1.6x_0^2$$

3.2.3 离散与连续极小值原理的比较

离散系统最优控制序列的求取是一个多步决策过程，在 N 个采样周期中，系统的状态从 $\boldsymbol{x}(k)$ 到 $\boldsymbol{x}(k+1)$ 这样一步步地转移，每一步都有一个控制向量作用，在最优控制序列 $\boldsymbol{u}^*(k)$ 作用下，系统状态转移轨线是最优的。离散系统与连续系统的最优轨线比较如图 3-3 所示。

应用离散极小值原理和连续极小值原理求解同一最优控制问题，只要采样周期选择适当，可以得到十分相近甚至是相同的结果。现以变分学中的拉格朗日问题，对这两种方法进行分析和比较。

设要求解的连续极值问题的数学模型为

$$\min J=\int_{t_0}^{t_f} L(\boldsymbol{x},\boldsymbol{u},t)\mathrm{d}t,\quad t_f \text{ 固定}$$

$$\text{s.t.}\quad \dot{\boldsymbol{x}}(t)=\boldsymbol{f}(\boldsymbol{x},\boldsymbol{u},t),\quad \boldsymbol{x}(t_0)=\boldsymbol{x}_0$$

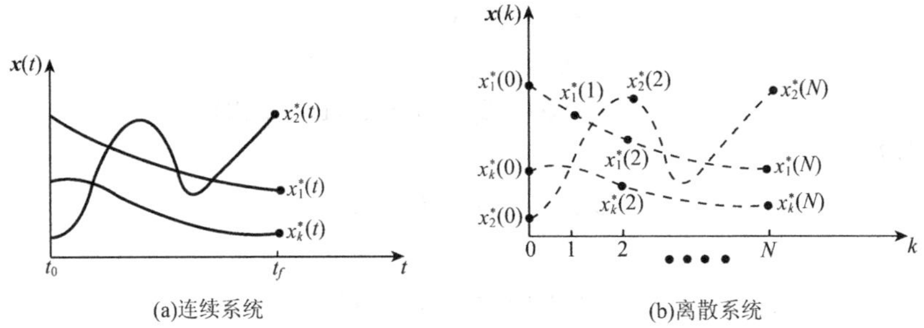

图 3-3　最优轨线

对上述时变系统、积分型性能指标、t_f 固定和末端自由的最优控制问题，有两种求解办法。一是直接用连续极小值原理，得到连续的正则方程，然后将正则方程离散化，求解离散的两点边值问题；另一种办法是将连续系统方程离散化，用离散极小值原理得到离散两点边值问题。现分述如下。

(1)连续极小值原理方法

由表 3-2，最优解的必要条件为：

哈密顿函数

$$H(\boldsymbol{x},\boldsymbol{u},\boldsymbol{\lambda},t)=L(\boldsymbol{x},\boldsymbol{u},t)+\boldsymbol{\lambda}^{\mathrm{T}}(t)\boldsymbol{f}(\boldsymbol{x},\boldsymbol{u},t) \tag{3-118}$$

正则方程

$$\dot{\boldsymbol{x}}(t)=\frac{\partial H}{\partial \boldsymbol{\lambda}}=\boldsymbol{f}(\boldsymbol{x},\boldsymbol{u},t) \tag{3-119}$$

$$\dot{\boldsymbol{\lambda}}(t)=-\frac{\partial H}{\partial \boldsymbol{x}}=-\frac{\partial L(\boldsymbol{x},\boldsymbol{u},t)}{\partial \boldsymbol{x}}-\frac{\partial \boldsymbol{f}^{\mathrm{T}}(\boldsymbol{x},\boldsymbol{u},t)}{\partial \boldsymbol{x}}\boldsymbol{\lambda}(t) \tag{3-120}$$

边界条件为

$$\boldsymbol{x}(t_0)=\boldsymbol{x}_0 \tag{3-121}$$

$$\boldsymbol{\lambda}(t_f)=\boldsymbol{0} \tag{3-122}$$

极值条件为

$$\frac{\partial H}{\partial \boldsymbol{u}}=\frac{\partial L(\boldsymbol{x},\boldsymbol{u},\boldsymbol{t})}{\partial \boldsymbol{u}}+\frac{\partial \boldsymbol{f}^{\mathrm{T}}(\boldsymbol{x},\boldsymbol{u},t)}{\partial \boldsymbol{u}}\boldsymbol{\lambda}(t)=\boldsymbol{0} \tag{3-123}$$

于是，式(3-119)～式(3-123)构成连续时间的两点边值问题。如果用计算机求解，取一阶差分来近似一阶微分运算，并令 T 为采样周期，可得

$$\dot{\boldsymbol{x}}(t)\big|_{t=kT}=\frac{\boldsymbol{x}(k+1)-\boldsymbol{x}(k)}{T}=\frac{\boldsymbol{x}[(k+1)T]-\boldsymbol{x}[kT]}{T} \tag{3-124}$$

$$\dot{\boldsymbol{\lambda}}(t)\big|_{t=kT}=\frac{\boldsymbol{\lambda}(k+1)-\boldsymbol{\lambda}(k)}{T}=\frac{\boldsymbol{\lambda}[(k+1)T]-\boldsymbol{\lambda}[kT]}{T} \tag{3-125}$$

将式(3-124)和式(3-125)代入式(3-119)和式(3-120)，使得正则方程离散化

$$\boldsymbol{x}(k+1)=\boldsymbol{x}(k)+T\boldsymbol{f}[\boldsymbol{x}(k),\boldsymbol{u}(k),k] \tag{3-126}$$

$$\boldsymbol{\lambda}(k+1)=\boldsymbol{\lambda}(k)-T\frac{\partial L[\boldsymbol{x}(k),\boldsymbol{u}(k),k]}{\partial \boldsymbol{x}(k)}-T\frac{\partial \boldsymbol{f}^{\mathrm{T}}[\boldsymbol{x}(k),\boldsymbol{u}(k),k]}{\partial \boldsymbol{x}(k)}\boldsymbol{\lambda}(k) \tag{3-127}$$

边界条件及极值条件相应为

$$\boldsymbol{x}(0)=\boldsymbol{x}_0 \tag{3-128}$$

$$\boldsymbol{\lambda}(N)=\boldsymbol{0} \tag{3-129}$$

$$\frac{\partial L[\boldsymbol{x}(k),\boldsymbol{u}(k),k]}{\partial \boldsymbol{u}(k)}+\frac{\partial \boldsymbol{f}^{\mathrm{T}}[\boldsymbol{x}(k),\boldsymbol{u}(k),k]}{\partial \boldsymbol{u}(k)}\boldsymbol{\lambda}(k)=\boldsymbol{0} \tag{3-130}$$

于是，式(3-126)～式(3-130)构成等价的离散两点边值问题。

(2)离散极小值原理方法

这时，状态方程及其初始条件的一阶差分近似为

$$\boldsymbol{x}(k+1)=\boldsymbol{x}(k)+T\boldsymbol{f}[\boldsymbol{x}(k),\boldsymbol{u}(k),k]$$

$$\boldsymbol{x}(0)=\boldsymbol{x}_0$$

性能指标的离散化表示式为

$$J=T\sum_{k=0}^{N-1}L[\boldsymbol{x}(k),\boldsymbol{u}(k),k]$$

因此，离散哈密顿函数为

$$H(k)=TL[\boldsymbol{x}(k),\boldsymbol{u}(k),k]+\boldsymbol{\lambda}^{\mathrm{T}}(k+1)\{\boldsymbol{x}(k)+T\boldsymbol{f}[\boldsymbol{x}(k),\boldsymbol{u}(k),k]\}$$

相应的协态方程和横截条件为

$$\boldsymbol{\lambda}(k)=\frac{\partial H(k)}{\partial \boldsymbol{x}(k)}=T\frac{\partial L[\boldsymbol{x}(k),\boldsymbol{u}(k),k]}{\partial \boldsymbol{x}(k)}+\left\{I+T\frac{\partial \boldsymbol{f}^{\mathrm{T}}[\boldsymbol{x}(k),\boldsymbol{u}(k),k]}{\partial \boldsymbol{x}(k)}\right\}\boldsymbol{\lambda}(k+1)$$

$$\boldsymbol{\lambda}(N)=\boldsymbol{0}$$

极值条件为

$$\frac{\partial H(k)}{\partial \boldsymbol{u}(k)}=T\frac{\partial L[\boldsymbol{x}(k),\boldsymbol{u}(k),k]}{\partial \boldsymbol{u}(k)}+T\frac{\partial \boldsymbol{f}^{\mathrm{T}}[\boldsymbol{x}(k),\boldsymbol{u}(k),k]}{\partial \boldsymbol{u}(k)}\boldsymbol{\lambda}(k+1)=\boldsymbol{0}$$

于是，离散两点边值问题可归纳如下：

$$\boldsymbol{x}(k+1)=\boldsymbol{x}(k)+T\boldsymbol{f}[\boldsymbol{x}(k),\boldsymbol{u}(k),k] \tag{3-131}$$

$$\boldsymbol{\lambda}(k+1)=\left\{I+T\frac{\partial \boldsymbol{f}^{\mathrm{T}}[\boldsymbol{x}(k),\boldsymbol{u}(k),k]}{\partial \boldsymbol{x}(k)}\right\}^{-1}\cdot\left\{\boldsymbol{\lambda}(k)-T\frac{\partial L[\boldsymbol{x}(k),\boldsymbol{u}(k),k]}{\partial \boldsymbol{x}(k)}\right\} \tag{3-132}$$

$$\boldsymbol{x}(0)=\boldsymbol{x}_0 \tag{3-133}$$

$$\boldsymbol{\lambda}(N)=\boldsymbol{0} \tag{3-134}$$

$$\frac{\partial L[\boldsymbol{x}(k),\boldsymbol{u}(k),k]}{\partial \boldsymbol{u}(k)}+\frac{\partial \boldsymbol{f}^{\mathrm{T}}[\boldsymbol{x}(k),\boldsymbol{u}(k),k]}{\partial \boldsymbol{u}(k)}\boldsymbol{\lambda}(k+1)=\boldsymbol{0} \tag{3-135}$$

(3)两种方法的比较

比较上述两种离散两点边值问题可以发现，状态方程(3-126)和(3-131)、初始条件(3-128)和(3-133)、横截条件(3-129)和(3-134)都是相同的，而协态方程(3-127)和(3-132)及极值条件(3-130)和(3-135)虽有类似之处，但毕竟是不一样的。

当采样周期足够小时，$\boldsymbol{\lambda}(k)$在步与步之间变化甚微，因而$\boldsymbol{\lambda}(k)$与$\boldsymbol{\lambda}(k+1)$接近，于是式(3-130)和式(3-135)表示的极值条件基本相同。

如果将式(3-132)中的逆矩阵展成泰勒级数，近似取前两项，则式(3-132)可以写为

$$\boldsymbol{\lambda}(k+1)=\left\{I-T\frac{\partial \boldsymbol{f}^{\mathrm{T}}[\boldsymbol{x}(k),\boldsymbol{u}(k),k]}{\partial \boldsymbol{x}(k)}\right\}\cdot\left\{\boldsymbol{\lambda}(k)-T\frac{\partial L[\boldsymbol{x}(k),\boldsymbol{u}(k),k]}{\partial \boldsymbol{x}(k)}\right\}$$

将上式乘开，当采样周期T很小时，略去乘积中的T^2项，得

$$\begin{aligned}\boldsymbol{\lambda}(k+1)&=\boldsymbol{\lambda}(k)-T\frac{\partial L[\boldsymbol{x}(k),\boldsymbol{u}(k),k]}{\partial \boldsymbol{x}(k)}-T\frac{\partial \boldsymbol{f}^{\mathrm{T}}[\boldsymbol{x}(k),\boldsymbol{u}(k),k]}{\partial \boldsymbol{x}(k)}\boldsymbol{\lambda}(k)\\&=\left\{I-T\frac{\partial \boldsymbol{f}^{\mathrm{T}}[\boldsymbol{x}(k),\boldsymbol{u}(k),k]}{\partial \boldsymbol{x}(k)}\right\}\boldsymbol{\lambda}(k)-T\frac{\partial L[\boldsymbol{x}(k),\boldsymbol{u}(k),k]}{\partial \boldsymbol{x}(k)}\end{aligned}$$

上式与式(3-127)完全相同。

从以上分析可知，由离散极小值原理方法得到一非线性差分方程描述的两点边值问题，其解是使所述离散问题最优的准确答案；由连续极小值原理方法得到一非线性微分方程描述的两点边值问题，其解是使所述连续问题最优的准确答案；由连续两点边值问题离散化后所求出的控制和轨线，既不能使连续问题严格最优，也不能使连续问题的离散模型严格最优。然而，只要采样周期足够小，两类离散两点边值问题的计算机解本质上是一样的。

连续极小值原理与离散极小值原理的比较如表 3-3 所示。

表 3-3　连续与离散极小值原理比较表

项　目	连续极小值原理	离散极小值原理
系　统	$\dot{\boldsymbol{x}}(t)=\boldsymbol{f}[\boldsymbol{x}(t),\boldsymbol{u}(t),t]$	$\boldsymbol{x}(k+1)=\boldsymbol{f}[\boldsymbol{x}(k),\boldsymbol{u}(k),k]$,　$k=0,1,\cdots,N-1$
初始条件	$\boldsymbol{x}(t_0)=\boldsymbol{x}_0$	$\boldsymbol{x}(0)=\boldsymbol{x}_0$
性能指标	$J=\varphi[\boldsymbol{x}(t_f),t_f]+\int_{t_0}^{t_f}L(\boldsymbol{x},\boldsymbol{u},t)\mathrm{d}t$	$J=\varphi[\boldsymbol{x}(N),N]+\sum_{k=0}^{N-1}L[\boldsymbol{x}(k),\boldsymbol{u}(k),k]$
极值问题	求 $\boldsymbol{u}^*(t)$，使 $J=\min$	求 $\boldsymbol{u}^*(k)$，使 $J=\min$,　$k=0,1,\cdots,N-1$
方法特点	引入协态向量 $\boldsymbol{\lambda}(t)$	引入协态向量序列 $\boldsymbol{\lambda}(k)$,　$k=1,2,\cdots,N$
哈密顿函数	$H(\boldsymbol{x},\boldsymbol{u},\boldsymbol{\lambda},t)=L(\boldsymbol{x},\boldsymbol{u},t)+\boldsymbol{\lambda}^{\mathrm{T}}\boldsymbol{f}(\boldsymbol{x},\boldsymbol{u},t)$	$H(k)=L[\boldsymbol{x}(k),\boldsymbol{u}(k),k]+\boldsymbol{\lambda}^{\mathrm{T}}(k+1)\boldsymbol{f}[\boldsymbol{x}(k),\boldsymbol{u}(k),k]$ $k=0,1,\cdots,N-1$
正则方程	$\dot{\boldsymbol{x}}(t)=\frac{\partial H}{\partial \boldsymbol{\lambda}}$,　$\dot{\boldsymbol{\lambda}}(t)=-\frac{\partial H}{\partial \boldsymbol{x}}$	$\boldsymbol{x}(k+1)=\frac{\partial H(k)}{\partial \boldsymbol{\lambda}(k+1)}$,　$\boldsymbol{\lambda}(k)=\frac{\partial H(k)}{\partial \boldsymbol{x}(k)}$
横截条件 （末端自由）	$\boldsymbol{\lambda}(t_f)=\frac{\partial\varphi[\boldsymbol{x}(t_f),t_f]}{\partial \boldsymbol{x}(t_f)}$ $\varphi[\boldsymbol{x}(t_f),t_f]=0$ 时，$\boldsymbol{\lambda}(t_f)=\boldsymbol{0}$	$\boldsymbol{\lambda}(N)=\frac{\partial\varphi[\boldsymbol{x}(N),N]}{\partial \boldsymbol{x}(N)}$ $\varphi[\boldsymbol{x}(N),N]=0$ 时，$\boldsymbol{\lambda}(N)=\boldsymbol{0}$
极值条件 （控制无约束）	$\frac{\partial H}{\partial \boldsymbol{u}}=\boldsymbol{0}$	$\frac{\partial H(k)}{\partial \boldsymbol{u}(k)}=\boldsymbol{0}$,　$k=0,1,\cdots,N-1$
极小值条件 （控制有约束）	$H(\boldsymbol{x}^*,\boldsymbol{u}^*,\boldsymbol{\lambda},t)=\min_{\boldsymbol{u}\in\Omega}H(\boldsymbol{x}^*,\boldsymbol{u},\boldsymbol{\lambda},t)$	$H[\boldsymbol{x}^*(k),\boldsymbol{u}^*(k),\boldsymbol{\lambda}(k+1),k]$ $=\min_{\boldsymbol{u}(k)\in\Omega}H[\boldsymbol{x}^*(k),\boldsymbol{u}(k),\boldsymbol{\lambda}(k+1),k]$

3.3　时间最优控制

时间最优控制问题，是可以运用极小值原理求解的一个常见的工程实际问题。如果性能指标是系统由初态状态转移到目标集的运动时间，则使转移时间为最短的控制称为时间最优控制，或称最速控制。本节将主要介绍线性定常系统的时间最优控制分析法及其应用。

3.3.1 一类非线性系统的时间最优控制

为了限定讨论问题的范围，现将问题的提法叙述如下。

问题 3-1 移动目标集的一类非线性系统的时间最优控制问题为

$$\min_{|u_j(t)|\leqslant 1} J=\int_{t_0}^{t_f} \mathrm{d}t=t_f-t_0, \quad j=1,2,\cdots,m$$

$$\text{s.t.} \quad ① \quad \dot{\boldsymbol{x}}(t)=\boldsymbol{f}[\boldsymbol{x}(t),t]+\boldsymbol{B}[\boldsymbol{x}(t),t]\boldsymbol{u}(t), \quad \boldsymbol{x}(t_0)=\boldsymbol{x}_0$$

$$② \quad \boldsymbol{\psi}[\boldsymbol{x}(t_f),t_f]=\boldsymbol{0}$$

式中 $\boldsymbol{x}(t)\in R^n$，$\boldsymbol{u}(t)\in R^m$；$\boldsymbol{f}(\cdot)$和 $\boldsymbol{B}(\cdot)$维数适当，其各元对 $\boldsymbol{x}(t)$和 t 连续可微；移动目标集 $\boldsymbol{\psi}(\cdot)\in R^r$，其各元对 $\boldsymbol{x}(t_f)$和 t_f 连续可微；t_f 是状态轨线首次与移动目标集相遇的末端时刻。

显然，问题 3-1 属于时变系统、积分型性能指标、t_f 自由和末端受约束的最优控制问题。根据极小值原理，令哈密顿函数

$$H(\boldsymbol{x},\boldsymbol{\lambda},\boldsymbol{u},t)=1+\boldsymbol{\lambda}^{\mathrm{T}}(t)\{\boldsymbol{f}[\boldsymbol{x}(t),t]+\boldsymbol{B}[\boldsymbol{x}(t),t]\boldsymbol{u}(t)\} \tag{3-136}$$

正则方程为

$$\dot{\boldsymbol{x}}(t)=\frac{\partial H}{\partial \boldsymbol{\lambda}}=\boldsymbol{f}[\boldsymbol{x}(t),t]+\boldsymbol{B}[\boldsymbol{x}(t),t]\boldsymbol{u}(t) \tag{3-137}$$

$$\dot{\boldsymbol{\lambda}}(t)=-\frac{\partial H}{\partial \boldsymbol{x}}=-\frac{\partial \boldsymbol{f}^{\mathrm{T}}}{\partial \boldsymbol{x}}\boldsymbol{\lambda}(t)-\frac{\partial\{\boldsymbol{B}[\boldsymbol{x}(t),t]\boldsymbol{u}(t)\}^{\mathrm{T}}}{\partial \boldsymbol{x}(t)}\boldsymbol{\lambda}(t) \tag{3-138}$$

边界条件及横截条件为

$$\boldsymbol{x}(t_0)=\boldsymbol{x}_0 \tag{3-139}$$

$$\boldsymbol{\psi}[\boldsymbol{x}(t_f),t_f]=\boldsymbol{0} \tag{3-140}$$

$$\boldsymbol{\lambda}(t_f)=\frac{\partial \boldsymbol{\psi}^{\mathrm{T}}}{\partial \boldsymbol{x}(t_f)}\boldsymbol{\gamma} \tag{3-141}$$

极小值条件为

$$\begin{aligned} &1+\boldsymbol{\lambda}^{\mathrm{T}}(t)\boldsymbol{f}[\boldsymbol{x}^*(t),t]+\boldsymbol{\lambda}^{\mathrm{T}}(t)\boldsymbol{B}[\boldsymbol{x}^*(t),t]\boldsymbol{u}^*(t)\\ =&\min_{|u_j|\leqslant 1}\{1+\boldsymbol{\lambda}^{\mathrm{T}}(t)\boldsymbol{f}[\boldsymbol{x}^*(t),t]+\boldsymbol{\lambda}^{\mathrm{T}}(t)\boldsymbol{B}[\boldsymbol{x}^*(t),t]\boldsymbol{u}(t)\}\end{aligned}$$

或

$$\boldsymbol{\lambda}^{\mathrm{T}}(t)\boldsymbol{B}[\boldsymbol{x}^*(t),t]\boldsymbol{u}^*(t)=\min_{|u_j|\leqslant 1}\boldsymbol{\lambda}^{\mathrm{T}}(t)\boldsymbol{B}[\boldsymbol{x}^*(t),t]\boldsymbol{u}(t) \tag{3-142}$$

因而得

$$\boldsymbol{u}^*(t)=-\operatorname{sgn}[\boldsymbol{B}^{\mathrm{T}}(\boldsymbol{x}^*,t)\boldsymbol{\lambda}(t)] \tag{3-143}$$

式中 sgn(·)为符号函数。若令

$$\boldsymbol{B}(\boldsymbol{x},t)=[\boldsymbol{b}_1(\boldsymbol{x},t),\boldsymbol{b}_2(\boldsymbol{x},t),\cdots,\boldsymbol{b}_m(\boldsymbol{x},t)], \quad \boldsymbol{b}_j(\boldsymbol{x},t)\in R^n, \quad j=1,2,\cdots,m$$

$$g_j(t)=\boldsymbol{b}_j^{\mathrm{T}}(\boldsymbol{x},t)\boldsymbol{\lambda}(t), \quad j=1,2,\cdots,m$$

则最优控制分量应取

$$u_j^*(t)=-\operatorname{sgn}[g_j(t)]=\begin{cases}+1, & g_j(t)<0\\ -1, & g_j(t)>0\end{cases} \tag{3-144}$$

在最优轨线末端，哈密顿函数应满足

$$H^*(t_f^*)=-\boldsymbol{\gamma}^{\mathrm{T}}\frac{\partial\boldsymbol{\Psi}}{\partial t_f} \tag{3-145}$$

由式(3-137)～式(3-141)以及式(3-144)、式(3-145)构成的最优解的必要条件知，若 $g_j(t)\neq 0$，则可以运用极小值原理确定 $u_j^*(t)$，此时称为正常(或平凡)情况；若 $g_j(t)=0$，u_j^* 不定，可取满足约束条件 $|u_j(t)|\leqslant 1$ 的任意值，此时称为奇异(或非平凡)情况。下面给出区分两种情况的严格定义。

定义 3-1 设在区间 $[t_0,t_f]$ 内，存在时间可数集合

$$t_{\beta j}=\{t_{1j},t_{2j},\cdots\}\in[t_0,t_f],\quad j=1,2,\cdots,m$$

使有

$$g_j(t)=\boldsymbol{b}_j^{\mathrm{T}}(\boldsymbol{x}^*,t)\boldsymbol{\lambda}(t)=\begin{cases}0, & t=t_{\beta j}\\ \text{非零}, & t\neq t_{\beta j}\end{cases},\quad \forall j=1,2,\cdots,m$$

则时间最优控制是正常的。

正常的时间最优控制问题，其 $u_j^*(t)$ 与 $g_j(t)$ 的关系如图 3-4 所示。函数 $g_j(t)$ 仅在有限个孤立的时间瞬间取零值，相应的最优控制分量 $u_j^*(t)$ 为分段常值函数，且在函数 $g_j(t)$ 过零的时刻发生跳变。$u_j^*(t)$ 这种控制规律称为 Bang-Bang(邦-邦)控制律，可用极小值原理求解。

定义 3-2 设在区间 $[t_0,t_f]$ 内，至少存在一个子区间，$[t_1,t_2]\in[t_0,t_f]$，使得对所有 $t\in[t_1,t_2]$，至少有一个函数

$$g_j(t)=\boldsymbol{b}_j^{\mathrm{T}}(\boldsymbol{x}^*,t)\boldsymbol{\lambda}(t)=0$$

则时间最优控制是奇异的，区间 $[t_1,t_2]$ 称为奇异区间。

奇异的时间最优控制问题，其 $u_j^*(t)$ 与 $g_j(t)$ 的关系如图 3-5 所示。函数 $g_j(t)$ 在整个子区间 $[t_1,t_2]$ 上取零值。这时，由 $u_j^*(t)=-\mathrm{sgn}\{g_j(t)\}$ 无法确定最优控制 $\boldsymbol{u}^*(t)$。但是，奇异情况并不表示时间最优控制不存在，只表明用极小值原理无法确定最优解，需要采用奇异最优控制方法求解。有关奇异最优控制问题，将在第 8 章讨论。

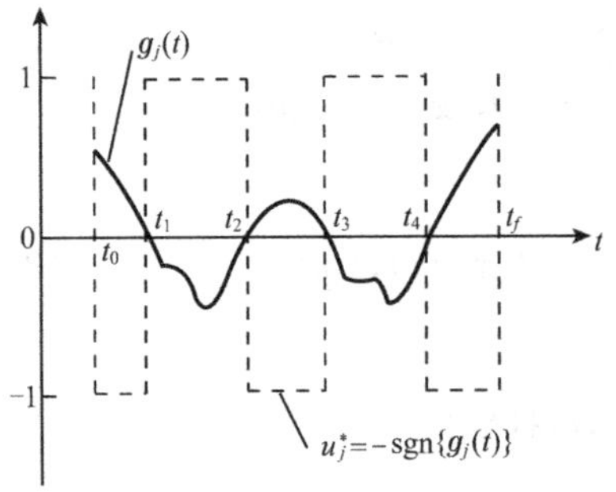

图 3-4 正常时间最优控制问题

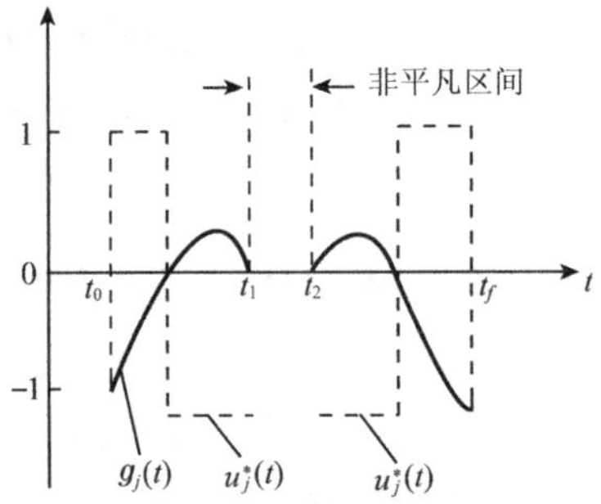

图 3-5 奇异时间最优控制问题

对于正常时间最优控制问题，可以归纳为如下定理。

定理 3-9 邦-邦控制原理。

设 $\boldsymbol{u}^*(t)$ 是问题 3-1 的时间最优控制，$\boldsymbol{x}^*(t)$ 和 $\boldsymbol{\lambda}(t)$ 是相应的状态向量和协态向量。若问题是正常的，则最优控制为

$$\boldsymbol{u}^*(t)=-\mathrm{sgn}\{\boldsymbol{B}^{\mathrm{T}}[\boldsymbol{x}^*(t),t]\boldsymbol{\lambda}(t)\}$$

定理表明，每个控制分量 $u_j^*(t)$ 恰好在自己的两个边界值之间来回切换，满足 $g_j(t)=0$ 的各个 $t_{\beta j}$ 点正好是切换点。这是一种继电型控制或开关型控制，故有邦-邦控制之称。正常问题的时间最优控制框图如图 3-6 所示。

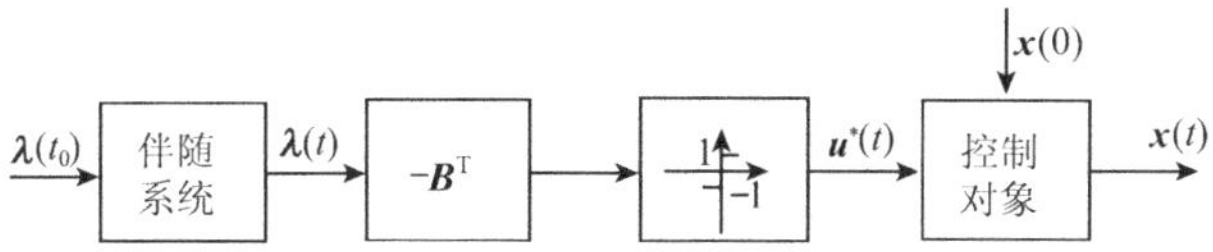

图 3-6 线性定常系统的时间最优控制

3.3.2 线性定常系统的时间最优控制

设计时间最优控制系统之前，总是希望知道问题是否有解？是否有唯一解？问题是正常的还是奇异的？这种对一般规律的认识和了解有助于具体系统的设计。不幸的是，对于任意的非线性系统和任意的目标集，目前还没有解答这些问题的一般结论。但是，对于常见的目标集为状态空间坐标原点的线性定常系统的时间最优控制问题，可以回答上述问题。因为目标集是状态空间的原点，所以下述问题常称为时间最优调节器问题。

问题 3-2 设线性定常系统

$$\dot{\boldsymbol{x}}(t)=\boldsymbol{A}\boldsymbol{x}(t)+\boldsymbol{B}\boldsymbol{u}(t) \tag{3-146}$$

是完全可控的。其中，$\boldsymbol{x}(t)\in R^n$，$\boldsymbol{u}(t)\in R^m$，$\boldsymbol{A}$、$\boldsymbol{B}$ 矩阵维数适当。求满足下列不等式约束的容许控制向量 $\boldsymbol{u}(t)$：

$$|u_j(t)|\leqslant 1,\quad j=1,2,\cdots,m \tag{3-147}$$

使系统(3-146)从已知状态

$$\boldsymbol{x}(0)=\boldsymbol{x}_0 \tag{3-148}$$

转移到状态空间原点

$$\boldsymbol{x}(t_f)=\boldsymbol{0} \tag{3-149}$$

并使性能指标

$$J=\int_0^{t_f}\mathrm{d}t \tag{3-150}$$

最短。

求解问题 3-2 之前，应首先判断问题 3-2 是否正常？若问题正常，则可用极小值原理求解。

定理 3-10 在问题 3-2 中，令

$$\boldsymbol{B}=[\boldsymbol{b}_1,\boldsymbol{b}_2,\cdots,\boldsymbol{b}_m] \tag{3-151}$$

式中 $\boldsymbol{b}_i\in R^n$，$i=1,2,\cdots,m$。当且仅当 m 个矩阵

$$\boldsymbol{G}_j=[\boldsymbol{b}_j,\boldsymbol{A}\boldsymbol{b}_j,\boldsymbol{A}^2\boldsymbol{b}_j,\cdots,\boldsymbol{A}^{n-1}\boldsymbol{b}_j],\quad j=1,2,\cdots,m \tag{3-152}$$

中，至少有一个是奇异矩阵时，问题 3-2 是奇异的。

证明 构造哈密顿函数

$$H(\boldsymbol{x},\boldsymbol{u},\boldsymbol{\lambda})=1+\boldsymbol{\lambda}^{\mathrm{T}}(t)[\boldsymbol{A}\boldsymbol{x}(t)+\boldsymbol{B}\boldsymbol{u}(t)] \tag{3-153}$$

由于问题 3-2 是定常系统、积分型性能指标、t_f 自由、末端固定和 H 不显含 t 的最优控制问题，故由极小值原理知，沿最优轨线有

$$H^*(t)=H^*(t_f^*)=0 \tag{3-154}$$

所以在式(3-153)中，必有

$$\boldsymbol{\lambda}(t)\neq\mathbf{0},\quad \forall t\in[0,t_f] \tag{3-155}$$

否则，$H^*(t)=1$，与式(3-154)矛盾。

由协态方程

$$\dot{\boldsymbol{\lambda}}(t)=-\frac{\partial H}{\partial \boldsymbol{x}}=-\boldsymbol{A}^{\mathrm{T}}\boldsymbol{\lambda}(t) \tag{3-156}$$

式(3-156)为线性定常齐次微分方程，其解为

$$\boldsymbol{\lambda}(t)=\mathrm{e}^{-\boldsymbol{A}^{\mathrm{T}}t}\boldsymbol{\lambda}(0)$$

由式(3-155)知，必有 $\boldsymbol{\lambda}(0)\neq\mathbf{0}$。因而

$$g_j(t)=\boldsymbol{b}_j^{\mathrm{T}}\boldsymbol{\lambda}(t)=\boldsymbol{\lambda}^{\mathrm{T}}(t)\boldsymbol{b}_j=\boldsymbol{\lambda}^{\mathrm{T}}(0)\mathrm{e}^{-\boldsymbol{A}t}\boldsymbol{b}_j \tag{3-157}$$

设存在奇异区间$[t_1,t_2]\in[0,t_f]$，使有

$$g_j(t)=\boldsymbol{\lambda}^{\mathrm{T}}(0)\mathrm{e}^{-\boldsymbol{A}t}\boldsymbol{b}_j=0,\quad \forall t\in[t_1,t_2],\quad j\ \text{任意} \tag{3-158}$$

对式(3-158)求导，根据矩阵指数性质，可得

$$(-1)^{n-1}g_j^{(n-1)}(t)=\boldsymbol{\lambda}^{\mathrm{T}}(0)\mathrm{e}^{-\boldsymbol{A}t}\boldsymbol{A}^{n-1}\boldsymbol{b}_j=0 \tag{3-159}$$

将式(3-159)写为如下矩阵形式：

$$\boldsymbol{\lambda}^{\mathrm{T}}(0)[\mathrm{e}^{-\boldsymbol{A}t}\boldsymbol{b}_j,\mathrm{e}^{-\boldsymbol{A}t}\boldsymbol{A}\boldsymbol{b}_j,\cdots,\mathrm{e}^{-\boldsymbol{A}t}\boldsymbol{A}^{n-1}\boldsymbol{b}_j]=0 \tag{3-160}$$

由矩阵论知，向量 $\boldsymbol{\lambda}(0)$有非零解的充要条件是系数矩阵奇异，因此式(3-160)成立的充要条件为

$$\det[\mathrm{e}^{-\boldsymbol{A}t}\boldsymbol{b}_j,\mathrm{e}^{-\boldsymbol{A}t}\boldsymbol{A}\boldsymbol{b}_j,\cdots,\mathrm{e}^{-\boldsymbol{A}t}\boldsymbol{A}^{n-1}\boldsymbol{b}_j]=\det\mathrm{e}^{-\boldsymbol{A}t}\det[\boldsymbol{b}_j,\boldsymbol{A}\boldsymbol{b}_j,\cdots,\boldsymbol{A}^{n-1}\boldsymbol{b}_j]=0 \tag{3-161}$$

因为转移矩阵 $\mathrm{e}^{-\boldsymbol{A}t}$ 非奇异，若令式(3-152)成立，则式(3-161)成立的充要条件为

$$\det\boldsymbol{G}_j=\det[\boldsymbol{b}_j,\boldsymbol{A}\boldsymbol{b}_j,\cdots,A^{n-1}\boldsymbol{b}_j]=0,\quad j\ \text{任意}$$

由定理 3-10 不难得到问题 3-2 正常的充要条件。

定理 3-11 当且仅当

$$\mathrm{rank}\boldsymbol{G}_j=\mathrm{rank}[\boldsymbol{b}_j,\boldsymbol{A}\boldsymbol{b}_j,\cdots,\boldsymbol{A}^{n-1}\boldsymbol{b}_j]=n,\quad \forall j=1,2,\cdots,m \tag{3-162}$$

式中 $\boldsymbol{b}_j\in R^n$，满足式(3-151)，则问题 3-2 是正常的。

定理 3-10 和 3-11 的推证过程及最后结果均未涉及目标集。因此，不论目标集如何，只要被控系统是线性定常的，这两个定理均可应用。通常，将满足定理 3-11 的被控系统称为正常系统。显然，对于正常系统，其时间最优控制问题也是正常的，且可用极小值原理确定其时间最优控制律。

正常系统与可控系统之间存在包含关系。在 $n\times n$ 矩阵

$$\boldsymbol{G}_j=[\boldsymbol{b}_j\quad \boldsymbol{A}\boldsymbol{b}_j\quad \cdots\quad \boldsymbol{A}^{n-1}\boldsymbol{b}_j]$$

中，增加一些线性无关列，则其行秩不变。因此式(3-162)可写为

$$\begin{aligned}&\mathrm{rank}[\boldsymbol{b}_j\quad \boldsymbol{A}\boldsymbol{b}_j\quad \cdots\quad \boldsymbol{A}^{n-1}\boldsymbol{b}_j]\\&=\mathrm{rank}[\boldsymbol{b}_1\quad \boldsymbol{A}\boldsymbol{b}_1\cdots\boldsymbol{A}^{n-1}\boldsymbol{b}_1\ \vdots\ \cdots\ \vdots\ \boldsymbol{b}_j\quad \boldsymbol{A}\boldsymbol{b}_j\cdots\boldsymbol{A}^{n-1}\boldsymbol{b}_j\ \vdots\ \cdots\ \vdots\ \boldsymbol{b}_m\quad \boldsymbol{A}\boldsymbol{b}_m\cdots\boldsymbol{A}^{n-1}\boldsymbol{b}_m]\\&=n\end{aligned} \tag{3-163}$$

考虑到式(3-151)，式(3-163)可写为

$$\mathrm{rank}[\boldsymbol{B}\quad \boldsymbol{A}\boldsymbol{B}\quad \cdots\quad \boldsymbol{A}^{n-1}\boldsymbol{B}]=n \tag{3-164}$$

式(3-164)正好是系统(3-146)完全可控的充分必要条件。因此,正常子空间包含于可控子空间。或者说,正常必可控,但可控不一定正常。这种包含关系表明,系统可控是系统正常的前提条件。因此,在问题3-2中提出了系统完全可控的要求。显然,对于单输入系统,$j=1$,正常子空间与可控子空间相互包含,系统正常与系统可控彼此等价。

对于正常问题,可以证明如下唯一性定理成立。

定理3-12 在问题3-2中,若系统(3-146)是正常的,且时间最优控制存在,则最优控制必定唯一。

证明 设 $\boldsymbol{u}_1^*(t)$ 和 $\boldsymbol{u}_2^*(t)$ 是两个以相同最短时间 t_f^* 将系统(3-146)由已知初态 $\boldsymbol{x}_0$ 转移到状态空间原点的最优控制,$\boldsymbol{x}_1^*(t)$ 和 $\boldsymbol{x}_2^*(t)$ 是分别相应于 $\boldsymbol{u}_1^*(t)$ 和 $\boldsymbol{u}_2^*(t)$ 的最优轨线,则系统(3-146)的解为

$$\boldsymbol{x}_1^*(t)=\mathrm{e}^{\boldsymbol{A}t}\left[\boldsymbol{x}_0+\int_0^t \mathrm{e}^{-\boldsymbol{A}\tau}\boldsymbol{B}\boldsymbol{u}_1^*(\tau)\mathrm{d}\tau\right]$$

$$\boldsymbol{x}_2^*(t)=\mathrm{e}^{\boldsymbol{A}t}\left[\boldsymbol{x}_0+\int_0^t \mathrm{e}^{-\boldsymbol{A}\tau}\boldsymbol{B}\boldsymbol{u}_2^*(\tau)\mathrm{d}\tau\right]$$

当 $t=t_f^*$ 时,应有

$$\boldsymbol{x}_1^*(t_f^*)=\boldsymbol{x}_2^*(t_f^*)=\boldsymbol{0}$$

因为 $\mathrm{e}^{\boldsymbol{A}t}$ 为非奇异矩阵,故有

$$\int_0^{t_f^*} \mathrm{e}^{-\boldsymbol{A}\tau}\boldsymbol{B}\boldsymbol{u}_1^*(\tau)\mathrm{d}\tau=\int_0^{t_f^*} \mathrm{e}^{-\boldsymbol{A}\tau}\boldsymbol{B}\boldsymbol{u}_2^*(\tau)\mathrm{d}\tau \tag{3-165}$$

由协态方程解

$$\boldsymbol{\lambda}_1(t)=\mathrm{e}^{-\boldsymbol{A}^{\mathrm{T}}t}\boldsymbol{\lambda}_1(0),\quad \boldsymbol{\lambda}_2(t)=\mathrm{e}^{-\boldsymbol{A}^{\mathrm{T}}t}\boldsymbol{\lambda}_2(0)$$

可得

$$\boldsymbol{u}_1^*(t)=-\mathrm{sgn}\left[\boldsymbol{B}^{\mathrm{T}}\mathrm{e}^{-\boldsymbol{A}^{\mathrm{T}}t}\boldsymbol{\lambda}_1(0)\right] \tag{3-166}$$

$$\boldsymbol{u}_2^*(t)=-\mathrm{sgn}\left[\boldsymbol{B}^{\mathrm{T}}\mathrm{e}^{-\boldsymbol{A}^{\mathrm{T}}t}\boldsymbol{\lambda}_2(0)\right] \tag{3-167}$$

由于问题是正常的,所以除有限个开关点外,式(3-166)和式(3-167)分别唯一地确定了最优控制 $\boldsymbol{u}_1^*(t)$ 和 $\boldsymbol{u}_2^*(t)$。

若认定 $\boldsymbol{u}_1^*(t)$ 为最优解,根据问题3-2的极小值条件,应满足

$$\boldsymbol{\lambda}_1^{\mathrm{T}}(0)\mathrm{e}^{-\boldsymbol{A}t}\boldsymbol{B}\boldsymbol{u}_1^*(t)\leqslant\boldsymbol{\lambda}_1^{\mathrm{T}}(0)\mathrm{e}^{-\boldsymbol{A}t}\boldsymbol{B}\boldsymbol{u}_2^*(t) \tag{3-168}$$

式(3-168)表明,当 $\boldsymbol{u}_1^*(t)\neq\boldsymbol{u}_2^*(t)$ 时,式(3-168)为严格不等式;只有当 $\boldsymbol{u}_1^*(t)=\boldsymbol{u}_2^*(t)$ 时,才变为等式。

用 $\boldsymbol{\lambda}_1^{\mathrm{T}}(0)$ 左乘式(3-165)两端,可得

$$\int_0^{t_f^*} \boldsymbol{\lambda}_1^{\mathrm{T}}(0)\mathrm{e}^{-\boldsymbol{A}\tau}\boldsymbol{B}\boldsymbol{u}_1^*(\tau)\mathrm{d}\tau=\int_0^{t_f^*} \boldsymbol{\lambda}_1^{\mathrm{T}}(0)\mathrm{e}^{-\boldsymbol{A}\tau}\boldsymbol{B}\boldsymbol{u}_2^*(\tau)\mathrm{d}\tau \tag{3-169}$$

为使式(3-168)和式(3-169)同时成立,必有

$$\boldsymbol{u}_1^*(t)=\boldsymbol{u}_2^*(t),\quad \forall t\in[0,t_f^*]$$

在定理3-12的证明过程中,主要用了两个方程:一是由极小值条件导出的不等式(3-168);另一是由最优轨线到达同一终点导出的等式(3-169)。前者与终点情况无关,后者也不要求终点必须为零,故唯一性定理同样适用于一般目标集的情况。

下面研究当系统正常、时间最优控制为邦-邦控制时,切换次数的规律性。可以证明,

若系统矩阵 $\boldsymbol{A}$ 的特征值均为实数时，时间最优控制的切换(开关)次数存在上限。由于定理证明的需要，先介绍如下定理。

定理 3-13 设 $\mu_i(i=1,2,\cdots,m)$ 为互异实数；$\rho_i(t)(i=1,2,\cdots,m)$ 分别为次数等于 $k_i(i=1,2,\cdots,m)$ 的实系数多项式；N 为多项式方程

$$\sum_{i=1}^{m}\rho_i(t)e^{\mu_i t}=0 \tag{3-170}$$

的实根个数。则必有

$$N\leqslant\sum_{i=1}^{m}k_i+m-1 \tag{3-171}$$

证明 现用数学归纳法证明该定理。当 $m=1$ 时，定理显然成立。因为函数 $\rho_1(t)e^{\mu_1 t}$ 与函数 $\rho_1(t)$ 有相同实根。

假定对于 $m-1$ 项的多项式方程(3-170)，引理已经得证，现证明对 m 项的情况引理也是正确的。

反设 m 项时引理不成立，则方程(3-170)至少有 $\sum\limits_{i=1}^{m}k_i+m$ 个实根。用 $e^{-\mu_m t}$ 乘以式(3-170)，可得

$$\sum_{i=1}^{m-1}\rho_i(t)e^{(\mu_i-\mu_m)t}+\rho_m(t)=0 \tag{3-172}$$

上述方程仍然有 $\sum\limits_{i=1}^{m}k_i+m$ 个实根。因为函数的每两个实根之间，至少有其导数的一个根，故式(3-172)的 k_m+1 阶导数方程

$$\sum_{i=1}^{m-1}g_i(t)e^{(\mu_i-\mu_m)t}=0 \tag{3-173}$$

的实根至少有

$$\left(\sum_{i=1}^{m}k_i+m\right)-(k_m+1)=\sum_{i=1}^{m-1}k_i+(m-1)$$

个，其中 $g_i(t)$ 的次数仍等于 k_i。

考察方程(3-173)，该方程有 $m-1$ 项，根据归纳法假设，式(3-173)的实根不多于 $\sum\limits_{i=1}^{m-1}k_i+m-2$ 个。于是，产生矛盾，反设不成立。从而完成了对定理的证明。

定理 3-14 有限切换(开关次数)定理。

设线性定常系统(3-146)是正常的，$n\times n$ 系统矩阵 $\boldsymbol{A}$ 的全部特征值均为实数，时间最优控制 $\boldsymbol{u}^*(t)$ 存在，其分量为 $u_j^*(t)$。令 t_{jj} 表示 $u_j^*(t)$ 的切换时刻，则 $u_j^*(t)$ 在两个边界值之间的切换次数 $N\leqslant n-1$。其中 n 是系统(3-146)的维数。

证明 已知时间最优控制为如下形式：

$$u_j^*(t)=-\mathrm{sgn}\{g_j(t)\},\quad j=1,2,\cdots,m$$

函数

$$g_j(t)=\boldsymbol{b}_j^{\mathrm{T}}\boldsymbol{\lambda}(t)=\boldsymbol{\lambda}^{\mathrm{T}}(t)\boldsymbol{b}_j$$

切换时间 t_{jj} 是方程

$$g_j(t)=\boldsymbol{\lambda}^{\mathrm{T}}(t)\boldsymbol{b}_j=0 \tag{3-174}$$

的实根。由于系统正常，故

$$g_j(t)\neq 0, \qquad \forall t\in[0,t_f]$$

于是解析函数 $g_j(t)$ 仅在有限时间点上为零。所以，方程(3-174)的实根个数就是 $u_j^*(t)$ 的切换次数。

已得

$$\boldsymbol{\lambda}^{\mathrm{T}}(t)=\boldsymbol{\lambda}^{\mathrm{T}}(0)\mathrm{e}^{-\boldsymbol{A}t}, \quad \boldsymbol{\lambda}(0)\neq\boldsymbol{0}$$

式中 $\boldsymbol{A}$ 有 n 个实特征值。设其中有 m 个两两不同的特征值 $\mu_1,\mu_2,\cdots,\mu_m(m<n)$，其重数分别为 $l_1,l_2,\cdots,l_m$，必有

$$n=\sum_{i=1}^{m}l_i$$

则协态向量 $\boldsymbol{\lambda}(t)$ 的各分量可表示为

$$\lambda_i(t)=\sum_{k=1}^{m}\rho_{ik}(t)\mathrm{e}^{-\mu_k t}, \quad i=1,2,\cdots,n \tag{3-175}$$

式中 $\rho_{ik}(t)$ 为实系数多项式，其次数为 $k_i=l_i-1$。若令

$$\boldsymbol{b}_j=[b_{j1} \quad b_{j2} \quad \cdots \quad b_{jn}]^{\mathrm{T}}$$

则解析函数

$$g_j(t)=\boldsymbol{\lambda}^{\mathrm{T}}(t)\boldsymbol{b}_j=\sum_{i=1}^{n}\lambda_i(t)b_{ji}, \quad j=1,2,\cdots,m \tag{3-176}$$

将式(3-175)代入式(3-176)，可得

$$g_j(t)=\sum_{i=1}^{n}b_{ji}\sum_{k=1}^{m}\rho_{ik}(t)\mathrm{e}^{-\mu_k t}, \quad j=1,2,\cdots,m$$

令上式为零，其实根个数显然是下列多项式方程的实根数：

$$\sum_{k=1}^{m}\rho_{ik}(t)\mathrm{e}^{-\mu_k t}=0 \tag{3-177}$$

由定理 3-13 知，方程(3-177)的实根个数为

$$N\leqslant\sum_{i=1}^{m}k_i+m-1=\sum_{i=1}^{m}(l_i-1)+m-1=\sum_{i=1}^{m}l_i-1=n-1$$

根据以上理论分析，问题 3-2 的求解过程可以归纳为如下定理。

定理 3-15 对于问题 3-2，若系统(3-146)正常，则最优解的必要条件为：

① 正则方程

$$\dot{\boldsymbol{x}}(t)=\frac{\partial H}{\partial\boldsymbol{\lambda}}=\boldsymbol{A}\boldsymbol{x}(t)+\boldsymbol{B}\boldsymbol{u}(t)$$

$$\dot{\boldsymbol{\lambda}}(t)=-\frac{\partial \boldsymbol{H}}{\partial\boldsymbol{x}}=-\boldsymbol{A}^{\mathrm{T}}\boldsymbol{\lambda}(t)$$

式中哈密顿函数

$$H(\boldsymbol{x},\boldsymbol{\lambda},\boldsymbol{u})=1+\boldsymbol{\lambda}^{\mathrm{T}}(t)[\boldsymbol{A}\boldsymbol{x}(t)+\boldsymbol{B}\boldsymbol{u}(t)]$$

② 边界条件

$$\boldsymbol{x}(0)=\boldsymbol{x}_0, \quad \boldsymbol{x}(t_f)=\boldsymbol{0}$$

③ 极小值条件

$$u_j^*(t)=-\mathrm{sgn}[\boldsymbol{b}_j^{\mathrm{T}}\boldsymbol{\lambda}(t)]=\begin{cases}+1, & \text{当 } \boldsymbol{b}_j^{\mathrm{T}}\boldsymbol{\lambda}(t)<0\\ -1, & \text{当 } \boldsymbol{b}_j^{\mathrm{T}}\boldsymbol{\lambda}(t)>0\end{cases}$$

若 $\boldsymbol{A}$ 有全部实特征值，则 $u_j^*(t)$ 的切换次数 $N\leqslant n-1$。

④ H 函数变化律

$$H^*(t_f^*)=0$$

例 3-8 设人造卫星姿态控制系统方程为

$$\dot{x}_1(t)=x_2(t),\quad x_1(0)=1,\quad x_1(t_f)=0$$

$$\dot{x}_2(t)=u(t),\quad x_2(0)=1,\quad x_2(t_f)=0$$

控制约束

$$-1\leqslant u(t)\leqslant 1$$

要求确定 $u^*(t)$，使性能指标

$$J=\int_0^{t_f}\mathrm{d}t$$

极小，并求出切换时间 t_s 和最短时间 t_f^*。

解 本例为二次积分模型的时间最优控制问题。不难验证，系统是完全可控的，因而也是正常的，故时间最优控制必为邦-邦控制。由题意可得 $\boldsymbol{A}$ 的特征值为 $\mu_1=\mu_2=0$，故 $u_j^*(t)$ 的切换次数 $N\leqslant 1$。

构造哈密顿函数

$$H=1+\lambda_1 x_2+\lambda_2 u$$

由定理 3-15 知，最优控制

$$u^*(t)=-\mathrm{sgn}\{\lambda_2(t)\}=\begin{cases}+1, & \text{当 } \lambda_2(t)<0\\ -1, & \text{当 } \lambda_2(t)>0\end{cases}$$

由协态方程

$$\dot{\lambda}_1(t)=-\frac{\partial H}{\partial x_1}=0$$

$$\dot{\lambda}_2(t)=-\frac{\partial H}{\partial x_2}=-\lambda_1(t)$$

解得

$$\lambda_1(t)=c_1$$

$$\lambda_2(t)=-c_1 t+c_2$$

因为协态向量 $\boldsymbol{\lambda}(t)$ 为非零向量，故 c_1 与 c_2 不能同时为零。根据 c_1 与 c_2 的不同组合，$\lambda_2(t)$ 的可能形状如图 3-7 所示。因而候选控制序列为：$\{+1\}$，$\{-1\}$，$\{-1,+1\}$，$\{+1,-1\}$。

为了进一步阐明系统的运动规律，可以采用相平面进行分析。令 $u^*(t)=1$，由状态方程可得

$$\dot{x}_2(t)=u=1,\quad x_2(t)=t+x_2(0)$$

$$\dot{x}_1(t)=x_2(t)=t+x_2(0)$$

$$x_1(t)=\frac{1}{2}t^2+x_2(0)t+x_1(0)$$

在上述方程中消去 t，得相轨迹方程

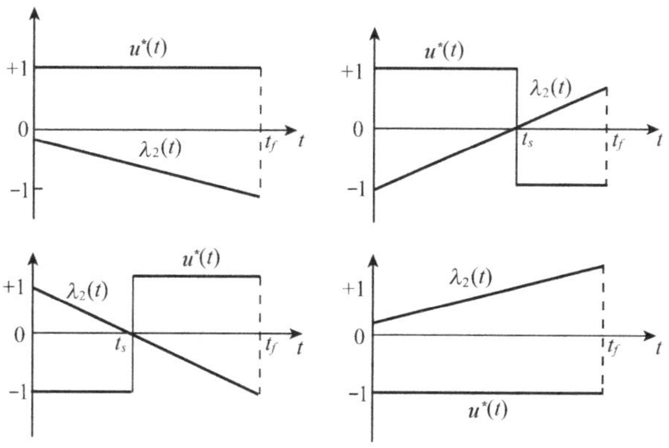

图 3-7　$\lambda_2(t)$的可能形状

$$x_1=\frac{1}{2}x_2^2+\left[x_1(0)-\frac{1}{2}x_2^2(0)\right]$$

上式表示一簇抛物线。显然，满足末态要求的相轨迹为

$$\gamma_+=\{(x_1,x_2)\mid x_1=\frac{1}{2}x_2^2,x_2\leqslant 0\} \tag{3-178}$$

若令 $u^*(t)=-1$，则相轨迹方程为

$$x_1=-\frac{1}{2}x_2^2+\left[x_1(0)+\frac{1}{2}x_2^2(0)\right]$$

上式也描绘了一簇抛物线，而满足末态要求的相轨迹为

$$\gamma_-=\{(x_1,x_2)\mid x_1=-\frac{1}{2}x_2^2,x_2\geqslant 0\} \tag{3-179}$$

$u^*(t)=1$ 和 $u^*(t)=-1$ 的系统相轨迹如图 3-8 所示。由图可见，如果初态$(x_1(0),x_2(0))$位于γ_+上，则最优控制律 $u^*(t)=+1$。这时，系统自初态沿着 γ_+ 运动到坐标原点。同理，若$(x_1(0),x_2(0))$位于 γ_- 上，则 $u^*(t)=-1$，系统沿 γ_- 运动到坐标原点。

曲线 γ_+ 和 γ_- 组合成曲线 γ，其表达式为

$$\gamma=\gamma_+\cup\gamma_-=\{(x_1,x_2)\mid x_1=-\frac{1}{2}x_2|x_2|\} \tag{3-180}$$

曲线 γ 将相平面分割为 R_+ 和 R_- 两个区域，如图 3-9 所示。R_+ 和 R_- 作为状态集合，可表示如下：

$$R_+=\{(x_1,x_2)\mid x_1<-\frac{1}{2}x_2|x_2|\} \tag{3-181}$$

$$R_-=\{(x_1,x_2)\mid x_1>-\frac{1}{2}x_2|x_2|\} \tag{3-182}$$

当初始状态$(x_1(0),x_2(0))$位于区域 R_- 时，例如，图 3-9 中的点 A，最优控制$u^*=-1$，当相轨迹到达 γ_+ 上的 C 点时，实现 $u^*(t)$从-1 到$+1$ 的切换，然后沿 γ_+ 运动到原点 O，因而最优控制律 $u^*(t)=\{-1,+1\}$，最优轨线为 $ABCO$。当初始状态$(x_1(0),x_2(0))$位于区域 R_+ 时，例如，图 3-9 中的 D 点，最优控制先取 $u^*(t)=+1$，当相轨迹到达 γ_- 上的 E 点时，实现 $u^*(t)$从$+1$ 到-1 的切换，然后沿 γ_- 运动到原点 O，因而最优控制律 $u^*(t)=\{+1,-1\}$，最优轨线为 DEO。由于 $u^*(t)$的切换均发生在曲线 γ 上，线 γ 称为切换曲线，

或开关曲线。

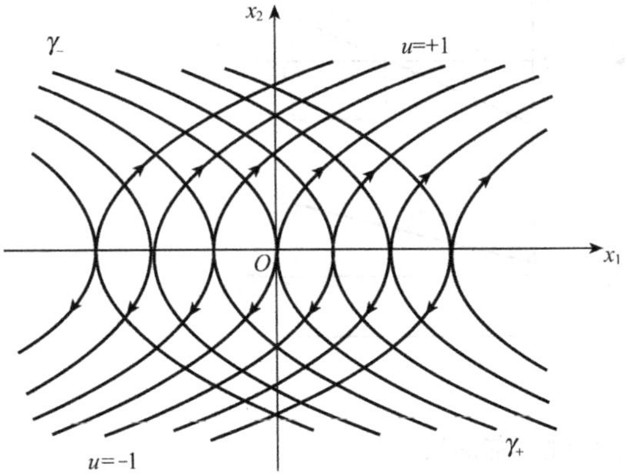

图 3-8 相轨迹图

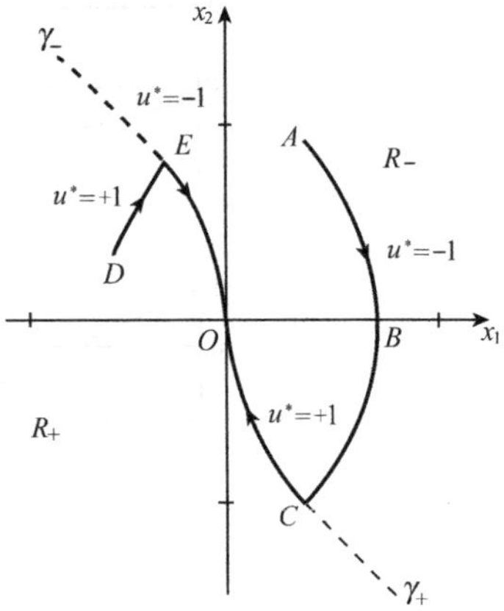

图 3-9 相平面上的开关曲线

对于一般的二次积分模型的时间最优控制问题,其最优控制律为

$$u^*(t)=\begin{cases}+1, & \forall (x_1,x_2)\in\gamma_+\cup R_+\\ -1, & \forall (x_1,x_2)\in\gamma_-\cup R_-\end{cases} \tag{3-183}$$

本例$(x_1(0),x_2(0))=(1,1)\in R_-$,故最优控制律 $u^*(t)=\{-1,+1\}$。为了具体求出切换时间 t_s,需要求解最优轨线方程。

由$\widehat{ABC}$段:$u^*(t)=-1, x_1(0)=x_2(0)=1$

$$\begin{cases}x_1(t)=-\dfrac{1}{2}t^2+t+1\\ x_2(t)=-t+1\end{cases}$$

到达 C 点时,$t=t_s$,则有

$$\begin{cases}x_1(t_s)=-\dfrac{1}{2}t_s^2+t_s+1\\ x_2(t_s)=-t_s+1\end{cases} \tag{3-184}$$

由$\widehat{CO}$段:$u^*(t)=+1$

$$\begin{cases}x_1(t)=\dfrac{1}{2}t^2+a_2t+a_1\\ x_2(t)=t+a_2\end{cases}$$

代入 $x_1(t_f)=x_2(t_f)=0$,解出

$$a_1=\frac{1}{2}t_f^2,\quad a_2=-t_f$$

故有

$$\begin{cases}x_1(t)=\dfrac{1}{2}t^2-tt_f+\dfrac{1}{2}t_f^2\\ x_2(t)=t-t_f\end{cases}$$

在 C 点处,上式可写为

$$\begin{cases} x_1(t_s)=\dfrac{1}{2}t_s^2-t_st_f+\dfrac{1}{2}t_f^2 \\ x_2(t_s)=t_s-t_f \end{cases} \tag{3-185}$$

比较式(3-184)和式(3-185)，得

$$-t_s+1=t_s-t_f$$

$$-\frac{1}{2}t_s^2+t_s+1=\frac{1}{2}t_s^2-t_st_f+\frac{1}{2}t_f^2$$

因而求出

$$t_s=2.22,\quad t_f^*=3.44$$

于是，本例的最优控制律

$$u^*(t)=\begin{cases} -1, & 0\leqslant t<2.22 \\ +1, & 2.22\leqslant t\leqslant 3.44 \end{cases}$$

应当指出，在本例求解 $u^*(t)$ 过程中，只采用了“最优控制必定使哈密顿函数极小”这一事实，以及 $\lambda_2(t)$ 形状提供的信息，并未具体求解协态 $\lambda(t)$，因而不再需要“沿最优轨线哈密顿函数为零”这一条件。

3.3.3 时间最优控制的应用

有些实际问题并不要求将相点控制到状态空间的原点，而是到某一集合。我们仍以二次积分模型为例，讨论非零目标集的时间最优控制问题。

问题 3-3 已知线性定常系统的状态方程为

$$\begin{cases} \dot{x}_1(t)=x_2(t) \\ \dot{x}_2(t)=u(t) \end{cases} \tag{3-186}$$

式中控制变量 $u(t)$ 满足约束条件

$$|u(t)|\leqslant 1,\quad \forall t\in[0,t_f] \tag{3-187}$$

要求最优控制 $u^*(t)$，使系统(3-186)由任意初态

$$x_1(0)=x_{10},\quad x_2(0)=x_{20} \tag{3-188}$$

以最短时间转移到目标集

$$\psi[x_1(t_f),x_2(t_f)]=x_1(t_f)=0 \tag{3-189}$$

问题 3-3 与问题 3-2 的主要差别是目标集不同。对于固定的目标集而言，目标集的改变只影响横截条件。由极小值原理的结论，问题 3-3 最优解的必要条件为：

① 正则方程

$$\begin{cases} \dot{x}_1(t)=x_2(t) \\ \dot{x}_2(t)=u(t) \end{cases}$$

$$\begin{cases} \dot{\lambda}_1(t)=-\dfrac{\partial H}{\partial x_1}=0 \\ \dot{\lambda}_2(t)=-\dfrac{\partial H}{\partial x_2}=-\lambda_1(t) \end{cases} \tag{3-190}$$

式中

$$H=1+\lambda_1(t)x_2(t)+\lambda_2(t)u(t)$$

② 边界条件

$$x_1(0)=x_{10},\quad \lambda_1(t_f)=\frac{\partial\psi}{\partial x_1(t_f)}\gamma=\gamma$$
$$x_2(0)=x_{20},\quad \lambda_2(t_f)=\frac{\partial\psi}{\partial x_2(t_f)}\gamma=0 \tag{3-191}$$
$$\psi[x_1(t_f),x_2(t_f)]=x_1(t_f)=0$$

③ 极小值条件

$$1+\lambda_1x_2^*+\lambda_2u^*\leqslant 1+\lambda_1x_2^*+\lambda_2u \tag{3-192}$$

④ 沿最优轨线

$$H^*(t_f^*)=0 \tag{3-193}$$

根据极小值条件知，最优控制律

$$u^*(t)=-\mathrm{sgn}\{\lambda_2(t)\}$$

为求 $\lambda_2(t)$，可由协态方程和横截条件解出

$$\lambda_1(t)=\gamma,\quad \lambda_2(t)=\gamma(t_f-t)$$

由于 $0\leqslant t\leqslant t_f$，所以在控制过程中 $\lambda_2(t)$ 不会变号。根据乘子 γ 的符号，最优控制 $u^*(t)$ 只能是 $\{+1\}$ 或者 $\{-1\}$。为了进一步判断最优控制律，需要考查相平面图 3-10。

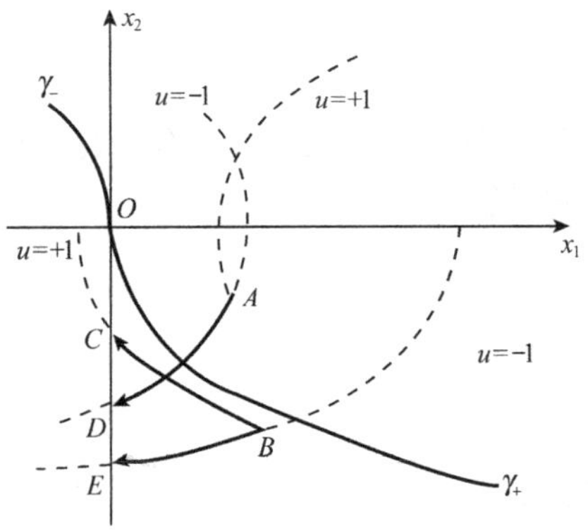

图 3-10　相平面图

当 $x_{10}>0$ 时，初态 (x_{10},x_{20}) 位于右半相平面。由图 3-10 可知，若初始相点位于切换线 γ_+ 之上，如 A 点，则只有 $u^*=-1$ 才能将相点转移到 $x_1(t_f)=0$；若初始相点位于切换线 γ_+ 之下，如 B 点，则 $u^*=-1$ 和 $u^*=+1$ 均可将相点转移到 x_2 轴，但最优轨线对应的 u 才是最优控制。考查沿最优轨线 H 函数变化律

$$H^*(t_f)=1+\lambda_1x_2^*+\lambda_2u^*=0$$

因为 $\lambda_2(t_f)=0$，$x_2(t_f)<0$，必有

$$1-\lambda_1(t_f)|x_2^*(t_f)|=0$$

故应取

$$\lambda_1(t_f)=\gamma>0$$

因而

$$\lambda_2(t)=\gamma(t_f-t)>0,\quad \forall t\in[0,t_f)$$

于是应取

$$u^*(t)=-\mathrm{sgn}\{\lambda_2(t)\}=-1$$

同理可知，当 $x_{10}<0$ 时，必有 $u^*(t)=+1$。于是，对于目标集为 $x_1(t_f)=0$ 的二次积分模型，最优控制律为

$$u^*(t)=\begin{cases}+1, & \text{当 } x_1(t)<0\\ -1, & \text{当 } x_1(t)>0\end{cases}$$

最优轨线的形状如图 3-11 所示。显然，在问题 3-3 中，极小值原理仍给出最优控制的唯一解。此外，由图 3-11 可以看出，x_2 轴是目标集，向量 $[\lambda_1(t_f)\quad \lambda_2(t_f)]^{\mathrm{T}}=[\gamma\quad 0]^{\mathrm{T}}$ 与 x_2 轴垂直，这表明在某些情况下，横截条件表示协态向量在最优轨线的末端与目标集正交。

为了推导问题 3-3 中最短时间 t_f^* 的一般表达式，需要求解状态方程。当 $x_{10}>0$ 时，

取 $u^*=-1$，状态方程的解为

$$x_1(t)=-\frac{1}{2}t^2+x_{20}t+x_{10}$$

$$x_2(t)=-t+x_{20}$$

其相轨迹方程为

$$x_1(t)=-\frac{1}{2}x_2^2(t)+\left(x_{10}+\frac{1}{2}x_{20}^2\right)$$

由于 $t=t_f^*$ 时，$x_1(t_f^*)=0$，故可得

$$t_f^*=x_{20}+\sqrt{2x_{10}+x_{20}^2},\quad x_{10}>0 \tag{3-194}$$

当 $x_{10}<0$ 时，取 u^*-+1，对应的相轨迹方程为

$$x_1(t)=\frac{1}{2}x_2^2(t)+\left(x_{10}-\frac{1}{2}x_{20}^2\right)$$

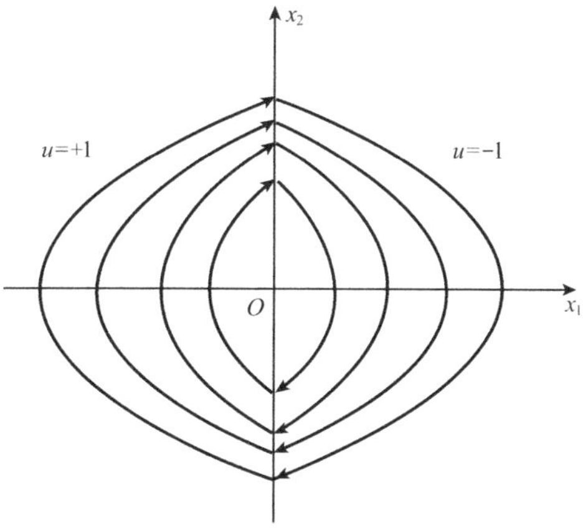

图 3-11　问题 3-3 的最优轨线

同理得

$$t_f^*=-x_{20}+\sqrt{-2x_{10}+x_{20}^2},\quad x_{10}<0 \tag{3-195}$$

如果固定目标集取为 $x_2(t_f)=0$，则讨论过程与问题 3-3 类似。

问题 3-4　已知系统(3-186)和规定的目标集

$$\psi[x_1(t_f),x_2(t_f)]=x_2(t_f)=0 \tag{3-196}$$

求满足约束条件(3-187)的容许控制，使系统(3-186)以最短的时间由任意初态(3-188)转移到目标集(3-196)。

问题 3-4 的求解过程与问题 3-3 几乎完全一样，除目标集不同外，仅横截条件应改为

$$\lambda_1(t_f)=0,\quad \lambda_2(t_f)=\gamma$$

其余的必要条件均不变。

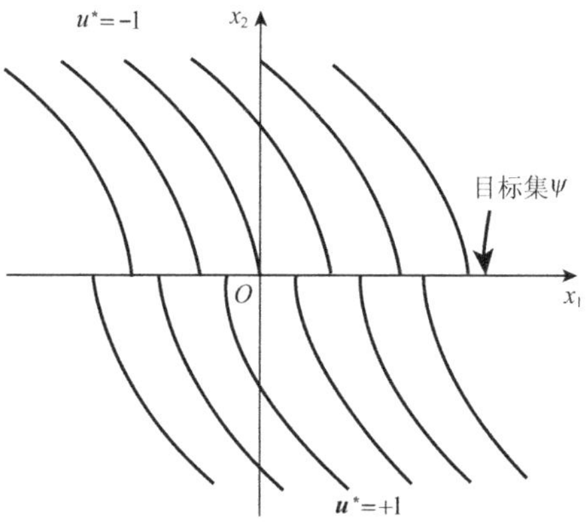

图 3-12　到达目标集的最优轨线

由协态方程及横截条件知

$$\lambda_1(t)=0,\quad \forall t\in[0,t_f]$$

进而可知 $\lambda_2(t)$ 为一非零常数。因此，最优控制律

$$u^*(t)=-\mathrm{sgn}\{\lambda_2(t)\}$$

只能取为 $+1$ 或 -1，中间不会发生切换。到达目标集 x_1 轴的最优轨线如图 3-12 所示。唯一的最优控制律可写为

$$u^*(t)=-\mathrm{sgn}\{x_2(t)\}=\begin{cases}+1, & 当\ x_2(t)<0\\ -1, & 当\ x_2(t)>0\end{cases}$$

关于问题 3-4 中最短时间 t_f^* 的一般表达式，读者可以自行推导。

再考虑一种目标集为闭集的二次积分模型的时间最优控制。作为例子可研究如下问题。

问题 3-5　已知系统(3-186)和规定的目标集

$$\psi_1[\boldsymbol{x}(t_f)]=x_2(t_f)=0 \tag{3-197}$$

$$\psi_2[\boldsymbol{x}(t_f)]=x_1^2(t_f)-\alpha^2\leqslant 0 \tag{3-198}$$

求满足约束条件(3-187)的容许控制，使系统(3-186)以最短的时间由任意初态(3-188)转移到目标集(3-197)和(3-198)。

在此问题中，目标集(3-197)和(3-198)可统一表示为

$$S=\{(x_1,x_2)\,|\,x_2=0,-\alpha\leqslant x_1\leqslant\alpha,\alpha>0\} \tag{3-199}$$

若令 $\alpha=0$，则目标集 S 变为状态空间的原点，根据例 3-8 知，开关曲线 γ_+ 和 γ_- 的方程分别为式(3-178)和式(3-179)。现在，$\alpha>0$，因此开关曲线方程为

$$\gamma_+=\{(x_1,x_2)\,|\,x_1-\alpha=\frac{1}{2}x_2^2,x_2\leqslant 0\} \tag{3-200}$$

$$\gamma_-=\{(x_1,x_2)\,|\,x_1+\alpha=-\frac{1}{2}x_2^2,x_2\geqslant 0\} \tag{3-201}$$

于是，开关线 γ_+、γ_- 与闭目标集 S 将相平面划分为 G_+、G_-、Q_+ 和 Q_- 各个区域，如图 3-13 所示。定义

$$G=G_+\cup G_-=\{(x_1,x_2)\,|\,-\frac{1}{2}x_2|x_2|-\alpha\leqslant x_1\leqslant -\frac{1}{2}x_2|x_2|+\alpha\} \tag{3-202}$$

式中

$$G_+=\{(x_1,x_2)\,|\,(x_1,x_2)\in G,x_2<0\} \tag{3-203}$$

$$G_-=\{(x_1,x_2)\,|\,(x_1,x_2)\in G,x_2>0\} \tag{3-204}$$

则在 G 域内，最优控制取

$$u^*(t)=-\mathrm{sgn}\{x_2(t)\},\quad \forall\,(x_1,x_2)\in G$$

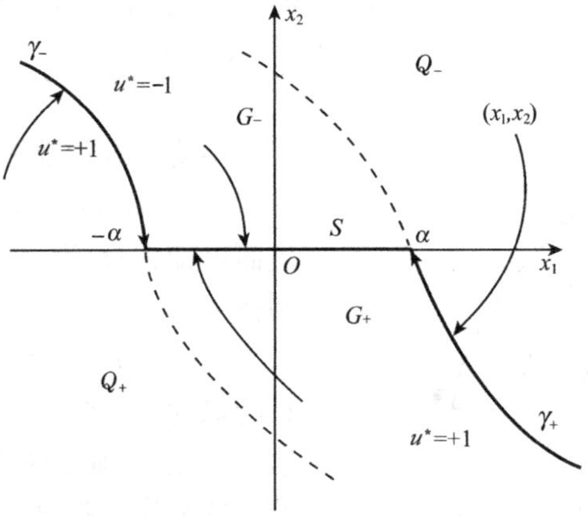

图 3-13 相平面上的区域

再定义

$$Q_+=\{(x_1,x_2)\,|\,x_1>-\frac{1}{2}x_2|x_2|+\alpha\} \tag{3-205}$$

$$Q_-=\{(x_1,x_2)\,|\,x_1<-\frac{1}{2}x_2|x_2|-\alpha\} \tag{3-206}$$

则问题 3-5 的最优控制律为

$$u^*(t)=\begin{cases}+1, & \forall (x_1,x_2)\in G_+ \cup Q_+ \cup \gamma_+ \\ -1, & \forall (x_1,x_2)\in G_- \cup Q_- \cup \gamma_-\end{cases}$$

时间最优控制问题也可应用于一般的二阶系统。若二阶系统的特征值为实数，其时间最优控制的分析方法与二次积分模型类似；若特征值为复数或纯虚数，则分析方法较二次积分模型复杂。下面以无阻尼振荡二阶系统为例，研究其时间最优控制问题。

问题 3-6 已知无阻尼振荡二阶系统的状态方程为

$$\begin{cases}\dot{x}_1(t)=x_2(t) \\ \dot{x}_2(t)=-x_1(t)+u(t)\end{cases} \tag{3-207}$$

式中控制变量 $u(t)$ 满足约束条件

$$|u(t)|\leqslant 1, \quad \forall t\in[0,t_f] \tag{3-208}$$

要求最优控制 $u^*(t)$，使系统(3-207)由任意初态

$$x_1(0)=x_{10}, \quad x_2(0)=x_{20} \tag{3-209}$$

以最短时间转移到状态空间原点。

由极小值原理，问题 3-6 最优解的必要条件为：

① 正则方程

$$\begin{cases}\dot{x}_1(t)=\dfrac{\partial H}{\partial \lambda_1}=x_2(t) \\ \dot{x}_2(t)=\dfrac{\partial H}{\partial \lambda_2}=-x_1(t)+u(t)\end{cases}$$

$$\begin{cases}\dot{\lambda}_1(t)=-\dfrac{\partial H}{\partial x_1}=\lambda_2(t) \\ \dot{\lambda}_2(t)=-\dfrac{\partial H}{\partial x_2}=-\lambda_1(t)\end{cases} \tag{3-210}$$

式中

$$H=1+\lambda_1 x_2+\lambda_2(-x_1+u) \tag{3-211}$$

② 边界条件

$$x_1(0)=x_{10}, \quad x_2(0)=x_{20}$$
$$x_1(t_f)=0, \quad x_2(t_f)=0$$

③ 极小值条件

$$u^*(t)=-\operatorname{sgn}\{\lambda_2(t)\} \tag{3-212}$$

④ 沿最优轨线

$$1+\lambda_1(t_f)x_2^*(t_f)+\lambda_2(t_f)[-x_1^*(t_f)+u^*(t_f)]=0 \tag{3-213}$$

由于协态方程与 $x(t)$ 和 $u(t)$ 无关，若令其初态

$$\lambda_1(0)=\lambda_{10}, \quad \lambda_2(0)=\lambda_{20}$$

则向量形式协态方程

$$\begin{bmatrix}\dot{\lambda}_1(t) \\ \dot{\lambda}_2(t)\end{bmatrix}=\begin{bmatrix}0 & 1 \\ -1 & 0\end{bmatrix}\begin{bmatrix}\lambda_1(t) \\ \lambda_2(t)\end{bmatrix}$$

的解可写为

$$\begin{bmatrix}\lambda_1(t) \\ \lambda_2(t)\end{bmatrix}=\begin{bmatrix}\cos t & \sin t \\ -\sin t & \cos t\end{bmatrix}\begin{bmatrix}\lambda_{10} \\ \lambda_{20}\end{bmatrix} \tag{3-214}$$

于是，协态分量

$$\lambda_2(t)=-\lambda_{10}\sin t+\lambda_{20}\cos t=D\cos(t+\alpha_0) \tag{3-215}$$

式中

$$D=\sqrt{\lambda_{10}^2+\lambda_{20}^2}$$

$$\alpha_0=\arctan\frac{\lambda_{10}}{\lambda_{20}}$$

因此，最优控制律可表示为

$$u^*(t)=-\operatorname{sgn}\{D\cos(t+\alpha_0)\} \tag{3-216}$$

$\lambda_2(t)$与$u^*(t)$随时间变化的图形如图 3-14 所示。由图可见，无阻尼振荡二阶系统的最优控制具有如下特点：

① $\lambda_2(t)$只在某些孤立时刻为零，不存在奇异段，故最优控制必为邦-邦控制。

② 最优控制的切换次数与系统阶数无关。

③ 除首、尾两段外，最优控制每隔 π 时间切换一次。

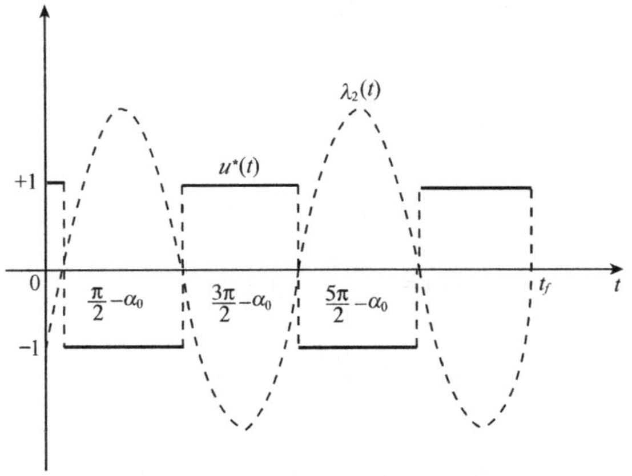

图 3-14　无阻尼振荡二阶系统的 $\lambda_2(t)$与$u^*(t)$曲线

为了进一步研究最优控制律并推导切换线方程，将$u^*(t)$及$\lambda_2(t)$曲线平移 α_0 距离。令$u^*(t)=+1$，由状态方程(3-207)可解得相轨迹方程为

$$(x_1-1)^2+x_2^2=R_1^2 \tag{3-217}$$

式中

$$R_1=\sqrt{(x_{10}-1)^2+x_{20}^2}$$

当 x_{10}和 x_{20}为不同值时，R_1 为不同常数，所以式(3-217)描述了以(+1,0)为圆心，以 R_1 为半径的同心圆簇，且相轨迹是顺时针方向运动的。当取$u^*(t)=-1$时，相轨迹方程为

$$(x_1+1)^2+x_2^2=R_2^2 \tag{3-218}$$

式中

$$R_2=\sqrt{(x_{10}+1)^2+x_{20}^2}$$

式(3-218)描述了以(−1,0)为圆心，以 R_2 为半径的一簇同心圆，相轨迹的运动方向也是顺时针方向。这两族同心圆如图 3-15 所示。

由图 3-15 可见，在众多的相轨迹曲线中，只有 $R_1=1$ 和 $R_2=1$ 两条相轨迹可以到达坐标原点，满足 $x_1(t_f)=x_2(t_f)=0$ 的末态要求。如要再考虑到最优控制最后一段的时间间隔≤π，则最优轨线最后一段必位于下列两条半圆形开关线：

$$\gamma_+^0=\{(x_1,x_2)\mid(x_1-1)^2+x_2^2=1,x_2<0\} \tag{3-219}$$

$$\gamma_-^0=\{(x_1,x_2)\mid(x_1+1)^2+x_2^2=1,x_2>0\} \tag{3-220}$$

之上，两半圆相切于原点 O，如图 3-16 所示。当相点运动到 γ_+^0 或 γ_-^0 上的任一点时，均可在相应的控制律 $u=+1$ 或 $u=-1$ 作用下，沿 γ_+^0 或 γ_-^0 最快地到达原点。

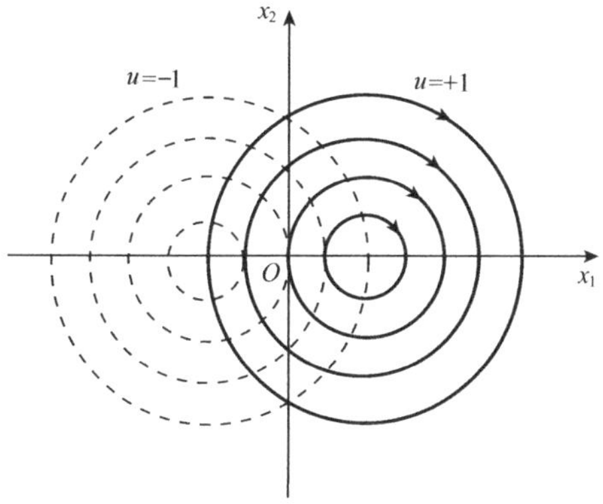

图 3-15　$u=\pm1$ 时的相轨迹

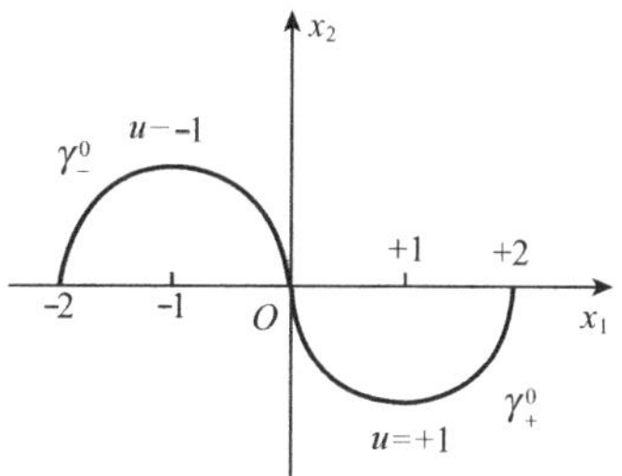

图 3-16　开关线 γ_+^0 与 γ_-^0

现在考查最优轨线的倒数第二段。设 $u^*(t)$ 的最后一次切换发生在 γ_+^0 上的 A 点，如图 3-17所示，则倒数第二段的控制必有 $u=-1$，倒数第二段的最优轨线必为以 $(-1,0)$ 为圆心的圆弧。考虑到这倒数第二段在时间持续上不能大于 π，故该圆弧的长度最多等于半圆，到达图 3-17 中的 A' 点时就会发生倒数第二段转换而进入倒数第三段。由于 A 点可以是半圆切换线 γ_+^0 上的任一点，所以 A' 点形成以 $(-3,0)$ 为圆心、1 为半径的半圆，定名为 γ_-^1，其集合表达式为

$$\gamma_-^1=\{(x_1,x_2)\mid(x_1+3)^2+x_2^2=1,x_2>0\} \tag{3-221}$$

显然，γ_+^0 是 $u=-1$ 到 $u=+1$ 的开关曲线，而 γ_-^1 是 $u=+1$ 到 $u=-1$ 的开关曲线。同理，对应于 $u=+1$ 到 $u=-1$ 的开关曲线 γ_-^0，可得 $u=-1$ 到 $u=+1$ 的开关曲线 γ_+^1，其集合表达

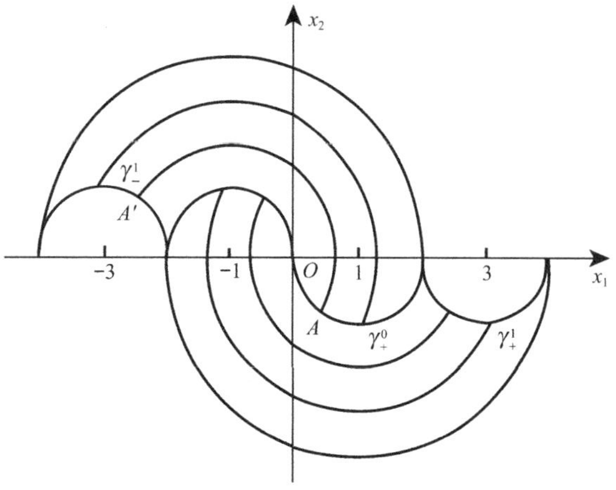

图 3-17　最优轨线

式为

$$\gamma_+^1=\{(x_1,x_2)\mid(x_1-3)^2+x_2^2=1,x_2<0\} \tag{3-222}$$

依上述过程类推，可得一系列圆弧，其一般集合表达式为

$$\gamma_+^j=\{(x_1,x_2)\mid[x_1-(2j+1)]^2+x_2^2=1,x_2<0\} \tag{3-223}$$

$$\gamma_-^j=\{(x_1,x_2)\mid[x_1+(2j+1)]^2+x_2^2=1,x_2>0\} \tag{3-224}$$

这些圆弧的全体，构成了问题 3-6 的开关曲线，如图 3-18 所示。若令

$$\gamma_+=\bigcup_{j=0}^{\infty}\gamma_+^j \tag{3-225}$$

$$\gamma_-=\bigcup_{j=0}^{\infty}\gamma_-^j \tag{3-226}$$

则开关曲线为

$$\gamma=\gamma_+\cup\gamma_- \tag{3-227}$$

开关曲线 γ 将相平面分成 R_+ 和 R_- 两个区域。于是，问题 3-6 唯一的最优控制律可以表示为

$$u^*(t)=\begin{cases}+1, & \forall(x_1,x_2)\in R_+\cup\gamma_+\\ -1, & \forall(x_1,x_2)\in R_-\cup\gamma_-\end{cases} \tag{3-228}$$

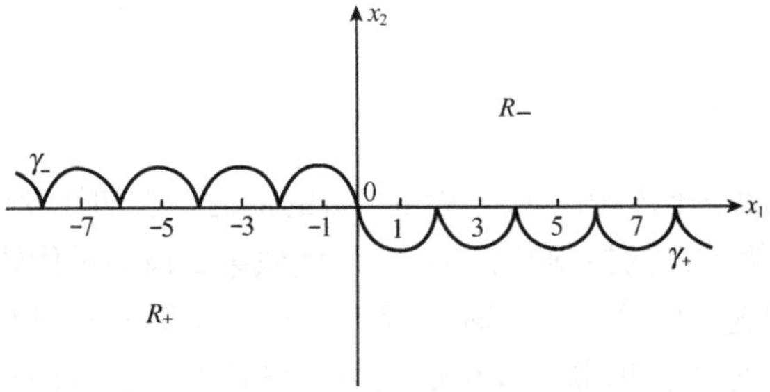

图 3-18　问题 3-6 的开关曲线

如图 3-19 所示是一条始自 $A(x_{10},x_{20})$ 点的最优轨线。该轨线首尾两段都是以(−1，0)为圆心的圆弧，其他各段则是以(+1，0)或(−1，0)为圆心的半圆。本例共切换四次。

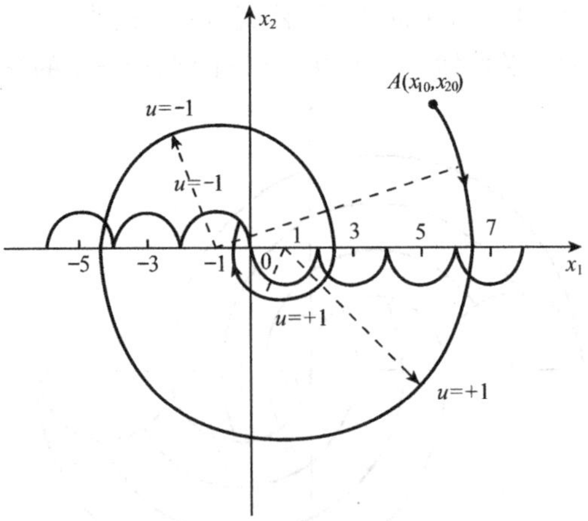

图 3-19　最优轨线

3.3.4 离散系统的时间最优控制

对于 n 维线性离散系统，若其状态是完全可控的，控制变量不受约束，则时间最优控制的特点是：最多在 n 个采样周期内，可使任意初态状态转移到要求的末端状态。如果控制变量受约束，则使任意初态状态转移到要求的末端状态所需的采样周期数将要增大。

设线性定常离散系统的状态差分方程为

$$\boldsymbol{x}(k+1)=\boldsymbol{A}\boldsymbol{x}(k)+\boldsymbol{B}\boldsymbol{u}(k),\quad \boldsymbol{x}(0)=\boldsymbol{x}_0 \tag{3-229}$$

式中 $\boldsymbol{x}\in R^n$；$\boldsymbol{u}\in R^m$，不受约束；$\boldsymbol{A}$ 为非奇异阵；系统完全可控。要求确定最优控制序列 $\boldsymbol{u}^*(k)$，$k=0,1,\cdots,N-1$，使系统(3-229)在 N 个采样周期内，由初始状态 $\boldsymbol{x}(0)$ 转移到状态空间原点 $\boldsymbol{x}(N)=\boldsymbol{0}$。

由系统方程(3-229)可得

$$\boldsymbol{x}(1)=\boldsymbol{A}\boldsymbol{x}(0)+\boldsymbol{B}\boldsymbol{u}(0)$$

$$\boldsymbol{x}(2)=\boldsymbol{A}\boldsymbol{x}(1)+\boldsymbol{B}\boldsymbol{u}(1)=\boldsymbol{A}^2\boldsymbol{x}(0)+\boldsymbol{A}\boldsymbol{B}\boldsymbol{u}(0)+\boldsymbol{B}\boldsymbol{u}(1)$$

以此类推，有

$$\boldsymbol{x}(N)=\boldsymbol{A}\boldsymbol{x}(N-1)+\boldsymbol{B}\boldsymbol{u}(N-1)=\boldsymbol{A}^N\boldsymbol{x}(0)+\sum_{k=0}^{N-1}\boldsymbol{A}^{N-k-1}\boldsymbol{B}\boldsymbol{u}(k)$$

令 $\boldsymbol{x}(N)=\boldsymbol{0}$，由上式得

$$\boldsymbol{x}(0)=-\boldsymbol{A}^{-N}\sum_{k=0}^{N-1}\boldsymbol{A}^{N-k-1}\boldsymbol{B}\boldsymbol{u}(k)=\boldsymbol{G}\boldsymbol{U}^* \tag{3-230}$$

式中

$$\boldsymbol{G}=\begin{bmatrix}-A^{-1} & -A^{-2} & \cdots & -\boldsymbol{A}^{-N}\end{bmatrix}\boldsymbol{B} \tag{3-231}$$

$$\boldsymbol{U}^*=\begin{bmatrix}\boldsymbol{u}^*(0)\\ \boldsymbol{u}^*(1)\\ \vdots\\ \boldsymbol{u}^*(N-1)\end{bmatrix} \tag{3-232}$$

于是，由已知的 $\boldsymbol{x}(0)$ 和 $\boldsymbol{G}$，不难由式(3-230)求出时间最优控制序列 $\boldsymbol{U}^*$。

例 3-9 设二阶离散系统为

$$\begin{bmatrix}x_1(k+1)\\ x_2(k+1)\end{bmatrix}=\begin{bmatrix}1 & 1-\mathrm{e}^{-T}\\ 0 & \mathrm{e}^{-T}\end{bmatrix}\begin{bmatrix}x_1(k)\\ x_2(k)\end{bmatrix}+\begin{bmatrix}\mathrm{e}^{-T}+T-1\\ 1-\mathrm{e}^{-T}\end{bmatrix}u(k)$$

初始状态

$$\begin{bmatrix}x_1(0)\\ x_2(0)\end{bmatrix}=\begin{bmatrix}x_{(10)}\\ x_{(20)}\end{bmatrix}$$

式中 $u(k)$ 为不受约束的一维控制变量。试求最优控制序列 $u^*(k)$，使系统在两个采样周期内，从已知初态转移到状态空间原点。

解 根据题意，有

$$\boldsymbol{A}=\begin{bmatrix}1 & 1-\mathrm{e}^{-T}\\ 0 & \mathrm{e}^{-T}\end{bmatrix},\quad \boldsymbol{b}=\begin{bmatrix}\mathrm{e}^{-T}+T-1\\ 1-\mathrm{e}^{-T}\end{bmatrix}$$

由式(3-231)知

$$\boldsymbol{G}=\begin{bmatrix}\boldsymbol{g}_0 & \boldsymbol{g}_1\end{bmatrix}=\begin{bmatrix}-\boldsymbol{A}^{-1}\boldsymbol{b} & -\boldsymbol{A}^{-2}\boldsymbol{b}\end{bmatrix}$$

式中

$$\boldsymbol{g}_0=-\boldsymbol{A}^{-1}\boldsymbol{b}=-\begin{bmatrix}T-e^T+1\\ e^T-1\end{bmatrix}$$

$$\boldsymbol{g}_1=-\boldsymbol{A}^{-2}\boldsymbol{b}=-\begin{bmatrix}T+e^T-e^{2T}\\ e^{2T}-e^T\end{bmatrix}$$

因为

$$\boldsymbol{x}(0)=-\boldsymbol{A}^{-1}\boldsymbol{b}u(0)-\boldsymbol{A}^{-2}\boldsymbol{b}u(1)=\boldsymbol{g}_0u(0)+\boldsymbol{g}_1u(1)$$

$$\boldsymbol{x}(1)=A\boldsymbol{x}(0)+\boldsymbol{b}u(0)=\boldsymbol{g}_0u(1)$$

于是

$$[\boldsymbol{x}(0)\quad \boldsymbol{x}(1)]=[\boldsymbol{g}_0\quad \boldsymbol{g}_1]\begin{bmatrix}u(0) & u(1)\\ u(1) & 0\end{bmatrix}$$

代入 $\boldsymbol{g}_0$ 及 $\boldsymbol{g}_1$ 表达式，可得

$$\begin{bmatrix}u(0) & u(1)\\ u(1) & 0\end{bmatrix}=\begin{bmatrix}\dfrac{e^T-e^{2T}}{T(1+e^{2T}-2e^T)} & \dfrac{T+e^T-e^{2T}}{T(1+e^{2T}-2e^T)}\\ \dfrac{e^T-1}{T(1+e^{2T}-2e^T)} & \dfrac{e^T-T-1}{T(1+e^{2T}-2e^T)}\end{bmatrix}\begin{bmatrix}x_1(0) & x_1(1)\\ x_2(0) & x_2(1)\end{bmatrix}$$

由上式得时间最优控制律为

$$u^*(k)=\frac{e^T-e^{2T}}{T(1+e^{2T}-2e^T)}x_1(k)+\frac{T+e^T-e^{2T}}{T(1+e^{2T}-2e^T)}x_2(k),\quad k=0,1$$

根据上述时间最优控制律，可以实现闭环负反馈控制。若取采样周期 $T=1\text{s}$，则有

$$u^*(k)=-1.582x_1(k)-1.243x_2(k),\quad k=0,1$$

系统可在两个采样周期(计 2s)内，从任意初态 $\boldsymbol{x}(0)$ 转移到状态空间的原点，其控制方块图如图 3-20 所示。

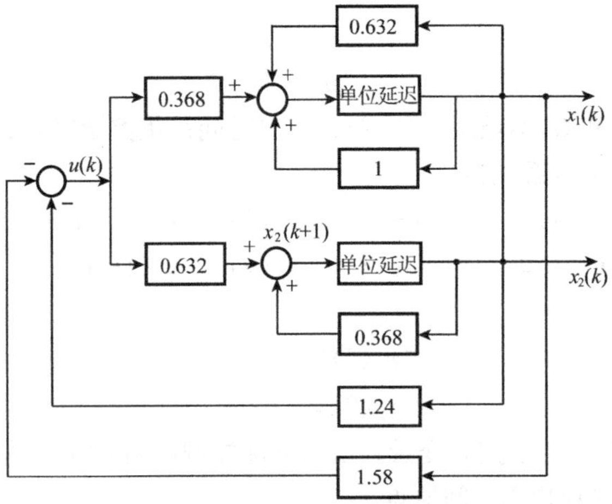

图 3-20　例 3-9 系统时间最优控制方块图

若取采样周期 $T=0.1\text{s}$，则有

$$u^*(k)=-105.054x_1(k)-14.673x_2(k),\quad k=0,1$$

根据这一控制规律，系统由任意初态转移到状态空间原点所需的时间将不超过0.2s，但所需控制信号 $u(k)$ 的强度将极大地增加。然而，一个实际的物理系统能够提供的控制

信号强度总是有限的，所以将系统由任意初态转移到状态空间原点所需的最短时间不能任意缩短。

3.4 燃料最优控制

在工程实际中，常常需要考虑使控制过程中所消耗的能量最小。在现代的航空与航天技术中，从简单的姿态控制到复杂的拦截问题或会合问题，大多采用燃烧燃料所形成的推力或力矩进行控制，因此，使控制过程中的燃料消耗为最小，不但可以降低起飞重量、节省成本，而且能确保安全航行。

若以非负量 $\varphi(t)$ 表示燃料的瞬时消耗率，则控制过程中所消耗的燃料总量为

$$F=\int_0^{t_f}\varphi(t)\mathrm{d}t \tag{3-233}$$

通常，燃料消耗率 $\varphi(t)$ 与控制向量 $\boldsymbol{u}(t)$ 的确定关系可由实验确定。这里，仅考虑如下形式的关系

$$\varphi(t)=\sum_{j=1}^{m}c_j|u_j(t)|,\quad c_j>0 \tag{3-234}$$

式中 $u_j(t)$ 是 m 维控制向量 $\boldsymbol{u}(t)$ 的第 j 个分量；c_j 为比例系数，称为比耗。若运动过程中燃料消耗量相对系统的总质量可以略去不计，则系统质量可视为常数。为了保证控制过程中最省燃料，选择燃料消耗总量作为性能指标

$$J=\int_0^{t_f}\sum_{j=1}^{m}c_j|u_j(t)|\mathrm{d}t \tag{3-235}$$

由于燃料最优控制问题的性能指标比较复杂，因此燃料最优控制的理论研究也比较困难。本节仅以二次积分模型为例来说明燃料最优控制问题。

问题 3-7 已知二次积分模型的状态方程

$$\begin{cases}\dot{x}_1(t)=x_2(t)\\ \dot{x}_2(t)=u(t)\end{cases} \tag{3-236}$$

求满足约束条件

$$|u(t)|\leqslant 1,\quad \forall t\in[0,t_f] \tag{3-237}$$

的最优控制 $u^*(t)$，使系统(3-236)由任意初态 (ξ_1,ξ_2) 转移到状态空间原点(0,0)，且使性能指标

$$J=\int_0^{t_f}|u(t)|\mathrm{d}t \tag{3-238}$$

为最小。设末端时刻 t_f 自由。

由于控制受约束，且性能指标中的被积函数对 u 不是处处可微，因此无法用变分法求解问题 3-7，只能用极小值原理求解。根据极小值原理，问题 3-7 最优解的必要条件为

① 正则方程。令哈密顿函数

$$H=|u(t)|+\lambda_1(t)x_2(t)+\lambda_2(t)u(t) \tag{3-239}$$

则有

$$
\begin{cases}\dot{x}_1=\dfrac{\partial H}{\partial \lambda_1}=x_2\\ \dot{x}_2=\dfrac{\partial H}{\partial \lambda_2}=u\end{cases},\qquad \begin{cases}\dot{\lambda}_1=-\dfrac{\partial H}{\partial x_1}=0\\ \dot{\lambda}_2=-\dfrac{\partial H}{\partial x_2}=-\lambda_1\end{cases} \tag{3-240}
$$

② 边界条件

$$
\begin{cases}x_1(0)=\xi_1\\ x_2(0)=\xi_2\end{cases},\qquad \begin{cases}x_1(t_f)=0\\ x_2(t_f)=0\end{cases} \tag{3-241}
$$

③ 极小值条件

$$
|u^*(t)|+\lambda_2(t)u^*(t)\leqslant|u(t)|+\lambda_2(t)u(t) \tag{3-242}
$$

④ H 函数变化律

$$
\begin{aligned}&|u^*(t)|+\lambda_1(t)x_2^*(t)+\lambda_2(t)u^*(t)\\ =&|u^*(t_f)|+\lambda_1(t_f)x_2{}^*(t_f)+\lambda_2(t_f)u^*(t_f)=0\end{aligned} \tag{3-243}
$$

由式(3-242)知,H 函数对最优控制 $u^*(t)$取极小值,等价于函数

$$
R(u)=|u(t)|+\lambda_2(t)u(t) \tag{3-244}
$$

对最优控制 $u^*(t)$取极小值。令 $0\leqslant u(t)\leqslant 1$ 及 $-1\leqslant u(t)\leqslant 0$,得 $R(u)$与 $\lambda_2(t)$的关系如图 3-21所示。由图可见,使 $R(u)$取下边界的控制为最优控制 $u^*(t)$,其与 $\lambda_2(t)$的关系如图 3-22所示。图 3-22 表明了 $u^*(t)$与 $\lambda_2(t)$的大小及符号有关,呈如下死区函数关系:

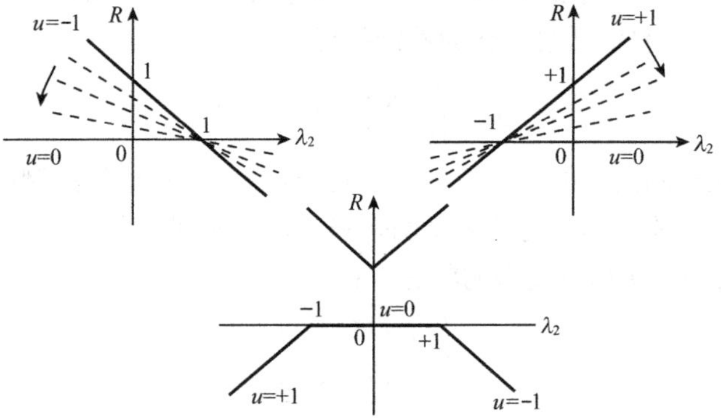

图 3-21　$R(u)$与 $\lambda_2(t)$关系图

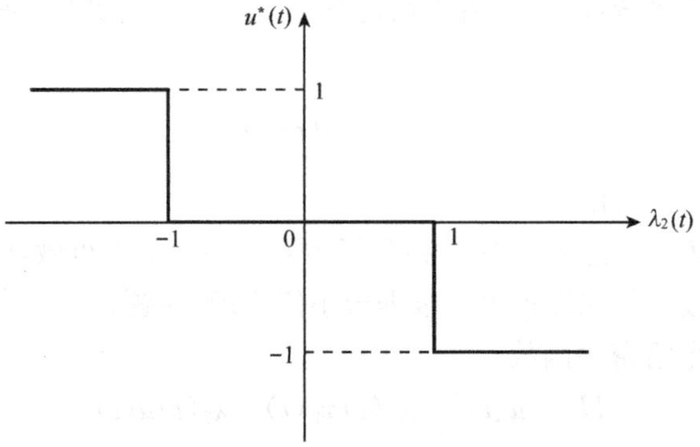

图 3-22　$u^*(t)$与 $\lambda_2(t)$关系图

$$\begin{cases} u^*(t)=+1, & \text{当 } \lambda_2(t)<-1 \\ u^*(t)=0, & \text{当 } -1<\lambda_2(t)<+1 \\ u^*(t)=-1, & \text{当 } \lambda_2(t)>+1 \\ 0\leqslant u^*(t)\leqslant 1, & \text{当 } \lambda_2(t)=-1 \\ -1\leqslant u^*(t)\leqslant 0, & \text{当 } \lambda_2(t)=+1 \end{cases} \tag{3-245}$$

为了书写简单,引入死区函数记号 dez,其意义为

$$a=\text{dez}\{b\}$$

表示

$$a=\begin{cases} 0, & \text{当 } |b|<1 \\ \text{sgn}\{b\}, & \text{当 } |b|>1 \end{cases}$$

以及

$$\begin{cases} 0\leqslant a\leqslant 1, & \text{当 } b=+1 \\ -1\leqslant a\leqslant 0, & \text{当 } b=-1 \end{cases}$$

于是,最优控制律(3-245)可表示为

$$u^*(t)=-\text{dez}\{\lambda_2(t)\} \tag{3-246}$$

由式(3-245)关系能否完全确定 $u^*(t)$,取决于函数 $\lambda_2(t)$ 的性质。与时间最优控制问题类似,燃料最优控制问题也可以区分为正常与奇异两种情况:若在时间区间 $[0,t_f]$ 内,$|\lambda_2(t)|=1$ 只在有限点上成立,则问题属于正常情况,最优控制 $u^*(t)$ 可取 -1、0、$+1$ 三个值,随时间的增长,$u^*(t)$ 在这三个值上转换,称为三位控制或开关控制,如图 3-23(a)所示,若至少存在一段时间间隔 $[t_1,t_2]\subset[0,t_f]$,在其上有 $|\lambda_2(t)|=1$,则问题属于奇异情况,如图 3-23(b)所示,这时 $u^*(t)$ 在奇异时间间隔上的值不能由极小值原理求出,其最优轨线由正常弧段与奇异弧段组成。

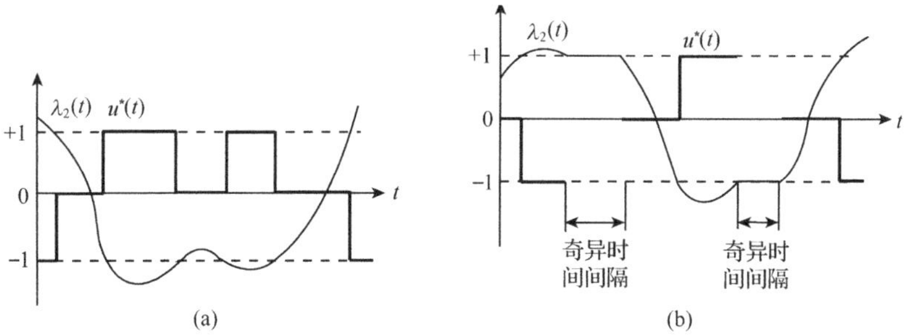

图 3-23 燃料最优控制的正常与奇异情况

对于问题 3-7,为了确定最优控制 $u^*(t)$,需要求解 $\lambda_2(t)$。在式(3-240)中,对协态方程积分,得

$$\begin{aligned} \lambda_1(t)&=\lambda_1(0)=\text{const} \\ \lambda_2(t)&=\lambda_2(0)-\lambda_1(0)t \end{aligned} \tag{3-247}$$

式中 $\lambda_1(0)$ 和 $\lambda_2(0)$ 为协态初始条件。根据 $\lambda_1(0)$ 和 $\lambda_2(0)$ 的数值情况,$u^*(t)$ 或为奇异控制,或为正常控制。

(1)奇异情况

若$\lambda_1(0)=0$，为满足式(3-243)表示的$H^*(t)=0$，应有$|\lambda_2(0)|=|\lambda_2(t)|=1$。这时，由式(3-245)仅能决定$u^*(t)$的符号，而无法确定其数值。燃料最优控制函数$u^*(t)$是奇异的，其规律由如下命题确定。

命题 3-1 若$\lambda_1(t)=\lambda_1(0)=0$，$|\lambda_2(t)|=|\lambda_2(0)|=1$，$\forall t\in[0,t_f]$，定义不恒为零的非负分段连续函数集

$$V^+=\{v(t)\,|\,0\leqslant v(t)\leqslant 1,\forall t\in[0,t_f],v(t)\neq 0\} \tag{3-248}$$

则在$|\lambda_2(t)|=1$两种奇异情况下，燃料最优控制的候选函数为

$$u(t)=-\text{sgn}\{\lambda_2(0)\}v(t) \tag{3-249}$$

证明 将命题已知条件及式(3-249)代入哈密顿函数(3-239)，可得

$$H=v(t)-v(t)=0,\quad \forall t\in[0,t_f]$$

表明在命题假设条件下，式(3-249)满足极小值原理全部必要条件，故是燃料最优控制函数。

(2)正常情况

若$\lambda_1(0)\neq 0$，则$\lambda_2(t)=\lambda_2(0)-\lambda_1(0)t$是时间$t$的线性函数。这时，$|\lambda_2(t)|=1$至多在两个孤立时刻成立，因而燃料最优控制函数$u^*(t)$是正常的，为三位控制，且最多有两次切换。

命题 3-2 若$\lambda_1(0)\neq 0$，则以下九种控制序列为燃料最优控制候选函数

$$\{0\},\{+1\},\{-1\},\{+1,0\},$$
$$\{-1,0\},\{0,+1\},\{0,-1\},$$
$$\{+1,0,-1\},\{-1,0,+1\}$$

证明 因为$\lambda_1(t)=\lambda_1(0)\neq 0$，$\lambda_2(t)=\lambda_2(0)-\lambda_1(0)t$，所以$|\lambda_2(t)|=1$至多在两个孤立时刻成立。由式(3-245)知，燃料最优控制候选函数为

$$u(t)=\begin{cases}0, & \text{当}|\lambda_2(t)|<1\\ -\text{sgn}\{\lambda_2(t)\}, & \text{当}|\lambda_2(t)|>1\end{cases}$$

立即可得命题结论中九种控制序列。

应当指出，当$u=0$时，由系统方程(3-236)知，其相轨迹斜率$\mathrm{d}x_2/\mathrm{d}x_1=0$，状态轨线如图3-24所示。这是一簇不通过原点的平行直线，或是x_1轴上的孤立点。因此，命题3-2中的九种控制序列中，以$u=0$结尾的三种控制序列$\{0\}$，$\{+1,0\}$，$\{-1,0\}$不可能是最优控制。于是，可能的最优控制序列只有下列六种：

$$\{+1\},\{-1\},\{0,+1\},\{0,-1\},$$
$$\{+1,0,-1\},\{-1,0,+1\} \tag{3-250}$$

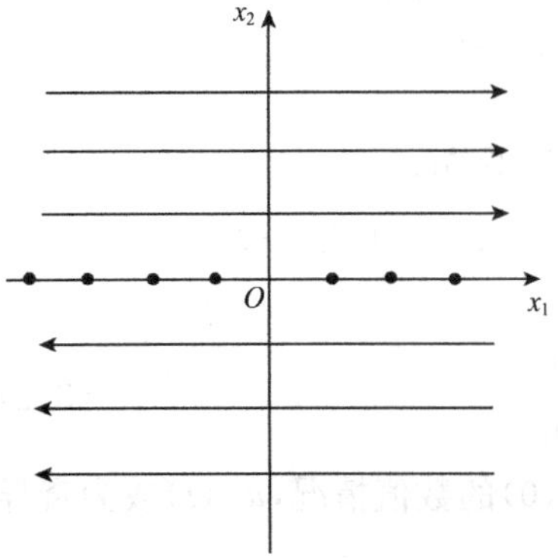

图 3-24 $u=0$时的状态轨线

下面的命题给出了判断燃料最优控制序列的必要条件。

命题 3-3 设J^*表示在某一时间t_f内使系统(3-236)由任意初态(ξ_1,ξ_2)转移到末态$(0,0)$所需的最少燃料消耗量，则J^*应满足下列关系式：

$$J^*\geqslant|\xi_2| \tag{3-251}$$

证明 因为

$$\dot{x}_2(t)=u(t)$$

所以

$$x_2(t)=\xi_2+\int_0^t u(\tau)\mathrm{d}\tau$$

由假设条件 $x_2(t_f)=0$，故得

$$\xi_2=-\int_0^{t_f} u(t)\mathrm{d}t$$

从而有

$$|\xi_2|=\left|\int_0^{t_f} u(t)\mathrm{d}t\right|=\int_0^{t_f} |u(t)|\mathrm{d}t=J^*$$

该命题表明，若能找到一个控制函数 $u(t)$，使系统(3-236)由初态(ξ_1,ξ_2)转移到坐标原点，且所耗燃料为$|\xi_2|$，则该控制必定是燃料最优控制 $u^*(t)$。

为了进一步分析燃料最优控制解的属性，对系统(3-236)进行相平面分析。当 $u=+1$ 和 $u=-1$ 时，系统(3-236)由初态转移到坐标原点的两条轨线为 γ_{0+} 与 γ_{0-}，如图 3-25 所示，其点集表达式为

$$\begin{cases}\gamma_{0+}=\left\{(x_1,x_2)\,|\,x_1=\dfrac{1}{2}x_2^2,x_2\leqslant 0\right\}\\ \gamma_{0-}=\left\{(x_1,x_2)\,|\,x_1=-\dfrac{1}{2}x_2^2,x_2\geqslant 0\right\}\end{cases}\tag{3-252}$$

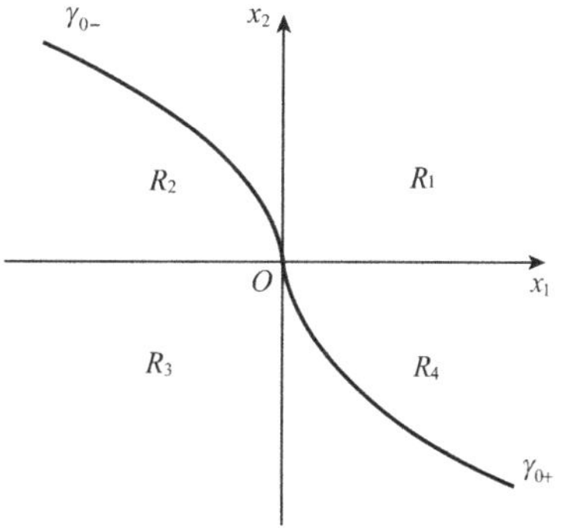

图 3-25　开关曲线 γ_{0+} 和 γ_{0-}

或者

$$\gamma=\gamma_{0+}\cup\gamma_{0-}=\left\{(x_1,x_2)\,|\,x_1=-\frac{1}{2}x_2|x_2|\right\}\tag{3-253}$$

曲线 γ 及坐标轴 x_1 将相平面分成如下四个区域：

$$\begin{cases}R_1=\left\{(x_1,x_2)\,|\,x_1>-\dfrac{1}{2}x_2|x_2|,x_2>0\right\}\\ R_2=\left\{(x_1,x_2)\,|\,x_1<-\dfrac{1}{2}x_2|x_2|,x_2\geqslant 0\right\}\\ R_3=\left\{(x_1,x_2)\,|\,x_1<-\dfrac{1}{2}x_2|x_2|,x_2<0\right\}\\ R_4=\left\{(x_1,x_2)\,|\,x_1>-\dfrac{1}{2}x_2|x_2|,x_2\leqslant 0\right\}\end{cases}\tag{3-254}$$

当初态位于不同区域时，最优控制律是不同的，下面分别讨论。

(1) 初态位于开关曲线 γ_{0+} 或 γ_{0-} 上时

命题 3-4　对于问题 3-7，若初态$(\xi_1,\xi_2)\in\gamma_{0+}$，则 $u^*(t)=+1$ 是燃料最优控制，且唯一。

证明　若 $\lambda_1(0)\neq 0$，则命题 3-2 成立，但在式(3-250)所示的六种最优控制候选函数中，只有 $u=\{+1\}$能使$(\xi_1,\xi_2)\in\gamma_{0+}$到达坐标原点。

若 $\lambda_1(0)=0$，$|\lambda_2(0)|=1$，则命题 3-1 成立，候选最优控制函数为

$$u(t)=-\operatorname{sgn}\{\lambda_2(0)\}v(t), \quad \forall v(t)\in V^+$$

由状态方程(3-236)可解得始于$(\xi_1,\xi_2)\in\gamma_{0+}$的状态轨线

$$\begin{cases} x'_1(t)=\xi_1+\xi_2 t+\int_0^t \mathrm{d}\tau\int_0^\tau[-\operatorname{sgn}\{\lambda_2(0)\}v(\sigma)]\mathrm{d}\sigma \\ x'_2(t)=\xi_2+\int_0^t[-\operatorname{sgn}\{\lambda_2(0)\}v(t)]\mathrm{d}\tau \end{cases} \tag{3-255}$$

令 $x_1(t)$和 $x_2(t)$是状态方程(3-236)在$(\xi_1,\xi_2)\in\gamma_{0+}$,$u(t)=+1$ 时的解,有

$$\begin{cases} x_1(t)=\xi_1+\xi_2 t+\int_0^t \mathrm{d}\tau\int_0^\tau 1\mathrm{d}\sigma \\ x_2(t)=\xi_2+\int_0^t 1\mathrm{d}\tau \end{cases} \tag{3-256}$$

由式(3-255)和式(3-256),可得

$$x_1(t)-x'_1(t)=\int_0^t \mathrm{d}\tau\int_0^\tau[1+\operatorname{sgn}\{\lambda_2(0)\}v(\sigma)]\mathrm{d}\sigma\geqslant 0 \tag{3-257}$$

因为 $x_1(t)\in\gamma_{0+}$,故 $u(t)=-\operatorname{sgn}\{\lambda_2(0)\}v(t)$形成的状态轨线 $x'_1(t)$必位于 γ_{0+}之左,而不通过坐标原点,所以不是最优轨线。

当且仅当

$$u(t)=-\operatorname{sgn}\{\lambda_2(0)\}v(t)=+1$$

$x'_1(t)$和 $x'_2(t)$分别与 $x_1(t)$和 $x_2(t)$重合,故 $u(t)=+1$ 是唯一的。

若将 $x_2(t_f)=0$ 代入式(3-256),得

$$J^*=\int_0^{t_f} 1\,\mathrm{d}t=|\xi_2|$$

根据命题 3-3,$u^*(t)=+1$ 是$(\xi_1,\xi_2)\in\gamma_{0+}$时唯一的燃料最优控制。

同理,当$(\xi_1,\xi_2)\in\gamma_{0-}$时,$u^*(t)=-1$ 是使系统(3-236)由(ξ_1,ξ_2)转移到状态空间原点唯一的燃料最优控制。

(2) 初态位于区域 R_4 或 R_2 内时

命题 3-5 对于问题 3-7,若初态$(\xi_1,\xi_2)\in R_4$,则 $u^*(t)=\{0,+1\}$是燃料最优控制。

证明 由命题 3-2,在式(3-250)表示的六种候选控制序列中,只有

$$u^{(1)}(t)=\{0,+1\}$$
$$u^{(2)}(t)=\{-1,0,+1\}$$

可将状态转移到坐标原点,相应的状态轨线如图 3-26 所示。

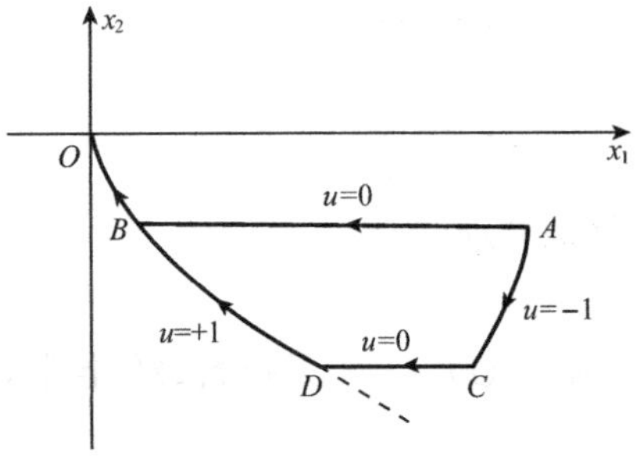

图 3-26 到达原点的状态轨线

由于在 AB 段及 CD 段内 $u=0$,不消耗燃料,有

$$J_{AB}=J_{CD}=0$$

而在 BO 段及 BD 段内 $u=+1$,$B\in\gamma_{0+}$及 $D\in\gamma_{0+}$,由命题 3-4,有

$$J_{BO}=J_{DO}=|\xi_2|$$

因此

$$J(u^{(1)})=J_{AB}+J_{BO}=|\xi_2|$$

$$J(u^{(2)})=J_{AC}+J_{CD}+J_{DO}=\int_0^{t_C}|-1|\mathrm{d}t+|\xi_2|=\left|\int_0^{t_C}(-1)\mathrm{d}t\right|+|\xi_2|$$

根据式(3-256),上式可写为

$$J(u^{(2)})=|x_{2C}-\xi_2|+|\xi_2|>|\xi_2|$$

于是,$u^{(1)}=\{0,+1\}$为燃料最优控制,B 点为切换点。

若取 $u(t)=v(t)$,代入系统状态方程(3-236),则有

$$\int_0^{t_f}v(\sigma)\mathrm{d}\sigma=-\xi_2 \tag{3-258}$$

$$\int_0^{t_f}\mathrm{d}\tau\int_0^{\tau}v(\sigma)\mathrm{d}\sigma=-\xi_1-\xi_2t_f \tag{3-259}$$

由于 t_f 自由,所以可找到许多非负分段连续函数 $v(t)\in V^+$,使之满足式(3-258)和式(3-259)。由式(3-258)可见,满足上述条件的控制 $u(t)=v(t)$都能使系统转移到坐标原点,且燃料消耗最少。例如,取 $u(t)=v(t)$,如图 3-27(a)所示,适当选择开关时间 t_C,t_D... 总可使状态轨线通过坐标原点,如图 3-27(b)所示。实际上,$u^{(1)}=\{0,+1\}$也包含在这些解中。由于

$$t_f=\int_0^{t_f}\mathrm{d}t=\int_0^{t_f}\frac{\mathrm{d}x_1}{\mathrm{d}x_1}\mathrm{d}t=\int_{\xi_1}^0\frac{\mathrm{d}x_1}{x_2}=\int_0^{\xi_1}\frac{\mathrm{d}x_1}{|x_2|} \tag{3-260}$$

对于相同的积分区间,$|x_2|$大的最优轨线转移时间 t_f 小,所以在众多的燃料最优控制解中,以 $u^*(t)=\{0,+1\}$所需的时间最短。

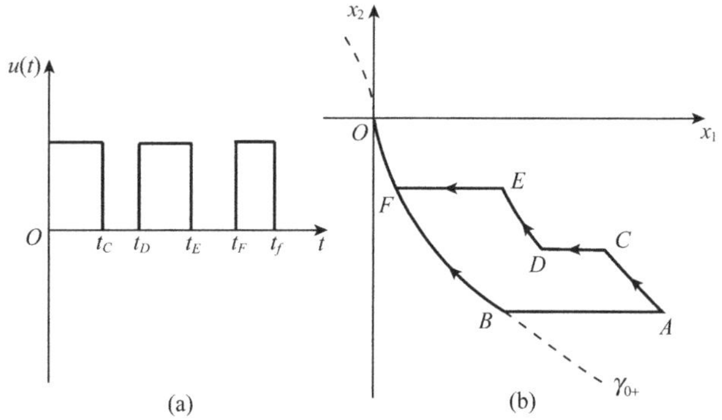

图 3-27 $u(t)=v(t)$形式与状态轨线

同理,当初态$(\xi_1,\xi_2)\in R_2$ 时,$u^*(t)=\{0,-1\}$是转移时间 t_f 最短的燃料最优控制。

(3) 初态位于区域 R_1 或 R_3 内时

设$(\xi_1,\xi_2)\in R_1$,若燃料最优控制存在,必有 $J^*=|\xi_2|$。若命题 3-2 成立,则在式(3-250)所示的六种候选控制函数中,只有 $u(t)=\{-1,0,+1\}$可将系统转移到坐标原点,如图 3-28 所示。

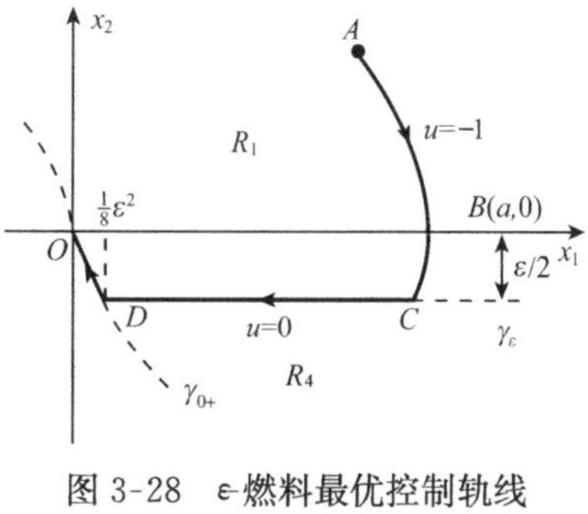

图 3-28 ε-燃料最优控制轨线

可以证明,此时所消耗的燃料总大于$|\xi_2|$,因此严格地说,$u(t)=\{-1,0,+1\}$不是燃料的最优控制。

若采用 $u(t)=\{-1,0\}$,则系统先在 $u=-1$

作用下，将状态转移到 x_1 轴上时所耗燃料正好为 ξ_2，相应的状态坐标可记为 $(a,0)$；然后取 $u=0$，系统不再消耗燃料，但状态会保持在 $(a,0)$ 点不动，不能到达原点 $(0,0)$。还可以验证，采用式(3-250)和式(3-249)表示的任何控制，在消耗掉燃料 $J^*=|\xi_2|$ 之后，均只能将状态转移到比 $(a,0)$ 距原点更远的地方。因此，当初态 (ξ_1,ξ_2) 位于 R_1 区域内时，燃料最优控制问题无解。

可以证明，当 $(\xi_1,\xi_2)\in R_1$ 时，采用 $u(t)=\{-1,0,+1\}$ 虽然得不到燃料最优控制解，但却可以获得 ε-燃料最优控制解。

命题 3-6 若初态 $(\xi_1,\xi_2)\in R_1$，则对于给定的任一 $\varepsilon>0$，使系统(3-236)由 (ξ_1,ξ_2) 到达原点，且燃料消耗量为

$$J=|\xi_2|+\varepsilon \tag{3-261}$$

的 ε-燃料最优控制为

$$u^*(t)=\{-1,0,+1\}$$

证明 设 $u(t)=\{-1,0,+1\}$，状态轨线如图 3-28 所示。在区域 R_4 中，距 x_1 轴 $\varepsilon/2$ 处定义集合

$$\gamma_\varepsilon=\left\{(x_1,x_2)\,|\,x_2=-\frac{1}{2}\varepsilon,x_1\geqslant\frac{1}{8}\varepsilon^2\right\} \tag{3-262}$$

式中 $x_1\geqslant\varepsilon^2/8$ 是因为切换点 D 位于开关线 γ_{0+} 上，而 γ_{0+} 满足的方程为

$$x_1=\frac{1}{2}x_2^2$$

当 $x_2=-\varepsilon/2$ 时，$x_{1D}=\varepsilon^2/8$。

在最优轨线 $ACDO$ 上，各段所耗燃料可分别计算如下：

$\widehat{AC}$段

$$\begin{aligned}
&u(t)=-1\\
&\dot{x}_2(t)=u(t)=-1\\
&x_2(t)=\xi_2+\int_0^t(-1)\mathrm{d}t\\
&x_{2C}(t)=\xi_2+\int_0^{t_C}(-1)\mathrm{d}t=-\frac{1}{2}\varepsilon\\
&J_{AC}=\left|\int_0^{t_C}(-1)\mathrm{d}t\right|=|\xi_2|+\frac{1}{2}\varepsilon
\end{aligned}$$

$\overline{CD}$段

$$u(t)=0,\quad J_{CD}=0$$

$\widehat{DO}$段

$$\begin{aligned}
&u(t)=+1\\
&\dot{x}_2(t)=u(t)=+1\\
&x_2(t_f)=x_{2D}+\int_{t_D}^{t_f}1\mathrm{d}t=0\\
&J_{DO}=\left|\int_{t_D}^{t_f}1\mathrm{d}t\right|=|x_{2D}|=\frac{1}{2}\varepsilon
\end{aligned}$$

于是，沿 ε-最优轨线 $ACDO$ 的燃料消耗量为

$$J=J_{AC}+J_{CD}+J_{DO}=|\xi_2|+\varepsilon$$

同理，当初态$(\xi_1,\xi_2)\in R_3$时，燃料最优控制问题无解，但存在ε-燃料最优控制$u^*(t)=\{+1,0,-1\}$。

综上所述，可得问题3-7的燃料最优控制律

$$u^*(t)=\begin{cases}+1, & \forall(x_1,x_2)\in\gamma_{0+}\\ -1, & \forall(x_1,x_2)\in\gamma_{0-}\\ 0, & \forall(x_1,x_2)\in R_2\cup R_4\\ \text{无解}, & \forall(x_1,x_2)\in R_1\cup R_3\end{cases} \tag{3-263}$$

应当指出，上述控制律同时也保证了转移时间为最小。若不考虑转移时间，则$(\xi_1,\xi_2)\in\gamma$有唯一解，$(\xi_1,\xi_2)\in R_2\cup R_4$有无穷多解，$(\xi_1,\xi_2)\in R_1\cup R_3$无解。$\varepsilon$-燃料最优控制问题虽存在最优解，但因从$C$点到$D$点的转移时间为$t_{CD}=2a/\varepsilon$，从而使系统总转移时间过长。

3.5 时间-燃料最优控制

单纯以节省燃料为目标的燃料最优控制问题，往往使得系统的响应太慢，不满足实际使用的要求。若将缩短时间与节省燃料加以综合考虑，则所设计的控制系统既能节约燃料又不至于响应缓慢，因而产生了时间-燃料最优控制问题。一种较好的处理方法是在燃料最优控制性能指标中增加时间的加权项，得到

$$J=\rho t_f+\int_0^{t_f}\sum_{j=1}^{m}|u_j(t)|\,dt=\int_0^{t_f}\left(\rho+\sum_{j=1}^{m}|u_j(t)|\right)dt \tag{3-264}$$

式中$\rho>0$，为时间加权系数，表示设计者对响应时间的重视程度。若取$\rho=0$，表示不计响应时间长短，只考虑节省燃料；若取$\rho\to\infty$，表示不计燃料消耗，只要求时间最短。因而，燃料最优控制和时间最优控制都是时间-燃料最优控制的特例。

目前，时间-燃料最优控制理论尚不完善，仅对二次积分模型问题有解析结果，并可用极小值原理求解。本节仍以二次积分模型为例来讨论时间-燃料最优控制问题。

问题3-8 已知系统的状态方程

$$\begin{aligned}\dot{x}_1(t)&=x_2(t)\\ \dot{x}_2(t)&=u(t)\end{aligned} \tag{3-265}$$

求满足下列约束条件：

$$|u(t)|\leqslant 1,\quad \forall t\in[0,t_f] \tag{3-266}$$

的最优控制$u^*(t)$，使系统(3-265)由任意初态(ξ_1,ξ_2)转移到状态空间原点(0,0)，且使性能指标

$$J=\int_0^{t_f}(\rho+|u(t)|)\,dt \tag{3-267}$$

为最小。设末端时刻t_f自由。

此问题属于定常系统、积分型性能指标、t_f自由和末端固定的最优解问题。具体求解之前，应首选进行奇异性判断，以便确定可否由极小值原理确定其最优控制律。令哈密顿函数

$$H=\rho+|u|+\lambda_1 x_2+\lambda_2 u \tag{3-268}$$

与上节类似，由极小值条件可得

$$u^*(t)=-\text{dez}\{\lambda_2(t)\} \tag{3-269}$$

根据协态方程

$$\begin{aligned}\dot{\lambda}_1(t)&=-\frac{\partial H}{\partial x_1}=0\\ \dot{\lambda}_2(t)&=-\frac{\partial H}{\partial x_2}=-\lambda_1(t)\end{aligned} \tag{3-270}$$

假定初始协态为 $\lambda_1(0)$ 和 $\lambda_2(0)$，解得

$$\begin{aligned}\lambda_1(t)&=\lambda_1(0)=\text{const}\\ \lambda_2(t)&=\lambda_2(0)-\lambda_1(0)t\end{aligned} \tag{3-271}$$

因为 H 不显含 t，且 t_f 自由，故沿最优轨线应满足

$$H^*=\rho+|u^*|+\lambda_1 x_2^*+\lambda_2 u^*=0 \tag{3-272}$$

式中 $\rho>0$，$|u^*|\geqslant 0$。由式(3-272)知，必有 $\lambda_1(t)$ 与 $\lambda_2(t)$ 不同时为零，否则 $H^*>0$。再由式(3-271)知，$\lambda_1(0)$ 与 $\lambda_2(0)$ 必定不同时为零。

若令 $\lambda_1(0)=0$，$\lambda_2(0)\neq 0$，则 $\lambda_2(t)=\lambda_2(0)=\text{const}$，且必有 $\lambda_2(0)\neq\pm 1$，否则由式(3-269)知

$$u^*(t)=-|u^*(t)|\,\text{sgn}\{\lambda_2(t)\}$$

再将 $\lambda_1(t)$、$\lambda_2(t)$ 和 $u^*(t)$ 代入式(3-268)，得

$$H^*=\rho+|u^*(t)|-|u^*(t)|=\rho>0$$

这与条件(3-272)相矛盾。

若令 $\lambda_2(0)=0$，$\lambda_1(0)\neq 0$，则 $\lambda_2(t)=-\lambda_1(0)t$ 为直线方程，与 t 轴只有孤立交点，不存在奇异时间间隔。

若令 $\lambda_1(0)\neq 0$，$\lambda_2(0)\neq 0$，则 $\lambda_2(t)=\lambda_2(0)-\lambda_1(0)t$ 也是直线方程，也不存在奇异时间间隔。因此，问题 3-8 是正常的，其时间-燃料最优控制必定是三位控制。

由 3.4 节分析可知，当 $\lambda_1(t)$ 和 $\lambda_2(t)$ 满足关系式(3-271)时，如下六种控制序列为候选最优控制序列：

$$\begin{gathered}\{+1\},\{-1\},\{0,+1\},\\ \{0,-1\},\{+1,0,-1\},\{-1,0,+1\}\end{gathered} \tag{3-273}$$

式中后两种控制序列具有代表性，前四种情况均为这两种情况的特例。

为了具体确定最优控制律，下面采用相平面法分别讨论 $u^*(t)=\{-1,0,+1\}$ 和 $u^*(t)=\{+1,0,-1\}$ 的开关曲线及其集合表达式。

(1) $u^*(t)=\{-1,0,+1\}$ 的开关曲线

由式(3-271)知，当取 $u^*(t)=\{-1,0,+1\}$ 时，应有

$$\begin{aligned}\lambda_1(t)&=\lambda_1(0)\\ \lambda_2(t)&=\lambda_2(0)-\lambda_1(0)t\\ \dot{\lambda}_2(t)&=-\lambda_1(0)<0\end{aligned}$$

因此，$u^*(t)$ 与 $\lambda_2(t)$ 的关系及相应的状态轨线如图 3-29 所示。根据图 3-29，可以确定 $u^*(t)=\{-1,0,+1\}$ 对应的开关曲线。

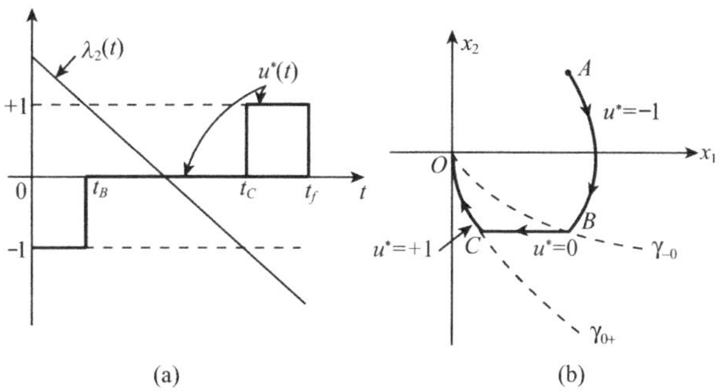

图 3-29　$u^*(t)=\{-1,0,+1\}$及其状态轨线

由$\overset{\frown}{CO}$段

$$u^*(t)=+1,\quad t_C\leqslant t<t_f$$

从状态方程

$$\dot{x}_1(t)=x_2(t)$$
$$\dot{x}_2(t)=u(t)=+1$$

可得过相平面原点的相轨迹方程为

$$x_1(t)=\frac{1}{2}x_2^2(t)$$

上式表明,$\overset{\frown}{CO}$段为抛物线。因而,$u^*(t)$从 0 切换到$+1$ 的开关曲线为

$$\gamma_{0+}=\left\{(x_1,x_2)\,|\,x_1=\frac{1}{2}x_2^2,x_2\leqslant 0\right\}\tag{3-274}$$

由$\overline{BC}$段

$$u^*(t)=0,\quad t_B\leqslant t<t_C$$

从状态方程

$$\dot{x}_1(t)=x_2(t),\quad \dot{x}_2(t)=0$$

解得

$$x_2=x_{2C}=x_{2B}=\text{const}$$
$$x_{1C}-x_{1B}=x_{2C}(t_C-t_B)\tag{3-275}$$

由图 3-29 可见,t_B 和 t_C 分别为$\lambda_2=1$ 和 $\lambda_2=-1$ 时的转换时刻,故令

$$\lambda_2(t_B)=\lambda_2(0)-\lambda_1(0)t_B=+1$$
$$\lambda_2(t_C)=\lambda_2(0)-\lambda_1(0)t_C=-1$$

解得

$$t_C-t_B=\frac{2}{\lambda_1(0)}\tag{3-276}$$

再根据条件(3-272),当 $u^*=0$ 时,应有

$$H^*=\rho+\lambda_1(0)x_{2C}=0$$

求出

$$\lambda_1(0)=-\frac{\rho}{x_{2C}}\tag{3-277}$$

将式(3-276)和式(3-277)代入式(3-275),可得

$$x_{1B}=x_{1C}+\frac{2x_{2C}^2}{\rho} \tag{3-278}$$

由于点 C 位于 γ_{0+} 上，必满足

$$x_{1C}=\frac{1}{2}x_{2C}^2=\frac{1}{2}x_{2B}^2$$

将上式代入式(3-278)，有

$$x_{1B}=\frac{\rho+4}{2\rho}x_{2B}^2 \tag{3-279}$$

若以 γ_{-0} 表示 B 点所在的开关曲线，则式(3-279)表明，这是一条通过原点的抛物线。于是，$u^*(t)$从-1 切换到 0 的开关曲线为

$$\gamma_{-0}=\left\{(x_1,x_2)\,|\,x_1=\frac{\rho+4}{2\rho}x_2^2,x_2\leqslant 0\right\} \tag{3-280}$$

上述分析表明，从相平面上 A 点开始的时间-燃料最优控制为 $u^*(t)=\{-1,0,+1\}$。状态由 A 点出发，沿抛物线 AB 运动，至开关曲线 γ_{-0}时，发生由 $u=-1$ 到 $u=0$ 的转换，然后状态沿平行于 x_1 轴的直线 BC 运动，到开关曲线 γ_{0+} 时发生由 $u=0$ 到 $u=+1$ 的第二次转换，最后状态沿抛物线 CO 运动，直至坐标原点。

(2) $u^*(t)=\{+1,0,-1\}$的开关曲线

通过类似的分析，可得相应的两条开关曲线为

$$\gamma_{0-}=\left\{(x_1,x_2)\,|\,x_1=-\frac{1}{2}x_2^2,x_2\geqslant 0\right\} \tag{3-281}$$

$$\gamma_{+0}=\left\{(x_1,x_2)\,|\,x_1=-\frac{\rho+4}{2\rho}x_2^2,x_2\geqslant 0\right\} \tag{3-282}$$

若令

$$\gamma=\gamma_{0+}\cup\gamma_{0-}=\left\{(x_1,x_2)\,|\,x_1=-\frac{1}{2}x_2|x_2|\right\} \tag{3-283}$$

$$\gamma_1=\gamma_{+0}\cup\gamma_{-0}=\left\{(x_1,x_2)\,|\,x_1=-\frac{\rho+4}{2\rho}x_2|x_2|\right\} \tag{3-284}$$

则开关曲线 γ 和 γ_1 将相平面分成 R_1、R_2、R_3 和 R_4 四个区域，如图 3-30 所示。各区域定义如下：

$$R_1=\left\{(x_1,x_2)\,|\,x_1\geqslant-\frac{1}{2}x_2|x_2|,x_1>\frac{\rho+4}{2\rho}x_2|x_2|\right\}$$

$$R_2=\left\{(x_1,x_2)\,|\,x_1<-\frac{1}{2}x_2|x_2|,x_1\geqslant\frac{\rho+4}{2\rho}x_2|x_2|\right\}$$

$$R_3=\left\{(x_1,x_2)\,|\,x_1\leqslant-\frac{1}{2}x_2|x_2|,x_1<-\frac{\rho+4}{2\rho}x_2|x_2|\right\}$$

$$R_4=\left\{(x_1,x_2)\,|\,x_1>-\frac{1}{2}x_2|x_2|,x_1\leqslant-\frac{\rho+4}{2\rho}x_2|x_2|\right\} \tag{3-285}$$

在上述区域划分中，$R_1\supset\gamma_{0-}$，$R_2\supset\gamma_{+0}$，$R_3\supset\gamma_{0+}$，$R_4\supset\gamma_{-0}$。因而，问题 3-8 的时间-燃料最优控制律为

$$u^*(t)=\begin{cases}+1, & \forall(x_1,x_2)\in R_3\\ 0, & \forall(x_1,x_2)\in R_2\cup R_4\\ -1, & \forall(x_1,x_2)\in R_1\end{cases} \tag{3-286}$$

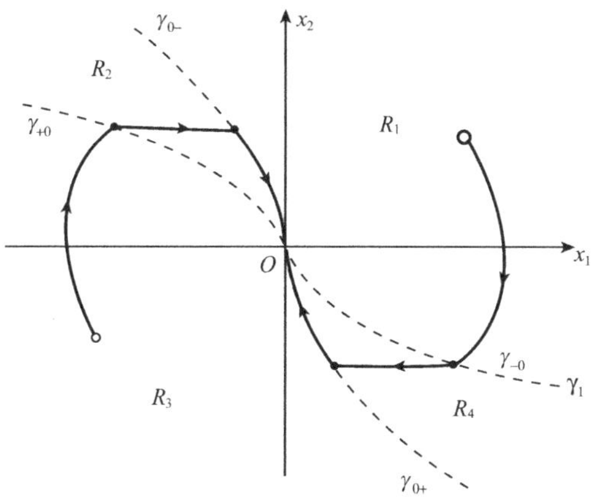

图 3-30　相平面上的区域与开关曲线

在上述二次积分模型的时间-燃料最优控制律中，若令时间加权系数 $\rho\to\infty$，必有

$$\lim_{\rho\to\infty}\frac{\rho+4}{2\rho}=\lim_{\rho\to\infty}\left(\frac{1}{2}+\frac{2}{\rho}\right)=\frac{1}{2}$$

故开关曲线 γ_1 集合表达式变为

$$\gamma_1=\left\{(x_1,x_2)\,|\,x_1=-\frac{1}{2}x_2|x_2|\right\}$$

正好与开关曲线 γ 重合。开关曲线 γ 将相平面分成两个区域

$$R_1=\left\{(x_1,x_2)\,|\,x_1>-\frac{1}{2}x_2|x_2|\right\}\tag{3-287}$$

$$R_3=\left\{(x_1,x_2)\,|\,x_1<-\frac{1}{2}x_2|x_2|\right\}\tag{3-288}$$

最优控制律则变为

$$u^*(t)=\begin{cases}+1, & \forall(x_1,x_2)\in R_3\cup\gamma_+\\ -1, & \forall(x_1,x_2)\in R_1\cup\gamma_-\end{cases}\tag{3-289}$$

式中 γ_+ 由式(3-274)定义，γ_- 由式(3-281)定义。式(3-289)表示的结论，正好是二次积分模型的时间最优控制律。

将式(3-284)表示的开关曲线 γ_1 的约束方程

$$x_1=-\frac{\rho+4}{2\rho}x_2|x_2|$$

写为

$$-2\rho x_1=(\rho+4)x_2|x_2|$$

令 $\rho=0$，则 γ_1 开关曲线的约束方程变为

$$x_2=0$$

于是

$$\gamma_1=\{(x_1,x_2)\,|\,x_2=0\}=x_1$$

表明在相平面上，γ_1 与 x_1 轴重合。区域 R_1、R_2、R_3 和 R_4 的定义与式(3-254)相同，最优控制律同式(3-263)，成为燃料最优控制。

上述分析表明，时间-燃料最优控制是比单纯燃料最优控制和单纯时间最优控制更广

泛的一类控制。燃料最优控制和时间最优控制都是时间-燃料最优控制的特例。

例 3-10 已知二阶系统的状态方程和边界条件

$$\dot{x}_1(t)=u(t),\quad x_1(0)=2,\quad x_1(8)=0$$

$$\dot{x}_2(t)=x_1(t),\quad x_2(0)=2,\quad x_2(8)=0$$

控制约束：$|u(t)|\leqslant 1$。求以切换时间表示的最优控制 $u^*(t)$，使下列 ε-燃料消耗量：

$$J=\int_0^8 |u(t)|\mathrm{d}t$$

为最小，并求出 ε-最小燃耗 J^*。

解 令哈密顿函数

$$H=|u|+\lambda_1 u+\lambda_2 x_1$$

由协态方程

$$\dot{\lambda}_1(t)=-\frac{\partial H}{\partial x_1}=-\lambda_2(t)$$

$$\dot{\lambda}_2(t)=-\frac{\partial H}{\partial x_2}=0$$

解得

$$\lambda_1(t)=\lambda_1(0)-\lambda_2(0)t$$

$$\lambda_2(t)=\lambda_2(0)=\text{const}$$

由极小值条件，得

$$u^*(t)=\begin{cases}0, & \text{当}|\lambda_1(t)|<1\\ -\operatorname{sgn}\{\lambda_1(t)\}, & \text{当}|\lambda_1(t)|>1\end{cases}$$

因为初态 $(\xi_1,\xi_2)=(2,2)\in R_1$，故 ε-燃料最优控制为

$$u^*(t)=\{-1,0,+1\}$$

设 $u^*(t)$ 的切换时间为 t_1 和 t_2，则有

① 当 $0\leqslant t<t_1$ 时，$u=-1$，初态为 (ξ_1,ξ_2)。由状态方程

$$\dot{x}_1(t)=u=-1,\quad \dot{x}_2(t)=x_1(t)$$

解得

$$x_1(t)=-t+\xi_1$$

$$x_2(t)=-\frac{1}{2}t^2+\xi_1 t+\xi_2$$

② 当 $t_1\leqslant t<t_2$ 时，$u=0$，初态为

$$x_1(t_1)=-t_1+\xi_1$$

$$x_2(t_1)=-\frac{1}{2}t_1^2+\xi_1 t_1+\xi_2$$

由状态方程

$$\dot{x}_1(t)=u=0,\quad \dot{x}_2(t)=x_1(t)$$

解得

$$x_1(t)=x_1(t_1)=-t_1+\xi_1$$

$$x_2(t)=x_1(t_1)(t-t_1)+x_2(t_1)=(-t_1+\xi_1)(t-t_1)-\frac{1}{2}t_1^2+\xi_1 t_1+\xi_2$$

③ 当 $t_2 \leqslant t \leqslant t_f$ 时，$u=+1$ 初态为

$$x_1(t_2)=x_1(t_1)=-t_1+\xi_1$$

$$x_2(t_2)=(-t_1+\xi_1)(t_2-t_1)-\frac{1}{2}t_1^2+\xi_1 t_1+\xi_2$$

由状态方程

$$\dot{x}_1(t)=u=+1, \quad \dot{x}_2(t)=x_1(t)$$

解得

$$x_1(t)=(t-t_2)+(-t_1+\xi_1)$$

$$x_2(t)=\frac{1}{2}(t-t_2)^2+(-t_1+\xi_1)(t-t_1)-\frac{1}{2}t_1^2+\xi_1 t_1+\xi_2$$

代入 $x_1(t_f)=x_2(t_f)=0$，求得

$$t_1=\frac{1}{2}\left[t_f+\xi_1-\sqrt{t_f^2-\xi_1^2-2\xi_1 t_f-4\xi_2}\right] \tag{3-290}$$

$$t_2=\frac{1}{2}\left[t_f+\xi_1+\sqrt{t_f^2-\xi_1^2-2\xi_1 t_f-4\xi_2}\right] \tag{3-291}$$

对于本例，$t_f=8$，$\xi_1=\xi_2=2$，故有

$$t_1=2.764, \quad t_2=7.236$$

于是，ε-燃料最优控制为

$$u^*(t)=\begin{cases}-1, & 当\ 0\leqslant t<2.764\\ 0, & 当\ 2.764\leqslant t<7.236\\ +1, & 当\ 7.236\leqslant t\leqslant 8\end{cases}$$

由 $\lambda_1(t_1)=+1$，$\lambda_1(t_2)=-1$，解得

$$\lambda_1(0)=2.236, \quad \lambda_2(0)=0.447$$

于是

$$\lambda_1(t)=2.236(1-0.2t), \quad \lambda_2(t)=0.447$$

将 t_1 代入 $x_1(t)=-t+\xi_1$，求得

$$\frac{1}{2}\varepsilon=|x_1(t_1)|=0.764$$

于是，由命题 3-6 可求出 ε-最小燃耗

$$J^*=|\xi_2|+\varepsilon=3.528$$

事实上，将 $u^*(t)$ 代入 J 的表达式，可得相同结果。

习　　题

3-1　已知一阶系统状态方程为

$$\dot{x}(t)=u(t), \quad x(0)=1$$

试求使下列性能指标：

$$J=\int_0^1 \mathrm{e}^{2t}[x^2(t)+u^2(t)]\mathrm{d}t$$

为极小值的最优控制 $u^*(t)$ 和最优轨线 $x^*(t)$。

3-2 设二阶系统的状态方程

$$\dot{x}_1(t)=x_2(t)$$
$$\dot{x}_2(t)=x_1(t)+u(t)$$

边界条件

$$x_1(0)=1,\quad x_2(0)=1$$
$$x_1(2)=0,\quad x_2(2)=0$$

试求下列性能指标的极小值：

$$J=\frac{1}{2}\int_0^2[x_1(t)+u(t)]^2\mathrm{d}t$$

3-3 设一阶系统方程

$$\dot{x}(t)=u(t),\quad x(0)=1,\quad x(t_f)=0$$

试求最优控制 $u^*(t)$，使性能指标

$$J=2t_f+\frac{1}{2}\int_0^{t_f}u^2(t)\mathrm{d}t$$

极小。设 t_f 自由。

3-4 给定一阶系统方程

$$\dot{x}(t)=-x(t)+u(t),\quad x(0)=1$$

控制约束为 $|u(t)|\leqslant 1$，试求使下列性能指标：

$$J=\int_0^1\left[x(t)-\frac{1}{2}u(t)\right]\mathrm{d}t$$

为极小值的最优控制 $u^*(t)$ 及相应的最优轨线 $x^*(t)$。

3-5 已知二阶系统的状态方程

$$\dot{x}_1(t)=u_1(t),\quad x_1(0)=0,\quad x_1(1)=1$$
$$\dot{x}_2(t)=x_1(t)+u_2(t),\quad x_2(0)=0,\quad x_2(1)=1$$

试求最优控制 $u_1^*(t)$ 和 $u_2^*(t)$ 以及最优轨线 $x_1^*(t)$ 和 $x_2^*(t)$，使性能指标

$$J=\int_0^1[x_1(t)+u_1^2(t)+u_2^2(t)]\mathrm{d}t$$

为极小值。

3-6 已知二阶系统方程

$$\dot{x}_1(t)=x_2(t),\quad x_1(0)=0,\quad x_1(t_f)=2$$
$$\dot{x}_2(t)=u(t),\quad x_2(0)=0,\quad x_2(t_f)=2$$

式中 $|u(t)|\leqslant 1$，t_f 自由。试求使性能指标

$$J=\frac{1}{2}\int_0^{t_f}[x_1^2(t)+x_2^2(t)+u^2(t)]\mathrm{d}t$$

为极小的最优控制 $u^*(t)$、最优轨线 $\boldsymbol{x}^*(t)$ 以及最优指标 J^*。

3-7 已知二阶系统

$$\dot{x}_1(t)=x_2(t)+\frac{1}{4},\quad x_1(0)=-\frac{1}{4}$$
$$\dot{x}_2(t)=u(t),\quad x_2(0)=-\frac{1}{4}$$

式中控制约束为

$$|u(t)|\leqslant\frac{1}{2}$$

试确定最优控制 $u^*(t)$，将系统在 t_f 时刻由 $\boldsymbol{x}(0)$转移到状态空间原点，并使性能指标

$$J=\int_0^{t_f} u^2(t)\mathrm{d}t$$

取最小值，其中 t_f 自由。

3-8 设一阶系统

$$\dot{x}(t)=u(t)-x(t),\quad x(0)=2$$

控制约束为$|u(t)|\leqslant 1$，试确定最优控制 $u^*(t)$，使性能指标

$$J=\int_0^1 [2x(t)-u(t)]\mathrm{d}t$$

为极小值。

3-9 设系统状态方程

$$\dot{x}_1(t)=x_2(t),\quad x_1(0)=0$$
$$\dot{x}_2(t)=-x_2(t)+u(t),\quad x_2(0)=0$$

性能指标

$$J=\frac{1}{2}[x_1(2)-5]^2+\frac{1}{2}[x_2(2)-2]^2+\frac{1}{2}\int_0^2 u^2(t)\mathrm{d}t$$

末端约束条件

$$x_1(2)+5x_2(2)=15$$

试求使 J 极小的最优控制 $u^*(t)$。

3-10 设一阶系统

$$\dot{x}(t)=u(t),\quad x(0)=1,\quad x(4)=1$$

控制约束：$|u(t)|\leqslant 1$，试求使性能指标

$$J=\frac{1}{2}\int_0^4 x^2(t)\mathrm{d}t$$

为最小的最优控制 $u^*(t)$和最优轨线 $x^*(t)$。

3-11 已知系统状态方程

$$\dot{x}_1(t)=x_2(t),\quad x_1(0)=0$$
$$\dot{x}_2(t)=x_3(t),\quad x_2(0)=0$$
$$\dot{x}_3(t)=u(t),\quad x_3(0)=0$$

试写出在控制约束$|u(t)|\leqslant 1$ 条件下，使系统由已知初态转移到目标集

$$x_1(t_f)=t_f^2$$
$$x_2(t_f)=x_3^2(t_f)$$

且使性能指标

$$J=t_f x_2(t_f)+\int_0^{t_f} u^2(t)\mathrm{d}t$$

为最小的必要条件，其中 t_f 自由。

3-12 设系统状态方程、初始条件及控制约束与题 3-11 相同，试写出使系统由初态

转移到目标集

$$x_1^2(1)+x_2^2(1)=1$$

且使性能指标

$$J=\frac{1}{2}\int_0^1 u^2(t)\mathrm{d}t$$

为最小的必要条件。

3-13 已知非线性系统

$$\dot{x}(t)=-x^3(t)+u(t), \quad x(0)=1$$

试确定最优控制 $u^*(t)$和最优轨线 $x^*(t)$,使下列性能指标极小：

$$J=\frac{1}{2}\int_0^1[x^2(t)+u^2(t)]\mathrm{d}t$$

3-14 已知一阶系统

$$\dot{x}(t)=-x(t)+u(t)$$

试求最优控制 $u^*(t)$和最优轨线 $x^*(t)$,使系统由 $x(0)=10$ 转移到 $x(1)=0$,且使下列性能指标极小：

$$J=\frac{1}{2}\int_0^1 u^2(t)\mathrm{d}t$$

3-15 设系统方程为

$$\dot{x}_1(t)=x_2(t), \quad x_1(0)=10$$
$$\dot{x}_2(t)=u(t), \quad x_2(0)=0$$

试求最优控制 $u^*(t)$和最优轨线 $\boldsymbol{x}^*(t)$,使下列性能指标极小：

$$J=t_f^2+\frac{1}{2}\int_0^{t_f} u^2(t)\mathrm{d}t$$

式中希望的末端状态分别为

① $x_1(t_f)=x_2(t_f)=0$。

② $x_1(t_f)=0, x_2(t_f)$自由。

3-16 已知系统方程

$$\dot{x}(t)=u_1(t)+u_2(t), \quad x(0)=1$$

试求最优控制 $u_1^*(t)$和 $u_2^*(t)$,使性能指标

$$J=\frac{1}{2}\int_0^1[x^2(t)+u_1^2(t)+u_2^2(t)]\mathrm{d}t$$

取极小值。

3-17 已知系统方程

$$\dot{x}_1(t)=x_2(t), \quad x_1(0)=1$$
$$\dot{x}_2(t)=u(t), \quad x_2(0)=0$$

性能指标

$$J=\frac{1}{2}\int_0^1 u^2(t)\mathrm{d}t$$

末端要求

$$x_1(1)=x_2(1)=0$$

试用连续极小值原理求最优控制 $u^*(t)$ 与最优轨线 $\boldsymbol{x}^*(t)$。

3-18 已知与题 3-17 等价的离散系统

$$x_1(k+1)=x_1(k)+0.1x_2(k),\quad x_1(0)=1$$
$$x_2(k+1)=x_2(k)+0.1u(k),\quad x_2(0)=0$$

性能指标

$$J=0.05+\sum_{k=0}^{9}\boldsymbol{u}^2(k)$$

末端要求

$$x_1(10)=x_2(10)=0$$

试用离散极小值原理求最优控制 $u^*(k)$ 和最优轨线 $\boldsymbol{x}^*(k)$，并与题3-17两点边值问题的离散化结果进行比较。

3-19 设一阶离散系统

$$x(k+1)=x(k)+u(k),\quad x(0)=1$$

性能指标

$$J=\sum_{k=0}^{3}[x^2(k)+u^2(k)]$$

试用离散极小值原理求最优控制序列 $u^*(k)$，$k=0,1,2,3$，以及最优指标 J^*。

3-20 设线性离散系统的状态方程

$$\boldsymbol{x}(k+1)=\boldsymbol{A}(k)\boldsymbol{x}(k)+\boldsymbol{B}(k)\boldsymbol{u}(k)$$
$$\boldsymbol{x}(0)=\boldsymbol{x}_0$$
$$k=0,1,\cdots,N-1$$

式中 $\boldsymbol{x}(k)\in R^n$，$\boldsymbol{u}(k)\in R^m$。性能指标

$$J=\frac{1}{2}\boldsymbol{x}^{\mathrm{T}}(N)\boldsymbol{F}(N)\boldsymbol{x}(N)+\frac{1}{2}\sum_{k=0}^{N-1}[\boldsymbol{x}^{\mathrm{T}}(k)\boldsymbol{Q}(k)\boldsymbol{x}(k)+\boldsymbol{u}^{\mathrm{T}}(k)\boldsymbol{R}(k)\boldsymbol{u}(k)]$$

式中对称矩阵序列 $\boldsymbol{F}(N)\geqslant 0$，$\boldsymbol{Q}(k)\geqslant 0$，$\boldsymbol{R}(k)>0$。试用离散极小值原理证明：最优控制序列

$$\boldsymbol{u}^*(k)=-\boldsymbol{R}^{-1}(k)\boldsymbol{B}^{\mathrm{T}}(k)\boldsymbol{A}^{-\mathrm{T}}(k)[\boldsymbol{P}(k)-\boldsymbol{Q}(k)]\boldsymbol{x}(k)$$
$$k=0,1,\cdots,N-1$$

式中 $\boldsymbol{P}(k)$ 满足下列 Riccati 差分方程及边界条件：

$$\boldsymbol{P}(k)=\boldsymbol{Q}(k)+\boldsymbol{A}^{\mathrm{T}}(k)[\boldsymbol{P}^{-1}(k+1)+\boldsymbol{B}(k)\boldsymbol{R}^{-1}(k)\boldsymbol{B}^{\mathrm{T}}(k)]^{-1}\boldsymbol{A}(k)$$
$$\boldsymbol{P}(N)=\boldsymbol{F}(N)$$

3-21 设二阶离散系统

$$\boldsymbol{x}(k+1)=\begin{bmatrix}0 & 1\\ -1 & 1\end{bmatrix}\boldsymbol{x}(k)+\begin{bmatrix}0\\ 1\end{bmatrix}u(k),\quad \boldsymbol{x}(0)=\begin{bmatrix}1\\ 1\end{bmatrix}$$

末端状态 $x_1(3)$ 自由，$x_2(3)=0$。性能指标

$$J=\sum_{k=0}^{2}[x_1^2(k+1)+u^2(k)]$$

试求最优控制序列 $u^*(0)$、$u^*(1)$、$u^*(2)$。

3-22 设离散状态方程及量测方程为

$$x(k+1)=0.5x(k)+0.3u(k)$$
$$y(k)=3x(k)-u(k)$$
$x(1)$给定，要求 $0\leqslant u(k)\leqslant x(k)$。问如何选择 $u(1)$、$u(2)$、$u(3)$和 $u(4)$，使得下式的值为最小：
$$J=y(1)+y(2)+y(3)+y(4)$$

3-23 设离散系统的状态方程为
$$x(k+1)=1.3x(k)-0.3u(k),\quad x(0)=5$$
试求最优控制序列 $u^*(k)$，使性能指标
$$J=\frac{1}{4}\sum_{k=0}^{3}[x(k)+u(k)]$$
为最小值。设控制约束为
$$\frac{1}{2}\leqslant u(k)\leqslant 1$$

3-24 已知离散系统方程
$$x(k+1)=x(k)+\alpha x^3(k)+\beta u(k)$$
边界条件
$$x(0)=x_0,\quad x(N)=0$$
性能指标
$$J=\frac{1}{2}\sum_{k=0}^{N-1}[x^2(k)+u^2(k)]$$
试确定最优解的必要条件。

3-25 设离散系统状态方程
$$\boldsymbol{x}(k+1)=\boldsymbol{f}[\boldsymbol{x}(k),\boldsymbol{u}(k),k],\quad \boldsymbol{x}(0)=\boldsymbol{x}_0$$
性能指标
$$J=\sum_{k=0}^{N-1}L[\boldsymbol{x}(k+1),\boldsymbol{x}(k),\boldsymbol{u}(k+1),\boldsymbol{u}(k),k]$$
目标集约束
$$\boldsymbol{\psi}[\boldsymbol{x}(N),N]=\boldsymbol{0}$$
试用离散极小值原理分别推导当 N 自由和 N 固定时，最优解的必要条件。

3-26 在题 3-25 中，如果离散系统状态方程为

① $\boldsymbol{x}(k+1)=\boldsymbol{f}[\boldsymbol{x}(k),\boldsymbol{u}(k+1),k]$。

② $\boldsymbol{x}(k+1)=\boldsymbol{x}(k)+\boldsymbol{f}[\boldsymbol{x}(k),\boldsymbol{u}(k),k]$。

试重新推导其最优解的必要条件。

3-27 设二阶系统方程
$$\dot{\boldsymbol{x}}(t)=\begin{bmatrix}0 & 1\\ -1 & -1\end{bmatrix}\boldsymbol{x}(t)+\begin{bmatrix}0\\ 1\end{bmatrix}u(t)$$
$$\boldsymbol{x}(0)=\boldsymbol{x}_0$$
式中控制约束为$|u(t)|\leqslant 1$。试确定将系统由已知初态最快地转移到 $\boldsymbol{x}(t_f)=\boldsymbol{0}$ 的最优控制函数 $u^*(t)$。

3-28 已知系统的状态方程

$$\dot{x}_1(t)=x_2(t)$$
$$\dot{x}_2(t)=u(t)$$

控制约束为$|u(t)|\leqslant 1$。试求最优控制$u^*(t)$,使系统由任意初态最快地转移到$x_1(t_f)=2,x_2(t_f)=1$的末态。写出开关曲线方程,并绘出开关曲线的图形。

3-29 设二阶系统方程

$$\dot{\boldsymbol{x}}(t)=\begin{bmatrix}-1 & 0\\ 1 & 0\end{bmatrix}\boldsymbol{x}(t)+\begin{bmatrix}1\\0\end{bmatrix}u(t)$$

控制约束$|u(t)|\leqslant 1$。试求使系统由任意初态最快地转移到坐标原点的最优控制$u^*(t)$,并写出开关曲线方程。

3-30 给定二阶系统

$$\dot{x}_1(t)=x_2(t),\quad x_1(0)=1$$
$$\dot{x}_2(t)=-4x_1(t)-2x_2(t)+u(t),\quad x_2(0)=1$$

控制约束$-1\leqslant u(t)\leqslant +1$。试确定使系统由已知初态最快地转移到坐标原点的最优控制$u^*(t)$。

3-31 设二阶系统

$$\dot{x}_1(t)=x_2(t),\quad x_1(0)=1$$
$$\dot{x}_2(t)=-x_2(t)+u(t),\quad x_2(0)=1$$

控制约束$|u(t)|\leqslant 1$。试求使系统由已知初态最快地转移到坐标原点的时间最优控制$u^*(t)$和开关曲线。

3-32 已知系统的状态方程

$$\dot{x}_1(t)=-x_1(t)-u(t)$$
$$\dot{x}_2(t)=-2x_2(t)-2u(t)$$

控制约束$|u(t)|\leqslant 1$。试求将系统由任意初态(ξ_1,ξ_2)转移到坐标原点的时间最优控制律$u^*(t)$。

3-33 已知二次积分模型

$$\dot{x}_1(t)=x_2(t)$$
$$\dot{x}_2(t)=u(t)$$

目标集约束

$$S=\{(x_1,x_2)\,|\,x_1^2+x_2^2=1\}$$

试求由目标集外的任意初态(ξ_1,ξ_2)转移到目标集的时间最优控制律$u^*(t)$。

3-34 若题3-33的目标集改为

$$S=\{(x_1,x_2)\,|\,x_1=x_2,|x_1|\leqslant 1\}$$

试求时间最优控制$u^*(t)$。

3-35 已知系统方程

$$\dot{\boldsymbol{x}}(t)=\begin{bmatrix}-2 & 2\\ 0 & -1\end{bmatrix}\boldsymbol{x}(t)+\begin{bmatrix}0\\1\end{bmatrix}u(t),\quad \boldsymbol{x}(t_0)=\boldsymbol{x}_0$$

控制约束$|u(t)|\leqslant 1$。试确定使系统由已知初态以最短时间转移到坐标原点的开关曲线。

3-36 已知系统方程

$$\dot{\boldsymbol{y}}(t)=\begin{bmatrix}0 & 0\\ -2 & -3\end{bmatrix}\boldsymbol{y}(t)+\begin{bmatrix}0\\2\end{bmatrix}u(t)$$

$$\boldsymbol{y}(t_0)=\boldsymbol{y}_0$$

控制约束$|u(t)|\leqslant 1$。试确定使系统由已知初态以最短时间转移到坐标原点的开关曲线。

3-37 证明通过下列线性变换：

$$\boldsymbol{y}(t)=\begin{bmatrix}1 & 0\\ -2 & 2\end{bmatrix}\boldsymbol{x}(t)$$

可由题 3-36 得到题 3-35。试问:这种线性变换是否影响上述两个问题的开关曲线?

3-38 已知系统方程

$$\dot{x}_1(t)=x_2(t)$$
$$\dot{x}_2(t)=x_3(t)$$
$$\dot{x}_3(t)=u(t)$$

控制约束$|u(t)|\leqslant 1$。试确定使系统由已知初态 $\boldsymbol{x}(t_0)=\boldsymbol{x}_0$ 最快转移到坐标原点的开关曲面。

3-39 设二阶线性离散系统方程为

$$\boldsymbol{x}(k+1)=\begin{bmatrix}\frac{1}{2} & 1\\ -1 & -1\end{bmatrix}\boldsymbol{x}(k)+\begin{bmatrix}0\\ 1\end{bmatrix}u(k)$$

$$\boldsymbol{x}(0)=\begin{bmatrix}x_{10}\\ x_{20}\end{bmatrix}$$

控制 $u(k)$不受约束。若要求系统在一个采样周期内到达状态空间原点,试确定初始状态应满足的约束条件,并求相应的最优控制 $u^*(0)$。

3-40 已知二阶离散系统

$$\boldsymbol{x}(k+1)=\begin{bmatrix}1 & 1-\mathrm{e}^{-1}\\ 0 & \mathrm{e}^{-1}\end{bmatrix}\boldsymbol{x}(k)+\begin{bmatrix}\mathrm{e}^{-1}\\ 1-\mathrm{e}^{-1}\end{bmatrix}u(k)$$

要求系统在一个采样周期内,由初态 $\boldsymbol{x}(0)$转移到原点。试求最优控制 $u^*(0)$。

3-41 已知系统方程

$$\dot{x}_1(t)=x_2(t)$$
$$\dot{x}_2(t)=u(t)$$

控制约束$|u(t)|\leqslant 1$。起始时刻 t_0 和末端时刻 t_f 为已知值。初态 $\xi_1=1,\xi_2=1$;末态要求 $x_1(t_f)=x_2(t_f)=0$。试确定以切换时间表示的 ε-燃料最优控制律 $u^*(t)$,使性能指标

$$J=\int_{t_0}^{t_f}|u(t)|\mathrm{d}t$$

为最小,并求 ε-最小燃耗 J^*。

3-42 已知系统方程

$$\dot{x}_1(t)=u(t),\quad x_1(0)=2,\quad x_1(8)=0$$
$$\dot{x}_2(t)=x_1(t),\quad x_2(0)=2,\quad x_2(8)=0$$

控制约束$|u(t)|\leqslant 1$。试求以切换时间表示的时间-燃料最优控制 $u^*(t)$,使性能指标

$$J=\int_0^8(1+|u(t)|)\mathrm{d}t$$

取极小值,并求最优指标 J^*。

第 4 章　动 态 规 划

在现代社会，由于经济以及自然科学的发展，自然地产生了根据被控制过程的有限信息作出高水平决策的需求。由于被控制过程具有不确定性，因此决策方法必须保持灵活性，并具有适应瞬时变化的能力。

20 世纪 50 年代，美国学者 R. 贝尔曼系统和精确地研究了这种决策方法，提出了以所研究过程现有状态为依据的动态规划方法。时至今日，由于计算技术和计算方法的迅速发展，动态规划在生产、收益、资源分配、设备更新、优化设计、信息处理和模式识别等领域中获得了广泛的应用。本章主要介绍动态规划在控制工程和控制理论中解决动态系统最优控制方面的应用。

动态规划，从本质上讲是一种非线性规划方法，其核心是贝尔曼最优性原理。这个原理可归结为一个基本递推关系式，从而使决策过程连续地转移，并将一个多步最优控制问题化为多个一步最优控制问题，从而简化求解过程。利用动态规划求解控制有约束(或控制及状态均有约束)的离散最优控制问题特别方便，但也受到问题维数的限制，应用有一定的局限性。动态规划在控制理论上的重要性表现为：对于离散控制系统可用以得到某些理论结果，从而建立起迭代计算程序；对于连续控制系统，除了可以得到某些新的理论结果外，还可建立起与变分法和极小值原理的联系。

4.1　多级决策问题

动态规划是求解多级决策过程最优化的一种数学方法。所谓多级决策过程，是指把一个过程分成若干阶段，每一阶段都作出决策，以使整个过程取得最优效果。通过对多级决策问题的讨论，可以初步了解动态规划的思想和方法。最短路线问题是多级决策问题的一个典型例子。

4.1.1　最短路线问题

设由 A 至 F 的路线如图 4-1 所示。要求选择一条路程最短的线路。各地间的距离已标注在图中。由 A 到 $B(B_1,B_2,B_3)$，需要选择一条路线，使 AB 之间路程最短，称为一级决策过程；再从 $B(B_1,B_2,B_3)$ 到 $C(C_1,C_2,C_3)$ 选择一条路线 ABC，使 AC 之间路程最短，称为二级决策过程；从 $ABCD$ 选择一条路线，使 AD 之间路程最短，称为三级决策过程；以此类推。显然，对于图 4-1 路线，从 A 到 F 共有五级决策过程。为了确定 AF 之间最短路线，可以采用穷举法与动态规划法两种方法。

穷举法是列出所有可能的路线，计算各路线的路程，通过对比后得到最短路线。本例共有 38 条可能路线，如图 4-2 所示。由图可知，决定每条路线的长度需作 4 次加法，故共需加法 152 次，比较 37 次。最后得最短路线为 $AB_2C_1D_1E_2F$，最短距离 $J^*=14$。

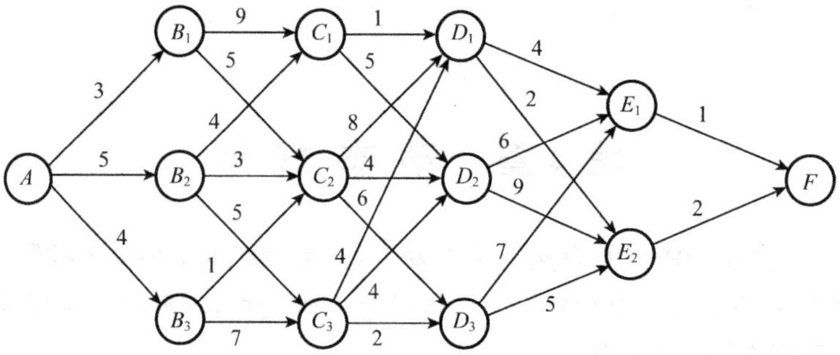

图 4-1 最短路线问题

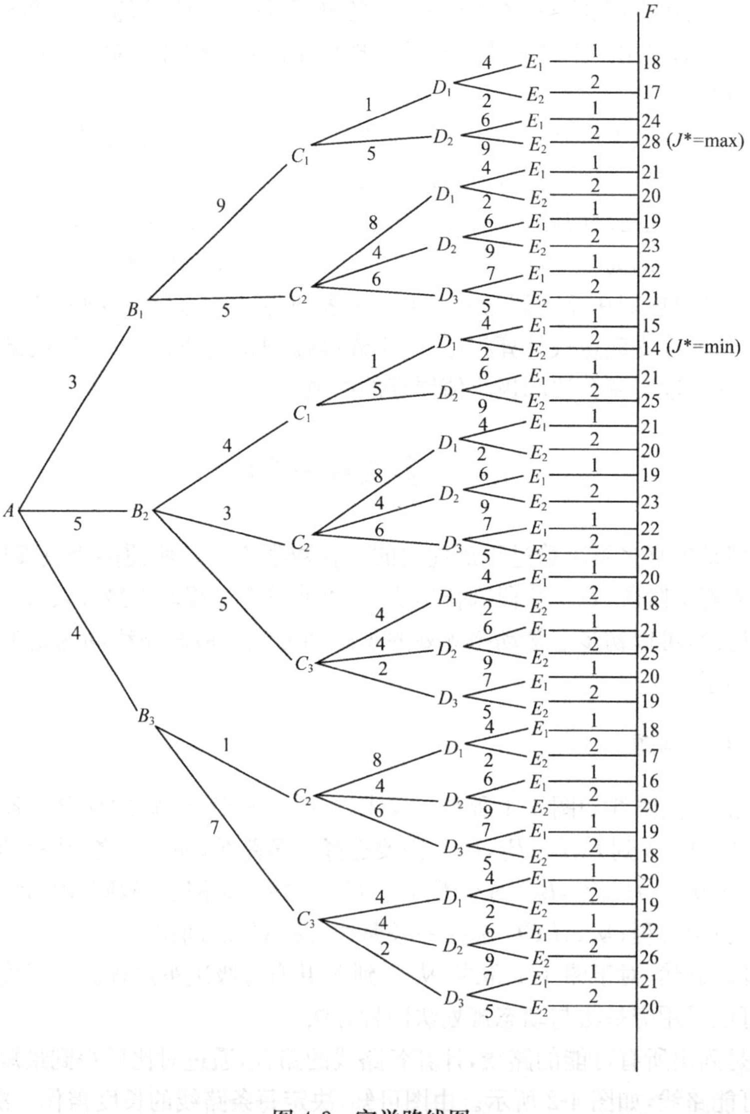

图 4-2 穷举路线图

动态规划法是一种逆序计算法，从末端开始，到始端为止，逆向递推。设 N 为多级决策过程的级数；$\boldsymbol{x}$ 表示在任一级所处的位置，称为状态变量；$S_N(\boldsymbol{x})$为决策变量，表示当状态 $\boldsymbol{x}$ 以后还有 N 级时，所选取的下一点；$J_N(\boldsymbol{x})$表示由状态 $\boldsymbol{x}$ 到终点 F 的 N 级过程的最短距离；$d(\boldsymbol{x},S_N)$表示 $\boldsymbol{x}$ 点到 S_N 的距离。对于图 4-1 问题，从最后一级开始计算。

(1) $N=5$(E 级)

$$J_1(E_1)=1$$
$$J_1(E_2)=2$$

将 $E(E_1,E_2)$至 F 的距离数字标注于图 4-3 中，数字旁括号内的文字表示相应的决策变量。由于从 E_1 到 F 以及从 E_2 到 F 都只有一种可能，所以本级无决策问题。

(2) $N=4$(D 级)

本级决策有三种选择。每种选择中又有两条可能的路线。例如，从 D_1 出发，可达 E_1，也可达 E_2，所以

$$J_2(D_1)=\min\begin{Bmatrix}d(D_1,E_1)+J_1(E_1)\\d(D_1,E_2)+J_1(E_2)\end{Bmatrix}=\min\begin{Bmatrix}4+1\\2+2\end{Bmatrix}=4$$

说明 D_1 至 F 的最短距离为 4，路线为 D_1E_2F，决策变量为

$$S_2(D_1)=E_2$$

同理，从 D_2 出发时，有

$$J_2(D_2)=\min\begin{Bmatrix}d(D_2,E_1)+J_1(E_1)\\d(D_2,E_2)+J_1(E_2)\end{Bmatrix}=\min\begin{Bmatrix}6+1\\9+2\end{Bmatrix}=7$$

说明 D_2 至 F 的最短距离为 7，路线为 D_2E_1F，决策变量为

$$S_2(D_2)=E_1$$

从 D_3 出发时，有

$$J_2(D_3)=\min\begin{Bmatrix}d(D_3,E_1)+J_1(E_1)\\d(D_3,E_2)+J_1(E_2)\end{Bmatrix}=\min\begin{Bmatrix}7+1\\5+2\end{Bmatrix}=7$$

说明 D_3 至 F 的最短距离为 7，路线为 D_3E_2F，决策变量为

$$S_2(D_3)=E_2$$

将④(E_2)标注于图 4-3 中的 D_1 点处，⑦(E_1)标注于 D_2 点处，⑦(E_2)标注于 D_3 点处。

(3) $N=3$(C 级)

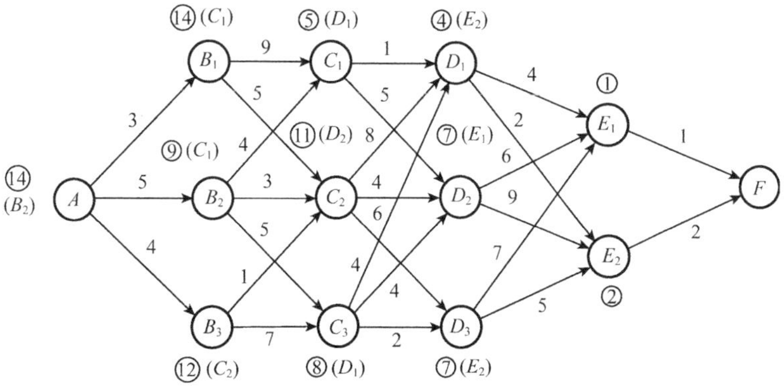

图 4-3　决策过程

本级有三种选择，计算过程如下：

$$J_3(C_1)=\min\begin{Bmatrix}d(C_1,D_1)+J_2(D_1)\\d(C_1,D_2)+J_2(D_2)\end{Bmatrix}=\min\begin{Bmatrix}1+4\\5+7\end{Bmatrix}=5$$

决策变量

$$S_3(C_1)=D_1$$

$$J_3(C_2)=\min\begin{Bmatrix}d(C_2,D_1)+J_2(D_1)\\d(C_2,D_2)+J_2(D_2)\\d(C_2,D_3)+J_2(D_3)\end{Bmatrix}=\min\begin{Bmatrix}8+4\\4+7\\6+7\end{Bmatrix}=11$$

决策变量

$$S_3(C_2)=D_2$$

$$J_3(C_3)=\min\begin{Bmatrix}d(C_3,D_1)+J_2(D_1)\\d(C_3,D_2)+J_2(D_2)\\d(C_3,D_3)+J_2(D_3)\end{Bmatrix}=\min\begin{Bmatrix}4+4\\4+7\\2+7\end{Bmatrix}=8$$

决策变量

$$S_3(C_3)=D_1$$

在图 4-3 中的标注情况与 $N=2$ 时类同。

(4) $N=2$(B 级)

本级决策有三种选择，计算过程如下：

$$J_4(B_1)=\min\begin{Bmatrix}d(B_1,C_1)+J_3(C_1)\\d(B_1,C_2)+J_3(C_2)\end{Bmatrix}=\min\begin{Bmatrix}9+5\\5+11\end{Bmatrix}=14$$

决策变量

$$S_4(B_1)=C_1$$

$$J_4(B_2)=\min\begin{Bmatrix}d(B_2,C_1)+J_3(C_1)\\d(B_2,C_2)+J_3(C_2)\\d(B_2,C_3)+J_3(C_3)\end{Bmatrix}=\min\begin{Bmatrix}4+5\\3+11\\5+8\end{Bmatrix}=9$$

决策变量

$$S_4(B_2)=C_1$$

$$J_4(B_3)=\min\begin{Bmatrix}d(B_3,C_2)+J_3(C_2)\\d(B_3,C_3)+J_3(C_3)\end{Bmatrix}=\min\begin{Bmatrix}1+11\\7+8\end{Bmatrix}=12$$

决策变量

$$S_4(B_3)=C_2$$

将上述计算结果相应标注在图 4-3 中。

(5) $N=1$(A 级)

本级决策是唯一的，计算结果为

$$J_5(A)=\min\begin{Bmatrix}d(A,B_1)+J_4(B_1)\\d(A,B_2)+J_4(B_2)\\d(A,B_3)+J_4(B_3)\end{Bmatrix}=\min\begin{Bmatrix}3+14\\5+9\\4+12\end{Bmatrix}=14$$

决策变量

$$S_5(A)=B_2$$

将决策结果14(B_2)标在图 4-3 中的 A 点。

最后，在图 4-3 中可顺序确定最短路线为 $AB_2C_1D_1E_2F$，最短距离 $J^*=J_5(A)=14$。这一结果与穷举法所得结果完全一致，但只用加法 24 次，比较 14 次，计算量比穷举法大为减少。级数 N 越大，每级的状态变量越多，则动态规划计算量比穷举法计算量减少越多。

对于本例，求解时采用的递推方程的一般形式为

$$J_N(\boldsymbol{x})=\min_{S_N(\boldsymbol{x})}\{d[\boldsymbol{x},S_N(\boldsymbol{x})]+J_{N-1}[S_N(\boldsymbol{x})]\} \tag{4-1}$$

以及

$$J_1(\boldsymbol{x})=d(\boldsymbol{x},F) \tag{4-2}$$

在动态规划中，式(4-1)和式(4-2)称为函数方程。当选择第一个决策 $S_N(\boldsymbol{x})$时，其结果不但影响第一级的距离 $d[\boldsymbol{x},S_N(\boldsymbol{x})]$，而且影响后面 $N-1$ 级的初始状态，因而也影响后面 $N-1$级的最短距离。因此，最优策略(各阶段的决策组成的最佳集合)的选择应在递推过程结束后进行，不能在各级分散确定。

由本例的分析过程可知，一个 N 级最优过程(如从 A 至 F 的 $J_5(A)$)，不论第一级决策如何(如 $S_5(A)=B_1,B_2,B_3$)，其余 $N-1$ 级决策过程(如从 B 至 F)，至少必须依据第一级决策所形成的状态(如 B_1,B_2,B_3)组成一个 $N-1$ 级最优过程(如 $J_4(B_1)$、$J_4(B_2)$、$J_4(B_3)$)。在此基础上选择第一级决策(如选择 $S_5(A)=B_2$)，必可使总的 N 级过程最优(如求出 $J_5(A)=14$)。在多级决策问题中，这种递推思想的核心，是贝尔曼提出的最优性原理。

4.1.2 最优性原理

贝尔曼指出，多级决策过程的最优策略具有这样的性质：不论初始状态和初始决策如何，当把其中的任何一级和状态再作为初始级和初始状态时，其余的决策对此必定也是一个最优策略。

具体说，若有一个初态为 $\boldsymbol{x}(0)$ 的 N 级决策过程，其最优策略为$\{\boldsymbol{u}(0),\boldsymbol{u}(1),\cdots,\boldsymbol{u}(N-1)\}$。那么，对于以 $\boldsymbol{x}(1)$为初态的 $N-1$ 级决策过程来说，决策集合$\{\boldsymbol{u}(1),\boldsymbol{u}(2),\cdots,\boldsymbol{u}(N-1)\}$必定是最优策略。

证明 设策略或决策序列

$$\boldsymbol{u}^*=\{\boldsymbol{u}^*(0),\boldsymbol{u}^*(1),\cdots,\boldsymbol{u}^*(N-1)\}$$

是使代价函数 J 最小的最优策略，相应的最小代价为

$$\begin{aligned}J^*[\boldsymbol{x}(0)]&=J[\boldsymbol{x}(0),\boldsymbol{u}^*]\\&=J[\boldsymbol{x}(0),\boldsymbol{u}^*(0),\boldsymbol{u}^*(1),\cdots,\boldsymbol{u}^*(N-1)]\\&=\min_{\boldsymbol{u}(k)}\sum_{k=0}^{N-1}L[\boldsymbol{x}(k),\boldsymbol{u}(k),k]\end{aligned}$$

反设在 $k=r,r+1,\cdots,N-1$ 区间内，$\boldsymbol{u}^*(k)$不是最优决策序列，则必存在另一决策序列 $\bar{\boldsymbol{u}}(k)$，$k=r,r+1,\cdots,N-1$，使得

$$J[\boldsymbol{x}(r),\bar{\boldsymbol{u}}(r),\bar{\boldsymbol{u}}(r+1),\cdots,\bar{\boldsymbol{u}}(N-1)]<J[\boldsymbol{x}(r),\boldsymbol{u}^*(r),\boldsymbol{u}^*(r+1),\cdots,\boldsymbol{u}^*(N-1)]$$

因而，有两个决策序列

$$\boldsymbol{u}^*(k),\quad k=0,1,\cdots,N-1$$

$$\boldsymbol{u}^{**}(k)=\begin{cases}\boldsymbol{u}^*(k), & k\in[0,r-1)\\ \bar{\boldsymbol{u}}(k), & k\in[r,N-1]\end{cases}$$

使得

$$J^*>J^{**}$$

式中

$$\begin{aligned}J^*&=J[\boldsymbol{x}(0),\boldsymbol{u}^*(0),\boldsymbol{u}^*(1),\cdots,\boldsymbol{u}^*(N-1)]\\&=L[\boldsymbol{x}(0),\boldsymbol{u}^*(0),0]+\cdots+L[\boldsymbol{x}(r-1),\boldsymbol{u}^*(r-1),r-1]\\&\quad+L[\boldsymbol{x}(r),\boldsymbol{u}^*(r),r]+\cdots+L[\boldsymbol{x}(N-1),\boldsymbol{u}^*(N-1),N-1]\\J^{**}&=J[\boldsymbol{x}(0),\boldsymbol{u}^*(0),\cdots,\boldsymbol{u}^*(r-1);\bar{\boldsymbol{u}}(r),\bar{\boldsymbol{u}}(r+1),\cdots,\bar{\boldsymbol{u}}(N-1)]\\&=L[\boldsymbol{x}(0),\boldsymbol{u}^*(0),0]+\cdots+L[\boldsymbol{x}(r-1),\boldsymbol{u}^*(r-1),r-1]\\&\quad+L[\boldsymbol{x}(r),\bar{\boldsymbol{u}}(r),r]+\cdots+L[\boldsymbol{x}(N-1),\bar{\boldsymbol{u}}(N-1),N-1]\end{aligned}$$

上述结果与 J^* 为最小代价的假设相矛盾。因此,反设不成立,最优性原理得证。

对于连续系统,最优性原理可以表述为:若对于初始时刻 t_0 和初始状态 $\boldsymbol{x}(t_0)$,$\boldsymbol{u}^*(t)$ 和 $\boldsymbol{x}^*(t)$是所论系统的最优控制和最优轨线,则对于时刻 $t_1(t_1>t_0)$和相应状态 $\boldsymbol{x}(t_1)$来说,$\boldsymbol{u}^*(t),t\in[t_1,t_f]$和 $\boldsymbol{x}^*(t),t\in[t_1,t_f]$,仍是所论系统往后的最优控制和最优轨线。

上述结论同样可用反证法证明:反设从 $\boldsymbol{x}(t_1)$到 $\boldsymbol{x}(t_f)$还有另一条路线为最优,则原来从 $\boldsymbol{x}(t_0)$到 $\boldsymbol{x}(t_f)$的轨线显然不是最优,从而与原来的假设矛盾。因此,反设不成立。连续系统的最优性原理成立。

最优性原理为解决多级决策过程的寻优问题提供了简便而有效的方法,可将一个多级最优决策问题化为多个单级最优决策问题,并为导出递推方程提供了理论基础。

4.1.3 动态规划的基本递推方程

问题 4-1 设 N 级过程的动态方程为

$$\boldsymbol{x}(k+1)=\boldsymbol{f}[\boldsymbol{x}(k),\boldsymbol{u}(k),k],\quad \boldsymbol{x}(0)=\boldsymbol{x}_0 \tag{4-3}$$

式中状态约束 $\boldsymbol{x}(k)\in X\subset R^n$,控制(决策)约束 $\boldsymbol{u}(k)\in\Omega\subset R^m$,$k=0,1,\cdots,N-1$。求容许控制(决策)序列 $\boldsymbol{u}^*(k)$,$k=0,1,\cdots,N-1$,使代价函数(或性能指标)

$$J[\boldsymbol{x}(0)]=\sum_{k=0}^{N-1}L[\boldsymbol{x}(k),\boldsymbol{u}(k),k] \tag{4-4}$$

为最小。

在问题 4-1 中,k 表示 N 级决策过程中的阶段变量,$\boldsymbol{x}(k)$表示 $k+1$ 级的初始状态,$\boldsymbol{u}(k)$表示第 $k+1$ 级所采用的控制(决策)向量,如图 4-4 所示。为了强调 J 是控制 $\boldsymbol{u}$ 的泛函,因此式(4-4)可表示为

$$J[\boldsymbol{x}(0),\boldsymbol{u}]=\sum_{k=0}^{N-1}L[\boldsymbol{x}(k),\boldsymbol{u}(k),k] \tag{4-5}$$

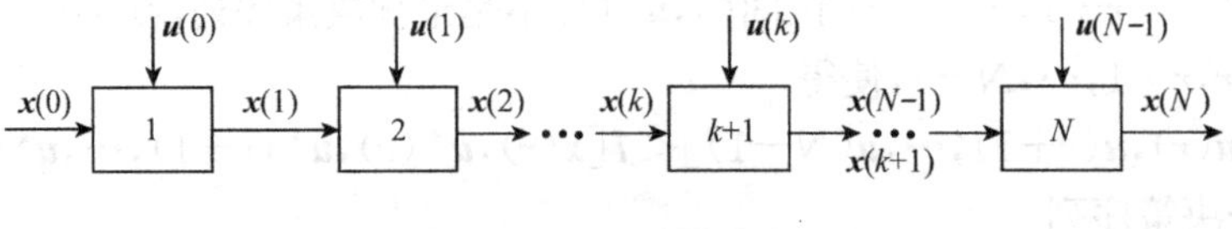

图 4-4 N 级决策过程

一般情况下,始于任意状态 $\boldsymbol{x}(k)$ 的代价可记为 $J[\boldsymbol{x}(k),\boldsymbol{u}]$。其中

$$\boldsymbol{u}=\{\boldsymbol{u}(k),\boldsymbol{u}(k+1),\cdots,\boldsymbol{u}(N-1)\}$$

$J[\boldsymbol{x}(k),\boldsymbol{u}]$ 表示由任意状态 $\boldsymbol{x}(k)$ 到过程终点为止,由任意策略 $\boldsymbol{u}$ 所导致的代价。因此,始自 $\boldsymbol{x}(k)$ 的最优代价为

$$J^*[\boldsymbol{x}(k)]=J[\boldsymbol{x}(k),\boldsymbol{u}^*]$$

式中 $\boldsymbol{u}^*$ 表示最优策略。对于给定问题,当 $\boldsymbol{x}(k)$ 固定时,$\boldsymbol{u}^*$ 是确定的,因此最优代价 $J^*[\boldsymbol{x}(k)]$ 仅是初始状态 $\boldsymbol{x}(k)$ 的函数,常记为 $J[\boldsymbol{x}(k)]$。

为了求出问题 4-1 的最小代价 $J^*[\boldsymbol{x}(0),0]$,根据动态规划的解题思想,把始自 $\boldsymbol{x}(0)$ 的待求问题,嵌入到求 $J^*[\boldsymbol{x}(k),k]$ 的问题之中。其中,将 $J^*[\boldsymbol{x}(0)]$ 写为 $J^*[\boldsymbol{x}(0),0]$ 和将 $J^*[\boldsymbol{x}(k)]$ 写为 $J^*[\boldsymbol{x}(k),k]$ 是为了强调 J 对初始时刻的依赖。研究如下问题

$$\min_{\boldsymbol{u}\in\Omega}J[\boldsymbol{x}(k),k]=\sum_{j=k}^{N-1}L[\boldsymbol{x}(j),\boldsymbol{u}(j),j] \tag{4-6}$$

式中 $\boldsymbol{x}(k)$ 固定。状态方程约束为

$$\boldsymbol{x}(j+1)=\boldsymbol{f}[\boldsymbol{x}(j),\quad \boldsymbol{u}(j),j],\quad j=k,k+1,\cdots,N-1 \tag{4-7}$$

式中

$$\begin{aligned}&\boldsymbol{x}(k)\in X\subset R^n\\&\boldsymbol{u}(k)\in \Omega\subset R^m\end{aligned}\qquad k=0,1,\cdots,N-1$$

始自第 k 级任一容许状态 $\boldsymbol{x}(k)$ 的最小代价

$$\begin{aligned}J^*[\boldsymbol{x}(k),k]&=\min_{\{\boldsymbol{u}(k),\boldsymbol{u}(k+1),\cdots,\boldsymbol{u}(N-1)\}\in\Omega}\left\{\sum_{j=k}^{N-1}L[\boldsymbol{x}(j),\boldsymbol{u}(j),j]\right\}\\&=\min_{\boldsymbol{u}(k),\boldsymbol{u}(k+1),\cdots,\boldsymbol{u}(N-1)\}\in\Omega}\left\{L[\boldsymbol{x}(k),\boldsymbol{u}(k),k]+\sum_{j=k+1}^{N-1}L[\boldsymbol{x}(j),\boldsymbol{u}(j),j]\right\}\end{aligned} \tag{4-8}$$

式中第一部分是第 k 级内所付出的代价,第二部分是从第 $k+1$ 级到第 N 级的代价和。将式(4-8)中求最小的运算也分解为两部分:在本级决策 $\boldsymbol{u}(k)$ 下求最小,以及在剩余决策序列 $\{\boldsymbol{u}(k+1),\boldsymbol{u}(k+2),\cdots,\boldsymbol{u}(N-1)\}$ 下求最小。于是,式(4-8)可写为

$$\begin{aligned}J^*[\boldsymbol{x}(k),k]=\min_{\boldsymbol{u}(k)\in\Omega}\min_{\{\boldsymbol{u}(k+1),\cdots,\boldsymbol{u}(N-1)\}\in\Omega}&\left\{L[\boldsymbol{x}(k),\boldsymbol{u}(k),k]\right.\\&\left.+\sum_{j=k+1}^{N-1}L[\boldsymbol{x}(j),\boldsymbol{u}(j),j]\right\}\end{aligned} \tag{4-9}$$

式中大括号内的第一项仅取决于 $\boldsymbol{u}(k)$,而与 $\boldsymbol{u}(j)$,$j=k+1,k+2,\cdots,N-1$ 无关,因此对 $\boldsymbol{u}(j)$ 取极小没有意义。大括号内的第二项,当 $\boldsymbol{x}(k+1)$ 固定时,其值取决于 $\boldsymbol{u}(j)$,$j=k+1,k+2,\cdots,N-1$,而与 $\boldsymbol{u}(k)$ 没有直接关系,但是 $\boldsymbol{u}(k)$ 通过状态方程(4-7)决定 $\boldsymbol{x}(k+1)$,从而影响该项的值。于是,式(4-9)可写为

$$\begin{aligned}J^*[\boldsymbol{x}(k),k]=\min_{\boldsymbol{u}(k)\in\Omega}&\left\{L[\boldsymbol{x}(k),\boldsymbol{u}(k),k]\right.\\&\left.+\min_{\{\boldsymbol{u}(k+1),\cdots,\boldsymbol{u}(N-1)\}\in\Omega}\sum_{j=k+1}^{N-1}L[\boldsymbol{x}(j),\boldsymbol{u}(j),j]\right\}\end{aligned} \tag{4-10}$$

根据最优性原理和状态方程(4-3),如下关系式成立:

$$\begin{aligned}J^*[\boldsymbol{x}(k+1),k+1]&=J^*[\boldsymbol{f}(\boldsymbol{x}(k),\boldsymbol{u}(k),k),k+1]\\&=\min_{\{\boldsymbol{u}(k+1),\cdots,\boldsymbol{u}(N-1)\}\in\Omega}\sum_{j=k+1}^{N-1}L[\boldsymbol{x}(j),\boldsymbol{u}(j),j]\end{aligned} \tag{4-11}$$

将式(4-11)代入式(4-10)，得动态规划基本递推方程

$$J^*[\boldsymbol{x}(k),k]=\min_{\boldsymbol{u}(k)\in\Omega}\{L[\boldsymbol{x}(k),\boldsymbol{u}(k),k]+J^*[\boldsymbol{x}(k+1),k+1]\}$$

$$(k=0,1,\cdots,N-1) \tag{4-12}$$

或者

$$J^*[\boldsymbol{x}(k),k]=\min_{\boldsymbol{u}(k)\in\Omega}\{L[\boldsymbol{x}(k),\boldsymbol{u}(k),k]+J^*[\boldsymbol{f}(\boldsymbol{x}(k),\boldsymbol{u}(k),k),k+1]\}$$

$$(k=0,1,\cdots,N-1) \tag{4-13}$$

上述递推关系从过程的最后一级开始，逐级逆向递推。由式(4-12)，令 $k=N-1$，得

$$J^*[\boldsymbol{x}(N-1),N-1]=\min_{\boldsymbol{u}(N-1)\in\Omega}\{L[\boldsymbol{x}(N-1),\boldsymbol{u}(N-1),N-1]+J^*[\boldsymbol{x}(N),N]\} \tag{4-14}$$

式中 $J^*[\boldsymbol{x}(N),N]$ 表示代价函数 J 中的末值项。对于问题 4-1 以及相应的嵌入式(4-6)，代价函数中无末值项，应取

$$J^*[\boldsymbol{x}(N),N]=0$$

于是，式(4-14)可写为

$$J^*[\boldsymbol{x}(N-1),N-1]=\min_{\boldsymbol{u}(N-1)\in\Omega}L[\boldsymbol{x}(N-1),\boldsymbol{u}(N-1),N-1] \tag{4-15}$$

式(4-15)仅是函数 $L[\boldsymbol{x}(N-1),\boldsymbol{u}(N-1),N-1]$ 对控制 $\boldsymbol{u}(N-1)\in\Omega$ 的单级最优化问题，不再是式(4-6)那样的多级优化问题，易于求解。求解时，可以对所有的 $\boldsymbol{x}(N-1)\in X$，求解式(4-15)，以便得到 $J^*[\boldsymbol{x}(N-1),N-1]$，然后由递推方程(4-12)逆向逐级递推，求出 $J^*[\boldsymbol{x}(N-2),N-2],\cdots,J^*[\boldsymbol{x}(1),1],J^*[\boldsymbol{x}(0),0]$。这最后一步的递推解 $J^*[\boldsymbol{x}(0),0]$ 以及得到的最优策略 $\{\boldsymbol{u}^*(0),\boldsymbol{u}^*(1),\cdots,\boldsymbol{u}^*(N-1)\}$，正是问题 4-1 要求的解。这种把始自 $\boldsymbol{x}(0)$ 的待求问题嵌入到求始自 $\boldsymbol{x}(k)$ 的 $J^*[\boldsymbol{x}(k),k]$ 问题之中的方法，称为嵌套原理。

例 4-1 已知离散系统方程

$$x(k+1)=2x(k)+u(k),\quad x(0)=1$$

代价函数

$$J=x^2(3)+\sum_{k=0}^{2}[x^2(k)+u^2(k)]$$

式中的状态 $x(k)$ 及控制 $u(k)$ 均不受约束。试求最优控制序列 $\{u^*(0),u^*(1),u^*(2)\}$，使代价函数极小。

解 本例为 3 级最优决策问题，可利用式(4-12)进行逆向递推。

① 令 $N=3,k=2$ 时

$$J_1^*[x(2)]=\min_{u(2)}\{[x^2(2)+u^2(2)]+J_0^*[x(3)]\}$$

$$J_0^*[x(3)]=x^2(3)=[2x(2)+u(2)]^2$$

所以

$$J_1^*[x(2)]=\min_{u(2)}\{x^2(2)+u^2(2)+[2x(2)+u(2)]^2\}$$

由于 $u(k)$ 无约束，故令

$$\frac{\partial\{\cdot\}}{\partial u(2)}=2u(2)+2[2x(2)+u(2)]=0$$

求得

$$u^*(2)=-x(2)$$

将上述结果代入 $J_1^*[x(2)]$ 方程，易得

$$J_1^*[x(2)]=3x^2(2)$$

② 令 $N=2,k=1$ 时

$$\begin{aligned}J_2^*[x(1)]&=\min_{u(1)}\{x^2(1)+u^2(1)+J_1^*[x(2)]\}\\&=\min_{u(1)}\{x^2(1)+u^2(1)+3[2x(1)+u(1)]^2\}\end{aligned}$$

解得

$$u^*(1)=-\frac{3}{2}x(1)$$

$$J_2^*[x(1)]=4x^2(1)$$

③ 令 $N=1,k=0$ 时

$$\begin{aligned}J_3^*[x(0)]&=\min_{u(0)}\{x^2(0)+u^2(0)+J_2^*[x(1)]\}\\&=\min_{u(0)}\{x^2(0)+u^2(0)+4[2x(0)+u(0)]^2\}\end{aligned}$$

解得

$$u^*(0)=-\frac{8}{5}x(0)$$

$$J_3^*[x(0)]=\frac{21}{5}x(0)$$

代入已知的 $x(0)=1$，按正向顺序算出

$$u^*(0)=-\frac{8}{5},\quad x^*(1)=2x(0)+u^*(0)=\frac{2}{5},\quad J_3^*[x(0)]=\frac{21}{5}$$

$$u^*(1)=-\frac{3}{5},\quad x^*(2)=2x(1)+u^*(1)=\frac{1}{5},\quad J_2^*[x(1)]=\frac{16}{25}$$

$$u^*(2)=-\frac{1}{5},\quad x^*(3)=2x(2)+u^*(2)=\frac{1}{5},\quad J_2^*[x(2)]=\frac{3}{25}$$

于是，本例的最优控制，最优轨线及最优代价分别为

$$u^*=\left\{-\frac{8}{5},-\frac{3}{5},-\frac{1}{5}\right\}$$

$$x^*=\left\{1,\frac{2}{5},\frac{1}{5},\frac{1}{5}\right\}$$

$$J^*=J_3^*[x(0)]=\frac{21}{5}$$

由上例计算过程可见，用动态规划解题要进行两次搜索。第一次逆向进行，即用第 $k+1$ 级的最小代价函数 $J^*[\boldsymbol{x}(k+1),k+1]$，根据基本递推方程(4-12)计算第 k 级最小代价函数 $J^*[\boldsymbol{x}(k),k]$。第二次搜索正向进行，应用第一次搜索得到的决策函数 $\boldsymbol{u}^*[\boldsymbol{x}^*(k)]$，根据动态方程 $\boldsymbol{x}(k+1)=\boldsymbol{f}[\boldsymbol{x}(k),\boldsymbol{u}(k),k]$ 正向迭代，求出最优决策序列及最优轨线。

4.2 离散动态规划

对于线性离散系统，当控制变量或状态变量有不等式约束时，利用动态规划方法来求解最优控制问题，需要采用数值计算方法。至于非线性离散系统或非二次型代价函数问

题，通常无法得到最优控制的解析表达式，只能采用动态规划的基本递推方程进行数值计算，以便得到表格形式的最优控制与最优代价函数。本节主要研究离散最优控制问题的动态规划解及其数值算法，并指出动态规划数值算法所面临的困难。

4.2.1 离散最优控制问题的动态规划解

问题 4-2 设非线性离散系统的状态方程

$$\boldsymbol{x}(k+1)=\boldsymbol{f}[\boldsymbol{x}(k),\boldsymbol{u}(k),k],\quad \boldsymbol{x}(0)=\boldsymbol{x}_0 \tag{4-16}$$

式中状态约束 $\boldsymbol{x}(k)\in X\subset R^n$，控制约束 $\boldsymbol{u}(k)\in \Omega\subset R^m$，$k=0,1,\cdots,N$。求最优控制序列 $\boldsymbol{u}^*(k)$，$k=0,1,\cdots,N-1$，使代价函数

$$J_N[\boldsymbol{x}(0)]=\varphi[\boldsymbol{x}(N),N]+\sum_{k=0}^{N-1}L[\boldsymbol{x}(k),\boldsymbol{u}(k),k] \tag{4-17}$$

极小。

在上述问题中，代价函数是复合型的，比问题 4-1 更为一般。根据动态规划的基本递推方程，按如下步骤求解。

① 求第 N 级最优控制 $\boldsymbol{u}^*(N-1)$。

$$J_1^*[\boldsymbol{x}(N-1)]=\min_{\boldsymbol{u}(N-1)\in\Omega}\{L[\boldsymbol{x}(N-1),\boldsymbol{u}(N-1),N-1]+J_0^*[\boldsymbol{x}(N)]\}$$

式中 $L[\boldsymbol{x}(N-1),\boldsymbol{u}(N-1),N-1]$ 为本级代价；$J_0^*[\boldsymbol{x}(N)]=\varphi[\boldsymbol{x}(N),N]$ 为代价函数中的末值项，或称终点指标；$\boldsymbol{x}(N)=\boldsymbol{f}[\boldsymbol{x}(N-1),\boldsymbol{u}(N-1),N-1]$ 为后部 0 段子过程初态。可以解得

$$\boldsymbol{u}^*(N-1)=\boldsymbol{u}^*[\boldsymbol{x}(N-1)]$$

以及

$$J_1^*[\boldsymbol{x}(N-1)]$$

它们都是 $\boldsymbol{x}(N-1)$ 的函数

② 求第 $N-1$ 级最优控制 $\boldsymbol{u}^*(N-2)$。

$$J_2^*[\boldsymbol{x}(N-2)]=\min_{\boldsymbol{u}(N-2)\in\Omega}\{L[\boldsymbol{x}(N-2),\boldsymbol{u}(N-2),N-2]+J_1^*[\boldsymbol{x}(N-1)]\}$$

式中 $L[\boldsymbol{x}(N-2),\boldsymbol{u}(N-2),N-2]$ 为本级代价；$J_1^*[\boldsymbol{x}(N-1)]$ 为后部 1 段子过程的最小代价函数，已由上步求出；$\boldsymbol{x}(N-1)=\boldsymbol{f}[\boldsymbol{x}(N-2),\boldsymbol{u}(N-2),N-2]$ 为后部 1 段子过程初态。本步求得 $\boldsymbol{u}^*[\boldsymbol{x}(N-2)]$ 及 $J_2^*[\boldsymbol{x}(N-2)]$。以下类推。

③ 求第 $k+1$ 级的最优控制 $\boldsymbol{u}^*(k)$。

$$J_{N-k}^*[\boldsymbol{x}(k)]=\min_{\boldsymbol{u}(k)\in\Omega}\{L[\boldsymbol{x}(k),\boldsymbol{u}(k),k]+J_{N-k-1}^*[\boldsymbol{x}(k+1)]\}$$

$$\boldsymbol{x}(k+1)=\boldsymbol{f}[\boldsymbol{x}(k),\boldsymbol{u}(k),k]$$

得到 $\boldsymbol{u}^*(k)=\boldsymbol{u}^*[\boldsymbol{x}(k)]$ 以及 $J_{N-k}^*[\boldsymbol{x}(k)]$。以下类推。

④ 求第 2 级最优控制 $\boldsymbol{u}^*(1)$。

$$J_{N-1}^*[\boldsymbol{x}(1)]=\min_{\boldsymbol{u}(1)\in\Omega}\{L[\boldsymbol{x}(1),\boldsymbol{u}(1),1]+J_{N-2}^*[\boldsymbol{x}(2)]\}$$

$$\boldsymbol{x}(2)=\boldsymbol{f}[\boldsymbol{x}(1),\boldsymbol{u}(1),1]$$

式中 $J_{N-2}^*[\boldsymbol{x}(2)]$ 是后部 $N-2$ 段子过程的最小代价函数，已由上步求出；$\boldsymbol{x}(2)$ 为其相应的初态；$L[\boldsymbol{x}(1),\boldsymbol{u}(1),1]$ 为本级代价。

⑤ 求第 1 级最优控制 $\boldsymbol{u}^*(0)$。

$$J_N^*[\boldsymbol{x}(0)]=\min_{\boldsymbol{u}(0)\in\Omega}\{L[\boldsymbol{x}(0),\boldsymbol{u}(0),0]+J_{N-1}^*[\boldsymbol{x}(1)]\}$$

$$\boldsymbol{x}(1)=\boldsymbol{f}[\boldsymbol{x}(0),\boldsymbol{u}(0),0]$$

求得 $\boldsymbol{u}^*(0)=\boldsymbol{u}^*[\boldsymbol{x}(0)]$以及 $J_N^*[\boldsymbol{x}(0)]$。它们都是 $\boldsymbol{x}(0)$的函数。

最后,由已知初态 $\boldsymbol{x}(0)$,顺序求出 $\boldsymbol{u}^*(0),\boldsymbol{x}^*(1),\boldsymbol{u}^*(1),\cdots,\boldsymbol{x}^*(N-1),\boldsymbol{u}^*(N-1)$以及 N 级过程最小代价函数 J_N^* 和各段子过程的最小代价函数 $J_{N-1}^*,J_{N-2}^*,\cdots,J_1^*$。

例 4-2 设离散系统方程

$$x(k+1)=x(k)+u(k),\quad x(0)=0,\quad x(4)=1$$

式中 $u(k)\in\Omega=\{-1,0,+1\}$。性能指标

$$J=\sum_{k=0}^{3}[x^2(k)+u^2(k)]$$

求使性能指标为极小的最优控制序列 $u^*(k),k=0,1,2,3$,以及最优轨线 $x^*(k),k=0,1,2,3,4$。

解 本例末端固定,$x(4)=1$。求解步骤如下:

(1) 求 $u^*(3)$

因为

$$x(4)=x(3)+u(3)=1$$

$$x(3)=1-u(3)$$

$$J_0^*[x(4)]=0$$

所以

$$J_1^*=\min_{u(3)\in\Omega}\{x^2(3)+u^2(3)+J_0^*\}$$

$$=\min_{u(3)\in\Omega}\{1-2u(3)+2u^2(3)\}=\begin{cases}1, & 当\ u(3)=+1\\ 1, & 当\ u(3)=0\\ 5, & 当\ u(3)=-1\end{cases}$$

故取

$$u^*(3)=\begin{cases}+1\\ 0\end{cases},\quad x^*(3)=\begin{cases}0, & 当\ u^*(3)=+1\\ 1, & 当\ u^*(3)=0\end{cases},\quad J_1^*=1$$

(2) 求 $u^*(2)$

$$x(3)=x(2)+u(2)=\begin{cases}0, & 当\ u^*(3)=+1\\ 1, & 当\ u^*(3)=0\end{cases}$$

$$J_2^*=\min_{u(2)\in\Omega}\{x^2(2)+u^2(2)+J_1^*\}$$

① 取 $u^*(3)=+1,x^*(3)=0,J_1^*=1$ 时,因为

$$x(2)=-u(2)$$

$$J_2^*=\min_{u(2)\in\Omega}\{2u^2(2)+1\}=\begin{cases}3, & 当\ u(2)=+1\\ 1, & 当\ u(2)=0\\ 3, & 当\ u(2)=-1\end{cases}$$

所以

$$u^*(2)=0,\quad x^*(2)=0,\quad J_2^*=1$$

② 取 $u^*(3)=0,x^*(3)=1,J_1^*=1$ 时,因为

$$x(2)=1-u(2)$$

$$J_2^*=\min_{u(2)\in\Omega}\{1-2u(2)+2u^2(2)+1\}=\begin{cases}2, & 当\ u(2)=+1\\ 2, & 当\ u(2)=0\\ 6, & 当\ u(2)=-1\end{cases}$$

所以

$$u^*(2)=\begin{cases}0\\ +1\end{cases},\quad x^*(2)=\begin{cases}1, & 当\ u^*(2)=0\\ 0, & 当\ u^*(2)=+1\end{cases},\quad J_2^*=2$$

(3) 求 $u^*(1)$

$$x(2)=x(1)+u(1)$$

$$J_3^*=\min_{u(1)\in\Omega}\{x^2(1)+u^2(1)+J_2^*\}$$

① 取

$$u^*(3)=1,\quad x^*(3)=0,\quad J_1^*=1$$

$$u^*(2)=0,\quad x^*(2)=0,\quad J_2^*=1$$

可得

$$x(1)=-u(1)$$

$$J_3^*=\min_{u(1)\in\Omega}\{2u^2(1)+1\}=\begin{cases}3, & 当\ u(1)=+1\\ 1, & 当\ u(1)=0\\ 3, & 当\ u(1)=-1\end{cases}$$

应取

$$u^*(1)=0,\quad x^*(1)=0,\quad J_3^*=1$$

② 取

$$u^*(3)=0,\quad x^*(3)=1,\quad J_1^*=1$$

$$u^*(2)=0,\quad x^*(2)=1,\quad J_2^*=2$$

可得

$$x(1)=1-u(1)$$

$$J_3^*=\min_{u(1)\in\Omega}\{1-2u(1)+2u^2(1)+2\}=\begin{cases}3, & 当\ u(1)=+1\\ 3, & 当\ u(1)=0\\ 7, & 当\ u(1)=-1\end{cases}$$

应取

$$u^*(1)=\begin{cases}+1\\ 0\end{cases},\quad x^*(3)=\begin{cases}0, & 当\ u^*(1)=+1\\ 1, & 当\ u^*(1)=0\end{cases},\quad J_3^*=3$$

③ 取

$$u^*(3)=0,\quad x^*(3)=1,\quad J_1^*=1$$

$$u^*(2)=+1,\quad x^*(2)=0,\quad J_2^*=2$$

可得

$$x(1)=-u(1)$$

$$J_3^*=\min_{u(1)\in\Omega}\{2u^2(1)+2\}=\begin{cases}4, & 当\ u(1)=+1\\ 2, & 当\ u(1)=0\\ 4, & 当\ u(1)=-1\end{cases}$$

应取

$$u^*(1)=0, \quad x^*(1)=0, \quad J_3^*=2$$

(4) 求 $u^*(0)$

$$x(1)=x(0)+u(0)$$

$$J_4^*=\min_{u(0)\in\Omega}\{x^2(0)+u^2(0)+J_3^*\}$$

根据上步得到的4种可能选择,分别计算如下:

① 取

$$u^*(3)=1, \quad x^*(3)=0, \quad J_1^*=1$$

$$u^*(2)=0, \quad x^*(2)=0, \quad J_2^*=1$$

$$u^*(1)=0, \quad x^*(1)=0, \quad J_3^*=1$$

可得

$$x(0)=-u(0)$$

$$J_4^*=\min_{u(0)\in\Omega}\{2u^2(0)+1\}=\begin{cases}3, & 当\ u(0)=+1\\ 1, & 当\ u(0)=0\\ 3, & 当\ u(0)=-1\end{cases}$$

应取

$$u^*(0)=0, \quad x^*(0)=0, \quad J_4^*=1$$

这一结果符合已知初态值的要求。

② 取

$$u^*(3)=0, \quad x^*(3)=1, \quad J_1^*=1$$

$$u^*(2)=0, \quad x^*(2)=1, \quad J_2^*=2$$

$$u^*(1)=1, \quad x^*(1)=0, \quad J_3^*=3$$

可得

$$x(0)=-u(0)$$

$$J_4^*=\min_{u(0)\in\Omega}\{2u^2(0)+3\}=\begin{cases}5, & 当\ u(0)=+1\\ 3, & 当\ u(0)=0\\ 5, & 当\ u(0)=-1\end{cases}$$

应取

$$u^*(0)=0, \quad x^*(0)=0, \quad J_4^*=3$$

这一结果也符合给定初态值要求。

③ 取

$$u^*(3)=0, \quad x^*(3)=1, \quad J_1^*=1$$

$$u^*(2)=0, \quad x^*(2)=1, \quad J_2^*=2$$

$$u^*(1)=0, \quad x^*(1)=1, \quad J_3^*=3$$

可得

$$x(0)=1-u(0)$$

$$J_4^* = \min_{u(0)\in\Omega}\{1-2u(0)+2u^2(0)+3\} = \begin{cases} 4, & 当\ u(0)=+1 \\ 4, & 当\ u(0)=0 \\ 8, & 当\ u(0)=-1 \end{cases}$$

由于取 $u^*(0)=0$ 时，有 $x^*(0)=1$，不符初态要求，故应取

$$u^*(0)=1, \quad x^*(0)=0, \quad J_4^*=4$$

④ 取

$$u^*(3)=0, \quad x^*(3)=1, \quad J_1^*=1$$
$$u^*(2)=1, \quad x^*(2)=0, \quad J_2^*=2$$
$$u^*(1)=0, \quad x^*(1)=0, \quad J_3^*=2$$

可得

$$x(0)=-u(0)$$

$$J_4^* = \min_{u(0)\in\Omega}\{2u^2(0)+2\} = \begin{cases} 4, & 当\ u(0)=+1 \\ 2, & 当\ u(0)=0 \\ 4, & 当\ u(0)=-1 \end{cases}$$

应取

$$u^*(0)=0, \quad x^*(0)=0, \quad J_4^*=2$$

这一结果也满足给定初态值要求。

本步给出了满足已知初态值的 4 种可能解，但比较后可以发现，只有第 1 种方案代价函数最小，故本例最优解为：

最优控制序列：　　$u^*(k)=\{0,0,0,1\}$

最优轨线序列：　　$x^*(k)=\{0,0,0,0,1\}$

最优指标：　　$J_4^*=1$

本例表明：对于级数 $N=4$ 的一阶离散线性系统，控制变量约束只有 3 个可能的取值，状态变量除了起点和终点以外，没有约束，利用动态规划来求解已有相当的计算量。如果是高阶离散系统，控制与状态都有约束，则计算量和存储量很大，需要采用表格式数值计算法。

4.2.2 动态规划的数值计算法

利用数值计算法计算离散最优控制问题时，可把容许控制域和容许状态变化范围分成若干等份；然后在不同容许状态值 $\boldsymbol{x}$ 下，根据动态规划的基本递推方程，逆向分级算出最优控制和最优指标，并列出相应的计算表格；最后根据给定的初态，正向查询各级计算表，确定最终的最优解。下面通过具体算例说明计算过程与方法。

例 4-3 设一阶非线性离散系统的状态方程为

$$x(k+1)=x(k)+[x^2(k)+u(k)]T, \quad x(0)=3$$

约束条件

$$|u(k)|\leqslant 2, \quad |x(k)|\leqslant 5, \quad \forall k=0,1$$

性能指标

$$J=\sum_{k=0}^{1}|x(k)-u^3(k)|T$$

式中 $T=0.1$。试求使 J 为极小的最优控制序列$\{u^*(0),u^*(1)\}$，最优轨线序列$\{x^*(0),x^*(1),x^*(2)\}$以及最优指标 J^*。

解 本例为两级决策过程，分两步进行计算。

① 最后一级数值计算。由于

$$J_0^*[x(2)]=\varphi[x(2)]=0$$

所以

$$J_1^*[x(1)]=\min_{|u(1)|\leqslant 2}\{|x(1)-u^3(1)|T\}$$

在 $x(1)$容许取值范围$[-5,5]$区间内，取 11 个数，间隔为 1；在 $u(1)$容许取值范围$[-2,2]$区间内，取 5 个数，间隔也是 1。令 $x(1)$为取值范围内的某一固定值，遍取不同的容许 $u(1)$值，可以算出相应的 $J_1^*[x(1)]$；然后，列出 $x(1)$为不同的容许固定值下，不同 $u(1)$值的相应 $J_1^*[x(1)]$，从而得到本级的数值计算表 4-1。

表 4-1 不同 $x(1)$和 $u(1)$值对应的 $J_1^*[x(1)]$

$u(1)$ / $J_1^*[x(1)]$ / $x(1)$	-2	-1	0	$+1$	$+2$
-5	0.3	0.4	0.5	0.6	1.3
-4	0.4	0.3	0.4	0.5	1.2
-3	0.5	0.2	0.3	0.4	1.1
-2	0.6	0.1	0.2	0.3	1.0
-1	0.7	0.0	0.1	0.2	0.9
0	0.8	0.1	0.0	0.1	0.8
$+1$	0.9	0.2	0.1	0.0	0.7
$+2$	1.0	0.3	0.2	0.1	0.6
$+3$	1.1	0.4	0.3	0.2	0.5
$+4$	1.2	0.5	0.4	0.3	0.4
$+5$	1.3	0.6	0.5	0.4	0.3

由表 4-1 可见，对于不同的 $x(1)$值，有不同的 $u^*(1)$及其相应的最优指标 $J_1^*[x(1)]$。至于具体确定哪个 $u(0)$为最优控制，需得下步计算后，由给定的 $x(0)$来确定。

② 倒数第二级数值计算。由状态方程知

$$x(1)=x(0)+[x^2(0)+u(0)]T \tag{4-18}$$

因此

$$\begin{aligned}J_2^*[x(0)]&=\min_{|u(0)|\leqslant 2}\{|x(0)-u^3(0)|T+J_1^*[x(1)]\}\\&=\min_{|u(0)|\leqslant 2}\{|x(0)-u^3(0)|T+J_1^*[x(0)+(x^2(0)+u(0))T]\}\end{aligned}$$

当 $x(0)$给定时，代入上式，使 $J_2^*[x(0)]$仅是 $u(0)$的函数，现 $x(0)=3$，故得

$$J_2^*[x(0)]=\min_{|u(0)|\leqslant 2}\{|3-u^3(0)|T+J_1^*[3+(9+u(0))T]\} \tag{4-19}$$

在 $u(0)$ 容许取值范围内，令 $u(0)$ 为不同值，可由式(4-18)算出相应的 $x(1)$；然后根据算得的 $x(1)$，查询表 4-1，可得相应的 $u^*(1)$ 和 $J_1^*[x(1)]$；再由式(4-19)算出 $J_2^*[x(0)]$；最后由式

$$x(2)=x(1)+[x^2(1)+u(1)]T \tag{4-20}$$

算得 $x^*(2)$。上述计算结果如表 4-2 所示。

表 4-2　不同 $u(0)$ 对应的最优解$(x(0)=3)$

$u(0)$	$x^*(1)$	$u^*(1)$	$J_1^*[x(1)]$	$J_2^*[x(0)]$	$x^*(2)$
−2	3.7	1	0.27	1.37	5.17
−1	3.8	1	0.28	0.68	5.34
0	3.9	1	0.29	0.59	5.52
+1	4.0	1	0.30	0.50	5.70
+2	4.1	1.1	0.30	0.80	5.89

在查询表 4-1 时，若由式(4-18)算出的 $x(1)$ 值在表中没有时，需要进行插值计算。例如，在 $x(0)=3$ 时，设 $u(0)=-2$，由式(4-18)算得 $x(1)=3.7$，查表 4-1，当 $x(1)=3$ 时，$u^*(1)=+1$，$J_1^*[x(1)]=0.2$，而当 $x(1)=4$ 时，$u^*(1)=+1$，$J_1^*[x(1)]=0.3$，因此，插值算出 $u^*(1)=+1$，$J_1^*[x(1)]=0.27$；再由式(4-19)，可求出 $J_2^*[x(0)]=1.37$；最后由式(4-20)算出 $x^*(2)=5.17$。于是，产生了表 4-2 中第一行各个数据，其余各行数据同样方法求得。

比较表 4-2 中各行的结果可知，本例的最优解为

$$\{u^*(0),u^*(1)\}=\{1,1\}$$

$$\{x^*(0),x^*(1),x^*(2)\}=\{3,4,5.7\}$$

$$J^*=J_2^*[x(0)]=0.5$$

利用动态规划数值计算法来求解离散最优控制问题，原则上也可以适用于高阶系统。对于非线性系统或非二次型性能指标，特别是控制变量与状态变量都有不等式约束条件的最优控制问题，利用动态规划来求解不会产生什么困难，只要系统的离散模型是正确的，计算最优解时就可以不必考虑结果是否是局部极小值。但是，动态规划的明显弱点是：计算量和存储量随 $\boldsymbol{x}(k)$ 和 $\boldsymbol{u}(k)$ 维数的增加急剧增长。例如，对于状态向量为 n 维、控制向量为 m 维、时间离散段为 N 的离散系统，在状态向量的每个元取 p 个值、控制向量的每个元取 q 个值的情况下，计算性能指标的求值次数为 Np^nq^m 次，要求存储容量为 $2p^n$ 个字。假定一次求值的计算时间为 10μs，取 $N=10$，$p=q=20$，$n=3$，$m=1$，则需要存储量为 1.6 万个字，编制表格的时间约需 16s。如若 $n=6$，$m=2$，其余不变，则需要存储量为 1.28 亿个字，计算次数为 2560 亿次，大约需要 711 小时的离线计算时间。有时，巨大的计算量使现代计算机也无能为力。这正是贝尔曼所指出的：动态规划的不足是会产生“维数灾难”。因此，动态规划一般用来解决低维最优化问题。

4.3　连续动态规划

最优性原理表明：对于给定的性能指标，当从状态空间的任一点出发时，其最优控制

仅取决于被控系统在这一点的状态,而与到达该状态以前的系统经历无关。这就是所谓的"无后效性",或者说性能指标函数具有马尔科夫特性。事实上,大量有意义的工程、经济和生物控制过程的性能指标函数都具有马尔科夫特性,甚至一些不能用解析关系来表达的性能指标函数,也同样具有马尔科夫特性。

根据性能指标的马尔科夫特性,最优控制可表示为 $\boldsymbol{u}^*(\boldsymbol{x})$,从而可使系统实现闭环反馈控制。这时,不论初始条件如何,最优控制 $\boldsymbol{u}^*(\boldsymbol{x})$均能将系统由初始状态 $\boldsymbol{x}(t_0)$转移到要求的目标集。

本节将讨论如何用动态规划方法求解连续时间系统的最优化问题,得出动态规划的连续形式——哈密顿-雅可比方程。

4.3.1 连续时间系统的最优控制问题

问题 4-3 设连续时间系统的状态方程为

$$\dot{\boldsymbol{x}}(t)=\boldsymbol{f}[\boldsymbol{x}(t),\boldsymbol{u}(t),t],\quad \boldsymbol{x}(t_0)=\boldsymbol{x}_0 \tag{4-21}$$

式中 $\boldsymbol{x}(t)\in R^n$;$\boldsymbol{u}(t)\in \Omega\subset R^m$;$\boldsymbol{f}(\cdot)\in R^n$ 且连续可微。

目标集约束

$$\boldsymbol{\psi}[\boldsymbol{x}(t_f),t_f]=\boldsymbol{0} \tag{4-22}$$

式中 $\boldsymbol{\psi}(\cdot)\in R^r$,$r\leqslant n$。

性能指标

$$J[\boldsymbol{x}_0,t_0]=\varphi[\boldsymbol{x}(t_f),t_f]+\int_{t_0}^{t_f}L[\boldsymbol{x}(t),\boldsymbol{u}(t),t]\mathrm{d}t \tag{4-23}$$

假定以 t 为初始时刻,$t\in[t_0,t_f]$,$\boldsymbol{x}(t)$为初始状态时,函数 $J[\boldsymbol{x}(t),t]$连续,且对 $\boldsymbol{x}(t)$和 t 有连续的一阶和二阶偏导数。要求在容许控制域 Ω 中,确定最优控制 $\boldsymbol{u}^*(t)$,使系统(4-21)由已知初态 $\boldsymbol{x}_0$ 转移到要求的目标集(4-22),且使性能指标(4-23)极小。

为了求得上述控制有约束的连续系统的最优解,除可采用极小值原理外,还可应用连续动态规划方法,其数学基础为哈密顿-雅可比方程。

4.3.2 哈密顿-雅可比方程

为了使讨论的问题具有一般性,采用 $J[\boldsymbol{x}(t),t]$作为问题 4-3 的性能指标函数。只要确定了最优性能指标 $J^*[\boldsymbol{x}(t),t]$及其相应的最优控制 $\boldsymbol{u}^*(t)$和最优轨线 $\boldsymbol{x}^*(t)$,则问题 4-3 的对应于 t_0 和 $\boldsymbol{x}(t_0)$的最优解也就随之而定。

设 $\boldsymbol{u}[t,t_f]$表示在区间$[t,t_f]$上的控制函数,则最优性能指标可表示为

$$J^*[\boldsymbol{x}(t),t]=\min_{\boldsymbol{u}[t,t_f]\in\Omega}\left\{\varphi[\boldsymbol{x}(t_f),t_f]+\int_t^{t_f}L[\boldsymbol{x}(\tau),\boldsymbol{u}(\tau),\tau]\mathrm{d}\tau\right\} \tag{4-24}$$

将最优控制 $\boldsymbol{u}^*(t)$的选择过程分为两步:先选择区间$[t+\Delta t,t_f]$上的最优控制;再选择区间$[t,t+\Delta t)$上的最优控制。根据最优性原理,式(4-24)可写为

$$J^*[\boldsymbol{x}(t),t]=\min_{\boldsymbol{u}[t,t+\Delta t)\in\Omega}\left\{\min_{\boldsymbol{u}[t+\Delta t,t_f]\in\Omega}\left[\int_t^{t+\Delta t}L[\boldsymbol{x}(\tau),\boldsymbol{u}(\tau),\tau]\mathrm{d}\tau\right.\right.$$
$$\left.\left.+\int_{t+\Delta t}^{t_f}L[\boldsymbol{x}(\tau),\boldsymbol{u}(\tau),\tau]\mathrm{d}\tau+\varphi[\boldsymbol{x}(t_f),t_f]\right]\right\} \tag{4-25}$$

在式(4-25)中，因为$\int_{t}^{t+\Delta t} L[\boldsymbol{x}(\tau),\boldsymbol{u}(\tau),\tau]\mathrm{d}\tau$与在区间$[t+\Delta t,t_f]$上的控制$\boldsymbol{u}[t+\Delta t,t_f]$无关，且因最优性原理指出

$$J^*[\boldsymbol{x}(t+\Delta t),t+\Delta t]=\min_{\boldsymbol{u}[t+\Delta t,t_f]\in\Omega}\left\{\int_{t+\Delta t}^{t_f} L[\boldsymbol{x}(\tau),\boldsymbol{u}(\tau),\tau]\mathrm{d}\tau+\varphi[\boldsymbol{x}(t_f),t_f]\right\} \tag{4-26}$$

故式(4-25)可以表示为

$$J^*[\boldsymbol{x}(t),t]=\min_{\boldsymbol{u}[t,t+\Delta t)\in\Omega}\left\{\int_{t}^{t+\Delta t} L[\boldsymbol{x}(\tau),\boldsymbol{u}(\tau),\tau]\mathrm{d}\tau+J^*[\boldsymbol{x}(t+\Delta t),t+\Delta t]\right\} \tag{4-27}$$

式(4-25)右端中的第一项，根据积分中值定理，得

$$\int_{t}^{t+\Delta t} L[\boldsymbol{x}(\tau),\boldsymbol{u}(\tau),\tau]\mathrm{d}\tau=L[\boldsymbol{x}(t+\alpha\Delta t),\boldsymbol{u}(t+\alpha\Delta t),t+\alpha\Delta t]\Delta t \tag{4-28}$$

式中$0<\alpha<1$。式(4-27)右端中的第二项，由于对$J^*[\boldsymbol{x}(t),t]$连续可微的假设，可以展成如下泰勒级数：

$$\begin{aligned}&J^*[\boldsymbol{x}(t+\Delta t),t+\Delta t]\\&=J^*[\boldsymbol{x}(t),t]+\left[\frac{\partial J^*[\boldsymbol{x}(t),t]}{\partial \boldsymbol{x}(t)}\right]^{\mathrm{T}}\frac{\mathrm{d}\boldsymbol{x}(t)}{\mathrm{d}t}\Delta t+\frac{\partial J^*[\boldsymbol{x}(t),t]}{\partial t}\Delta t+o[(\Delta t)^2]\end{aligned} \tag{4-29}$$

式中$o[(\Delta t)^2]$表示关于Δt的高阶小量，$\partial J^*/\partial \boldsymbol{x}$的转置则是为了使向量间的相乘有意义。

将式(4-28)和式(4-29)代入式(4-27)，经相消和移项后，得

$$\begin{aligned}\frac{\partial J^*[\boldsymbol{x}(t),t]}{\partial t}=-\min_{\boldsymbol{u}[t,t+\Delta t)\in\Omega}&\{L[\boldsymbol{x}(t+\alpha\Delta t),\boldsymbol{u}(t+\alpha\Delta t),t+\alpha\Delta t]\\&+\left[\frac{\partial J^*[\boldsymbol{x}(t),t]}{\partial \boldsymbol{x}(t)}\right]^{\mathrm{T}}\boldsymbol{f}[\boldsymbol{x}(t),\boldsymbol{u}(t),t]+\frac{o[(\Delta t)^2]}{\Delta t}\right\}\end{aligned}$$

在上式中，令$\Delta t\to 0$，考虑到$o(\Delta t)^2$是关于Δt的高阶无穷小量，故有

$$\frac{\partial J^*}{\partial t}=-\min_{\boldsymbol{u}(t)\in\Omega}\left\{L[\boldsymbol{x}(t),\boldsymbol{u}(t),t]+\left(\frac{\partial J^*}{\partial \boldsymbol{x}}\right)^{\mathrm{T}}\boldsymbol{f}[\boldsymbol{x}(t),\boldsymbol{u}(t),t]\right\} \tag{4-30}$$

式(4-30)称为哈密顿-雅可比方程，又称哈密顿-雅可比-贝尔曼方程，属于泛函与偏微分方程的一种混合形式。

当控制向量$\boldsymbol{u}(t)$不受约束时，构造哈密顿函数

$$H(\boldsymbol{x},\boldsymbol{u},\boldsymbol{\lambda},t)=L(\boldsymbol{x},\boldsymbol{u},t)+\boldsymbol{\lambda}^{\mathrm{T}}(t)\boldsymbol{f}(\boldsymbol{x},\boldsymbol{u},t) \tag{4-31}$$

式中拉格朗日乘子向量

$$\boldsymbol{\lambda}(t)=\frac{\partial J^*}{\partial \boldsymbol{x}} \tag{4-32}$$

因为$J^*[\boldsymbol{x}(t),t]$连续可微，故$L(\boldsymbol{x},\boldsymbol{u},t)$及$\varphi[\boldsymbol{x}(t_f),t_f]$连续可微；又因$\boldsymbol{f}(\boldsymbol{x},\boldsymbol{u},t)$连续可微，故由卡尔曼的论证可知，哈密顿函数$H(\boldsymbol{x},\boldsymbol{u},\boldsymbol{\lambda},t)$存在绝对极小值。令

$$\frac{\partial H}{\partial \boldsymbol{u}}=\frac{\partial L}{\partial \boldsymbol{u}}+\left(\frac{\partial \boldsymbol{f}^{\mathrm{T}}}{\partial \boldsymbol{u}}\right)\frac{\partial J^*}{\partial \boldsymbol{x}}=\boldsymbol{0} \tag{4-33}$$

式中

$$\frac{\partial L}{\partial \boldsymbol{u}}=\begin{bmatrix}\frac{\partial L}{\partial u_1}\\\frac{\partial L}{\partial u_2}\\\vdots\\\frac{\partial L}{\partial u_m}\end{bmatrix},\qquad \frac{\partial J^*}{\partial \boldsymbol{x}}=\begin{bmatrix}\frac{\partial J^*}{\partial x_1}\\\frac{\partial J^*}{\partial x_2}\\\vdots\\\frac{\partial J^*}{\partial x_n}\end{bmatrix}$$

而

$$\frac{\partial \boldsymbol{f}^{\mathrm{T}}}{\partial \boldsymbol{u}}=\begin{bmatrix}\frac{\partial f_1}{\partial u_1} & \frac{\partial f_2}{\partial u_1} & \cdots & \frac{\partial f_n}{\partial u_1}\\\frac{\partial f_1}{\partial u_2} & \frac{\partial f_2}{\partial u_2} & \cdots & \frac{\partial f_n}{\partial u_2}\\\vdots & \vdots & & \vdots\\\frac{\partial f_1}{\partial u_m} & \frac{\partial f_2}{\partial u_m} & \cdots & \frac{\partial f_n}{\partial u_m}\end{bmatrix}$$

称为雅可比矩阵。

由式(4-33)解得最优控制的隐含形式

$$\boldsymbol{u}^*=\boldsymbol{u}^*\left[\boldsymbol{x}(t),\frac{\partial J^*}{\partial \boldsymbol{x}},t\right] \tag{4-34}$$

将式(4-34)代入式(4-30),得

$$\frac{\partial J^*}{\partial t}=-\left\{L\left[\boldsymbol{x}(t),\boldsymbol{u}^*\left(\boldsymbol{x}(t),\frac{\partial J^*}{\partial \boldsymbol{x}},t\right),t\right]\right.$$
$$\left.+\left(\frac{\partial J^*}{\partial \boldsymbol{x}}\right)^{\mathrm{T}}\boldsymbol{f}\left[\boldsymbol{x}(t),\boldsymbol{u}^*\left(\boldsymbol{x}(t),\frac{\partial J^*}{\partial \boldsymbol{x}},t\right),t\right]\right\} \tag{4-35}$$

为了确定式(4-35)的唯一解 $J^*[\boldsymbol{x}(t),t]$,尚需找出该一阶偏微分方程的边界条件。由性能指标表达式

$$J[\boldsymbol{x}(t),t]=\varphi[\boldsymbol{x}(t_f),t_f]+\int_t^{t_f}L[\boldsymbol{x}(\tau),\boldsymbol{u}(\tau),\tau]\mathrm{d}\tau \tag{4-36}$$

令 $t=t_f$,得

$$J[\boldsymbol{x}(t_f),t_f]=\varphi[\boldsymbol{x}(t_f),t_f]$$

上式对任意的 $\boldsymbol{u}(t)$ 均成立,故必有

$$J^*[\boldsymbol{x}(t_f),t_f]=\varphi[\boldsymbol{x}(t_f),t_f],\quad \forall(\boldsymbol{x}(t_f),t_f)\in\boldsymbol{\psi}[\boldsymbol{x}(t_f),t_f] \tag{4-37}$$

于是,式(4-35)和式(4-37)构成了控制无约束时,哈密顿-雅可比方程的第二种形式。这是一阶偏微分方程及其边界条件形式。

4.3.3 连续动态规划的基本方程

实际上,哈密顿-雅可比方程(4-30)已经给出了动态规划的连续形式。这里无非是加以归纳和进一步讨论。

(1)最优解的充分条件

对于问题 4-3,当 $\boldsymbol{u}(t)\in\Omega$ 受到约束时,由式(4-30)得连续动态规划的基本方程

$$-\frac{\partial J^*}{\partial t}=\min_{\boldsymbol{u}(t)\in\Omega}\left\{L(\boldsymbol{x},\boldsymbol{u},t)+\left(\frac{\partial J^*}{\partial \boldsymbol{x}}\right)^{\mathrm{T}}\boldsymbol{f}(\boldsymbol{x},\boldsymbol{u},t)\right\} \tag{4-38}$$

一般来说，式(4-38)是用动态规划方法求解问题 4-3 的充分条件。也就是说，若连续可微的最优性能指标 $J^*[\boldsymbol{x}(t),t]$满足式(4-38)，则必定是所论连续系统的最优性能指标，相应的 $\boldsymbol{u}^*(t)$为最优控制。这一结论从以下论述中明显可见。

(2)哈密顿-雅可比方程的解与最优性能指标的关系

卡尔曼曾经严格论证，指出：

① 若 $\boldsymbol{f}(\boldsymbol{x},\boldsymbol{u},t)$、$\varphi[\boldsymbol{x}(t_f),t_f]$及 $L(\boldsymbol{x},\boldsymbol{u},t)$连续可微，且哈密顿-雅可比方程的解 $J^*[\boldsymbol{x}(t),t]$二次可微，则哈密顿-雅可比方程的解是最优性能指标的必要且充分条件。

② 由于哈密顿-雅可比方程的求解十分困难，且其解不一定存在，所以一般说来，哈密顿-雅可比方程只是最优性能指标的充分而非必要条件。

③ 对于线性二次型问题，哈密顿-雅可比方程的求解十分简单，其解是最优性能指标的充分必要条件。

④ 若 $\boldsymbol{f}(\boldsymbol{x},\boldsymbol{u},t)$和 $L(\boldsymbol{x},\boldsymbol{u},t)$不满足连续可微条件，则在哈密顿-雅可比方程的推导过程中，$J^*[\boldsymbol{x}(t+\Delta t),t+\Delta t]$不能展成泰勒级数。此时，哈密顿-雅可比方法不能用来求解连续系统的最优化问题。

(3) 最优解的求取步骤

将式(4-31)和式(4-32)代入式(4-30)，得问题 4-3 最优解的充分条件为

$$-\frac{\partial J^*}{\partial t}=\min_{\boldsymbol{u}(t)\in\Omega}H\left(\boldsymbol{x},\boldsymbol{u},\frac{\partial J^*}{\partial \boldsymbol{x}},t\right) \tag{4-39}$$

然后按下列步骤求出最优解：

① 求最优控制的隐式解。若 $\boldsymbol{u}(t)$有约束，令

$$H\left(\boldsymbol{x},\boldsymbol{u}^*,\frac{\partial J^*}{\partial \boldsymbol{x}},t\right)=\min_{\boldsymbol{u}(t)\in\Omega}H\left(\boldsymbol{x},\boldsymbol{u},\frac{\partial J^*}{\partial \boldsymbol{x}},t\right) \tag{4-40}$$

若 $\boldsymbol{u}(t)$无约束，令

$$\begin{aligned}&\frac{\partial H}{\partial \boldsymbol{u}}=\frac{\partial L}{\partial \boldsymbol{u}}+\frac{\partial \boldsymbol{f}^{\mathrm{T}}}{\partial \boldsymbol{u}}\frac{\partial J^*}{\partial \boldsymbol{x}}=\boldsymbol{0}\\&\frac{\partial^2 H}{\partial \boldsymbol{u}^2}=\frac{\partial^2 L}{\partial \boldsymbol{u}^2}+\frac{\partial}{\partial \boldsymbol{u}}\left(\frac{\partial \boldsymbol{f}^{\mathrm{T}}}{\partial \boldsymbol{u}}\frac{\partial J^*}{\partial \boldsymbol{x}}\right)>0\end{aligned} \tag{4-41}$$

可以求得

$$\boldsymbol{u}^*=\boldsymbol{u}^*\left(\boldsymbol{x},\frac{\partial J^*}{\partial \boldsymbol{x}},t\right) \tag{4-42}$$

由于此时 $J^*[\boldsymbol{x}(t),t]$尚未求出，故式(4-42)为隐式解。

② 求最优性能指标。将求得的式(4-42)代入哈密顿函数(4-31)，便可消去 $\boldsymbol{u}^*(t)$，得

$$H^*\left(\boldsymbol{x},\frac{\partial J^*}{\partial \boldsymbol{x}},t\right)=H\left(\boldsymbol{x},\boldsymbol{u}^*,\frac{\partial J^*}{\partial \boldsymbol{x}},t\right)$$

于是，最优解充分条件为如下一阶偏微分方程：

$$\frac{\partial J^*}{\partial t}+H^*\left(\boldsymbol{x},\frac{\partial J^*}{\partial \boldsymbol{x}},t\right)=0 \tag{4-43}$$

其边界条件为

$$J^*[\boldsymbol{x}(t_f),t_f]=\varphi[\boldsymbol{x}(t_f),t_f],\quad \forall\,(\boldsymbol{x}(t_f),t_f)\in\boldsymbol{\psi}[\boldsymbol{x}(t_f),t_f] \tag{4-44}$$

由式(4-43)和式(4-44)解出最优性能指标 $J^*[\boldsymbol{x}(t),t]$。

③ 求最优控制显式解。将求得的$J^*[\boldsymbol{x}(t),t]$代入式(4-42),可得最优控制的显式解$\boldsymbol{u}^*[\boldsymbol{x}(t),t]$。

④ 求最优轨线。将求得的$\boldsymbol{u}^*[\boldsymbol{x}(t),t]$代入系统状态方程(4-21),其解为闭环系统最优轨线$\boldsymbol{x}^*(t)$,而$\boldsymbol{u}^*[\boldsymbol{x}(t),t]$则实现了闭环反馈控制。

显然,用连续动态规划法求问题 4-3 最优解的关键问题是方程(4-43)及其边界条件(4-44)可解。但是,除了线性二次型问题,偏微分方程(4-43)的求解异常困难。

需要指出,对于系统为线性、性能指标为二次型的线性二次型问题,可以设最优性能指标为如下二次型函数:

$$J^*[\boldsymbol{x}(t),t]=\frac{1}{2}\boldsymbol{x}^{\mathrm{T}}(t)\boldsymbol{P}(t)\boldsymbol{x}(t) \tag{4-45}$$

式中$\boldsymbol{P}(t)$为待定的对称非负或对称正定矩阵。将式(4-45)代入式(4-43),获得$\boldsymbol{P}(t)$应满足的黎卡提矩阵方程,解此黎卡提矩阵方程,可以求得最优控制的反馈解$\boldsymbol{u}^*(\boldsymbol{x})$及相应的最优性能指标,所得结果与用极小值原理求解线性二次型问题的结果完全一致。

对于无限时间线性定常二次型问题,可以证明:最优性能指标J^*中不显含t,故可令$\partial J^*/\partial t=0$。

例 4-4 设线性定常系统

$$\dot{\boldsymbol{x}}(t)=\boldsymbol{A}\boldsymbol{x}(t)+\boldsymbol{b}u(t),\quad \boldsymbol{x}(0)=\boldsymbol{x}_0$$

性能指标

$$J=\frac{1}{2}\int_0^{\infty}[\boldsymbol{x}^{\mathrm{T}}(t)\boldsymbol{Q}\boldsymbol{x}(t)+ru^2(t)]\mathrm{d}t$$

式中$\boldsymbol{A}=\begin{bmatrix}0&1\\0&0\end{bmatrix}$,$\boldsymbol{b}=\begin{bmatrix}0\\1\end{bmatrix}$,$\boldsymbol{x}(0)=\begin{bmatrix}1\\0\end{bmatrix}$,$\boldsymbol{Q}=\begin{bmatrix}2&0\\0&0\end{bmatrix}$,$r=\frac{1}{2}$。试求:最优控制$u^*(t)$、最优轨线$\boldsymbol{x}^*(t)$和最优指标$J^*$。

解 本例可利用连续动态规划法求解。令

$$H\left(\boldsymbol{x},u,\frac{\partial J^*}{\partial \boldsymbol{x}}\right)=\frac{1}{2}\boldsymbol{x}^{\mathrm{T}}\boldsymbol{Q}\boldsymbol{x}+\frac{1}{2}ru^2+\left(\frac{\partial J^*}{\partial \boldsymbol{x}}\right)^{\mathrm{T}}\boldsymbol{A}\boldsymbol{x}+\left(\frac{\partial J^*}{\partial \boldsymbol{x}}\right)^{\mathrm{T}}\boldsymbol{b}u$$

① 求$u^*\left(\boldsymbol{x},\frac{\partial J^*}{\partial \boldsymbol{x}}\right)$隐式解。因为$u(t)$无约束,故令

$$\frac{\partial H}{\partial u}=ru+\boldsymbol{b}^{\mathrm{T}}\frac{\partial J^*}{\partial \boldsymbol{x}}=0$$

得

$$u^*\left(\boldsymbol{x},\frac{\partial J^*}{\partial \boldsymbol{x}}\right)=-r^{-1}\boldsymbol{b}^{\mathrm{T}}\frac{\partial J^*}{\partial \boldsymbol{x}}$$

因为

$$\frac{\partial^2 H}{\partial u^2}=r>0$$

故求得的$u^*\left(\boldsymbol{x},\frac{\partial J^*}{\partial \boldsymbol{x}}\right)$可使哈密顿函数$H$极小。

② 求$J^*[\boldsymbol{x}(t)]$。将求得的$u^*\left(\boldsymbol{x},\frac{\partial J^*}{\partial \boldsymbol{x}}\right)$代入哈密顿函数,有

$$H^*\left(\boldsymbol{x},\frac{\partial J^*}{\partial \boldsymbol{x}}\right)=\frac{1}{2}\boldsymbol{x}^{\mathrm{T}}\boldsymbol{Q}\boldsymbol{x}+\left(\frac{\partial J^*}{\partial \boldsymbol{x}}\right)^{\mathrm{T}}\boldsymbol{A}\boldsymbol{x}-\frac{1}{2}\left(\frac{\partial J^*}{\partial \boldsymbol{x}}\right)^{\mathrm{T}}\boldsymbol{b}\boldsymbol{b}^{\mathrm{T}}\frac{\partial J^*}{\partial \boldsymbol{x}}r^{-1}$$

由于被控系统是线性定常的，性能指标中的权阵 $\boldsymbol{Q}$ 和 r 分别为常阵及常数，故设

$$J^*[\boldsymbol{x}(t)]=\frac{1}{2}\boldsymbol{x}^{\mathrm{T}}(t)\bar{\boldsymbol{P}}\boldsymbol{x}(t)$$

式中 $\bar{\boldsymbol{P}}$ 待定。由第 5 章将要介绍的无限时间定常状态调节器理论知，$\bar{\boldsymbol{P}}$ 为对称正定常阵，故必有

$$\frac{\partial J^*}{\partial t}=\frac{1}{2}\boldsymbol{x}^{\mathrm{T}}(t)\dot{\bar{\boldsymbol{P}}}\boldsymbol{x}(t)=0$$

于是，式(4-43)成为最优解的充分必要条件。将上述 H^* 表达式及 $\frac{\partial J^*}{\partial t}=0$ 代入式(4-43)，得哈密顿-雅可比方程为

$$\frac{1}{2}\boldsymbol{x}^{\mathrm{T}}\boldsymbol{Q}\boldsymbol{x}+\left(\frac{\partial J^*}{\partial \boldsymbol{x}}\right)^{\mathrm{T}}\boldsymbol{A}\boldsymbol{x}-\frac{1}{2}r^{-1}\left[\left(\frac{\partial J^*}{\partial \boldsymbol{x}}\right)^{\mathrm{T}}\boldsymbol{b}\right]^2=0$$

在上式中，代入

$$\frac{\partial J^*}{\partial \boldsymbol{x}}=\bar{\boldsymbol{P}}\boldsymbol{x}(t)$$

可得

$$\frac{1}{2}\boldsymbol{x}^{\mathrm{T}}(t)[\boldsymbol{Q}+\bar{\boldsymbol{P}}\boldsymbol{A}+\boldsymbol{A}^{\mathrm{T}}\bar{\boldsymbol{P}}-\bar{\boldsymbol{P}}\boldsymbol{b}r^{-1}\boldsymbol{b}^{\mathrm{T}}\bar{\boldsymbol{P}}]\boldsymbol{x}(t)=0$$

该式对所有非零的 $\boldsymbol{x}(t)$ 均成立，故确定最优性能指标 $J^*[\boldsymbol{x}(t)]$ 的问题，转化为求下列黎卡提矩阵代数方程的解：

$$\bar{\boldsymbol{P}}\boldsymbol{A}+\boldsymbol{A}^{\mathrm{T}}\bar{\boldsymbol{P}}-\bar{\boldsymbol{P}}\boldsymbol{b}r^{-1}\boldsymbol{b}^{\mathrm{T}}\bar{\boldsymbol{P}}+\boldsymbol{Q}=\boldsymbol{0}$$

令

$$\bar{\boldsymbol{P}}=\begin{bmatrix} p_{11} & p_{12} \\ p_{12} & p_{22} \end{bmatrix}$$

代入相应的 $\boldsymbol{A}$、$\boldsymbol{b}$、$\boldsymbol{Q}$ 及 r，得如下代数方程组：

$$\begin{aligned} &-2p_{12}^2+2=0 \\ &p_{11}-2p_{12}p_{22}=0 \\ &2p_{12}-2p_{22}^2=0 \end{aligned}$$

联立求解并考虑到 $\bar{\boldsymbol{P}}>0$ 的性质，求得

$$\bar{\boldsymbol{P}}=\begin{bmatrix} 2 & 1 \\ 1 & 1 \end{bmatrix}>\boldsymbol{0}$$

于是，最优性能指标

$$J^*[\boldsymbol{x}(t)]=\frac{1}{2}\boldsymbol{x}^{\mathrm{T}}(t)\bar{\boldsymbol{P}}\boldsymbol{x}(t)=x_1^2(t)+x_1(t)x_2(t)+\frac{1}{2}x_2^2(t)$$

令 $t=t_0$，代入本例给定的 $x_1(0)=1$，$x_2(0)=0$，得最优性能指标值

$$J^*[\boldsymbol{x}(0)]=1$$

③ 求 $u^*(t)$ 显式解。

$$u^*(t)=-r^{-1}\boldsymbol{b}^{\mathrm{T}}\frac{\partial J^*}{\partial \boldsymbol{x}}=-r^{-1}\boldsymbol{b}^{\mathrm{T}}\bar{\boldsymbol{P}}\boldsymbol{x}(t)=-2x_1(t)-2x_2(t)$$

可见，最优控制具有状态线性反馈的形式。

④ 求 $\boldsymbol{x}^*(t)$。将 $u^*(t)=-r^{-1}\boldsymbol{b}^{\mathrm{T}}\bar{\boldsymbol{P}}\boldsymbol{x}(t)$ 代入本例状态方程，得闭环系统方程为

$$\dot{\boldsymbol{x}}(t)=(\boldsymbol{A}-\boldsymbol{b}r^{-1}\boldsymbol{b}^{\mathrm{T}}\overline{P})\boldsymbol{x}(t)=\overline{\boldsymbol{A}}\boldsymbol{x}(t),\quad \boldsymbol{x}(0)=\boldsymbol{x}_0$$

式中

$$\overline{\boldsymbol{A}}=\boldsymbol{A}-\boldsymbol{b}r^{-1}\boldsymbol{b}^{\mathrm{T}}\overline{\boldsymbol{P}}=\begin{bmatrix}0 & 1\\ -2 & -2\end{bmatrix}$$

不难求出，闭环系统的状态转移矩阵为

$$\mathrm{e}^{\overline{\boldsymbol{A}}t}=\mathscr{L}^{-1}[(s\boldsymbol{I}-\overline{\boldsymbol{A}})^{-1}]=\begin{bmatrix}\mathrm{e}^{-t}(\cos t+\sin t) & \mathrm{e}^{-t}\sin t\\ -2\mathrm{e}^{-t}\sin t & \mathrm{e}^{-t}(\cos t-\sin t)\end{bmatrix}$$

对于状态调节器问题，闭环系统的零输入响应就是系统的最优轨线，故有

$$\boldsymbol{x}^*(t)=\mathrm{e}^{\overline{\boldsymbol{A}}t}\boldsymbol{x}(0)=\begin{bmatrix}\mathrm{e}^{-t}(\cos t+\sin t)\\ -2\mathrm{e}^{-t}\sin t\end{bmatrix}$$

将 $x_1^*(t)$和 $x_2^*(t)$代入状态反馈形式的最优控制，不难求得

$$u^*(t)=-2\mathrm{e}^{-t}(\cos t-\sin t)$$

4.4 动态规划与极小值原理和变分法

变分法、极小值原理与动态规划，都是研究极值控制问题的数学方法，因此必然存在某种内在的联系。

变分法研究控制属于开集的最优控制问题，通过欧拉方程和横截条件，可以确定不同情况下的极值控制。如果容许控制属于闭集，则经典变分法便变得无能为力。因而，出现了以极小值原理和动态规划为代表的现代变分法。

庞特里亚金首先猜想并随之加以严格论证的极小值原理，以哈密顿方式发展了经典变分法，以解决常微分方程所描述的控制有约束的变分问题为目标，结果得到了一组常微分方程组表示的最优解的必要条件。

贝尔曼提出的动态规划，以哈密顿-雅可比方式发展了经典变分法，可以解决比常微分方程所描的更具一般性的最优控制问题，对于连续系统，给出了一个偏微分方程表示的充分条件。

由于许多工程实际问题的最优性能指标不满足可微性条件，所以能用极小值原理求解的最优控制问题，未必能写出哈密顿-雅可比方程。此外，解常微分方程一般比解偏微分方程容易，因此极小值原理比动态规划好用。但是，求解离散最优控制问题时，却是用动态规划更加方便，应用范围更广。由于动态规划结论是充分条件，故便于建立动态规划、极小值原理与变分法之间的联系。当然，对于同样能用这三种方法求解的最优控制问题，所得到的结果应该是相同的。

4.4.1 动态规划与变分法

动态规划与变分法密切相关。变分法的基本问题是确定最优轨线 $x^*(t)$，使泛函

$$J=\int_{t_0}^{t_f}L(x,\dot{x},t)\mathrm{d}t \tag{4-46}$$

取极小值。式中，t_0 及 t_f 固定，$x(t)$是连续可微的标量函数。

若令

$$\dot{x}(t)=u(t) \tag{4-47}$$

将式(4-47)代入式(4-46)，则变分问题转化为：对于系统(4-47)，要求最优控制 $u^*(t)$，使性能指标

$$J=\int_{t_0}^{t_f} L(x,u,t)\mathrm{d}t \tag{4-48}$$

取极小值。其中 $u(t)$ 不受约束。

这时，变分法的所有结果都可由动态规划法导出。下面分三种情况讨论。

(1)两端固定情况

当两端固定时，系统方程(4-47)的边界条件为

$$x(t_0)=x_0,\quad x(t_f)=x_f$$

假定连续动态规划的全部条件成立，则哈密顿-雅可比方程为

$$\frac{\partial J^*}{\partial t}=-\min_{u(t)}\left\{L(x,u,t)+\frac{\partial J^*}{\partial x}u\right\}$$

或写为

$$\min_{u(t)}\left\{L(x,u,t)+\frac{\partial J^*}{\partial x}u+\frac{\partial J^*}{\partial t}\right\}=0 \tag{4-49}$$

令哈密顿函数

$$H=L(x,u,t)+\frac{\partial J^*}{\partial x}u \tag{4-50}$$

则式(4-49)可写为

$$\min_{u(t)}\left\{H+\frac{\partial J^*}{\partial t}\right\}=0 \tag{4-51}$$

因为 $u(t)$ 无约束，故令

$$\frac{\partial H}{\partial u}=\frac{\partial L}{\partial u}+\frac{\partial J^*}{\partial x}=0 \tag{4-52}$$

解得

$$\frac{\partial J^*}{\partial x}=-\frac{\partial L}{\partial u} \tag{4-53}$$

取式(4-52)对 t 的偏导数，有

$$\frac{\partial^2 L}{\partial t\partial u}+\frac{\partial^2 J^*}{\partial t\partial x}=0$$

解得

$$\frac{\partial^2 J^*}{\partial t\partial x}=-\frac{\partial^2 L}{\partial t\partial u} \tag{4-54}$$

将从式(4-52)中解出的 u 代入式(4-49)，自然有

$$L(x,u,t)+\frac{\partial J^*}{\partial x}u+\frac{\partial J^*}{\partial t}=0$$

上式对 x 求偏导数，得

$$\frac{\partial L}{\partial x}+\frac{\partial}{\partial x}\left(\frac{\partial J^*}{\partial x}u\right)+\frac{\partial^2 J^*}{\partial x\partial t}=0 \tag{4-55}$$

将式(4-53)和式(4-54)代入式(4-55)，且令 $u=\dot{x}$，得

$$\frac{\partial L}{\partial x}-\frac{\partial}{\partial x}\left(\frac{\partial L}{\partial \dot{x}}\dot{x}\right)-\frac{\partial^2 L}{\partial t\partial \dot{x}}=0 \tag{4-56}$$

考虑到

$$\frac{\mathrm{d}}{\mathrm{d}t}\frac{\partial L}{\partial \dot{x}}=\frac{\partial^2 L}{\partial x\partial \dot{x}}\dot{x}+\frac{\partial^2 L}{\partial t\partial \dot{x}}$$

式(4-56)可写为

$$\frac{\partial L}{\partial x}-\frac{\mathrm{d}}{\mathrm{d}t}\frac{\partial L}{\partial \dot{x}}=0 \tag{4-57}$$

这就是众所周知的欧拉方程。

由于在推导欧拉方程时，先作了最优解存在，即哈密顿-雅可比方程成立的假定，所以导出的欧拉方程(4-57)代表的是必要条件。

在连续动态规划中，式(4-51)有极小值的另一条件是

$$\frac{\partial^2 H}{\partial u^2}\geqslant 0 \tag{4-58}$$

将式(4-50)及式(4-47)代入上式，求得

$$\frac{\partial^2 L}{\partial \dot{x}^2}\geqslant 0 \tag{4-59}$$

这就是勒让德条件，也是使泛函(4-46)取极小值的必要条件。

至于求解欧拉方程(4-57)所需的两点边值条件，已由已知初态和末态条件所给出。

(2)自由起点情况

当起点自由时，由变分法得到的横截条件为

$$\left(\frac{\partial L}{\partial \dot{x}}\right)\bigg|_{t_0}=0 \tag{4-60}$$

这一结论亦可由连续动态规划导出。

因起点自由，故最优轨线 $x^*(t)$ 的初始值 $x_0{}^*$ 必对应最优性能指标 $J^*[x(t),t]$ 在 $t=t_0$ 时的极小值点，自然应有

$$\frac{\partial J^*}{\partial x}\bigg|_{t_0}=0 \tag{4-61}$$

将式(4-53)和式(4-47)分别代入式(4-61)，立即得到式(4-60)。

(3)自由终点情况

当终点自由时，由变分法得到的横截条件为

$$\left(\frac{\partial L}{\partial \dot{x}}\right)\bigg|_{t_f}=0 \tag{4-62}$$

由连续动态规划法知，此时应有

$$\lambda(t_f)=\left(\frac{\partial J^*}{\partial x}\right)\bigg|_{t_f}=0$$

代入式(4-53)和式(4-47)，立即可得式(4-62)。

当末端受约束时，变分法中更为一般情况下的横截条件，也可以方便地根据哈密顿-雅可比方程导出。读者不妨自行论证。

4.4.2 极小值原理与变分法

当起点固定，$x(t_0)=x_0$ 时，使泛函(4-46)取极值的必要条件是欧拉方程(4-57)成

立。这一结论,也可以对系统(4-47)和性能指标(4-48)应用极小值原理方便地导出。

根据极小值原理,构造哈密顿函数

$$H=L(x,u,t)+\lambda(t)u(t)$$

由正则方程

$$\dot{\lambda}(t)=-\frac{\partial H}{\partial x}=-\frac{\partial L}{\partial x} \tag{4-63}$$

因 $u(t)$ 无约束,故极值条件为

$$\frac{\partial H}{\partial u}=\frac{\partial L}{\partial u}+\lambda=0$$

解得

$$\lambda(t)=-\frac{\partial L}{\partial u}$$

上式对 t 求导,有

$$\dot{\lambda}(t)=-\frac{\mathrm{d}}{\mathrm{d}t}\frac{\partial L}{\partial u} \tag{4-64}$$

比较式(4-63)和式(4-64),得

$$\frac{\partial L}{\partial x}-\frac{\mathrm{d}}{\mathrm{d}t}\frac{\partial L}{\partial u}=0$$

因为 $u=\dot{x}$,故欧拉方程为

$$\frac{\partial L}{\partial x}-\frac{\mathrm{d}}{\mathrm{d}t}\frac{\partial L}{\partial \dot{x}}=0$$

应用极小值原理的结论,还可以方便地得到变分法中的各种横截条件。这充分表明:经典变分法是极小值原理的特款。

4.4.3 动态规划与极小值原理

考虑如下问题:已知系统状态方程

$$\dot{\boldsymbol{x}}(t)=\boldsymbol{f}[\boldsymbol{x}(t),\boldsymbol{u}(t),t],\quad \boldsymbol{x}(t_0)=\boldsymbol{x}_0 \tag{4-65}$$

式中,$\boldsymbol{x}(t)\in R^n$,$\boldsymbol{u}(t)\in R^m$。要求确定最优控制 $\boldsymbol{u}^*(t)\in\Omega$,使性能指标

$$J=\varphi[\boldsymbol{x}(t_f),t_f]+\int_{t_0}^{t_f}L(\boldsymbol{x},\boldsymbol{u},t)\mathrm{d}t \tag{4-66}$$

取极小值。其中 $\boldsymbol{x}(t_f)$ 自由;t_f 或固定,或自由。

(1)末端时刻固定情况

当 t_f 固定时,上述问题是时变系统、复合型性能指标、t_f 固定和末端自由的最优控制问题。根据极小值原理,上述问题的最优解应满足如下必要条件:

正则方程为

$$\dot{\boldsymbol{x}}(t)=\frac{\partial H}{\partial \boldsymbol{\lambda}},\quad \dot{\boldsymbol{\lambda}}(t)=-\frac{\partial H}{\partial \boldsymbol{x}}$$

式中哈密顿函数

$$H(\boldsymbol{x},\boldsymbol{u},\boldsymbol{\lambda},t),=L(\boldsymbol{x},\boldsymbol{u},t)+\boldsymbol{\lambda}^{\mathrm{T}}(t)\boldsymbol{f}(\boldsymbol{x},\boldsymbol{u},t)$$

边界条件为

$$\boldsymbol{x}(t_0)=\boldsymbol{x}_0,\quad \boldsymbol{\lambda}(t_f)=\frac{\partial\varphi[\boldsymbol{x}(t_f),t_f]}{\partial \boldsymbol{x}(t_f)}$$

极小值条件为

$$H^*(\boldsymbol{x},\boldsymbol{\lambda},\boldsymbol{u}^*,t)=\min_{\boldsymbol{u}\in\Omega}H(\boldsymbol{x},\boldsymbol{\lambda},\boldsymbol{u},t)$$

上述结论，也可以利用哈密顿-雅可比方程导出。假定最优性能指标 $J^*[\boldsymbol{x}(t),t]$存在，且连续可微。根据连续动态规划法，哈密顿-雅可比方程为如下一阶偏微分方程：

$$\frac{\partial J^*}{\partial t}+H^*\left(\boldsymbol{x},\frac{\partial J^*}{\partial \boldsymbol{x}},t\right)=0 \tag{4-67}$$

其边界条件为

$$J^*[\boldsymbol{x}(t_f)t_f]=\varphi[\boldsymbol{x}(t_f),t_f] \tag{4-68}$$

式中

$$H^*\left(\boldsymbol{x},\frac{\partial J^*}{\partial \boldsymbol{x}},t\right)=\min_{\boldsymbol{u}\in\Omega}H\left(\boldsymbol{x},\boldsymbol{u},\frac{\partial J^*}{\partial \boldsymbol{x}},t\right) \tag{4-69}$$

而

$$H\left(\boldsymbol{x},\boldsymbol{u},\frac{\partial J^*}{\partial \boldsymbol{x}},t\right)=L(\boldsymbol{x},\boldsymbol{u},t)+\left(\frac{\partial J^*}{\partial \boldsymbol{x}}\right)^{\mathrm{T}}\boldsymbol{f}(\boldsymbol{x},\boldsymbol{u},t) \tag{4-70}$$

若

$$\boldsymbol{\lambda}(t)=\frac{\partial J^*[\boldsymbol{x},t]}{\partial \boldsymbol{x}} \tag{4-71}$$

必有

$$\dot{\boldsymbol{x}}(t)=\frac{\partial H}{\partial \boldsymbol{\lambda}}=\boldsymbol{f}(\boldsymbol{x},\boldsymbol{u},t) \tag{4-72}$$

$$H^*(\boldsymbol{x},\boldsymbol{\lambda},\boldsymbol{u}^*,t)=\min_{\boldsymbol{u}\in\Omega}H(\boldsymbol{x},\boldsymbol{\lambda},\boldsymbol{u},t) \tag{4-73}$$

式(4-73)表明，在保持 $\boldsymbol{x},\boldsymbol{\lambda},t$ 不变的条件下，选择 $\boldsymbol{u}(t)\in\Omega$，使 H 取全局极小值，这就是极小值原理中的极小值条件。式(4-72)显然为状态方程。

将式(4-71)对 t 取全导数，有

$$\begin{aligned}\dot{\boldsymbol{\lambda}}(t)&=\frac{\mathrm{d}}{\mathrm{d}t}\left[\frac{\partial J^*(\boldsymbol{x},t)}{\partial \boldsymbol{x}}\right]=\frac{\partial^2 J^*(\boldsymbol{x},t)}{\partial t\partial \boldsymbol{x}}+\frac{\partial^2 J^*(\boldsymbol{x},t)}{\partial \boldsymbol{x}\partial \boldsymbol{x}^{\mathrm{T}}}\dot{\boldsymbol{x}}\\&=\frac{\partial}{\partial \boldsymbol{x}}\left[\frac{\partial J^*(\boldsymbol{x},t)}{\partial t}\right]+\frac{\partial^2 J^*(\boldsymbol{x},t)}{\partial \boldsymbol{x}\partial \boldsymbol{x}^{\mathrm{T}}}\boldsymbol{f}(\boldsymbol{x},\boldsymbol{u},t)\end{aligned}$$

将式(4-67)、式(4-69)和式(4-70)代入上式，得

$$\begin{aligned}\dot{\boldsymbol{\lambda}}(t)&=-\frac{\partial}{\partial \boldsymbol{x}}\left[L(\boldsymbol{x},\boldsymbol{u}^*,t)+\left(\frac{\partial J^*}{\partial \boldsymbol{x}}\right)^{\mathrm{T}}\boldsymbol{f}(\boldsymbol{x},\boldsymbol{u}^*,t)\right]+\frac{\partial^2 J^*}{\partial \boldsymbol{x}^2}\boldsymbol{f}(\boldsymbol{x},\boldsymbol{u},t)\\&=-\frac{\partial L(\boldsymbol{x},\boldsymbol{u}^*,t)}{\partial \boldsymbol{x}}-\frac{\partial^2 J^*(\boldsymbol{x},t)}{\partial \boldsymbol{x}^2}\boldsymbol{f}(\boldsymbol{x},\boldsymbol{u}^*,t)\\&\quad-\left[\frac{\partial J^*(\boldsymbol{x},t)}{\partial \boldsymbol{x}}\right]\left[\frac{\partial \boldsymbol{f}^{\mathrm{T}}(\boldsymbol{x},\boldsymbol{u}^*,t)}{\partial \boldsymbol{x}}\right]+\frac{\partial^2 J^*(\boldsymbol{x},t)}{\partial \boldsymbol{x}^2}\boldsymbol{f}(\boldsymbol{x},\boldsymbol{u},t)\end{aligned}$$

因为已设 $J^*[\boldsymbol{x}(t),t]$存在且连续可微，故有 $\boldsymbol{u}(t)=\boldsymbol{u}^*(t)$，且已令 $\boldsymbol{\lambda}(t)=\partial J^*/\partial \boldsymbol{x}$，于是上式可写为

$$\dot{\boldsymbol{\lambda}}(t)=-\frac{\partial}{\partial \boldsymbol{x}}[L(\boldsymbol{x},\boldsymbol{u},t)+\boldsymbol{\lambda}^{\mathrm{T}}(t)\boldsymbol{f}(\boldsymbol{x},\boldsymbol{u},t)]=-\frac{\partial H(\boldsymbol{x},\boldsymbol{\lambda},\boldsymbol{u},t)}{\partial \boldsymbol{x}} \tag{4-74}$$

这就是协态方程。

由边界条件(4-68)，并考虑到式(4-71)，得

$$\boldsymbol{\lambda}(t_f)=\left[\frac{\partial J^*(\boldsymbol{x},t)}{\partial \boldsymbol{x}}\right]_{t=t_f}=\frac{\partial\varphi[\boldsymbol{x}(t_f),t_f]}{\partial \boldsymbol{x}(t_f)} \tag{4-75}$$

这就是横截条件。

这样，在假定 $J^*[\boldsymbol{x}(t),t]$ 存在且连续可微的条件下，由哈密顿-雅可比方程(4-67)及其边界条件(4-68)，导出了极小值原理给出的全部必要条件。

(2)末端时刻自由情况

由极小值原理知，对于所讨论的问题，在最优解应满足的必要条件中，除与 t_f 固定时相同的必要条件外，还有一个必要条件是 H 变化律应为

$$H^*[\boldsymbol{x}(t_f^*),\boldsymbol{\lambda}(t_f^*),\boldsymbol{u}^*(t_f^*),t_f^*]=-\frac{\partial\varphi[\boldsymbol{x}(t_f^*),t_f^*]}{\partial t_f} \tag{4-76}$$

在连续动态规划中，取边界条件(4-68)对 t_f 的偏导数，得

$$\frac{\partial J^*}{\partial t_f}=\frac{\partial\varphi[\boldsymbol{x}(t_f),t_f]}{\partial t_f} \tag{4-77}$$

令 $t_f=t_f^*$，并利用式(4-67)和式(4-71)，立即得到式(4-76)。

不难看出，当 t_f 自由时，前面导出的式(4-72)、式(4-73)、式(4-74)以及式(4-75)仍然成立。

应当指出，以上推证只有形式上的意义，不能认为是极小值原理的严格证明。实际上，除了线性二次型问题外，哈密顿-雅可比方程难以求解，或者根本不存在二次连续可微的函数 $J^*[\boldsymbol{x}(t),t]$。但是，上述推证揭示了变分法、极小值原理与动态规划之间的内在联系，使读者对这三种方法的应用条件及相互关系有更深入的了解。

习　　题

4-1　设拟建设的天然气管道网如图 4-5 所示。图中 A、B、C、…、L 表示压缩机站，各级段上的箭头表示确定的天然气流动方向，线段上的数字则表示各管段的流通能力。试求该网络从起点 A 到终点 L 的最大流通能力及相应的最优路径。

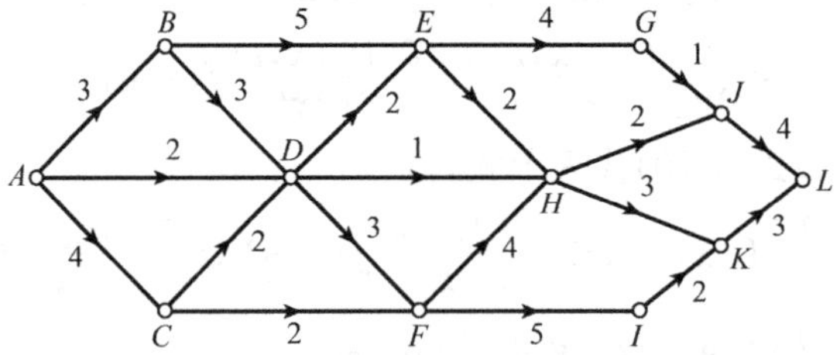

图 4-5　天然气管道网络

4-2　一位公务员乘坐出租汽车要从机场赶到会场参加重要会议，已知交通网络如图 4-6 所示。图上数字为每条支路的驾驶时间，且全部支路都是单行线。试用动态规划找出到达会场的最短时间路线。

4-3　设离散系统方程

$$x(k+1)=x(k)+u(k)$$

性能指标

$$J=\sum_{k=0}^{3}[x^3(k)+u(k)x(k)+u^2(k)x(k)]\geqslant 0$$

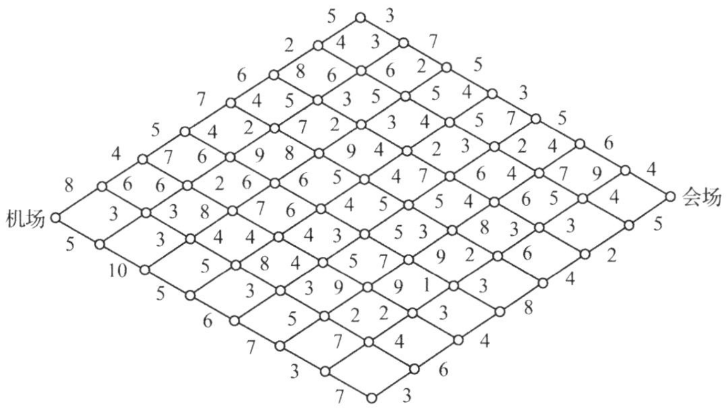

图 4-6　交通网络

式中 $u(k)$限取$+1$或-1。要求末端状态为 $x(4)=2$。试求最优控制 $u^*(k)$和最优轨线 $x^*(k)$，$k=0,1,2,3$。

4-4　设二阶离散系统

$$x_1(k+1)=2x_1(k)+u(k),\quad x_1(0)=1$$

$$x_2(k+1)=x_1(k)+x_2(k),\quad x_2(0)=0$$

试求使性能指标

$$J=\sum_{k=0}^{1}[2x_2^2(k+1)+2u^2(k)]$$

为极小的最优控制 $u^*(k)$和最优轨线 $x^*(k)$。

4-5　已知生产库存系统的状态方程为

$$x(k+1)=x(k)+u(k)-w(k)$$

式中 $x(k)$表示库存量，$u(k)$表示生产量，$w(k)$表示销售量。假设生产费用等于 $0.005u^2(k)$，库存费用等于 $x(k)$，则一年的总费用为

$$J=\sum_{k=0}^{3}[0.005u^2(k)+x(k)]$$

设初始库存量 $x(0)=0$，四个季度的订货分别为：$w(0)=600$，$w(1)=700$，$w(2)=500$，$w(3)=1200$。若要求到年底无积存，即要求 $x(4)=0$，试求使总费用 J 为最小的各季度最优生产量 $u^*(0)$、$u^*(1)$、$u^*(2)$和 $u^*(3)$。

4-6　设离散系统状态方程

$$x_1(k+1)=x_2(k)$$

$$x_2(k+1)=x_1(k)+x_2(k)+u(k)$$

控制约束 $u(k)\in\Omega=\{-1,0,+1\}$，边界条件

$$x_1(0)=-1,\quad x_2(0)=1$$

$$x_1(3)=0,\quad x_2(3)=-2$$

试用动态规划法确定最优控制序列 $u^*(k)$，使下列性能指标极小：

$$J=\sum_{k=0}^{2}[|u(k)|-x_1^3(k)]\geqslant 0$$

4-7 已知一阶离散系统

$$x(k+1)=x(k)u(k)+u(k), \quad x(0)=1$$

控制约束 $u(k)\in\Omega=\{-1,0,+1\}$,试用动态规划法计算使

$$J=\sum_{k=0}^{2}\{|x(k)|+3|u(k)+1|\}+|x(3)|\geqslant 0$$

为最小的最优控制序列 $u^*(0),u^*(1),u^*(2)$。

4-8 已知系统状态方程

$$\dot{x}_1(t)=x_2(t), \quad x_1(0)=x_{10}$$
$$\dot{x}_2(t)=u(t), \quad x_2(0)=x_{20}$$

性能指标

$$J=\frac{1}{2}\int_0^{\infty}[4x_1^2(t)+u^2(t)]\mathrm{d}t$$

试写出该系统的哈密顿-雅可比方程,并求最优控制 $u^*(t)$和最优指标 J^*。

4-9 已知二阶系统方程

$$\ddot{\theta}(t)+\theta(t)=u(t)$$

假定 $\theta(t)$和 $\dot{\theta}(t)$可以直接量测,力矩 $u(t)$不受限制。试求使性能指标

$$J=\int_0^{\infty}[\theta^2(t)+\dot{\theta}^2(t)+u^2(t)]\mathrm{d}t$$

为最小的控制 $u^*(t)$。

4-10 设标量非线性系统

$$\dot{x}(t)=f(x)+gu(t)$$

性能指标

$$J=\int_t^{t_f}[u^2(t)+l(x)]\mathrm{d}t$$

试证:哈密顿-雅可比方程按照$\partial J^*/\partial x$ 是二次的,按照$\partial J^*/\partial t$ 是线性的。

4-11 已知一阶系统

$$\dot{x}(t)=u(t), \quad x(t_0)=x_0$$

性能指标

$$J=x^2(t_f)+\int_{t_0}^{t_f}[x^2(t)+u^2(t)]\mathrm{d}t$$

试用连续动态规划求最优控制 $u^*(t)$和最优指标 J^*。

4-12 已知一阶系统

$$\dot{x}(t)=-\frac{1}{2}x(t)+u(t)$$

性能指标

$$J=\frac{1}{2}[10x^2(1)]+\frac{1}{2}\int_0^1[2x^2(t)+u^2(t)]\mathrm{d}t$$

试用连续动态规划求最优控制 $u^*(t)$。

4-13 已知二阶系统

$$\dot{x}_1(t)=u(t), \quad x_1(0)=0$$
$$\dot{x}_2(t)=x_1(t), \quad x_2(0)=1$$

性能指标

$$J=\frac{1}{2}\int_{0}^{\infty}\left[2x_{2}^{2}(t)+\frac{1}{2}u^{2}(t)\right]\mathrm{d}t$$

试用连续动态规划求最优控制 $u^{*}(t)$和最优轨线 $x^{*}(t)$。

4-14 已知系统方程

$$\dot{x}_{1}(t)=x_{2}(t)$$
$$\dot{x}_{2}(t)=-x_{2}(t)-x_{1}^{2}(t)+u(t)$$

性能指标

$$J=\int_{0}^{t_f}[x_{1}^{2}(t)+u^{2}(t)]\mathrm{d}t$$

试确定该系统的哈密顿-雅可比方程。

4-15 设系统方程为

$$\dot{\boldsymbol{x}}(t)=\boldsymbol{A}\boldsymbol{x}(t)+\boldsymbol{u}(t)$$

式中,$\boldsymbol{x}\in R^{n}$,$\boldsymbol{u}\in R^{n}$,$\boldsymbol{A}$ 为常阵且满足

$$\boldsymbol{A}^{\mathrm{T}}+\boldsymbol{A}=\boldsymbol{0}$$

控制约束 $\|\boldsymbol{u}(t)\|\leqslant 1$。性能指标

$$J=\int_{0}^{t_f}\mathrm{d}t=t_{f}$$

试证:该系统哈密顿-雅可比方程的解为

$$J(\boldsymbol{x})=\|\boldsymbol{x}(t)\|$$

并问最优控制 $\boldsymbol{u}^{*}(t)$形式如何?

4-16 设一阶非线性系统方程为

$$\dot{x}(t)=-x^{3}(t)+u(t),\quad x(0)=x_{0}$$

性能指标

$$J=\frac{1}{2}\int_{0}^{\infty}[x^{2}(t)+u^{2}(t)]\mathrm{d}t$$

若设

$$J^{*}\approx a_{0}+a_{1}x+\frac{1}{2!}a_{2}x^{2}+\frac{1}{3!}a_{3}x^{3}+\frac{1}{4!}a_{4}x^{4}$$

式中 a_i 待定,$i=0,1,2,3,4$。试用连续动态规划求最优控制 $u^{*}(t)$。

4-17 设一阶系统

$$\dot{x}(t)=ku(t)$$

性能指标

$$J=\int_{0}^{t_f}[qx^{2}(t)+ru^{2}(t)]\mathrm{d}t$$

式中 q 和 r 为正常数。给定 $t=t_f$ 时,$x(t_f)=x_f$,设

$$J^{*}(\boldsymbol{x})=\lambda_{1}(t)+2\lambda_{2}(t)x(t)+\lambda_{3}(t)x^{2}(t)$$

试用动态规划求该系统的黎卡提方程。

第 5 章　线性最优状态调节器

如果所研究的系统为线性，所取的性能指标为状态变量与控制变量的二次型函数，则这种动态系统的最优化问题，称为线性二次型问题。由于线性二次型问题的最优解具有统一的解析表达式，且可导致一个简单的状态线性反馈控制律，便于计算和实现闭环反馈控制，因此引起了控制工程界的极大关注，成为最优控制理论及应用中最成熟的部分。

线性二次型最优控制除易于实现、具有工程性外，还具有如下明显的特点：线性最优控制的结果可以应用于工作在小信号条件下的非线性系统，其计算和实现比非线性控制方法容易；线性最优控制器设计方法可以作为求解非线性最优控制问题的基础；线性最优控制除具有二次型性能指标意义上的最优性外，还具有良好的频响特性，可以实现极点的最优配置，并可抗慢变输入扰动，从而沟通了现代控制理论与经典控制理论之间的联系。

线性二次型最优控制的基本内容可以分为：最优状态调节、最优输出调节和最优跟踪。可以证明，最优输出调节问题和最优跟踪问题都可以化为最优状态调节问题。

本章主要研究最优状态调节器的基本理论及其扩展，最优状态调节器的基本性质及其应用。至于最优输出调节器及最优跟踪系统问题，将在第 6 章介绍。

5.1　线性二次型问题

研究线性二次型问题，一方面是因为这类问题在工程实际中经常遇到；另一方面是因为在数学处理上比较简单，可以得到用解析形式表达的线性反馈控制规律，便于工程实现。

设线性时变系统的动态方程为

$$\begin{aligned}&\dot{\boldsymbol{x}}(t)=\boldsymbol{A}(t)\boldsymbol{x}(t)+\boldsymbol{B}(t)\boldsymbol{u}(t),\quad \boldsymbol{x}(t_0)=\boldsymbol{x}_0\\&\boldsymbol{y}(t)=\boldsymbol{C}(t)\boldsymbol{x}(t)\end{aligned}\tag{5-1}$$

式中 $\boldsymbol{x}(t)$ 为 n 维状态向量，$\boldsymbol{u}(t)$ 为 m 维控制向量，$\boldsymbol{y}(t)$ 为 l 维输出向量；$\boldsymbol{A}(t)$、$\boldsymbol{B}(t)$、$\boldsymbol{C}(t)$ 为维数适当的时变矩阵，其各元分段连续且有界，在特殊情况下可以是常阵 $\boldsymbol{A}$、$\boldsymbol{B}$、$\boldsymbol{C}$。假定 $0<l\leqslant m\leqslant n$，且 $\boldsymbol{u}(t)$ 不受约束。

在工程实际上总是希望这样来控制系统：使系统输出尽量接近某一希望输出。若令 $\boldsymbol{y}_l(t)$ 表示 l 维希望输出向量，则

$$\boldsymbol{e}(t)=\boldsymbol{y}_l(t)-\boldsymbol{y}(t)\tag{5-2}$$

称为误差向量。要求确定最优控制 $\boldsymbol{u}^*(t)$，使下列二次型性能指标极小：

$$J=\frac{1}{2}\boldsymbol{e}^{\mathrm{T}}(t_f)\boldsymbol{F}\boldsymbol{e}(t_f)+\frac{1}{2}\int_{t_0}^{t_f}\left[\boldsymbol{e}^{\mathrm{T}}(t)\boldsymbol{Q}(t)\boldsymbol{e}(t)+\boldsymbol{u}^{\mathrm{T}}(t)\boldsymbol{R}(t)\boldsymbol{u}(t)\right]\mathrm{d}t\tag{5-3}$$

式中 $\boldsymbol{F}$ 为 $l\times l$ 维对称非负定常阵，$\boldsymbol{Q}(t)$ 为 $l\times l$ 维对称非负定时变矩阵，$\boldsymbol{R}(t)$ 为 $m\times m$ 维对称正定时变矩阵，初始时刻 t_0 和末端时刻 t_f 固定。在今后的问题讨论中，若非特别指出，以上假定始终满足。

为了便于工程应用，性能指标(5-3)中的权矩阵 $\boldsymbol{F}$、$\boldsymbol{Q}(t)$ 和 $\boldsymbol{R}(t)$ 往往取为对角线型矩阵，则其对称性自然满足。需要指出的是，如何根据系统的实际要求选择加权矩阵的诸元，绝不是一个简单的问题，其理论和方法至今仍未能很好地解决。

在二次型性能指标(5-3)中，其各项都有明确的物理含义。现分述如下。

(1)末值项

$$\varphi[\boldsymbol{e}(t_f)]=\frac{1}{2}\boldsymbol{e}^{\mathrm{T}}(t_f)\boldsymbol{F}\boldsymbol{e}(t_f) \tag{5-4}$$

不失一般性，取 $\boldsymbol{F}=\boldsymbol{I}$，表示对末态误差要求的各元等加权，则有

$$\boldsymbol{e}^{\mathrm{T}}(t_f)\boldsymbol{e}(t_f)=\|\boldsymbol{e}(t_f)\|^2=\left(\sqrt{e_1^2+e_2^2+\cdots+e_l^2}\right)^2\Big|_{t=t_f}$$

此时，末值项表示 t_f 时刻的跟踪误差，即末态误差向量 $\boldsymbol{e}(t_f)$ 与希望的零向量之间的距离平方和。

当 $\boldsymbol{F}\geqslant 0$ 时，表示对末态跟踪误差的各元有不同的要求。若取

$$\boldsymbol{F}=\mathrm{diag}\{f_1,f_2,\cdots,f_l\}\geqslant\boldsymbol{0}$$

则式(5-4)可以表示为

$$\varphi[\boldsymbol{e}(t_f)]=\frac{1}{2}\sum_{i=1}^{l}f_ie_i^2(t_f)$$

式中系数 1/2 是为了便于运算。此时，末值项表示末态跟踪误差向量 $\boldsymbol{e}(t_f)$ 与希望的零向量之间的距离加权平方和。

由此可见，二次型性能指标中的末值项，表示在控制结束后，对系统末态跟踪误差的要求。由于在有限时间 t_f 内，系统难以实现使 $\boldsymbol{e}(t_f)=0$，因此要求 $\varphi[\boldsymbol{e}(t_f)]$ 位于零的某一邻域内，既符合工程实际情况，又易于满足。

如果对末态跟踪误差不必限制，则可取 $\boldsymbol{F}=0$。此时性能指标 J 变为积分型。

(2)第一过程项

$$\int_{t_0}^{t_f}L_e\mathrm{d}t=\frac{1}{2}\int_{t_0}^{t_f}\boldsymbol{e}^{\mathrm{T}}(t)\boldsymbol{Q}(t)\boldsymbol{e}(t)\mathrm{d}t \tag{5-5}$$

若取

$$\boldsymbol{Q}(t)=\mathrm{diag}\{q_1(t),q_2(t),\cdots,q_l(t)\}\geqslant\boldsymbol{0}$$

则有

$$L_e=\frac{1}{2}\boldsymbol{e}^{\mathrm{T}}(t)\boldsymbol{Q}(t)\boldsymbol{e}(t)=\frac{1}{2}\sum_{i=1}^{l}q_i(t)e_i^2(t)\geqslant 0$$

于是，式(5-5)可以表示为

$$\int_{t_0}^{t_f}L_e\mathrm{d}t=\frac{1}{2}\int_{t_0}^{t_f}\sum_{i=1}^{l}q_i(t)e_i^2(t)\mathrm{d}t$$

上式表明，第一过程项表示在系统控制过程中，对动态跟踪误差加权平方和的积分要求，是系统在运动过程中动态跟踪误差的总度量。

(3)第二过程项

$$\int_{t_0}^{t_f}L_u\mathrm{d}t=\frac{1}{2}\int_{t_0}^{t_f}\boldsymbol{u}^{\mathrm{T}}(t)\boldsymbol{R}(t)\boldsymbol{u}(t)\mathrm{d}t \tag{5-6}$$

若取

$$\boldsymbol{R}(t)=\operatorname{diag}\{r_1(t),r_2(t),\cdots,r_m(t)\}>\mathbf{0}$$

则有

$$L_u=\frac{1}{2}\boldsymbol{u}^{\mathrm{T}}(t)\boldsymbol{R}(t)\boldsymbol{u}(t)=\frac{1}{2}\sum_{i=1}^{m}r_i(t)u_i^2(t)>0$$

于是,式(5-6)可以表示为

$$\int_{t_0}^{t_f}L_u\mathrm{d}t=\frac{1}{2}\int_{t_0}^{t_f}\sum_{i=1}^{m}r_i(t)u_i^2(t)\mathrm{d}t$$

上式表明,第二过程项表示在系统控制过程中,对系统加权后的控制能量消耗的总度量。

根据上述分析可知,二次型性能指标(5-3)的物理意义是:使系统在控制过程中的动态误差与能量消耗,以及控制结束时的系统稳态误差综合最优。至此,读者可以明白,从性能指标的物理意义来看,权矩阵 $\boldsymbol{F}$、$\boldsymbol{Q}(t)$ 和 $\boldsymbol{R}(t)$ 都必须取为非负矩阵,不能取为负定矩阵;否则具有大误差和控制能量消耗很大的系统,仍然会有一个小的性能指标,从而违背了最优控制的原意。至于要求权矩阵 $\boldsymbol{R}(t)$ 正定,那是由于最优控制律的需要,以保证最优解的存在。

二次型性能指标有如下几种重要的特殊情形。

(1)状态调节器问题

在系统方程(5-1)和误差向量(5-2)中,如果

$$\boldsymbol{C}(t)=\boldsymbol{I},\quad \boldsymbol{y}_l(t)=\mathbf{0}$$

则有

$$\boldsymbol{e}(t)=-\boldsymbol{y}(t)=-\boldsymbol{x}(t)$$

从而,性能指标(5-3)演变为

$$J=\frac{1}{2}\boldsymbol{x}^{\mathrm{T}}(t_f)\boldsymbol{F}\boldsymbol{x}(t_f)+\frac{1}{2}\int_{t_0}^{t_f}[\boldsymbol{x}^{\mathrm{T}}(t)\boldsymbol{Q}(t)\boldsymbol{x}(t)+\boldsymbol{u}^{\mathrm{T}}(t)\boldsymbol{R}(t)\boldsymbol{u}(t)]\mathrm{d}t \tag{5-7}$$

这时,线性二次型问题归结为:当系统受扰偏离原平衡零状态时,要求系统产生一控制向量,使性能指标(5-7)极小,即使得系统状态 $\boldsymbol{x}(t)$ 始终保持在零平衡状态附近。因而,这一类线性二次型最优控制问题称为状态调节器问题。

(2)输出调节器问题

在误差向量(5-2)中,如果

$$\boldsymbol{y}_l(t)=\mathbf{0}$$

则有

$$\boldsymbol{e}(t)=-\boldsymbol{y}(t)$$

从而,性能指标(5-3)演变为

$$J=\frac{1}{2}\boldsymbol{y}^{\mathrm{T}}(t_f)\boldsymbol{F}\boldsymbol{y}(t_f)+\frac{1}{2}\int_{t_0}^{t_f}[\boldsymbol{y}^{\mathrm{T}}(t)\boldsymbol{Q}(t)\boldsymbol{y}(t)+\boldsymbol{u}^{\mathrm{T}}(t)\boldsymbol{R}(t)\boldsymbol{u}(t)]\mathrm{d}t \tag{5-8}$$

这时,线性二次型问题归结为:当系统受扰偏离原零平衡状态时,要求系统产生一控制向量,使性能指标(5-8)极小,即使得系统输出 $\boldsymbol{y}(t)$ 始终保持在零平衡状态附近。因而,这一类线性二次型最优控制问题称为输出调节器问题。

(3)跟踪系统问题

如果 $\boldsymbol{y}_l(t)\neq 0$,式(5-2)成立,性能指标保持式(5-3)的形式不变,则线性二次型问题

归结为：当希望输出量 $\boldsymbol{y}_l(t)$ 作用于系统时，要求系统产生一控制向量，使性能指标(5-3)极小，即使得系统的实际输出 $\boldsymbol{y}(t)$ 始终跟随 $\boldsymbol{y}_l(t)$ 的变化。因而，这一类线性二次型最优控制问题称为跟踪系统问题。

5.2 状态调节器

所谓状态调节器问题，就是要求系统的状态保持在平衡状态附近。当某种原因使系统的状态偏离平衡状态时，就对系统进行控制使之回到原平衡状态。工业上的许多控制问题都属于这一类。例如，电网电压的控制，温度控制以及压力控制等。

对于线性定常系统，任何平衡状态通过线性变换均可转化为零状态。为方便起见，通常将系统的零状态取为平衡状态。

由于在线性二次型最优控制问题中通常不考虑控制的不等式约束，因此变分法、极小值原理或动态规划都可以用来求解状态调节器问题。本节将利用极小值原理和连续动态规划推证有限时间状态调节器和无限时间状态调节器的主要结果，并对无限时间定常状态调节器的稳定性进行论证。

5.2.1 有限时间状态调节器

问题 5-1 设线性时变系统状态方程为

$$\dot{\boldsymbol{x}}(t)=\boldsymbol{A}(t)\boldsymbol{x}(t)+\boldsymbol{B}(t)\boldsymbol{u}(t),\quad \boldsymbol{x}(t_0)=\boldsymbol{x}_0 \tag{5-9}$$

式中 $\boldsymbol{x}(t)\in R^n$；$\boldsymbol{u}(t)\in R^m$；$\boldsymbol{u}(t)$ 无约束；矩阵 $\boldsymbol{A}(t)$ 与 $\boldsymbol{B}(t)$ 维数适当，其各元连续且有界。要求确定最优控制 $\boldsymbol{u}^*(t)$，使下列性能指标极小：

$$J=\frac{1}{2}\boldsymbol{x}^{\mathrm{T}}(t_f)\boldsymbol{F}\boldsymbol{x}(t_f)+\frac{1}{2}\int_{t_0}^{t_f}[\boldsymbol{x}^{\mathrm{T}}(t)\boldsymbol{Q}(t)\boldsymbol{x}(t)+\boldsymbol{u}^{\mathrm{T}}(t)\boldsymbol{R}(t)\boldsymbol{u}(t)]\mathrm{d}t \tag{5-10}$$

式中权矩阵 $\boldsymbol{F}=\boldsymbol{F}^{\mathrm{T}}\geqslant\boldsymbol{0}$，$\boldsymbol{Q}(t)=\boldsymbol{Q}^{\mathrm{T}}(t)\geqslant\boldsymbol{0}$，$\boldsymbol{R}(t)=\boldsymbol{R}^{\mathrm{T}}(t)>\boldsymbol{0}$，其各元均连续有界；末端时刻 t_f 固定且为有限值。

下面分别对上述问题最优解的存在性、唯一性以及相应黎卡提方程解的对称性、正定性加以论述。

(1) 最优解的充分必要条件

定理 5-1 对于最优调节器问题 5-1，最优控制的充分必要条件是

$$\boldsymbol{u}^*(t)=-\boldsymbol{R}^{-1}(t)\boldsymbol{B}^{\mathrm{T}}(t)\boldsymbol{P}(t)\boldsymbol{x}(t) \tag{5-11}$$

最优性能指标为

$$J^*=\frac{1}{2}\boldsymbol{x}^{\mathrm{T}}(t_0)\boldsymbol{P}(t_0)\boldsymbol{x}(t_0) \tag{5-12}$$

式中 $n\times n$ 维对称非负矩阵 $\boldsymbol{P}(t)$ 满足黎卡提矩阵微分方程

$$-\dot{\boldsymbol{P}}(t)=\boldsymbol{P}(t)\boldsymbol{A}(t)+\boldsymbol{A}^{\mathrm{T}}(t)\boldsymbol{P}(t)-\boldsymbol{P}(t)\boldsymbol{B}(t)\boldsymbol{R}^{-1}(t)\boldsymbol{B}^{\mathrm{T}}(t)\boldsymbol{P}(t)+\boldsymbol{Q}(t) \tag{5-13}$$

其边界条件为

$$\boldsymbol{P}(t_f)=\boldsymbol{F} \tag{5-14}$$

而最优轨线 $\boldsymbol{x}^*(t)$，则是下列线性向量微分方程的解：

$$\dot{\boldsymbol{x}}(t)=[\boldsymbol{A}(t)-\boldsymbol{B}(t)\boldsymbol{R}^{-1}(t)\boldsymbol{B}^{\mathrm{T}}(t)\boldsymbol{P}(t)]\boldsymbol{x}(t),\ \boldsymbol{x}(t_0)=\boldsymbol{x}_0 \tag{5-15}$$

证明 必要性：设 $\boldsymbol{u}^*(t)$ 是问题 5-1 的最优控制，则必满足极小值原理。令哈密顿函数

$$H=\frac{1}{2}\boldsymbol{x}^{\mathrm{T}}(t)\boldsymbol{Q}(t)\boldsymbol{x}(t)+\frac{1}{2}\boldsymbol{u}^{\mathrm{T}}(t)\boldsymbol{R}(t)\boldsymbol{u}(t)+\boldsymbol{\lambda}^{\mathrm{T}}(t)\boldsymbol{A}(t)\boldsymbol{x}(t)+\boldsymbol{\lambda}^{\mathrm{T}}(t)\boldsymbol{B}(t)\boldsymbol{u}(t) \tag{5-16}$$

由于 $\boldsymbol{u}(t)$ 不受约束，所以极小值条件是哈密顿函数(5-16)对 $\boldsymbol{u}(t)$ 取无条件极小。根据驻值条件

$$\frac{\partial H}{\partial \boldsymbol{u}}=\boldsymbol{R}(t)\boldsymbol{u}(t)+\boldsymbol{B}^{\mathrm{T}}(t)\boldsymbol{\lambda}(t)=\boldsymbol{0}$$

得

$$\boldsymbol{u}^*(t)=-\boldsymbol{R}^{-1}(t)\boldsymbol{B}^{\mathrm{T}}(t)\boldsymbol{\lambda}(t) \tag{5-17}$$

因为

$$\frac{\partial^2 H}{\partial \boldsymbol{u}^2}=\boldsymbol{R}(t)>0$$

所以式(5-17)是使哈密顿函数取极小的控制。

由正则方程，得

$$\dot{\boldsymbol{x}}(t)=\frac{\partial H}{\partial \boldsymbol{\lambda}}=\boldsymbol{A}(t)\boldsymbol{x}(t)-\boldsymbol{B}(t)\boldsymbol{R}^{-1}(t)\boldsymbol{B}^{\mathrm{T}}(t)\boldsymbol{\lambda}(t) \tag{5-18}$$

$$\dot{\boldsymbol{\lambda}}(t)=-\frac{\partial H}{\partial \boldsymbol{x}}=-\boldsymbol{Q}(t)\boldsymbol{x}(t)-\boldsymbol{A}^{\mathrm{T}}(t)\boldsymbol{\lambda}(t) \tag{5-19}$$

因为末态 $\boldsymbol{x}(t_f)$ 自由，所以横截条件为

$$\boldsymbol{\lambda}(t_f)=\frac{\partial}{\partial \boldsymbol{x}(t_f)}\left[\frac{1}{2}\boldsymbol{x}^{\mathrm{T}}(t_f)\boldsymbol{F}\boldsymbol{x}(t_f)\right]=\boldsymbol{F}\boldsymbol{x}(t_f) \tag{5-20}$$

令协态方程(5-19)的解为

$$\boldsymbol{\lambda}(t)=\boldsymbol{P}(t)\boldsymbol{x}(t),\quad \forall t\in[t_0,t_f] \tag{5-21}$$

式中矩阵 $\boldsymbol{P}(t)$ 待定。上式对时间 t 求导，得

$$\dot{\boldsymbol{\lambda}}(t)=\dot{\boldsymbol{P}}(t)\boldsymbol{x}(t)+\boldsymbol{P}(t)\dot{\boldsymbol{x}}(t) \tag{5-22}$$

将式(5-21)代入式(5-18)，则状态方程可写为

$$\dot{\boldsymbol{x}}(t)=[\boldsymbol{A}(t)-\boldsymbol{B}(t)\boldsymbol{R}^{-1}(t)\boldsymbol{B}^{\mathrm{T}}(t)\boldsymbol{P}(t)]\boldsymbol{x}(t) \tag{5-23}$$

式(5-23)为最优闭环系统方程，其在给定初态 $\boldsymbol{x}(t_0)=\boldsymbol{x}_0$ 下的唯一解正是最优轨线 $\boldsymbol{x}^*(t)$，于是式(5-15)得证。

将式(5-23)代入式(5-22)，协态方程为

$$\dot{\boldsymbol{\lambda}}(t)=[\dot{\boldsymbol{P}}(t)+\boldsymbol{P}(t)\boldsymbol{A}(t)-\boldsymbol{P}(t)\boldsymbol{B}(t)\boldsymbol{R}^{-1}(t)\boldsymbol{B}^{\mathrm{T}}(t)\boldsymbol{P}(t)]\boldsymbol{x}(t) \tag{5-24}$$

将式(5-21)代入式(5-19)，则协态方程又可表示为

$$\dot{\boldsymbol{\lambda}}(t)=-[\boldsymbol{Q}(t)+\boldsymbol{A}^{\mathrm{T}}(t)\boldsymbol{P}(t)]\boldsymbol{x}(t) \tag{5-25}$$

比较式(5-24)与式(5-25)，得 $\boldsymbol{P}(t)$ 应满足如下矩阵微分方程：

$$-\dot{\boldsymbol{P}}(t)=\boldsymbol{P}(t)\boldsymbol{A}(t)+\boldsymbol{A}^{\mathrm{T}}(t)\boldsymbol{P}(t)-\boldsymbol{P}(t)\boldsymbol{B}(t)\boldsymbol{R}^{-1}(t)\boldsymbol{B}^{\mathrm{T}}(t)\boldsymbol{P}(t)+\boldsymbol{Q}(t) \tag{5-26}$$

式(5-26)通常称为黎卡提矩阵微分方程，简称黎卡提方程。因此，式(5-13)得证。

在式(5-21)中，令 $t=t_f$，可得

$$\boldsymbol{\lambda}(t_f)=\boldsymbol{P}(t_f)\boldsymbol{x}(t_f) \tag{5-27}$$

式(5-27)与横截条件(5-20)相比,可知黎卡提方程(5-26)应满足的边界条件为

$$\boldsymbol{P}(t_f)=\boldsymbol{F} \tag{5-28}$$

因此,式(5-14)得证。至于 $P(t)$的对称性和非负性,将在下面论证。

将式(5-21)代入式(5-17),得最优控制的必要条件为

$$\boldsymbol{u}^*(t)=-\boldsymbol{R}^{-1}(t)\boldsymbol{B}^{\mathrm{T}}(t)\boldsymbol{P}(t)\boldsymbol{x}(t) \tag{5-29}$$

于是,式(5-11)的必要性得证。

充分性:设式(5-11)成立,其中 $\boldsymbol{P}(t)$满足黎卡提方程(5-13)及其边界条件(5-14)。由连续动态规划知,若式(5-11)满足哈密顿-雅可比方程,则充分性成立。

若令

$$L(\boldsymbol{x},\boldsymbol{u},t)=\frac{1}{2}[\boldsymbol{x}^{\mathrm{T}}(t)\boldsymbol{Q}(t)\boldsymbol{x}(t)+\boldsymbol{u}^{\mathrm{T}}(t)\boldsymbol{R}(t)\boldsymbol{u}(t)]$$

$$\boldsymbol{f}(\boldsymbol{x},\boldsymbol{u},t)=\boldsymbol{A}(t)\boldsymbol{x}(t)+\boldsymbol{B}(t)\boldsymbol{u}(t)$$

则哈密顿函数可写为

$$\begin{aligned}H&=L(\boldsymbol{x},\boldsymbol{u},t)+\left(\frac{\partial J^*}{\partial \boldsymbol{x}}\right)^{\mathrm{T}}\boldsymbol{f}(\boldsymbol{x},\boldsymbol{u},t)\\&=\frac{1}{2}\boldsymbol{x}^{\mathrm{T}}(t)\boldsymbol{Q}(t)\boldsymbol{x}(t)+\frac{1}{2}\boldsymbol{u}^{\mathrm{T}}(t)\boldsymbol{R}(t)\boldsymbol{u}(t)+\left(\frac{\partial J^*}{\partial \boldsymbol{x}}\right)^{\mathrm{T}}\boldsymbol{A}(t)\boldsymbol{x}(t)+\left(\frac{\partial J^*}{\partial \boldsymbol{x}}\right)^{\mathrm{T}}\boldsymbol{B}(t)\boldsymbol{u}(t)\end{aligned} \tag{5-30}$$

于是,问题 5-1 的哈密顿-雅可比方程为

$$\begin{aligned}&\frac{\partial J^*(\boldsymbol{x},t)}{\partial t}+\min_{\boldsymbol{u}(t)}\left\{\frac{1}{2}\boldsymbol{x}^{\mathrm{T}}(t)\boldsymbol{Q}(t)\boldsymbol{x}(t)+\frac{1}{2}\boldsymbol{u}^{\mathrm{T}}(t)\boldsymbol{R}(t)\boldsymbol{u}(t)\right.\\&\qquad\left.+\left[\frac{\partial J^*(\boldsymbol{x},t)}{\partial \boldsymbol{x}}\right]^{\mathrm{T}}\boldsymbol{A}(t)\boldsymbol{x}(t)+\left[\frac{\partial J^*(\boldsymbol{x},t)}{\partial \boldsymbol{x}}\right]^{\mathrm{T}}\boldsymbol{B}(t)\boldsymbol{u}(t)\right\}=0\end{aligned} \tag{5-31}$$

由于 $\boldsymbol{u}(t)$无约束,令

$$\frac{\partial H}{\partial \boldsymbol{u}}=\boldsymbol{R}(t)\boldsymbol{u}(t)+\boldsymbol{B}^{\mathrm{T}}(t)\frac{\partial J^*(\boldsymbol{x},t)}{\partial \boldsymbol{x}}=\boldsymbol{0}$$

得使哈密顿函数为最小的控制

$$\boldsymbol{u}^*(t)=-\boldsymbol{R}^{-1}(t)\boldsymbol{B}^{\mathrm{T}}(t)\frac{\partial J^*(\boldsymbol{x},t)}{\partial \boldsymbol{x}} \tag{5-32}$$

将式(5-32)与已知的式(5-11)相比可知,最优性能指标应取

$$J^*(\boldsymbol{x},t)=\frac{1}{2}\boldsymbol{x}^{\mathrm{T}}(t)\boldsymbol{P}(t)\boldsymbol{x}(t) \tag{5-33}$$

在式(5-33)中,$\boldsymbol{P}(t)$是对称的,$\boldsymbol{x}(t)$为初态,故将式(5-33)分别对 $\boldsymbol{x}(t)$及 t 取偏导数,可得

$$\frac{\partial J^*(\boldsymbol{x},t)}{\partial \boldsymbol{x}}=\boldsymbol{P}(t)\boldsymbol{x}(t) \tag{5-34}$$

$$\frac{\partial J^*(\boldsymbol{x},t)}{\partial t}=\frac{1}{2}\boldsymbol{x}^{\mathrm{T}}(t)\dot{\boldsymbol{P}}(t)\boldsymbol{x}(t) \tag{5-35}$$

将式(5-34)代入式(5-32),得

$$\boldsymbol{u}^*(t)=-\boldsymbol{R}^{-1}(t)\boldsymbol{B}^{\mathrm{T}}(t)\boldsymbol{P}(t)\boldsymbol{x}(t) \tag{5-36}$$

将式(5-35)和式(5-36)代入式(5-31),经整理后得

$$\begin{aligned}&\frac{1}{2}\boldsymbol{x}^{\mathrm{T}}(t)[\dot{\boldsymbol{P}}(t)+\boldsymbol{P}(t)\boldsymbol{A}(t)+\boldsymbol{A}^{\mathrm{T}}(t)\boldsymbol{P}(t)\\&\qquad-\boldsymbol{P}(t)\boldsymbol{B}(t)\boldsymbol{R}^{-1}(t)\boldsymbol{B}^{\mathrm{T}}(t)\boldsymbol{P}(t)+\boldsymbol{Q}(t)]\boldsymbol{x}(t)=0\end{aligned} \tag{5-37}$$

因为 $\boldsymbol{P}(t)$ 满足黎卡提方程(5-13)，所以式(5-37)对任何 $\boldsymbol{x}(t)$ 均成立，说明式(5-11)表述的 $\boldsymbol{u}^*(t)$ 满足哈密顿-雅可比方程。

在式(5-33)中，令 $t=t_f$，得最优性能指标的边界条件

$$J^*[\boldsymbol{x}(t_f),t_f]=\frac{1}{2}\boldsymbol{x}^{\mathrm{T}}(t_f)\boldsymbol{P}(t_f)\boldsymbol{x}(t_f) \tag{5-38}$$

由于黎卡提方程边界条件(5-14)成立，即 $\boldsymbol{P}(t_f)=\boldsymbol{F}$，于是式(5-38)可写为

$$J^*[\boldsymbol{x}(t_f),t_f]=\frac{1}{2}\boldsymbol{x}^{\mathrm{T}}(t_f)\boldsymbol{F}\boldsymbol{x}(t_f) \tag{5-39}$$

它正好是性能指标(5-10)的末值项，于是充分性得证。

在式(5-33)中，取 $t=t_0$，$\boldsymbol{x}(t)=\boldsymbol{x}(t_0)$，正好证明了定理中的最优性能指标表达式(5-12)成立。

(2) 黎卡提方程解的若干性质

由定理 5-1 可知，问题 5-1 的最优控制是状态的线性反馈形式

$$\boldsymbol{u}^*(t)=-\boldsymbol{K}(t)\boldsymbol{x}(t) \tag{5-40}$$

式中

$$\boldsymbol{K}(t)=\boldsymbol{R}^{-1}(t)\boldsymbol{B}^{\mathrm{T}}(t)\boldsymbol{P}(t) \tag{5-41}$$

为反馈增益矩阵。由于式(5-41)中矩阵 $\boldsymbol{R}(t)$ 和 $\boldsymbol{B}(t)$ 是已知的，因此闭环系统的性质取决于黎卡提方程的解 $\boldsymbol{P}(t)$。

① $\boldsymbol{P}(t)$ 是唯一的。因为 $\boldsymbol{P}(t)$ 是黎卡提方程(5-13)在末值条件(5-14)下的解，而方程(5-13)实质上是 $n(n+1)/2$ 个非线性标量微分方程组，当矩阵 $\boldsymbol{A}(t)$、$\boldsymbol{B}(t)$ 和 $\boldsymbol{R}(t)$ 满足定理 5-1 中的假设条件时，根据微分方程理论中解的存在与唯一性定理知，在区间 $[t_0,t_f]$ 上，$\boldsymbol{P}(t)$ 是唯一存在的，所以 $\boldsymbol{P}(t)$ 是唯一的。

② $\boldsymbol{P}(t)$ 是对称的。

命题 5-1 若矩阵 $\boldsymbol{P}(t)$ 是黎卡提方程(5-13)及其边界条件(5-14)的唯一解，则必为对称矩阵，即

$$\boldsymbol{P}(t)=\boldsymbol{P}^{\mathrm{T}}(t) \tag{5-42}$$

证明 将黎卡提方程(5-13)及其边界条件(5-14)取转置，可得

$$\begin{aligned}-\dot{\boldsymbol{P}}^{\mathrm{T}}(t)=&\boldsymbol{A}^{\mathrm{T}}(t)\boldsymbol{P}^{\mathrm{T}}(t)+\boldsymbol{P}^{\mathrm{T}}(t)\boldsymbol{A}(t)\\&-\boldsymbol{P}^{\mathrm{T}}(t)\boldsymbol{B}(t)[\boldsymbol{R}^{\mathrm{T}}(t)]^{-1}\boldsymbol{B}^{\mathrm{T}}(t)\boldsymbol{P}^{\mathrm{T}}(t)+\boldsymbol{Q}^{\mathrm{T}}(t)\end{aligned} \tag{5-43}$$

以及

$$\boldsymbol{P}^{\mathrm{T}}(t_f)=\boldsymbol{F}^{\mathrm{T}} \tag{5-44}$$

由定理 5-1 的假设条件知

$$\boldsymbol{R}(t)=\boldsymbol{R}^{\mathrm{T}}(t),\quad \boldsymbol{Q}(t)=\boldsymbol{Q}^{\mathrm{T}}(t),\quad \boldsymbol{F}=\boldsymbol{F}^{\mathrm{T}}$$

于是，式(5-43)及式(5-44)可写为

$$\begin{aligned}-\dot{\boldsymbol{P}}^{\mathrm{T}}(t)=&\boldsymbol{P}^{\mathrm{T}}(t)\boldsymbol{A}(t)+\boldsymbol{A}^{\mathrm{T}}(t)\boldsymbol{P}^{\mathrm{T}}(t)\\&-\boldsymbol{P}^{\mathrm{T}}(t)\boldsymbol{B}(t)\boldsymbol{R}^{-1}(t)\boldsymbol{B}^{\mathrm{T}}(t)\boldsymbol{P}^{\mathrm{T}}(t)+\boldsymbol{Q}(t)\end{aligned} \tag{5-45}$$

$$\boldsymbol{P}^{\mathrm{T}}(t_f)=\boldsymbol{F} \tag{5-46}$$

比较式(5-13)、式(5-14)与式(5-45)、式(5-46)可见，$\boldsymbol{P}(t)$ 与 $\boldsymbol{P}^{\mathrm{T}}(t)$ 是具有同一边界条件下的同一矩阵微分方程的解。因为 $\boldsymbol{P}(t)$ 是唯一的，故式(5-42)必然成立。

③ $\boldsymbol{P}(t)$是非负的。

命题 5-2 对于性能指标(5-10)

$$J=\frac{1}{2}\boldsymbol{x}^{\mathrm{T}}(t_f)\boldsymbol{F}\boldsymbol{x}(t_f)+\frac{1}{2}\int_{t_0}^{t_f}[\boldsymbol{x}^{\mathrm{T}}(t)\boldsymbol{Q}(t)\boldsymbol{x}(t)+\boldsymbol{u}^{\mathrm{T}}(t)\boldsymbol{R}(t)\boldsymbol{u}(t)]\mathrm{d}t$$

如果对所有的 $t\in[t_0,t_f]$,有

$$\boldsymbol{F}\geqslant\boldsymbol{0},\quad \boldsymbol{Q}(t)\geqslant\boldsymbol{0},\quad \boldsymbol{R}(t)>\boldsymbol{0}$$

则对于任意的 $\boldsymbol{u}(t)$和相应的 $\boldsymbol{x}(t)$,总有

$$J[\boldsymbol{x}(t),\boldsymbol{u}(t),t]\geqslant 0$$

证明 在命题假设条件下,二次型函数

$$\boldsymbol{x}^{\mathrm{T}}(t_f)\boldsymbol{F}\boldsymbol{x}(t_f)\geqslant 0$$
$$\boldsymbol{x}^{\mathrm{T}}(t)\boldsymbol{Q}(t)\boldsymbol{x}(t)\geqslant 0$$
$$\boldsymbol{u}^{\mathrm{T}}(t)\boldsymbol{R}(t)\boldsymbol{u}(t)>0$$

从而对任意的 $\boldsymbol{u}(t)$和相应的 $\boldsymbol{x}(t)$,必有

$$J[\boldsymbol{x}(t),\boldsymbol{u}(t),t]\geqslant 0,\quad \forall t\in[t_0,t_f]$$

命题 5-3 若矩阵 $\boldsymbol{P}(t)$是黎卡提方程(5-13)及其边界条件(5-14)的唯一解,则其在区间$[t_0,t_f]$上必为非负矩阵。

证明 由命题 5-2 知,对任意 $\boldsymbol{u}(t)$和相应 $\boldsymbol{x}(t)$,有

$$J[\boldsymbol{x}(t),\boldsymbol{u}(t),t]\geqslant 0,\quad \forall t\in[t_0,t_f]$$

当取 $\boldsymbol{u}(t)=\boldsymbol{u}^*(t)$时,上述命题仍然成立。故最优性能指标

$$J^*[\boldsymbol{x}(t),t]=\frac{1}{2}\boldsymbol{x}^{\mathrm{T}}(t)\boldsymbol{P}(t)\boldsymbol{x}(t)\geqslant 0,\quad \forall t\in[t_0,t_f]$$

上式对任意 $\boldsymbol{x}(t)$成立,故必有

$$\boldsymbol{P}(t)\geqslant\boldsymbol{0},\quad \forall t\in[t_0,t_f]$$

(3) 最优控制解的存在性与唯一性

若问题 5-1 有最优控制解,该解必满足定理 5-1 的结论。可以论证,该解是存在且唯一的。

定理 5-2 对于最优调节器问题 5-1,若 t_f 有限,则式(5-11)给出的最优控制 $\boldsymbol{u}^*(t)$存在且唯一。

证明 ① 存在性:定理 5-1 给出的最优控制的充分必要条件

$$\boldsymbol{u}^*(t)=-\boldsymbol{R}^{-1}(t)\boldsymbol{B}^{\mathrm{T}}(t)\boldsymbol{P}(t)\boldsymbol{x}(t)$$

由于 $\boldsymbol{P}(t)$唯一存在,故 $\boldsymbol{u}^*(t)$存在。

② 唯一性:反设 $\boldsymbol{u}^*(t)$不唯一,令 $\boldsymbol{u}_1^*(t)$和 $\boldsymbol{u}_2^*(t)$均为最优控制,则依 $\boldsymbol{P}(t)$的唯一性可知

$$\boldsymbol{u}_1^*(t)=-\boldsymbol{R}^{-1}(t)\boldsymbol{B}^{\mathrm{T}}(t)\boldsymbol{P}(t)\boldsymbol{x}_1(t)$$
$$\boldsymbol{u}_2^*(t)=-\boldsymbol{R}^{-1}(t)\boldsymbol{B}^{\mathrm{T}}(t)\boldsymbol{P}(t)\boldsymbol{x}_2(t)$$

相应的闭环状态方程(5-15)为

$$\dot{\boldsymbol{x}}_1^*(t)=[\boldsymbol{A}(t)-\boldsymbol{B}(t)\boldsymbol{R}^{-1}(t)\boldsymbol{B}^{\mathrm{T}}(t)\boldsymbol{P}(t)]\boldsymbol{x}_1^*(t),\quad \boldsymbol{x}_1^*(t_0)=\boldsymbol{x}_0$$
$$\dot{\boldsymbol{x}}_2^*(t)=[\boldsymbol{A}(t)-\boldsymbol{B}(t)\boldsymbol{R}^{-1}(t)\boldsymbol{B}^{\mathrm{T}}(t)\boldsymbol{P}(t)]\boldsymbol{x}_2^*(t),\quad \boldsymbol{x}_2^*(t_0)=\boldsymbol{x}_0$$

可见,最优轨线 $\boldsymbol{x}_1^*(t)$和 $\boldsymbol{x}_2^*(t)$是同一微分方程且满足同样初始条件的解。依据微分方程初值问题解的唯一性,显然有

$$\boldsymbol{x}_1^*(t)=\boldsymbol{x}_2^*(t), \quad \forall t\in[t_0,t_f]$$

从而必有

$$\boldsymbol{u}_1^*(t)=\boldsymbol{u}_2^*(t), \quad \forall t\in[t_0,t_f]$$

由此,唯一性得证。

例 5-1 已知一阶系统状态方程

$$\dot{x}(t)=\frac{1}{2}x(t)+u(t), \quad x(t_0)=x_0$$

性能指标

$$J[x(t_0),t_0,u(t)]=\int_{t_0}^{t_f}\left[\frac{1}{2}\mathrm{e}^{-t}x^2(t)+2\mathrm{e}^{-t}u^2(t)\right]\mathrm{d}t$$

试求最优控制 $u^*(t)$ 及最优指标 $J^*[x(t_0),t_0]$。

解 由题意,$A=\frac{1}{2}$,$B=1$,$F=0$,$Q(t)=\frac{1}{2}\mathrm{e}^{-t}$,$R(t)=2\mathrm{e}^{-t}$。黎卡提方程(5-13)及其边界条件(5-14)可写为

$$-\dot{p}(t)=p(t)-\frac{1}{2}\mathrm{e}^{t}p^2(t)+\frac{1}{2}\mathrm{e}^{-t}, \quad p(t_f)=0$$

这是非线性变系数微分方程,可进行如下等价变换。令

$$\hat{x}(t)=\mathrm{e}^{-\frac{1}{2}t}x(t), \quad \hat{u}(t)=\mathrm{e}^{-\frac{1}{2}t}u(t)$$

则有

$$\dot{\hat{x}}(t)=-\frac{1}{2}\hat{x}(t)+\mathrm{e}^{-\frac{1}{2}t}\left[\frac{1}{2}x(t)+u(t)\right]$$

于是,等价状态方程

$$\dot{\hat{x}}(t)=\hat{u}(t)$$

等价性能指标

$$J=\int_{t_0}^{t_f}\left[\frac{1}{2}\hat{x}^2(t)+2\hat{u}(t)\right]\mathrm{d}t$$

等价黎卡提方程

$$-\dot{\hat{p}}(t)=-\frac{1}{2}\hat{p}^2(t)+\frac{1}{2}, \quad \hat{p}(t_f)=0$$

解得

$$\hat{p}(t)=\frac{1-\mathrm{e}^{t-t_f}}{1+\mathrm{e}^{t-t_f}}$$

可以算出等价最优控制

$$\hat{u}^*(t)=-\hat{R}^{-1}(t)\hat{\boldsymbol{B}}^{\mathrm{T}}(t)\hat{p}(t)\hat{x}(t)=-\frac{1}{2}\mathrm{e}^{-\frac{1}{2}t}\hat{p}(t)x(t)$$

从而,原系统的最优控制为

$$u^*(t)=\mathrm{e}^{\frac{1}{2}t}\hat{u}^*(t)=-\frac{1}{2}(1-\mathrm{e}^{t-t_f})(1+\mathrm{e}^{t-t_f})^{-1}x(t)$$

因为

$$u^*(t)=-\boldsymbol{R}^{-1}\boldsymbol{B}^{\mathrm{T}}(t)\boldsymbol{P}(t)\boldsymbol{x}(t)=-\frac{1}{2}\mathrm{e}^{t}p(t)x(t)$$

故有

$$p(t)=e^{-t}\hat{p}(t)=(1-e^{t-t_f})(e^t+e^{2t-t_f})^{-1}$$

不难算出原系统的最优指标

$$\begin{aligned}J^*[x(t_0),(t_0)]&=\boldsymbol{x}^{\mathrm{T}}(t_0)\boldsymbol{P}(t_0)\boldsymbol{x}(t_0)\\&=(1-e^{t_0-t_f})(e^{t_0}+e^{2t_0-t_f})^{-1}x^2(t_0)\end{aligned}$$

从本例可见：对于有限时间调节器，黎卡提方程的解 $\boldsymbol{P}(t)$ 是时变矩阵，因而状态反馈增益阵 $\boldsymbol{K}(t)=\boldsymbol{R}^{-1}(t)\boldsymbol{B}^{\mathrm{T}}(t)\boldsymbol{P}(t)$ 也是时变的，使得闭环系统的实现比较困难。即使对于线性定常系统，性能指标中的权阵为常阵，情况也是如此。这种时变状态调节器，将使系统的结构复杂化。

例 5-2 设一阶系统的状态方程

$$\dot{x}(t)=ax(t)+u(t),\quad x(0)=x_0$$

性能指标

$$J=\frac{1}{2}fx^2(t_f)+\frac{1}{2}\int_0^{t_f}[qx^2(t)+ru^2(t)]\,\mathrm{d}t$$

假定： $f\geqslant0,q>0,r>0$。试求最优控制 $u^*(t)$，并对结果进行分析。

解 由有限时间调节器的结果得

$$u^*(t)=-\frac{1}{r}p(t)x(t)$$

式中 $p(t)$ 是如下黎卡提方程的解

$$\dot{p}(t)=-2ap(t)+\frac{1}{r}p^2(t)-q,\quad p(t_f)=f$$

对上式积分，得

$$p(t)=r\frac{\beta+a+(\beta-a)\gamma e^{2\beta(t-t_f)}}{1-\gamma e^{2\beta(t-t_f)}} \tag{5-47}$$

式中

$$\beta=\sqrt{\frac{q}{r}+a^2}$$

$$\gamma=\frac{f/r-a-\beta}{f/r-a+\beta}$$

由最优闭环系统方程

$$\dot{x}(t)=\left[a-\frac{1}{r}p(t)\right]x(t),\quad x(0)=x_0$$

解得最优轨线

$$x^*(t)=x_0\exp\int_0^t\left[a-\frac{1}{r}p(\tau)\right]\mathrm{d}\tau$$

若取 $a=-1,f=0,t_f=1,x_0=1,q=1$，而 r 取不同值，则系统的状态变量 $x(t)$、控制变量 $u(t)$ 和黎卡提方程解 $p(t)$ 的变化情况如图 5-1 所示。由图可见：当 r 较小时，$x(t)$ 能迅速趋于零值，而当 r 较大时，$x(t)$ 的衰减缓慢；当 r 较小时，$p(t)$ 在整个控制时间区间内几乎为常值，仅在接近末值的一段时间内才表现出时变特性，而当 r 值较大时，$p(t)$ 随时间有显著变化；当 r 值较小时，$u(t)$ 在初始时刻幅值很大，如果 $r\to0$，$u(t)$ 在 $t=0$ 处将近似于一个强脉冲。

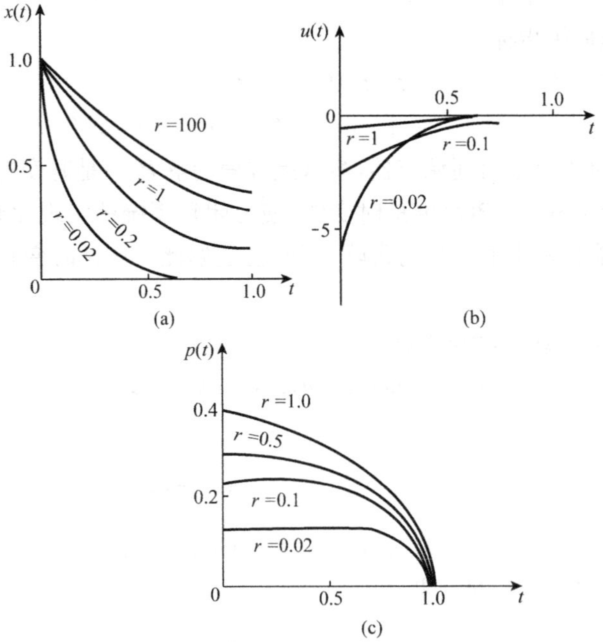

图 5-1　例 5-2 系统响应曲线

$(a=-1, f=0, t_f=1, x_0=1, q=1)$

若取 $a=-1, q=1, r=1, f=0$ 或 $f=1$，而 t_f 取不同值，则黎卡提方程解 $p(t)$ 的变化情况如图 5-2 所示。由图可见，从 t_f 时刻起，$p(t)$ 随 t 的减小而趋于一个“稳态值”；随着 t_f 的增大，$p(t)$ 保持常值的时间区间也随之增大；当 t_f 相当大时，$p(t)$ 的“稳态值”与边界条件无关。

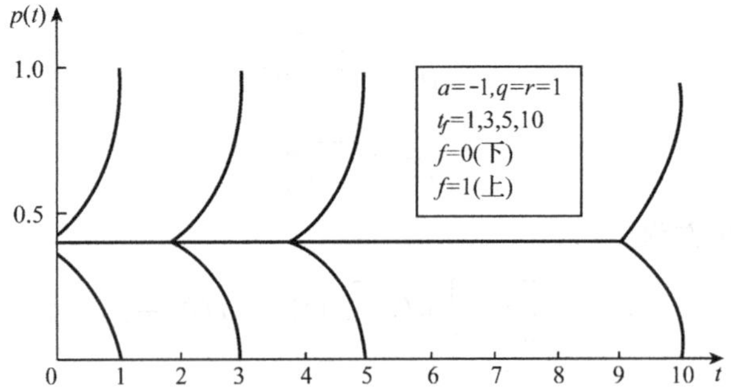

图 5-2　例 5-2 系统 $p(t)$ 变化情况

事实上，当 t_f 趋于无穷时，式(5-47)的极限为

$$\lim_{t_f \to \infty} p(t) = r(\beta + a) = ar + r\sqrt{\frac{q}{r} + a^2}$$

将 $a=-1, q=r=1$ 代入上式，得

$$\lim_{t_f \to \infty} p(t) = 0.4142$$

由此可见，只要 t_f 取得足够大，可将 $p(t)$ 视为常数。

5.2.2 无限时间状态调节器

有限时间状态调节器只考查系统由任意初态恢复到平衡状态的行为，且性能指标只能在恢复过程中的状态偏差、控制能量大小及终端误差之间取得一个合理折中。然而，实际工程问题的要求是，除保证有限时间内系统对非零初态的响应具有最优性外，还要求系统具有保持平衡状态的能力。这种既有最优性要求，又有稳定性要求的问题只能用无限时间调节器理论去解决。

(1) 无限时间时变状态调节器

问题 5-2 设线性时变系统状态方程为

$$\dot{\boldsymbol{x}}(t)=\boldsymbol{A}(t)\boldsymbol{x}(t)+\boldsymbol{B}(t)\boldsymbol{u}(t),\quad \boldsymbol{x}(t_0)=\boldsymbol{x}_0 \tag{5-48}$$

性能指标

$$J=\frac{1}{2}\int_{t_0}^{\infty}\left[\boldsymbol{x}^{\mathrm{T}}(t)\boldsymbol{Q}(t)\boldsymbol{x}(t)+\boldsymbol{u}^{\mathrm{T}}(t)\boldsymbol{R}(t)\boldsymbol{u}(t)\right]\mathrm{d}t \tag{5-49}$$

式中向量 $\boldsymbol{x}(t)$、$\boldsymbol{u}(t)$ 及矩阵 $\boldsymbol{A}(t)$、$\boldsymbol{B}(t)$、$\boldsymbol{Q}(t)$、$\boldsymbol{R}(t)$ 的假定同问题 5-1，控制 $\boldsymbol{u}(t)$ 不受约束。要求确定最优控制 $\boldsymbol{u}^*(t)$，使性能指标(5-49)极小。

上述问题的主要结果如下。

定理 5-3 对于无限时间时变状态调节器问题 5-2，若阵对 $\{\boldsymbol{A}(t),\boldsymbol{B}(t)\}$ 完全可控，则存在唯一的最优控制

$$\boldsymbol{u}^*(t)=-\boldsymbol{R}^{-1}(t)\boldsymbol{B}^{\mathrm{T}}(t)\bar{\boldsymbol{P}}(t)\boldsymbol{x}(t) \tag{5-50}$$

最优性能指标为

$$J^*=\frac{1}{2}\boldsymbol{x}^{\mathrm{T}}(t_0)\bar{\boldsymbol{P}}(t_0)\boldsymbol{x}(t_0) \tag{5-51}$$

式中

$$\bar{\boldsymbol{P}}(t)=\lim_{t_f\to\infty}\boldsymbol{P}(t) \tag{5-52}$$

是对称、非负的，而 $\boldsymbol{P}(t)$ 是如下黎卡提方程：

$$\begin{aligned}-\dot{\boldsymbol{P}}(t)=&\boldsymbol{P}(t)\boldsymbol{A}(t)+\boldsymbol{A}^{\mathrm{T}}(t)\boldsymbol{P}(t)\\&-\boldsymbol{P}(t)\boldsymbol{B}(t)\boldsymbol{R}^{-1}(t)\boldsymbol{B}^{\mathrm{T}}(t)\boldsymbol{P}(t)+\boldsymbol{Q}(t)\end{aligned} \tag{5-53}$$

及其边界条件

$$\boldsymbol{P}(t_f)=\boldsymbol{0} \tag{5-54}$$

的唯一解。

证明 本定理分以下几步论证。

① 黎卡提方程稳态解 $\bar{\boldsymbol{P}}(t)$ 的存在性。设初始时刻为 t。因系统(5-48)完全可控，必存在有限时间 $t_2>t$ 及某一控制 $\boldsymbol{u}[t,t_2]$，使 $\boldsymbol{x}(t_2)=\boldsymbol{0}$。作区间延拓，使得

$$\boldsymbol{u}[t,\infty]=\boldsymbol{u}[t,t_2]+\boldsymbol{u}[t_2,\infty)$$

式中 $\boldsymbol{u}[t_2,\infty)\equiv\boldsymbol{0}$。在时间区间 $[t_2,\infty]$ 上取 t_f，则对所有 $t\in[t,t_f]$，控制 $\boldsymbol{u}[t,t_f]$ 及性能指标 $J[\boldsymbol{x}(t),\boldsymbol{u}(\cdot),t,t_f]$ 存在，这是有限时间状态调节器问题。由定理 5-1，已证 $\boldsymbol{u}^*[t,t_f]$ 及 $J^*[\boldsymbol{x}(t),t,t_f]$ 存在，故其相应的黎卡提方程的解 $\boldsymbol{P}(t,t_f)\overset{\text{def}}{=\!=}\boldsymbol{P}(t)$ 必存在。

由于下列二次型函数对任意 $\boldsymbol{x}(t)$ 有界

$$\begin{aligned}\frac{1}{2}\boldsymbol{x}^{\mathrm{T}}(t)\boldsymbol{P}(t,t_f)\boldsymbol{x}(t)&=J^*[\boldsymbol{x}(t),t,t_f]\\&\leqslant J\{\boldsymbol{x}(t),\boldsymbol{u}[t,t_f],t,t_f\}\\&\leqslant J\{\boldsymbol{x}(t),\boldsymbol{u}[t,\infty],t,\infty\}\\&=J\{\boldsymbol{x}(t),\boldsymbol{u}[t,t_2],t,t_2\}\\&<\infty\end{aligned}$$

故矩阵 $\boldsymbol{P}(t,t_f)$ 必有界，且其上界与 t_f 无关。

设 $\boldsymbol{u}^*[t,t_f]$ 为最优控制，末端时刻 $t_{f_1}\leqslant t_{f_2}$，因

$$\begin{aligned}\frac{1}{2}\boldsymbol{x}^{\mathrm{T}}(t)\boldsymbol{P}(t,t_{f_1})\boldsymbol{x}(t)&=J^*[\boldsymbol{x}(t),t,t_{f_1}]\\&=\frac{1}{2}\int_t^{t_{f_1}}[\boldsymbol{x}^{\mathrm{T}}(\tau)\boldsymbol{Q}(\tau)\boldsymbol{x}(\tau)+\boldsymbol{u}^{\mathrm{T}}(\tau)\boldsymbol{R}(\tau)\boldsymbol{u}(\tau)]\,\mathrm{d}\tau\end{aligned}$$

而

$$\begin{aligned}\frac{1}{2}\boldsymbol{x}^{\mathrm{T}}(t)\boldsymbol{P}(t,t_{f_2})\boldsymbol{x}(t)&=J^*[\boldsymbol{x}(t),t,t_{f_2}]\\&=\frac{1}{2}\int_t^{t_{f_2}}[\boldsymbol{x}^{\mathrm{T}}(\tau)\boldsymbol{Q}(\tau)\boldsymbol{x}(\tau)+\boldsymbol{u}^{\mathrm{T}}(\tau)\boldsymbol{R}(\tau)\boldsymbol{u}(\tau)]\,\mathrm{d}\tau\end{aligned}$$

考虑到 $\boldsymbol{Q}(t)\geqslant 0$，$\boldsymbol{R}(t)>0$，故上两式中被积函数非负，于是有

$$\boldsymbol{x}^{\mathrm{T}}(t)\boldsymbol{P}(t,t_{f_1})\boldsymbol{x}(t)\leqslant\boldsymbol{x}^{\mathrm{T}}(t)\boldsymbol{P}(t,t_{f_2})\boldsymbol{x}(t),\quad\forall\, t_{f_1}\leqslant t_{f_2}$$

从而，$\boldsymbol{P}(t,t_f)$ 为单调增矩阵函数。

由“数学分析”知，有界单调增函数必有极限，故式(5-52)成立，稳态解 $\bar{\boldsymbol{P}}(t)$ 存在。

② 稳态解 $\bar{\boldsymbol{P}}(t)$ 满足黎卡提方程。因为 $\boldsymbol{P}(t,t_f)$ 满足黎卡提方程(5-53)及其边界条件(5-54)，根据微分方程解对其边界条件的连续依赖性可知，$\boldsymbol{P}(t,t_f)$ 的极限解 $\bar{\boldsymbol{P}}(t)$ 必满足同一黎卡提方程(5-53)及边界条件(5-54)。

③ 最优指标及最优控制结论。设某一控制为

$$\bar{\boldsymbol{u}}(t)=-\boldsymbol{R}^{-1}(t)\boldsymbol{B}^{\mathrm{T}}(t)\bar{\boldsymbol{P}}(t)\boldsymbol{x}(t)\tag{5-55}$$

其最优性待证。相应的性能指标为

$$\begin{aligned}J[\boldsymbol{x}(t),\bar{\boldsymbol{u}}(t),t,\infty)&=\lim_{t_f\to\infty}J[\boldsymbol{x}(t),\bar{\boldsymbol{u}}(t),t,t_f]\\&=\lim_{t_f\to\infty}\frac{1}{2}\int_t^{t_f}[\boldsymbol{x}^{\mathrm{T}}(\tau)\boldsymbol{Q}(\tau)\boldsymbol{x}(\tau)+\bar{\boldsymbol{u}}^{\mathrm{T}}(\tau)\boldsymbol{R}(\tau)\bar{\boldsymbol{u}}(\tau)]\mathrm{d}\tau\end{aligned}\tag{5-56}$$

将式(5-55)代入上式，得

$$\begin{aligned}&J[\boldsymbol{x}(t),\bar{\boldsymbol{u}}(t),t,\infty)\\&=\lim_{t_f\to\infty}\frac{1}{2}\int_t^{t_f}\boldsymbol{x}^{\mathrm{T}}(\tau)[\bar{\boldsymbol{P}}(\tau)\boldsymbol{B}(\tau)\boldsymbol{R}^{-1}(\tau)\boldsymbol{B}^{\mathrm{T}}(\tau)\bar{\boldsymbol{P}}(\tau)+\boldsymbol{Q}(\tau)]\boldsymbol{x}(\tau)\,\mathrm{d}\tau\\&=-\lim_{t_f\to\infty}\frac{1}{2}\int_t^{t_f}\frac{\mathrm{d}}{\mathrm{d}\tau}[\boldsymbol{x}^{\mathrm{T}}(\tau)\bar{\boldsymbol{P}}(\tau)\boldsymbol{x}(\tau)]\,\mathrm{d}\tau\\&=\frac{1}{2}\boldsymbol{x}^{\mathrm{T}}(t)\bar{\boldsymbol{P}}(t)\boldsymbol{x}(t)-\frac{1}{2}\lim_{t_f\to\infty}\boldsymbol{x}^{\mathrm{T}}(t_f)\bar{\boldsymbol{P}}(t_f)\boldsymbol{x}(t_f)\geqslant 0\end{aligned}\tag{5-57}$$

在式(5-57)中，因为 $\bar{\boldsymbol{P}}(t_f)\geqslant\boldsymbol{0}$，所以

$$\lim_{t_f\to\infty}J[\boldsymbol{x}(t),\bar{\boldsymbol{u}}(t),t,t_f]\leqslant\frac{1}{2}\boldsymbol{x}^{\mathrm{T}}(t)\bar{\boldsymbol{P}}(t)\boldsymbol{x}(t)\tag{5-58}$$

另一方面，由于 $\bar{\boldsymbol{u}}(t)$ 尚未证明是最优控制，故由有限时间状态调节器结果知

$$J[\boldsymbol{x}(t),\bar{\boldsymbol{u}}(t),t,t_f]\geqslant J^*[\boldsymbol{x}(t),t,t_f]$$
$$=\frac{1}{2}\boldsymbol{x}^{\mathrm{T}}(t)\boldsymbol{P}(t,t_f)\boldsymbol{x}(t) \tag{5-59}$$

式(5-59)两端取极限，计及式(5-52)，可得

$$\lim_{t_f\to\infty}J[\boldsymbol{x}(t),\bar{\boldsymbol{u}}(t),t,t_f]\geqslant\frac{1}{2}\boldsymbol{x}^{\mathrm{T}}(t)\bar{\boldsymbol{P}}(t)\boldsymbol{x}(t) \tag{5-60}$$

由最优控制的唯一性定理 5-2 知，上述 $\bar{\boldsymbol{u}}(t)$ 必为最优控制

$$\boldsymbol{u}^*(t)=\bar{\boldsymbol{u}}(t)=-\boldsymbol{R}^{-1}(t)\boldsymbol{B}^{\mathrm{T}}(t)\bar{\boldsymbol{P}}(t)\boldsymbol{x}(t) \tag{5-61}$$

至此，本定理中的式(5-50)得证；在式(5-59)及式(5-60)中，令 $t=t_0$，则式(5-51)得证。

关于定理 5-3，有如下几点注记。

1) 定理 5-3 中对系统提出的完全可控性要求，是为了保证最优解的存在。在有限时间调节器问题中，对系统并无可控性要求，因为积分上限 t_f 有限，无论系统可控与否，性能指标 J 不会趋于无穷，即使不可控且不稳定状态变量包含在性能指标中时也是如此。若 $t_f\to\infty$，当不可控状态不稳定，且又包含于 J 之中时，便会使 $J\to\infty$，从而使 $\boldsymbol{u}^*(t)$ 不存在。试看下例。

例 5-3 设系统状态方程及初始条件为

$$\dot{x}_1(t)=x_1(t),\quad x_1(0)=1$$
$$\dot{x}_2(t)=x_2(t)+u(t),\quad x_2(0)=0$$

性能指标

$$J=\frac{1}{2}\int_0^{\infty}[\boldsymbol{x}^{\mathrm{T}}(t)\boldsymbol{x}(t)+u^2(t)]\,\mathrm{d}t$$

试求最优控制 $u^*(t)$ 及最优性能指标 J^*。

解 ① 状态 $x_1(t)$ 不可控。本例为线性定常系统，其可控性判据

$$\mathrm{rank}[\boldsymbol{b}\quad\boldsymbol{Ab}]=\mathrm{rank}\begin{bmatrix}0&0\\1&1\end{bmatrix}<2$$

故系统不可控。由给定的状态方程明显可见，状态 $x_1(t)$ 是不可控的。

② 不可控状态 $x_1(t)$ 不稳定。从某种意义而言，考虑取 $u(t)=0$，也许可使 J 极小。此时，系统矩阵

$$\boldsymbol{A}=\begin{bmatrix}1&0\\0&1\end{bmatrix}$$

状态转移矩阵

$$\mathrm{e}^{\boldsymbol{A}t}=\mathscr{L}^{-1}[(s\boldsymbol{I}-\boldsymbol{A})^{-1}]=\begin{bmatrix}\mathrm{e}^t&0\\0&\mathrm{e}^t\end{bmatrix}$$

故系统的零输入响应为

$$\begin{bmatrix}x_1(t)\\x_2(t)\end{bmatrix}=\mathrm{e}^{\boldsymbol{A}t}\boldsymbol{x}(0)=\begin{bmatrix}\mathrm{e}^t\\0\end{bmatrix}$$

显然

$$\lim_{t\to\infty} x_1(t)=\lim_{t\to\infty} e^t \to\infty$$

③ 不稳定且不可控状态 $x_1(t)$ 包含于性能指标之中。当取 $u(t)=0$ 时，性能指标

$$J=\frac{1}{2}\int_0^\infty \boldsymbol{x}^{\mathrm T}(t)\boldsymbol{x}(t)\ \mathrm d(t)=\frac{1}{2}\int_0^\infty [x_1^2(t)+x_2^2(t)]\ \mathrm dt\to\infty \tag{5-62}$$

因而本例不存在使 $J=\min$ 的最优控制 $u^*(t)$。

实际上，本例为线性定常系统，性能指标中的权矩阵亦为常阵。因此，即使对于无限时间定常状态调节器问题，为了保证最优解存在，也必须要求系统完全可控。

2) 对于无限时间状态调节器，通常在性能指标中不考虑终点指标，取权阵 $\boldsymbol F=\boldsymbol 0$。其原因有二：一是希望 $t\to\infty$ 时，$\boldsymbol x(t_f)=\boldsymbol 0$，即要求稳态误差为零，因而性能指标中不必加入体现终点指标的末值项；二是工程上仅考虑在有限时间内系统的响应，因而 $t\to\infty$ 时的终点指标将失去工程意义。

3) 对于无限时间时变状态调节器，由于黎卡提方程(5-53)在边界条件(5-54)下的稳态解 $\bar{\boldsymbol P}(t)$ 仍然为时变矩阵，因而最优控制律是时变的，不便于工程应用。

(2) 无限时间定常状态调节器

问题 5-3 设线性定常系统状态方程

$$\dot{\boldsymbol x}(t)=\boldsymbol{Ax}(t)+\boldsymbol{Bu}(t),\quad \boldsymbol x(0)=\boldsymbol x_0 \tag{5-63}$$

性能指标

$$J=\frac{1}{2}\int_0^\infty [\boldsymbol x^{\mathrm T}(t)\boldsymbol{Qx}(t)+\boldsymbol u^{\mathrm T}(t)\boldsymbol{Ru}(t)\mathrm dt \tag{5-64}$$

式中 $\boldsymbol x(t)\in R^n$；$\boldsymbol u(t)\in R^m$，且无约束；$\boldsymbol A$、$\boldsymbol B$、$\boldsymbol Q$ 和 $\boldsymbol R$ 是维数适当的常数矩阵。并且，$\boldsymbol Q$ 和 $\boldsymbol R$ 分别为非负定和正定对称矩阵。要求确定最优控制 $\boldsymbol u^*(t)$，使性能指标(5-64)极小。

问题 5-3 与问题 5-2 的区别是系统的系数矩阵及性能指标中的权阵均为常数矩阵。可以证明，如果满足可观性条件，则与问题 5-3 相应的黎卡提方程的解 $\bar{\boldsymbol P}$ 为对称正定常阵，从而构成线性定常状态反馈，便于工程实现。

定理 5-4 对于系统(5-63)和性能指标(5-64)，若对于任意矩阵 $\boldsymbol D$，有 $\boldsymbol{DD}^{\mathrm T}=\boldsymbol Q$，且 $\bar{\boldsymbol P}$ 是如下黎卡提矩阵代数方程：

$$\bar{\boldsymbol P}\boldsymbol A+\boldsymbol A^{\mathrm T}\bar{\boldsymbol P}-\bar{\boldsymbol P}\boldsymbol{BR}^{-1}\boldsymbol B^{\mathrm T}\bar{\boldsymbol P}+\boldsymbol Q=\boldsymbol 0 \tag{5-65}$$

的解，则阵对 $\{\boldsymbol A,\boldsymbol D\}$ 完全可观的充分必要条件是 $\bar{\boldsymbol P}$ 为对称正定矩阵。

证明 矩阵 $\bar{\boldsymbol P}$ 的对称性是显然的。现仅证 $\bar{\boldsymbol P}$ 正定的充分必要条件。

必要性：反设 $\{\boldsymbol A,\boldsymbol D\}$ 可观，但 $\bar{\boldsymbol P}$ 非正定。对于性能指标(5-64)，由于 $\boldsymbol Q\geqslant\boldsymbol 0$，$\boldsymbol R>\boldsymbol 0$，故对于任意 $\boldsymbol u(t)$，必有 $J\geqslant 0$。因为问题 5-3 是问题 5-2 的特例，故有

$$J^*=\frac{1}{2}\int_0^\infty [\boldsymbol x^{\mathrm T}(t)\boldsymbol{Qx}(t)+\boldsymbol u^{*\mathrm T}(t)\boldsymbol{Ru}^*(t)]\mathrm dt=\frac{1}{2}\boldsymbol x_0^{\mathrm T}\bar{\boldsymbol P}\boldsymbol x_0\geqslant 0,\quad \forall\,\boldsymbol x_0\neq\boldsymbol 0 \tag{5-66}$$

由于 $\bar{\boldsymbol P}$ 非正定，取 $\bar{\boldsymbol P}\geqslant 0$，则由式(5-64)中被积函数的非负性可知，应取 $\boldsymbol u(t)=\boldsymbol 0$。于是，式(5-63)的解为如下形式的零输入响应

$$\boldsymbol x(t)=\mathrm e^{\boldsymbol At}\boldsymbol x_0$$

相应地

$$J=\frac{1}{2}\int_0^\infty \boldsymbol x^{\mathrm T}(t)\boldsymbol{Qx}(t)\mathrm dt=\frac{1}{2}\int_0^\infty \boldsymbol x_0^{\mathrm T}\mathrm e^{\boldsymbol A^{\mathrm T}t}\boldsymbol{DD}^{\mathrm T}\mathrm e^{\boldsymbol At}\boldsymbol x_0\,\mathrm dt=0 \tag{5-67}$$

必有

$$\boldsymbol{D}^{\mathrm{T}}\mathrm{e}^{\boldsymbol{A}t}\boldsymbol{x}_0=\boldsymbol{0},\quad \forall \boldsymbol{x}_0\neq\boldsymbol{0} \tag{5-68}$$

由线性系统理论知，式(5-68)表示 $\boldsymbol{D}^{\mathrm{T}}\mathrm{e}^{\boldsymbol{A}t}$ 列相关，也即$\{\boldsymbol{A},\boldsymbol{D}\}$不可观，与假设矛盾。故反设不成立，必要性得证。

充分性：反设 $\overline{\boldsymbol{P}}$ 正定，但$\{\boldsymbol{A},\boldsymbol{D}\}$不可控。此时有式(5-68)成立。不失一般性，取 $\boldsymbol{u}(t)=\boldsymbol{0}$，则性能指标式(5-67)成立。

因为 $J^*\leqslant J$，于是有 $J^*\leqslant 0$。考虑到 J^* 是非负的，应有

$$J^*=\frac{1}{2}\boldsymbol{x}_0^{\mathrm{T}}\overline{\boldsymbol{P}}\boldsymbol{x}_0=0,\quad \forall \boldsymbol{x}_0\neq\boldsymbol{0}$$

于是有 $\overline{\boldsymbol{P}}\geqslant\boldsymbol{0}$ 与假设矛盾。故反设不成立，充分性得证。

上述定理，主要作为论证无限时间定常状态调节器结论的引理。

定理 5-5 对于无限时间定常状态调节器问题 5-3，若阵对$\{\boldsymbol{A},\boldsymbol{B}\}$完全可控，阵对$\{\boldsymbol{A},\boldsymbol{D}\}$完全可观，其中 $\boldsymbol{D}\boldsymbol{D}^{\mathrm{T}}=\boldsymbol{Q}$，且 $\boldsymbol{D}$ 任意，则存在唯一的最优控制

$$\boldsymbol{u}^*(t)=-\boldsymbol{R}^{-1}\boldsymbol{B}^{\mathrm{T}}\overline{\boldsymbol{P}}\boldsymbol{x}(t) \tag{5-69}$$

最优性能指标为

$$J^*=\frac{1}{2}\boldsymbol{x}_0^{\mathrm{T}}\overline{\boldsymbol{P}}\boldsymbol{x}_0 \tag{5-70}$$

式中 $\overline{\boldsymbol{P}}$ 为对称正定常阵，是下列黎卡提矩阵代数方程的唯一解

$$\overline{\boldsymbol{P}}\boldsymbol{A}+\boldsymbol{A}^{\mathrm{T}}\overline{\boldsymbol{P}}-\overline{\boldsymbol{P}}\boldsymbol{B}\boldsymbol{R}^{-1}\boldsymbol{B}^{\mathrm{T}}\overline{\boldsymbol{P}}+\boldsymbol{Q}=\boldsymbol{0} \tag{5-71}$$

证明 矩阵 $\overline{\boldsymbol{P}}$ 的对称性及唯一性是显然的。因为$\{\boldsymbol{A},\boldsymbol{D}\}$可观，由定理 5-4 知，$\overline{\boldsymbol{P}}$ 必为正定矩阵。下面证明

$$\overline{\boldsymbol{P}}=\lim_{t_f\to\infty}\boldsymbol{P}(t,t_f) \tag{5-72}$$

为常阵。

因为$\{\boldsymbol{A},\boldsymbol{B}\}$可控，由定理 5-3 知，式(5-72)存在。由于系统(5-63)定常，初始时刻可以任定，所以有

$$\overline{\boldsymbol{P}}=\lim_{t_f\to\infty}\boldsymbol{P}(t,t_f)=\lim_{t_f\to-\infty}\boldsymbol{P}(t,t_f)=\lim_{t_f\to\infty}\boldsymbol{P}(0,t_f-t)=\lim_{t_f\to-\infty}\boldsymbol{P}(0,t_f-t)$$

上式表明，$\overline{\boldsymbol{P}}$ 与起点无关，仅与时间间隔 t_f-t 有关，这正是常阵性质的体现。因此，必有 $\dot{\overline{\boldsymbol{P}}}=\boldsymbol{0}$。于是定理 5-3 中的黎卡提方程(5-53)演化为黎卡提方程(5-71)。

由于定理 5-3 的结论适用于问题 5-3，若令 $\overline{\boldsymbol{P}}$ 代换定理 5-3 中的 $\overline{\boldsymbol{P}}(t)$，则本定理结论中的式(5-69)和式(5-70)自然得证。

5.2.3 最优调节系统的渐近稳定性

按定常调节器问题进行综合，可得最优调节系统，其闭环系统方程为

$$\dot{\boldsymbol{x}}(t)=(\boldsymbol{A}-\boldsymbol{B}\boldsymbol{R}^{-1}\boldsymbol{B}^{\mathrm{T}}\overline{\boldsymbol{P}})\boldsymbol{x}(t),\quad \boldsymbol{x}(0)=\boldsymbol{x}_0 \tag{5-73}$$

由于稳定是系统能够正常运行的首要条件，因此需要研究最优调节系统(5-73)渐近稳定的必要条件。

定理 5-6 设线性定常系统

$$\dot{\boldsymbol{x}}(t)=\boldsymbol{A}\boldsymbol{x}(t)+\boldsymbol{B}\boldsymbol{u}(t),\quad \boldsymbol{x}(0)=\boldsymbol{x}_0 \tag{5-74}$$

性能指标

$$J=\frac{1}{2}\int_0^{\infty}[\boldsymbol{x}^{\mathrm{T}}(t)\boldsymbol{Q}\boldsymbol{x}(t)+\boldsymbol{u}^{\mathrm{T}}(t)\boldsymbol{R}\boldsymbol{u}(t)]\mathrm{d}t \tag{5-75}$$

式中 $\boldsymbol{x}(t)\in R^n$;$\boldsymbol{u}(t)\in R^m$,且无约束;矩阵 $\boldsymbol{A}$、$\boldsymbol{B}$、$\boldsymbol{Q}$ 和 $\boldsymbol{R}$ 是维数适当的常阵,且 $\boldsymbol{Q}$ 和 $\boldsymbol{R}$ 分别为非负定和正定对称矩阵。若阵对$\{\boldsymbol{A},\boldsymbol{B}\}$完全可控,阵对$\{\boldsymbol{A},\boldsymbol{D}\}$完全可观,其中 $\boldsymbol{D}\boldsymbol{D}^{\mathrm{T}}=\boldsymbol{Q}$,而 $\boldsymbol{D}$ 任意,则闭环系统

$$\dot{\boldsymbol{x}}(t)=(\boldsymbol{A}-\boldsymbol{B}\boldsymbol{R}^{-1}\boldsymbol{B}^{\mathrm{T}}\overline{\boldsymbol{P}})\boldsymbol{x}(t),\quad \boldsymbol{x}(0)=\boldsymbol{x}_0 \tag{5-76}$$

为渐近稳定的最优调节系统,$\boldsymbol{x}^{\mathrm{T}}(t)\overline{\boldsymbol{P}}\boldsymbol{x}(t)$为一个李雅普诺夫函数。其中,$\overline{\boldsymbol{P}}$ 为对称正定常阵,是黎卡提矩阵代数方程(5-71)的唯一解。

证明 因$\{\boldsymbol{A},\boldsymbol{B}\}$可控,$\{\boldsymbol{A},\boldsymbol{D}\}$可观,由定理 5-5 知,唯一的最优控制为

$$\boldsymbol{u}^*(t)=-\boldsymbol{R}^{-1}\boldsymbol{B}^{\mathrm{T}}\overline{\boldsymbol{P}}\boldsymbol{x}(t) \tag{5-77}$$

式中 $\overline{\boldsymbol{P}}$ 为对称正定常阵,且满足式(5-71)。

将式(5-77)代入式(5-74),立即可得式(5-76)。因为式(5-77)为最优控制,故闭环系统(5-76)为最优调节系统。

取二次型函数

$$V(\boldsymbol{x})=\boldsymbol{x}^{\mathrm{T}}(t)\overline{\boldsymbol{P}}\boldsymbol{x}(t) \tag{5-78}$$

式(5-78)仅当 $\boldsymbol{x}=\boldsymbol{0}$ 时,才有 $V(\boldsymbol{x})=0$;对于非零 $\boldsymbol{x}$,由于 $\overline{\boldsymbol{P}}>\boldsymbol{0}$,必有 $V(\boldsymbol{x})>0$。故式(5-78)为李雅普诺夫函数。显然

$$\lim_{\|\boldsymbol{x}\|\to\infty}V(\boldsymbol{x})=\lim_{\|\boldsymbol{x}\|\to\infty}\boldsymbol{x}^{\mathrm{T}}(t)\overline{\boldsymbol{P}}\boldsymbol{x}(t)=\infty$$

成立。取式(5-78)对时间 t 的导数,得

$$\dot{V}(\boldsymbol{x})=\dot{\boldsymbol{x}}^{\mathrm{T}}(t)\overline{\boldsymbol{P}}\boldsymbol{x}(t)+\boldsymbol{x}^{\mathrm{T}}(t)\overline{\boldsymbol{P}}\dot{\boldsymbol{x}}(t)$$

将式(5-74)和式(5-71)代入上式,可进一步化为

$$\begin{aligned}\dot{V}(\boldsymbol{x})&=\boldsymbol{x}^{\mathrm{T}}(t)[(\boldsymbol{A}^{\mathrm{T}}-\overline{\boldsymbol{P}}\boldsymbol{B}\boldsymbol{R}^{-1}\boldsymbol{B}^{\mathrm{T}})\overline{\boldsymbol{P}}+\overline{\boldsymbol{P}}(\boldsymbol{A}-\boldsymbol{B}\boldsymbol{R}^{-1}\boldsymbol{B}^{\mathrm{T}}\overline{\boldsymbol{P}})]\boldsymbol{x}(t)\\&=-\boldsymbol{x}^{\mathrm{T}}(t)[\boldsymbol{Q}+\overline{\boldsymbol{P}}\boldsymbol{B}\boldsymbol{R}^{-1}\boldsymbol{B}^{\mathrm{T}}\overline{\boldsymbol{P}}]\boldsymbol{x}(t)\end{aligned} \tag{5-79}$$

因为 $\boldsymbol{Q}$ 非负,$\boldsymbol{R}$ 正定,必有$[\boldsymbol{Q}+\overline{\boldsymbol{P}}\boldsymbol{B}\boldsymbol{R}^{-1}\boldsymbol{B}^{\mathrm{T}}\overline{\boldsymbol{P}}]\geqslant\boldsymbol{0}$。由式(5-79)可得

$$\dot{V}(\boldsymbol{x})\leqslant 0$$

反设对于非零 $\boldsymbol{x}(0)$有 $\dot{V}(\boldsymbol{x})\equiv 0$,则由式(5-79)知,应有

$$\boldsymbol{x}^{\mathrm{T}}(t)\boldsymbol{Q}\boldsymbol{x}(t)\equiv 0 \tag{5-80}$$

$$\boldsymbol{x}^{\mathrm{T}}(t)\overline{\boldsymbol{P}}\boldsymbol{B}\boldsymbol{R}^{-1}\boldsymbol{B}^{\mathrm{T}}\overline{\boldsymbol{P}}\boldsymbol{x}(t)\equiv 0 \tag{5-81}$$

因为 $\boldsymbol{u}^*(t)=-\boldsymbol{R}^{-1}\boldsymbol{B}^{\mathrm{T}}\overline{\boldsymbol{P}}\boldsymbol{x}(t)$,所以式(5-81)可表示为

$$\boldsymbol{u}^{*\mathrm{T}}(t)\boldsymbol{R}\boldsymbol{u}^*(t)\equiv 0$$

由于 $\boldsymbol{R}>\boldsymbol{0}$,故应有 $\boldsymbol{u}^*(t)\equiv\boldsymbol{0}$。因此,系统(5-74)的零输入响应为

$$\boldsymbol{x}(t)=\mathrm{e}^{\boldsymbol{A}t}\boldsymbol{x}(0),\quad \forall\,\boldsymbol{x}(0)\neq\boldsymbol{0} \tag{5-82}$$

将式(5-82)代入式(5-80),可得

$$\boldsymbol{x}^{\mathrm{T}}(0)\mathrm{e}^{\boldsymbol{A}^{\mathrm{T}}t}\boldsymbol{D}\boldsymbol{D}^{\mathrm{T}}\mathrm{e}^{\boldsymbol{A}t}\boldsymbol{x}(0)\equiv 0$$

上式表明

$$\boldsymbol{D}^{\mathrm{T}}\mathrm{e}^{\boldsymbol{A}t}\boldsymbol{x}(0)\equiv\boldsymbol{0},\quad \forall\,\boldsymbol{x}(0)\neq\boldsymbol{0}$$

这与$\{\boldsymbol{A},\boldsymbol{D}\}$可观假设矛盾,反设不成立。从而

$$\dot{V}(\boldsymbol{x})\neq 0,\quad \forall\,\boldsymbol{x}(0)\neq\boldsymbol{0}$$

根据李雅普诺夫稳定性定理,系统(5-76)大范围渐近稳定。

应当指出，在定理5-6中，要求$\{\boldsymbol{A},\boldsymbol{B}\}$可控，是为了保证最优解存在；要求$\{\boldsymbol{A},\boldsymbol{D}\}$可观，是为了保证最优调节系统渐近稳定。如果$\{\boldsymbol{A},\boldsymbol{D}\}$不可观，只要满足其他特定条件，最优调节系统也可以渐近稳定。请读者自行论证以下命题。

命题 5-4 对于系统(5-74)和性能指标(5-75)，已知阵对$\{\boldsymbol{A},\boldsymbol{B}\}$可控，且系统(5-74)的可控标准形为

$$\dot{\boldsymbol{x}}(t)=\begin{bmatrix}\boldsymbol{A}_{11} & \boldsymbol{A}_{12}\\ \boldsymbol{0} & \boldsymbol{A}_{22}\end{bmatrix}\boldsymbol{x}(t)+\begin{bmatrix}\boldsymbol{B}_1\\ \boldsymbol{0}\end{bmatrix}\boldsymbol{u}(t),\quad \boldsymbol{x}(0)=\boldsymbol{x}_0$$

式中$\{\boldsymbol{A}_{11},\boldsymbol{B}_1\}$为可控对。假定$\{\boldsymbol{A},\boldsymbol{D}\}$不可观，其中$\boldsymbol{D}\boldsymbol{D}^{\mathrm{T}}=\boldsymbol{Q}$，$\boldsymbol{D}^{\mathrm{T}}=[\boldsymbol{0},\boldsymbol{D}_{22}^{\mathrm{T}}]$。

如果$\boldsymbol{A}_{22}$的特征值全部具有负实部，则最优闭环系统是渐近稳定的。

例 5-4 设系统状态方程

$$\dot{x}_1(t)=u(t),\quad x_1(0)=0$$
$$\dot{x}_2(t)=x_1(t),\quad x_2(0)=1$$

性能指标

$$J=\int_0^{\infty}\left[x_2^2(t)+\frac{1}{4}u^2(t)\right]\mathrm{d}t$$

试求最优控制$u^*(t)$和最优指标J^*。

解 本例为无限时间状态调节器问题。由题意

$$\boldsymbol{A}=\begin{bmatrix}0 & 0\\ 1 & 0\end{bmatrix},\quad \boldsymbol{b}=\begin{bmatrix}1\\ 0\end{bmatrix},\quad \boldsymbol{Q}=\begin{bmatrix}0 & 0\\ 0 & 1\end{bmatrix},\quad r=\frac{1}{4}$$

令$\boldsymbol{D}\boldsymbol{D}^{\mathrm{T}}=\boldsymbol{Q}$，得$\boldsymbol{D}^{\mathrm{T}}=[0\quad 1]$。显然，$\{\boldsymbol{A},\boldsymbol{b}\}$可控，$\{\boldsymbol{A},\boldsymbol{D}\}$可观，故$u^*(t)$存在且唯一，最优闭环系统渐近稳定。

令

$$\bar{\boldsymbol{P}}=\begin{bmatrix}p_{11} & p_{12}\\ p_{12} & p_{22}\end{bmatrix}$$

代入黎卡提方程(5-71)，并代入相应的$\boldsymbol{A}$、$\boldsymbol{b}$、$\boldsymbol{Q}$和r，解得

$$\bar{\boldsymbol{P}}=\begin{bmatrix}\frac{1}{2} & \frac{1}{2}\\ \frac{1}{2} & 1\end{bmatrix}$$

显然有$\bar{\boldsymbol{P}}>\boldsymbol{0}$。于是，最优控制

$$u^*(t)=-\frac{1}{r}\boldsymbol{b}^{\mathrm{T}}\bar{\boldsymbol{P}}\boldsymbol{x}(t)=-2x_1(t)-2x_2(t)$$

最优指标

$$J^*=\boldsymbol{x}^{\mathrm{T}}(0)\bar{\boldsymbol{P}}\boldsymbol{x}(0)=1$$

最优闭环系统

$$\dot{\boldsymbol{x}}(t)=\left(\boldsymbol{A}-\frac{1}{r}\boldsymbol{b}\boldsymbol{b}^{\mathrm{T}}\bar{\boldsymbol{P}}\right)\boldsymbol{x}(t)=\begin{bmatrix}-2 & -2\\ 0 & 0\end{bmatrix}\boldsymbol{x}(t)$$

不难求得其特征值为$\lambda_1=-1+\mathrm{j}$，$\lambda_2=-1-\mathrm{j}$。由特征值判据知，闭环系统渐近稳定。

例 5-5 已知系统状态方程

$$\dot{x}_1(t)=x_2(t)$$
$$\dot{x}_2(t)=u(t)$$

性能指标

$$J=\frac{1}{2}\int_0^{\infty}[x_1^2(t)+2bx_1(t)x_2(t)+ax_2^2(t)+u^2(t)]\mathrm{d}t$$

式中 $a-b^2>0$。试求最优控制 $u^*(t)$。

解 本例为无限时间定常状态调节器问题。由题意知

$$\boldsymbol{A}=\begin{bmatrix}0&1\\0&0\end{bmatrix},\quad \boldsymbol{b}=\begin{bmatrix}0\\1\end{bmatrix},\quad \boldsymbol{Q}=\begin{bmatrix}1&b\\b&a\end{bmatrix},\quad r=1$$

容易验证$\{\boldsymbol{A},\boldsymbol{b}\}$可控,故 $u^*(t)$存在且唯一。令

$$\overline{\boldsymbol{P}}=\begin{bmatrix}p_{11}&p_{12}\\p_{12}&p_{22}\end{bmatrix}$$

将 $\overline{\boldsymbol{P}}$、$\boldsymbol{A}$、$\boldsymbol{b}$、$r$、$\boldsymbol{Q}$ 代入黎卡提代数方程(5-71),可得如下代数方程组:

$$p_{12}^2-1=0$$
$$p_{11}-p_{12}p_{22}+b=0$$
$$2p_{12}-p_{22}^2+a=0$$

解得

$$p_{11}=p_{12}p_{22}-b,\quad p_{12}=\pm 1,\quad p_{22}=\pm\sqrt{a+2p_{12}}$$

为了保证最优闭环系统渐近稳定,要求$\boldsymbol{P}>\boldsymbol{0}$,从而应有

$$p_{11}>0,\quad p_{11}p_{22}-p_{12}^2>0$$

上述不等式成立的必要条件是 $p_{22}>0$,故取 $p_{22}=\sqrt{a+2p_{12}}$。

试取 $p_{12}=-1$,得 $p_{22}=\sqrt{a-2}$,必有 $a>2$,从而 $p_{11}=-\sqrt{a-2}-b>0$,应取 $b<-\sqrt{a-2}<0$。于是由 $p_{11}p_{22}-p_{12}^2>0$ 得

$$-(a-2)-b\sqrt{a-2}>1$$

即

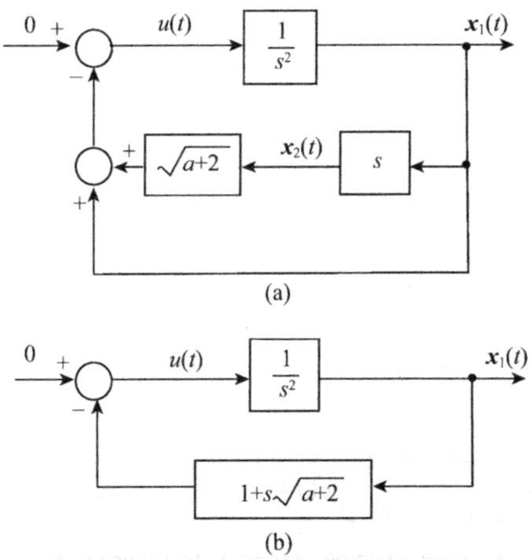

图 5-3 最优系统结构图

$$-b\sqrt{a-2}>(a-1)$$

由于 $b<0$,$a>2$,故上述不等式两边都是正数,因而不等式两边平方后,不等号不变,故有

$$b^2>\frac{(a-1)^2}{a-2}>a$$

上式与 $a-b^2>0$ 的已知条件矛盾。于是应取 $p_{12}=1$,解得

$$\overline{\boldsymbol{P}}=\begin{bmatrix}\sqrt{a+2}-b&1\\1&\sqrt{a+2}\end{bmatrix}>\boldsymbol{0}$$

本例最优控制应为

$$u^*(t)=-\frac{1}{r}\boldsymbol{b}^{\mathrm{T}}\bar{\boldsymbol{P}}\boldsymbol{x}(t)=-x_1(t)-\sqrt{a+2}x_2(t)$$

最优系统结构图如图 5-3 所示。

5.3 具有给定稳定度的状态调节器

对于无限时间定常状态调节器问题，只要系统$\{\boldsymbol{A},\boldsymbol{B}\}$可控，$\{\boldsymbol{A},\boldsymbol{D}\}$可观，所求得的常量线性状态反馈控制律，不但可以使系统获得最优性，而且可以使最优调节系统渐近稳定。然而，从工程实用观点来看，我们还希望最优调节系统的特征值位于复平面的一定区域内，例如，在 s 平面上特征值位于 $\mathrm{Re}s=-\alpha,\alpha>0$ 左侧的那部分区域。这样，渐近稳定的最优调节系统可以具备预定的动态性能。

本节介绍如何适当修改性能指标，对于无限时间定常状态调节器求出一个定常控制律，使修改后的性能指标极小，并使渐近稳定的闭环系统具有至少为 α 的稳定度。这样的无限时间定常调节器问题，称为具有给定稳定度的状态调节器问题。

问题 5-4 设线性定常系统状态方程

$$\dot{\boldsymbol{x}}(t)=\boldsymbol{A}\boldsymbol{x}(t)+\boldsymbol{B}\boldsymbol{u}(t),\quad \boldsymbol{x}(0)=\boldsymbol{x}_0 \tag{5-83}$$

性能指标

$$J=\frac{1}{2}\int_0^{\infty}\mathrm{e}^{2\alpha t}[\boldsymbol{x}^{\mathrm{T}}(t)\boldsymbol{Q}\boldsymbol{x}(t)+\boldsymbol{u}^{\mathrm{T}}(t)\boldsymbol{R}\boldsymbol{u}(t)]\mathrm{d}t \tag{5-84}$$

式中 $\boldsymbol{x}(t)\in R^n$；$\boldsymbol{u}(t)\in R^m$，且无约束；$\boldsymbol{A}$、$\boldsymbol{B}$、$\boldsymbol{Q}$ 和 $\boldsymbol{R}$ 是维数适当的常数矩阵。并且，$\boldsymbol{Q}$ 和 $\boldsymbol{R}$ 分别为非负定和正定对称矩阵。$\alpha>0$，为已知值。要求确定最优控制 $\boldsymbol{u}^*(t)$，使性能指标(5-84)极小，并使最优闭环系统渐近稳定，其特征值实部小于$-\alpha$。

比较问题 5-4 与问题 5-3 可知，除性能指标中多了一项 $\mathrm{e}^{2\alpha t}$ 因子外，其余完全相同。如果通过线性变换，将问题 5-4 化为问题 5-3 的等价形式，则定理 5-5 和定理 5-6 的结论将适用于求解问题 5-4。这种等价问题，称为修正调节器问题。

5.3.1 修正调节器问题的最优解

设在问题 5-4 中，$\{\boldsymbol{A},\boldsymbol{B}\}$完全可控，$\{\boldsymbol{A},\boldsymbol{D}\}$完全可观，其中 $\boldsymbol{D}$ 为任一使 $\boldsymbol{D}\boldsymbol{D}^{\mathrm{T}}=\boldsymbol{Q}$ 的矩阵。可控及可观的要求，对确保无限时间问题有解以及确定对闭环系统的稳定度约束是必需的。

通过变换方法，可将问题 5-4 化为无限时间定常调节器问题。定义

$$\hat{\boldsymbol{x}}(t)=\mathrm{e}^{\alpha t}\boldsymbol{x}(t) \tag{5-85}$$

$$\hat{\boldsymbol{u}}(t)=\mathrm{e}^{\alpha t}\boldsymbol{u}(t) \tag{5-86}$$

考查

$$\dot{\hat{\boldsymbol{x}}}(\mathrm{t})=\alpha\mathrm{e}^{\alpha t}\boldsymbol{x}(t)+\mathrm{e}^{\alpha t}\dot{\boldsymbol{x}}(t)=\alpha\hat{\boldsymbol{x}}(t)+\mathrm{e}^{\alpha t}\boldsymbol{A}\boldsymbol{x}(t)+\mathrm{e}^{\alpha t}\boldsymbol{B}\boldsymbol{u}(t) \tag{5-87}$$

将式(5-85)和式(5-86)代入上式，得修正调节器状态方程

$$\dot{\hat{\boldsymbol{x}}}(t)=(\boldsymbol{A}+\alpha\boldsymbol{I})\hat{\boldsymbol{x}}(t)+\boldsymbol{B}\hat{\boldsymbol{u}}(t),\quad \hat{\boldsymbol{x}}(0)=\boldsymbol{x}(0) \tag{5-88}$$

将式(5-85)和式(5-86)代入式(5-84)，得修正调节器性能指标

$$\hat{J}=\frac{1}{2}\int_{0}^{\infty}[\hat{\boldsymbol{x}}^{\mathrm{T}}(t)\boldsymbol{Q}\hat{\boldsymbol{x}}(t)+\hat{\boldsymbol{u}}^{\mathrm{T}}(t)\boldsymbol{R}\hat{\boldsymbol{u}}(t)]\mathrm{d}t \tag{5-89}$$

式中 $\boldsymbol{Q}$ 与 $\boldsymbol{R}$ 仍然分别为非负和正定对称矩阵。

对于系统(5-88)和性能指标(5-89)，如果没有可控性和稳定性的附加约束，则这一最小化问题可能无解。显然，使修正调节器问题最优解存在的约束条件是$\{\boldsymbol{A}+\alpha\boldsymbol{I},B\}$完全可控；使闭环系统渐近稳定的约束条件是$\{\boldsymbol{A}+\alpha\boldsymbol{I},D\}$完全可观。

根据线性系统理论不难证明，如下四种提法完全等价：

① $\{\boldsymbol{A},\boldsymbol{B}\}$是完全可控的。

② 对于定常向量 $\boldsymbol{w}$ 和所有的 t，$\boldsymbol{w}^{\mathrm{T}}\mathrm{e}^{\mu}=\boldsymbol{0}$ 意味着 $\boldsymbol{w}=\boldsymbol{0}$。

③ 对于定常向量 $\boldsymbol{w}$ 和所有的 t，$\boldsymbol{w}^{\mathrm{T}}\mathrm{e}^{\alpha t}\mathrm{e}^{\mu}\boldsymbol{B}=\boldsymbol{w}^{\mathrm{T}}\mathrm{e}^{(\boldsymbol{A}+\alpha\boldsymbol{I})t}\boldsymbol{B}=\boldsymbol{0}$ 意味着 $\boldsymbol{w}=\boldsymbol{0}$。

④ $\{\boldsymbol{A}+\alpha\boldsymbol{I},\boldsymbol{B}\}$是完全可控的。

由于已设$\{\boldsymbol{A},\boldsymbol{B}\}$完全可控，因此$\{\boldsymbol{A}+\alpha\boldsymbol{I},\boldsymbol{B}\}$完全可控，根据对偶性原理，$\{\boldsymbol{A},\boldsymbol{D}\}$完全可观等价于$\{\boldsymbol{A}+\alpha\boldsymbol{I},\boldsymbol{D}\}$完全可观。

根据定理 5-5，修正调节器问题存在唯一的最优控制

$$\hat{\boldsymbol{u}}^{*}(t)=-\boldsymbol{R}^{-1}\boldsymbol{B}^{\mathrm{T}}\overline{\boldsymbol{P}}\hat{\boldsymbol{x}}(t)=-K\hat{\boldsymbol{x}}(t) \tag{5-90}$$

最优性能指标

$$\hat{J}=\frac{1}{2}\hat{\boldsymbol{x}}^{\mathrm{T}}(0)\overline{\boldsymbol{P}}\hat{\boldsymbol{x}}(0) \tag{5-91}$$

式中 $\overline{P}$ 为正定对称常阵，满足下列黎卡提矩阵代数方程

$$\overline{\boldsymbol{P}}(\boldsymbol{A}+\alpha\boldsymbol{I})+(\boldsymbol{A}^{\mathrm{T}}+\alpha\boldsymbol{I})\overline{\boldsymbol{P}}-\overline{\boldsymbol{P}}\boldsymbol{B}\boldsymbol{R}^{-1}\boldsymbol{B}^{\mathrm{T}}\overline{\boldsymbol{P}}+\boldsymbol{Q}=\boldsymbol{0} \tag{5-92}$$

根据定理 5-6，最优闭环系统

$$\dot{\hat{\boldsymbol{x}}}=(\boldsymbol{A}+\alpha\boldsymbol{I}-\boldsymbol{B}\boldsymbol{R}^{-1}\boldsymbol{B}^{\mathrm{T}}\overline{\boldsymbol{P}})\hat{\boldsymbol{x}}(t),\quad \hat{\boldsymbol{x}}(0)=\boldsymbol{x}(0) \tag{5-93}$$

是渐近稳定的。

求得修正调节器问题的最优解以后，需要转换到原来的调节器问题之中，以便获得要求的结果。

5.3.2 具有给定稳定度的调节器问题的最优解

将式(5-85)和式(5-86)分别代入式(5-90)、式(5-91)、式(5-93)，可得最优控制

$$\boldsymbol{u}^{*}(t)=\mathrm{e}^{2\alpha t}\hat{\boldsymbol{u}}^{*}(t)=-\boldsymbol{R}^{-1}\boldsymbol{B}^{\mathrm{T}}\overline{\boldsymbol{P}}\boldsymbol{x}(t) \tag{5-94}$$

最优性能指标

$$J^{*}=\frac{1}{2}\mathrm{e}^{2\alpha t_0}\boldsymbol{x}^{\mathrm{T}}(t_0)\overline{\boldsymbol{P}}\boldsymbol{x}(t_0)=\frac{1}{2}\boldsymbol{x}^{\mathrm{T}}(0)\overline{\boldsymbol{P}}\boldsymbol{x}(0) \tag{5-95}$$

最优闭环系统

$$\dot{\boldsymbol{x}}(t)=(\boldsymbol{A}-\boldsymbol{B}\boldsymbol{R}^{-1}\boldsymbol{B}^{\mathrm{T}}\overline{\boldsymbol{P}})\boldsymbol{x}(t),\quad \boldsymbol{x}(0)=\boldsymbol{x}_0 \tag{5-96}$$

渐近稳定。其中 $\overline{\boldsymbol{P}}$ 满足式(5-92)。

为了证明关于稳定度的规定，由渐近稳定的式(5-93)，有

$$\lim_{t\to\infty}\hat{\boldsymbol{x}}(t)=\boldsymbol{0} \tag{5-97}$$

将式(5-85)代入式(5-97)，可得

$$\lim_{t\to\infty}\mathrm{e}^{\alpha t}\boldsymbol{x}(t)=\boldsymbol{0} \tag{5-98}$$

因此，当 $t\to\infty$ 时，最优闭环系统(5-96)的状态 $\boldsymbol{x}(t)$ 至少以 $e^{-\alpha t}$ 的速度趋于零，完全满足给定稳定度 α 的要求。α 越大，$\boldsymbol{x}(t)$ 收于零的速度越快。通常，将 α 称为闭环系统的最小稳定度。

为了便于应用，将以上结果归纳为如下定理。

定理 5-7 设线性定常系统状态方程

$$\dot{\boldsymbol{x}}(t)=\boldsymbol{A}\boldsymbol{x}(t)+\boldsymbol{B}\boldsymbol{u}(t),\quad \boldsymbol{x}(t_0)=\boldsymbol{x}_0 \tag{5-99}$$

性能指标

$$J=\frac{1}{2}\int_{t_0}^{\infty} e^{2\alpha t}[\boldsymbol{x}^{\mathrm{T}}(t)\boldsymbol{Q}\boldsymbol{x}(t)+\boldsymbol{u}^{\mathrm{T}}(t)\boldsymbol{R}\boldsymbol{u}(t)]\mathrm{d}t \tag{5-100}$$

式中 $\boldsymbol{x}(t)\in R^n$；$\boldsymbol{u}(t)\in R^m$，且无约束；$\boldsymbol{A}$、$\boldsymbol{B}$、$\boldsymbol{Q}$、$\boldsymbol{R}$ 为维数适当的常阵，且 $\boldsymbol{Q}$ 和 $\boldsymbol{R}$ 分别为非负和正定对称矩阵；α 为给定的正常数。

若阵对 $\{\boldsymbol{A},\boldsymbol{B}\}$ 完全可控，阵对 $\{\boldsymbol{A},\boldsymbol{D}\}$ 完全可观，其中 $\boldsymbol{D}$ 为任一使 $\boldsymbol{D}\boldsymbol{D}^{\mathrm{T}}=\boldsymbol{Q}$ 的矩阵，则存在唯一最优控制

$$\boldsymbol{u}^*(t)=-\boldsymbol{R}^{-1}\boldsymbol{B}^{\mathrm{T}}\bar{\boldsymbol{P}}\boldsymbol{x}(t) \tag{5-101}$$

最优性能指标

$$J^*=\frac{1}{2}e^{2\alpha t_0}\boldsymbol{x}^{\mathrm{T}}(t_0)\bar{\boldsymbol{P}}\boldsymbol{x}(t_0) \tag{5-102}$$

式中 $\bar{\boldsymbol{P}}$ 为正定对称常阵，是下列黎卡提代数方程：

$$\bar{\boldsymbol{P}}(\boldsymbol{A}+\alpha\boldsymbol{I})+(\boldsymbol{A}^{\mathrm{T}}+\alpha\boldsymbol{I})\bar{\boldsymbol{P}}-\bar{\boldsymbol{P}}\boldsymbol{B}\boldsymbol{R}^{-1}\boldsymbol{B}^{\mathrm{T}}\bar{\boldsymbol{P}}+\boldsymbol{Q}=\boldsymbol{0} \tag{5-103}$$

的唯一解。最优闭环系统

$$\dot{\boldsymbol{x}}(t)=(\boldsymbol{A}-\boldsymbol{B}\boldsymbol{R}^{-1}\boldsymbol{B}^{\mathrm{T}}\bar{\boldsymbol{P}})\boldsymbol{x}(t),\quad \boldsymbol{x}(t_0)=\boldsymbol{x}_0 \tag{5-104}$$

是渐近稳定的，且稳定度至少为 α。

例 5-6 设角度控制系统方程为

$$J_0\ddot{\theta}(t)=M(t) \tag{5-105}$$

式中 $\theta(t)$ 为角位移，$M(t)$ 为外加转矩，J_0 为旋转部分的转动惯量，假定 $J_0=1$。要求确定最优外加转矩 $M^*(t)$，使系统能量消耗与角位移相对于原平衡位置的偏差综合最小，并保证最优闭环系统至少有 $\alpha=1$ 的稳定度。

解 令 $x_1(t)=\theta(t)$，$x_2(t)=\dot{\theta}(t)$，$u(t)=M(t)$，可写出系统的状态方程及性能指标为

$$\dot{\boldsymbol{x}}=\begin{bmatrix}0&1\\0&0\end{bmatrix}\boldsymbol{x}(t)+\begin{bmatrix}0\\1\end{bmatrix}u(t)$$

$$J=\int_0^{\infty} e^{2t}[x_1^2(t)+u^2(t)]\mathrm{d}t$$

这是具有给定稳定度要求的无限时间定常状态调节器问题。按题意

$$\boldsymbol{A}=\begin{bmatrix}0&1\\0&0\end{bmatrix},\quad \boldsymbol{b}=\begin{bmatrix}0\\1\end{bmatrix},\quad \boldsymbol{Q}=\begin{bmatrix}1&0\\0&0\end{bmatrix},\quad r=1,\alpha=1$$

因为

$$\mathrm{rank}[\boldsymbol{b}\quad \boldsymbol{A}\boldsymbol{b}]=\mathrm{rank}\begin{bmatrix}0&1\\1&0\end{bmatrix}=2$$

$$\mathrm{rank}\begin{bmatrix}\boldsymbol{D}^{\mathrm{T}}\\ \boldsymbol{D}^{\mathrm{T}}\boldsymbol{A}\end{bmatrix}=\mathrm{rank}\begin{bmatrix}1 & 0\\ 0 & 1\end{bmatrix}=2$$

式中 $\boldsymbol{D}\boldsymbol{D}^{\mathrm{T}}=\boldsymbol{Q},\boldsymbol{D}^{\mathrm{T}}=[1\quad 0]$，因此$\{\boldsymbol{A},\boldsymbol{b}\}$可控，$\{\boldsymbol{A},\boldsymbol{D}\}$可观，所求最优控制必存在，且最优闭环系统可具有要求的稳定度。

令

$$\overline{\boldsymbol{P}}=\begin{bmatrix}p_{11} & p_{12}\\ p_{12} & p_{22}\end{bmatrix}$$

由黎卡提代数方程(5-103)，得如下代数方程组

$$2p_{11}-p_{12}^2+1=0$$
$$p_{11}+2p_{12}-p_{12}p_{22}=0$$
$$2p_{12}+2p_{22}-p_{22}^2=0$$

解得

$$p_{11}=10.1329,\quad p_{12}=4.6116,\quad p_{22}=4.1974$$

最优控制律

$$u^*(t)=-\frac{1}{r}\boldsymbol{b}^{\mathrm{T}}\overline{\boldsymbol{P}}\boldsymbol{x}(t)=-p_{12}x_1(t)-p_{22}x_2(t)$$

即

$$M^*(t)=-4.6116\theta(t)-4.1974\dot{\theta}(t)$$

这一控制律可用比例加微分反馈来实现。由式(5-104)得最优闭环系统方程

$$\dot{\boldsymbol{x}}(t)=\begin{bmatrix}0 & 1\\ -4.6116 & -4.1974\end{bmatrix}\boldsymbol{x}(t)$$

其特征方程

$$\lambda^2+4.1974\lambda+4.6116=0$$

解得特征根 $\lambda_{1,2}=-2.1\pm \mathrm{j}0.46$，表明闭环系统渐近稳定并满足要求的稳定度。

5.4 逆最优调节器

逆最优调节器问题，是指已知某个具有未知定常扰动的线性定常系统，在规定稳定度要求下，寻求某个二次型性能指标，使得由规定稳定度要求确定的线性状态反馈控制律 $\boldsymbol{u}(t)=\boldsymbol{K}\boldsymbol{x}(t)$，对所构造的性能指标来说是最优的。因此，逆最优调节器问题的实质，是最优调节器的极点配置问题。这里研究的极点配置区域，指在 s 左半平面，以从原点引出的两条与负实轴形成$\pm\theta$夹角的直线为界，所形成的扇形区域。当最优调节器的闭环极点位于指定的扇形区域内时，对最优调节器状态响应的收敛速度和阻尼程度都有所规范；而当最优调节器的闭环极点位于上节所述 s 左半平面$-\alpha$ 垂线之左时，只能对最优调节器状态响应的收敛速度有所规范。

本节讨论如何用李雅普诺夫第二法来确定满足给定稳定度约束下的状态反馈阵 $\boldsymbol{K}$，并证明：对任意实矩阵 $\boldsymbol{K}$，当 $\boldsymbol{R}$ 取为单位阵时，$\boldsymbol{Q}$ 必定满足非负条件。

5.4.1 逆调节器问题

设完全可控系统状态方程

$$\dot{\hat{\boldsymbol{x}}}(t)=\hat{\boldsymbol{A}}\hat{\boldsymbol{x}}(t)+\hat{\boldsymbol{B}}\hat{\boldsymbol{u}}(t)+\boldsymbol{E}\boldsymbol{w} \tag{5-106}$$

式中 $\hat{\boldsymbol{x}}(t)$ 为 n 维状态向量；$\hat{\boldsymbol{u}}(t)$ 为 m 维控制向量，且无约束；$\boldsymbol{w}$ 为 m 维常值未知扰动向量；$m\leqslant n$；$\hat{\boldsymbol{A}}$、$\hat{\boldsymbol{B}}$ 和 $\boldsymbol{E}$ 为维数适当的常数矩阵。假设：

① 矩阵 $\hat{\boldsymbol{B}}$ 列满秩。

② 值域空间 $\mathscr{R}(\boldsymbol{E})\subset\mathscr{R}(\hat{\boldsymbol{B}})$。

③ 规定稳定度要求 $\alpha>0$，$0\leqslant\beta<1$。

若令

$$\boldsymbol{z}(t)=\hat{\boldsymbol{u}}(t)+\hat{\boldsymbol{w}} \tag{5-107}$$

$$\hat{\boldsymbol{w}}=\boldsymbol{M}_1\boldsymbol{w} \tag{5-108}$$

则逆最优调节器问题为：寻求二次型性能指标

$$J=\int_0^{\infty}\mathrm{e}^{2\alpha t}\left[\hat{\boldsymbol{x}}^{\mathrm{T}}(t)\hat{\boldsymbol{Q}}\hat{\boldsymbol{x}}(t)+\boldsymbol{z}^{\mathrm{T}}(t)\hat{\boldsymbol{R}}\boldsymbol{z}(t)+\dot{\hat{\boldsymbol{u}}}^{\mathrm{T}}(t)\hat{\boldsymbol{S}}\dot{\hat{\boldsymbol{u}}}(t)\right]\mathrm{d}t \tag{5-109}$$

使得由 α 和 β 确定的控制律 $\hat{\boldsymbol{u}}(t)$，对性能指标(5-109)是最优的。其中，$\hat{\boldsymbol{Q}}$ 为非负对称常阵，$\hat{\boldsymbol{R}}$ 和 $\hat{\boldsymbol{S}}$ 为正定对称常阵.

由假设②，能够选取一个矩阵 $\boldsymbol{M}_1$，使得

$$\boldsymbol{E}=\hat{\boldsymbol{B}}\boldsymbol{M}_1 \tag{5-110}$$

将式(5-110)代入状态方程(5-106)，并考虑式(5-107)和式(5-108)，可得

$$\dot{\hat{\boldsymbol{x}}}(t)=\hat{\boldsymbol{A}}\hat{\boldsymbol{x}}(t)+\hat{\boldsymbol{B}}\boldsymbol{z}(t) \tag{5-111}$$

至于在性能指标(5-109)中增加控制的导数项 $\dot{\hat{\boldsymbol{u}}}^{\mathrm{T}}(t)\hat{\boldsymbol{S}}(t)\dot{\hat{\boldsymbol{u}}}$，是为了在稳态时抵消系统输入端的常值未知扰动对系统性能的影响。

定义

$$\boldsymbol{u}(t)=\dot{\hat{\boldsymbol{u}}}(t)=\dot{\boldsymbol{z}}(t) \tag{5-112}$$

$$\boldsymbol{x}(t)=\begin{bmatrix}\hat{\boldsymbol{x}}(t)\\ \boldsymbol{z}(t)\end{bmatrix} \tag{5-113}$$

则系统方程(5-111)和(5-112)，以及性能指标(5-109)可以写为

$$\dot{\boldsymbol{x}}(t)=\boldsymbol{A}\boldsymbol{x}(t)+\boldsymbol{B}\boldsymbol{u}(t) \tag{5-114}$$

$$J=\int_0^{\infty}\mathrm{e}^{2\alpha t}\left[\boldsymbol{x}^{\mathrm{T}}(t)\boldsymbol{Q}\boldsymbol{x}(t)+\boldsymbol{u}^{\mathrm{T}}(t)\boldsymbol{R}\boldsymbol{u}(t)\right]\mathrm{d}t \tag{5-115}$$

式中

$$\boldsymbol{A}=\begin{bmatrix}\hat{\boldsymbol{A}} & \hat{\boldsymbol{B}}\\ \boldsymbol{0} & \boldsymbol{0}\end{bmatrix},\quad \boldsymbol{B}=\begin{bmatrix}\boldsymbol{0}\\ \boldsymbol{I}\end{bmatrix},\quad \boldsymbol{Q}=\begin{bmatrix}\hat{\boldsymbol{Q}} & \boldsymbol{0}\\ \boldsymbol{0} & \hat{\boldsymbol{R}}\end{bmatrix},\quad \boldsymbol{R}=\hat{\boldsymbol{S}}$$

显然，$\boldsymbol{A}$、$\boldsymbol{B}$、$\boldsymbol{Q}$ 和 $\boldsymbol{R}$ 均为维数适当的常阵，且 $\boldsymbol{Q}$ 和 $\boldsymbol{R}$ 分别为非负和正定对称矩阵。

经上述矩阵增广后，逆最优调节器问题转化为：对于给定的线性定常系统(5-114)和给定稳定度约束 α 和 β，寻求状态反馈阵 $\boldsymbol{K}$ 和权阵 $\boldsymbol{Q}$ 与 $\boldsymbol{R}$，使得 $\boldsymbol{u}(t)=\boldsymbol{K}\boldsymbol{x}(t)$ 满足 α 和 β 约束成为最优控制，并使性能指标(5-115)极小。

5.4.2 状态反馈阵的表达式

一个完全可控的 n 阶连续系统，对其给定稳定度的一种评价规则是所有闭环极点的实部和幅角有要求的上限。若用 S_r 表示期望极点区域，易见 S_r 为图 5-4 中的阴影区。

引理 5-1 定常齐次动态方程

$$\dot{\boldsymbol{x}}(t)=\boldsymbol{A}\boldsymbol{x}(t)$$

其零解渐近稳定的充要条件是：对给定的任一个正定对称阵 $\boldsymbol{N}$，都存在唯一的正定对称阵 $\boldsymbol{M}$，使得

$$\boldsymbol{A}^{\mathrm{T}}\boldsymbol{M}+\boldsymbol{M}\boldsymbol{A}=-\boldsymbol{N}$$

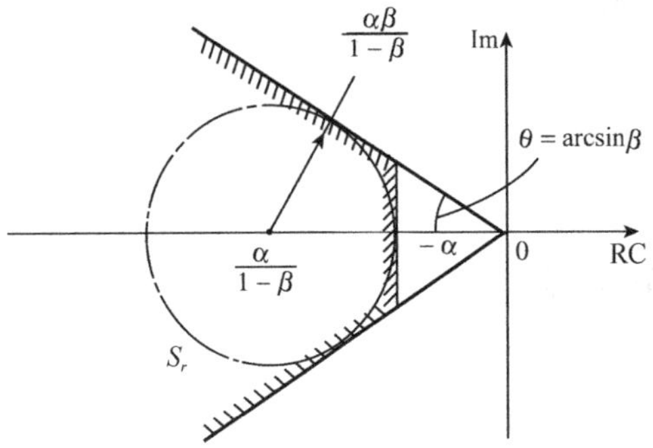

图 5-4 期望极点区域

引理 5-2 对于完全可控的 n 阶连续系统

$$\dot{\boldsymbol{x}}(t)=\boldsymbol{A}\boldsymbol{x}(t)+\boldsymbol{B}\boldsymbol{u}(t)$$

如果

$$\left|\lambda_i\left\{\frac{1-\beta}{\alpha\beta}\left(\frac{\alpha}{1-\beta}\boldsymbol{I}+\boldsymbol{A}\right)\right\}\right|<1$$

必有 $\lambda_i(\boldsymbol{A})\in S_r, i=1,2,\cdots,n$，即

$$\mathrm{Re}\lambda_i(\boldsymbol{A})<-\frac{\alpha}{1-\beta}$$

$$|\lambda_i(\boldsymbol{A})|<\frac{\alpha\beta}{1-\beta},\quad i=1,2,\cdots,n$$

式中 $\lambda(\cdot)$ 表示特征值，$\mathrm{Re}(\cdot)$ 表示实部。

引理 5-3 对于任意给定的 $n\times n$ 正定对称矩阵 $\boldsymbol{N}$，以及任意正数 α 和 $\beta(0\leqslant\beta<1)$，矩阵方程

$$\left[\frac{1-\beta}{\alpha\beta}\left(\boldsymbol{A}+\frac{\alpha}{1-\beta}\boldsymbol{I}\right)\right]^{\mathrm{T}}\boldsymbol{M}+\boldsymbol{M}\left[\frac{1-\beta}{\alpha\beta}\left(\boldsymbol{A}+\frac{\alpha}{1-\beta}\boldsymbol{I}\right)\right]=-\boldsymbol{N}\tag{5-116}$$

有正定对称解的充分必要条件是

$$\left|\lambda_i\left\{\frac{1-\beta}{\alpha\beta}\left(\boldsymbol{A}+\frac{\alpha}{1-\beta}\boldsymbol{I}\right)\right\}\right|<1,\quad i=1,2,\cdots,n$$

定理 5-8 设系统(5-114)完全可控，给定正定对称矩阵 $\boldsymbol{N}$。若 $\boldsymbol{M}$ 为正定对称矩阵，则必存在满足下式的状态反馈阵 $\boldsymbol{K}$：

$$(\boldsymbol{BK})^{\mathrm{T}}\boldsymbol{M}+\boldsymbol{MBK}=-\frac{\alpha\beta}{1-\beta}\boldsymbol{N}-\left(\boldsymbol{A}+\frac{\alpha}{1-\beta}\boldsymbol{I}\right)^{\mathrm{T}}\boldsymbol{M}-\boldsymbol{M}\left(\boldsymbol{A}+\frac{\alpha}{1-\beta}\boldsymbol{I}\right)\tag{5-117}$$

使得闭环系统特征值 $\lambda_i(\boldsymbol{A}+\boldsymbol{BK})\in S_r$。

证明 若 $\lambda_i(\boldsymbol{A}+\boldsymbol{BK})\in S_r$，则由引理 5-2 知，必有

$$\left|\lambda_i\left\{\frac{1-\beta}{\alpha\beta}\left(\frac{\alpha}{1-\beta}\boldsymbol{I}+\boldsymbol{A}+\boldsymbol{BK}\right)\right\}\right|<1,\quad i=1,2,\cdots,n\tag{5-118}$$

因 $\boldsymbol{N}$ 与 $\boldsymbol{M}$ 均为正定对称矩阵，故由引理 5-3 知，有

$$\left[\frac{1-\beta}{\alpha\beta}\left(\boldsymbol{A}+\boldsymbol{BK}+\frac{\alpha}{1-\beta}\boldsymbol{I}\right)\right]^{\mathrm{T}}\boldsymbol{M}+\boldsymbol{M}\left[\frac{1-\beta}{\alpha\beta}\left(\boldsymbol{A}+\boldsymbol{BK}+\frac{\alpha}{1-\beta}\boldsymbol{I}\right)\right]=-\boldsymbol{N}$$

上式经整理后可得式(5-117)。

5.4.3 状态反馈阵与性能指标的关系

引理 5-4 对于完全可控系统(5-114),若 $\boldsymbol{B}$ 列满秩、$-\boldsymbol{KB}$ 对称非负、$(\boldsymbol{A}+\boldsymbol{BK})$ 渐近稳定,则存在对称正定矩阵 $\boldsymbol{R}$ 和状态反馈阵 $\boldsymbol{K}=-\boldsymbol{R}^{-1}\boldsymbol{B}^{\mathrm{T}}\boldsymbol{P}$,其中 $\boldsymbol{P}$ 为对称非负矩阵,是如下方程

$$\boldsymbol{P}=\boldsymbol{K}^{\mathrm{T}}\boldsymbol{R}(-\boldsymbol{RKB})^{+}\boldsymbol{RK}+\boldsymbol{Y} \tag{5-119}$$

的一般解。式中,$\boldsymbol{Y}=\boldsymbol{Y}^{\mathrm{T}}$,满足 $\boldsymbol{B}^{\mathrm{T}}\boldsymbol{Y}=0$。

若 $\boldsymbol{KB}$ 非奇异,则有

$$\boldsymbol{P}=\boldsymbol{K}^{\mathrm{T}}\boldsymbol{R}(-\boldsymbol{KB})^{-1}\boldsymbol{K}+\boldsymbol{Y} \tag{5-120}$$

定理 5-9 考虑完全可控系统(5-114),$\boldsymbol{B}$ 列满秩,若

① $\lambda_i(\boldsymbol{A}+\boldsymbol{BK})\in S_r,\quad i=1,2,\cdots,n$。

② $-\boldsymbol{KB}$ 为对称非负矩阵。

③ $-[\boldsymbol{K}^{\mathrm{T}}\boldsymbol{R}(-\boldsymbol{RKB})^{+}\boldsymbol{RK}+\boldsymbol{Y}]\left(\boldsymbol{A}+\frac{\alpha}{1-\beta}\boldsymbol{I}\right)-\left(\boldsymbol{A}+\frac{\alpha}{1-\beta}\boldsymbol{I}\right)[\boldsymbol{K}^{\mathrm{T}}\boldsymbol{R}(-\boldsymbol{RKB})^{+}\boldsymbol{RK}+\boldsymbol{Y}]$

对称非负,其中 $\boldsymbol{Y}=\boldsymbol{Y}^{\mathrm{T}}$,$\boldsymbol{B}^{\mathrm{T}}\boldsymbol{Y}=\boldsymbol{0}$。

则当 $\boldsymbol{R}$ 正定对称时,必存在非负对称的 $\boldsymbol{P}$ 和 $\boldsymbol{Q}$,满足

$$\boldsymbol{P}=\boldsymbol{K}^{\mathrm{T}}\boldsymbol{R}(-\boldsymbol{RKB})^{+}\boldsymbol{Y} \tag{5-121}$$

$$\boldsymbol{Q}=-\boldsymbol{P}\left[\frac{1-\beta}{\alpha\beta}\left(\boldsymbol{A}+\frac{\alpha}{1-\beta}\boldsymbol{I}\right)\right]-\left[\frac{1-\beta}{\alpha\beta}\left(\boldsymbol{A}+\frac{\alpha}{1-\beta}\boldsymbol{I}\right)\right]^{\mathrm{T}}\boldsymbol{P}+\boldsymbol{K}^{\mathrm{T}}\boldsymbol{RK} \tag{5-122}$$

式中 $\alpha>0,0\leqslant\beta<1$。

证明 由条件①和②,根据引理 5-4 有非负对称的矩阵 $\boldsymbol{P}$ 满足式(5-121)。因为

$$\frac{1-\beta}{\alpha\beta}>0$$

故由条件③及式(5-121)知

$$-\boldsymbol{P}\left[\frac{1-\beta}{\alpha\beta}\left(\boldsymbol{A}+\frac{\alpha}{1-\beta}\boldsymbol{I}\right)\right]-\left[\frac{1-\beta}{\alpha\beta}\left(\boldsymbol{A}+\frac{\alpha}{1-\beta}\boldsymbol{I}\right)\right]^{\mathrm{T}}\boldsymbol{P}\geqslant 0$$

且对称。由引理 5-3 知,在有 α 和 β 约束时,$\boldsymbol{P}$ 满足黎卡提方程

$$\boldsymbol{P}\left[\frac{1-\beta}{\alpha\beta}\left(\boldsymbol{A}+\frac{\alpha}{1-\beta}\boldsymbol{I}\right)\right]+\left[\frac{1-\beta}{\alpha\beta}\left(\boldsymbol{A}+\frac{\alpha}{1-\beta}\right)\right]^{\mathrm{T}}\boldsymbol{P}-\boldsymbol{PBR}^{-1}\boldsymbol{B}^{\mathrm{T}}\boldsymbol{P}+\boldsymbol{Q}=\boldsymbol{0}$$

在上式中代入 $\boldsymbol{K}=-\boldsymbol{R}^{-1}\boldsymbol{B}^{\mathrm{T}}\boldsymbol{P}$,得式(5-122)。因 $\boldsymbol{R}$ 正定对称,必有 $\boldsymbol{K}^{\mathrm{T}}\boldsymbol{RK}$ 非负对称,因而 $\boldsymbol{Q}$ 为非负对称矩阵。

推论 在定理 5-9 中,若取 $\boldsymbol{R}$ 为单位阵,则必存在非负对称的 $\boldsymbol{P}$ 和 $\boldsymbol{Q}$,满足

$$\boldsymbol{P}=\boldsymbol{K}^{\mathrm{T}}(-\boldsymbol{KB})^{+}\boldsymbol{K}+\boldsymbol{Y} \tag{5-123}$$

$$\boldsymbol{Q}=-\boldsymbol{P}\left[\frac{1-\beta}{\alpha\beta}\left(\boldsymbol{A}+\frac{\alpha}{1-\beta}\boldsymbol{I}\right)\right]-\left[\frac{1-\beta}{\alpha\beta}\left(\boldsymbol{A}+\frac{\alpha}{1-\beta}\boldsymbol{I}\right)\right]^{\mathrm{T}}\boldsymbol{P}+\boldsymbol{K}^{\mathrm{T}}\boldsymbol{K} \tag{5-124}$$

5.4.4 逆最优调节器的设计步骤

逆最优调节器的设计,可按如下步骤进行:

① 给定正定对称矩阵 $\boldsymbol{N}$,一般可取 $\boldsymbol{N}=\boldsymbol{I}$。

② 由式(5-117)求出使 $\boldsymbol{M}$ 为对称正定矩阵的 $\boldsymbol{K}$ 的取值范围。

③ 由定理 5-9 检验所取 $\boldsymbol{K}$ 阵是否满足条件②和③，若不满足则返回至 2)，重取 $\boldsymbol{K}$ 阵，直至条件满足。

④ 取 $\boldsymbol{R}=\boldsymbol{I}$，按式(5-121)和式(5-122)分别计算 $\boldsymbol{P}$ 和 $\boldsymbol{Q}$。

⑤ 取 $\boldsymbol{Q}$ 为对角块阵，可得使 $\boldsymbol{K}$ 成为最优反馈增益阵的性能指标(5-115)。

⑥ 由 $\boldsymbol{R}=\hat{\boldsymbol{S}}$ 和 $\boldsymbol{Q}=\mathrm{diag}\{\hat{\boldsymbol{Q}},\hat{\boldsymbol{R}}\}$，可得原系统要求构造的性能指标(5-109)。

例 5-7 设惯性导航系统单轴水平回路状态方程为

$$\delta\dot{v}_y(t)=2\theta(t)$$
$$\dot{\theta}(t)=-\delta v_y(t)+\hat{u}(t)+\varepsilon_x$$

式中 $\delta v_y(t)$ 为陀螺 y 轴方向速度误差，$\dot{\theta}(t)$ 为平台姿态角，$\hat{u}(t)$ 是加在陀螺力矩受感器上的电压，ε_x 为陀螺漂移，可看成未知定常扰动。若令

$$\boldsymbol{x}(t)=[\delta v_y(t) \quad \theta(t) \quad z(t)]^{\mathrm{T}}$$
$$z(t)=\hat{u}(t)+\varepsilon_x$$
$$u(t)=\dot{\hat{u}}(t)=\dot{z}(t)$$

则增广状态方程为

$$\dot{\boldsymbol{x}}(t)=\begin{bmatrix}0 & 2 & 0\\ -1 & 0 & 1\\ 0 & 0 & 0\end{bmatrix}\boldsymbol{x}(t)+\begin{bmatrix}0\\0\\0\end{bmatrix}u(t)$$

要求设计一最优控制器，使系统的稳定度满足 $\alpha=1.3$，$\beta=0.5$，并使系统的状态和输出在稳态下不受常值陀螺漂移的影响。

解 构造如下性能指标：

$$J=\int_0^{\infty}\mathrm{e}^{2.6t}[\boldsymbol{x}^{\mathrm{T}}(t)\boldsymbol{Q}(t)\boldsymbol{x}(t)+ru^2(t)]\mathrm{d}t$$

由 $\boldsymbol{B}^{\mathrm{T}}\boldsymbol{Y}=\boldsymbol{0}$ 可知

$$\boldsymbol{Y}=\begin{bmatrix}Y_1 & Y_2 & 0\\ Y_2 & Y_3 & 0\\ 0 & 0 & 0\end{bmatrix}$$

式中 Y_1，Y_2 和 Y_3 待定。取 $\boldsymbol{N}=\boldsymbol{I}$，并取

$$\boldsymbol{K}=-[3.2 \quad 21.59 \quad 8.3]$$

算得

$$\boldsymbol{M}=\begin{bmatrix}10685.59 & 18013.08 & 3053.15\\ 18013.08 & 31603.09 & 5474.52\\ 3053.15 & 5474.52 & 960.56\end{bmatrix}$$

显然，$\boldsymbol{M}$ 阵对称且正定。取 $r=1$，算得

$$Y_2=31.13, \quad Y_3=58.12$$

从而求出

$$\boldsymbol{P}=\begin{bmatrix}Y_1+1.23 & 39.45 & 3.2\\ 39.45 & 114.17 & 21.59\\ 3.2 & 21.59 & 8.3\end{bmatrix}$$

以及

$$Q=\begin{bmatrix}-4Y_1+66.08 & -1.54Y_1-2.69 & 0\\ -1.54Y_1-2.69 & -112.05 & 0\\ 0 & 0 & 2.45\end{bmatrix}$$

为保证 $P\geqslant 0$ 和 $Q\geqslant 0$，Y_1 的取值范围应为

$$18.74\leqslant Y_1\leqslant 166.88$$

于是，原系统性能指标应取式(5-109)形式，其中稳定度取 $\alpha=1.3$，各权矩阵取为

$$\hat{R}=2.45,\quad \hat{Q}=\begin{bmatrix}-4Y_1+66.08 & -1.54Y_1-2.69\\ -1.54Y_1-2.69 & -112.05\end{bmatrix},\quad \hat{S}=1$$

不难验证，原系统的特征值为 $\pm\sqrt{2}\mathrm{j}$；最优闭环系统的特征值为 -2.9 和 $-2.7\pm\mathrm{j}0.8$，全部位于要求的 S_r 区域内；系统在稳态时不受 ε_x 的影响。

5.5 离散状态调节器

离散状态调节器问题实质是线性离散系统和线性二次型离散性能指标的最优控制问题。离散状态调节器问题的最优解可以用离散极小值原理的方法求得，也可以用离散动态规划的方法求得。两种方法所得结果完全一致。本节将应用离散动态规划方法求解离散状态调节器。

问题 5-5 设线性离散系统状态差分方程

$$\boldsymbol{x}(k+1)=\boldsymbol{A}(k)\boldsymbol{x}(k)+\boldsymbol{B}(k)\boldsymbol{u}(k),\quad \boldsymbol{x}(0)=\boldsymbol{x}_0 \tag{5-125}$$

式中 $k=0,1,\cdots,N-1$。性能指标

$$J=\frac{1}{2}\boldsymbol{x}^{\mathrm{T}}(N)\boldsymbol{F}\boldsymbol{x}(N)+\frac{1}{2}\sum_{k=0}^{N-1}[\boldsymbol{x}^{\mathrm{T}}(k)\boldsymbol{Q}(k)\boldsymbol{x}(k)+\boldsymbol{u}^{\mathrm{T}}(k)\boldsymbol{R}(k)\boldsymbol{u}(k)] \tag{5-126}$$

式中 $\boldsymbol{x}(k)$ 为 n 维状态向量序列；$\boldsymbol{u}(k)$ 为 m 维控制向量序列，且不受约束；$\boldsymbol{A}(k)$ 和 $\boldsymbol{B}(k)$ 为维数适当的矩阵序列；$\boldsymbol{F}$ 为对称非负定权矩阵；$\boldsymbol{Q}(k)$ 和 $\boldsymbol{R}(k)$ 分别为非负定与正定对称权矩阵序列；$\boldsymbol{F}$、$\boldsymbol{Q}(k)$、$\boldsymbol{R}(k)$ 的维数适当。要求一最优控制序列 $\boldsymbol{u}^*(k)$，$k=0,1,\cdots,N-1$，使性能指标(5-126)极小。

需要指出，在连续时间情况，我们要求 $\boldsymbol{R}(t)$ 正定，一方面是形成线性最优控制律的需要；另一方面则是在物理上排除使用无限大的控制使状态在无限短的时间内趋于零的可能性。而在离散时间情况，不可能在无限短的时间内使状态趋于零，故无限大控制的出现是不可能的。因此，对于离散时间系统，在物理上并没有必要使 $\boldsymbol{R}(k)$ 正定。但是，如果 $\boldsymbol{R}(k)$ 不正定，最优控制律会变得不唯一(尽管仍是线性的)。为了避免出现这种复杂性，我们仍然提出对 $\boldsymbol{R}(k)$ 的正定性要求。

问题 5-5 是有限时间离散状态调节器问题。可以证明，其最优控制是一种线性状态反馈规律，而且最优性能指标是初始状态的二次型函数。这些结果与相应的连续状态调节器的结果相似。

定理 5-10 对于有限时间离散状态调节器问题 5-5，存在唯一的线性状态反馈最优控制序列

$$\boldsymbol{u}^*(k)=-\boldsymbol{K}(k)\boldsymbol{x}(k),\quad k=0,1,\cdots,N-1 \tag{5-127}$$

最优性能指标

$$J^*[\boldsymbol{x}(0),0]=\frac{1}{2}\boldsymbol{x}^{\mathrm{T}}(0)\boldsymbol{P}(0)\boldsymbol{x}(0) \tag{5-128}$$

式中反馈增益矩阵序列

$$\boldsymbol{K}(k)=[\boldsymbol{B}^{\mathrm{T}}(k)\boldsymbol{P}(k+1)\boldsymbol{B}(k)+\boldsymbol{R}(k)]^{-1}\boldsymbol{B}^{\mathrm{T}}(k)\boldsymbol{P}(k+1)\boldsymbol{A}(k) \tag{5-129}$$

而 $\boldsymbol{P}(k)$是下列离散黎卡提方程的对称非负定解

$$\begin{aligned}\boldsymbol{P}(k)=&[\boldsymbol{A}(k)-\boldsymbol{B}(k)\boldsymbol{K}(k)]^{\mathrm{T}}\boldsymbol{P}(k+1)[\boldsymbol{A}(k)-\boldsymbol{B}(k)\boldsymbol{K}(k)]\\&+\boldsymbol{K}^{\mathrm{T}}(k)\boldsymbol{R}(k)\boldsymbol{K}(k)+\boldsymbol{Q}(k),\quad k=0,1,\cdots,N-1\end{aligned} \tag{5-130}$$

边界条件为

$$\boldsymbol{P}(N)=\boldsymbol{F} \tag{5-131}$$

证明 由贝尔曼最优性原理,最优性能指标为

$$J^*[\boldsymbol{x}(k),k]=\min_{\boldsymbol{u}(k)}\{\frac{1}{2}[\boldsymbol{x}^{\mathrm{T}}(k)\boldsymbol{Q}(k)\boldsymbol{x}(k)+\boldsymbol{u}^{\mathrm{T}}(k)\boldsymbol{R}(k)\boldsymbol{u}(k)]+J^*[\boldsymbol{x}(k+1),k+1]\} \tag{5-132}$$

设

$$J^*[\boldsymbol{x}(k),k]=\frac{1}{2}\boldsymbol{x}^{\mathrm{T}}(k)\boldsymbol{P}(k)\boldsymbol{x}(k) \tag{5-133}$$

式中 $\boldsymbol{P}(k)$为待定对称矩阵序列。在式(5-133)中,令 $k=N$,有

$$J^*[\boldsymbol{x}(N),N]=\frac{1}{2}\boldsymbol{x}^{\mathrm{T}}(N)\boldsymbol{P}(N)\boldsymbol{x}(N) \tag{5-134}$$

由给定的性能指标可知

$$J[\boldsymbol{x}(N),N]=\frac{1}{2}\boldsymbol{x}^{\mathrm{T}}(N)\boldsymbol{F}\boldsymbol{x}(N) \tag{5-135}$$

比较式(5-134)与式(5-135)得边界条件(5-131)。

显然,在式(5-133)假设下,应有

$$J^*[\boldsymbol{x}(k+1),k+1]=\frac{1}{2}\boldsymbol{x}^{\mathrm{T}}(k+1)\boldsymbol{P}(k+1)\boldsymbol{x}(k+1)$$

将状态方程(5-125)代入上式,可得

$$\begin{aligned}&J^*[\boldsymbol{x}(k+1),k+1]\\&=\frac{1}{2}[\boldsymbol{A}(k)\boldsymbol{x}(k)+\boldsymbol{B}(k)\boldsymbol{u}(k)]^{\mathrm{T}}\boldsymbol{P}(k+1)[\boldsymbol{A}(k)\boldsymbol{x}(k)+\boldsymbol{B}(k)\boldsymbol{u}(k)]\end{aligned} \tag{5-136}$$

将式(5-133)和式(5-136)代入式(5-132),有

$$\begin{aligned}\boldsymbol{x}^{\mathrm{T}}(k)\boldsymbol{P}(k)\boldsymbol{x}(k)=\min_{\boldsymbol{u}(k)}\{&\boldsymbol{x}^{\mathrm{T}}(k)[\boldsymbol{Q}(k)+\boldsymbol{A}^{\mathrm{T}}(k)\boldsymbol{P}(k+1)\boldsymbol{A}(k)]\boldsymbol{x}(k)\\&+2\boldsymbol{u}^{\mathrm{T}}(k)\boldsymbol{B}^{\mathrm{T}}(k)\boldsymbol{P}(k+1)\boldsymbol{A}(k)\boldsymbol{x}(k)+\boldsymbol{u}^{\mathrm{T}}(k)\cdot\\&[\boldsymbol{B}^{\mathrm{T}}(k)\boldsymbol{P}(k+1)\boldsymbol{B}(k)+\boldsymbol{R}(k)]\boldsymbol{u}(k)\}\end{aligned} \tag{5-137}$$

因为 $\boldsymbol{u}(k)$无约束,令

$$\frac{\partial\{\cdot\}}{\partial\boldsymbol{u}(k)}=\boldsymbol{0}$$

得

$$2\boldsymbol{B}^{\mathrm{T}}(k)\boldsymbol{P}(k+1)\boldsymbol{A}(k)\boldsymbol{x}(k)+2[\boldsymbol{B}^{\mathrm{T}}(k)\boldsymbol{P}(k+1)\boldsymbol{B}(k)+\boldsymbol{R}(k)]\boldsymbol{u}(k)=\boldsymbol{0} \tag{5-138}$$

当 $\boldsymbol{R}(k)$对所有 k 正定时,$[\boldsymbol{B}^{\mathrm{T}}(k)\boldsymbol{P}(k+1)\boldsymbol{B}(k)+\boldsymbol{R}(k)]$通常是正定的,因此最优控制序列

$$\boldsymbol{u}^*(k)=-\boldsymbol{K}(k)\boldsymbol{x}(k),\quad k=0,1,\cdots,N-1 \tag{5-139}$$

式中 $\boldsymbol{K}(k)$ 如式(5-129)所示。因为

$$\frac{\partial^2\{\cdot\}}{\partial \boldsymbol{u}^2(k)}=\boldsymbol{B}^{\mathrm{T}}(k)\boldsymbol{P}(k+1)\boldsymbol{B}(k)+\boldsymbol{R}(k)>0$$

所以式(5-139)能满足式(5-137)。

将式(5-139)代入式(5-137),可得

$$\begin{aligned}\boldsymbol{x}^{\mathrm{T}}(k)\boldsymbol{P}(k)\boldsymbol{x}(k)=\boldsymbol{x}^{\mathrm{T}}(k)\{&\boldsymbol{Q}(k)+\boldsymbol{A}^{\mathrm{T}}(k)\boldsymbol{P}(k+1)\boldsymbol{A}(k)\\&-2\boldsymbol{K}^{\mathrm{T}}(k)\boldsymbol{B}^{\mathrm{T}}(k)\boldsymbol{P}(k+1)\boldsymbol{A}(k)+\boldsymbol{K}^{\mathrm{T}}(k)\cdot\\&[\boldsymbol{B}^{\mathrm{T}}(k)\boldsymbol{P}(k+1)\boldsymbol{B}(k)+\boldsymbol{R}(k)]\boldsymbol{K}(k)\}\boldsymbol{x}(k)\end{aligned}$$

上式对任意非零 $\boldsymbol{x}(k)$ 均成立,因此 $\boldsymbol{P}(k)$ 满足

$$\begin{aligned}\boldsymbol{P}(k)=&\boldsymbol{Q}(k)+\boldsymbol{A}^{\mathrm{T}}(k)\boldsymbol{P}(k+1)\boldsymbol{A}(k)-\boldsymbol{K}^{\mathrm{T}}(k)\boldsymbol{B}^{\mathrm{T}}(k)\boldsymbol{P}(k+1)\boldsymbol{A}(k)\\&-\boldsymbol{A}^{\mathrm{T}}(k)\boldsymbol{P}(k+1)\boldsymbol{B}(k)\boldsymbol{K}(k)+\boldsymbol{K}^{\mathrm{T}}(k)[\boldsymbol{B}^{\mathrm{T}}(k)\boldsymbol{P}(k+1)\boldsymbol{B}(k)+\boldsymbol{R}(k)]\boldsymbol{K}(k)\\&k=0,1,\cdots,N-1\end{aligned}\tag{5-140}$$

对上式略加整理,可得

$$\begin{aligned}\boldsymbol{P}(k)=&[\boldsymbol{A}(k)-\boldsymbol{B}(k)\boldsymbol{K}(k)]^{\mathrm{T}}\boldsymbol{P}(k+1)[\boldsymbol{A}(k)-\boldsymbol{B}(k)\boldsymbol{K}(k)]\\&+\boldsymbol{K}^{\mathrm{T}}(k)\boldsymbol{R}(k)\boldsymbol{K}(k)+\boldsymbol{Q}(k),\quad k=0,1,\cdots,N-1\end{aligned}$$

于是证得式(5-130)。

由式(5-130)和式(5-131)显然可见,$\boldsymbol{P}(k)$ 是对称非负的。

在逆向递推过程中,当 $k=0$ 时,由式(5-133)可得最优性能指标

$$J^*[\boldsymbol{x}(0),0]=\frac{1}{2}\boldsymbol{x}^{\mathrm{T}}(0)\boldsymbol{P}(0)\boldsymbol{x}(0)$$

于是证得式(5-128)。

如果问题 5-5 中性能指标(5-126)内没有 1/2 这个系数,则在定理 5-10 的结论式(5-128)中也没有系数 1/2,其余结论不变。

离散状态调节器的结构图如图 5-5 所示。

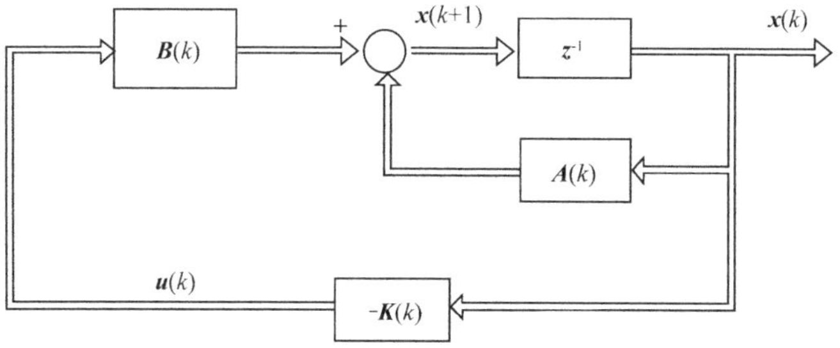

图 5-5 离散状态调节器结构图

由定理 5-10 可见,反馈增益矩阵 $\boldsymbol{K}(k)$ 取决于系统的系数矩阵 $\boldsymbol{A}(k)$、$\boldsymbol{B}(k)$,以及性能指标中的权矩阵 $\boldsymbol{F}$、$\boldsymbol{Q}(k)$ 和 $\boldsymbol{R}(k)$,而与初始状态 $\boldsymbol{x}(0)$ 无关。因此,实现图 5-5 所示闭环最优控制时,可以离线算出 $\boldsymbol{K}(k)$,在线只进行 $\boldsymbol{u}^*(k)=-\boldsymbol{K}(k)\boldsymbol{x}(k)$ 的简单运算。

离散黎卡提方程(5-130)的求解可利用逆向递推方法进行。将 $\boldsymbol{K}(k)$ 表达式(5-129)代入黎卡提方程(5-130),可得

$$\begin{aligned}\boldsymbol{P}(k)=&\boldsymbol{Q}(k)+\boldsymbol{A}^{\mathrm{T}}(k)\boldsymbol{P}(k+1)\boldsymbol{A}(k)-\boldsymbol{A}^{\mathrm{T}}(k)\boldsymbol{P}(k+1)\boldsymbol{B}(k)\cdot\\&[\boldsymbol{B}^{\mathrm{T}}(k)\boldsymbol{P}(k+1)\boldsymbol{B}(k)+\boldsymbol{R}(k)]^{-1}\boldsymbol{B}^{\mathrm{T}}(k)\boldsymbol{P}(k+1)\boldsymbol{A}(k)\end{aligned}\tag{5-141}$$

为了便于迭代计算，令

$$\boldsymbol{Z}_1(k)=\boldsymbol{Q}(k)+\boldsymbol{A}^{\mathrm{T}}(k)\boldsymbol{P}(k+1)\boldsymbol{A}(k) \tag{5-142}$$

$$\boldsymbol{Z}_2(k)=\boldsymbol{B}^{\mathrm{T}}(k)\boldsymbol{P}(k+1)\boldsymbol{A}(k) \tag{5-143}$$

$$\boldsymbol{Z}_3(k)=\boldsymbol{R}(k)+\boldsymbol{B}^{\mathrm{T}}(k)\boldsymbol{P}(k+1)\boldsymbol{B}(k) \tag{5-144}$$

则有

$$\boldsymbol{K}(k)=\boldsymbol{Z}_3^{-1}(k)\boldsymbol{Z}_2(k) \tag{5-145}$$

$$\boldsymbol{P}(k)=\boldsymbol{Z}_1(k)-\boldsymbol{Z}_2^{\mathrm{T}}(k)\boldsymbol{Z}_3^{-1}(k)\boldsymbol{Z}_2(k) \tag{5-146}$$

这样，可按如下步骤求解离散状态调节器问题：

① 由已知 $\boldsymbol{F}$，得 $\boldsymbol{P}(N)=\boldsymbol{F}$。

② 令 $k=N-1$，按式(5-142)～式(5-144)计算 $\boldsymbol{Z}_1(k)$、$\boldsymbol{Z}_2(k)$和 $\boldsymbol{Z}_3(k)$。

③ 按式(5-145)计算 $\boldsymbol{K}(k)$。

④ 按式(5-146)计算 $\boldsymbol{P}(k)$。

⑤ 按式(5-127)计算 $\boldsymbol{u}^*(k)$。

⑥ 令 $k=N-2,N-3,\cdots,1,0$，重复以上步骤。

⑦ 按式(5-128)计算 $J^*[\boldsymbol{x}(0),0]$。

例 5-8 已知离散系统

$$x(k+1)=x(k)+2u(k)$$

试求量优控制序列$\{u^*(0),u^*(1),u^*(2)]$，使性能指标

$$J=\sum_{k=0}^{2}[x^2(k)+ru^2(k)]$$

为最小。其中 r 为正数。

解 本例为离散状态调节器问题。由题意

$$\boldsymbol{A}=1,\quad \boldsymbol{B}=2,\quad \boldsymbol{F}=0,\quad \boldsymbol{Q}=1,\quad \boldsymbol{R}=\boldsymbol{r},\quad N=3$$

① 令 $k=N=3$，得 $\boldsymbol{P}(3)=\boldsymbol{F}=0$。

② 令 $k=2$，算得

$$\boldsymbol{Z}_1(2)=\boldsymbol{Q}(2)+\boldsymbol{A}^{\mathrm{T}}(2)\boldsymbol{P}(3)\boldsymbol{A}(2)=1$$

$$\boldsymbol{Z}_2(2)=\boldsymbol{B}^{\mathrm{T}}(2)\boldsymbol{P}(3)\boldsymbol{A}(2)=0$$

$$\boldsymbol{Z}_3(2)=\boldsymbol{R}(2)+\boldsymbol{B}^{\mathrm{T}}(2)\boldsymbol{P}(3)\boldsymbol{B}(2)=r$$

求出

$$\boldsymbol{K}(2)=\boldsymbol{Z}_3^{-1}(2)\boldsymbol{Z}_2(2)=0$$

$$\boldsymbol{P}(2)=\boldsymbol{Z}_1(2)-\boldsymbol{Z}_2^{\mathrm{T}}(2)\boldsymbol{K}(2)=1$$

③ 令 $k=1$，算得

$$\boldsymbol{Z}_1(1)=\boldsymbol{Q}(1)+\boldsymbol{A}^{\mathrm{T}}(1)\boldsymbol{P}(2)\boldsymbol{A}(1)=2$$

$$\boldsymbol{Z}_2(1)=\boldsymbol{B}^{\mathrm{T}}(1)\boldsymbol{P}(2)\boldsymbol{A}(1)=2$$

$$\boldsymbol{Z}_3(1)=\boldsymbol{R}(1)+\boldsymbol{B}^{\mathrm{T}}(1)\boldsymbol{P}(2)\boldsymbol{B}(1)=r+4$$

求出

$$\boldsymbol{K}(1)=\boldsymbol{Z}_3^{-1}(1)\boldsymbol{Z}_2(1)=\frac{2}{r+4}$$

$$P(1)=\boldsymbol{Z}_1(1)-\boldsymbol{Z}_2^{\mathrm{T}}(1)\boldsymbol{K}(1)=\frac{2(r+2)}{r+4}$$

④ 令 $k=0$,算得

$$\boldsymbol{Z}_1(0)=\boldsymbol{Q}(0)+\boldsymbol{A}^{\mathrm{T}}(0)\boldsymbol{P}(1)\boldsymbol{A}(0)=\frac{3r+8}{r+4}$$

$$\boldsymbol{Z}_2(0)=\boldsymbol{B}^{\mathrm{T}}(0)\boldsymbol{P}(1)\boldsymbol{A}(0)=\frac{4(r+2)}{r+4}$$

$$\boldsymbol{Z}_3(0)=\boldsymbol{R}(0)+\boldsymbol{B}^{\mathrm{T}}(0)\boldsymbol{P}(1)\boldsymbol{B}(0)=\frac{(r+4)^2+4r}{r+4}$$

求出

$$\boldsymbol{K}(0)=\boldsymbol{Z}_3^{-1}(0)\boldsymbol{Z}_2(0)=\frac{4(r+2)}{(r+4)^2+4r}$$

$$\boldsymbol{P}(0)=\boldsymbol{Z}_1(0)-\boldsymbol{Z}_2^{\mathrm{T}}(0)\boldsymbol{K}(0)=\frac{3r^3+28r^2+80r+64}{r^3+16r^2+64r+64}$$

⑤ 计算最优控制序列

$$u^*(0)=-\boldsymbol{K}(0)\boldsymbol{x}(0)=-\frac{4(r+2)}{(r+4)^2+4r}\boldsymbol{x}(0)$$

$$u^*(1)=-\boldsymbol{K}(1)\boldsymbol{x}(1)=-\frac{2}{r+4}\boldsymbol{x}(1)$$

$$u^*(2)=-\boldsymbol{K}(2)\boldsymbol{x}(2)=0$$

习　　题

5-1 设有函数

$$J=\int_0^{\infty}\{q[y_l(t)-y(t)]+u(t)\}\mathrm{d}t$$

式中 q 为正常数,y_l 为标量希望输出,y 为标量输出,u 为标量控制。试问该函数是不是一个好的性能指标函数？为什么？

5-2 由有限个互相连接的电阻、电容、电感和变压器所组成的电网络,通常可用下述状态空间方程描述

$$\dot{\boldsymbol{x}}(t)=\boldsymbol{A}\boldsymbol{x}(t)+\boldsymbol{B}\boldsymbol{u}(t)$$
$$\boldsymbol{y}(t)=\boldsymbol{C}\boldsymbol{x}(t)+\boldsymbol{D}\boldsymbol{u}(t)$$

状态向量 $\boldsymbol{x}(t)$ 的分量通常对应于电容器的电压和电感器的电流,控制向量 $\boldsymbol{u}(t)$ 的分量对应于该网络各端口电流,而输出向量 $\boldsymbol{y}(t)$ 的分量则对应于网络各端口的电压。假设初始状态 $\boldsymbol{x}(t_0)$ 不为零,试对下式:

$$J=\int_{t_0}^{t_f}[\boldsymbol{x}^{\mathrm{T}}(t)\boldsymbol{C}^{\mathrm{T}}\boldsymbol{u}(t)+\boldsymbol{u}^{\mathrm{T}}(t)\boldsymbol{D}\boldsymbol{u}(t)]\mathrm{d}t$$

的极小化问题进行物理解释。

5-3 设系统方程为

$$\dot{\boldsymbol{x}}(t)=\boldsymbol{A}\boldsymbol{x}(t)+\boldsymbol{B}\boldsymbol{u}(t)$$
$$\boldsymbol{y}(t)=\boldsymbol{C}\boldsymbol{x}(t)$$

性能指标

$$J=\int_{t_0}^{\infty}[\boldsymbol{x}^{\mathrm{T}}(t)\boldsymbol{Q}\boldsymbol{x}(t)+\boldsymbol{u}^{\mathrm{T}}(t)\boldsymbol{R}\boldsymbol{u}(t)]\mathrm{d}t$$

式中$\boldsymbol{A}$、$\boldsymbol{B}$、$\boldsymbol{C}$、$\boldsymbol{Q}$和$\boldsymbol{R}$为常阵。试说明选择$\boldsymbol{Q}=\boldsymbol{C}^{\mathrm{T}}\boldsymbol{C}$以及$\boldsymbol{R}=\boldsymbol{I}$的物理意义。

5-4 对于有限时间状态调节器问题5-1,若去掉性能指标J中的系数1/2,试重新推证最优控制律,黎卡提方程和边界条件,以及最优性能指标。

5-5 给定一阶系统

$$\dot{x}(t)=u(t),\quad x(1)=3$$

性能指标

$$J=x^2(5)+\int_1^5\frac{1}{2}u^2(t)\mathrm{d}t$$

试求最优控制$u^*(t)$和最优性能指标J^*。

5-6 已知一阶系统状态方程

$$\dot{x}(t)=-\frac{1}{2}x(t)+u(t)$$

当$t_0=0$时,$\dot{x}(t_0)=2$;当$t_f=1$时,$x(t_f)$自由。性能指标

$$J=5x^2(1)+\frac{1}{2}\int_0^1[2x^2(t)+u^2(t)]\mathrm{d}t$$

试求最优控制$u^*(t)$和最优轨线$x^*(t)$。

5-7 设线性系统状态方程

$$\dot{\boldsymbol{x}}(t)=\boldsymbol{A}(t)\boldsymbol{x}(t)+\boldsymbol{B}(t)\boldsymbol{u}(t)$$

式中矩阵$\boldsymbol{A}(t)$和$\boldsymbol{B}(t)$具有连续函数的元。试证:不存在这样的控制律

$$\boldsymbol{u}(t)=-\boldsymbol{K}(t)\boldsymbol{x}(t)$$

使得对任意的$\boldsymbol{x}(t_0)$和有限的t_f,有$\boldsymbol{x}(t_f)=\boldsymbol{0}$。其中,$\boldsymbol{K}(t)$的各元是连续的。

5-8 给出下列二阶系统:

$$\dot{x}_1(t)=x_2(t)$$
$$\dot{x}_2(t)=u(t)$$

试确定最优控制$u^*(t)$,使下列性能指标极小

$$J=\frac{1}{2}[x_1^2(3)+2x_2^2(3)]+\frac{1}{2}\int_0^3\left[2x_1^2(t)+4x_2^2(t)+2x_1(t)x_2(t)+\frac{1}{2}u^2(t)\right]\mathrm{d}t$$

5-9 给定一阶系统

$$\dot{x}(t)=-\frac{1}{T}x(t)+u(t),\quad x(0)=x_0$$

取性能指标

$$J=\frac{1}{2}\int_0^{\infty}[qx^2(t)+ru^2(t)]\mathrm{d}t$$

式中加权系数选为

$$q=\frac{1}{x_m^2},\quad r=\frac{1}{u_m^2}$$

x_m和u_m分别是$x(t)$和$u(t)$的最大值。试求最优控制$u^*(t)$和闭环响应$x^*(t)$,并对这样选择加权系数的意义进行讨论。

5-10 已知系统状态方程

$$\dot{x}_1(t)=-x_1(t)+u(t)$$
$$\dot{x}_2(t)=x_1(t)$$

性能指标

$$J=\int_{t_0}^{\infty}[x_2^2(t)+u^2(t)]\mathrm{d}t$$

试求最优控制 $u^*(t)$。

5-11 在定理 5-4 中，$\boldsymbol{Q}=\boldsymbol{D}\boldsymbol{D}^{\mathrm{T}}$ 的分解是不唯一的。试证：$\{\boldsymbol{A},\boldsymbol{D}\}$是否可观仅由 $\boldsymbol{Q}$ 决定，而与 $\boldsymbol{Q}$ 的分解无关。

5-12 试证命题 5-4 成立。

5-13 对于无限时间定常状态调节器问题 5-3，已知

$$\boldsymbol{A}=\begin{bmatrix}\boldsymbol{A}_{11} & \boldsymbol{A}_{12}\\ \boldsymbol{0} & \boldsymbol{A}_{22}\end{bmatrix},\quad \boldsymbol{B}=\begin{bmatrix}\boldsymbol{B}_1\\ \boldsymbol{0}\end{bmatrix}$$

系统不完全可控。试证：若 $\boldsymbol{A}_{22}$的特征值均有负实部，则仍能求得该无限时间定常状态调节器问题的一个解。

5-14 已知一阶系统方程

$$\dot{x}(t)=ax(t)+u(t)$$

性能指标

$$J=\int_0^{\infty}[u^2(t)+bx^2(t)]\mathrm{d}t$$

式中 a、b 均为常数，且 $b>0$。试证最优闭环系统总是渐近稳定的。

5-15 试证：定理 5-5 中，黎卡提代数方程(5-71)的对称正定解 $\bar{\boldsymbol{P}}$ 是唯一的。

（提示：矩阵方程 $\boldsymbol{AX}+\boldsymbol{XB}=\boldsymbol{0}$ 在对任何 i 和 j 有 $\lambda_i[\boldsymbol{A}]+\lambda_i[\boldsymbol{B}]\neq 0$ 的条件下，只有唯一解 $\boldsymbol{X}=\boldsymbol{0}$。）

5-16 设二阶系统如图 5-6 所示。试写出系统的可控标准型，并求使性能指标

$$J=\int_0^{\infty}[qy^2(t)+ru^2(t)]\mathrm{d}t$$

为极小的最优控制 $u^*(t)$。其中，r 和 q 为已知正常数，且图中各系数之间关系满足

$$c_1^2+a_1c_2^2\neq a_2c_1c_2$$

5-17 试求下列黎卡提矩阵代数方程的正定解：

$$\bar{\boldsymbol{P}}\boldsymbol{A}+\boldsymbol{A}^{\mathrm{T}}\bar{\boldsymbol{P}}-r^{-1}\bar{\boldsymbol{P}}\boldsymbol{b}\boldsymbol{b}^{\mathrm{T}}\bar{\boldsymbol{P}}+q\boldsymbol{c}^{\mathrm{T}}\boldsymbol{c}=\boldsymbol{0}$$

式中

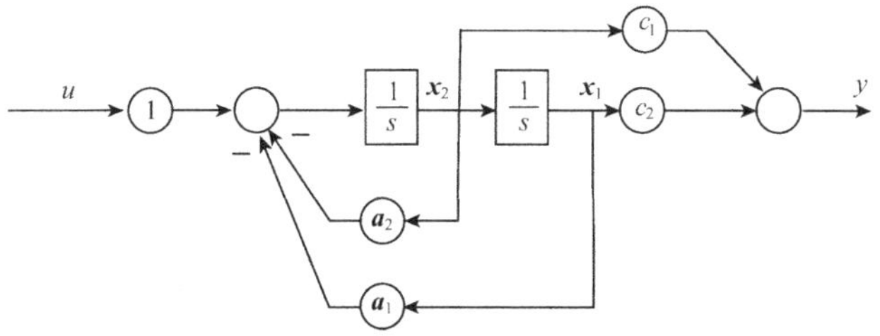

图 5-6　二阶系统

$$A=\begin{bmatrix}0 & 1 & 0\\ 0 & 0 & 1\\ -\alpha & 0 & 0\end{bmatrix},\quad b=\begin{bmatrix}0\\0\\1\end{bmatrix},\quad c=[1\quad 0\quad 0]$$

并设 r 和 q 为正常数，另设 $\beta=(a^2+q/r)^{1/6}$。

5-18 设一阶系统方程为

$$\dot{x}(t)=ax(t)+u(t)$$

性能指标

$$J=\int_0^\infty \mathrm{e}^{2\alpha t}[u^2(t)+bx^2(t)]\mathrm{d}t$$

式中 a,b,α 为常数，b 和 α 非负。试求最优闭环系统特征值 λ，并用图解方法表示 λ 随 a、b 和 α 变化时的情况。

5-19 设线性定常系统

$$\dot{\boldsymbol{x}}(t)=\boldsymbol{A}\boldsymbol{x}(t)+\boldsymbol{B}\boldsymbol{u}(t)$$

性能指标

$$J=\frac{1}{2}\int_0^\infty [\boldsymbol{x}^{\mathrm{T}}(t)\hat{\boldsymbol{Q}}\boldsymbol{x}(t)+\boldsymbol{u}^{\mathrm{T}}(t)\boldsymbol{R}\boldsymbol{u}(t)]\mathrm{d}t$$

式中 $\boldsymbol{A}$ 和 $\boldsymbol{B}$ 为常阵，$\boldsymbol{R}$ 为正定对称常阵，$\hat{\boldsymbol{Q}}$ 为待定的非负定对称常阵。已知 $\{\boldsymbol{A},\boldsymbol{B}\}$ 完全可控，$\{\boldsymbol{A},\hat{\boldsymbol{D}}\}$ 完全可观，其中 $\hat{\boldsymbol{D}}$ 为任一满足 $\hat{\boldsymbol{D}}\hat{\boldsymbol{D}}^{\mathrm{T}}=\hat{\boldsymbol{Q}}$ 的矩阵。试证该系统的最优控制可以与问题 5-4 的最优控制相同。

5-20 已知 $V(\boldsymbol{x})=\boldsymbol{x}^{\mathrm{T}}(t)\bar{\boldsymbol{P}}\boldsymbol{x}(t)$ 为具有 $\dot{V}(\boldsymbol{x})/V(\boldsymbol{x})\leqslant -2\alpha$ 性质的李雅普诺夫函数。其中 $\alpha>0$，$\bar{\boldsymbol{P}}$ 满足式(5-103)。试用李雅普诺夫稳定性定理证明最优闭环系统(5-104)是渐近稳定的。

5-21 试用离散极小值原理证明定理 5-10。

5-22 设二阶离散系统

$$\boldsymbol{x}(k+1)=\begin{bmatrix}0 & 1\\ -1 & 1\end{bmatrix}\boldsymbol{x}(k)+\begin{bmatrix}0\\1\end{bmatrix}u(k),\quad \boldsymbol{x}(0)=\begin{bmatrix}1\\1\end{bmatrix}$$

性能指标

$$J=\sum_{k=0}^{2}[x_1^2(k+1)+u^2(k)]$$

试求最优控制序列 $\{u^*(0),u^*(1),u^*(2)\}$ 和最优性能指标 J^*。

第 6 章　线性最优输出调节器与跟踪系统

一个工程实际系统，当工作于调节器状态时，总是希望系统一旦受扰偏离原平衡状态，系统的输出能最优地恢复到原平衡状态，这样的问题称为最优输出调节器问题；如果系统工作于跟踪器状态，则要求在希望输出信号的作用下，系统的实际输出能最优地跟随希望输出的变化，这样的问题称为最优跟踪系统问题。因此，研究输出调节器与跟踪系统，更符合工程实际要求。当然，我们仍限于在线性二次型意义下进行讨论。

6.1　输出调节器

若被控系统完全可观测，则系统的输出调节器问题可以转化为等价的状态调节器问题，并可将状态调节器的结果加以推广，得到输出调节器的最优控制律。

6.1.1　有限时间输出调节器

问题 6-1　设线性时变系统动态方程

$$\dot{\boldsymbol{x}}(t)=\boldsymbol{A}(t)\boldsymbol{x}(t)+\boldsymbol{B}(t)\boldsymbol{u}(t),\quad \boldsymbol{x}(t_0)=\boldsymbol{x}_0 \tag{6-1}$$

$$\boldsymbol{y}(t)=\boldsymbol{C}(t)\boldsymbol{x}(t) \tag{6-2}$$

式中 $\boldsymbol{x}(t)$为 n 维状态向量；$\boldsymbol{u}(t)$为 m 维控制向量，且不受约束；$\boldsymbol{y}(t)$为 l 维输出向量；矩阵 $\boldsymbol{A}(t)$、$\boldsymbol{B}(t)$、$\boldsymbol{C}(t)$维数适当，其各元连续且有界。要求确定最优控制 $\boldsymbol{u}^*(t)$，使下列性能指标极小：

$$J=\frac{1}{2}\boldsymbol{y}^{\mathrm{T}}(t_f)\boldsymbol{F}\boldsymbol{y}(t_f)+\frac{1}{2}\int_{t_0}^{t_f}[\boldsymbol{y}^{\mathrm{T}}(t)\boldsymbol{Q}(t)\boldsymbol{y}(t)+\boldsymbol{u}^{\mathrm{T}}(t)\boldsymbol{R}(t)\boldsymbol{u}(t)]\mathrm{d}t \tag{6-3}$$

式中 $\boldsymbol{F}$ 为对称非负定常阵，$\boldsymbol{Q}(t)$和 $\boldsymbol{R}(t)$分别为非负定和正定对称矩阵，其各元连续且有界，t_f 固定，$0<l\leqslant m\leqslant n$。

上述问题称为有限时间输出调节器问题。其实质是，求得的最优控制律 $\boldsymbol{u}^*(t)$，能使系统在消耗较少控制能量的情况下，控制过程和末端时刻的输出都尽可能接近于零。如果性能指标中不含末值项，则表示对末端时刻的输出偏差没有要求。

可以证明，当系统(6-1)、(6-2)完全可观时，问题 6-1 可以转化为相应的状态调节器问题。

引理 6-1　在问题 6-1 中，若阵对$\{\boldsymbol{A}(t),\boldsymbol{C}(t)\}$完全可观测，则下列矩阵：

$$\boldsymbol{F}_1=\boldsymbol{C}^{\mathrm{T}}(t_f)\boldsymbol{F}\boldsymbol{C}(t_f) \tag{6-4}$$

$$\boldsymbol{Q}_1(t)=\boldsymbol{C}^{\mathrm{T}}(t)\boldsymbol{Q}(t)\boldsymbol{C}(t) \tag{6-5}$$

必为对称非负定矩阵。

定理 6-1　对于有限时间输出调节器问题 6-1，若阵对$\{\boldsymbol{A}(t),\boldsymbol{C}(t)\}$在 t_0 时刻完全可观测，则存在唯一的最优控制

$$\boldsymbol{u}^*(t)=-\boldsymbol{R}^{-1}(t)\boldsymbol{B}^{\mathrm{T}}(t)\boldsymbol{P}(t)\boldsymbol{x}(t) \tag{6-6}$$

最优性能指标

$$J^*[\boldsymbol{x}(t_0),t_0]=\frac{1}{2}\boldsymbol{x}^{\mathrm{T}}(t_0)\boldsymbol{P}(t_0)\boldsymbol{x}(t_0) \tag{6-7}$$

最优轨线 $\boldsymbol{x}^*(t)$满足下列线性微分方程：

$$\dot{\boldsymbol{x}}(t)=[\boldsymbol{A}(t)-\boldsymbol{B}(t)\boldsymbol{R}^{-1}(t)\boldsymbol{B}^{\mathrm{T}}(t)\boldsymbol{P}(t)]\boldsymbol{x}(t),\quad \boldsymbol{x}(t_0)=\boldsymbol{x}_0 \tag{6-8}$$

式中 $\boldsymbol{P}(t)$为对称非负定矩阵，是下列黎卡提方程：

$$-\dot{\boldsymbol{P}}(t)=\boldsymbol{P}(t)\boldsymbol{A}(t)+\boldsymbol{A}^{\mathrm{T}}(t)\boldsymbol{P}(t)-\boldsymbol{P}(t)\boldsymbol{B}(t)\boldsymbol{R}^{-1}(t)\boldsymbol{B}^{\mathrm{T}}(t)\boldsymbol{P}(t)+\boldsymbol{C}^{\mathrm{T}}(t)\boldsymbol{Q}(t)\boldsymbol{C}(t) \tag{6-9}$$

在边界条件

$$\boldsymbol{P}(t_f)=\boldsymbol{C}^{\mathrm{T}}(t_f)\boldsymbol{F}\boldsymbol{C}(t_f) \tag{6-10}$$

下的唯一解。

证明 将输出方程(6-2)代入性能指标(6-3)，得

$$J=\frac{1}{2}\boldsymbol{x}^{\mathrm{T}}(t_f)\boldsymbol{F}_1\boldsymbol{x}(t_f)+\frac{1}{2}\int_{t_0}^{t_f}[\boldsymbol{x}^{\mathrm{T}}(t)\boldsymbol{Q}_1(t)\boldsymbol{x}(t)+\boldsymbol{u}^{\mathrm{T}}(t)\boldsymbol{R}(t)\boldsymbol{u}(t)]\mathrm{d}t$$

式中 $\boldsymbol{F}_1$ 及 $\boldsymbol{Q}_1(t)$分别由式(6-4)与式(6-5)描述。

因为{$\boldsymbol{A}(t)$,$\boldsymbol{C}(t)$]在 t_0 完全可观测，故由引理 6-1 知，$\boldsymbol{F}_1$ 及 $\boldsymbol{Q}_1(t)$为对称非负定矩阵，而 $\boldsymbol{R}(t)$已由问题 6-1 规定为对称正定矩阵。于是，由定理 5-1 知，本定理全部结论成立。

有限时间最优输出调节器的结构图如图 6-1 所示。由图可见，最优输出调节器的最优控制函数，并不是输出向量 $\boldsymbol{y}(t)$的函数，而仍然是状态向量 $\boldsymbol{x}(t)$的函数。这一点反映了一个本质问题，即构成最优控制系统，需要全部状态信息。个数少于状态维数的任何变量，都不足以完全描述一个动态系统，即不足以描述系统当前的状态和过程未来的演化。实际上，状态向量在每一瞬间的值，既包含有确定输出向量所需的全部信息，又包含有预示未来状态所需的全部信息。维数少于状态向量的输出向量，仅能反映状态向量各分量的线性组合，不能提供预示未来进程所需的全部信息。最优控制要求最有效地运用全部信息。因此，除非输出向量维数等于状态向量的维数，否则输出向量的线性反馈不能实现最优控制，最多只能实现次优控制。定理 6-1 也表明，性能指标的最小值也不能由输出向量来确定，只能由状态向量来确定。

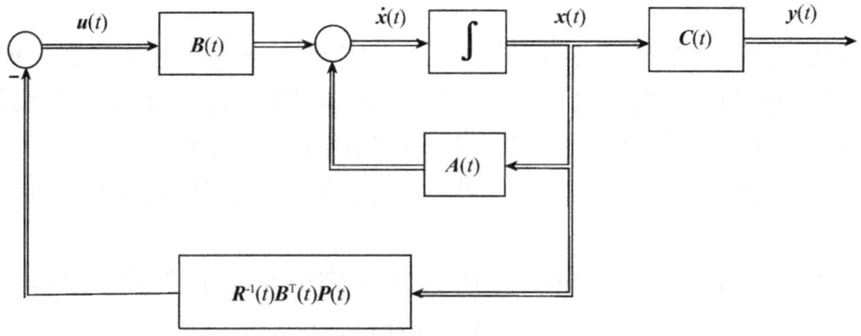

图 6-1 有限时间最优输出调节器结构图

由于黎卡提方程(6-9)在边界条件(6-10)下的解 $\boldsymbol{P}(t)$，是一个时变矩阵，因此对于有限时间最优输出调节器，即使 $\boldsymbol{A}$、$\boldsymbol{B}$、$\boldsymbol{Q}$、$\boldsymbol{R}$ 为常阵，其最优反馈增益阵 $\boldsymbol{R}^{-1}\boldsymbol{B}^{\mathrm{T}}\boldsymbol{P}(t)$仍然是时变的。但是，当各矩阵均为常数矩阵，$t_f\to\infty$，且{$\boldsymbol{A}$,$\boldsymbol{B}$}完全可控时，同样可以得到定常状

态反馈控制律。这样的问题称为无限时间定常输出调节器问题。

6.1.2 无限时间输出调节器

问题 6-2 设线性定常系统动态方程

$$\dot{\boldsymbol{x}}(t)=\boldsymbol{A}\boldsymbol{x}(t)+\boldsymbol{B}\boldsymbol{u}(t),\quad \boldsymbol{x}(0)=\boldsymbol{x}_0 \tag{6-11}$$

$$\boldsymbol{y}(t)=\boldsymbol{C}\boldsymbol{x}(t) \tag{6-12}$$

式中 $\boldsymbol{x}(t)\in R^n$;$\boldsymbol{u}(t)\in R^m$,且无约束;$\boldsymbol{y}(t)\in R^l$,$0<l\leqslant m\leqslant n$;$\boldsymbol{A}$、$\boldsymbol{B}$、$\boldsymbol{C}$ 为维数适当的常数矩阵。要求确定最优控制 $\boldsymbol{u}^*(t)$,使下列性能指标极小

$$J=\frac{1}{2}\int_0^{\infty}[\boldsymbol{y}^{\mathrm{T}}(t)\boldsymbol{Q}\boldsymbol{y}(t)+\boldsymbol{u}^{\mathrm{T}}(t)\boldsymbol{R}\boldsymbol{u}(t)]\mathrm{d}t \tag{6-13}$$

式中 $\boldsymbol{Q}$ 与 $\boldsymbol{R}$ 分别为对称非负定和对称正定常数矩阵。

定理 6-2 对于无限时间定常输出调节器问题 6-2,若阵对$\{\boldsymbol{A},\boldsymbol{B}\}$完全可控,$\{\boldsymbol{A},\boldsymbol{C}\}$完全可观,且对于满足 $\boldsymbol{D}\boldsymbol{D}^{\mathrm{T}}=\boldsymbol{C}^{\mathrm{T}}\boldsymbol{Q}\boldsymbol{C}$ 的任何 $\boldsymbol{D}$,阵对$\{\boldsymbol{A},\boldsymbol{D}\}$完全可观,则最优控制

$$\boldsymbol{u}^*(t)=-\boldsymbol{R}^{-1}\boldsymbol{B}^{\mathrm{T}}\overline{\boldsymbol{P}}\boldsymbol{x}(t) \tag{6-14}$$

最优性能指标

$$J^*=\frac{1}{2}\boldsymbol{x}^{\mathrm{T}}(0)\overline{\boldsymbol{P}}\boldsymbol{x}(0) \tag{6-15}$$

式中 $\overline{\boldsymbol{P}}$ 为正定对称常数矩阵,满足下列黎卡提代数方程:

$$\overline{\boldsymbol{P}}\boldsymbol{A}+\boldsymbol{A}^{\mathrm{T}}\overline{\boldsymbol{P}}-\overline{\boldsymbol{P}}\boldsymbol{B}\boldsymbol{R}^{-1}\boldsymbol{B}^{\mathrm{T}}\overline{\boldsymbol{P}}+\boldsymbol{C}^{\mathrm{T}}\boldsymbol{Q}\boldsymbol{C}=\boldsymbol{0} \tag{6-16}$$

最优闭环系统

$$\dot{\boldsymbol{x}}(t)=(\boldsymbol{A}-\boldsymbol{B}\boldsymbol{R}^{-1}\boldsymbol{B}^{\mathrm{T}}\overline{\boldsymbol{P}})\boldsymbol{x}(t),\quad \boldsymbol{x}(0)=\boldsymbol{x}_0 \tag{6-17}$$

是渐近稳定的,其解为最优轨线 $\boldsymbol{x}^*(t)$。

证明 将输出方程(6-12)代入性能指标(6-13),得

$$J=\frac{1}{2}\int_0^{\infty}[\boldsymbol{x}^{\mathrm{T}}(t)\boldsymbol{Q}_1\boldsymbol{x}(t)+\boldsymbol{u}^{\mathrm{T}}(t)\boldsymbol{R}\boldsymbol{u}(t)]\mathrm{d}t$$

式中 $\boldsymbol{Q}_1=\boldsymbol{C}^{\mathrm{T}}\boldsymbol{Q}\boldsymbol{C}$。

因$\{\boldsymbol{A},\boldsymbol{C}\}$可观,$\boldsymbol{Q}$ 非负对称,故由引理 6-1 知,$\boldsymbol{Q}_1$ 为对称非负定常阵。

令矩阵 $\boldsymbol{Q}_1$ 的任一分解为 $\boldsymbol{Q}_1=\boldsymbol{D}\boldsymbol{D}^{\mathrm{T}}$,因$\{\boldsymbol{A},\boldsymbol{B}\}$可控,$\{\boldsymbol{A},\boldsymbol{D}\}$可观,由定理5-5和定理5-6知,本定理全部结论成立。

例 6-1 设系统动态方程

$$\dot{x}_1(t)=x_2(t)$$

$$\dot{x}_2(t)=u(t)$$

$$y(t)=x_1(t)$$

性能指标

$$J=\frac{1}{2}\int_0^{\infty}[y^2(t)+u^2(t)]\mathrm{d}t$$

试构造输出调节器,使性能指标极小。

解 本例可按如下步骤求解。

① 检验系统的可控性与可观性。由题意有

$$\boldsymbol{A}=\begin{bmatrix}0 & 1\\0 & 0\end{bmatrix},\quad \boldsymbol{B}=\begin{bmatrix}0\\1\end{bmatrix},\quad \boldsymbol{C}=[1\quad 0],\quad \boldsymbol{Q}=1$$

$$\boldsymbol{Q}_1=\boldsymbol{C}^{\mathrm{T}}\boldsymbol{Q}\boldsymbol{C}=\begin{bmatrix}1 & 0\\0 & 0\end{bmatrix},\quad \boldsymbol{D}^{\mathrm{T}}=[1\quad 0],\quad \boldsymbol{R}=1$$

因为

$$\operatorname{rank}[\boldsymbol{B}\quad \boldsymbol{AB}]=\operatorname{rank}\begin{bmatrix}0 & 1\\1 & 0\end{bmatrix}=2$$

$$\operatorname{rank}\begin{bmatrix}\boldsymbol{C}\\\boldsymbol{CA}\end{bmatrix}=\operatorname{rank}\begin{bmatrix}1 & 0\\0 & 1\end{bmatrix}=2$$

$$\operatorname{rank}\begin{bmatrix}\boldsymbol{D}^{\mathrm{T}}\\\boldsymbol{D}^{\mathrm{T}}\boldsymbol{A}\end{bmatrix}=\operatorname{rank}\begin{bmatrix}1 & 0\\0 & 1\end{bmatrix}=2$$

所以，$\{\boldsymbol{A},\boldsymbol{B}\}$可控，$\{\boldsymbol{A},\boldsymbol{C}\}$可观，$\{\boldsymbol{A},\boldsymbol{D}\}$可观，可以构造渐近稳定的最优输出调节器。

② 解黎卡提代数方程。将各有关参数代入式(6-16)，不难求得

$$\overline{\boldsymbol{P}}=\begin{bmatrix}\sqrt{2} & 1\\1 & \sqrt{2}\end{bmatrix}>\boldsymbol{0}$$

③ 求最优控制。

$$\boldsymbol{u}^*(t)=-\boldsymbol{R}^{-1}\boldsymbol{B}^{\mathrm{T}}\overline{\boldsymbol{P}}\boldsymbol{x}(t)=-x_1(t)-\sqrt{2}x_2(t)=-y(t)-\sqrt{2}\dot{y}(t)$$

最优输出调节器结构图如图 6-2 所示。

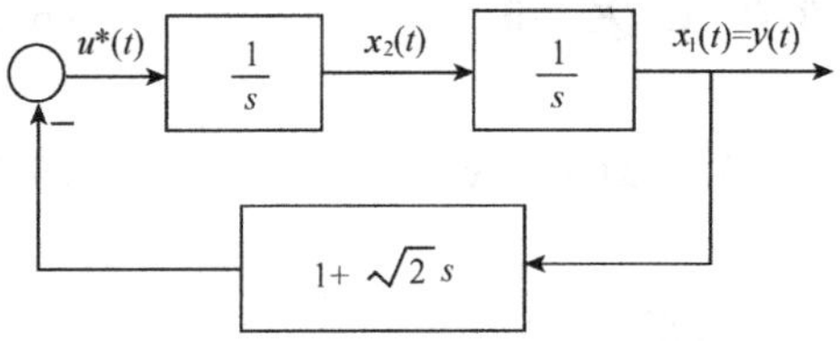

图 6-2　最优输出调节器结构图

④ 检验闭环系统稳定性。由式(6-17)，得闭环系统方程

$$\dot{\boldsymbol{x}}(t)=\begin{bmatrix}0 & 1\\-1 & -\sqrt{2}\end{bmatrix}\boldsymbol{x}(t)$$

易得闭环特征值为 $\lambda_{1,2}=-\sqrt{2}/2\pm\mathrm{j}\sqrt{2}$。闭环系统确是渐近稳定的。

定理 6-2 的成立条件是要求$\{\boldsymbol{A},\boldsymbol{B}\}$可控，$\{\boldsymbol{A},\boldsymbol{C}\}$可观且$\{\boldsymbol{A},\boldsymbol{D}\}$可观。这样的前提条件强了一些。可以证明，若适当放宽定理条件，其结论仍可成立。为了便于论证，简要回顾一下线性系统理论中的若干基本概念。

定义 6-1　稳定子空间与不稳定子空间。

对于齐次微分方程 $\dot{\boldsymbol{x}}(t)=\boldsymbol{A}\boldsymbol{x}(t)$，其中 A 有各异特征值，则所有由负实部特征值的特征向量所张成的线性子空间，称为稳定子空间；而相应于有非负实部特征值的特征向量所张成的线性子空间，称为不稳定子空间。

定义 6-2　可控子空间。

由相应于可控特征值的特征向量所张成的线性子空间，称为可控子空间。

定义 6-3　可观子空间。

由相应于可观特征值的特征向量所张成的线性子空间，称为可观子空间。

定义 6-4　可稳定性。

对于系统$\{\boldsymbol{A},\boldsymbol{B}\}$，若不稳定子空间包含在可控子空间中，则$\{\boldsymbol{A},\boldsymbol{B}\}$称为可稳定的。

定义 6-5　可稳定性。

对于系统$\{\boldsymbol{A},\boldsymbol{B}\}$，当且仅当在可控性分解

$$\dot{\boldsymbol{x}}(t)=\begin{bmatrix}\boldsymbol{A}_{11} & \boldsymbol{A}_{12}\\ 0 & \boldsymbol{A}_{22}\end{bmatrix}\boldsymbol{x}(t)+\begin{bmatrix}\boldsymbol{B}_1\\ 0\end{bmatrix}\boldsymbol{u}(t) \tag{6-18}$$

式中$\boldsymbol{A}_{22}$渐近稳定，则$\{\boldsymbol{A},\boldsymbol{B}\}$可稳定。

在式(6-18)中，$\{\boldsymbol{A}_{11},\boldsymbol{B}_1\}$为可控对，$\lambda(\boldsymbol{A}_{11})$为系统$\{\boldsymbol{A},\boldsymbol{B}\}$的可控特征值，$\lambda(\boldsymbol{A}_{22})$为不可控特征值。

定义 6-6 可检测性。

对于系统$\{\boldsymbol{A},\boldsymbol{B},\boldsymbol{C}\}$，若不可观子空间包含在稳定子空间内，则$\{\boldsymbol{A},\boldsymbol{B},\boldsymbol{C}\}$称为可检测。

定义 6-7 可检测性。

系统$\{\boldsymbol{A},\boldsymbol{B},\boldsymbol{C}\}$为可检测的，必要且仅要可观性分解

$$\begin{aligned}\dot{\boldsymbol{x}}(t)&=\begin{bmatrix}\boldsymbol{A}_{11} & \boldsymbol{0}\\ \boldsymbol{A}_{21} & \boldsymbol{A}_{22}\end{bmatrix}\boldsymbol{x}(t)+\begin{bmatrix}\boldsymbol{B}_1\\ \boldsymbol{B}_2\end{bmatrix}\boldsymbol{u}(t)\\ \boldsymbol{y}(t)&=[\boldsymbol{C}_1 \quad \boldsymbol{0}]\boldsymbol{x}(t)\end{aligned} \tag{6-19}$$

式中$\boldsymbol{A}_{22}$渐近稳定。

在式(6-19)中，$\{\boldsymbol{A}_{11},\boldsymbol{C}_1\}$为可观时，$\lambda(\boldsymbol{A}_{11})$为系统$\{\boldsymbol{A},\boldsymbol{B},\boldsymbol{C}\}$可观特征值，$\lambda(\boldsymbol{A}_{22})$为不可观特征值。

根据以上定义，可以证得如下定理。

定理 6-3 对于无限时间定常输出调节器问题 6-2，若给定黎卡提矩阵微分方程

$$-\dot{\boldsymbol{P}}(t)=\boldsymbol{P}(t)\boldsymbol{A}+\boldsymbol{A}^{\mathrm{T}}\boldsymbol{P}(t)-\boldsymbol{P}(t)\boldsymbol{B}\boldsymbol{R}^{-1}\boldsymbol{B}^{\mathrm{T}}\boldsymbol{P}(t)+\boldsymbol{C}^{\mathrm{T}}\boldsymbol{Q}\boldsymbol{C} \tag{6-20}$$

边界条件

$$\boldsymbol{P}(t_f)=\boldsymbol{0} \tag{6-21}$$

则

① $\boldsymbol{P}(t)$为常阵$\bar{\boldsymbol{P}}$的充分必要条件是$\{\boldsymbol{A},\boldsymbol{B}\}$可稳定。

② 若$\{\boldsymbol{A},\boldsymbol{B}\}$可稳定，$\{\boldsymbol{A},\boldsymbol{C}\}$可检测，则$\bar{\boldsymbol{P}}$满足如下黎卡提代数方程(6-16)

$$\bar{\boldsymbol{P}}\boldsymbol{A}+\boldsymbol{A}^{\mathrm{T}}\bar{\boldsymbol{P}}-\bar{\boldsymbol{P}}\boldsymbol{B}\boldsymbol{R}^{-1}\boldsymbol{B}^{\mathrm{T}}\bar{\boldsymbol{P}}+\boldsymbol{C}^{\mathrm{T}}\boldsymbol{Q}\boldsymbol{C}=\boldsymbol{0}$$

式中$\bar{\boldsymbol{P}}$对称非负定且唯一；最优性能指标

$$J^*=\frac{1}{2}\boldsymbol{x}^{\mathrm{T}}(0)\bar{\boldsymbol{P}}\boldsymbol{x}(0) \tag{6-22}$$

③ 最优控制为

$$\boldsymbol{u}^*(t)=-\boldsymbol{R}^{-1}\boldsymbol{B}^{\mathrm{T}}\bar{\boldsymbol{P}}\boldsymbol{x}(t) \tag{6-23}$$

且闭环系统

$$\dot{\boldsymbol{x}}(t)=(\boldsymbol{A}-\boldsymbol{B}\boldsymbol{R}^{-1}\boldsymbol{B}^{\mathrm{T}}\bar{\boldsymbol{P}})\boldsymbol{x}(t),\quad \boldsymbol{x}(0)=\boldsymbol{x}_0 \tag{6-24}$$

渐近稳定的充分必要条件是$\{\boldsymbol{A},\boldsymbol{B}\}$可稳定，$\{\boldsymbol{A},\boldsymbol{C}\}$可检测。

④ 当$\boldsymbol{Q}>0$时，$\bar{\boldsymbol{P}}>0$的充分必要条件是$\{\boldsymbol{A},\boldsymbol{C}\}$可观。

证明 ① $\bar{\boldsymbol{P}}$为常数矩阵。不失一般性，设$\{\boldsymbol{A},\boldsymbol{C}\}$可观，则系统(6-11)、(6-12)的可观性分解如式(6-19)所示。若令

$$\boldsymbol{P}(t)=\begin{bmatrix}\boldsymbol{P}_{11}(t) & \boldsymbol{P}_{12}(t)\\ \boldsymbol{P}_{12}^{\mathrm{T}}(t) & \boldsymbol{P}_{22}(t)\end{bmatrix}$$

则黎卡提微分方程(6-20)可以表示为

$$-\dot{\boldsymbol{P}}_{11}(t)=\boldsymbol{P}_{11}(t)\boldsymbol{A}_{11}+\boldsymbol{P}_{12}(t)\boldsymbol{A}_{21}+\boldsymbol{A}_{11}^{\mathrm{T}}\boldsymbol{P}_{11}(t)+\boldsymbol{A}_{21}^{\mathrm{T}}\boldsymbol{P}_{12}^{\mathrm{T}}(t)$$
$$-[\boldsymbol{P}_{11}(t)\boldsymbol{B}_1+\boldsymbol{P}_{12}(t)\boldsymbol{B}_2]\boldsymbol{R}^{-1}[\boldsymbol{B}_1^{\mathrm{T}}\boldsymbol{P}_{11}(t)+\boldsymbol{B}_2^{\mathrm{T}}\boldsymbol{P}_{12}^{\mathrm{T}}(t)]+\boldsymbol{C}_1^{\mathrm{T}}\boldsymbol{Q}\boldsymbol{C}_1 \quad (6\text{-}25)$$

$$-\dot{\boldsymbol{P}}_{12}(t)=\boldsymbol{P}_{12}(t)\boldsymbol{A}_{22}+\boldsymbol{A}_{11}^{\mathrm{T}}\boldsymbol{P}_{12}(t)+\boldsymbol{A}_{21}^{\mathrm{T}}\boldsymbol{P}_{22}(t)$$
$$-[\boldsymbol{P}_{11}(t)\boldsymbol{B}_1+\boldsymbol{P}_{12}(t)\boldsymbol{B}_2]\boldsymbol{R}^{-1}[\boldsymbol{B}_1^{\mathrm{T}}\boldsymbol{P}_{12}(t)+\boldsymbol{B}_2^{\mathrm{T}}\boldsymbol{P}_{22}(t)] \quad (6\text{-}26)$$

$$-\dot{\boldsymbol{P}}_{22}(t)=\boldsymbol{P}_{22}(t)\boldsymbol{A}_{22}+\boldsymbol{A}_{22}^{\mathrm{T}}\boldsymbol{P}_{22}(t)$$
$$-[\boldsymbol{P}_{12}^{\mathrm{T}}(t)\boldsymbol{B}_1+\boldsymbol{P}_{22}(t)\boldsymbol{B}_2]\boldsymbol{R}^{-1}[\boldsymbol{B}_1^{\mathrm{T}}\boldsymbol{P}_{12}(t)+\boldsymbol{B}_2^{\mathrm{T}}\boldsymbol{P}_{22}(t)] \quad (6\text{-}27)$$

其边界条件分别为：$\boldsymbol{P}_{11}(t_f)=\boldsymbol{0}$，$\boldsymbol{P}_{12}(t_f)=\boldsymbol{0}$，$\boldsymbol{P}_{22}(t_f)=\boldsymbol{0}$。

由式(6-26)和式(6-27)可见，这两个矩阵微分方程中均无强制项，故在边界条件 $\boldsymbol{P}_{12}(t_f)=\boldsymbol{0}$ 及 $\boldsymbol{P}_{22}(t_f)=\boldsymbol{0}$ 的情况下，只能有 $\boldsymbol{P}_{12}(t)=\boldsymbol{0}$ 及 $\boldsymbol{P}_{22}(t)=\boldsymbol{0}$，于是得

$$\boldsymbol{P}(t)=\begin{bmatrix}\boldsymbol{P}_{11}(t) & \boldsymbol{0}\\ \boldsymbol{0} & \boldsymbol{0}\end{bmatrix} \quad (6\text{-}28)$$

由黎卡提方程(6-25)～(6-27)还可看出，$\boldsymbol{A}_{22}$ 表征的不可观特征值仅出现在 $\boldsymbol{P}_{12}(t)$ 和 $\boldsymbol{P}_{22}(t)$ 方程之中，但不影响 $\boldsymbol{P}_{11}(t)$，从而对 $\boldsymbol{P}(t)$ 无影响。因此，讨论 $\boldsymbol{P}(t)$ 是否为常阵，设 $\{\boldsymbol{A},\boldsymbol{C}\}$ 可观并不失一般性。

将系统(6-11)、(6-12)进行可控性分解，其形式如下：

$$\dot{\boldsymbol{x}}(t)=\begin{bmatrix}\boldsymbol{A}_{11} & \boldsymbol{A}_{12}\\ \boldsymbol{0} & \boldsymbol{A}_{22}\end{bmatrix}\boldsymbol{x}(t)+\begin{bmatrix}\boldsymbol{B}_1\\ \boldsymbol{0}\end{bmatrix}\boldsymbol{u}(t) \quad (6\text{-}29)$$

$$\boldsymbol{y}(t)=[\boldsymbol{C}_1 \quad \boldsymbol{C}_2]\boldsymbol{x}(t) \quad (6\text{-}30)$$

必要性：$\bar{\boldsymbol{P}}$ 存在，必有 $\{\boldsymbol{A},\boldsymbol{B}\}$ 可稳定。

反设 $\{\boldsymbol{A},\boldsymbol{B}\}$ 不可稳定，由定义 6-5 知，$\boldsymbol{A}_{22}$ 非渐近稳定。由于 $\dot{\boldsymbol{x}}(t)=\boldsymbol{A}_{22}\boldsymbol{x}_2(t)$，使得 $\lim\limits_{t\to\infty}\boldsymbol{x}_2(t)\to\infty$。从而 $J\to\infty$，最优解不存在，$\bar{\boldsymbol{P}}$ 因而不存在。这与假设矛盾，故反设不成立。

充分性：$\{\boldsymbol{A},\boldsymbol{B}\}$ 可稳定必有 $\bar{\boldsymbol{P}}$ 存在且为常阵。

因 $\{\boldsymbol{A},\boldsymbol{B}\}$ 可稳定，由定义 6-5 知，$\{\boldsymbol{A}_{11},\boldsymbol{B}_1\}$ 可控，$\boldsymbol{A}_{22}$ 渐近稳定。根据卡尔曼论证，当系统可控且 $\boldsymbol{P}(t_f)=\boldsymbol{0}$ 时，唯一存在

$$\lim_{t\to\infty}\boldsymbol{P}(t)=\bar{\boldsymbol{P}}=\text{const} \quad (6\text{-}31)$$

因此有

$$\lim_{t\to\infty}\boldsymbol{P}_{11}(t)=\bar{\boldsymbol{P}}_{11}=\text{const} \quad (6\text{-}32)$$

根据式(6-28)知，$\boldsymbol{P}(t)=\bar{\boldsymbol{P}}$ 为常数矩阵。

② 闭环系统渐近稳定。

必要性：闭环系统渐近稳定，必有 $\{\boldsymbol{A},\boldsymbol{B}\}$ 可稳定，$\{\boldsymbol{A},\boldsymbol{C}\}$ 可检测。

若闭环系统渐近稳定，其不稳定特征值必可控，不可观特征值必有负实部，则由定义 6-4 及定义 6-7 知，必有 $\{\boldsymbol{A},\boldsymbol{B}\}$ 可稳，$\{\boldsymbol{A},\boldsymbol{C}\}$ 可检测。

充分性：$\{\boldsymbol{A},\boldsymbol{B}\}$ 可稳及 $\{\boldsymbol{A},\boldsymbol{C}\}$ 可检测必有闭环渐近稳定。

对系统(6-11)、(6-12)进行可控性分解，得

$$\boldsymbol{A}=\begin{bmatrix}\boldsymbol{A}_{11} & \boldsymbol{A}_{12}\\ \boldsymbol{0} & \boldsymbol{A}_{22}\end{bmatrix},\quad \boldsymbol{B}=\begin{bmatrix}\boldsymbol{B}_1\\ \boldsymbol{0}\end{bmatrix},\quad \boldsymbol{C}=[\boldsymbol{C}_1 \quad \boldsymbol{C}_2]$$

令

$$\boldsymbol{P}(t)=\begin{bmatrix}\boldsymbol{P}_{11}(t) & \boldsymbol{P}_{12}(t)\\ \boldsymbol{P}_{12}^{\mathrm{T}}(t) & \boldsymbol{P}_{22}(t)\end{bmatrix} \tag{6-33}$$

则由黎卡提方程(6-20)，可得

$$-\dot{\boldsymbol{P}}_{11}(t)=\boldsymbol{P}_{11}(t)\boldsymbol{A}_{11}+\boldsymbol{A}_{11}^{\mathrm{T}}\boldsymbol{P}_{11}(t)-\boldsymbol{P}_{11}(t)\boldsymbol{B}_1\boldsymbol{R}^{-1}\boldsymbol{B}_1^{\mathrm{T}}\boldsymbol{P}_{11}(t)+\boldsymbol{C}_1^{\mathrm{T}}\boldsymbol{Q}\boldsymbol{C}_1 \tag{6-34}$$

边界条件

$$\boldsymbol{P}_{11}(t_f)=\boldsymbol{0} \tag{6-35}$$

因$\{\boldsymbol{A},\boldsymbol{B}\}$可稳，$\{\boldsymbol{A}_{11},\boldsymbol{B}_1\}$为可控对，由式(6-32)知，必存在

$$\bar{\boldsymbol{P}}_{11}=\lim_{t\to\infty}\boldsymbol{P}_{11}(t,t_f)=\mathrm{const}$$

使$(\boldsymbol{A}_{11}-\boldsymbol{B}_1\boldsymbol{R}^{-1}\boldsymbol{B}_1^{\mathrm{T}}\bar{\boldsymbol{P}}_{11})$渐近稳定。同时，由定义 6-5 知，当$\{\boldsymbol{A},\boldsymbol{B}\}$可稳时，$\boldsymbol{A}_{22}$渐近稳定。又因$\{\boldsymbol{A},\boldsymbol{C}\}$可检测，由定义 6-6 知，不可观特征值必渐近稳定。因此，可以仅由可观部分进行状态反馈。令

$$\boldsymbol{u}(t)=-\boldsymbol{R}^{-1}[\boldsymbol{B}_1^{\mathrm{T}}\quad 0]\begin{bmatrix}\bar{\boldsymbol{P}}_{11} & \bar{\boldsymbol{P}}_{12}\\ \bar{\boldsymbol{P}}_{12}^{\mathrm{T}} & \bar{\boldsymbol{P}}_{22}\end{bmatrix}\boldsymbol{x}(t)=-[\boldsymbol{R}^{-1}\boldsymbol{B}_1^{\mathrm{T}}\bar{\boldsymbol{P}}_{11}\ \vdots\ \boldsymbol{R}^{-1}\boldsymbol{B}_1^{\mathrm{T}}\bar{\boldsymbol{P}}_{12}]\boldsymbol{x}(t) \tag{6-36}$$

将式(6-36)代入可控性分解式(6-29)，得闭环系统

$$\dot{\boldsymbol{x}}(t)=\begin{bmatrix}\boldsymbol{A}_{11}-\boldsymbol{B}_1\boldsymbol{R}^{-1}\boldsymbol{B}_1^{\mathrm{T}}\bar{\boldsymbol{P}}_{11} & \boldsymbol{A}_{12}-\boldsymbol{B}_1\boldsymbol{R}^{-1}\boldsymbol{B}_1^{\mathrm{T}}\bar{\boldsymbol{P}}_{12}\\ 0 & \boldsymbol{A}_{22}\end{bmatrix}\boldsymbol{x}(t)=\bar{\boldsymbol{A}}(t)\boldsymbol{x}(t) \tag{6-37}$$

其特征多项式

$$\det(s\boldsymbol{I}-\bar{\boldsymbol{A}})=\det[s\boldsymbol{I}-(\boldsymbol{A}_{11}-\boldsymbol{B}_1\boldsymbol{R}^{-1}\boldsymbol{B}_1^{\mathrm{T}}\bar{\boldsymbol{P}}_{11})]\det(s\boldsymbol{I}-\boldsymbol{A}_{22})$$

上式表明，闭环系统(6-37)的特征值

$$\lambda(\bar{\boldsymbol{A}})=\lambda(\boldsymbol{A}_{11}-\boldsymbol{B}_1\boldsymbol{R}^{-1}\boldsymbol{B}_1^{\mathrm{T}}\bar{\boldsymbol{P}}_{11})\cup\lambda(\boldsymbol{A}_{22}) \tag{6-38}$$

因为 $\mathrm{Re}\lambda(\boldsymbol{A}_{11}-\boldsymbol{B}_1\boldsymbol{R}^{-1}\boldsymbol{B}_1^{\mathrm{T}}\bar{\boldsymbol{P}}_{11})<0$，$\mathrm{Re}\lambda(\boldsymbol{A}_{22})<0$，所以由状态反馈控制(6-23)形成的闭环系统(6-24)是渐近稳定的。

③ $\bar{P}$ 的非负性与唯一性。因$\{\boldsymbol{A},\boldsymbol{B}\}$可稳，由结论①，$\bar{\boldsymbol{P}}$ 为常数矩阵，故

$$\begin{aligned}\frac{\mathrm{d}}{\mathrm{d}t}\Big[\frac{1}{2}\dot{\boldsymbol{x}}^{\mathrm{T}}(t)\bar{\boldsymbol{P}}\boldsymbol{x}(t)\Big]&=\frac{1}{2}\boldsymbol{x}^{\mathrm{T}}(t)\bar{\boldsymbol{P}}\boldsymbol{x}(t)+\frac{1}{2}\boldsymbol{x}^{\mathrm{T}}(t)\bar{\boldsymbol{P}}\dot{\boldsymbol{x}}(t)\\ &=\frac{1}{2}[\boldsymbol{A}\boldsymbol{x}(t)+\boldsymbol{B}\boldsymbol{u}(t)]^{\mathrm{T}}\bar{\boldsymbol{P}}\boldsymbol{x}(t)+\frac{1}{2}\boldsymbol{x}^{\mathrm{T}}(t)\bar{\boldsymbol{P}}[\boldsymbol{A}\boldsymbol{x}(t)+\boldsymbol{B}\boldsymbol{u}(t)]\end{aligned}$$

上式两端从 0 到 t_f 积分，得

$$\begin{aligned}&\frac{1}{2}\boldsymbol{x}^{\mathrm{T}}(t_f)\bar{\boldsymbol{P}}\boldsymbol{x}(t_f)-\frac{1}{2}\boldsymbol{x}^{\mathrm{T}}(0)\bar{\boldsymbol{P}}\boldsymbol{x}(0)\\ &=\frac{1}{2}\int_0^{t_f}\{\boldsymbol{x}^{\mathrm{T}}(t)[\bar{\boldsymbol{P}}\boldsymbol{A}+\boldsymbol{A}^{\mathrm{T}}\bar{\boldsymbol{P}}]\boldsymbol{x}(t)+2\boldsymbol{u}^{\mathrm{T}}(t)\boldsymbol{B}^{\mathrm{T}}\bar{\boldsymbol{P}}\boldsymbol{x}(t)\}\mathrm{d}t\end{aligned} \tag{6-39}$$

由于$\{\boldsymbol{A},\boldsymbol{B}\}$可稳，$\{\boldsymbol{A},\boldsymbol{C}\}$可检测，根据结论②，闭环系统渐近稳定，$\lim\limits_{t_f\to\infty}\boldsymbol{x}(t_f)=\boldsymbol{0}$，于是有

$$\lim_{t\to\infty}x^{\mathrm{T}}(t_f)\bar{\boldsymbol{P}}\boldsymbol{x}(t_f)=0$$

因此，式(6-39)可表示为

$$-\frac{1}{2}\boldsymbol{x}^{\mathrm{T}}(0)\bar{\boldsymbol{P}}\boldsymbol{x}(0)=\frac{1}{2}\int_0^{\infty}[\boldsymbol{x}^{\mathrm{T}}(t)(\bar{\boldsymbol{P}}\boldsymbol{A}+\boldsymbol{A}^{\mathrm{T}}\bar{\boldsymbol{P}})\boldsymbol{x}(t)+2\boldsymbol{u}^{\mathrm{T}}(t)\boldsymbol{B}^{\mathrm{T}}\bar{\boldsymbol{P}}\boldsymbol{x}(t)]\mathrm{d}t \tag{6-40}$$

将式(6-40)写入式(6-13)，性能指标可表示为

$$J=\frac{1}{2}\int_0^{\infty}[\boldsymbol{x}^{\mathrm{T}}(t)\boldsymbol{C}^{\mathrm{T}}\boldsymbol{Q}\boldsymbol{C}\boldsymbol{x}(t)+\boldsymbol{u}^{\mathrm{T}}(t)\boldsymbol{R}\boldsymbol{u}(t)+\boldsymbol{x}^{\mathrm{T}}(t)(\overline{\boldsymbol{P}}\boldsymbol{A}+\boldsymbol{A}^{\mathrm{T}}\overline{\boldsymbol{P}})\boldsymbol{x}(t)$$
$$+2\boldsymbol{u}^{\mathrm{T}}(t)\boldsymbol{B}^{\mathrm{T}}\overline{\boldsymbol{P}}\boldsymbol{x}(t)]\mathrm{d}t+\frac{1}{2}\boldsymbol{x}^{\mathrm{T}}(0)\overline{\boldsymbol{P}}\boldsymbol{x}(0)$$
$$=\frac{1}{2}\int_0^{\infty}\{[\boldsymbol{u}(t)+\boldsymbol{R}^{-1}\boldsymbol{B}^{\mathrm{T}}\overline{\boldsymbol{P}}\boldsymbol{x}(t)]^{\mathrm{T}}\boldsymbol{R}[\boldsymbol{u}(t)+\boldsymbol{R}^{-1}\boldsymbol{B}^{\mathrm{T}}\overline{\boldsymbol{P}}\boldsymbol{x}(t)]$$
$$+\boldsymbol{x}^{\mathrm{T}}(t)(\overline{\boldsymbol{P}}\boldsymbol{A}+\boldsymbol{A}^{\mathrm{T}}\overline{\boldsymbol{P}}-\overline{\boldsymbol{P}}\boldsymbol{B}\boldsymbol{R}^{-1}\boldsymbol{B}^{\mathrm{T}}\overline{\boldsymbol{P}}+\boldsymbol{C}^{\mathrm{T}}\boldsymbol{Q}\boldsymbol{C})\boldsymbol{x}(t)\}\mathrm{d}t+\frac{1}{2}\boldsymbol{x}^{\mathrm{T}}(0)\overline{\boldsymbol{P}}\boldsymbol{x}(0) \quad (6\text{-}41)$$

在式(6-41)中,选择

$$\boldsymbol{u}(t)=-\boldsymbol{R}^{-1}\boldsymbol{B}^{\mathrm{T}}\overline{\boldsymbol{P}}\boldsymbol{x}(t) \quad (6\text{-}42)$$

$$\overline{\boldsymbol{P}}\boldsymbol{A}+\boldsymbol{A}^{\mathrm{T}}\overline{\boldsymbol{P}}-\overline{\boldsymbol{P}}\boldsymbol{B}\boldsymbol{R}^{-1}\boldsymbol{B}^{\mathrm{T}}\overline{\boldsymbol{P}}+\boldsymbol{C}^{\mathrm{T}}\boldsymbol{Q}\boldsymbol{C}=\boldsymbol{0} \quad (6\text{-}43)$$

可使 $J=\min$,于是最优性能指标

$$J^*=\frac{1}{2}\boldsymbol{x}^{\mathrm{T}}(0)\overline{\boldsymbol{P}}\boldsymbol{x}(0) \quad (6\text{-}44)$$

因而式(6-42)为要证的最优控制,式(6-43)为 $\overline{\boldsymbol{P}}$ 应满足的黎卡提代数方程。

因为对所有 $\boldsymbol{x}(0)$,$J\geqslant0$,所以

$$J^*=\frac{1}{2}\boldsymbol{x}^{\mathrm{T}}(0)\overline{\boldsymbol{P}}\boldsymbol{x}(0)\geqslant0,\quad \forall\,\boldsymbol{x}(0)$$

故必有 $\overline{\boldsymbol{P}}\geqslant0$。又因 $\overline{\boldsymbol{P}}$ 是黎卡提微分方程(6-20)在确定的边界条件(6-21)时的极限解,根据微分方程解的性质知,$\overline{\boldsymbol{P}}$ 是唯一的。

④ 当 $\boldsymbol{Q}>0$ 时,$\overline{\boldsymbol{P}}$ 的正定性。

必要性:$\overline{\boldsymbol{P}}>\boldsymbol{0}$,必有$\{\boldsymbol{A},\boldsymbol{C}\}$可观。

反设$\{\boldsymbol{A},\boldsymbol{C}\}$不可观,将系统(6-11)、(6-12)作可观性分解,得 $\boldsymbol{P}(t)$如式(6-28)所示。因为 $\det\boldsymbol{P}(t)=0$,故 $\boldsymbol{P}(t)$非正定,从而其稳态解 $\overline{\boldsymbol{P}}$ 非正定,与假设矛盾,反设不成立。

充分性:$\{\boldsymbol{A},\boldsymbol{C}\}$可观必有 $\overline{\boldsymbol{P}}>\boldsymbol{0}$。

反设 $\overline{\boldsymbol{P}}$ 非正定,则存在非零 $\boldsymbol{x}(0)$,使有

$$\frac{1}{2}\boldsymbol{x}^{\mathrm{T}}(0)\overline{\boldsymbol{P}}\boldsymbol{x}(0)=\boldsymbol{0},\quad \forall\,\boldsymbol{x}(0)\neq\boldsymbol{0}$$

从而

$$\frac{1}{2}\boldsymbol{x}^{\mathrm{T}}(0)\overline{\boldsymbol{P}}\boldsymbol{x}(0)=\frac{1}{2}\int_0^{\infty}[\boldsymbol{y}^{*\mathrm{T}}(t)\boldsymbol{Q}\boldsymbol{y}^*(t)+\boldsymbol{u}^{*\mathrm{T}}(t)\boldsymbol{R}\boldsymbol{u}^*(t)]\mathrm{d}t=0,\quad \forall\,\boldsymbol{x}(0)\neq\boldsymbol{0} \quad (6\text{-}45)$$

式中 $\boldsymbol{y}^*(t)$为最优输出,$\boldsymbol{u}^*(t)$为最优控制,$\boldsymbol{Q}>\boldsymbol{0}$,$\boldsymbol{R}>\boldsymbol{0}$。

式(6-45)表明,当系统存在非零初始状态 $\boldsymbol{x}(0)$时,应取 $\boldsymbol{u}^*(t)=\boldsymbol{0}$,可使 $\boldsymbol{y}^*(t)=\boldsymbol{0}$,$\forall\,t\in[0,\infty)$。显然,这是荒谬的。因此反设不成立,必有 $\overline{\boldsymbol{P}}>\boldsymbol{0}$。

6.1.3 输出反馈次优调节器

输出调节器的最优控制律,要求用全部状态变量的反馈来实现。这是不难理解的。因为既然是最优控制,那就应该由反映系统内部运动状态的全部信息构成控制律。但在工程实际中,并非所有的状态变量都能测取,而系统的输出量却都是可以测量的。因此,利用输出反馈构成最优控制系统问题,引起了工程技术界的广泛兴趣。

所谓输出反馈,是指用全部输出变量来组合控制向量,即由维数较低的输出向量构成输出反馈控制系统。由于所采用的信息不完全,输出反馈能达到的最小性能指标总要大

于状态反馈能达到的最小性能指标。因此，输出反馈调节器只能是次优的。

问题 6-3 设完全可控且完全可观的线性定常系统动态方程

$$\dot{\boldsymbol{x}}(t)=\boldsymbol{A}\boldsymbol{x}(t)+\boldsymbol{B}\boldsymbol{u}(t),\quad \boldsymbol{x}(0)=\boldsymbol{x}_0 \tag{6-46}$$

$$\boldsymbol{y}(t)=\boldsymbol{C}\boldsymbol{x}(t) \tag{6-47}$$

式中 $\boldsymbol{x}(t)\in\boldsymbol{R}^n$；$\boldsymbol{u}(t)\in\boldsymbol{R}^m$，且无约束；$\boldsymbol{y}(t)\in\boldsymbol{R}^l$，$0<l\leqslant m\leqslant n$；$\boldsymbol{A}$、$\boldsymbol{B}$、$\boldsymbol{C}$ 为维数适当的常数矩阵。试确定输出反馈次优控制律

$$\boldsymbol{u}^0(t)=-\boldsymbol{K}\boldsymbol{y}(t)=-\boldsymbol{K}\boldsymbol{C}\boldsymbol{x}(t) \tag{6-48}$$

式中 $\boldsymbol{K}$ 称为输出反馈增益阵，使下列性能指标极小

$$J=\frac{1}{2}\int_0^\infty[\boldsymbol{x}^{\mathrm{T}}(t)\boldsymbol{Q}\boldsymbol{x}(t)+\boldsymbol{u}^{\mathrm{T}}(t)\boldsymbol{R}\boldsymbol{u}(t)]\mathrm{d}t \tag{6-49}$$

式中 $\boldsymbol{Q}$ 和 $\boldsymbol{R}$ 均为对称正定常数矩阵。并使闭环系统

$$\dot{\boldsymbol{x}}(t)=(\boldsymbol{A}-\boldsymbol{B}\boldsymbol{K}\boldsymbol{C})\boldsymbol{x}(t)=\bar{\boldsymbol{A}}\boldsymbol{x}(t),\quad \boldsymbol{x}(0)=\boldsymbol{x}_0 \tag{6-50}$$

渐近稳定。其中 $\bar{\boldsymbol{A}}=\boldsymbol{A}-\boldsymbol{B}\boldsymbol{K}\boldsymbol{C}$。

输出反馈系统结构图，如图 6-3 所示。将式(6-48)代入式(6-49)，得

$$J=\frac{1}{2}\int_0^\infty[\boldsymbol{x}^{\mathrm{T}}(t)\boldsymbol{Q}\boldsymbol{x}(t)+\boldsymbol{x}^{\mathrm{T}}(t)\boldsymbol{C}^{\mathrm{T}}\boldsymbol{K}^{\mathrm{T}}\boldsymbol{R}\boldsymbol{K}\boldsymbol{C}\boldsymbol{x}(t)]\mathrm{d}t=\frac{1}{2}\int_0^\infty\boldsymbol{x}^{\mathrm{T}}(t)\bar{\boldsymbol{Q}}\boldsymbol{x}(t)\mathrm{d}t \tag{6-51}$$

式中

$$\bar{\boldsymbol{Q}}=\boldsymbol{Q}+\boldsymbol{C}^{\mathrm{T}}\boldsymbol{K}^{\mathrm{T}}\boldsymbol{R}\boldsymbol{K}\boldsymbol{C} \tag{6-52}$$

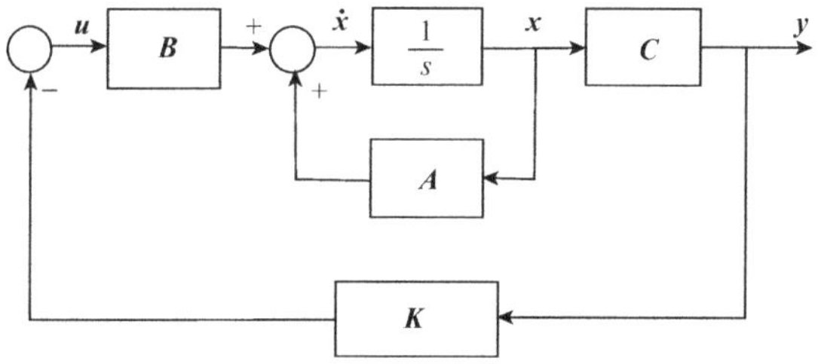

图 6-3 输出反馈系统结构图

下面采用李雅普诺夫第二法讨论，如何确定反馈增益阵 $\boldsymbol{K}$，既能保证闭环系统(6-50)渐近稳定，又能使性能指标(6-51)极小。

对于正定实对称常阵 $\boldsymbol{P}$，取李雅普诺夫函数

$$V(\boldsymbol{x})=\boldsymbol{x}^{\mathrm{T}}\boldsymbol{P}\boldsymbol{x} \tag{6-53}$$

式(6-53)两边对 t 取导数，得

$$\dot{V}(\boldsymbol{x})=\dot{\boldsymbol{x}}^{\mathrm{T}}\boldsymbol{P}\boldsymbol{x}+\boldsymbol{x}^{\mathrm{T}}\boldsymbol{P}\dot{\boldsymbol{x}}$$

将式(6-50)代入上式，得

$$\dot{V}(\boldsymbol{x})=\boldsymbol{x}^{\mathrm{T}}(\bar{\boldsymbol{A}}^{\mathrm{T}}\boldsymbol{P}+\boldsymbol{P}\bar{\boldsymbol{A}})\boldsymbol{x} \tag{6-54}$$

令

$$\bar{\boldsymbol{A}}^{\mathrm{T}}\boldsymbol{P}+\boldsymbol{P}\bar{\boldsymbol{A}}=-\bar{\boldsymbol{Q}} \tag{6-55}$$

式中 $\bar{\boldsymbol{Q}}$ 为正定实对称常阵，则李雅普诺夫函数的导数

$$\dot{V}(\boldsymbol{x})=-\boldsymbol{x}^{\mathrm{T}}\bar{\boldsymbol{Q}}\boldsymbol{x}<0 \tag{6-56}$$

因此，按式(6-55)选择正定常阵 $\boldsymbol{P}$ 和 $\bar{\boldsymbol{Q}}$，可以保证闭环系统(6-50)的渐近稳定性。

由式(6-53)和(6-56)，可得

$$x^{\mathrm{T}}\bar{Q}x=-\frac{\mathrm{d}}{\mathrm{d}t}(x^{\mathrm{T}}Px) \tag{6-57}$$

将式(6-57)代入性能指标(6-51)，得

$$J=\frac{1}{2}\int_0^{\infty}-\frac{\mathrm{d}}{\mathrm{d}t}(x^{\mathrm{T}}Px)\mathrm{d}t=-\frac{1}{2}x^{\mathrm{T}}(\infty)Px(\infty)+\frac{1}{2}x^{\mathrm{T}}(0)Px(0)$$

由于闭环系统(6-50)渐近稳定，必有 $x(\infty)\to 0$。于是，问题 6-3 的次优性能指标

$$J^{\circ}=\frac{1}{2}x^{\mathrm{T}}(0)Px(0) \tag{6-58}$$

次优控制

$$u^{\circ}(t)=-Ky(t)=-KCx(t) \tag{6-59}$$

式中 P 和 K 满足李雅普诺夫方程(6-55)，即满足

$$(A-BKC)^{\mathrm{T}}P+P(A-BKC)=-(Q+C^{\mathrm{T}}K^{\mathrm{T}}RKC) \tag{6-60}$$

在李雅普诺夫方程(6-60)中，由于 P 和 K 均为未知值，故无法直接解出 P 和 K。可以采用梯度速降法，由式(6-60)解出用 K 表示的 P，即 $P(K)$，代入次优性能指标(6-58)，得 $J^{\circ}(K)$，然后令

$$\frac{\partial J^{\circ}(K)}{\partial K}=0 \tag{6-61}$$

可以找到使 J° 极小的 K 值。从而求得 P 值。

应当指出，这样求得的输出反馈增益阵 K 的优化参数，必然与初始状态 $x(0)$ 有关。

例 6-2 设系统动态方程

$$\dot{x}_1(t)=x_2(t),\quad x_1(0)=1$$
$$\dot{x}_2(t)=-x_2(t)+u(t),\quad x_2(0)=0$$
$$y(t)=x_1(t)$$

性能指标

$$J=\frac{1}{2}\int_0^{\infty}[x_1^2(t)+x_2^2(t)+u^2(t)]\mathrm{d}t$$

已知 $x_2(t)$ 无法测取，要求采用输出反馈方法，求出反馈矩阵 K，使性能指标极小。

解 本例为输出反馈次优调节器问题。按题意

$$A=\begin{bmatrix}0 & 1\\ 0 & -1\end{bmatrix},\quad B=\begin{bmatrix}0\\ 1\end{bmatrix},\quad C=[1\quad 0],\quad Q=I_2,\quad R=1$$

不难验算，系统是完全可控且完全可观的。因为

$$\bar{A}=A-BKC=\begin{bmatrix}0 & 1\\ -k & -1\end{bmatrix}$$

$$\bar{Q}=Q+C^{\mathrm{T}}K^{\mathrm{T}}RKC=\begin{bmatrix}1+k^2 & 0\\ 0 & 1\end{bmatrix}>0$$

令对称常数矩阵

$$P=\begin{bmatrix}p_{11} & p_{12}\\ p_{12} & p_{22}\end{bmatrix}$$

则由李雅普诺夫方程(6-55)得

$$2kp_{12}=1+k^2$$
$$p_{11}-p_{12}-kp_{22}=0$$
$$2(p_{12}-p_{22})=-1$$

解得

$$\boldsymbol{P}=\begin{bmatrix}\dfrac{1+k+2k^2+k^3}{2k} & \dfrac{1+k^2}{2k}\\ \dfrac{1+k^2}{2k} & \dfrac{1+k+k^2}{2k}\end{bmatrix}$$

于是

$$J^{\circ}=\frac{1}{2}\boldsymbol{x}^{\mathrm{T}}(0)\boldsymbol{P}\boldsymbol{x}(0)=\frac{1+k+2k^2+k^3}{4k}$$

令

$$\frac{\partial J^{\circ}(k)}{\partial k}=\frac{1}{4}(2+2k-k^{-2})=0$$

解得 $k=0.565$。从而，次优控制

$$u^{\circ}(t)=-0.565y(t)=-0.565x_1(t)$$

次优性能指标

$$\boldsymbol{P}=\begin{bmatrix}2.1096 & 1.1674\\ 1.1674 & 1.6674\end{bmatrix}>\boldsymbol{0}$$
$$J^{\circ}=1.0548$$

闭环系统

$$\dot{\boldsymbol{x}}(t)=\begin{bmatrix}0 & 1\\ -0.565 & -1\end{bmatrix}\boldsymbol{x}(t)$$

其特征值 $\lambda_{1,2}=-0.5\pm \mathrm{j}0.5613$。闭环系统确是渐近稳定的。

若 $x_2(t)$ 可以测取，根据定理 5-5 和定理 5-6，用状态反馈方法，不难求得最优控制

$$u^{*}(t)=-0.25x_1(t)-x_2(t)$$

最优性能指标

$$J^{*}=0.125$$

最优闭环系统

$$\dot{\boldsymbol{x}}(t)=\begin{bmatrix}-0.25 & 0\\ 0 & -1\end{bmatrix}\boldsymbol{x}(t)$$

其特征值 $\lambda_1=-0.25$，$\lambda_2=-1$。闭环渐近稳定。$J^{*}<J^{\circ}$。

6.2 离散输出调节器

若线性离散系统完全可观测，则离散输出调节器问题可以转化为离散状态调节器问题来处理。本节将给出线性二次型离散输出调节器最优解的形式及其求解步骤。

问题 6-4 设线性离散系统的状态方程及输出方程为

$$\boldsymbol{x}(k+1)=\boldsymbol{A}(k)\boldsymbol{x}(k)+\boldsymbol{B}(k)\boldsymbol{u}(k),\quad \boldsymbol{x}(0)=\boldsymbol{x}_0 \tag{6-62}$$

$$\boldsymbol{y}(k)=\boldsymbol{C}(k)\boldsymbol{x}(k) \tag{6-63}$$

$$k=0,1,\cdots,N-1$$

式中 $\boldsymbol{x}(k)$ 为 n 维状态向量序列；$\boldsymbol{u}(k)$ 为 m 维控制向量序列，且不受约束；$\boldsymbol{y}(k)$ 为 l 维输出向量序列，$0<l\leqslant m\leqslant n$；$\boldsymbol{A}(k)$、$\boldsymbol{B}(k)$、$\boldsymbol{C}(k)$ 为维数适当的矩阵序列，其各元连续有界。性能指标

$$J=\frac{1}{2}\boldsymbol{y}^{\mathrm{T}}(N)\boldsymbol{F}\boldsymbol{y}(N)+\frac{1}{2}\sum_{k=0}^{N-1}[\boldsymbol{y}^{\mathrm{T}}(k)\boldsymbol{Q}(k)\boldsymbol{y}(k)+\boldsymbol{u}^{\mathrm{T}}((k)\boldsymbol{R}(k)\boldsymbol{u}(k)] \tag{6-64}$$

式中 $\boldsymbol{F}$ 为对称非负定权矩阵；$\boldsymbol{Q}(k)$ 和 $\boldsymbol{R}(k)$ 分别为非负定与正定对称权矩阵序列；$\boldsymbol{F}$、$\boldsymbol{Q}(k)$、$\boldsymbol{R}(k)$ 的维数适当。要求一最优控制序列 $\boldsymbol{u}^{*}(k)$，$k=0,1,\cdots,N-1$，使性能指标(6-64)极小。

可以证明，如果系统(6-62)、(6-63)完全可观测，其最优解的形式与离散状态调节器问题的结论类似，最优控制律仍然是状态 $\boldsymbol{x}(k)$ 的线性函数。

定理 6-4 对于有限时间离散输出调节器问题 6-4，若阵对 $\{\boldsymbol{A}(k),\boldsymbol{C}(k)\}$ 完全可观，则存在唯一的线性状态反馈最优控制序列

$$\boldsymbol{u}^{*}(k)=-\boldsymbol{K}(k)\boldsymbol{x}(k),\quad k=0,1,\cdots,N-1 \tag{6-65}$$

最优性能指标

$$J^{*}[x(0),0]=\frac{1}{2}\boldsymbol{x}^{\mathrm{T}}(0)\boldsymbol{P}(0)\boldsymbol{x}(0) \tag{6-66}$$

式中反馈增益矩阵序列

$$\boldsymbol{K}(k)=[\boldsymbol{B}^{\mathrm{T}}(k)\boldsymbol{P}(k+1)\boldsymbol{B}(k)+\boldsymbol{R}(k)]^{-1}\boldsymbol{B}^{\mathrm{T}}(k)\boldsymbol{P}(k+1)\boldsymbol{A}(k) \tag{6-67}$$

而 $\boldsymbol{P}(k)$ 是离散黎卡提方程

$$\begin{gathered}\boldsymbol{P}(k)=[\boldsymbol{A}(k)-\boldsymbol{B}(k)\boldsymbol{K}(k)]^{\mathrm{T}}\boldsymbol{P}(k+1)[\boldsymbol{A}(k)-\boldsymbol{B}(k)\boldsymbol{K}(k)]\\ +\boldsymbol{K}^{\mathrm{T}}(k)\boldsymbol{R}(k)\boldsymbol{K}(k)+\boldsymbol{C}^{\mathrm{T}}(k)\boldsymbol{Q}(k)\boldsymbol{C}(k)\\ k=0,1,\cdots,N-1\end{gathered} \tag{6-68}$$

及其边界条件

$$\boldsymbol{P}(N)=\boldsymbol{C}^{\mathrm{T}}(N)\boldsymbol{F}\boldsymbol{C}(N) \tag{6-69}$$

的对称非负定解。

证明 将输出方程(6-63)代入性能指标(6-64)，得

$$J=\frac{1}{2}\boldsymbol{x}^{\mathrm{T}}(N)\boldsymbol{F}_1\boldsymbol{x}(N)+\frac{1}{2}\sum_{k=0}^{N-1}[\boldsymbol{x}^{\mathrm{T}}(k)\boldsymbol{Q}_1(k)\boldsymbol{x}(k)+\boldsymbol{u}^{\mathrm{T}}(k)\boldsymbol{R}(k)\boldsymbol{u}(k)]$$

式中

$$\boldsymbol{F}_1=\boldsymbol{C}^{\mathrm{T}}(N)\boldsymbol{F}\boldsymbol{C}(N)$$

$$\boldsymbol{Q}_1(k)=\boldsymbol{C}^{\mathrm{T}}(k)\boldsymbol{Q}(k)\boldsymbol{C}(k)$$

因 $\{\boldsymbol{A}(k),\boldsymbol{C}(k)\}$ 完全可观，必有 $\boldsymbol{C}(k)\neq\boldsymbol{0}$，$k=0,1,\cdots,N-1$，且因 $\boldsymbol{F}$ 和 $\boldsymbol{Q}(k)$ 对称非负定，故 $\boldsymbol{F}_1$ 与 $\boldsymbol{Q}_1(k)$ 为对称非负定矩阵。根据定理 5-10，本定理全部结论成立。

离散输出调节器的结构图如图 6-4 所示。

离散输出调节器的黎卡提方程求解，与离散状态调节器问题一样，可采用逆向递推方法进行。将 $\boldsymbol{K}(k)$ 的表达式(6-67)代入黎卡提方程(6-68)，可得

$$\begin{gathered}\boldsymbol{P}(k)=\boldsymbol{C}^{\mathrm{T}}(k)\boldsymbol{Q}(k)\boldsymbol{C}(k)+\boldsymbol{A}^{\mathrm{T}}(k)\boldsymbol{P}(k+1)\boldsymbol{A}(k)-\boldsymbol{A}^{\mathrm{T}}(k)\boldsymbol{P}(k+1)\boldsymbol{B}(k)\cdot\\ [\boldsymbol{B}^{\mathrm{T}}(k)\boldsymbol{P}(k+1)\boldsymbol{B}(k)+\boldsymbol{R}(k)]^{-1}\boldsymbol{B}^{\mathrm{T}}(k)\boldsymbol{P}(k+1)\boldsymbol{A}(k)\end{gathered} \tag{6-70}$$

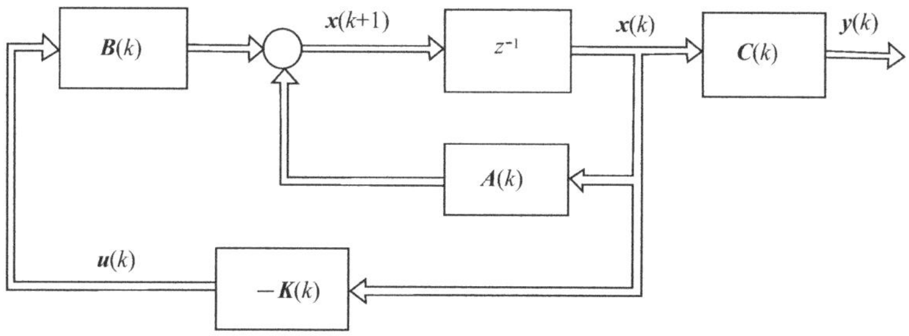

图 6-4　离散输出调节器结构图

令

$$Z_1(k)=C^{\mathrm{T}}(k)Q(k)C(k)+A^{\mathrm{T}}(k)P(k+1)A(k) \tag{6-71}$$

$$Z_2(k)=B^{\mathrm{T}}(k)P(k+1)A(k) \tag{6-72}$$

$$Z_3(k)=R(k)+B^{\mathrm{T}}(k)P(k+1)B(k) \tag{6-73}$$

则有

$$K(k)=Z_3^{-1}(k)Z_2(k) \tag{6-74}$$

$$P(k)=Z_1(k)-Z_2^{\mathrm{T}}(k)Z_3^{-1}(k)Z_2(k) \tag{6-75}$$

于是,可按如下步骤求解离散输出调节器问题:

① 检验系统的可观性。

若为时变离散系统,应有

$$\mathrm{rank}[C^{\mathrm{T}}(0)\quad \Phi^{\mathrm{T}}(1,0)C^{\mathrm{T}}(1)\cdots\Phi^{\mathrm{T}}(N-1,0)C^{\mathrm{T}}(N-1)]^{r}=n \tag{6-76}$$

式中

$$\Phi(k,0)=\begin{cases}A(k-1)A(k-2)\cdots A(0), & k>0\\ I, & k=0\end{cases} \tag{6-77}$$

为离散状态转移矩阵。

若为定常离散系统,应有

$$\mathrm{rank}[C^{\mathrm{T}}\quad A^{\mathrm{T}}C^{\mathrm{T}}\quad (A^{\mathrm{T}})^2C^{\mathrm{T}}\cdots(A^{\mathrm{T}})^{N-1}C^{\mathrm{T}}]^{\mathrm{T}}=n \tag{6-78}$$

如果式(6-76)或式(6-78)不成立,表明离散最优输出调节器无解;否则转下步。

② 令 $k=N$,按式(6-69)计算 $P(N)$。

③ 令 $k=N-1$,按式(6-71)～式(6-75)计算 $Z_1(k)$、$Z_2(k)$、$Z_3(k)$、$K(k)$和 $P(k)$。

④ 若 $k=k-1\geqslant 0$,则回到③,否则转下步。

⑤ 按式(6-65)和式(6-66)计算 $u^*(k)$和 $J^*[x(0),0]$。

例 6-3　已知一阶离散系统

$$x(k+1)=x(k)+2u(k)$$
$$y(k)=2x(k)$$

试求最优控制序列$\{u^*(0),u^*(1),u^*(2)\}$,使性能指标

$$J=\sum_{k=0}^{2}[y^2(k)+ru^2(k)],\quad r>0$$

极小。

解　本例为定常离散输出调节器问题,可用离散输出调节器方法、离散动态规划及离

散极小值原理求解，三种方法所得的结果完全相同。由题意：$N=3,A=1,B=2,C=2,F=0,Q=1,R=r$。显然，系统完全可观测。

1）离散输出调节器方法。

① 令 $k=3$，得 $\boldsymbol{P}(3)=\boldsymbol{C}^{\mathrm{T}}(3)\boldsymbol{F}\boldsymbol{C}(3)=0$。

② 令 $k=2$，算得

$$\boldsymbol{Z}_1(2)=\boldsymbol{C}^{\mathrm{T}}(2)\boldsymbol{Q}(2)\boldsymbol{C}(2)+\boldsymbol{A}^{\mathrm{T}}(2)\boldsymbol{P}(3)\boldsymbol{A}(2)=4$$

$$\boldsymbol{Z}_2(2)=\boldsymbol{B}^{\mathrm{T}}(2)\boldsymbol{P}(3)\boldsymbol{A}(2)=0$$

$$\boldsymbol{Z}_3(2)=\boldsymbol{R}(2)+\boldsymbol{B}^{\mathrm{T}}(2)\boldsymbol{P}(3)\boldsymbol{B}(2)=r$$

$$\boldsymbol{K}(2)=\boldsymbol{Z}_3^{-1}(2)\boldsymbol{Z}_2(2)=0$$

$$\boldsymbol{P}(2)=\boldsymbol{Z}_1(2)-\boldsymbol{Z}_2^{\mathrm{T}}(2)\boldsymbol{K}(2)=4$$

③ 令 $k=1$，算得 $\boldsymbol{Z}_1(1)=8,\boldsymbol{Z}_2(1)=8,\boldsymbol{Z}_3(1)=r+16,\boldsymbol{K}(1)=8/(r+16),\boldsymbol{P}(1)=8(r+8)/(r+16)$。

④ 令 $k=0$，算得 $\boldsymbol{Z}_1(0)=(12r+128)/(r+16),\boldsymbol{Z}_2(0)=16(r+8)/(r+16),\boldsymbol{Z}_3(0)=(r^2+48r+256)/(r+16),\boldsymbol{K}(0)=16(r+8)/[(r+16)^2+16r]$。

$$\boldsymbol{P}(0)=\frac{12r^3+448r^2+5120r+16384}{r^3+64r^2+1024r+4096}$$

⑤ 计算最优控制序列

$$u^*(0)=-\boldsymbol{K}(0)\boldsymbol{x}(0)=-\frac{16(r+8)}{(r+16)^2+16r}x(0)$$

$$u^*(1)=-\boldsymbol{K}(1)\boldsymbol{x}(1)=-\frac{8}{r+16}x(1)$$

$$u^*(2)=-\boldsymbol{K}(2)\boldsymbol{x}(2)=0$$

2）离散动态规划方法。将系统输出方程代入性能指标，得

$$J=\sum_{k=0}^{2}[4x^2(k)+ru^2(k)],\quad r>0$$

① 求 $u^*(2)$。

$$J_1^*[x(2)]=\min_{u(2)}\{4x^2(2)+ru^2(2)+J_0^*[x(3)]\}$$

式中 $J_0^*[x(3)]=0$。令

$$\frac{\partial\{\cdot\}}{\partial u(2)}=2ru(2)=0$$

得

$$u^*(2)=0,\quad J_1^*[x(2)]=4x^2(2)$$

② 求 $u^*(1)$。

$$\begin{aligned}J_2^*[x(1)]&=\min_{u(1)}\{4x^2(1)+ru^2(1)+J_1^*[x(2)]\}\\&=\min_{u(1)}\{4x^2(1)+ru^2(1)+4[x(1)+2u(1)]^2\}\end{aligned}$$

$$\frac{\partial\{\cdot\}}{\partial u(1)}=2ru(1)+16x(1)+32u(1)=0$$

得

$$u^*(1)=-\frac{8}{r+16}x(1)$$

$$J_2^*[x(1)]=\frac{8(r^2+24r+128)}{(r+16)^2}x^2(1)$$

③ 求 $u^*(0)$。

$$u^*(0)=-\frac{16(r+8)}{(r+16)^2+16r}x(0)$$

$$J^*=J_3^*[x(0)]=\frac{12r^3+448r^2+5120r+16384}{r^3+64r^2+1024r+4096}x^2(0)$$

3）离散极小值原理方法。

$$x(k+1)=x(k)+2u(k)$$

$$J=\sum_{k=0}^{2}[4x^2(k)+ru^2(k)],\quad r>0$$

末端 $x(3)$ 自由。令哈密顿函数

$$H(k)=4x^2(k)+ru^2(k)+\lambda(k+1)[x(k)+2u(k)]$$

因为

$$\lambda(k)=\frac{\partial H(k)}{\partial x(k)}=8x(k)+\lambda(k+1)$$

$$\frac{\partial H(k)}{\partial u(k)}=2ru(k)+2\lambda(k+1)=0$$

$$\lambda(3)=\frac{\partial \varphi}{\partial x(3)}=0$$

所以有

$$u^*(k)=-\frac{1}{r}\lambda(k+1)$$

即

$$u^*(0)=-\frac{1}{r}\lambda(1)$$

$$u^*(1)=-\frac{1}{r}\lambda(2)$$

$$u^*(2)=-\frac{1}{r}\lambda(3)=0$$

以及

$$\lambda(k+1)=\lambda(k)-8x(k)$$

即

$$\lambda(3)=\lambda(2)-8x(2)=0,\quad \lambda(2)=8x(2)$$

$$\lambda(2)=\lambda(1)-8x(1),\quad \lambda(1)=8[x(2)+x(1)]$$

$$\lambda(1)=\lambda(0)-8x(0),\quad \lambda(0)=8[x(2)+x(1)+x(0)]$$

由状态方程

$$x(1)=x(0)+2u(0)=x(0)-\frac{16}{r}[x(2)+x(1)]$$

$$x(2)=x(1)+2u(1)=x(1)-\frac{16}{r}x(2)$$

$$x(3)=x(2)+2u(2)=x(2)$$

整理得

$$x(2)=\frac{r}{r+16}x(1),\quad \lambda(2)=\frac{8r}{r+16}x(1)$$

$$x(1)=\frac{r(r+16)}{(r+16)^2+16r}x(0),\quad \lambda(1)=\frac{16r(r+8)}{(r+16)^2+16r}x(0)$$

于是

$$u^*(k)=\left\{-\frac{16(r+8)}{(r+16)^2+16r}x(0),-\frac{8}{r+16}x(1),0\right\}$$

6.3 跟踪系统

跟踪系统问题,是要求选择一控制律,使系统的实际输出跟踪希望输出轨线,并使规定的性能指标极小。实际上,调节器问题是一种特定的跟踪系统问题,即零轨线的跟踪问题。本节讨论线性系统、二次型性能指标的最优跟踪问题,利用极小值原理推证有限时间与无限时间跟踪系统的最优解。

6.3.1 有限时间时变跟踪系统

问题 6-5 已知线性时变系统的动态方程

$$\dot{\boldsymbol{x}}(t)=\boldsymbol{A}(t)\boldsymbol{x}(t)+\boldsymbol{B}(t)\boldsymbol{u}(t),\quad \boldsymbol{x}(t_0)=\boldsymbol{x}_0 \tag{6-79}$$

$$\boldsymbol{y}(t)=\boldsymbol{C}(t)\boldsymbol{x}(t) \tag{6-80}$$

式中 $\boldsymbol{x}(t)\in R^n$;$\boldsymbol{u}(t)\in R^m$,且不受约束;$\boldsymbol{y}(t)\in R^l$,$0<l\leqslant m\leqslant n$;矩阵 $\boldsymbol{A}(t)$,$\boldsymbol{B}(t)$、$\boldsymbol{C}(t)$维数适当,其各元连续且有界。

设 $\boldsymbol{y}_l(t)$表示 l 维希望输出向量,定义误差向量

$$\boldsymbol{e}(t)=\boldsymbol{y}_l(t)-\boldsymbol{y}(t) \tag{6-81}$$

要求确定最优控制 $\boldsymbol{u}^*(t)$,使系统输出 $\boldsymbol{y}(t)$跟随希望输出 $\boldsymbol{y}_l(t)$,并使性能指标

$$J=\frac{1}{2}\boldsymbol{e}^{\mathrm{T}}(t_f)\boldsymbol{F}\boldsymbol{e}(t_f)+\frac{1}{2}\int_{t_0}^{t_f}[\boldsymbol{e}^{\mathrm{T}}(t)\boldsymbol{Q}(t)\boldsymbol{e}(t)+\boldsymbol{u}^{\mathrm{T}}(t)\boldsymbol{R}(t)\boldsymbol{u}(t)]\mathrm{d}t \tag{6-82}$$

为极小值。其中,末端时刻 t_f 固定;$\boldsymbol{F}$ 为 $l\times l$ 维对称非负定常阵;$\boldsymbol{Q}(t)$为 $l\times l$ 维对称非负定时变矩阵;$\boldsymbol{R}(t)$为 $m\times m$ 维对称正定时变矩阵;$\boldsymbol{Q}(t)$与 $\boldsymbol{R}(t)$的各元在$[t_0,t_f]$区间上连续且有界。

若将输出方程(6-80)代入误差向量定义(6-81),可得

$$\boldsymbol{e}(t)=\boldsymbol{y}_l(t)-\boldsymbol{C}(t)\boldsymbol{x}(t) \tag{6-83}$$

表明误差向量可用希望输出向量和状态向量来表示。将上式代入(6-82),可得用 $\boldsymbol{x}(t)$,$\boldsymbol{u}(t)$和 $\boldsymbol{y}_l(t)$表示的性能指标

$$\begin{aligned}J=&\frac{1}{2}[\boldsymbol{y}_l(t_f)-\boldsymbol{C}(t_f)\boldsymbol{x}(t_f)]^{\mathrm{T}}\boldsymbol{F}[\boldsymbol{y}_l(t_f)-\boldsymbol{C}(t_f)\boldsymbol{x}(t_f)]\\&+\frac{1}{2}\int_{t_0}^{t_f}\{[\boldsymbol{y}_l(t)-\boldsymbol{C}(t)\boldsymbol{x}(t)]^{\mathrm{T}}\boldsymbol{Q}(t)[\boldsymbol{y}_l(t)-\boldsymbol{C}(t)\boldsymbol{x}(t)]+\boldsymbol{u}^{\mathrm{T}}(t)\boldsymbol{R}(t)\boldsymbol{u}(t)\}\mathrm{d}t\end{aligned} \tag{6-84}$$

应用极小值原理,可以推证使性能指标(6-84)为极小值的必要条件。由于所研究的是线性二次型问题,因此可以证明,极小值原理给出的必要条件也是充分的,其证明过程类似于定理 5-1,不再赘述。

定理 6-5 对于有限时间时变跟踪系统问题 6-5，若阵对$\{\boldsymbol{A}(t),\boldsymbol{C}(t)\}$完全可观，则存在唯一的最优控制

$$\boldsymbol{u}^*(t)=-\boldsymbol{R}^{-1}(t)\boldsymbol{B}^{\mathrm{T}}(t)[\boldsymbol{P}(t)\boldsymbol{x}(t)-\boldsymbol{g}(t)] \tag{6-85}$$

式中 $\boldsymbol{P}(t)$为 $n\times n$ 维对称非负定实矩阵，是下列黎卡提矩阵微分方程

$$\begin{aligned}-\dot{\boldsymbol{P}}(t)=&\boldsymbol{P}(t)\boldsymbol{A}(t)+\boldsymbol{A}^{\mathrm{T}}(t)\boldsymbol{P}(t)\\&-\boldsymbol{P}(t)\boldsymbol{B}(t)\boldsymbol{R}^{-1}(t)\boldsymbol{B}^{\mathrm{T}}(t)\boldsymbol{P}(t)+\boldsymbol{C}^{\mathrm{T}}(t)\boldsymbol{Q}(t)\boldsymbol{C}(t)\end{aligned} \tag{6-86}$$

及其边界条件

$$\boldsymbol{P}(t_f)=\boldsymbol{C}^{\mathrm{T}}(t_f)\boldsymbol{F}\boldsymbol{C}(t_f) \tag{6-87}$$

的唯一解；$\boldsymbol{g}(t)$为 n 维伴随向量，满足下列向量微分方程：

$$-\dot{\boldsymbol{g}}(t)=[\boldsymbol{A}(t)-\boldsymbol{B}(t)\boldsymbol{R}^{-1}(t)\boldsymbol{B}^{\mathrm{T}}(t)\boldsymbol{P}(t)]^{\mathrm{T}}\boldsymbol{g}(t)+\boldsymbol{C}^{\mathrm{T}}(t)\boldsymbol{Q}(t)\boldsymbol{y}_l(t) \tag{6-88}$$

及其边界条件

$$\boldsymbol{g}(t_f)=\boldsymbol{C}^{\mathrm{T}}(t_f)\boldsymbol{F}\boldsymbol{y}_l(t_f) \tag{6-89}$$

最优跟踪闭环系统

$$\dot{\boldsymbol{x}}(t)=[\boldsymbol{A}(t)-\boldsymbol{B}(t)\boldsymbol{R}^{-1}(t)\boldsymbol{B}^{\mathrm{T}}(t)\boldsymbol{P}(t)]\boldsymbol{x}(t)+\boldsymbol{B}(t)\boldsymbol{R}^{-1}(t)\boldsymbol{B}^{\mathrm{T}}(t)\boldsymbol{g}(t) \tag{6-90}$$

满足初始条件

$$\boldsymbol{x}(t_0)=\boldsymbol{x}_0 \tag{6-91}$$

的解，为最优轨线 $\boldsymbol{x}^*(t)$。

证明 令哈密顿函数

$$\begin{aligned}H=&\frac{1}{2}[\boldsymbol{y}_l(t)-\boldsymbol{C}(t)\boldsymbol{x}(t)]^{\mathrm{T}}\boldsymbol{Q}(t)[\boldsymbol{y}_l(t)-\boldsymbol{C}(t)\boldsymbol{x}(t)]\\&+\frac{1}{2}\boldsymbol{u}^{\mathrm{T}}(t)\boldsymbol{R}(t)\boldsymbol{u}(t)+\boldsymbol{x}^{\mathrm{T}}(t)\boldsymbol{A}^{\mathrm{T}}(t)\boldsymbol{\lambda}(t)+\boldsymbol{u}^{\mathrm{T}}(t)\boldsymbol{B}^{\mathrm{T}}(t)\boldsymbol{\lambda}(t)\end{aligned} \tag{6-92}$$

式中 $\boldsymbol{\lambda}(t)$为 $n\times 1$ 维拉格朗日乘子向量。

由极值条件

$$\frac{\partial H}{\partial \boldsymbol{u}}=\boldsymbol{R}(t)\boldsymbol{u}(t)+\boldsymbol{B}^{\mathrm{T}}(t)\boldsymbol{\lambda}(t)=\boldsymbol{0} \tag{6-93}$$

得

$$\boldsymbol{u}^*(t)=-\boldsymbol{R}^{-1}(t)\boldsymbol{B}^{\mathrm{T}}(t)\boldsymbol{\lambda}(t) \tag{6-94}$$

因

$$\frac{\partial^2 H}{\partial \boldsymbol{u}^2}=\boldsymbol{R}(t)>\boldsymbol{0}$$

所以式(6-94)表示的 $\boldsymbol{u}^*(t)$可使 H 极小。

由正则方程

$$\dot{\boldsymbol{x}}(t)=\frac{\partial H}{\partial \boldsymbol{\lambda}}=\boldsymbol{A}(t)\boldsymbol{x}(t)-\boldsymbol{B}(t)\boldsymbol{R}^{-1}(t)\boldsymbol{B}^{\mathrm{T}}(t)\boldsymbol{\lambda}(t) \tag{6-95}$$

$$\dot{\boldsymbol{\lambda}}(t)=-\frac{\partial H}{\partial \boldsymbol{x}}=-\boldsymbol{C}^{\mathrm{T}}(t)\boldsymbol{Q}(t)\boldsymbol{C}(t)\boldsymbol{x}(t)-\boldsymbol{A}^{\mathrm{T}}(t)\boldsymbol{\lambda}(t)+\boldsymbol{C}^{\mathrm{T}}(t)\boldsymbol{Q}(t)\boldsymbol{y}_l(t) \tag{6-96}$$

令

$$\boldsymbol{\lambda}(t)=\boldsymbol{P}(t)\boldsymbol{x}(t)-\boldsymbol{g}(t) \tag{6-97}$$

其横截条件

$$\boldsymbol{\lambda}(t_f)=\frac{\partial}{\partial \boldsymbol{x}(t_f)}\left\{\frac{1}{2}\boldsymbol{e}^{\mathrm{T}}(t_f)\boldsymbol{F}\boldsymbol{e}(t_f)\right\}=\boldsymbol{C}^{\mathrm{T}}(t_f)\boldsymbol{F}\boldsymbol{C}(t_f)\boldsymbol{x}(t_f)-\boldsymbol{C}^{\mathrm{T}}(t_f)\boldsymbol{F}\boldsymbol{y}_l(t_f) \quad (6\text{-}98)$$

将式(6-97)两端对 t 求导,得

$$\dot{\boldsymbol{\lambda}}(t)=\dot{\boldsymbol{P}}(t)\boldsymbol{x}(t)+\boldsymbol{P}(t)\dot{\boldsymbol{x}}(t)-\dot{\boldsymbol{g}}(t) \quad (6\text{-}99)$$

将式(6-97)代入式(6-95),有

$$\dot{\boldsymbol{x}}(t)=[\boldsymbol{A}(t)-\boldsymbol{B}(t)\boldsymbol{R}^{-1}(t)\boldsymbol{B}^{\mathrm{T}}(t)\boldsymbol{P}(t)]\boldsymbol{x}(t)+\boldsymbol{B}(t)\boldsymbol{R}^{-1}(t)\boldsymbol{B}^{\mathrm{T}}(t)\boldsymbol{g}(t) \quad (6\text{-}100)$$

将式(6-100)代入式(6-99),整理后得

$$\begin{aligned}\dot{\boldsymbol{\lambda}}(t)=&[\dot{\boldsymbol{P}}(t)+\boldsymbol{P}(t)\boldsymbol{A}(t)-\boldsymbol{P}(t)\boldsymbol{B}(t)\boldsymbol{R}^{-1}(t)\boldsymbol{B}^{\mathrm{T}}(t)\boldsymbol{P}(t)]\boldsymbol{x}(t)\\&+\boldsymbol{P}(t)\boldsymbol{B}(t)\boldsymbol{R}^{-1}(t)\boldsymbol{B}^{\mathrm{T}}(t)\boldsymbol{g}(t)-\dot{\boldsymbol{g}}(t)\end{aligned} \quad (6\text{-}101)$$

同时,将式(6-97)代入协态方程(6-96),得

$$\dot{\boldsymbol{\lambda}}(t)=[-\boldsymbol{C}^{\mathrm{T}}(t)\boldsymbol{Q}(t)\boldsymbol{C}(t)-\boldsymbol{A}^{\mathrm{T}}(t)\boldsymbol{P}(t)]\boldsymbol{x}(t)+\boldsymbol{A}^{\mathrm{T}}(t)\boldsymbol{g}(t)+\boldsymbol{C}^{\mathrm{T}}(t)\boldsymbol{Q}(t)\boldsymbol{y}_l(t) \quad (6\text{-}102)$$

只要最优解存在,式(6-101)和(6-102)对所有的 $\boldsymbol{x}(t)$ 和 $\boldsymbol{y}_l(t)$ 都应成立。因此,$n\times n$ 矩阵 $\boldsymbol{P}(t)$ 必满足黎卡提方程(6-86);n 维列向量 $\boldsymbol{g}(t)$ 必满足向量微分方程(6-88)。其边界条件可由式(6-97)和(6-98)推得。

在式(6-97)中,令 $t=t_f$,有

$$\boldsymbol{\lambda}(t_f)=\boldsymbol{P}(t_f)\boldsymbol{x}(t_f)-\boldsymbol{g}(t_f) \quad (6\text{-}103)$$

式(6-103)与横截条件(6-98)相比,可知边界条件(6-87)和(6-89)成立。

因$\{\boldsymbol{A}(t),\boldsymbol{C}(t)\}$完全可观,故 $\boldsymbol{C}(t)\neq\boldsymbol{0}$, $\forall t\in[t_0,t_f]$;且已知 $\boldsymbol{F}\geqslant\boldsymbol{0}$,所以 $\boldsymbol{P}(t_f)\geqslant\boldsymbol{0}$,从而 $\boldsymbol{P}(t)\geqslant\boldsymbol{0}$。

因为 $\boldsymbol{P}(t)$ 及 $\boldsymbol{g}(t)$ 均可解,所以将式(6-97)代入式(6-94),得最优控制

$$\boldsymbol{u}^*(t)=-\boldsymbol{R}^{-1}(t)\boldsymbol{B}^{\mathrm{T}}(t)[\boldsymbol{P}(t)\boldsymbol{x}(t)-\boldsymbol{g}(t)] \quad (6\text{-}104)$$

将式(6-104)代入状态方程(6-79),可得最优闭环系统(6-90)。因为式(6-90)满足极小值原理的必要条件,故其在初始条件(6-91)下的解,一定是最优轨线 $\boldsymbol{x}^*(t)$。

关于 $\boldsymbol{u}^*(t)$ 的唯一性以及 $\boldsymbol{P}(t)$ 的对称性和唯一性,是显然的。

对于定理 6-5,有如下几点说明。

1) 最优跟踪系统的反馈结构与希望输出无关,和最优输出调节器的反馈结构相同。

式(6-104)表明,最优跟踪系统的控制律由反馈项 $-\boldsymbol{R}^{-1}(t)\boldsymbol{B}^{\mathrm{T}}(t)\boldsymbol{P}(t)\boldsymbol{x}(t)$ 以及前馈项 $\boldsymbol{R}^{-1}(t)\boldsymbol{B}^{\mathrm{T}}(t)\boldsymbol{g}(t)$ 构成。黎卡提方程(6-86)及其边界条件(6-87)均与 $\boldsymbol{y}_l(t)$ 无关,因而 $\boldsymbol{P}(t)$ 与希望输出无关。将式(6-86)、式(6-87)与有限时间最优输出调节器定理 6-1 中的式(6-9)、式(6-10)相比,发现它们完全相同,故其反馈结构相同。

2) 最优跟踪系统的闭环特征值,与最优输出调节器的闭环特征值相同,因而跟踪系统的动态性能也与希望输出无关。

将式(6-100)与定理 6-1 中的式(6-8)相比较可知,其闭环系统矩阵完全相同,因而闭环特征值必相同。由于闭环系统矩阵与希望输出无关,而系统动态性能仅取决于其特征值,与外加激励函数无关,故动态性能与希望输出无关。

3) 最优跟踪系统中伴随系统的动态性能与希望输出无关。

最优跟踪系统与最优输出调节器系统的主要差别反映在向量 $\boldsymbol{g}(t)$ 上。比较式(6-88)和式(6-90)可见,它们的齐次部分正好互为负的转置矩阵,因此式(6-88)称为式(6-90)的伴随方程。若令 $\boldsymbol{\Psi}(t,t_0)$ 是式(6-88)的转移矩阵,$\boldsymbol{\Phi}(t,t_0)$ 是式(6-90)的转移矩阵,则有下列

关系式

$$\boldsymbol{\Psi}^{\mathrm{T}}(t,t_0)\boldsymbol{\Phi}(t,t_0)=\boldsymbol{I} \tag{6-105}$$

或者说，伴随系统(6-88)的特征值，是闭环系统(6-90)特征值的负数。因而，伴随系统(6-88)的动态性能也和希望输出无关，希望输出 $\boldsymbol{y}_l(t)$ 可以看作是伴随系统的激励函数，用以激励信号 $\boldsymbol{g}(t)$。

4) 最优控制的现在值与希望输出的将来值有关。

对于伴随系统(6-88)，设 $\boldsymbol{g}(t)$ 为现在值，$\boldsymbol{\Psi}(t_f,t)$ 为转移矩阵，则有

$$\boldsymbol{g}(t_f)=\boldsymbol{C}^{\mathrm{T}}(t_f)\boldsymbol{F}\boldsymbol{y}_l(t_f)=\boldsymbol{\Psi}(t_f,t)\left[\boldsymbol{g}(t)-\int_t^{t_f}\boldsymbol{\Psi}^{-1}(\tau,t)\boldsymbol{C}^{\mathrm{T}}(\tau)\boldsymbol{Q}(\tau)\boldsymbol{y}_l(\tau)\mathrm{d}\tau\right] \tag{6-106}$$

于是

$$\boldsymbol{g}(t)=\boldsymbol{\Psi}^{-1}(t_f,t)\boldsymbol{g}(t_f)+\int_t^{t_f}\boldsymbol{\Psi}^{-1}(\tau,t)\boldsymbol{C}^{\mathrm{T}}(\tau)\boldsymbol{Q}(\tau)\boldsymbol{y}_l(\tau)\mathrm{d}\tau \tag{6-107}$$

式(6-107)表明，为了计算 $\boldsymbol{g}(t)$ 的现在值，必须已知希望输出 $\boldsymbol{y}_l(t)$ 在 $[t,t_f]$ 区间上的全部将来值。由于最优控制律表达式(6-85)中包含 $\boldsymbol{g}(t)$ 的计算，故计算最优控制 $\boldsymbol{u}^*(t)$ 的现在值，必须知道希望输出 $\boldsymbol{y}_l(t)$ 的全部将来值。

一般来说，希望输出往往难以事先确定，因而在设计最优跟踪系统时，可以采用两种方法处理：一种是把希望输出看成某种典型的变化规律；另一种是把希望输出看成随机信号。在前一种情况下，系统的工作性能取决于希望输出的实际值与预定值的符合程度；在后一种情况下，系统的工作性能在平均意义下最优，但不能保证在任一次试验中，系统的响应都是满意的。

5) 关于 $\boldsymbol{P}(t)$ 和 $\boldsymbol{g}(t)$ 的计算问题。

由于 $\boldsymbol{P}(t)$ 与希望输出及初态无关，故可离线算出 $\boldsymbol{P}(t)$ 在 $t\in[t_0,t_f]$ 上的全部值。知道 $\boldsymbol{P}(t)$ 和 $\boldsymbol{y}_l(t)$ 以后，可以利用边界条件(6-89)逆时间求解式(6-88)，也可以利用下式：

$$\boldsymbol{g}(t_0)=\boldsymbol{\Psi}^{-1}(t_f,t_0)\boldsymbol{C}^{\mathrm{T}}(t_f)\boldsymbol{F}\boldsymbol{y}_l(t_f)+\int_{t_0}^{t_f}\boldsymbol{\Psi}^{-1}(\tau,t_0)\boldsymbol{C}^{\mathrm{T}}(\tau)\boldsymbol{Q}(\tau)\boldsymbol{y}_l(\tau)\mathrm{d}\tau \tag{6-108}$$

顺时间求解式(6-88)，得到伴随向量 $\boldsymbol{g}(t)$。

有限时间最优跟踪系统的结构图，如图 6-5 所示。

例 6-4 已知一阶系统的动态方程为

$$\dot{x}(t)=ax(t)+u(t),\quad x(0)=x_0$$
$$y(t)=x(t)$$

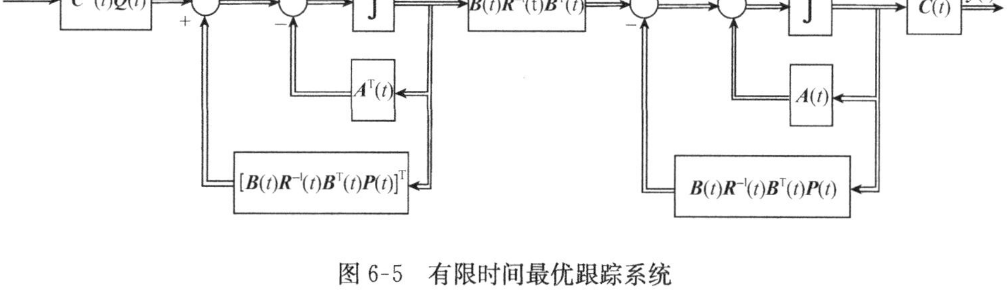

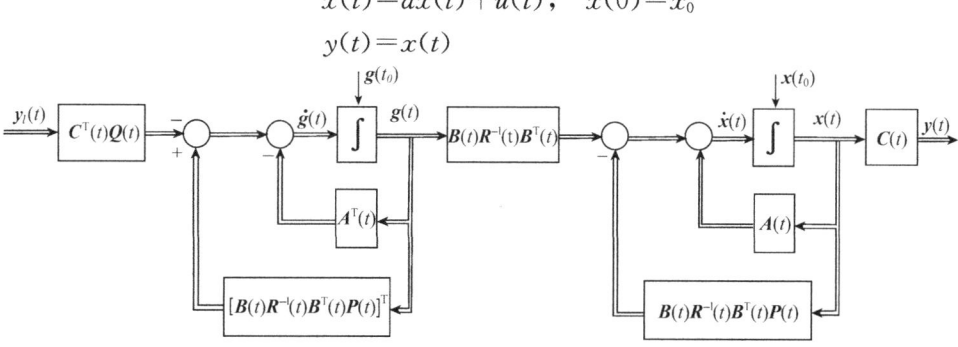

图 6-5 有限时间最优跟踪系统

控制函数 $u(t)$不受约束。用 $\tilde{y}(t)$表示希望输出，误差方程是

$$e(t)=\tilde{y}(t)-y(t)=\tilde{y}(t)-x(t)$$

要求最优控制 $u^*(t)$，使性能指标

$$J=\frac{1}{2}fe^2(t_f)+\frac{1}{2}\int_0^{t_f}\left[qe^2(t)+ru^2(t)\right]\mathrm{d}t$$

极小。其中 $f\geqslant 0, q>0, r>0$。

解 本例为有限时间定常跟踪系统。显然，系统可观。最优控制律

$$u^*(t)=-\frac{1}{r}\left[p(t)x(t)-g(t)\right]$$

式中 $p(t)$满足

$$\dot{p}(t)=-2ap(t)+\frac{1}{r}p^2(t)-q, \quad p(t_f)=f$$

$g(t)$满足

$$\dot{g}(t)=-\left[a-\frac{1}{r}p(t)\right]g(t)-q\tilde{y}(t), \quad g(t_f)=f\tilde{y}(t_f)$$

最优轨线 $x^*(t)$满足

$$\dot{x}=\left[a-\frac{1}{r}p(t)\right]x(t)+\frac{1}{r}g(t), \quad x(0)=x_0$$

① 最优阶跃跟踪响应。取 $\tilde{y}(t)=1(t)$，系统参数：$a=-1, f=0, q=1, t_f=1, x(0)=0$。最优跟踪系统响应曲线如图 6-6 所示。其中，图 6-6(a)表明，当 q 一定时，r 减少可提高输出跟踪能力，但由于无终点指标要求，在接近终端时，控制趋于零，以至于跟踪误差加大。图 6-6(b)表示伴随量的响应，r 越小，$g(t)$的起始段越平坦，在 t 较小时，$g(t)$可视为常量。图 6-6(c)表示控制$u(t)$的变化曲线，r 越小，$u(t)$变化越大；在终点处，$u(t_f)=0$，这就是在终端时跟踪误差反而增大的原因。

② 积分系统的最优阶跃跟踪响应。取 $\tilde{y}(t)=1(t)$，$a=0$，其他参数不变。此时，系统成为纯积分系统，其阶跃最优跟踪响应如图 6-7 所示。由图可见，在接近终端时，系统的跟踪误差并不增大，这是由于系统的积分特性决定的。

③ 开环不稳定系统的阶跃跟踪响应。取 $\tilde{y}(t)=1(t)$，$a=+1$，其他参数不变。此时，开环系统不稳定，阶跃跟踪响应如图6-8所示。由图可见，当 t 接近末端时刻 t_f 时，输出

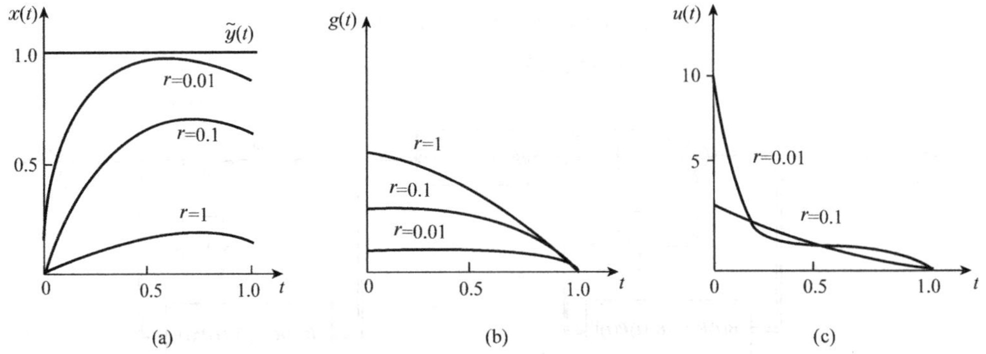

图 6-6 最优跟踪系统响应曲线

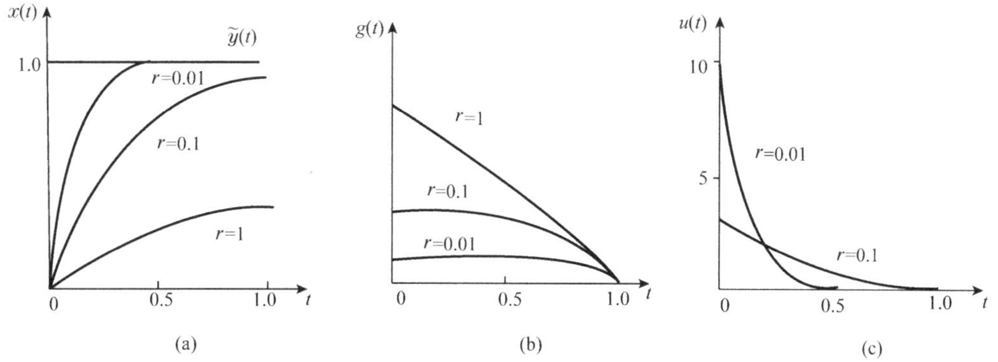

图 6-7　最优跟踪系统($a=0$)响应曲线

$y(t)$仍趋向于希望输出 $\tilde{y}(t)$，但会产生负的终端跟踪误差；当 $r=0.01$ 时，最优控制函数 $u(t)$有一段负值，以对付不稳定性，使跟踪误差保持在较小的值上。

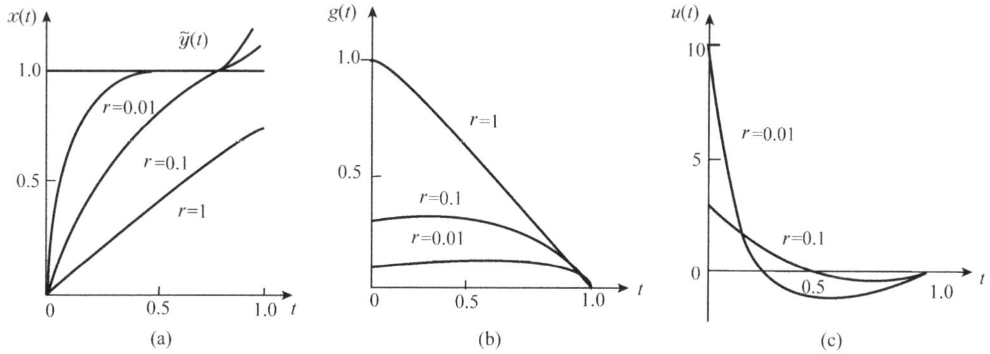

图 6-8　跟踪系统($a=+1$)响应曲线

④ 积分系统的方波跟踪响应。取系统参数：$a=0$，$f=0$，$q=1$，$t_f=5$，$x(0)=1$。希望输出函数取为

$$\tilde{y}(t)=\begin{cases}0, & 0\leqslant t<2.5\\ 1, & 2.5\leqslant t\leqslant 5.0\end{cases} \tag{6-109}$$

最优方波跟踪系统的响应如图 6-9 所示。其中，图 6-9(a)表明，当 $r=0.01$ 时，系统跟踪性能较好，在 $t\in[0,1.5]$区间，系统工作情况类似于状态调节器，系统性能预测即将有阶跃信号到来，因此系统输出在 $t=2$ 时就开始增长，这样当 $t=2.5$ 阶跃信号输入时，输出变量迅速上升到希望输出值，使得 $t>2.5$ 时的跟踪误差较小；当 $r=1$ 时，系统的跟踪性能明显变坏。图 6-9(b)表示伴随量 $g(t)$的变化情况，当 $r=0.01$ 时，在 $t=0$ 到 t 大约为 2 的一段时间区间内，$g(t)=0$，表明此时系统工作于调节器状态。

⑤ 积分系统的正弦跟踪响应。取系统参数同④。希望输出函数取为

$$\tilde{y}(t)=2\sin 4t,\quad t\in[0,5] \tag{6-110}$$

最优正弦跟踪系统的响应如图 6-10 所示。由图可见，当 $r=0.01$ 时，系统的跟踪性能较好；而当 $r=1$ 时，系统的跟踪性能极差。

以上多次计算结果表明：最优跟踪系统性能指标中的权阵选取，对系统性能的影响极

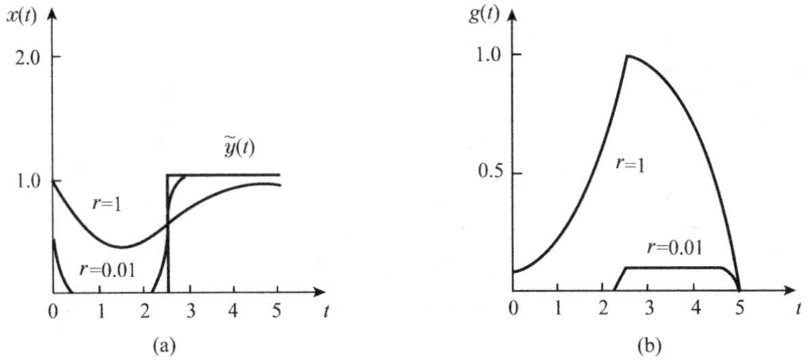

图 6-9　方波跟踪响应曲线

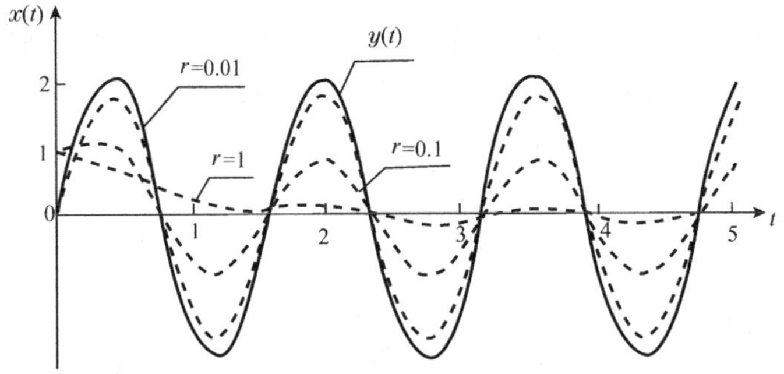

图 6-10　正弦波跟踪响应曲线

大。对于一阶跟踪系统，误差量的权系数 q 应选得比控制量的权系数 r 大 50～100 倍，可以获得较好的跟踪性能。

6.3.2　无限时间定常跟踪系统

对于无限时间跟踪系统问题，目前还没有一般性的求解方法。当希望输出为定常向量时，无限时间定常最优跟踪系统问题有如下近似结果。

定理 6-6　已知线性定常系统的动态方程为

$$\dot{\boldsymbol{x}}(t)=\boldsymbol{A}\boldsymbol{x}(t)+\boldsymbol{B}\boldsymbol{u}(t),\quad \boldsymbol{x}(0)=\boldsymbol{x}_0 \tag{6-111}$$

$$\boldsymbol{y}(t)=\boldsymbol{C}\boldsymbol{x}(t) \tag{6-112}$$

式中 $\boldsymbol{x}(t)\in R^n$；$\boldsymbol{u}(t)\in R^m$，且无约束，$\boldsymbol{y}(t)\in R^l$，$0<l\leqslant m\leqslant n$；$\boldsymbol{A}$、$\boldsymbol{B}$、$\boldsymbol{C}$ 为维数适当的常数矩阵。

设 $\hat{\boldsymbol{y}}_l$ 为 l 维定常希望输出常向量，$\boldsymbol{e}(t)$ 为误差向量，由下式定义：

$$\boldsymbol{e}(t)=\hat{\boldsymbol{y}}_l-\boldsymbol{y}(t) \tag{6-113}$$

性能指标

$$J=\frac{1}{2}\int_0^{\infty}\left[\boldsymbol{e}^{\mathrm{T}}(t)\boldsymbol{Q}\boldsymbol{e}(t)+\boldsymbol{u}^{\mathrm{T}}(t)\boldsymbol{R}\boldsymbol{u}(t)\right]\mathrm{d}t \tag{6-114}$$

式中 $\boldsymbol{Q}$ 和 $\boldsymbol{R}$ 均为对称正定常数矩阵。

若阵对$\{\boldsymbol{A},\boldsymbol{B}\}$完全可控，阵对$\{\boldsymbol{A},\boldsymbol{C}\}$完全可观，则近似最优控制

$$\hat{\boldsymbol{u}}(t)=-\boldsymbol{R}^{-1}\boldsymbol{B}^{\mathrm{T}}\hat{\boldsymbol{P}}\boldsymbol{x}(t)+\boldsymbol{R}^{-1}\boldsymbol{B}^{\mathrm{T}}\hat{\boldsymbol{g}} \tag{6-115}$$

式中 $\hat{\boldsymbol{P}}$ 为对称正定常阵，满足下列黎卡提代数方程：

$$\hat{\boldsymbol{P}}\boldsymbol{A}+\boldsymbol{A}^{\mathrm{T}}\hat{\boldsymbol{P}}-\hat{\boldsymbol{P}}\boldsymbol{B}\boldsymbol{R}^{-1}\boldsymbol{B}^{\mathrm{T}}\hat{\boldsymbol{P}}+\boldsymbol{C}^{\mathrm{T}}\boldsymbol{Q}\boldsymbol{C}=\boldsymbol{0} \tag{6-116}$$

常值伴随向量

$$\hat{\boldsymbol{g}}=[\hat{\boldsymbol{P}}\boldsymbol{B}\boldsymbol{R}^{-1}\boldsymbol{B}^{\mathrm{T}}-\boldsymbol{A}^{\mathrm{T}}]^{-1}\boldsymbol{C}^{\mathrm{T}}\boldsymbol{Q}\hat{\boldsymbol{y}}_l \tag{6-117}$$

向量微分方程

$$\dot{\boldsymbol{x}}(t)=(\boldsymbol{A}-\boldsymbol{B}\boldsymbol{R}^{-1}\boldsymbol{B}^{\mathrm{T}}\hat{\boldsymbol{P}})\boldsymbol{x}(t)+\boldsymbol{B}\boldsymbol{R}^{-1}\boldsymbol{B}^{\mathrm{T}}\hat{\boldsymbol{g}},\quad \boldsymbol{x}(0)=\boldsymbol{x}_0 \tag{6-118}$$

的解，为近似最优轨线 $\hat{\boldsymbol{x}}(t)$。

证明 由于$\{\boldsymbol{A},\boldsymbol{B}\}$可控，故存在稳态解

$$\hat{\boldsymbol{P}}=\lim_{t_f\to\infty}\boldsymbol{P}(t)=\mathrm{const}$$

且满足式(6-116)。

因为$\{\boldsymbol{A},\boldsymbol{C}\}$可观，必有 $\hat{\boldsymbol{P}}>\boldsymbol{0}$。设终端时间 t_f 为相当大的有限值，并设 T_1 和 T_2 为另外两个很大的时间值，且满足

$$0\ll T_1\ll T_2\ll t_f<\infty$$

因为 $t_f\gg T_2$，所以对于所有 $t\in[0,T_2]$，可用稳态解 $\hat{\boldsymbol{P}}$ 近似代替 $\boldsymbol{P}(t)$，即

$$\boldsymbol{P}(t)\approx\hat{\boldsymbol{P}}\quad \forall t\in[0,T_2] \tag{6-119}$$

由定理 6-5，最优闭环系统(6-90)可表示为

$$\dot{\boldsymbol{x}}(t)\approx(\boldsymbol{A}-\boldsymbol{B}\boldsymbol{R}^{-1}\boldsymbol{B}^{\mathrm{T}}\hat{\boldsymbol{P}})\boldsymbol{x}(t)+\boldsymbol{B}\boldsymbol{R}^{-1}\boldsymbol{B}^{\mathrm{T}}\boldsymbol{g}(t),\quad t\in[0,T_2] \tag{6-120}$$

伴随方程(6-88)可表示为

$$\dot{\boldsymbol{g}}(t)\approx-(\boldsymbol{A}-\boldsymbol{B}\boldsymbol{R}^{-1}\boldsymbol{B}^{\mathrm{T}}\hat{\boldsymbol{P}})^{\mathrm{T}}\boldsymbol{g}(t)-\boldsymbol{C}^{\mathrm{T}}\boldsymbol{Q}\hat{\boldsymbol{y}}_l,\quad t\in[0,T_2] \tag{6-121}$$

定义下列矩阵

$$\boldsymbol{G}=\boldsymbol{A}-\boldsymbol{B}\boldsymbol{R}^{-1}\boldsymbol{B}^{\mathrm{T}}\hat{\boldsymbol{P}} \tag{6-122}$$

$$\boldsymbol{S}=\boldsymbol{B}\boldsymbol{R}^{-1}\boldsymbol{B}^{\mathrm{T}} \tag{6-123}$$

$$\boldsymbol{W}=\boldsymbol{C}^{\mathrm{T}}\boldsymbol{Q} \tag{6-124}$$

则式(6-120)和(6-121)可写成

$$\dot{\boldsymbol{x}}(t)\approx\boldsymbol{G}\boldsymbol{x}(t)+\boldsymbol{S}\boldsymbol{g}(t),\quad t\in[0,T_2] \tag{6-125}$$

$$\dot{\boldsymbol{g}}(t)\approx-\boldsymbol{G}^{\mathrm{T}}\boldsymbol{g}(t)-\boldsymbol{W}\hat{\boldsymbol{y}}_l,\quad t\in[0,T_2] \tag{6-126}$$

$\{\boldsymbol{A},\boldsymbol{C}\}$可观可以保证闭环系统(6-90)渐近稳定，即

$$\mathrm{Re}\lambda_i\{\boldsymbol{G}\}<0,\quad i=1,2,\cdots,n$$

故有

$$\mathrm{Re}\lambda_i\{-\boldsymbol{G}^{\mathrm{T}}\}>0,\quad i=1,2,\cdots,n$$

因此，伴随系统(6-126)是不稳定的。但是，由于性能指标式(6-114)中无终端指标，所以由式(6-89)知，$\boldsymbol{g}(t_f)=\boldsymbol{0}$，且下列向量是有限的

$$\boldsymbol{g}(T_2)=\int_{T_2}^{t_f}\boldsymbol{\Psi}^{-1}(\tau,T_2)\boldsymbol{C}^{\mathrm{T}}\boldsymbol{Q}\hat{\boldsymbol{y}}_l\mathrm{d}\tau\neq\boldsymbol{0} \tag{6-127}$$

对于线性定常伴随系统(6-126)，状态转移矩阵可表示为

$$\boldsymbol{\Psi}(T_2,t)=\mathrm{e}^{-\boldsymbol{G}^{\mathrm{T}}(T_2-t)} \tag{6-128}$$

设 $\boldsymbol{g}(t)$为现在值，则伴随系统(6-126)在 T_2 时刻的解为

$$\boldsymbol{g}(T_2)\approx\boldsymbol{\Psi}(T_2,t)\left[\boldsymbol{g}(t)-\int_t^{T_2}\boldsymbol{\Psi}^{-1}(\tau,t)\boldsymbol{W}\hat{\boldsymbol{y}}_l\mathrm{d}\tau\right]$$

$$= e^{-G^T(T_2-t)}\left[g(t)-\int_t^{T_2} e^{G^T(\tau-t)}W\hat{y}_l d\tau\right], \quad t\in[0,T_2] \tag{6-129}$$

或写为

$$g(t)\approx e^{G^T T_2}e^{-G^T t}g(T_2)+\int_t^{T_2} e^{G^T(\tau-t)}W\hat{y}_l d\tau, \quad t\in[0,T_2] \tag{6-130}$$

由于 W 和 $\hat{y}_l$ 分别为常阵及常向量，故有

$$\int_t^{T_2} e^{G^T(\tau-t)}W\hat{y}_l d\tau=\left(\int_t^{T_2} e^{G^T\tau}d\tau\right)e^{-G^T t}W\hat{y}_l \tag{6-131}$$

因为 $\mathrm{Re}\lambda_i\{G^T\}<0$，故 $(G^T)^{-1}$ 存在。根据矩阵指数性质

$$\int_t^{T_2} e^{G_\tau^T}d\tau=(G^T)^{-1}\int_t^{T_2}\frac{d}{d\tau}e^{G^T\tau}d\tau=(G^T)^{-1}[e^{G^T T_2}-e^{G^T t}] \tag{6-132}$$

将式(6-132)代入式(6-131)，可得

$$\int_t^{T_2} e^{G^T(\tau-t)}W\hat{y}_l d\tau=(G^T)^{-1}e^{G^T T_2}e^{-G^T t}W\hat{y}_l-(G^T)^{-1}W\hat{y}_l \tag{6-133}$$

将式(6-133)代入式(6-130)，并利用 $(G^T)^{-1}$ 与 $e^{G^T T_2}$ 乘积可交换的事实，得

$$g(t)\approx-(G^T)^{-1}W\hat{y}_l+e^{G^T T_2}[(G^T)^{-1}e^{-G^T t}W\hat{y}_l+e^{-G^T t}g(T_2)], \quad t\in[0,T_2] \tag{6-134}$$

当

$$0\ll T_1\ll T_2, \quad t\in[0,T_1]$$

由于 $\mathrm{Re}\lambda_i\{G^T\}<0, i=1,2,\cdots,n$，则由引理 6-2 知，对充分大的 T_2，必有

$$e^{G^T T_2}\approx \mathbf{0} \tag{6-135}$$

于是，式(6-134)进一步近似为

$$g(t)\approx-(G^T)^{-1}W\hat{y}_l=\hat{g}, \quad t\in[0,T_1] \tag{6-136}$$

式(6-136)说明，当 t 较小时，伴随向量 $g(t)$ 近似为常值向量；t_f、T_1 及 T_2 越大，式(6-136)近似程度越高；只要 t_f 取得很大，近似式(6-136)有足够的工程准确度。

将近似式(6-119)和式(6-136)代入有限时间跟踪系统的最优控制律(6-85)，可得无限时间跟踪系统的近似最优控制律(6-115)。

无限时间定常近似最优跟踪系统结构图如图 6-11 所示。

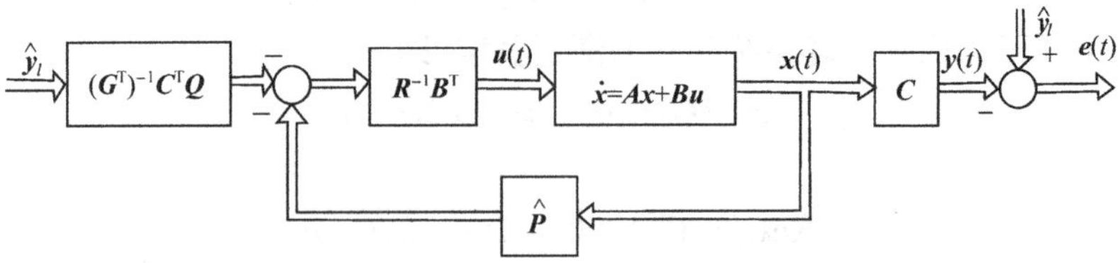

图 6-11　定常跟踪系统结构图

引理 6-2　若 A 为 $n\times n$ 维实常阵，且有

$$\mathrm{Re}\lambda_i\{A\}<0, \quad i=1,2,\cdots,n$$

则当 T 充分大时，有

$$e^{AT}\approx\mathbf{0}$$

证明　不失一般性，设 A 有各异特征值 $\lambda_i, i=1,2,\cdots,n$，必存在非奇异变换矩阵

$$P=[p_1 \quad p_2 \quad \cdots \quad p_n]$$

式中 $p_i, i=1,2,\cdots,n$，为特征向量。使得

$$\boldsymbol{\Lambda}=\boldsymbol{P}^{-1}\boldsymbol{A}\boldsymbol{P}=\mathrm{diag}\{\lambda_1,\lambda_2,\cdots,\lambda_n\}$$

式中

$$\boldsymbol{P}^{-1}=[\boldsymbol{q}_1^{\mathrm{T}}\quad \boldsymbol{q}_2^{\mathrm{T}}\quad \cdots\quad \boldsymbol{q}_n^{\mathrm{T}}]^{\mathrm{T}}$$

因为

$$(s\boldsymbol{I}-\boldsymbol{\Lambda})^{-1}=\mathrm{diag}\{(s-\lambda_1)^{-1},(s-\lambda_2)^{-1},\cdots,(s-\lambda_n)^{-1}\}$$

所以

$$\mathrm{e}^{\boldsymbol{A}t}=\mathrm{e}^{\boldsymbol{P\Lambda P}^{-1}}\boldsymbol{t}=\mathscr{L}^{-1}[(s\boldsymbol{I}-\boldsymbol{P\Lambda P}^{-1})^{-1}]=\sum_{i=1}^{n}R_i\mathrm{e}^{\lambda_i t}$$

式中 $R_i=\boldsymbol{p}_i\boldsymbol{q}_i\neq 0$，$\mathrm{Re}\lambda_i<0$，$i=1,2,\cdots,n$。

令 $t=T$，且 T 充分大，必有

$$\mathrm{e}^{\boldsymbol{A}T}=\sum_{i=1}^{n}R_i\mathrm{e}^{\lambda_i T}\approx\boldsymbol{0}$$

例 6-5 设系统动态方程

$$\dot{x}_1(t)=x_2(t)$$
$$\dot{x}_2(t)=-2x_2(t)+u(t)$$
$$y(t)=x_1(t)$$

性能指标

$$J=\frac{1}{2}\int_0^{\infty}[e^2(t)+u^2(t)]\mathrm{d}t$$

试求近似最优控制 $\hat{u}(t)$。其中 $e(t)=\hat{y}_l-y(t)$，$\hat{y}_l=a$(常数)。

解 本例为无限时间定常跟踪系统问题。由题意

$$\boldsymbol{A}=\begin{bmatrix}0 & 1\\0 & -2\end{bmatrix},\quad \boldsymbol{b}=\begin{bmatrix}0\\1\end{bmatrix},\quad \boldsymbol{c}=[1\quad 0],\quad q=r=1$$

① 检验系统的可控性与可观性。

$$\mathrm{rank}[\boldsymbol{b}\quad \boldsymbol{Ab}]=\mathrm{rank}\begin{bmatrix}0 & 1\\1 & -2\end{bmatrix}=2$$

$$\mathrm{rank}\begin{bmatrix}\boldsymbol{c}\\\boldsymbol{cA}\end{bmatrix}=\mathrm{rank}\begin{bmatrix}1 & 0\\0 & 1\end{bmatrix}=2$$

故系统完全可控、可观，近似最优控制 $\hat{u}(t)$存在。

② 求 $\hat{\boldsymbol{P}}$ 并检验其正定性。令 $\hat{\boldsymbol{P}}=\begin{bmatrix}p_{11} & p_{12}\\p_{12} & p_{22}\end{bmatrix}$，由式(6-116)不难求得

$$\hat{\boldsymbol{P}}=\begin{bmatrix}2.45 & 1\\1 & 0.45\end{bmatrix}>\boldsymbol{0}$$

③ 求常值伴随向量 $\hat{\boldsymbol{g}}$。由式(6-117)，得

$$\hat{\boldsymbol{g}}=(\hat{\boldsymbol{P}}\boldsymbol{b}r^{-1}\boldsymbol{b}^{\mathrm{T}}-\boldsymbol{A}^{\mathrm{T}})^{-1}\boldsymbol{C}^{\mathrm{T}}qa=\begin{bmatrix}2.45a\\a\end{bmatrix}$$

④ 求近似最优控制 $\hat{u}(t)$。

$$\hat{u}(t)=-r^{-1}\boldsymbol{b}^{\mathrm{T}}\hat{\boldsymbol{P}}\boldsymbol{x}(t)+r^{-1}\boldsymbol{b}^{\mathrm{T}}\hat{\boldsymbol{g}}=-x_1(t)-0.45x_2(t)+a$$

⑤ 检验闭环系统稳定性。由式(6-118)得闭环系统方程

$$\dot{\boldsymbol{x}}(t)=\begin{bmatrix}0 & 1\\ -1 & -2.45\end{bmatrix}\boldsymbol{x}(t)+\begin{bmatrix}0\\ a\end{bmatrix}$$

求出闭环系统特征值:$\lambda_1=-0.5175$,$\lambda_2=-1.9325$。闭环系统是渐近稳定的。

习　　题

6-1　已知系统动态方程

$$\dot{x}_1(t)=x_2(t)$$
$$\dot{x}_2(t)=-x_1(t)+u(t)$$
$$y(t)=x_1(t)$$

性能指标

$$J=\frac{1}{2}\int_0^{\infty}[y^2(t)+u^2(t)]\mathrm{d}t$$

试构造输出调节器,使性能指标极小。

6-2　设有二次积分模型

$$\dot{x}_1(t)=x_2(t),\quad x_1(0)=0$$
$$\dot{x}_2(t)=u(t),\quad x_2(0)=1$$
$$y(t)=x_1(t)$$

性能指标

$$J=\int_0^{\infty}[y^2(t)+4u^2(t)]\mathrm{d}t$$

试求使性能指标极小的最优控制 $u^*(t)$,并求最优性能指标 J^*。

6-3　已知系统动态方程

$$\dot{\boldsymbol{x}}(t)=\begin{bmatrix}0 & 1\\ -1 & -3\end{bmatrix}\boldsymbol{x}(t)+\begin{bmatrix}0\\ 1\end{bmatrix}u(t)$$
$$y(t)=[1\quad 0]\boldsymbol{x}(t)$$

性能指标

$$J=\int_0^{\infty}[100y^2(t)+u^2(t)]\mathrm{d}t$$

试求使性能指标极小并使闭环系统渐近稳定的最优控制 $u^*(t)$。

6-4　为了乘客的舒适,稳定海轮的一种方法是采用一对鳍,鳍由执行元件控制,执行元件本身是由液压马达组成的一个反馈系统。已知控制海轮横滚运动的方程为

$$J_0\ddot{\theta}(t)+\eta\dot{\theta}(t)+\alpha\theta(t)=ku(t)$$

式中 $\theta(t)$为横滚角,可以测量,并可用来反馈;$ku(t)$是由鳍产生的横滚力矩。假定:$\alpha/J_0=$

0.3，$\eta/2\sqrt{\alpha J_0}=0.1$，以及 $k/\alpha=0.05$。试设计最优控制律 $u^*(t)$，使性能指标

$$J=\int_0^\infty \{100[\theta(t)-\theta_d(t)]^2+u^2(t)\}\mathrm{d}t$$

极小。式中 $\theta_d(t)$ 为希望的横滚角，恒为零。

6-5 试用离散极小值原理证明定理 6-4。

6-6 设完全可观线性时变系统

$$\dot{\boldsymbol{x}}(t)=\boldsymbol{A}(t)\boldsymbol{x}(t)+\boldsymbol{B}(t)\boldsymbol{u}(t)+w(t)$$
$$\boldsymbol{y}(t)=\boldsymbol{C}(t)\boldsymbol{x}(t)$$

式中 $w(t)$ 为一已知扰动向量。设 $\boldsymbol{z}(t)$ 为希望输出，定义误差向量

$$\boldsymbol{e}(t)=\boldsymbol{z}(t)-\boldsymbol{y}(t)$$

性能指标

$$J=\frac{1}{2}\boldsymbol{e}^{\mathrm{T}}(t_f)\boldsymbol{F}\boldsymbol{e}(t_f)+\frac{1}{2}\int_0^{t_f}[\boldsymbol{e}^{\mathrm{T}}(t)\boldsymbol{Q}(t)\boldsymbol{e}(t)+\boldsymbol{u}^{\mathrm{T}}(t)\boldsymbol{R}(t)\boldsymbol{u}(t)]\mathrm{d}t$$

式中 $\boldsymbol{F}=\boldsymbol{F}^{\mathrm{T}}\geqslant\boldsymbol{0}$，$\boldsymbol{Q}(t)=\boldsymbol{Q}^{\mathrm{T}}(t)\geqslant\boldsymbol{0}$，$\boldsymbol{R}(t)=\boldsymbol{R}^{\mathrm{T}}(t)>\boldsymbol{0}$。试证明最优控制为

$$\boldsymbol{u}^*(t)=\boldsymbol{R}^{-1}(t)\boldsymbol{B}^{\mathrm{T}}(t)[\boldsymbol{g}(t)-\boldsymbol{P}(t)\boldsymbol{x}(t)]$$

式中 $\boldsymbol{P}(t)$ 满足通常的黎卡提方程及边界条件，$\boldsymbol{g}(t)$ 满足下列线性微分方程：

$$\dot{\boldsymbol{g}}(t)=-[\boldsymbol{A}(t)-\boldsymbol{B}(t)\boldsymbol{R}^{-1}(t)\boldsymbol{B}^{\mathrm{T}}(t)\boldsymbol{P}(t)]^{\mathrm{T}}\boldsymbol{g}(t)-\boldsymbol{C}^{\mathrm{T}}(t)\boldsymbol{Q}(t)\boldsymbol{z}(t)+\boldsymbol{P}(t)\boldsymbol{w}(t)$$

及其边界条件

$$\boldsymbol{g}(t_f)=\boldsymbol{C}^{\mathrm{T}}(t_f)\boldsymbol{F}\boldsymbol{z}(t_f)$$

6-7 设系统动态方程为

$$\dot{x}_1(t)=x_2(t)$$
$$\dot{x}_2(t)=u(t)$$
$$y(t)=x_1(t)$$

性能指标

$$J=\frac{1}{2}\int_0^\infty \{[\hat{y}_l-y(t)]^2+u^2(t)\}\mathrm{d}t$$

式中，希望输出 $\hat{y}_l=1(t)$。试求近似最优控制 $\hat{u}(t)$。

6-8 已知系统动态方程为

$$\dot{x}_1(t)=x_2(t)$$
$$\dot{x}_2(t)=-x_2(t)+10u(t)$$
$$y(t)=x_1(t)$$

性能指标

$$J=\frac{1}{2}\int_0^\infty \{[y(t)-1]^2+u^2(t)\}\mathrm{d}t$$

试求近似最优控制 $\hat{u}(t)$。

6-9 设有一理想化轮船操纵系统，其从激励信号 $u(t)$ 到实际航向 $y(t)$ 的传递函数为 $4/s^2$，试设计近似最优激励信号 $\hat{u}(t)$，使性能指标

$$J=\int_0^{\infty}\{[y(t)-\hat{y}_l]^2+u^2(t)\}\mathrm{d}t$$

极小。式中，希望输出 $\hat{y}_l$ 为单位阶跃函数。

6-10 设用控制系统可以自动地保持潜艇的深度，潜艇从艇尾水平角 $\theta(t)$ 到实际深度 $y(t)$ 的传递函数，可以近似为

$$G(s)=\frac{10(s+2)^2}{(s+10)(s^2+0.1)}$$

试设计控制律 $\hat{\theta}(t)$，使性能指标

$$J=\int_0^{\infty}\{[y(t)-\hat{y}_l]^2+\theta^2(t)\}\mathrm{d}t$$

最小。其中希望深度 $\hat{y}_l=100$。假定，实际深度可用压力传感器测量，并可用于反馈。

第 7 章　鲁棒最优控制

近 30 年来，最优控制理论得到了迅速的发展，并在空间技术的应用中获得了巨大的成功。然而，在常规的工业过程控制中，特别是在化工过程控制中，最优控制理论并没有给人们带来期望的成功。这主要是因为各种装置及工业过程均运行在变化的环境中，温度、压力、负荷、元器件参数等的变化以及扰动的存在，使得系统的数学模型具有不确定性，要精确地对一个实际系统建模是不可能的。客观实际建模的不确定性和外界不可测扰动的存在，要求系统具有鲁棒性，即系统在一定(结构、大小)的参数摄动下，具有维持某些性能的特性。

近年来，鲁棒控制已成为控制理论和应用的重要研究方向之一。要使常规的最优控制在过程控制等领域中获得更广泛的应用，取得人们所期望的成功，就必须研究鲁棒控制，并在研究最优控制的同时，考虑系统的鲁棒性。

7.1　鲁棒控制问题

鲁棒控制的目的是要寻求一种反馈控制律，使闭环系统的特性(如稳定性和动态性能)不受建模误差和不可测扰动等不确定因素的明显影响。如果确定的反馈控制律不但具有鲁棒性，而且可使某一性能指标最优(或次优)，则称为鲁棒最优(或次优)控制。

鲁棒控制技术的发展大体上可以分为两个阶段。第一阶段，1927～1975 年，称为古典鲁棒控制阶段。这一阶段主要考虑系统的某一性能或品质对系统参数变化的灵敏度。1927 年美国 Black 申请的专利[37]也许是最早提出的鲁棒控制方案，他建议利用高增益反馈来提高具有不确定性对象的控制精度，但按这种方式设计的系统往往导致不稳定。1945 年，Bode 等人提出的方法解决了权衡高增益和动态稳定性之间的关系，引入了微分灵敏度函数来分析系统参数摄动对系统性能的影响。1927～1960 年，可以称为灵敏度设计时期，主要针对单变量系统的稳定性、灵敏度、噪声抑制等进行了大量研究。

1960～1975 年，我们称为鲁棒控制技术第一阶段的状态变量时期。在这一时期中，最优控制等现代控制理论获得了飞速发展，但对被控对象的不确定性缺乏足够的重视。也有一些学者，如 Cruz 和 Perkins，于 1964 年针对多变量系统的分析，提出了灵敏度比较矩阵的概念，将单变量系统的灵敏度函数分析方法推广到多变量系统。此后，人们发展了许多基于灵敏度分析的设计方法，提出了轨迹灵敏度、性能指标灵敏度和特征值、特征向量灵敏度问题。Davison 提出了干扰不变性内模原理，可以研究无穷小扰动对系统结构稳定性的影响。此外，还有 Zame 的小增益原理和 Kalman 关于 LQ 状态反馈控制律鲁棒性的工作，使系统的鲁棒性分析和设计取得了显著的效果。

从总体上说，鲁棒控制技术第一阶段的工作主要是考虑无穷小摄动对系统的影响。实际上，系统参数是不能视为不变或仅具无穷小摄动的。系统工作环境的改变，参数的变化，模型的不精确、降阶近似、非线性因素的线性化等，均可等效视为一种参数扰动，有时系统的工作状态也要发生变化。当用同一控制器控制该对象时，人们把由于不同工作状态所对应的参数差别视为一种扰动。当然，这种参数变化只能视为有界扰动，而不是无穷小扰动，从而促进了鲁棒控制技术的发展，使之进入第二阶段，称为现代鲁棒控制阶段。

现代鲁棒控制的重要任务，是使系统在有界参数扰动下，具有性能保持的能力，其分析和研究主要集中在两类方法上。一种研究对象是闭环系统的状态矩阵或特征多项式，多采用代数方法研究。其中心是讨论多项式簇或矩阵簇的稳定性问题。例如，在给定多项式簇或矩阵簇后，从系统的传递函数或传递函数矩阵出发，判断其是否为 D 稳定簇；或者，在给定稳定多项式(或矩阵)后，在其所在空间给出最大可允扰动界。研究对象是系统的传递函数或传递函数矩阵时，常采用频域的分析和设计方法。这类分析和设计方法与工程实际结合得比较好，H^{∞} 方法就是频域设计中最近发展起来的有力的鲁棒设计工具。下面对一些现代鲁棒分析及设计方法作一简单介绍。

7.1.1 鲁棒分析的多项式代数方法

自从 Routh 和 Hurwitz 建立了著名的稳定判据以来，人们称对应连续系统的稳定多项式为 Hurwitz 多项式，并以 H 表示这种多项式的全体。近代最有意义的进展由俄罗斯学者 Харитоновъ 于 1977 年得到的结果。哈氏证明了一个具有区间系数的多项式簇为 H 稳定的充要条件为 4 个特定的多项式为 H 稳定的。其重要意义在于：对一个参数在大范围内变化的系统，不再需要检验每个点上系统是否稳定，而仅需要检查 4 个特定点上的稳定性即可。从而为不确定系统的分析与设计提供了方便的工具。由于哈氏定理仅适用于区间多项式簇的 Hurwitz 问题，一个很自然的想法是，能否把哈氏的结论推广到判断离散系统多项式的稳定性，即 Schur 稳定上来。许多研究者从事了这一方面研究，但问题还没有完全解决。对于一般的 D 稳定性，困难就更大。这方面最好的结果是 Bartett 的棱边定理，证明了只要验证参数区域的一维棱边，即可判别整个多项式簇是否 D 稳定。

7.1.2 状态空间模型的鲁棒性分析

状态空间模型的稳定鲁棒性分析，系指讨论矩阵簇的稳定鲁棒性。由于矩阵空间与多项式空间有着本质的不同，故多项式代数方法中的一些结果很难推广到矩阵空间。例如，哈氏定理、棱边定理就无法推广到矩阵的情形。对于矩阵簇 H 稳定的鲁棒性分析，可以从特征值摄动的角度进行讨论。到目前为止，对于用状态空间模型描述的系统，其稳定鲁棒性分析的最有效工具是 Lyapunov 理论，其主要特点是能处理时变不确定性系统。应用 Lyapunov 方法讨论矩阵的 H 稳定摄动界，主要依据由矩阵 A 确定的矩阵 Lyapunov 方程

$$\boldsymbol{PA}+\boldsymbol{A}^{\mathrm{T}}\boldsymbol{P}=-\boldsymbol{Q}$$

或利用其他形式的 Lyapunov 函数。由于这种方法常依赖于具体形式的 Lyapunov 函数，因而所得到的结果较为局限或偏于保守。

应用 Lyapunov 方法可以直接设计控制器，以镇定具有不确定参数的系统，此时的不确定性可视为时变的，乃至非线性的。对于这类问题，从系统不确定因素产生的机理与结构上给出的某些约束条件(即“匹配条件”)，进行研究，有益于问题研究的深化和解决。

7.1.3 鲁棒性分析和设计的频域方法

稳定鲁棒性分析，是鲁棒控制的最基本部分。为了设计能镇定具有给定范围的不确定性系统的控制器，或能使闭环系统具有最大稳定裕度的控制器，频域方法取得了不少成果。

20 世纪 70 年代末和 80 年代初，反馈控制设计问题经历了一个深刻的再认识过程。在基于微分方程的状态空间方法占优势多年之后，以输入-输出频域分析为基础的设计方法又重新得到了应有的重视。这一时期出现了一些频域鲁棒分析的重要成果。Youla 等人引入了互质矩阵分式的描述方法，Rosenbrock 等人将经典的 Nyquist 稳定性判据推广到了多输入-多输出系统，Safonov 把经典频域设计技术和现代多变量控制方法联系起来，建立了分析系统稳定性和鲁棒性的一种新的概念体系[2]。

1981 年，Doyle 和 Stein 以矩阵奇异值为工具，平行地推广了单输入-单输出系统 Bode 图设计方法，指出影响系统鲁棒性的因素是系统回差矩阵或逆回差矩阵的奇异值。但是，对于结构性的对象扰动，基于奇异值的稳定性和品质测度通常是很保守的。1982 年，Doyle 引入了结构奇异值的概念，以减少这种方法的保守性，逐渐形成了所谓的 μ 理论。

鲁棒频域设计法中最近发展起来的另一个有力的工具是 H^{∞} 理论，由 Zames 首先提出。他认为：基于状态空间模型的 LQG 设计方法之所以鲁棒性不好，主要是由于 LQG 问题所使用的积分指标造成的；此外，用白噪声模型表示不确定扰动也是不现实的。因此，在假设扰动属于某一已知信号集的情况下，Zames 提出用其相应的灵敏度函数的 H^{∞} 范数作为指标，设计目标是在可能发生的最坏扰动下，使系统的误差在 H^{∞} 范数意义下达到极小，从而将扰动问题化为求解闭环系统稳定，并使相应的 H^{∞} 范数指标极小化的输出反馈控制器问题。

H^{∞} 控制理论已经被尝试用于交流调速系统、倒立摆、柔性臂，以及空间飞行器的姿态控制中。H^{∞} 设计方法把复杂的数学理论和工程实际相结合，设计者可以在很大程度上控制由系统产生的频率响应的形状，但计算步骤相当繁琐。目前，H^{∞} 指标能够在多大程度上反映工程品质，尚不完全清楚。

7.1.4 性能鲁棒性设计的极小极大法

为了使鲁棒控制真正走向实际应用，除要求系统具有稳定鲁棒性外，还必须保证系统具有性能鲁棒性。因为稳定鲁棒性常常限制了系统的闭环带宽，从而降低了动态跟踪性能。对于给定的不确定系统，如何设计鲁棒控制器使得系统具有性能鲁棒性，是一个对控制工程师极富挑战性的课题。对于实际系统，仅满足稳定性要求是不够的，还必须满足工艺和过程的许多要求。如果说稳定鲁棒性是定性问题，则性能鲁棒性是定量问题，其研究难度也就大得多了。

自 20 世纪 60 年代以来，许多学者研究如何利用对策论的思想进行系统的鲁棒性设计，逐渐形成一套设计方法，称为极小极大(minmax)设计方法。其基本思想是把人们所设计的部分，如系统辨识器、滤波器及控制器，看成对策的一方，而系统不确定因素则看成对策的另一方，对策双方对性能指标的影响是互相矛盾的，设计目的是尽量减少扰动对系统性能的最坏影响，即优化扰动下的最坏性能。

关于利用对策论进行参数不确定的鲁棒控制器设计，一些学者将其看成微分对策问题。由于需要求解微分对策理论中的极小极大问题，故设计、计算过程复杂。最近对有限工作点对象给出了一种极小极大 LQ 控制器设计方法，并用于造纸厂捣浆机的控制。

7.2 鲁棒控制的基本概念与数学基础

在鲁棒控制设计中，常采用如下定义、记号及数学概念。

7.2.1 鲁棒性

鲁棒性是系统在一定(结构、大小)的参数摄动下，维持某些性能的特性。

定义中强调参数摄动的结构和大小，是因为在鲁棒性分析和设计中，必须考虑参数的摄动，参数的摄动表征了系统的不确定性。系统要维持的某些特性可以是稳定性，也可以是某些性能指标。

如果我们讨论的鲁棒性，是系统在一定的参数摄动范围内维持稳定性的特性，则称为稳定鲁棒性；如果我们讨论的特性是某些性能指标，则称为性能鲁棒性。显然，一个系统是性能鲁棒的，也必须同时是稳定鲁棒的。

7.2.2 鲁棒度

系统在维持某些特性的条件下，所允许的某类参数摄动的最大度量，称为鲁棒度，又称鲁棒测度。

鲁棒度对鲁棒性的程度进行了定量描述。系统的鲁棒度依赖于系统要维持的特性和参数摄动的结构。对参数摄动结构了解得越多，且对系统的要求越低(如仅要求稳定性)，则得到的鲁棒度必然越大。

7.2.3 *D*-稳定性

对于线性定常系统 $\dot{\boldsymbol{x}}=\boldsymbol{A}\boldsymbol{x}$，若矩阵 $\boldsymbol{A}$ 的特征值集合 $\lambda(\boldsymbol{A})\subset D$，其中 D 是复平面上任意指定区域，则称该系统是 D 稳定的，或具有 D 稳定性。

指定的 D 域不同，系统的稳定程度也不同。当 D 域取为图 7-1 所示区域(θ,α)，且主导极点条件成立时，系统即可保证工程中经常要求的调节时间、阻尼比等响应指标；当 D 域取为左半 s 平面时，D 稳定即通常意义下的 H 稳定。若把适当选取的 D 稳定性作为系统要维护的特性，则鲁棒性就有更简明的含义，更便于鲁棒性的分析和设计。

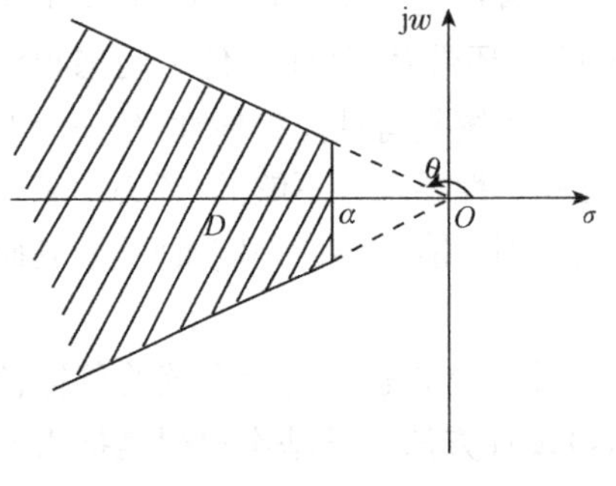

图 7-1　D 稳定域

在系统的鲁棒性分析与设计中，经常采用抽象代数、矩阵范数、奇异值、Hardy 空间等数学概念。为便于查阅，简要叙述如下。

7.2.4 抽象代数

群、环、域是三个基本的代数系统。在多变量系统研究中，环的概念尤为重要。

一个实数集 $\mathbf{R}$，对于任意的 a，b 和 c 属于 $\mathbf{R}$，有加法和乘法二元运算（记为＋和・），且具有以下性质，则称 $\mathbf{R}$ 为一个环。

① $(a+b)\in\mathbf{R}$ （加法封闭）。

② $a+b=b+a$ （加法可交换）。

③ $a+(b+c)=(a+b)+c$ （加法满足结合律）。

④ 存在一个零元素，记为“0”，有

$$a+0=0+a \quad （加法同一性）$$

⑤ 存在一个与 a 有关的元素记为 $-a$，有

$$a+(-a)=0 \quad （加法逆运算）$$

⑥ $a\cdot b\in\mathbf{R}$ （乘法封闭）。

⑦ $a\cdot(b\cdot c)=(a\cdot b)\cdot c$ （乘法满足结合律）。

⑧ $\left.\begin{array}{l}a\cdot(b+c)=ab+ac\\(a+b)\cdot c=ac+bc\end{array}\right\}$ （乘法对加法的分配律）。

与普通代数相比，一般环乘法不可交换，没有乘法的同一性，不是每个元素都有乘法的逆运算。如果一个环 $\mathbf{R}$ 具有乘的单位元，用“1”表示，并且如果有一个属于 $\mathbf{R}$ 的元素 a 有乘法的逆运算，即存在一个元素 a^{-1}，有

$$a\cdot a^{-1}=a^{-1}\cdot a=1$$

则称 a 为一个单元。

普通代数中的一个域是一个环，其中乘法有交换性，存在乘法的同一性，且每个非零元素都是一个单元。

在多变量系统理论中出现的一些重要环包括：矩阵加法和乘法下的矩阵平方环；在多项式加法和乘法下的 s 多项式环；在 s 右半闭平面无极点的 s 的真有理函数环（稳定的传递函数）。

需要指出：矩阵乘法不存在交换律，多项式的倒数不再是多项式，稳定传递函数的倒数不一定稳定。因此，用代数方法研究矩阵、多项式和稳定的传递函数时，要使其满足环的一般结构形式。

7.2.5 互质矩阵

在多变量系统中，常采用互质矩阵的概念，特别是左、右互质矩阵分式的概念。有理传递函数矩阵 $\boldsymbol{G}(s)$ 表示成矩阵公式的形式为

$$\boldsymbol{G}(s)=\boldsymbol{N}_r\boldsymbol{D}_r^{-1}=\boldsymbol{D}_l^{-1}\boldsymbol{N}_l \tag{7-1}$$

式中 $\boldsymbol{N}_r$、$\boldsymbol{N}_l$、$\boldsymbol{D}_r$ 和 $\boldsymbol{D}_l$ 均为多项式矩阵。其中，$\boldsymbol{N}_r$ 和 $\boldsymbol{D}_r$（$\det\boldsymbol{D}_r\neq0$）是右互质矩阵；$\boldsymbol{N}_l$ 和 $\boldsymbol{D}_l$（$\det\boldsymbol{D}_l\neq0$）是左互质矩阵。

互质矩阵的定义为：记 $\boldsymbol{M}(\mathbf{R})$ 为矩阵集，其元素在环 $\mathbf{R}$ 内。假设环 $\mathbf{R}$ 是可交换的，并具有乘法的同一性，两个矩阵 $\boldsymbol{A}$ 和 $\boldsymbol{B}$ 有相同的列，且都属于 $\boldsymbol{M}(\mathbf{R})$。如果 $\boldsymbol{A}$ 和 $\boldsymbol{B}$ 的每个最大的右公约数是单位模的，则称 $\boldsymbol{A}$ 和 $\boldsymbol{B}$ 是右互质矩阵；如果 $\boldsymbol{A}$ 和 $\boldsymbol{B}$ 有相同的行，且都属

于 $\boldsymbol{M}(\mathbf{R})$，其每个最大的左公约数是单位模的，则称 $\boldsymbol{A}$ 和 $\boldsymbol{B}$ 是左互质矩阵。

定义中的单位模和最大公约数的基本概念是：如果属于 $\boldsymbol{M}(\mathbf{R})$ 的一个方阵，其行列式在 R 中为 1，则此方阵称为单位模；如果 $\boldsymbol{A}=\boldsymbol{ED}$，$\boldsymbol{B}=\boldsymbol{FD}$，即 $\boldsymbol{D}$ 为 $\boldsymbol{A}$、$\boldsymbol{B}$ 的右公约数，若 $\boldsymbol{D}'$ 为 $\boldsymbol{A}$、$\boldsymbol{B}$ 的另一任意右公约数，且 $\boldsymbol{D}=\boldsymbol{GD}'$，则属于 $\boldsymbol{M}(\mathbf{R})$ 的方阵 $\boldsymbol{D}$ 称为 $\boldsymbol{A}$ 和 $\boldsymbol{B}$ 的最大右公约数；同理，类似地可定义最大左公约数。

两个属于 $\boldsymbol{M}(\mathbf{R})$ 的矩阵 $\boldsymbol{A}$、$\boldsymbol{B}$ 是右互质矩阵的充分必要条件是：存在矩阵 $\boldsymbol{X}$、$\boldsymbol{Y}$ 属于 $\boldsymbol{M}(\mathbf{R})$，满足下列矩阵 Diophantine 方程

$$\boldsymbol{XA}+\boldsymbol{YB}=\boldsymbol{I} \tag{7-2}$$

式中 $\boldsymbol{I}$ 为 $\boldsymbol{M}(\mathbf{R})$ 中的单位矩阵。Diophantime 方程在多变量系统的鲁棒设计中起着重要的作用。

7.2.6 矩阵范数和奇异值

(1) 矩阵的奇异值

设 $\lambda_i(\boldsymbol{A})$ 为 n 阶复方阵 $\boldsymbol{A}$ 的第 i 个特征值，$\sigma_i(\boldsymbol{A})$ 为 n 阶复方阵 $\boldsymbol{A}$ 的第 i 个奇异值，定义

$$\sigma_i(\boldsymbol{A})=\{\lambda_i(\boldsymbol{A}^{\mathrm{H}}\boldsymbol{A})\}^{\frac{1}{2}} \tag{7-3}$$

式中 $\boldsymbol{A}^{\mathrm{H}}$ 记为矩阵 $\boldsymbol{A}$ 的共轭转置矩阵。

任一矩阵 $\boldsymbol{A}$ 均可进行奇异值分解，即

$$\boldsymbol{A}=\boldsymbol{U}\Sigma\boldsymbol{V}^{\mathrm{H}} \tag{7-4}$$

式中 $\boldsymbol{U}^{\mathrm{H}}\boldsymbol{U}=\boldsymbol{I}$，$\boldsymbol{V}^{\mathrm{H}}\boldsymbol{V}=\boldsymbol{I}$，$\Sigma=\mathrm{diag}\{\sigma_1,\sigma_2,\cdots,\sigma_n\}$。

奇异值是非负实数，常记 $\bar{\sigma}$ 为最大奇异值，$\underline{\sigma}$ 为最小奇异值。易证

$$\bar{\sigma}(\boldsymbol{A})=\|\boldsymbol{A}\| \tag{7-5}$$

在鲁棒性分析中，常常需要确定使矩阵 $\boldsymbol{I}+\boldsymbol{\Delta M}$ 非奇异时 $\boldsymbol{M}$ 阵的条件。其中 $\boldsymbol{I}$ 为单位阵，$\boldsymbol{\Delta}$ 是体现不确定因素的矩阵。若 $\boldsymbol{\Delta}$ 阵是非结构性的，且 $\bar{\sigma}(\boldsymbol{\Delta})\leqslant 1$，则使 $\boldsymbol{I}+\boldsymbol{\Delta M}$ 非奇异时，$\boldsymbol{M}$ 阵的充分必要条件为

$$\bar{\sigma}(\boldsymbol{M})<1 \tag{7-6}$$

上述条件往往偏于保守，同时 $\boldsymbol{\Delta}$ 有时是结构性的，为此引入结构奇异值的概念，记作 $\mu(\boldsymbol{M})$。定义

$$\mu(\boldsymbol{M})=[\min_{\boldsymbol{\Delta}}\{\bar{\sigma}(\boldsymbol{\Delta})\,|\,\det(\boldsymbol{I}+\boldsymbol{\Delta M})=0\}]^{-1} \tag{7-7}$$

其中极小化是针对给定结构的一组 $\boldsymbol{\Delta}$，且 $\bar{\sigma}(\boldsymbol{\Delta})<1$。

可以证明：如果 $\boldsymbol{\Delta}$ 是非结构的，则 $\mu(\boldsymbol{M})=\bar{\sigma}(\boldsymbol{M})$；且如果 $\boldsymbol{\Delta}=\delta\boldsymbol{I}$，则 $\mu(\boldsymbol{M})=\rho(\boldsymbol{M})$。这里 $\rho(\boldsymbol{M})$ 是矩阵 $\boldsymbol{M}$ 的谱半径，有

$$\rho(\boldsymbol{M})=\max_i|\lambda_i(\boldsymbol{M})| \tag{7-8}$$

(2) 矩阵的范数

对于传递矩阵 $\boldsymbol{G}(s)$，假设其各项在 s 右半开平面是复变量 s 的解析函数，且是 s 的有理实函数，则常用的 $\boldsymbol{G}(s)$ 的范数有如下几种。

① H^2 范数。$\boldsymbol{G}(s)$ 的 H^2 范数记为 $\|\boldsymbol{G}(s)\|_2$，定义为

$$\|\boldsymbol{G}(s)\|_2=\left[\int_{-\infty}^{\infty}\mathrm{tr}\boldsymbol{G}^{\mathrm{H}}(\mathrm{j}\omega)\boldsymbol{G}(\mathrm{j}\omega)\mathrm{d}\omega\right]^{\frac{1}{2}} \tag{7-9}$$

式中 tr$\boldsymbol{A}$ 为矩阵 $\boldsymbol{A}$ 的迹。

② H^∞ 范数。$G(s)$的 H^∞ 范数记为 $\|\boldsymbol{G}(s)\|_\infty$，定义为

$$\|\boldsymbol{G}(s)\|_\infty = \sup_\omega \bar{\sigma}[\boldsymbol{G}(\mathrm{j}\omega)] \tag{7-10}$$

式中 ω 为实数。

③ Hankel 范数。对于传递矩阵 $\boldsymbol{G}(s)=\boldsymbol{C}(s\boldsymbol{I}-\boldsymbol{A})^{-1}\boldsymbol{B}+\boldsymbol{D}$，设 $\mathrm{Re}\lambda_i(\boldsymbol{A})<0, i=1,2,\cdots,n$，即系统是渐近稳定的，且假定系统可控、可观，矩阵 $\boldsymbol{P}$、$\boldsymbol{Q}$ 是下列 Lyapunov 方程的正定解

$$\boldsymbol{AP}+\boldsymbol{PA}^{\mathrm{T}}=-\boldsymbol{BB}^{\mathrm{T}}$$

$$\boldsymbol{A}^{\mathrm{T}}\boldsymbol{Q}+\boldsymbol{QA}=-\boldsymbol{C}^{\mathrm{T}}\boldsymbol{C}$$

则 $\boldsymbol{G}(s)$的 Hankel 范数记为 $\|\boldsymbol{G}(s)\|_{\mathrm{H}}$，定义为

$$\|\boldsymbol{G}(s)\|_{\mathrm{H}}=[\lambda_{\max}(\boldsymbol{PQ})]^{\frac{1}{2}} \tag{7-11}$$

而 Hankel 奇异值记为 $\sigma_i[\boldsymbol{G}(s)]$，定义为

$$\sigma_i[\boldsymbol{G}(s)]=[\lambda_i(\boldsymbol{PQ})]^{\frac{1}{2}} \tag{7-12}$$

7.2.7 Hardy 空间

Hardy 空间的概念几乎很少出现在 1975 年以前的控制文献中。Hardy 空间基本上对应于有界输入有界输出的稳定系统传递矩阵的空间。

如果传递矩阵 $\boldsymbol{G}(s)$在 s 右半开平面上解析，且 H^2 范数有界，则矩阵 $\boldsymbol{G}(s)$属于矩阵 Hardy 空间 H^2；如果矩阵 $\boldsymbol{G}(s)$在 s 右半开平面上解析，且 H^∞ 范数有界，则矩阵 $\boldsymbol{G}(s)$属于矩阵 Hardy 空间 H^∞。

以上我们所说的 s 右半开平面是指 $\mathrm{Re}s>0$，且针对连续时间系统而言。对于离散时间系统，采用 z 变换传递函数(脉冲传递函数)，其解析域为 z 平面上单位圆内。

7.3 H^∞ 最优控制理论

7.3.1 引言

业已证明，线性二次型高斯(LQG)控制系统的幅值裕度为 0.5～∞，相位裕度大于等于 60°。然而，LQG 控制系统对被控对象的模型摄动(误差)的鲁棒性有时却很差。人们在实际工程中常会遇到如下情况：

① 被控对象的精确模型难以得到，或即使可以得到但过于复杂，为了便于分析和设计，必须简化，从而导致建模误差。

② 随着系统的工作条件(环境)的变化，以及系统中元器件的老化或损坏，被控对象的特性也随之而变，从而偏离设计时采用的标称特性。

③ 噪声/扰动的(统计)特性是不确定的，或者是未知的。

鉴于这些实际情况，人们对 LQG 等控制方法进行反思。提出了许多鲁棒控制系统设计方法，而 H^∞ 最优控制理论正是其中的佼佼者。

以控制系统内某些信号间的传递矩阵的 H^∞ 范数为优化设计指标，这一思想是 G.

Zames 于 1981 年首先提出的，此后有众多的学者投身于 H^∞ 优化设计理论的研究，使之不断发展，形成了较为完整的理论体系。H^∞ 最优控制，简言之，就是利用 H^∞ 范数作为目标函数的度量，来进行系统优化设计。H^∞ 范数是定义在 Hardy 空间 $H_p(p=\infty)$ 上的范数；在 H^∞ 控制理论中，是指在 s 右半平面上解析的有理函数阵的最大奇异值；在标量函数情况下，是指幅频特性的极大值。因此，如果使系统扰动至误差的传递函数的 H^∞ 范数最小，则具有有限功率谱的扰动对系统误差的影响可降到最低限度。这就是 H^∞ 最优控制的基本思想。这一优化设计理论具有以下特点：

① 能有效地处理被控对象有模型摄动（误差）时的鲁棒设计问题。

② 不要求噪声/扰动为一给定（统计特性）的信号。它可以是属于如下集合的任意信号

$$\left\{\boldsymbol{y}\mid\boldsymbol{y}=\boldsymbol{G}\boldsymbol{x},\int_0^\infty \boldsymbol{x}^2(t)\mathrm{d}t<\infty\right\}$$

式中 $\boldsymbol{G}$（和 $\boldsymbol{G}^{-1}$）是稳定的有理函数。即假设噪声/扰动为任意能量有限的信号。

③ 多种控制问题均可变换成 H^∞ 控制的标准问题来处理，所以该理论具有一般性。

④ 能对稳定鲁棒性和性能鲁棒性进行综合设计。

H^∞ 控制理论自提出至今，经历了一个曲折的发展过程，产生了许多设计方法。概括而言，H^∞ 优化设计理论可分为频域方法和时域方法两类。频域 H^∞ 法是把一个传递函数阵的 H^∞ 范数最小化问题，通过镇定控制器的 Youla 参数化，变换为模型匹配或一般距离问题；然后再变换为 Nehari 问题进行求解。尽管频域方法在 H^∞ 控制理论发展的前期起过主导作用，并在多种情况下给出了问题的一般解，但却存在明显的不足。如：数学工具复杂，控制器可能不稳，其阶次可能过高，以及计算量大。后来的研究表明，时域方法能更直接地给出 H^∞ 控制问题的解。时域 H^∞ 法不采用输入输出传递函数阵描述，而直接在状态空间描述上进行设计（虽然 H^∞ 优化设计指标本身是基于输入输出描述的）。时域 H^∞ 设计方法不仅过程简单，计算量小，而且所得到的控制器阶次低（小于或等于被控对象的阶次），结构特性明显。

目前，H^∞ 最优控制的基本思想正逐步渗透到控制理论的一些分支，形成了 H^∞ 自适应控制理论、H^∞ 系统辨识理论以及非线性 H^∞ 控制理论等。

7.3.2 H^∞ 控制理论所涉及的几种函数空间

(1) 时域函数空间

① $L^2(-\infty,\infty)$：由所有平方可积的函数 $\boldsymbol{x}(t)$：$\mathbf{R}\to\boldsymbol{C}^n$ 所组成的函数空间。即 $-\infty<t<\infty$，$\boldsymbol{x}(t)\in\boldsymbol{C}^n$，$\int_{-\infty}^{\infty}\|\boldsymbol{x}(t)\|^2\mathrm{d}t<\infty$。其中，$\|\cdot\|$ 为欧几里得范数。

在 $L^2(-\infty,\infty)$ 上定义内积如下：对于 $\boldsymbol{x}(t),\boldsymbol{y}(t)\in L^2(-\infty,\infty)$，有

$$\langle\boldsymbol{x},\boldsymbol{y}\rangle=\int_{-\infty}^{\infty}\boldsymbol{x}^{\mathrm{H}}(t)\boldsymbol{y}(t)\mathrm{d}t$$

式中 $\boldsymbol{x}^{\mathrm{H}}$ 表示 $\boldsymbol{x}$ 的共轭转置。这使 $L^2(-\infty,\infty)$ 成为一个 Hilbert 空间。注意，这里定义的内积，对第一变元为共轭线性，而对第二变元为线性。但这不会引起什么问题。因为可以令 $\langle\boldsymbol{x},\boldsymbol{y}\rangle=\langle\boldsymbol{y},\boldsymbol{x}\rangle$，这样便与通常的意义相符了。

对应的导出范数定义为

$$\| x(t) \| = [\langle x, x \rangle]^{1/2} = \left[\int_{-\infty}^{\infty} x^{\mathrm{H}}(t) x(t) \mathrm{d}t\right]^{1/2}$$

这样，函数空间 $L^2(-\infty,\infty)$ 按此范数成为一Banach 空间。应当指出，上述积分是一般的 Lebesgue 积分。

② $L^2[0,\infty)$：由所有对 $t<0$ 除在测度为零的集合上(即几乎所有 $t<0$)均为零的 $L^2(-\infty,\infty)$ 内的函数全体所构成的集合。

$L^2[0,\infty)$ 是 $L^2(-\infty,\infty)$ 的一个闭子空间，其正交补记为 $L^2(-\infty,0]$。因此

$$L^2(-\infty,\infty) = L^2(-\infty,0] \oplus L^2[0,\infty)$$

③ $L^2(\mathbf{R},\boldsymbol{C}^{m\times n})$：所有 $\mathbf{R}\to\boldsymbol{C}^{m\times n}$ 且满足下式的函数矩阵 $\boldsymbol{X}(t)$ 的集合：$\int_{-\infty}^{\infty} \mathrm{trace}(\boldsymbol{X}^{\mathrm{H}}\boldsymbol{X})\mathrm{d}t<\infty$。其中，trace 表示矩阵的迹，积分也指 Lebesgue 积分。$L^2(\mathbf{R},\boldsymbol{C}^{m\times n})$ 是 $L^2(-\infty,\infty)$ 推广到矩阵的情形。

在 $L^2(\mathbf{R},\boldsymbol{C}^{m\times n})$ 上定义内积以及导出范数为

$$\langle \boldsymbol{X}(t), \boldsymbol{Y}(t) \rangle = \int_{-\infty}^{\infty} \mathrm{trace}(\boldsymbol{X}^{\mathrm{H}}\boldsymbol{Y})\mathrm{d}t$$

$$\| \boldsymbol{X}(t) \| = [\langle \boldsymbol{X}(t), \boldsymbol{X}(t) \rangle]^{1/2}$$

这样，$L^2(\mathbf{R},\boldsymbol{C}^{m\times n})$ 按此内积(范数)成为 Hilbert 空间(Banach 空间)。

(2) 频域函数空间

① L^2：在所有频率上有定义，取值于 $\boldsymbol{C}^n$ 内的且对 $\boldsymbol{\omega}$(Lebesgue)平方可积复函数 $\boldsymbol{x}(\mathrm{j}\omega)$ 的全体所构成的空间，即满足 $\boldsymbol{x}(\mathrm{j}w):\mathrm{j}\mathbf{R}\to\boldsymbol{C}^n$，$\int_{-\infty}^{\infty} \boldsymbol{x}^{\mathrm{H}}(\mathrm{j}\omega)\boldsymbol{x}(\mathrm{j}\omega)\mathrm{d}\omega<\infty$ 的函数 $\boldsymbol{x}(\mathrm{j}\omega)$ 的集合。

在 L^2 上定义的内积和导出范数为

$$\langle \boldsymbol{x}, \boldsymbol{y} \rangle = \frac{1}{2\pi}\int_{-\infty}^{\infty} \boldsymbol{x}^{\mathrm{H}}(\mathrm{j}\omega)\boldsymbol{y}(\mathrm{j}\omega)\mathrm{d}\omega, \quad \forall\, \boldsymbol{x}, \boldsymbol{y} \in L^2$$

$$\| \boldsymbol{x} \|_2 = [\langle \boldsymbol{x}, \boldsymbol{x} \rangle]^{1/2}$$

这样，L^2 按如上内积(范数)成为 Hilbert(Banach)空间。

② RL^2：其定义为

$$\mathrm{RL}^2 = \{\boldsymbol{x} \mid \boldsymbol{x} \in L^2, \boldsymbol{x}\ \text{为实有理函数向量}\}$$

RL^2 是 L^2 的一个稠密子空间。故 RL^2 不会按上面定义的内积(或范数)成为 Hilbert(或 Banach)空间。

③ H^2：在开右半平面 $\mathrm{Re}s>0$ 上解析，在 C^n 上取值，且满足如下一致平方可积函数 $\boldsymbol{x}(s)$ 的全体所构成的空间

$$\left[\sup_{\xi>0} \frac{1}{2\pi}\int_{-\infty}^{\infty} \| \boldsymbol{x}(\xi+\mathrm{j}\omega) \|^2 \mathrm{d}\omega\right]^{1/2} < \infty$$

若将上式左侧的值定义为 $\boldsymbol{x}(s)$ 的范数 $\| \boldsymbol{x}(s) \|_2$，则 H^2 按此范数成为 Banach 空间。

设 $\boldsymbol{x}\in H^2$，则对几乎所有的 ω，极限 $\hat{\boldsymbol{x}}(\mathrm{j}\omega)=\lim\limits_{\xi\to 0}\boldsymbol{x}(\xi+\mathrm{j}\omega)$ 存在，且 $\hat{x}\in L^2$，而且映射 $\boldsymbol{x}\to\hat{\boldsymbol{x}}$ 是 $H^2\to L^2$ 的线性单射的保范映射。这里说函数 $f(\boldsymbol{x})$ 为单射的，是指当 $\boldsymbol{x}_1\neq\boldsymbol{x}_2$ 时，$f(\boldsymbol{x}_1)\neq f(\boldsymbol{x}_2)$。而说映射 $\boldsymbol{x}\to\hat{\boldsymbol{x}}$ 为保范的，是指 $\| \boldsymbol{x} \|_2 = \| \hat{\boldsymbol{x}} \|_2$。

虽然在 H^2 中的函数 $\boldsymbol{x}$ 在虚轴上事先没有定义，但我们将它和它在 L^2 中的边界函数

$\hat{\boldsymbol{x}}$ 等同起来，而略去符号“ˆ”，从而把 H^2 视为 L^2 的一个闭子空间。

④ $(H^2)^{\perp}$：是 H^2 在 L^2 内的正交补空间。其定义可在上述 H^2 的定义中，将 $\xi>0$ 改为 $\xi<0$ 即可。

⑤ RH^2：$\mathrm{RH}^2=\{\boldsymbol{x}\mid \boldsymbol{x}\in H^2, \boldsymbol{x}$ 为实有理函数向量$\}$。

⑥ $(\mathrm{RH}^2)^{\perp}$：RH^2 在 RL^2 中的正交补。

易见，RH^2 为 $\mathrm{Re}s\geqslant 0$ 内无极点的严格真实有理函数向量全体所构成的空间。显然，如下关系成立：

$$L^2=H^2\oplus(H^2)^{\perp}$$

$$\mathrm{RL}^2=\mathrm{RH}^2\oplus(\mathrm{RH}^2)^{\perp}$$

例 7-1 若 $f(s)=2/(s+1)(s-1)$，则 $f(s)\in\mathrm{RL}^2$。作分解

$$f(s)=\frac{1}{s-1}-\frac{1}{s+1}=g_1(s)+g_2(s)$$

式中 $g_1(s)=1/(s-1)\in(\mathrm{RH}^2)^{\perp}$，$g_2(s)=-1/(s+1)\in\mathrm{RH}^2$。

(3) 频域函数矩阵空间

① L^{∞}：由 $\mathrm{j}R\to C^{m\times n}$，且 $\operatorname{ess\,sup}_{\omega}\bar{\sigma}[\boldsymbol{F}(\mathrm{j}\omega)]<\infty$ 的函数矩阵 $\boldsymbol{F}(\mathrm{j}\omega)$ 的全体所构成的空间。该空间按范数

$$\|\boldsymbol{F}(\mathrm{j}\omega)\|_{\infty}=\operatorname{ess\,sup}_{\omega}\bar{\sigma}[\boldsymbol{F}(\mathrm{j}\omega)]^{1/2}$$

成为 Banach 空间。这里，$\bar{\sigma}\boldsymbol{F}[(\mathrm{j}\omega)]$表示 $\boldsymbol{F}(\mathrm{j}\omega)$的最大奇异值。

$$\bar{\sigma}[\boldsymbol{F}(\mathrm{j}\omega)]=\max_{i}[\lambda_i(\boldsymbol{F}^{\mathrm{H}}(\mathrm{j}\omega)\boldsymbol{F}(\mathrm{j}\omega)]^{1/2}$$

② RL^{∞}：由 L^{∞} 中实有理函数矩阵的全体构成。易知，RL^{∞} 是在虚轴上无极点的真有理函数矩阵的全体。

③H^{∞}：由 $\mathrm{j}R\to C^{m\times n}$的，且满足 $\sup\{\bar{\sigma}[\boldsymbol{F}(s)]\mid \mathrm{Re}s>0\}<\infty$ 的函数矩阵 $\boldsymbol{F}(s)$的全体构成的空间。定义 $\boldsymbol{F}(s)$的范数

$$\|\boldsymbol{F}(s)\|_{\infty}=\sup\{\bar{\sigma}[\boldsymbol{F}(s)]\mid \mathrm{Re}s>0\}$$

同样，我们可以将 H^{∞} 中的函数矩阵的定义域拓延到虚轴上，这样，H^{∞} 成为 L^{∞} 的一个闭子空间。

类似于 RH^2、$(H^2)^{\perp}$、$(\mathrm{RH}^2)^{\perp}$ 的情形，我们也可以定义 RH^{∞}，$(H^{\infty})^{\perp}$，$(\mathrm{RH}^{\infty})^{\perp}$ 空间，且有如下关系：

$$L^{\infty}=H^{\infty}\oplus(H^{\infty})^{\perp}$$

$$\mathrm{RL}^{\infty}=\mathrm{RH}^{\infty}\oplus(\mathrm{RH}^{\infty})^{\perp}$$

另知，RH^{∞} 是由在 $\mathrm{Re}s\geqslant 0$ 内无极点的真有理函数矩阵全体构成的空间。

例 7-2 若

$$f(s)=\frac{(s-2)(s+2)}{(s-1)(s+1)}$$

试证：$f(s)\in\mathrm{RL}^{\infty}$，但 $f(s)\notin\mathrm{RL}^2$。

证明 对 $f(s)$作分解，可得

$$f(s)=\frac{s+2.5}{s+1}-\frac{1.5}{s-1}=g_1(s)+g_2(s)$$

式中

$$g_1(s)=\frac{s+2.5}{s+1}\in \mathrm{RH}^\infty$$

$$g_2(s)=\frac{-1.5}{s-1}\in (\mathrm{RH}^\infty)^\perp$$

可以证明，如下结论成立。

① 若 $\boldsymbol{F}\in L^\infty$，则 $\boldsymbol{F}L^2\subset L^2$，且

$$\|\boldsymbol{F}\|_\infty=\sup[\|\boldsymbol{Fx}\|_2\,|\,\boldsymbol{x}\in L^2,\|\boldsymbol{x}\|_2=1]=\sup[\|\boldsymbol{Fx}\|_2\,|\,\boldsymbol{x}\in H^2,\|\boldsymbol{x}\|_2=1]$$
$$=\sup\left[\frac{\|\boldsymbol{Fx}\|_2}{\|\boldsymbol{x}\|_2}\,|\,\boldsymbol{x}\in H^2,\|\boldsymbol{x}\|_2\neq 0\right]$$

式中 $\|\cdot\|_2$ 为 L^2 或 H^2 上的范数。

② 若 $\boldsymbol{F}\in H^\infty$，则 $\boldsymbol{F}H^2\subset H^2$，且

$$\|\boldsymbol{F}\|_\infty=\sup[\|\boldsymbol{Fx}\|_2\,|\,\boldsymbol{x}\in H^2,\|\boldsymbol{x}\|_2=1]=\sup\left[\frac{\|\boldsymbol{Fx}\|_2}{\|\boldsymbol{x}\|_2}\,|\,x\in H^2,\|\boldsymbol{x}\|_2\neq 0\right]$$

式中 $\|\cdot\|_2$ 为 H^2 上的范数。

注记：

① 有时我们称∞范数为 2 范数的导出范数。

② 令 $\boldsymbol{x}\in H^2$ 的拉氏反变换为 $\tilde{\boldsymbol{x}}$，则由 Planchere 定理可知

$$\|\boldsymbol{x}\|_2^2=\int_0^\infty \tilde{\boldsymbol{x}}^2(t)\,\mathrm{d}t$$

故 $\|\boldsymbol{x}\|_2^2$ 是信号 $\tilde{\boldsymbol{x}}(t)$ 的能量。若令 $\boldsymbol{F}\in H^\infty$ 为一系统的传递函数阵，而 $\boldsymbol{y}=\boldsymbol{Fx}$ 为系统的输出，则

$$\|\boldsymbol{F}\|_\infty=\sup\left[\frac{\|\boldsymbol{y}\|_2}{\|\boldsymbol{x}\|_2}\,|\,\boldsymbol{x}\in H^2,\|\boldsymbol{x}\|_2\neq 0\right]$$

因此，$\|\boldsymbol{F}\|_\infty$ 可视为该系统的能量放大系数。

(4) 传递函数矩阵运算的几个公式

若令

$$\left[\begin{array}{c:c}\boldsymbol{A} & \boldsymbol{B}\\ \hdashline \boldsymbol{C} & \boldsymbol{D}\end{array}\right]=[\boldsymbol{A},\boldsymbol{B},\boldsymbol{C},\boldsymbol{D}]=\boldsymbol{C}(s\boldsymbol{I}-\boldsymbol{A})^{-1}\boldsymbol{B}+\boldsymbol{D}$$

则有

$$[\boldsymbol{A},\boldsymbol{B},\boldsymbol{C},\boldsymbol{D}]=[\boldsymbol{T}^{-1}\boldsymbol{AT},\boldsymbol{T}^{-1}\boldsymbol{B},\boldsymbol{CT},\boldsymbol{D}]$$
$$[\boldsymbol{A},\boldsymbol{B},\boldsymbol{C},\boldsymbol{D}]^{-1}=[\boldsymbol{A}-\boldsymbol{BD}^{-1}\boldsymbol{C},\boldsymbol{BD}^{-1},-\boldsymbol{D}^{-1}\boldsymbol{C},\boldsymbol{D}^{-1}]$$
$$[\boldsymbol{A},\boldsymbol{B},\boldsymbol{C},\boldsymbol{D}]^{\sim}=[-\boldsymbol{A}^{\mathrm{T}},-\boldsymbol{C}^{\mathrm{T}},\boldsymbol{B}^{\mathrm{T}},\boldsymbol{D}^{\mathrm{T}}]$$
$$[\boldsymbol{A}_1,\boldsymbol{B}_1,\boldsymbol{C}_1,\boldsymbol{D}_1]\times[\boldsymbol{A}_2,\boldsymbol{B}_2,\boldsymbol{C}_2,\boldsymbol{D}_2]$$
$$=\left[\begin{bmatrix}\boldsymbol{A}_1 & \boldsymbol{B}_1\boldsymbol{C}_2\\ 0 & \boldsymbol{A}_2\end{bmatrix},\begin{bmatrix}\boldsymbol{B}_1\boldsymbol{D}_2\\ \boldsymbol{B}_2\end{bmatrix},[\boldsymbol{C}_1\quad \boldsymbol{D}_1\boldsymbol{C}_2],\boldsymbol{D}_1\boldsymbol{D}_2\right]$$
$$=\left[\begin{bmatrix}\boldsymbol{A}_2 & 0\\ \boldsymbol{B}_1\boldsymbol{C}_2 & \boldsymbol{A}_1\end{bmatrix},\begin{bmatrix}\boldsymbol{B}_2\\ \boldsymbol{B}_1\boldsymbol{D}_2\end{bmatrix},[\boldsymbol{D}_1\boldsymbol{C}_2\quad \boldsymbol{C}_1],\boldsymbol{D}_1\boldsymbol{D}_2\right]$$
$$[\boldsymbol{A}_1,\boldsymbol{B}_1,\boldsymbol{C}_1,\boldsymbol{D}_1]+[\boldsymbol{A}_2,\boldsymbol{B}_2,\boldsymbol{C}_2,\boldsymbol{D}_2]$$
$$=\left[\begin{bmatrix}\boldsymbol{A}_1 & \boldsymbol{0}\\ \boldsymbol{0} & \boldsymbol{A}_2\end{bmatrix},\begin{bmatrix}\boldsymbol{B}_1\\ \boldsymbol{B}_2\end{bmatrix},[\boldsymbol{C}_1\quad \boldsymbol{C}_2],\boldsymbol{D}_1+\boldsymbol{D}_2\right]$$

7.3.3 标准 H^∞ 控制问题

（1）标准 H^∞ 控制问题

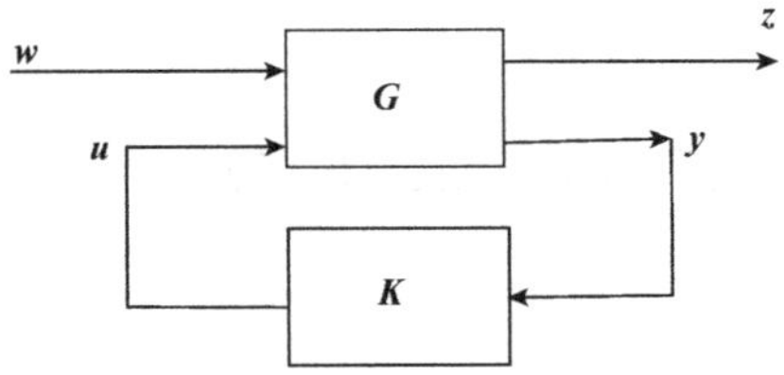

图 7-2 标准 H^∞ 框架

各种 H^∞ 控制问题，都可以化成图 7-2 所示的标准问题。图中，$\boldsymbol{w}$、$\boldsymbol{z}$、$\boldsymbol{u}$ 和 $\boldsymbol{y}$ 均为向量值信号：$\boldsymbol{w}$ 是 l 维外部输入信号，一般包括指令（参考）信号，扰动和传感器噪声；$\boldsymbol{z}$ 是 p 维被控输出，通常包括跟踪误差、调节误差及执行机构输出；$\boldsymbol{u}$ 是 n 维控制信号，同时也是控制器输出；$\boldsymbol{y}$ 是 m 维量测输出，可能是传感器输出信号及指令信号等。

在图 7-2 中，$\boldsymbol{G}$ 和 $\boldsymbol{K}$ 分别表示广义被控装置和控制器。前者是系统的给定部分，后者有待设计。应当指出，广义被控装置并不完全是实际的被控装置，对于同一被控装置，若设计目标不同，其广义被控装置也可能不同。今后，若不特别说明，总假定 $\boldsymbol{G}$ 和 $\boldsymbol{K}$ 为线性时不变系统的频率域描述，并假定传递函数矩阵 $\boldsymbol{G}(s)$ 和 $\boldsymbol{K}(s)$ 是真有理的。

根据 $\boldsymbol{w}$、$\boldsymbol{z}$、$\boldsymbol{u}$ 和 $\boldsymbol{y}$ 的维数，可将 $\boldsymbol{G}$ 分块成

$$\boldsymbol{G}=\begin{bmatrix}\boldsymbol{G}_{11} & \boldsymbol{G}_{12}\\ \boldsymbol{G}_{21} & \boldsymbol{G}_{22}\end{bmatrix} \tag{7-13}$$

则图 7-2 实际代表如下代数方程：

$$\boldsymbol{z}=\boldsymbol{G}_{11}\boldsymbol{w}+\boldsymbol{G}_{12}\boldsymbol{u} \tag{7-14}$$

$$\boldsymbol{y}=\boldsymbol{G}_{21}\boldsymbol{w}+\boldsymbol{G}_{22}\boldsymbol{u} \tag{7-15}$$

$$\boldsymbol{u}=\boldsymbol{K}\boldsymbol{y} \tag{7-16}$$

如果 $(\boldsymbol{I}-\boldsymbol{G}_{22}\boldsymbol{K})$ 为可逆的真有理矩阵，则

$$\boldsymbol{z}=[\boldsymbol{G}_{11}+\boldsymbol{G}_{12}\boldsymbol{K}(\boldsymbol{I}-\boldsymbol{G}_{22}\boldsymbol{K})^{-1}\boldsymbol{G}_{21}]\boldsymbol{w} \tag{7-17}$$

而从 $\boldsymbol{w}$ 到 $\boldsymbol{z}$ 的传递函数矩阵为

$$\boldsymbol{T}_{zw}=\boldsymbol{F}_l(\boldsymbol{G},\boldsymbol{K})=\boldsymbol{G}_{11}+\boldsymbol{G}_{12}\boldsymbol{K}(\boldsymbol{I}-\boldsymbol{G}_{22}\boldsymbol{K})^{-1}\boldsymbol{G}_{21} \tag{7-18}$$

H^∞ 控制的标准框架或标准问题是：求一真有理的 $\boldsymbol{K}$，使 $\boldsymbol{G}$ 稳定，并使传递矩阵（7-18）的 H^∞ 范数极小。即

$$\min\{\|\boldsymbol{F}_l(\boldsymbol{G},\boldsymbol{K})\|_\infty \mid \boldsymbol{K}\text{ 使 }\boldsymbol{G}\text{ 稳定}\} \tag{7-19}$$

或者表述为：求所有真有理 $\boldsymbol{K}$，使 $\boldsymbol{G}$ 稳定，且使

$$\|\boldsymbol{F}_l(\boldsymbol{G},\boldsymbol{K})\|_\infty<\gamma,\quad \gamma\in\mathbf{R} \tag{7-20}$$

下面讨论可以化成 H^∞ 标准问题的三个方面。

1）跟踪问题。

在图 7-3 中，$\boldsymbol{P}(s)$ 为已知被控装置，其输出 $\boldsymbol{v}$ 要跟踪参考输入信号 $\boldsymbol{r}$。被控装置的控制输入 $\boldsymbol{u}$，是由 $\boldsymbol{r}$ 和 $\boldsymbol{v}$ 分别通过控制器 $\boldsymbol{C}_1$ 和 $\boldsymbol{C}_2$ 所产生的，即

$$\boldsymbol{u}=\boldsymbol{C}_1\boldsymbol{r}+\boldsymbol{C}_2\boldsymbol{v}=[\boldsymbol{C}_1\quad \boldsymbol{C}_2]\begin{bmatrix}\boldsymbol{r}\\ \boldsymbol{v}\end{bmatrix}$$

这里，参考输入 $\boldsymbol{r}$ 并不是一个已知的确定信号，它是一类能量有限信号中的一种，即 $\boldsymbol{r}$ 是集合 $\{\boldsymbol{r}:\boldsymbol{r}=\boldsymbol{W}\boldsymbol{w},\boldsymbol{w}\in H^2,\|\boldsymbol{w}\|_2\leqslant 1\}$ 中的一种。

在跟踪问题中，$\boldsymbol{P}$ 和 $\boldsymbol{W}$ 已知，而 $\boldsymbol{C}_1$ 和 $\boldsymbol{C}_2$ 有待设计。跟踪误差$(\boldsymbol{r}-\boldsymbol{v})$自然是设计控制系统所关心的实际被控量。如果单纯追求跟踪误差最小，可取 $\|\boldsymbol{r}-\boldsymbol{v}\|_2^2$ 作为目标函数。若要兼顾控制信号的幅度，可在目标函数中增加一个加权控制能量项，便可保证存在最优的真有理控制器。因此，在跟踪问题中取 $\|\boldsymbol{r}-\boldsymbol{v}\|_2^2+\|\rho\boldsymbol{u}\|_2^2$ 作为目标函数。该目标函数等于信号

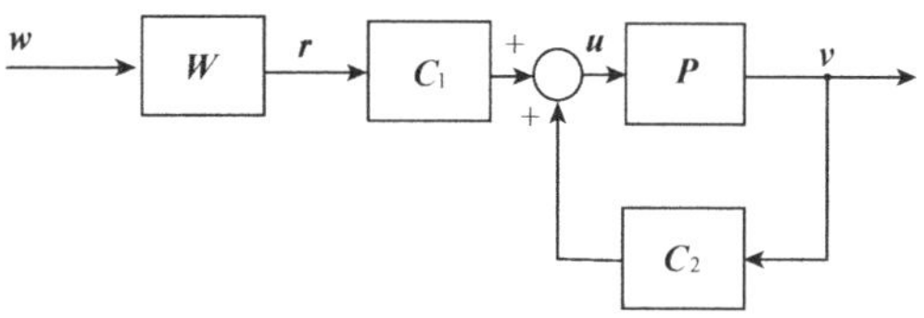

图 7-3　跟踪问题

$$\boldsymbol{z}=\begin{bmatrix}\boldsymbol{r}-\boldsymbol{v}\\ \rho\boldsymbol{u}\end{bmatrix}$$

的 H^2 范数，其中 $\rho>0$ 为加权因子。于是，跟踪问题可以化为目标函数

$$\sup\{\|\boldsymbol{z}\|_2:\boldsymbol{w}\in H^2,\|\boldsymbol{w}\|_2\leqslant 1\}$$

的极小化问题。

为将跟踪问题化为相应的标准 H^∞ 控制问题，取

$$\boldsymbol{z}=\begin{bmatrix}\boldsymbol{r}-\boldsymbol{v}\\ \rho\boldsymbol{u}\end{bmatrix},\quad \boldsymbol{y}=\begin{bmatrix}\boldsymbol{r}\\ \boldsymbol{v}\end{bmatrix}$$

外部输入信号为 $\boldsymbol{w}$，控制输入信号为 $\boldsymbol{u}$。这时，广义被控系统及控制器方程为

$$\begin{bmatrix}\boldsymbol{z}\\ \boldsymbol{y}\end{bmatrix}=\begin{bmatrix}\boldsymbol{r}-\boldsymbol{v}\\ \rho\boldsymbol{u}\\ \boldsymbol{r}\\ \boldsymbol{v}\end{bmatrix}=\begin{bmatrix}\boldsymbol{W} & -\boldsymbol{P}\\ \boldsymbol{0} & \rho\boldsymbol{I}\\ \boldsymbol{W} & \boldsymbol{0}\\ \boldsymbol{0} & \boldsymbol{P}\end{bmatrix}\begin{bmatrix}\boldsymbol{w}\\ \boldsymbol{u}\end{bmatrix} \tag{7-21}$$

$$\boldsymbol{u}=[\boldsymbol{C}_1\quad \boldsymbol{C}_2]\begin{bmatrix}\boldsymbol{r}\\ \boldsymbol{v}\end{bmatrix}$$

相应的 $\boldsymbol{G}$ 和 $\boldsymbol{K}$ 为

$$\boldsymbol{G}_{11}=\begin{bmatrix}\boldsymbol{W}\\ \boldsymbol{0}\end{bmatrix},\quad \boldsymbol{G}_{12}=\begin{bmatrix}-\boldsymbol{P}\\ \rho\boldsymbol{I}\end{bmatrix},\quad \boldsymbol{G}_{21}=\begin{bmatrix}\boldsymbol{W}\\ \boldsymbol{0}\end{bmatrix},\quad \boldsymbol{G}_{22}=\begin{bmatrix}\boldsymbol{0}\\ \boldsymbol{P}\end{bmatrix} \tag{7-22}$$

$$\boldsymbol{K}=[\boldsymbol{C}_1\quad \boldsymbol{C}_2] \tag{7-23}$$

这样，图 7-3 跟踪问题便转换成图 7-4 所示的标准问题。

由图 7-4 明显可见，标准问题中 $\boldsymbol{G}$ 和 $\boldsymbol{K}$ 以及 $\boldsymbol{w}$、$\boldsymbol{z}$、$\boldsymbol{u}$、$\boldsymbol{y}$ 与实际被控系统各量的关系。其中 $\boldsymbol{u}$ 和 $\boldsymbol{y}$ 是为实现控制所需的实际物理装置的输入和输出信号，称为系统的内部信号；而 $\boldsymbol{w}$ 和 $\boldsymbol{z}$ 是设计中认为重要的虚构信号，称为外部信号。

2）稳定鲁棒性问题。

稳定鲁棒性问题如图 7-5 所示。由于参数变化和未建模动态的存在，实际被控装置的动态特性是变化的。如果把设计时所依据的模型叫作标称被控装置，那么特性的变化就叫做未知摄动，或称摄动。摄动可以是如图 7-5 所示的相加型摄动，也可以是相乘型摄动。前者摄动模型表示为 $\boldsymbol{P}+\Delta\boldsymbol{P}$，后者为 $\boldsymbol{P}(\boldsymbol{I}+\boldsymbol{\Delta})$ 或 $(\boldsymbol{I}+\boldsymbol{\Delta})\boldsymbol{P}$。稳定性的鲁棒性，系指控制器 $\boldsymbol{K}$ 不仅使标称被控装置 P 稳定，而且也使摄动后的被控装置 $\boldsymbol{P}+\Delta\boldsymbol{P}$ 或 $\boldsymbol{P}(\boldsymbol{I}+\boldsymbol{\Delta})$ 稳定。

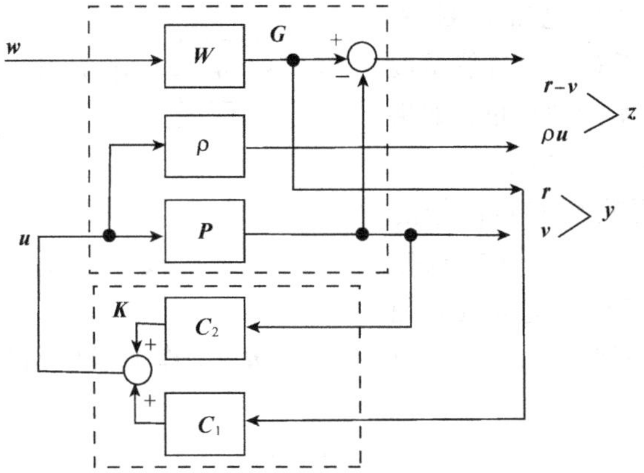

图 7-4　等价标准问题

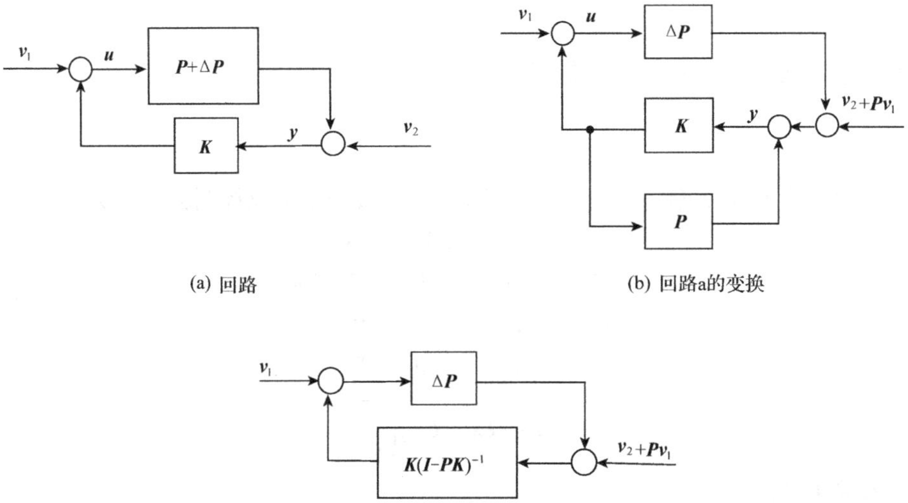

(a) 回路　　(b) 回路a的变换

(c) 变换结果

图 7-5　稳定鲁棒性问题

今以相加型摄动为例,说明如何将稳定鲁棒性问题转化为标准 H^∞ 控制问题。

假设 $\boldsymbol{P}$ 为严格真标称被控装置,令 $\mathbf{R}\in \mathrm{RH}^\infty$ 是一个标量函数。如果摄动后的 $\boldsymbol{P}+\Delta\boldsymbol{P}$ 是严格真有理矩阵,且和 $\boldsymbol{P}$ 有相同数目的 $\mathrm{Re}s\geqslant 0$ 极点,其中 $\Delta\boldsymbol{P}$ 满足如下限制:

$$\|\Delta\boldsymbol{P}(\mathrm{j}\omega)\|_\infty < |\boldsymbol{R}(\mathrm{j}\omega)|,\quad 0\leqslant\omega\leqslant\infty \tag{7-24}$$

其稳定鲁棒性的提法是:求真有理阵 $\boldsymbol{K}$,使所有被控装置 $\boldsymbol{P}+\Delta\boldsymbol{P}$ 稳定。事实上可以证明,在所述条件下有如下充分必要条件。

引理 7-1　一个真有理阵 $\boldsymbol{K}$ 能稳定所有 $\boldsymbol{P}+\Delta\boldsymbol{P}$ 的充分必要条件是:$\boldsymbol{K}$ 使 $\boldsymbol{P}$ 稳定,且满足

$$\|\boldsymbol{RK}(\boldsymbol{I}-\boldsymbol{PK})^{-1}\|_\infty\leqslant 1 \tag{7-25}$$

式中 $\Delta\boldsymbol{P}$ 满足式(7-24)。

很明显,若将广义被控装置 $\boldsymbol{G}$ 定义为

$$G=\begin{bmatrix} \mathbf{0} & \boldsymbol{RI} \\ \boldsymbol{I} & \boldsymbol{P} \end{bmatrix} \tag{7-26}$$

则稳定鲁棒性问题化为如图 7-6 所示的标准问题，即选择 $\boldsymbol{K}$ 使 $\boldsymbol{G}$ 稳定，且使从 $\boldsymbol{w}$ 到 $\boldsymbol{z}$ 的传递函数阵

$$\boldsymbol{F}_l(\boldsymbol{G},\boldsymbol{K})=\boldsymbol{RK}(\boldsymbol{I}-\boldsymbol{PK})^{-1}$$

的 H^∞ 范数满足

$$\|\boldsymbol{RK}(\boldsymbol{I}-\boldsymbol{PK})^{-1}\|_\infty \leqslant 1 \tag{7-27}$$

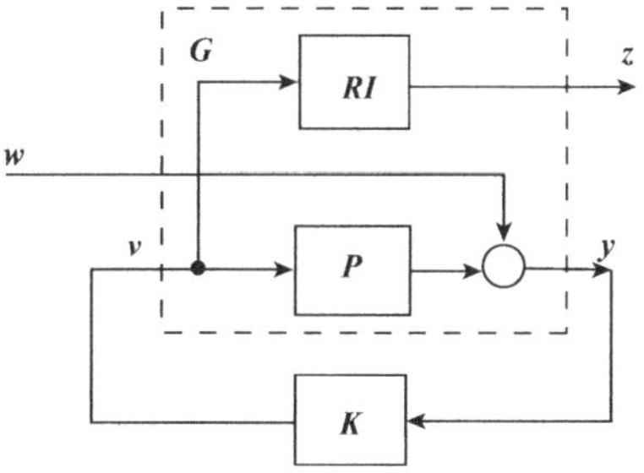

图 7-6 稳定鲁棒性问题的转化

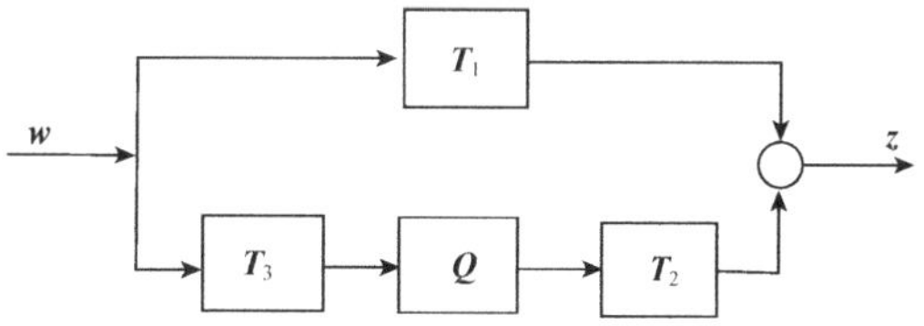

图 7-7 模型匹配问题

3）模型匹配问题。

图 7-7 表示用串联的三个传递函数矩阵 $\boldsymbol{T}_3$、$\boldsymbol{Q}$ 和 $\boldsymbol{T}_2$ 去逼近传递函数阵 $\boldsymbol{T}_1$，这种问题称为模型匹配问题。在该问题中，已知 $\boldsymbol{T}_1$、$\boldsymbol{T}_2$、$\boldsymbol{T}_3 \in \mathrm{RH}^\infty$，而 $\boldsymbol{Q} \in \mathrm{RH}^\infty$ 有待选择。

模型匹配问题的提法是：选择 $\boldsymbol{Q} \in \mathrm{RH}^\infty$，使

$$\sup\{\|\boldsymbol{z}\|_2 : \boldsymbol{w} \in H^2, \|\boldsymbol{w}\|_2 \leqslant 1\}$$

极小，即 $\|\boldsymbol{T}_1-\boldsymbol{T}_2\boldsymbol{Q}\boldsymbol{T}_3\|_\infty$ 极小。

模型匹配问题可以转化为标准 H^∞ 问题，取

$$G=\begin{bmatrix} \boldsymbol{T}_1 & \boldsymbol{T}_2 \\ \boldsymbol{T}_3 & \mathbf{0} \end{bmatrix}$$

$$\boldsymbol{K}=-\boldsymbol{Q}$$

要求 $\boldsymbol{K}$ 使 $\boldsymbol{G}$ 稳定，等价于要求 $\boldsymbol{Q} \in \mathrm{RH}^\infty$。

研究模型匹配问题的重要意义在于：标准问题可以转化成较简单的模型匹配问题，后者有较好的解法。

(2) 互质分解

两个实系数多项式 $f(s)$ 和 $g(s)$，如果其最大公因子是 1，则称 $f(s)$ 和 $g(s)$ 互质，或者说它们没有公共的零点。不难证明，$f(s)$ 和 $g(s)$ 互质的充分必要条件是：存在实系数多项式 $x(s)$ 和 $y(s)$，满足

$$f(s)x(s)+g(s)y(s)=1 \tag{7-28}$$

式(7-28)称为 Bezout 等式。

若 $f(s)$ 和 $g(s)$ 表示稳定的真有理函数，即 $f(s)$、$g(s) \in \mathrm{RH}^\infty$，则 $f(s)$ 和 $g(s)$ 互质可定义为：如果存在 $\boldsymbol{x}(s)$、$\boldsymbol{y}(s) \in \mathrm{RH}^\infty$，使式(7-28)成立，则 $f(s)$ 和 $g(s)$ 互质。

推而广之，可以定义矩阵 $\boldsymbol{F}(s)$，$\boldsymbol{G}(s) \in \mathrm{RH}^\infty$ 的互质性：对于两个稳定真有理函数矩阵 $\boldsymbol{F}(\boldsymbol{s})$、$\boldsymbol{G}(\boldsymbol{s}) \in \mathrm{RH}^\infty$，如果 $\boldsymbol{F}$、$\boldsymbol{G}$ 的列数相同，且存在 $\boldsymbol{X}(s)$、$\boldsymbol{Y}(s) \in \mathrm{RH}^\infty$，使得

$$[\boldsymbol{X}\quad \boldsymbol{Y}]\begin{bmatrix}\boldsymbol{F}\\ \boldsymbol{G}\end{bmatrix}=\boldsymbol{XF}+\boldsymbol{YG}=\boldsymbol{I} \tag{7-29}$$

成立，则 $\boldsymbol{F}$、$\boldsymbol{G}$ 右互质，或者说矩阵 $\begin{bmatrix}\boldsymbol{F}\\ \boldsymbol{G}\end{bmatrix}$ 在 RH^{∞} 上有左逆。

类似地，如果 $\boldsymbol{F}(s)$、$\boldsymbol{G}(s)\in\mathrm{RH}^{\infty}$ 的行数相同，且存在 $\boldsymbol{X}(s)$、$\boldsymbol{Y}(s)\in\mathrm{RH}^{\infty}$，使得

$$[\boldsymbol{F}\quad \boldsymbol{G}]\begin{bmatrix}\boldsymbol{X}\\ \boldsymbol{Y}\end{bmatrix}=\boldsymbol{FX}+\boldsymbol{GY}=\boldsymbol{I} \tag{7-30}$$

成立，则 $\boldsymbol{F}$ 和 $\boldsymbol{G}$ 左互质，或者矩阵 $[\boldsymbol{F}\quad \boldsymbol{G}]$ 在 RH^{∞} 上有右逆。

一个真有理函数矩阵 $\boldsymbol{G}$，其右互质分解指 $\boldsymbol{G}=\boldsymbol{NM}^{-1}$，而 $\boldsymbol{N}$、$\boldsymbol{M}\in\mathrm{RH}^{\infty}$ 是右互质矩阵。类似地，如有 $\boldsymbol{G}=\widetilde{\boldsymbol{M}}^{-1}\widetilde{\boldsymbol{N}}$，其中 $\widetilde{\boldsymbol{N}}$、$\widetilde{\boldsymbol{M}}\in\mathrm{RH}^{\infty}$ 左互质，则是左互质分解。在上述定义中，$\boldsymbol{M}$ 和 $\widetilde{\boldsymbol{M}}$ 是非奇异方阵。

事实上，任何真有理矩阵都存在一种特殊的互质分解，所谓双互质分解。下面给出双互质分解的引理。

引理 7-2 考虑真有理矩阵 $\boldsymbol{G}(s)=\boldsymbol{C}(s\boldsymbol{I}-\boldsymbol{A})^{-1}\boldsymbol{B}+\boldsymbol{D}$，设其状态空间实现 $[\boldsymbol{A},\boldsymbol{B},\boldsymbol{C},\boldsymbol{D}]$ 能稳、能检测，则存在 8 个矩阵

$$\begin{aligned}
&\boldsymbol{M}(s)=[\boldsymbol{A}_F,\boldsymbol{B},\boldsymbol{F},\boldsymbol{I}],\quad \boldsymbol{N}(s)=[\boldsymbol{A}_F,\boldsymbol{B},\boldsymbol{C}_F,\boldsymbol{D}]\\
&\widetilde{\boldsymbol{M}}(s)=[\boldsymbol{A}_H,\boldsymbol{H},\boldsymbol{C},\boldsymbol{I}],\quad \widetilde{\boldsymbol{N}}(s)=[\boldsymbol{A}_H,\boldsymbol{B}_H,\boldsymbol{C},\boldsymbol{D}]\\
&\boldsymbol{X}(s)=[\boldsymbol{A}_F,-\boldsymbol{H},\boldsymbol{C}_F,\boldsymbol{I}],\quad \boldsymbol{Y}(s)=[\boldsymbol{A}_F,-\boldsymbol{H},\boldsymbol{F},0]\\
&\widetilde{\boldsymbol{X}}(s)=[\boldsymbol{A}_H,-\boldsymbol{B}_H,\boldsymbol{F},\boldsymbol{I}],\quad \widetilde{\boldsymbol{Y}}(s)=[\boldsymbol{A}_H,-\boldsymbol{H},\boldsymbol{F},0]
\end{aligned} \tag{7-31}$$

式中

$$\boldsymbol{A}_F=\boldsymbol{A}+\boldsymbol{BF},\quad \boldsymbol{C}_F=\boldsymbol{C}+\boldsymbol{DF}$$
$$\boldsymbol{A}_H=\boldsymbol{A}+\boldsymbol{HC},\quad \boldsymbol{B}_H=\boldsymbol{B}+\boldsymbol{HD}$$

满足

① 式(7-31)中 8 个矩阵均属于 RH^{∞}。

② $\boldsymbol{M}(s)$、$\widetilde{\boldsymbol{M}}(s)$ 是非奇异矩阵。

③ $$\boldsymbol{G}(s)=\boldsymbol{N}(s)\boldsymbol{M}^{-1}(s)=\widetilde{\boldsymbol{M}}^{-1}(s)\widetilde{\boldsymbol{N}}(s) \tag{7-32}$$

④ $$\begin{bmatrix}\widetilde{\boldsymbol{X}} & -\widetilde{\boldsymbol{Y}}\\ -\widetilde{\boldsymbol{N}} & \widetilde{\boldsymbol{M}}\end{bmatrix}\begin{bmatrix}\boldsymbol{M} & \boldsymbol{Y}\\ \boldsymbol{N} & \boldsymbol{X}\end{bmatrix}=\boldsymbol{I} \tag{7-33}$$

证明 ① 因为已假定 $\boldsymbol{G}$ 的状态空间实现能稳、能检测，所以总可以选择 $\boldsymbol{F}$、$\boldsymbol{H}$，使

$$\boldsymbol{A}_F=\boldsymbol{A}+\boldsymbol{BF},\quad \boldsymbol{A}_H=\boldsymbol{A}+\boldsymbol{HC}$$

成为稳定矩阵。因此，结论①成立。

② 事实上，若 $\boldsymbol{X}\in\mathbf{R}^{n\times n}$，则

$$(s\boldsymbol{I}-\boldsymbol{X})^{-1}=\frac{\mathrm{adj}(s\boldsymbol{I}-\boldsymbol{X})}{\det(s\boldsymbol{I}-\boldsymbol{X})}$$

式中 $\det(s\boldsymbol{I}-\boldsymbol{X})$ 是 n 次首一多项式，而 $\mathrm{adj}(s\boldsymbol{I}-\boldsymbol{X})$ 的每个元都是严格小于 $\boldsymbol{n}$ 次的多项式。从而有

$$\lim_{t\to\infty}\det\boldsymbol{M}=\lim_{t\to\infty}\det[\boldsymbol{I}+\boldsymbol{F}(s\boldsymbol{I}-\boldsymbol{A}_F)^{-1}\boldsymbol{B}]=1$$

又知，$\det\boldsymbol{M}(s)$ 是 s 的连续函数。周知，对于方阵 $\boldsymbol{M}(s)$，若其行列式 $\det\boldsymbol{M}(s)$ 是有理分式域上的零元，则 $\boldsymbol{M}(s)$ 是奇异的；反之，$\det\boldsymbol{M}(s)$ 是有理公式域上的非零元，则 $\boldsymbol{M}(s)$ 是非奇

异的。因此，$\boldsymbol{M}(s)$为非奇异阵。类似地，$\widetilde{\boldsymbol{M}}(s)$也是非奇异阵。

③ 设$\boldsymbol{G}(s)$的状态空间实现

$$\dot{\boldsymbol{x}}=\boldsymbol{Ax}+\boldsymbol{Bu}$$
$$\boldsymbol{y}=\boldsymbol{Cx}+\boldsymbol{Du}$$

是能稳定的，从而可选择实数矩阵 $\boldsymbol{F}$，使 $\boldsymbol{A}+\boldsymbol{BF}$ 成为稳定矩阵。定义 $\boldsymbol{v}=\boldsymbol{u}-\boldsymbol{fx}$ 及矩阵 $\boldsymbol{C_F}=\boldsymbol{C}+\boldsymbol{DF}$，则有

$$\dot{\boldsymbol{x}}=\boldsymbol{A_F x}+\boldsymbol{Bv}$$
$$\boldsymbol{u}=\boldsymbol{Fx}+\boldsymbol{v}$$
$$\boldsymbol{y}=\boldsymbol{C_F x}+\boldsymbol{Dv}$$

那么，由 $\boldsymbol{v}$ 到 $\boldsymbol{u}$，由 $\boldsymbol{v}$ 到 $\boldsymbol{y}$ 的传递矩阵分别为

$$\boldsymbol{M}(s)=[\boldsymbol{A_F},\boldsymbol{B},\boldsymbol{F},\boldsymbol{I}]$$
$$\boldsymbol{N}(s)=[\boldsymbol{A_F},\boldsymbol{B},\boldsymbol{C_F},\boldsymbol{D}]$$

因此，$\boldsymbol{u}=\boldsymbol{M}(s)\boldsymbol{v}$，$\boldsymbol{y}=\boldsymbol{N}(s)\boldsymbol{v}$，从而得到 $\boldsymbol{y}=\boldsymbol{N}(s)\boldsymbol{v}=\boldsymbol{N}(s)\boldsymbol{M}^{-1}(s)\boldsymbol{u}$，即 $\boldsymbol{G}(s)=\boldsymbol{N}(s)\boldsymbol{M}^{-1}(s)$。类似地，选择 $\boldsymbol{H}$ 使 $\boldsymbol{A_H}=\boldsymbol{A}+\boldsymbol{HC}$ 稳定，并定义 $\boldsymbol{B_H}=\boldsymbol{B}+\boldsymbol{HD}$，可推证出 $\boldsymbol{G}(s)=\widetilde{\boldsymbol{M}}^{-1}(s)\widetilde{\boldsymbol{N}}(s)$。

④ 由式(7-33)可见，为证结论④，只需验证以下 3 个等式：

1° $\widetilde{\boldsymbol{X}}\boldsymbol{M}-\boldsymbol{I}=[\boldsymbol{I}-\boldsymbol{F}(s\boldsymbol{I}-\boldsymbol{A_H})^{-1}\boldsymbol{B_H}][\boldsymbol{I}+\boldsymbol{F}(s\boldsymbol{I}-\boldsymbol{A_F})^{-1}\boldsymbol{B}]-\boldsymbol{I}$

$$\begin{aligned}
&=-\boldsymbol{F}(s\boldsymbol{I}-\boldsymbol{A_H})^{-1}\boldsymbol{B_H}+[\boldsymbol{I}-\boldsymbol{F}(s\boldsymbol{I}-\boldsymbol{A_H})^{-1}\boldsymbol{B_H}]\boldsymbol{F}(s\boldsymbol{I}-\boldsymbol{A_F})^{-1}\boldsymbol{B}\\
&=-\boldsymbol{F}(s\boldsymbol{I}-\boldsymbol{A_H})^{-1}\boldsymbol{B_H}+\boldsymbol{F}[\boldsymbol{I}-(s\boldsymbol{I}-\boldsymbol{A_H})^{-1}\boldsymbol{B_H F}](s\boldsymbol{I}-\boldsymbol{A_F})^{-1}\boldsymbol{B}\\
&=-\boldsymbol{F}(s\boldsymbol{I}-\boldsymbol{A_H})^{-1}\boldsymbol{B_H}+\boldsymbol{F}(s\boldsymbol{I}-\boldsymbol{A_H})^{-1}[(s\boldsymbol{I}-\boldsymbol{A_H})-\boldsymbol{B_H F}](s\boldsymbol{I}-\boldsymbol{A_F})^{-1}\boldsymbol{B}\\
&=-\boldsymbol{F}(s\boldsymbol{I}-\boldsymbol{A_H})^{-1}\boldsymbol{B_H}+\boldsymbol{F}(s\boldsymbol{I}-\boldsymbol{A_H})^{-1}[(s\boldsymbol{I}-\boldsymbol{A_F})\\
&\quad-(\boldsymbol{HC}+\boldsymbol{HDF})](s\boldsymbol{I}-\boldsymbol{A_F})^{-1}\boldsymbol{B}\\
&=\boldsymbol{F}(s\boldsymbol{I}-\boldsymbol{A_H})^{-1}[\boldsymbol{I}-(\boldsymbol{HC}+\boldsymbol{HDF})(s\boldsymbol{I}-\boldsymbol{A_F})^{-1}][\boldsymbol{B}-\boldsymbol{F}(s\boldsymbol{I}-\boldsymbol{A_H})^{-1}\boldsymbol{B_H}]\\
&=\boldsymbol{F}(s\boldsymbol{I}-\boldsymbol{A_H})^{-1}[\boldsymbol{B}-\boldsymbol{H}(\boldsymbol{C}+\boldsymbol{DF})(s\boldsymbol{I}-\boldsymbol{A_F})^{-1}\boldsymbol{B}-\boldsymbol{B_H}]\\
&=[-\boldsymbol{F}(s\boldsymbol{I}-\boldsymbol{A_H})^{-1}\boldsymbol{H}][\boldsymbol{D}+\boldsymbol{C_F}(s\boldsymbol{I}-\boldsymbol{A_F})^{-1}\boldsymbol{B}]=\widetilde{\boldsymbol{Y}}(s)\boldsymbol{N}(s)
\end{aligned}$$

2° $\widetilde{\boldsymbol{X}}\boldsymbol{Y}=[\boldsymbol{I}-\boldsymbol{F}(s\boldsymbol{I}-\boldsymbol{A_H})^{-1}\boldsymbol{B_H}][-\boldsymbol{F}(s\boldsymbol{I}-\boldsymbol{A_F})^{-1}\boldsymbol{H}]$

$$\begin{aligned}
&=-\boldsymbol{F}[\boldsymbol{I}+(s\boldsymbol{I}-\boldsymbol{A_H})^{-1}\boldsymbol{B_H F}](s\boldsymbol{I}-\boldsymbol{A_F})^{-1}\boldsymbol{H}\\
&=-\boldsymbol{F}(s\boldsymbol{I}-\boldsymbol{A_H})^{-1}[(s\boldsymbol{I}-\boldsymbol{A_H})+\boldsymbol{B_H F}](s\boldsymbol{I}-\boldsymbol{A_F})^{-1}\boldsymbol{H}\\
&=-\boldsymbol{F}(s\boldsymbol{I}-\boldsymbol{A_H})^{-1}[s\boldsymbol{I}-\boldsymbol{A_F}-\boldsymbol{HC_F}](s\boldsymbol{I}-\boldsymbol{A_F})^{-1}\boldsymbol{H}\\
&=-\boldsymbol{F}(s\boldsymbol{I}-\boldsymbol{A_H})^{-1}[\boldsymbol{H}-\boldsymbol{HC_F}(s\boldsymbol{I}-\boldsymbol{A_F})^{-1}\boldsymbol{H}]\\
&=-\boldsymbol{F}(s\boldsymbol{I}-\boldsymbol{A_H})^{-1}\boldsymbol{H}[\boldsymbol{I}-\boldsymbol{C_F}(s\boldsymbol{I}-\boldsymbol{A_F})^{-1}\boldsymbol{H}]=\widetilde{\boldsymbol{Y}}\boldsymbol{X}
\end{aligned}$$

3° $-\widetilde{\boldsymbol{N}}\boldsymbol{Y}+\widetilde{\boldsymbol{M}}\boldsymbol{X}=\boldsymbol{I}$ 可类似地得到证明。

(3) 稳定性

1) 外部稳定与内部稳定。

动态系统既可用输入输出关系描述，又可用内部状态描述。对应于这两种描述，可定义外部稳定性和内部稳定性。这里，讨论稳定性的两种定义、判别条件及其相互关系。

① 外部稳定性：一个因果系统，如果加入有界输入 $\boldsymbol{u}(t)$：$|\boldsymbol{u}(t)|\leqslant k_1<\infty$，$t\in[t_0,\infty)$，产生的输出 $\boldsymbol{y}(t)$也是有界的，即$|\boldsymbol{y}(t)|\leqslant k_2<\infty$，$t\in[t_0,\infty)$，则称该因果系统是外部

稳定的，亦称有界输入有界输出稳定，简记 BIBO 稳定。

讨论外部稳定性时，假定初始条件为零。因为非零初始条件可以看成是初始时刻 t_0 以前有界输入的作用结果。因此，零初始条件的假定并不失一般性。若非零初始条件是由于扰动输入产生的，杂散的扰动输入不能纳入系统的输入输出描述之中。下面给出外部稳定性的几个引理。

引理 7-3 BIBO 稳定的充分必要条件是系统的脉冲响应 $h(t)$ 绝对可积，即

$$\int_{t_0}^{\infty} |h(t)|\,\mathrm{d}t < k < \infty \tag{7-34}$$

引理 7-4 设多输入多输出系统的脉冲响应矩阵为 $\boldsymbol{G}(t)$，则系统 BIBO 稳定的充分必要条件是 $\boldsymbol{G}(t)$ 的各元 $g_{ij}(t)$，$(i=1,2,\cdots,q;j=1,2,\cdots,p)$，均满足绝对可积条件

$$\int_{0}^{\infty} |g_{ij}(t)|\,\mathrm{d}t \leqslant k < \infty \tag{7-35}$$

若已知多输入多输出线性定常系统的传递矩阵为 $\boldsymbol{G}(s)$，则 BIBO 稳定的充分必要条件是：当 $\boldsymbol{G}(s)$ 为有理函数矩阵时，$\boldsymbol{G}(s)$ 的每个元 $g_{ij}(s)$ 的所有极点均具有负实部。

② 内部稳定性：一个线性定常系统的状态空间描述为

$$\begin{aligned} \dot{\boldsymbol{x}} &= \boldsymbol{A}\boldsymbol{x}+\boldsymbol{B}\boldsymbol{u} \\ \boldsymbol{y} &= \boldsymbol{C}\boldsymbol{x}+\boldsymbol{D}\boldsymbol{u} \end{aligned} \tag{7-36}$$

若由任意 $\boldsymbol{x}(0)=\boldsymbol{x}_0$ 引起的零输入响应 $\boldsymbol{x}(t)$，满足 $\lim\limits_{t\to\infty}\boldsymbol{x}(t)=\boldsymbol{0}$，则称系统(7-36)内部稳定，简称内稳定。

内部稳定性指的是在状态空间中实现的 Lyapunov 稳定性。讨论内部稳定性时，必须令控制输入 $\boldsymbol{u}(t)\equiv\boldsymbol{0}$。如果把初态 $\boldsymbol{x}_0$ 看成是脉冲输入的结果，那么内稳定指：在脉冲输入作用下，系统的状态渐近地趋于零。下面给出内稳定性与外部稳定性之间的关系。

设线性定常系统

$$\begin{aligned} \dot{\boldsymbol{x}} &= \boldsymbol{A}\boldsymbol{x}+\boldsymbol{B}\boldsymbol{u}, \quad \boldsymbol{x}(0)=\boldsymbol{x}_0 \\ \boldsymbol{y} &= \boldsymbol{C}\boldsymbol{x}+\boldsymbol{D}\boldsymbol{u} \end{aligned} \tag{7-37}$$

是内稳定的，则必是 BIBO 稳定的；反之，若系统(7-37)是 BIBO 稳定的，则不能保证一定是内稳定的。

由状态空间的结构分解定理可知，一个状态空间实现通过非奇异线性变换，可分解成能控能观、能控不能观、不能控能观以及不能控不能观四个部分。而系统的输入输出描述，如传递矩阵 $\boldsymbol{G}(s)=\boldsymbol{C}(s\boldsymbol{I}-\boldsymbol{A})^{-1}\boldsymbol{B}+\boldsymbol{D}$ 只表示能控能观部分。因此，BIBO 稳定只能反映能控能观部分是稳定的，不能反映其他三部分结构是否稳定。从而，仅当线性定常系统(7-37)能控且能观时，其内部稳定和 BIBO 稳定才是等价的。

从以上分析可知，若系统(7-37)是 $\boldsymbol{G}(s)$ 的一个最小实现，由于该系统能控能观，所以其外部稳定性和内部稳定性是等价的；假设系统(7-37)是 $\boldsymbol{G}(s)$ 的一个实现，若该实现是能稳能检测的，其外部稳定性等价于内部稳定性，即 $\dot{\boldsymbol{x}}=\boldsymbol{A}\boldsymbol{x}$ 渐近稳定，等价于 $\boldsymbol{G}(s)=\boldsymbol{C}(s\boldsymbol{I}-\boldsymbol{A})^{-1}\boldsymbol{B}+\boldsymbol{D}\in \mathrm{RH}^{\infty}$。但是，由最小实现互联起来的总实现，往往可能是非最小实现。所以用系统的外部稳定性判定总实现的内部稳定性，必须特别谨慎。

③ 函数空间中的内部稳定性与外部稳定性：在函数空间中，为了对外部稳定性和内部稳定性有具体和深入地了解，作为一个例子，考查图 7-8 所示线性定常反馈系统的稳定

性，即考查 $\boldsymbol{K}$ 使 $\boldsymbol{P}$ 内稳定的条件。

由图 7-8 可以写出如下方程：

$$\begin{bmatrix}\boldsymbol{u}\\ \boldsymbol{y}\end{bmatrix}=\begin{bmatrix}\boldsymbol{v}_1\\ \boldsymbol{v}_2\end{bmatrix}+\begin{bmatrix}\boldsymbol{0} & \boldsymbol{K}\\ \boldsymbol{P} & \boldsymbol{0}\end{bmatrix}\begin{bmatrix}\boldsymbol{u}\\ \boldsymbol{y}\end{bmatrix} \tag{7-38}$$

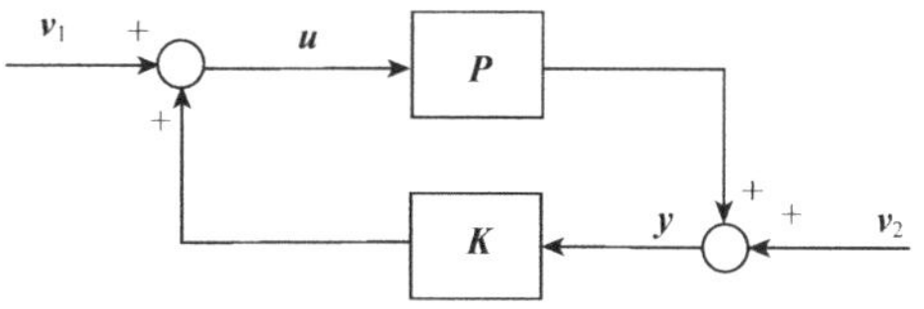

图 7-8　线性定常反馈系统

或者

$$\begin{bmatrix}\boldsymbol{I} & -\boldsymbol{K}\\ -\boldsymbol{P} & \boldsymbol{I}\end{bmatrix}\begin{bmatrix}\boldsymbol{u}\\ \boldsymbol{y}\end{bmatrix}=\begin{bmatrix}\boldsymbol{v}_1\\ \boldsymbol{v}_2\end{bmatrix} \tag{7-39}$$

若矩阵

$$\begin{bmatrix}\boldsymbol{I} & -\boldsymbol{K}\\ -\boldsymbol{P} & \boldsymbol{I}\end{bmatrix}$$

有逆，则方程(7-39)有唯一解，称系统(7-39)是适定的。图 7-8 反馈系统适定的充分条件为 $\boldsymbol{P}$ 严格真。

假定 $\boldsymbol{P}$ 满足严格真条件，由式(7-39)可得

$$\begin{bmatrix}\boldsymbol{u}\\ \boldsymbol{y}\end{bmatrix}=\begin{bmatrix}\boldsymbol{I} & -\boldsymbol{K}\\ -\boldsymbol{P} & \boldsymbol{I}\end{bmatrix}^{-1}\begin{bmatrix}\boldsymbol{v}_1\\ \boldsymbol{v}_2\end{bmatrix}=\boldsymbol{H}(\boldsymbol{P},\boldsymbol{K})\begin{bmatrix}\boldsymbol{v}_1\\ \boldsymbol{v}_2\end{bmatrix} \tag{7-40}$$

式中 $\boldsymbol{H}(\boldsymbol{P},\boldsymbol{K})\in \mathrm{RH}^{\infty}$ 是外部稳定，同时也是内部稳定的充分必要条件。为证明这一结论，假设 $\boldsymbol{P}(s)$ 和 $\boldsymbol{K}(s)$ 的状态空间实现为

$$\boldsymbol{P}(s)=[\boldsymbol{A}_P,\boldsymbol{B}_P,\boldsymbol{C}_P,\boldsymbol{D}_P]$$

$$\boldsymbol{K}(s)=[\boldsymbol{A}_K,\boldsymbol{B}_K,\boldsymbol{C}_K,\boldsymbol{D}_K]$$

且都是能稳能检测的，并满足适定性条件

$$|\boldsymbol{I}-\boldsymbol{K}(\infty)\boldsymbol{P}(\infty)|=|\boldsymbol{I}-\boldsymbol{D}_K\boldsymbol{D}_P|\neq 0$$

则图 7-8 系统的状态方程为

$$\begin{bmatrix}\dot{\boldsymbol{x}}_P\\ \dot{\boldsymbol{x}}_K\end{bmatrix}=\begin{bmatrix}\boldsymbol{A}_P & \boldsymbol{0}\\ \boldsymbol{0} & \boldsymbol{A}_K\end{bmatrix}\begin{bmatrix}\boldsymbol{x}_P\\ \boldsymbol{x}_K\end{bmatrix}+\begin{bmatrix}\boldsymbol{B}_P & \boldsymbol{0}\\ \boldsymbol{0} & \boldsymbol{B}_K\end{bmatrix}\begin{bmatrix}\boldsymbol{u}\\ \boldsymbol{y}\end{bmatrix}$$

$$\begin{bmatrix}\boldsymbol{e}_1\\ \boldsymbol{e}_2\end{bmatrix}=\begin{bmatrix}\boldsymbol{C}_P & \boldsymbol{0}\\ \boldsymbol{0} & \boldsymbol{C}_K\end{bmatrix}\begin{bmatrix}\boldsymbol{x}_P\\ \boldsymbol{x}_K\end{bmatrix}+\begin{bmatrix}\boldsymbol{D}_P & \boldsymbol{0}\\ \boldsymbol{0} & \boldsymbol{D}_K\end{bmatrix}\begin{bmatrix}\boldsymbol{u}\\ \boldsymbol{y}\end{bmatrix}$$

$$\begin{bmatrix}\boldsymbol{u}\\ \boldsymbol{y}\end{bmatrix}=\begin{bmatrix}\boldsymbol{v}_1\\ \boldsymbol{v}_2\end{bmatrix}+\begin{bmatrix}\boldsymbol{0} & \boldsymbol{I}\\ \boldsymbol{I} & \boldsymbol{0}\end{bmatrix}\begin{bmatrix}\boldsymbol{e}_1\\ \boldsymbol{e}_2\end{bmatrix} \tag{7-41}$$

即

$$\dot{\boldsymbol{x}}=\boldsymbol{A}\boldsymbol{x}+\boldsymbol{B}\boldsymbol{u}_0 \tag{7-42}$$

$$\boldsymbol{e}=\boldsymbol{C}\boldsymbol{x}+\boldsymbol{D}\boldsymbol{u}_0 \tag{7-43}$$

$$\boldsymbol{u}_0=\boldsymbol{v}+\boldsymbol{F}\boldsymbol{e} \tag{7-44}$$

式中

$$\boldsymbol{A}=\begin{bmatrix}\boldsymbol{A}_P & \boldsymbol{0}\\ \boldsymbol{0} & \boldsymbol{A}_K\end{bmatrix},\quad \boldsymbol{B}=\begin{bmatrix}\boldsymbol{B}_P & \boldsymbol{0}\\ \boldsymbol{0} & \boldsymbol{B}_K\end{bmatrix}$$

$$\boldsymbol{C}=\begin{bmatrix}\boldsymbol{C}_P & \boldsymbol{0}\\ \boldsymbol{0} & \boldsymbol{C}_K\end{bmatrix},\quad \boldsymbol{D}=\begin{bmatrix}\boldsymbol{D}_P & \boldsymbol{0}\\ \boldsymbol{0} & \boldsymbol{D}_K\end{bmatrix},\quad \boldsymbol{F}=\begin{bmatrix}\boldsymbol{0} & \boldsymbol{I}\\ \boldsymbol{I} & \boldsymbol{0}\end{bmatrix}$$

$$x=\begin{bmatrix}x_P\\x_K\end{bmatrix},\quad u_0=\begin{bmatrix}u\\y\end{bmatrix},\quad v=\begin{bmatrix}v_1\\v_2\end{bmatrix},\quad e=\begin{bmatrix}e_1\\e_2\end{bmatrix}$$

由式(7-43)和式(7-44)可得：

$$e=(I-DF)^{-1}Cx+(I-DF)^{-1}Dv$$
$$u_0=F(I-DF)^{-1}Cx+[I+F(I-DF)^{-1}D]v$$

将 u_0 代入式(7-42)，有

$$\begin{aligned}\dot{x}&=\bar{A}x+\bar{B}v\\e&=\bar{C}x+\bar{D}v\end{aligned}\tag{7-45}$$

式中

$$\bar{A}=A+BF(I-DF)^{-1}C$$
$$\bar{B}=B[I+F(I-DF)^{-1}D]=B(I-FD)^{-1}$$
$$\bar{C}=(I-DF)^{-1}C$$
$$\bar{D}=(I-DF)^{-1}D$$

在推导 $\bar{B}$ 中，应用了如下矩阵等式：

$$\begin{aligned}&(I-FD)[I+F(I-DF)^{-1}D]\\=&(I-FD)+(I-FD)F(I-DF)^{-1}D\\=&(I-FD)+F(I-DF)(I-DF)^{-1}D\\=&I\end{aligned}$$

由于系统(7-41)能稳，必存在 K_0，使 $A+BK_0$ 稳定。现取

$$\bar{K}=(I-FD)(K_0-F\bar{C})$$

则

$$\begin{aligned}\bar{A}+\bar{B}\bar{K}&=A+BF(I-DF)^{-1}C+B(I-FD)^{-1}(I-FD)(K_0-F\bar{C})\\&=A+BF\bar{C}+B(K_0-F\bar{C})=A+BK_0\end{aligned}$$

从而证明了$[\bar{A},\bar{B}]$是能稳的。由$[C,A]$的能检测性，可以类似地证明$[\bar{C},\bar{A}]$是能检测的。

上述证明过程表明，反馈系统(7-45)是能稳能检测的，故 $\dot{x}=\bar{A}x$ 内稳定(渐近稳定)与

$$W(P,K)=[\bar{C}(sI-\bar{A})^{-1}\bar{B}+\bar{D}]\in \mathrm{RH}^{\infty}$$

等价。可以证明，后者又等价于 $H(P,K)\in \mathrm{RH}^{\infty}$。

对于图 7-8 反馈系统内外部稳定性的讨论表明，内部稳定性等价于 BIBO 稳定性，进而等价于传递函数矩阵 $H(P,K)\in \mathrm{RH}^{\infty}$。不过，这里的 $H(P,K)$表示闭环系统的所有输入到所有输出的传递函数矩阵。

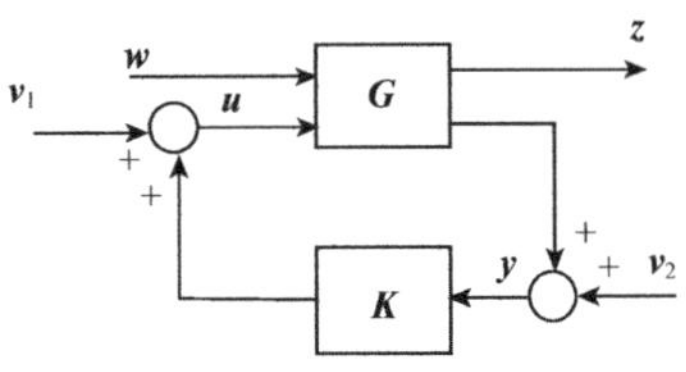

图 7-9 内稳定问题

2) 标准 H^{∞} 控制问题的内稳定性条件。

对于标准 H^{∞} 控制问题，为讨论图 7-9 所示系统中 K 使 G 内稳定条件，引进两个附加的输入量 v_1 和 v_2。

若将 G 分解为

$$G=\begin{bmatrix}G_{11}&G_{12}\\G_{21}&G_{22}\end{bmatrix}\tag{7-46}$$

则由图 7-9 可以写出如下关系：

$$\begin{bmatrix} \boldsymbol{I} & -\boldsymbol{G}_{12} & \boldsymbol{0} \\ \boldsymbol{0} & \boldsymbol{I} & -\boldsymbol{K} \\ \boldsymbol{0} & -\boldsymbol{G}_{22} & \boldsymbol{I} \end{bmatrix} \begin{bmatrix} \boldsymbol{z} \\ \boldsymbol{u} \\ \boldsymbol{y} \end{bmatrix} = \begin{bmatrix} \boldsymbol{G}_{11} & \boldsymbol{0} & \boldsymbol{0} \\ \boldsymbol{0} & \boldsymbol{I} & \boldsymbol{0} \\ \boldsymbol{G}_{21} & \boldsymbol{0} & \boldsymbol{I} \end{bmatrix} \begin{bmatrix} \boldsymbol{w} \\ \boldsymbol{v}_1 \\ \boldsymbol{v}_2 \end{bmatrix} \tag{7-47}$$

当 $\boldsymbol{G}_{22}(s)$ 严格真，即 $\lim\limits_{s\to\infty}\boldsymbol{G}_{22}(s)=\boldsymbol{0}$，必有

$$\lim_{s\to\infty}\det\begin{bmatrix} \boldsymbol{I} & -\boldsymbol{G}_{12} & \boldsymbol{0} \\ \boldsymbol{0} & \boldsymbol{I} & -\boldsymbol{K} \\ \boldsymbol{0} & -\boldsymbol{G}_{22} & \boldsymbol{I} \end{bmatrix}=1$$

因此，$\boldsymbol{G}_{22}$ 严格真是满足适定性的充分条件。今后，我们总假定 $\boldsymbol{G}_{22}$ 严格真。这时，由式(7-47)可得

$$\begin{bmatrix} \boldsymbol{z} \\ \boldsymbol{u} \\ \boldsymbol{y} \end{bmatrix} = \begin{bmatrix} \boldsymbol{I} & -\boldsymbol{G}_{12} & \boldsymbol{0} \\ \boldsymbol{0} & \boldsymbol{I} & -\boldsymbol{K} \\ \boldsymbol{0} & -\boldsymbol{G}_{22} & \boldsymbol{I} \end{bmatrix}^{-1} \begin{bmatrix} \boldsymbol{G}_{11} & \boldsymbol{0} & \boldsymbol{0} \\ \boldsymbol{0} & \boldsymbol{I} & \boldsymbol{0} \\ \boldsymbol{G}_{21} & \boldsymbol{0} & \boldsymbol{I} \end{bmatrix} \begin{bmatrix} \boldsymbol{w} \\ \boldsymbol{v}_1 \\ \boldsymbol{v}_2 \end{bmatrix} = \boldsymbol{H}(\boldsymbol{G},\boldsymbol{K}) \begin{bmatrix} \boldsymbol{w} \\ \boldsymbol{v}_1 \\ \boldsymbol{v}_2 \end{bmatrix} \tag{7-48}$$

若 $\boldsymbol{H}(\boldsymbol{G},\boldsymbol{K})\in \mathrm{RH}^{\infty}$ 空间，图 7-9 系统内稳定。现讨论基于 $\boldsymbol{G}$、$\boldsymbol{K}$ 互质分解的内稳定判别条件。

将广义被控对象 $\boldsymbol{G}(s)$ 和控制器 $\boldsymbol{K}(s)$ 作互质分解

$$\boldsymbol{G}=\boldsymbol{N}\boldsymbol{M}^{-1}=\widetilde{\boldsymbol{M}}^{-1}\widetilde{\boldsymbol{N}} \tag{7-49}$$

$$\boldsymbol{K}=\boldsymbol{U}\boldsymbol{V}^{-1}=\widetilde{\boldsymbol{V}}^{-1}\widetilde{\boldsymbol{U}} \tag{7-50}$$

在式(7-49)和式(7-50)条件下判断内稳定，有如下结论。

引理 7-5 对于图 7-9 反馈系统，由 $\boldsymbol{w},\boldsymbol{v}_1,\boldsymbol{v}_2$ 到 $\boldsymbol{z},\boldsymbol{u},\boldsymbol{y}$ 的九个传递函数矩阵属于 RH^{∞} 空间的充分必要条件是图 7-10 系统由 $\boldsymbol{w},\boldsymbol{v}_1,\boldsymbol{v}_2$ 到 $\boldsymbol{\xi},\boldsymbol{\eta}$ 的六个传递函数矩阵属于 RH^{∞} 空间。

将图 7-9 系统中的 $\boldsymbol{G}$ 和 $\boldsymbol{K}$ 按式(7-49)和(7-50)的互质分解，分成 $\boldsymbol{N}$、$\boldsymbol{M}^{-1}$、$\boldsymbol{U}$ 和 $\boldsymbol{V}^{-1}$ 四块，则图 7-9 系统转化成图 7-10 系统，图中引进两个新的信号 $\boldsymbol{\xi}$ 和 $\boldsymbol{\eta}$。则有如下定理。

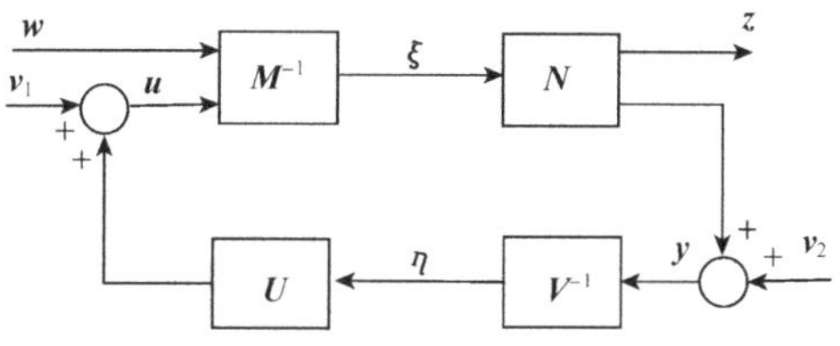

图 7-10 互质等价系统

定理 7-1 对于图 7-9 系统及其等价系统图 7-10，如下说法等价：

① $\boldsymbol{K}$ 使 $\boldsymbol{G}$ 稳定。

② $\begin{bmatrix} \boldsymbol{M} & \begin{bmatrix} \boldsymbol{0} \\ \boldsymbol{I} \end{bmatrix}\boldsymbol{U} \\ [\boldsymbol{0} \quad \boldsymbol{I}]\boldsymbol{N} & \boldsymbol{V} \end{bmatrix}^{-1} \in \mathrm{RH}^{\infty}$

③ $\begin{bmatrix} \widetilde{\boldsymbol{M}} & \widetilde{\boldsymbol{N}}\begin{bmatrix} 0 \\ \boldsymbol{I} \end{bmatrix} \\ \widetilde{\boldsymbol{U}}[\boldsymbol{0} \quad \boldsymbol{I}] & \widetilde{\boldsymbol{V}} \end{bmatrix}^{-1} \in \mathrm{RH}^{\infty}$

证明 为证明定理中①和②的等价性，首先证明②中矩阵的非奇异性，即逆矩阵存在且是一个有理矩阵。因为

$$\begin{bmatrix} \boldsymbol{M} & \begin{bmatrix}\boldsymbol{0}\\\boldsymbol{I}\end{bmatrix}\boldsymbol{U} \\ [\boldsymbol{0} \quad \boldsymbol{I}]\boldsymbol{N} & \boldsymbol{V} \end{bmatrix} = \begin{bmatrix} \boldsymbol{I} & \begin{bmatrix}\boldsymbol{0}\\\boldsymbol{I}\end{bmatrix}\boldsymbol{K} \\ [\boldsymbol{0} \quad \boldsymbol{I}]\boldsymbol{G} & \boldsymbol{I} \end{bmatrix} \begin{bmatrix} \boldsymbol{M} & \boldsymbol{0} \\ \boldsymbol{0} & \boldsymbol{V} \end{bmatrix} = \begin{bmatrix} \boldsymbol{I} & \boldsymbol{0} & \boldsymbol{0} \\ \boldsymbol{0} & \boldsymbol{I} & \boldsymbol{K} \\ \boldsymbol{G}_{21} & \boldsymbol{G}_{22} & \boldsymbol{I} \end{bmatrix} \begin{bmatrix} \boldsymbol{M} & \boldsymbol{0} \\ \boldsymbol{0} & \boldsymbol{V} \end{bmatrix} \tag{7-51}$$

由于 $\boldsymbol{M}$ 和 $\boldsymbol{V}$ 是非奇异矩阵，且 $\boldsymbol{G}_{22}$ 严格真，因此式(7-51)右边的两个矩阵均为非奇异阵；式(7-51)左边的矩阵也是非奇异的，且为有理函数矩阵。

由图 7-10 可以写出如下关系：

$$\begin{bmatrix} \boldsymbol{M} & -\begin{bmatrix}\boldsymbol{0}\\\boldsymbol{I}\end{bmatrix}\boldsymbol{U} \\ -[\boldsymbol{0} \quad \boldsymbol{I}]\boldsymbol{N} & \boldsymbol{V} \end{bmatrix} \begin{bmatrix} \boldsymbol{\xi} \\ \boldsymbol{\eta} \end{bmatrix} = \begin{bmatrix} \begin{bmatrix} \boldsymbol{w} \\ \boldsymbol{v}_1 \end{bmatrix} \\ \boldsymbol{v}_2 \end{bmatrix}$$

即

$$\begin{bmatrix} \boldsymbol{\xi} \\ \boldsymbol{\eta} \end{bmatrix} = \begin{bmatrix} \boldsymbol{M} & -\begin{bmatrix}\boldsymbol{0}\\\boldsymbol{I}\end{bmatrix}\boldsymbol{U} \\ -[\boldsymbol{0} \quad \boldsymbol{I}]\boldsymbol{N} & \boldsymbol{V} \end{bmatrix}^{-1} \begin{bmatrix} \boldsymbol{w} \\ \boldsymbol{v}_1 \\ \boldsymbol{v}_2 \end{bmatrix}$$

根据引理 7-5，$\boldsymbol{K}$ 使 $\boldsymbol{G}$ 内稳定等价于

$$\begin{bmatrix} \boldsymbol{M} & -\begin{bmatrix}\boldsymbol{0}\\\boldsymbol{I}\end{bmatrix}\boldsymbol{U} \\ -[\boldsymbol{0} \quad \boldsymbol{I}]\boldsymbol{N} & \boldsymbol{V} \end{bmatrix}^{-1} \in \mathrm{RH}^{\infty}$$

进而等价于

$$\begin{bmatrix} \boldsymbol{M} & \begin{bmatrix}\boldsymbol{0}\\\boldsymbol{I}\end{bmatrix}\boldsymbol{U} \\ [\boldsymbol{0} \quad \boldsymbol{I}]\boldsymbol{N} & \boldsymbol{V} \end{bmatrix}^{-1} \in \mathrm{RH}^{\infty}$$

因此，①和②的等价得到证明。同理，可以类似地证明①和③的等价性。

3) $\boldsymbol{G}(s)$ 的能稳定性。

如果存在一个真有理函数矩阵 $\boldsymbol{K}$ 使 $\boldsymbol{G}$ 稳定，则称 $\boldsymbol{G}$ 能稳定。并非任何 $\boldsymbol{G}$ 都是能稳定的，比如式(7-46)分块矩阵，若 $\boldsymbol{G}_{12}=\boldsymbol{0}$，$\boldsymbol{G}_{21}=\boldsymbol{0}$，而 $\boldsymbol{G}_{11}$ 不稳定，则 $\boldsymbol{G}$ 是不能稳定的，因为这时 $\boldsymbol{G}$ 的不稳定部分与 $\boldsymbol{u}$，$\boldsymbol{y}$ 均无关系。

就状态空间模型而言，当且仅当不稳定模对于 $\boldsymbol{u}$ 是能控的(能稳定性)，对于 $\boldsymbol{y}$ 是能观测的(能检测性)，则 $\boldsymbol{G}$ 是可稳定的。下面讨论基于 $\boldsymbol{G}$ 的左、右互质分解的能稳定性的判据，即由

$$\boldsymbol{G}=\boldsymbol{N}\boldsymbol{M}^{-1}=\widetilde{\boldsymbol{M}}^{-1}\widetilde{\boldsymbol{N}}$$

讨论依据 $\boldsymbol{N}$、$\boldsymbol{M}$ 或 $\widetilde{\boldsymbol{N}}$、$\widetilde{\boldsymbol{M}}$ 判断 $\boldsymbol{G}$ 的能稳定性的条件。

引理 7-6 设 M、$N\in \mathrm{RH}^{\infty}$，其列数相等，则 $\boldsymbol{M}$ 和 $\boldsymbol{N}$ 在 RH^{∞} 空间右互质的充分必要条件是：存在 $\boldsymbol{U}$、$\boldsymbol{V}\in \mathrm{RH}^{\infty}$，满足

$$\begin{bmatrix} \boldsymbol{M} & \boldsymbol{U} \\ \boldsymbol{N} & \boldsymbol{V} \end{bmatrix}^{-1} \in \mathrm{RH}^{\infty} \tag{7-52}$$

引理 7-7 设 $\boldsymbol{M}$、$\boldsymbol{N}\in \mathrm{RH}^{\infty}$，其行数相等，则 $\boldsymbol{M}$ 和 $\boldsymbol{N}$ 在 RH^{∞} 空间左互质的充分必要条件是：存在 $\boldsymbol{U}$、$\boldsymbol{V}\in \mathrm{RH}^{\infty}$，满足

$$\begin{bmatrix} \boldsymbol{M} & \boldsymbol{N} \\ \boldsymbol{U} & \boldsymbol{V} \end{bmatrix}^{-1} \in \mathrm{RH}^{\infty}$$

定理 7-2 下面的条件是等价的：

① $\boldsymbol{G}$ 能稳定。

② $\boldsymbol{M}$ 和$[\boldsymbol{0} \quad \boldsymbol{I}]\boldsymbol{N}$ 右互质，$\boldsymbol{M}$ 和$\begin{bmatrix} \boldsymbol{0} \\ \boldsymbol{I} \end{bmatrix}$左互质。

③ $\widetilde{\boldsymbol{M}}$、$\widetilde{\boldsymbol{N}}\begin{bmatrix} \boldsymbol{0} \\ \boldsymbol{I} \end{bmatrix}$左互质，$\widetilde{\boldsymbol{M}}$、$[\boldsymbol{0} \quad \boldsymbol{I}]$右互质。

证明 证明①和②的等价性，先证①到②。

如果 G 能稳定，依定理 7-1，存在 $\boldsymbol{U}$、$\boldsymbol{V} \in \mathrm{RH}^{\infty}$，满足

$$\begin{bmatrix} \boldsymbol{M} & \begin{bmatrix} \boldsymbol{0} \\ \boldsymbol{I} \end{bmatrix}\boldsymbol{U} \\ [\boldsymbol{0} \quad \boldsymbol{I}]\boldsymbol{N} & \boldsymbol{V} \end{bmatrix}^{-1} \in \mathrm{RH}^{\infty}$$

再依引理 7-6 和引理 7-7 可知：$\boldsymbol{M}$、$[\boldsymbol{0} \quad \boldsymbol{I}]\boldsymbol{N}$ 右互质；$\boldsymbol{M}$、$\begin{bmatrix} \boldsymbol{0} \\ \boldsymbol{I} \end{bmatrix}\boldsymbol{U}$ 左互质。根据 $\boldsymbol{M}$、$\begin{bmatrix} \boldsymbol{0} \\ \boldsymbol{I} \end{bmatrix}\boldsymbol{U}$ 左互质，则有

$$\begin{bmatrix} \boldsymbol{M} & \begin{bmatrix} \boldsymbol{0} \\ \boldsymbol{I} \end{bmatrix}\boldsymbol{U} \end{bmatrix} \begin{bmatrix} \boldsymbol{X} \\ \boldsymbol{Y} \end{bmatrix} = \boldsymbol{M}\boldsymbol{X} + \begin{bmatrix} \boldsymbol{0} \\ \boldsymbol{I} \end{bmatrix}\boldsymbol{U}\boldsymbol{Y} = \boldsymbol{I}$$

因此，$\boldsymbol{M}$、$\begin{bmatrix} \boldsymbol{0} \\ \boldsymbol{I} \end{bmatrix}$左互质。

再证②到①。由 $\boldsymbol{M}$、$[\boldsymbol{0} \quad \boldsymbol{I}]\boldsymbol{N}$ 右互质以及引理 7-6，存在 $\boldsymbol{X}$、$\boldsymbol{Y} \in \mathrm{RH}^{\infty}$，满足

$$\begin{bmatrix} \boldsymbol{M} & \boldsymbol{X} \\ [\boldsymbol{0} \quad \boldsymbol{I}]\boldsymbol{N} & \boldsymbol{Y} \end{bmatrix}^{-1} \in \mathrm{RH}^{\infty}$$

又由 $\boldsymbol{M}$、$\begin{bmatrix} \boldsymbol{0} \\ \boldsymbol{I} \end{bmatrix}$左互质，选择 $\boldsymbol{R}$、$\boldsymbol{T} \in \mathrm{RH}^{\infty}$，满足

$$\begin{bmatrix} \boldsymbol{M} & \begin{bmatrix} \boldsymbol{0} \\ \boldsymbol{I} \end{bmatrix} \end{bmatrix} \begin{bmatrix} \boldsymbol{R} \\ \boldsymbol{T} \end{bmatrix} = \boldsymbol{I}$$

或

$$\boldsymbol{M}\boldsymbol{R} + \begin{bmatrix} \boldsymbol{0} \\ \boldsymbol{I} \end{bmatrix}\boldsymbol{T} = \boldsymbol{I} \tag{7-53}$$

现定义

$$\boldsymbol{U} = \boldsymbol{T}\boldsymbol{X} \tag{7-54}$$

$$\boldsymbol{V} = \boldsymbol{Y} - [\boldsymbol{0} \quad \boldsymbol{I}]\boldsymbol{N}\boldsymbol{R}\boldsymbol{X} \tag{7-55}$$

则

$$\begin{aligned} \begin{bmatrix} \boldsymbol{M} & \boldsymbol{X} \\ [\boldsymbol{0} \quad \boldsymbol{I}]\boldsymbol{N} & \boldsymbol{Y} \end{bmatrix} \begin{bmatrix} \boldsymbol{I} & -\boldsymbol{R}\boldsymbol{X} \\ \boldsymbol{0} & \boldsymbol{I} \end{bmatrix} &= \begin{bmatrix} \boldsymbol{M} & \boldsymbol{X} - \boldsymbol{M}\boldsymbol{R}\boldsymbol{X} \\ [\boldsymbol{0} \quad \boldsymbol{I}]\boldsymbol{N} & \boldsymbol{Y} - [\boldsymbol{0} \quad \boldsymbol{I}]\boldsymbol{N}\boldsymbol{R}\boldsymbol{X} \end{bmatrix} \\ &= \begin{bmatrix} \boldsymbol{M} & (\boldsymbol{I} - \boldsymbol{M}\boldsymbol{R})\boldsymbol{X} \\ [\boldsymbol{0} \quad \boldsymbol{I}]\boldsymbol{N} & \boldsymbol{Y} - [\boldsymbol{0} \quad \boldsymbol{I}]\boldsymbol{N}\boldsymbol{R}\boldsymbol{X} \end{bmatrix} \end{aligned}$$

$$=\begin{bmatrix} \boldsymbol{M} & \begin{bmatrix}\boldsymbol{0}\\ \boldsymbol{I}\end{bmatrix}\boldsymbol{U} \\ [\boldsymbol{0}\quad \boldsymbol{I}]\boldsymbol{N} & \boldsymbol{V} \end{bmatrix} \tag{7-56}$$

式(7-56)左边两个矩阵有逆，即

$$\begin{bmatrix} \boldsymbol{M} & \boldsymbol{X} \\ [\boldsymbol{0}\quad \boldsymbol{I}]\boldsymbol{N} & \boldsymbol{Y} \end{bmatrix}^{-1} \in \mathrm{RH}^{\infty}$$

$$\begin{bmatrix} \boldsymbol{I} & -\boldsymbol{RX} \\ \boldsymbol{0} & \boldsymbol{I} \end{bmatrix}^{-1} \in \mathrm{RH}^{\infty}$$

因此，式(7-56)右边矩阵满足

$$\begin{bmatrix} \boldsymbol{M} & \begin{bmatrix}\boldsymbol{0}\\ \boldsymbol{I}\end{bmatrix}\boldsymbol{U} \\ [\boldsymbol{0}\quad \boldsymbol{I}]\boldsymbol{N} & \boldsymbol{V} \end{bmatrix} \in \mathrm{RH}^{\infty} \tag{7-57}$$

由式(7-54)和式(7-55)知：$\boldsymbol{U}$、$\boldsymbol{V}\in \mathrm{RH}^{\infty}$。若能证明 $\boldsymbol{U}$、$\boldsymbol{V}$ 右互质，且 $\boldsymbol{V}^{-1}$存在，则取$\boldsymbol{K}=\boldsymbol{U}\boldsymbol{V}^{-1}$，又满足式(7-57)，根据定理 7-1 可知，这样的 $\boldsymbol{K}$ 可使 $\boldsymbol{G}$ 稳定。下面要证明 $\boldsymbol{V}^{-1}$存在以及 $\boldsymbol{U}$ 与 $\boldsymbol{V}$ 的右互质性。

证明 $\boldsymbol{V}^{-1}$存在，即证明 $\boldsymbol{V}$ 非奇异：由于

$$\begin{bmatrix} \boldsymbol{M} & \begin{bmatrix}\boldsymbol{0}\\ \boldsymbol{I}\end{bmatrix}\boldsymbol{U} \\ [\boldsymbol{0}\quad \boldsymbol{I}]\boldsymbol{N} & \boldsymbol{V} \end{bmatrix} = \begin{bmatrix} \boldsymbol{I} & \begin{bmatrix}\boldsymbol{0}\\ \boldsymbol{I}\end{bmatrix}\boldsymbol{U} \\ [\boldsymbol{0}\quad \boldsymbol{I}]\boldsymbol{G} & \boldsymbol{V} \end{bmatrix}\begin{bmatrix} \boldsymbol{M} & \boldsymbol{0} \\ \boldsymbol{0} & \boldsymbol{I} \end{bmatrix} = \begin{bmatrix} \boldsymbol{I} & \boldsymbol{0} & \boldsymbol{0} \\ \boldsymbol{0} & \boldsymbol{I} & \boldsymbol{U} \\ \boldsymbol{G}_{21} & \boldsymbol{G}_{22} & \boldsymbol{V} \end{bmatrix}\begin{bmatrix} \boldsymbol{M} & \boldsymbol{0} \\ \boldsymbol{0} & \boldsymbol{I} \end{bmatrix} \tag{7-58}$$

并考虑到已经假设 $\boldsymbol{G}_{22}$严格真(这是保证标准 H^{∞}控制问题适定性的充分条件)，在 $s=\infty$ 点上取式(7-58)两边行列式，再考虑式(7-58)左边矩阵的非奇异性以及 $\boldsymbol{M}$ 可逆($\det\boldsymbol{M}(\infty)\neq 0$)，则有 $\det\boldsymbol{V}(\infty)\det\boldsymbol{M}(\infty)\neq 0$。于是有 $\det\boldsymbol{V}(\infty)\neq 0$，从而证明了 $\boldsymbol{V}^{-1}$存在。

证明 $\boldsymbol{U}$ 和 $\boldsymbol{V}$ 的右互质性：记

$$\begin{bmatrix} \boldsymbol{M} & \begin{bmatrix}\boldsymbol{0}\\ \boldsymbol{I}\end{bmatrix}\boldsymbol{U} \\ [\boldsymbol{0}\quad \boldsymbol{I}]\boldsymbol{N} & \boldsymbol{V} \end{bmatrix}^{-1} = \begin{bmatrix} \times & \times \\ \boldsymbol{X} & \boldsymbol{Y} \end{bmatrix}$$

式中 $\boldsymbol{X}$、$\boldsymbol{Y}\in \mathrm{RH}^{\infty}$，则有

$$\begin{bmatrix} \times & \times \\ \boldsymbol{X} & \boldsymbol{Y} \end{bmatrix}\begin{bmatrix} \boldsymbol{M} & \begin{bmatrix}\boldsymbol{0}\\ \boldsymbol{I}\end{bmatrix}\boldsymbol{U} \\ [\boldsymbol{0}\quad \boldsymbol{I}]\boldsymbol{N} & \boldsymbol{V} \end{bmatrix} = \boldsymbol{I}$$

$$[\boldsymbol{X}\quad \boldsymbol{Y}]\begin{bmatrix} \begin{bmatrix}\boldsymbol{0}\\ \boldsymbol{I}\end{bmatrix}\boldsymbol{U} \\ \boldsymbol{V} \end{bmatrix} = \boldsymbol{I}$$

$$\begin{bmatrix} \boldsymbol{X}\begin{bmatrix}\boldsymbol{0}\\ \boldsymbol{I}\end{bmatrix} & \boldsymbol{Y} \end{bmatrix}\begin{bmatrix} \boldsymbol{U} \\ \boldsymbol{V} \end{bmatrix} = \boldsymbol{I}$$

从而，$\boldsymbol{U}$ 和 $\boldsymbol{V}$ 互质得证。至此，证明了②到①。同理，可类似地证明①与③的等价性。

今后，始终假设 $\boldsymbol{G}$ 是能稳定的。直观上，$\boldsymbol{G}$ 能稳定意味着 $\boldsymbol{G}$ 与 $\boldsymbol{G}_{22}$ 有相同的不稳定极点。所以，稳定 $\boldsymbol{G}$ 只要稳定 $\boldsymbol{G}_{22}$ 即可。因此，有如下结论：

通常，$\boldsymbol{K}$ 使 $\boldsymbol{G}$ 稳定，是指由 $\boldsymbol{w}$，$\boldsymbol{v}_1$，$\boldsymbol{v}_2$ 到 $\boldsymbol{z}$，$\boldsymbol{u}$，$\boldsymbol{y}$ 的九个传递函数矩阵属于 RH^{∞}，而 $\boldsymbol{K}$ 使

G_{22}稳定，则指由 $\boldsymbol{v}_1,\boldsymbol{v}_2$ 到 $\boldsymbol{u},\boldsymbol{y}$ 四个传递函数矩阵属于 RH^{∞}。

引理 7-8 在图 7-7 中，由 $\boldsymbol{v}_1,\boldsymbol{v}_2$ 到 $\boldsymbol{u},\boldsymbol{y}$ 的四个传递函数矩阵属于 RH^{∞}，等价于图 7-8 中从 $\boldsymbol{v}_1,\boldsymbol{v}_2$ 到 $\boldsymbol{\xi},\boldsymbol{\eta}$ 的四个传递函数矩阵属于 RH^{∞}。

定理 7-3 $\boldsymbol{K}$ 使 $\boldsymbol{G}$ 稳定的充分必要条件是 $\boldsymbol{K}$ 使 $\boldsymbol{G}_{22}$ 稳定。

证明 必要性显然，只需证明充分性。假设 $\boldsymbol{K}$ 使 $\boldsymbol{G}_{22}$ 稳定，为证明 $\boldsymbol{K}$ 使 $\boldsymbol{G}$ 稳定，只需证明图 7-8 中 $\boldsymbol{w},\boldsymbol{v}_1,\boldsymbol{v}_2$ 到 $\boldsymbol{\xi},\boldsymbol{\eta}$ 的六个传递函数矩阵属于 RH^{∞}。由引理 7-8 可知，由 $\boldsymbol{v}_1,\boldsymbol{v}_2$ 到 $\boldsymbol{\xi},\boldsymbol{\eta}$ 的四个传递矩阵属于 RH^{∞}，剩下只需证明由 $\boldsymbol{w}$ 到 $\boldsymbol{\xi},\boldsymbol{\eta}$ 的两个传递矩阵属于 RH^{∞} 即可。以下证明从略。

7.3.4 模型匹配问题

(1) Youla 参数化

定理 7-3 指出，在标准 H^{∞} 控制问题中，$\boldsymbol{K}$ 使 $\boldsymbol{G}$ 内稳定等价于 $\boldsymbol{K}$ 使 $\boldsymbol{G}_{22}$ 稳定。下面讨论 $\boldsymbol{K}$ 使 $\boldsymbol{G}_{22}$ 内稳定问题，对应的方框图如图 7-11所示。为简化符号，以下去掉下角标，以 $\boldsymbol{G}$ 表示 $\boldsymbol{G}_{22}$。

将图 7-11 中的 $\boldsymbol{G}$ 作双互质分解，$\boldsymbol{K}$ 作互质分解，即

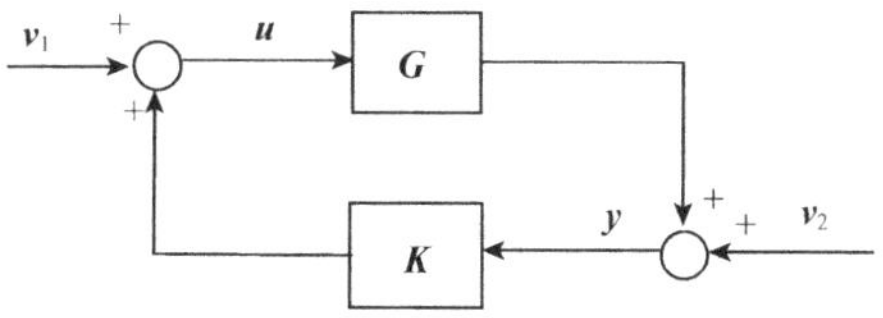

图 7-11 $\boldsymbol{G}_{22}$内稳定问题

$$\boldsymbol{G}=\boldsymbol{N}\boldsymbol{M}^{-1}=\widetilde{\boldsymbol{M}}^{-1}\widetilde{\boldsymbol{N}} \tag{7-59}$$

$$\begin{bmatrix} \widetilde{\boldsymbol{X}} & -\widetilde{\boldsymbol{Y}} \\ -\widetilde{\boldsymbol{N}} & \widetilde{\boldsymbol{M}} \end{bmatrix}\begin{bmatrix} \boldsymbol{M} & \boldsymbol{Y} \\ \boldsymbol{N} & \boldsymbol{X} \end{bmatrix}=\boldsymbol{I} \tag{7-60}$$

$$\boldsymbol{K}=\boldsymbol{U}\boldsymbol{V}^{-1}=\widetilde{\boldsymbol{V}}^{-1}\widetilde{\boldsymbol{U}} \tag{7-61}$$

则有与定理 7-1 相类似的结论。

引理 7-9 下列说法等价：

① $\boldsymbol{K}$ 使 $\boldsymbol{G}$ 稳定。

② $\begin{bmatrix} \boldsymbol{M} & \boldsymbol{U} \\ \boldsymbol{N} & \boldsymbol{V} \end{bmatrix}^{-1}\in \mathrm{RH}^{\infty}$

③ $\begin{bmatrix} \widetilde{\boldsymbol{V}} & -\widetilde{\boldsymbol{U}} \\ -\widetilde{\boldsymbol{N}} & \widetilde{\boldsymbol{M}} \end{bmatrix}^{-1}\in \mathrm{RH}^{\infty}$

证明 略。

定理 7-4 使 $\boldsymbol{G}$ 稳定的所有真有理阵 $\boldsymbol{K}$，可用如下参数化公式表示：

$$\boldsymbol{K}=(\boldsymbol{Y}-\boldsymbol{M}\boldsymbol{Q})(\boldsymbol{X}-\boldsymbol{N}\boldsymbol{Q})^{-1}=(\widetilde{\boldsymbol{X}}-\boldsymbol{Q}\widetilde{\boldsymbol{N}})^{-1}(\widetilde{\boldsymbol{Y}}-\boldsymbol{Q}\widetilde{\boldsymbol{M}}) \tag{7-62}$$

式中 $\boldsymbol{Q}\in \mathrm{RH}^{\infty}$，使$(\boldsymbol{X}-\boldsymbol{N}\boldsymbol{Q})$、$(\widetilde{\boldsymbol{X}}-\boldsymbol{Q}\widetilde{\boldsymbol{N}})$可逆。

证明 分如下三步证明。

① 证明等式(7-62)。令 $\boldsymbol{Q}\in \mathrm{RH}^{\infty}$，且满足$(\boldsymbol{X}-\boldsymbol{N}\boldsymbol{Q})$和$(\widetilde{\boldsymbol{X}}-\boldsymbol{Q}\widetilde{\boldsymbol{N}})$可逆。由式(7-60)，有

$$\begin{bmatrix} \boldsymbol{I} & \boldsymbol{Q} \\ \boldsymbol{0} & \boldsymbol{I} \end{bmatrix}\begin{bmatrix} \widetilde{\boldsymbol{X}} & -\widetilde{\boldsymbol{Y}} \\ -\widetilde{\boldsymbol{N}} & \widetilde{\boldsymbol{M}} \end{bmatrix}\begin{bmatrix} \boldsymbol{M} & \boldsymbol{Y} \\ \boldsymbol{N} & \boldsymbol{X} \end{bmatrix}\begin{bmatrix} \boldsymbol{I} & -\boldsymbol{Q} \\ \boldsymbol{0} & \boldsymbol{I} \end{bmatrix}=\boldsymbol{I}$$

即

$$\begin{bmatrix}\tilde{X}-Q\tilde{N} & -(\tilde{Y}-Q\tilde{M})\\ -\tilde{N} & \tilde{M}\end{bmatrix}\begin{bmatrix}M & Y-MQ\\ N & X-NQ\end{bmatrix}=I \tag{7-63}$$

由式(7-63)左右两边分块矩阵的(1,2)分块相等,得到

$$(\tilde{X}-Q\tilde{N})(Y-MQ)=(\tilde{Y}-Q\tilde{M})(X-NQ)$$

于是,式(7-62)得证。

② 再证由式(7-62)给定的 K 能使 G 稳定。定义

$$U=Y-MQ,\quad V=X-NQ$$
$$\tilde{U}=\tilde{Y}-Q\tilde{M},\quad \tilde{V}=\tilde{X}-Q\tilde{N}$$

由式(7-63)得

$$\begin{bmatrix}\tilde{V} & -\tilde{U}\\ -\tilde{N} & \tilde{M}\end{bmatrix}\begin{bmatrix}M & U\\ N & V\end{bmatrix}=I \tag{7-64}$$

式(7-64)表明 U 与 V 右互质,$\tilde{U}$ 与 $\tilde{V}$ 左互质,且

$$\begin{bmatrix}M & U\\ N & V\end{bmatrix}^{-1}\in \mathrm{RH}^{\infty}$$

根据引理 7-9,可知 K 使 G 稳定。

③ 最后证在 K 使 G 稳定时,对于某些 $Q\in \mathrm{RH}^{\infty}$,$K$ 满足参数化公式(7-62)。令 $K=UV^{-1}$ 是一种右互质分解,用 U 和 V 代替式(7-60)中的 Y 和 X,则有

$$\begin{bmatrix}\tilde{X} & -\tilde{Y}\\ -\tilde{N} & \tilde{M}\end{bmatrix}\begin{bmatrix}M & U\\ N & V\end{bmatrix}=\begin{bmatrix}I & \tilde{X}U-\tilde{Y}V\\ 0 & \tilde{M}V-\tilde{N}U\end{bmatrix} \tag{7-65}$$

根据引理 7-9,有

$$\begin{bmatrix}M & U\\ N & V\end{bmatrix}^{-1}\in \mathrm{RH}^{\infty}$$

所以,式(7-65)左边两个矩阵均为 RH^{∞} 空间的可逆矩阵,其右边矩阵也是 RH^{∞} 空间的可逆矩阵,即

$$\begin{bmatrix}I & \tilde{X}U-\tilde{Y}V\\ \mathbf{0} & \tilde{M}V-\tilde{N}U\end{bmatrix}^{-1}=\begin{bmatrix}I & X\\ 0 & (\tilde{M}V-\tilde{N}U)^{-1}\end{bmatrix}\in \mathrm{RH}^{\infty}$$

从而得到

$$(\tilde{M}V-\tilde{N}U)^{-1}\in \mathrm{RH}^{\infty} \tag{7-66}$$

现定义

$$Q=-(\tilde{X}U-\tilde{Y}V)(\tilde{M}V-\tilde{N}U)^{-1}$$

可知,$Q\in \mathrm{RH}^{\infty}$。式(7-65)可改写成

$$\begin{bmatrix}\tilde{X} & -\tilde{Y}\\ -\tilde{N} & \tilde{M}\end{bmatrix}\begin{bmatrix}M & U\\ N & V\end{bmatrix}=\begin{bmatrix}I & -Q(\tilde{M}V-\tilde{N}U)\\ \mathbf{0} & (\tilde{M}V-\tilde{N}U)\end{bmatrix} \tag{7-67}$$

式(7-67)左乘$\begin{bmatrix}M & U\\ N & V\end{bmatrix}$,并考虑到式(7-60),则得

$$\begin{bmatrix}M & U\\ N & V\end{bmatrix}=\begin{bmatrix}M & Y\\ N & X\end{bmatrix}\begin{bmatrix}I & -Q(\tilde{M}V-\tilde{N}U)\\ \mathbf{0} & (\tilde{M}V-\tilde{N}U)\end{bmatrix}$$

从而有

$$\begin{bmatrix}\boldsymbol{U}\\ \boldsymbol{V}\end{bmatrix}=\begin{bmatrix}(\boldsymbol{Y}-\boldsymbol{MQ})(\widetilde{\boldsymbol{M}}\boldsymbol{V}-\widetilde{\boldsymbol{N}}\boldsymbol{U})\\ (\boldsymbol{X}-\boldsymbol{NQ})(\widetilde{\boldsymbol{M}}\boldsymbol{V}-\widetilde{\boldsymbol{N}}\boldsymbol{U})\end{bmatrix} \tag{7-68}$$

将式(7-68)代入 $\boldsymbol{K}$,并考虑到式(7-66),则得

$$\boldsymbol{K}=\boldsymbol{UV}^{-1}=(\boldsymbol{Y}-\boldsymbol{MQ})(\boldsymbol{X}-\boldsymbol{NQ})^{-1}$$

从而证明了使 $\boldsymbol{G}$ 稳定的 $\boldsymbol{K}$,必须具有式(7-62)的形式。

注记:

① 对于每一个 $\boldsymbol{Q}\in \mathrm{RH}^{\infty}$,通常都能满足 $(\boldsymbol{X}-\boldsymbol{NQ})$ 和 $(\widetilde{\boldsymbol{X}}-\boldsymbol{Q}\widetilde{\boldsymbol{N}})$ 可逆的条件,因此,一般只要求 $\boldsymbol{Q}\in \mathrm{RH}^{\infty}$。

② 将 $\boldsymbol{G}$ 作双互质分解后,每一个 $\boldsymbol{Q}\in \mathrm{RH}^{\infty}$,按式(7-62)确定的 $\boldsymbol{K}$,均可保证使 $\boldsymbol{G}$ 稳定。因此,通过式(7-62)可将 $\boldsymbol{Q}\in \mathrm{RH}^{\infty}$ 映射成使 $\boldsymbol{G}$ 稳定的 $\boldsymbol{K}$;反过来,使 $\boldsymbol{G}$ 稳定的所有 $\boldsymbol{K}$,均可用式(7-62)表述。所以,有时称式(7-62)是使 $\boldsymbol{G}$ 稳定的 $\boldsymbol{K}$ 的参数化公式。

为了更进一步理解使 $\boldsymbol{G}$ 稳定的 $\boldsymbol{K}$ 的结构特点,从式(7-62)出发,通过如下推演给出参数化公式的另一种形式。

$$\begin{aligned}\boldsymbol{K}&=(\boldsymbol{Y}-\boldsymbol{MQ})(\boldsymbol{X}-\boldsymbol{NQ})^{-1}=\boldsymbol{Y}(\boldsymbol{X}-\boldsymbol{NQ})^{-1}-\boldsymbol{MQ}(\boldsymbol{X}-\boldsymbol{NQ})^{-1}\\ &=\boldsymbol{YX}^{-1}(\boldsymbol{X}-\boldsymbol{NQ}+\boldsymbol{NQ})(\boldsymbol{X}-\boldsymbol{NQ})^{-1}-\boldsymbol{MQ}(\boldsymbol{X}-\boldsymbol{NQ})^{-1}\\ &=\boldsymbol{YX}^{-1}[\boldsymbol{I}+\boldsymbol{NQ}(\boldsymbol{X}-\boldsymbol{NQ})^{-1}]-\boldsymbol{MQ}(\boldsymbol{X}-\boldsymbol{NQ})^{-1}\\ &=\boldsymbol{YX}^{-1}+\boldsymbol{YX}^{-1}\boldsymbol{NQ}(\boldsymbol{X}-\boldsymbol{NQ})^{-1}-\boldsymbol{MQ}(\boldsymbol{X}-\boldsymbol{NQ})^{-1}\\ &=\boldsymbol{YX}^{-1}+(\widetilde{\boldsymbol{X}}^{-1}\widetilde{\boldsymbol{Y}}\boldsymbol{N}-\boldsymbol{M})\boldsymbol{Q}(\boldsymbol{I}-\boldsymbol{X}^{-1}\boldsymbol{NQ})^{-1}\boldsymbol{X}^{-1}\\ &=\boldsymbol{YX}^{-1}-\widetilde{\boldsymbol{X}}^{-1}(\widetilde{\boldsymbol{X}}\boldsymbol{M}-\widetilde{\boldsymbol{Y}}\boldsymbol{N})\boldsymbol{Q}(\boldsymbol{I}-\boldsymbol{X}^{-1}\boldsymbol{NQ})^{-1}\boldsymbol{X}^{-1}\\ &=\boldsymbol{YX}^{-1}-\widetilde{\boldsymbol{X}}^{-1}\boldsymbol{Q}(\boldsymbol{I}-\boldsymbol{X}^{-1}\boldsymbol{NQ})^{-1}\boldsymbol{X}^{-1}\\ &=\boldsymbol{K}_0-\widetilde{\boldsymbol{X}}^{-1}\boldsymbol{Q}(\boldsymbol{I}-\boldsymbol{X}^{-1}\boldsymbol{NQ})^{-1}\boldsymbol{X}^{-1}\end{aligned} \tag{7-69}$$

式中 $\boldsymbol{K}_0=\boldsymbol{YX}^{-1}$。

由式(7-69)可见,$\boldsymbol{K}$ 是 $\boldsymbol{Q}$ 的线性分式变换,如定义

$$\boldsymbol{J}=\begin{bmatrix}\boldsymbol{K}_0 & -\widetilde{\boldsymbol{X}}^{-1}\\ \boldsymbol{X}^{-1} & \boldsymbol{X}^{-1}\boldsymbol{N}\end{bmatrix} \tag{7-70}$$

则由式(7-70)给定的控制器方程为

$$\boldsymbol{u}=\boldsymbol{F}_l(\boldsymbol{J},\boldsymbol{Q})\boldsymbol{y}=[\boldsymbol{K}_0-\widetilde{\boldsymbol{X}}^{-1}\boldsymbol{Q}(\boldsymbol{I}-\boldsymbol{X}^{-1}\boldsymbol{NQ})^{-1}\boldsymbol{X}^{-1}]\boldsymbol{y} \tag{7-71}$$

式(7-71)可以看成如下系统的输入输出关系:

$$\begin{bmatrix}\boldsymbol{u}\\ \boldsymbol{u}_1\end{bmatrix}=J\begin{bmatrix}\boldsymbol{y}\\ \boldsymbol{y}_1\end{bmatrix}=\begin{bmatrix}\boldsymbol{K}_0 & -\widetilde{\boldsymbol{X}}^{-1}\\ \boldsymbol{X}^{-1} & \boldsymbol{X}^{-1}\boldsymbol{N}\end{bmatrix}\begin{bmatrix}\boldsymbol{y}\\ \boldsymbol{y}_1\end{bmatrix} \tag{7-72}$$

$$\boldsymbol{y}_1=\boldsymbol{Qu}_1,\quad \boldsymbol{Q}\in \mathrm{RH}^{\infty} \tag{7-73}$$

对应的系统方框图,如图 7-12 所示。

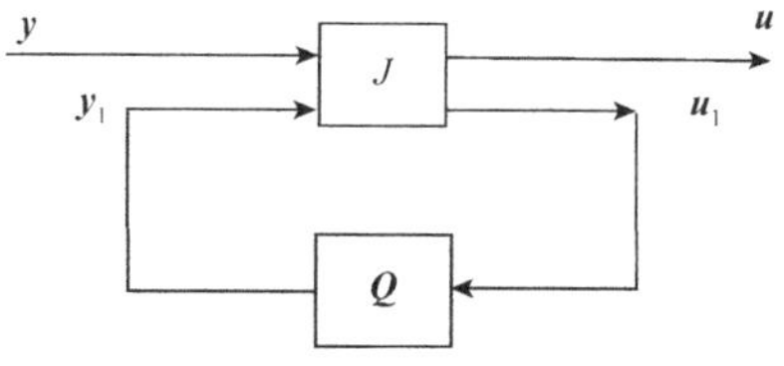

图 7-12 系统方框图

式(7-71)和图 7-12 表明,若 $\boldsymbol{Q}=0$,则

$$\boldsymbol{K}=\boldsymbol{K}_0=\boldsymbol{YX}^{-1} \tag{7-74}$$

$\boldsymbol{K}_0$ 是使 $\boldsymbol{G}$ 稳定的特殊控制器。式(7-74)中的 $\boldsymbol{Y}$ 和 $\boldsymbol{X}$ 满足式(7-60)。因此有

$$\begin{bmatrix}\boldsymbol{M} & \boldsymbol{Y}\\ \boldsymbol{N} & \boldsymbol{X}\end{bmatrix}^{-1}\in \mathrm{RH}^{\infty}$$

根据引理 7-9,特定的控制器 $\boldsymbol{K}_0=\boldsymbol{YX}^{-1}$ 使 $\boldsymbol{G}$ 稳定是很明显的。

(2) 模型匹配问题

对如图 7-2 所示的标准 H^∞ 控制问题,将 $\boldsymbol{G}_{22}$ 作双互质分解

$$\boldsymbol{G}_{22}=\boldsymbol{N}_2\boldsymbol{M}_2^{-1}=\widetilde{\boldsymbol{M}}_2^{-1}\widetilde{\boldsymbol{N}}_2 \tag{7-75}$$

$$\begin{bmatrix} \widetilde{\boldsymbol{X}}_2 & -\widetilde{\boldsymbol{Y}}_2 \\ -\widetilde{\boldsymbol{N}}_2 & \widetilde{\boldsymbol{M}}_2 \end{bmatrix}\begin{bmatrix} \boldsymbol{M}_2 & \boldsymbol{Y}_2 \\ \boldsymbol{N}_2 & \boldsymbol{X}_2 \end{bmatrix}=\boldsymbol{I} \tag{7-76}$$

根据式(7-62),使 $\boldsymbol{G}_{22}$ 稳定的 $\boldsymbol{K}$ 为

$$\boldsymbol{K}=(\boldsymbol{Y}_2-\boldsymbol{M}_2\boldsymbol{Q})(\boldsymbol{X}_2-\boldsymbol{M}_2\boldsymbol{Q})^{-1}=(\widetilde{\boldsymbol{X}}_2-\boldsymbol{Q}\widetilde{\boldsymbol{N}}_2)^{-1}(\widetilde{\boldsymbol{Y}}_2-\boldsymbol{Q}\widetilde{\boldsymbol{M}}_2) \tag{7-77}$$

将式(7-75)和式(7-77)代入 $(\boldsymbol{I}-\boldsymbol{K}\boldsymbol{G}_{22})^{-1}$,并考虑到式(7-76),得

$$\begin{aligned}(\boldsymbol{I}-\boldsymbol{K}\boldsymbol{G}_{22})^{-1}&=[\boldsymbol{I}-(\widetilde{\boldsymbol{X}}_2-\boldsymbol{Q}\widetilde{\boldsymbol{N}}_2)^{-1}(\widetilde{\boldsymbol{Y}}_2-\boldsymbol{Q}\widetilde{\boldsymbol{M}}_2)\boldsymbol{N}_2\boldsymbol{M}_2^{-1}]^{-1}\\&=\{(\widetilde{\boldsymbol{X}}_2-\boldsymbol{Q}\widetilde{\boldsymbol{N}}_2)^{-1}[(\widetilde{\boldsymbol{X}}_2-\boldsymbol{Q}\widetilde{\boldsymbol{N}}_2)\boldsymbol{M}_2-(\widetilde{\boldsymbol{Y}}_2-\boldsymbol{Q}\widetilde{\boldsymbol{M}}_2)\boldsymbol{N}_2]\boldsymbol{M}_2^{-1}\}^{-1}\\&=\{(\widetilde{\boldsymbol{X}}_2-\boldsymbol{Q}\widetilde{\boldsymbol{N}}_2)^{-1}[(\widetilde{\boldsymbol{X}}_2\boldsymbol{M}_2-\widetilde{\boldsymbol{Y}}_2\boldsymbol{N}_2-\boldsymbol{Q}(\widetilde{\boldsymbol{N}}_2\boldsymbol{M}_2-\widetilde{\boldsymbol{M}}_2\boldsymbol{N}_2)]\boldsymbol{M}_2^{-1}\}^{-1}\\&=\boldsymbol{M}_2(\widetilde{\boldsymbol{X}}_2-\boldsymbol{Q}\widetilde{\boldsymbol{N}}_2)\end{aligned}$$

而

$$(\boldsymbol{I}-\boldsymbol{K}\boldsymbol{G}_{22})^{-1}\boldsymbol{K}=\boldsymbol{M}_2(\widetilde{\boldsymbol{Y}}_2-\boldsymbol{Q}\widetilde{\boldsymbol{M}}_2) \tag{7-78}$$

考虑到 $\boldsymbol{K}(\boldsymbol{I}-\boldsymbol{G}_{22}\boldsymbol{K})^{-1}=(\boldsymbol{I}-\boldsymbol{K}\boldsymbol{G}_{22})^{-1}\boldsymbol{K}$,并将式(7-78)代入下式:

$$\begin{aligned}\boldsymbol{z}&=[\boldsymbol{G}_{11}+\boldsymbol{G}_{12}(\boldsymbol{I}-\boldsymbol{K}\boldsymbol{G}_{22})^{-1}\boldsymbol{K}\boldsymbol{G}_{21}]w\\&=[\boldsymbol{G}_{11}+\boldsymbol{G}_{12}\boldsymbol{M}_2(\widetilde{\boldsymbol{Y}}_2-\boldsymbol{Q}\widetilde{\boldsymbol{M}}_2)\boldsymbol{G}_{21}]w=(\boldsymbol{T}_1-\boldsymbol{T}_2\boldsymbol{Q}\boldsymbol{T}_3)w\end{aligned} \tag{7-79}$$

则

$$\boldsymbol{T}_{zw}=\boldsymbol{T}_1-\boldsymbol{T}_2\boldsymbol{Q}\boldsymbol{T}_3 \tag{7-80}$$

式中

$$\boldsymbol{T}_1=\boldsymbol{G}_{11}+\boldsymbol{G}_{12}\boldsymbol{M}_2\widetilde{\boldsymbol{Y}}_2\boldsymbol{G}_{21} \tag{7-81}$$

$$\boldsymbol{T}_2=\boldsymbol{G}_{21}\boldsymbol{M}_2 \tag{7-82}$$

$$\boldsymbol{T}_3=\widetilde{\boldsymbol{M}}_2\boldsymbol{G}_{21} \tag{7-83}$$

为实际计算 $\boldsymbol{T}_i(i=1,2,3)$,并证明 $\boldsymbol{T}_i\in\mathrm{RH}^\infty$,下面推导 $\boldsymbol{T}_i(i=1,2,3)$的状态空间表达式。

对图 7-2 系统,将 $\boldsymbol{G}$ 的最小实现 $\boldsymbol{G}=[\boldsymbol{A},\boldsymbol{B},\boldsymbol{C},\boldsymbol{D}]$按输入输出 $\begin{bmatrix} w \\ \boldsymbol{u} \end{bmatrix}$ 和 $\begin{bmatrix} \boldsymbol{z} \\ \boldsymbol{y} \end{bmatrix}$ 的维数分块,则有

$$\boldsymbol{B}=[\boldsymbol{B}_1\quad \boldsymbol{B}_2],\quad \boldsymbol{C}=\begin{bmatrix} \boldsymbol{C}_1 \\ \boldsymbol{C}_2 \end{bmatrix},\quad \boldsymbol{D}=\begin{bmatrix} \boldsymbol{D}_{11} & \boldsymbol{D}_{12} \\ \boldsymbol{D}_{21} & \boldsymbol{D}_{22} \end{bmatrix}$$

$$\boldsymbol{G}(s)=\left[\begin{array}{c|cc} \boldsymbol{A} & \boldsymbol{B}_1 & \boldsymbol{B}_2 \\ \hline \boldsymbol{C}_1 & \boldsymbol{D}_{11} & \boldsymbol{D}_{12} \\ \boldsymbol{C}_2 & \boldsymbol{D}_{21} & \boldsymbol{D}_{22} \end{array}\right]$$

$$\boldsymbol{G}_{ij}=[\boldsymbol{A},\boldsymbol{B}_j,\boldsymbol{C}_i,\boldsymbol{D}_{ij}],\quad i=1,2$$

$\boldsymbol{G}$ 的可稳定条件是$[\boldsymbol{A},\boldsymbol{B}_2]$能稳,$[\boldsymbol{C}_2,\boldsymbol{A}]$能检测;由 $\boldsymbol{G}_{22}(s)$严格真可知,$\boldsymbol{D}_{22}=0$。$\boldsymbol{G}_{22}$的双互质分解

$$\boldsymbol{G}_{22}=\boldsymbol{N}_2\boldsymbol{M}_2^{-1}=\widetilde{\boldsymbol{M}}_2^{-1}\widetilde{\boldsymbol{N}}_2 \tag{7-84}$$

式中

$$\begin{aligned}\boldsymbol{M}_2&=[\boldsymbol{A}_F,\boldsymbol{B}_2,\boldsymbol{F},\boldsymbol{I}]\\\boldsymbol{N}_2&=[\boldsymbol{A}_F,\boldsymbol{B}_2,\boldsymbol{C}_2,\boldsymbol{0}]\\\widetilde{\boldsymbol{M}}_2&=[\boldsymbol{A}_H,\boldsymbol{H},\boldsymbol{C}_2,\boldsymbol{I}]\\\widetilde{\boldsymbol{N}}_2&=[\boldsymbol{A}_H,\boldsymbol{B}_2,\boldsymbol{C}_2,\boldsymbol{0}]\end{aligned} \tag{7-85}$$

而

$$A_F=A+B_2F,\quad A_H=A+HC_2$$
$$X_2=[A_F,-H,C_2,I],\quad \widetilde{X}_2=[A_H,-B_2,F,I]$$
$$Y_2=[A_F,-H,F,0],\quad \widetilde{Y}_2=[A_H,-H,F,0]$$

将式(7-85)代入式(7-81)～式(7-83)，经推演可得

$$T_1=[\bar{A},\bar{B},\bar{C},\bar{D}]=\left[\begin{bmatrix}A_F & -B_2F\\ 0 & A_H\end{bmatrix},\begin{bmatrix}B_1\\ B_1+HD_{21}\end{bmatrix},[C_1+D_{12}F\quad -D_{12}F],D_{11}\right]\tag{7-86}$$

$$T_2=[A_H,B_2,C_1+HD_{12}F,D_{12}]\tag{7-87}$$

$$T_3=[A_H,B_1+HD_{21},C_2,D_{21}]\tag{7-88}$$

以式(7-87)为例，其推演过程如下：

$$T_2=G_{12}M_2=[A,B_2,C_1,D_{12}][A_F,B_2,F,I]=\begin{bmatrix}A & B_2F & B_2\\ 0 & A_F & B_2\\ C_1 & D_{12}F & D_{12}\end{bmatrix}$$

$$=\begin{bmatrix}A & 0 & 0\\ 0 & A_F & B_2\\ C_1 & C_1+D_{12}F & D_{12}\end{bmatrix}\left\{经\begin{bmatrix}I & I\\ 0 & I\end{bmatrix}相似变换\right\}=[A_F,B_2,C_1+D_{12}F,D_{12}]$$

式(7-86)～式(7-88)表明，T_1、T_2、$T_3\in \mathrm{RH}^\infty$。上面论证结果可归结为如下结论：应用$K$的参数化公式(7-77)。使标准$H^\infty$控制问题

$$\min\{\|G_{11}+G_{12}K(I-G_{22}K)^{-1}G_{21}\|_\infty \mid K使G稳定\}$$

或

$$\min\{\|G_{11}+G_{12}(I-KG_{22})^{-1}KG_{21}\|_\infty \mid K使G稳定\}$$

转化成如下模型匹配问题

$$\min_{Q\in \mathrm{RH}^\infty}\|T_1-T_2QT_3\|_\infty$$

式中T_1、T_2、$T_3\in \mathrm{RH}^\infty$。

在标准问题中，T_{zw}是K的非线性函数。而在模型匹配问题中，T_{zw}是Q的放射性函数。将标准H^∞控制问题化成模型匹配问题，为求解$\|T_{zw}\|_\infty$极小化带来极大方便。式(7-86)～式(7-88)表明，只要选择F,H使$A+B_2F$,$A+HC_2$，成为稳定矩阵，很容易求得T_1、T_2、T_3的状态空间实现。

7.3.5 标准H^∞控制问题的求解

以上我们研究了标准H^∞问题。在图7-2所示的系统中，w为外部信号(包括参考输入、扰动、噪声等)，u为控制输入，y为观测信号，z为广义控制误差，$K(s)$为控制器，$G(s)$为广义被控对象(包括实际被控对象，加权函数及评价函数等)，并可表示为

$$G(s)=\begin{bmatrix}G_{11}(s) & G_{12}(s)\\ G_{21}(s) & G_{22}(s)\end{bmatrix}=\left[\begin{array}{c:cc}A & B_1 & B_2\\ \hdashline C_1 & D_{11} & D_{12}\\ C_2 & D_{21} & D_{22}\end{array}\right]$$

由w至z的闭环传递函数矩阵为

$$T_{zw}(s)=G_{11}(s)+G_{12}(s)K(s)[I-G_{22}(s)K(s)]^{-1}G_{21}(s)\tag{7-89}$$

所谓标准H^∞问题，就是判别是否存在使闭环系统内部稳定，同时使得

$$\|T_{zw}(s)\|_\infty<\gamma\tag{7-90}$$

成立的控制器。若存在，则求出相应的控制器$K(s)$。满足式(7-90)的$K(s)$，称为H^∞次

优控制器，使 $\|\boldsymbol{T}_{zw}(s)\|_\infty=\min$ 的 $\boldsymbol{K}(s)$ 称为 H^∞ 最优控制器。

$\boldsymbol{K}$ 使 $\boldsymbol{G}$ 稳定的充要条件是 $\boldsymbol{K}$ 使 $\boldsymbol{G}_{22}$ 稳定。将 $\boldsymbol{G}_{22}$ 互质分解如下：

$$\boldsymbol{G}_{22}=\boldsymbol{N}_2\boldsymbol{M}_2^{-1}=\widetilde{\boldsymbol{M}}_2^{-1}\widetilde{\boldsymbol{N}}_2,\quad \boldsymbol{N}_2、\boldsymbol{M}_2、\widetilde{\boldsymbol{N}}_2、\widetilde{\boldsymbol{M}}_2\in \mathrm{RH}^\infty \tag{7-91}$$

根据著名的 Youla 稳定补偿器的参数化方法，控制器 $\boldsymbol{K}$ 可表示为

$$\boldsymbol{K}=(\boldsymbol{Y}-\boldsymbol{MQ})(\boldsymbol{X}-\boldsymbol{NQ})^{-1}=(\widetilde{\boldsymbol{X}}-\boldsymbol{Q}\widetilde{\boldsymbol{N}})^{-1}(\widetilde{\boldsymbol{Y}}-\boldsymbol{Q}\widetilde{\boldsymbol{M}}) \tag{7-92}$$

式中省略了下标 2 及 22；$\boldsymbol{Q}\in \mathrm{RH}^\infty$，称为自由参数；$\boldsymbol{X}、\boldsymbol{Y}、\widetilde{\boldsymbol{X}}、\widetilde{\boldsymbol{Y}}\in \mathrm{RH}^\infty$，且满足

$$\begin{bmatrix}\widetilde{\boldsymbol{X}} & -\widetilde{\boldsymbol{Y}}\\ -\widetilde{\boldsymbol{N}} & \widetilde{\boldsymbol{M}}\end{bmatrix}\begin{bmatrix}\boldsymbol{M} & \boldsymbol{Y}\\ \boldsymbol{N} & \boldsymbol{X}\end{bmatrix}=\boldsymbol{I} \tag{7-93}$$

因此，在设计 H^∞ 最优控制器时，可以利用自由参数 $\boldsymbol{Q}$ 确定满足式(7-90)的 $\boldsymbol{K}$。将式(7-92)代入式(7-89)，得

$$\boldsymbol{T}_{zw}(s)=\boldsymbol{T}_1(s)-\boldsymbol{T}_2(s)\boldsymbol{Q}(s)\boldsymbol{T}_3(s)=\boldsymbol{T}_1-\boldsymbol{T}_2\boldsymbol{Q}\boldsymbol{T}_3 \tag{7-94}$$

式中

$$\boldsymbol{T}_1=\boldsymbol{G}_{11}+\boldsymbol{G}_{12}\boldsymbol{M}\widetilde{\boldsymbol{Y}}\boldsymbol{G}_{21}$$
$$\boldsymbol{T}_2=\boldsymbol{G}_{12}\boldsymbol{M}$$
$$\boldsymbol{T}_3=\widetilde{\boldsymbol{M}}\boldsymbol{G}_{21}$$

这样，标准 H^∞ 问题就转化为求使式(7-94)的 H^∞ 范数小于 γ 的 $\boldsymbol{Q}\in \mathrm{RH}^\infty$ 的问题，又称 H^∞ 模型匹配问题。

一般的跟踪问题、稳定鲁棒性问题均可转化为标准 H^∞ 问题。在频域中，标准 H^∞ 问题的解法如下：

1）基于逼近理论的解法。

这种解法的基本思想是先利用稳定化控制器的 Youla 参数化，将对于控制器为非线性的优化问题化为对自由参数为线性的模型匹配问题，再将其化为一般距离问题。它是函数逼近理论中 Nehari 问题的推广，可解析地求出最优控制器。

2）基于插值理论的解法。

采用木村等提出的所谓共轭化方法，其主要思想是通过选择控制器，使闭环系统满足 $\boldsymbol{J}$ 无损失条件。

以上解法算法复杂，计算量大，所求得的控制器阶次较高，不便于工程应用。

7.4 H^∞ 最优控制的直接状态空间法

本节介绍直接状态空间法。这种方法是直接利用(广义)被控对象的状态空间描述来设计控制器，而且具有如下特点：

① 算法简单，计算量小，每次迭代仅需解两个与(广义)被控对象同阶次的 Riccati 方程。

② 可以给出简明的控制器存在的充分必要条件。

③ 控制器的阶次等于(广义)被控对象的阶次。

④ 显示出控制器的结构分离特性。

⑤ 表明 LQG/H^2 控制器是 H^∞ 控制器的一个特例。

下面做一些数学准备。然后，介绍状态反馈 H^∞ 控制器的设计方法，以及输出反馈

H^∞控制器的设计方法；最后把这些方法与 LQG/H^2 控制方法进行比较。

7.4.1 几个引理

令 $\boldsymbol{A}$、$\boldsymbol{Q}$ 和 $\boldsymbol{R}$ 为 $n\times n$ 维实矩阵，$\boldsymbol{Q}$ 和 $\boldsymbol{R}$ 为对称阵。定义 $2n\times 2n$ 维 Hamilton 矩阵

$$\boldsymbol{H}=\begin{bmatrix}\boldsymbol{A} & \boldsymbol{R}\\ \boldsymbol{Q} & -\boldsymbol{A}^{\mathrm{T}}\end{bmatrix}$$

假设 $\boldsymbol{H}$ 在虚轴上没有特征值，则 $\boldsymbol{H}$ 的特征值分布对称于虚轴和实轴，且其与位于左半 s 平面特征值对应的模态子空间 $\boldsymbol{X}_-(\boldsymbol{H})$和 $I_{\mathrm{m}}\begin{bmatrix}\boldsymbol{0}\\ \boldsymbol{I}\end{bmatrix}$互补。则对应的 Riccati 方程

$$\boldsymbol{XA}+\boldsymbol{A}^{\mathrm{T}}\boldsymbol{X}+\boldsymbol{XRX}-\boldsymbol{Q}=\boldsymbol{0}$$

有唯一解。

记 dom(Ric) 表示满足这一条件的 $\boldsymbol{H}$ 的集合，对应 Riccati 方程的解记作 $\boldsymbol{X}=\mathrm{Ric}(\boldsymbol{H})$，并以 $\mathrm{I_m}[\boldsymbol{A}]$表示 $\boldsymbol{A}$ 的列向量所张成的子空间。

引理 7-10 设 $\boldsymbol{H}\in \mathrm{dom(Ric)}$，$\boldsymbol{X}=\mathrm{Ric}(\boldsymbol{H})$，则

① $\boldsymbol{X}$ 为对称阵。

② $\boldsymbol{X}$ 满足 Riccati 方程(*ARE*)：$\boldsymbol{XA}+\boldsymbol{A}^{\mathrm{T}}\boldsymbol{X}+\boldsymbol{XRX}-\boldsymbol{Q}=\boldsymbol{0}$。

③ $\boldsymbol{A}+\boldsymbol{RX}$ 为稳定阵。

对于给定的有理函数阵 $\boldsymbol{G}(s)=[\boldsymbol{A},\boldsymbol{B},\boldsymbol{C},\boldsymbol{0}]$及 $\gamma>0$，定义 Hamiltom 矩阵如下：

$$\boldsymbol{H}=\begin{bmatrix}\boldsymbol{A} & \dfrac{1}{\gamma^2}\boldsymbol{BB}^{\mathrm{T}}\\ -\boldsymbol{C}^{\mathrm{T}}\boldsymbol{C} & -\boldsymbol{A}^{\mathrm{T}}\end{bmatrix}$$

Hamilton 矩阵是状态空间直接解法的一个基本概念。这种解法主要基于如下基本事实。

引理 7-11 设 $\boldsymbol{A}$ 为稳定阵，则如下命题等价：

① $\|\boldsymbol{G}\|_\infty<\gamma$。

② $\boldsymbol{H}$ 的特征值实部均不等于零。

③ Riccati 方程

$$\boldsymbol{A}^{\mathrm{T}}\boldsymbol{X}+\boldsymbol{XA}+\frac{1}{\gamma^2}\boldsymbol{XBB}^{\mathrm{T}}\boldsymbol{X}+\boldsymbol{C}^{\mathrm{T}}\boldsymbol{C}=\boldsymbol{0} \tag{7-95}$$

具有半正定解 $\boldsymbol{X}\geqslant 0$；若$[\boldsymbol{C},\boldsymbol{A}]$可观，则 $\boldsymbol{X}>\boldsymbol{0}$。

当 $\boldsymbol{D}\neq\boldsymbol{0}$，$\|\boldsymbol{G}\|_\infty<\gamma$ 等价于适当的严格真有理函数阵的 H^∞ 范数小于 1，或等价于推广 Hamilton 矩阵的特征值实部均不等于零。此时，引理 7-11 中的命题③可放宽为左端为负的 Riccati 不等式。

引理 7-12 设

$$\boldsymbol{H}=\begin{bmatrix}\boldsymbol{A} & -\boldsymbol{BB}^{\mathrm{T}}\\ -\boldsymbol{C}^{\mathrm{T}}\boldsymbol{C} & -\boldsymbol{A}^{\mathrm{T}}\end{bmatrix}$$

式中$[\boldsymbol{A},\boldsymbol{B}]$能稳，若$[\boldsymbol{C},\boldsymbol{A}]$能检测，则 $\boldsymbol{H}\in\mathrm{dom(Ric)}$，$\boldsymbol{X}=\mathrm{Ric}(\boldsymbol{H})\geqslant\boldsymbol{0}$；若$[\boldsymbol{C},\boldsymbol{A}]$能观，则 $\boldsymbol{X}>0$。

引理 7-13 考虑系统

$$\dot{\boldsymbol{x}}=\boldsymbol{Ax}+\boldsymbol{Bu}$$

$$y=Cx+Du$$

式中 A 为稳定阵。则 $\|G(s)\|_\infty=\|C(sI-A)^{-1}B+D\|_\infty<\gamma$(条件 A)成立的充分必要条件是

$$R=\gamma^2 I-D^{\mathrm{T}}D>0$$

且方程

$$P(A+BR^{-1}D^{\mathrm{T}}C)+(A+BR^{-1}D^{\mathrm{T}}C)^{\mathrm{T}}P+PBR^{-1}B^{\mathrm{T}}P+C^{\mathrm{T}}(I+DR^{-1}D^{\mathrm{T}})C+\varepsilon I=0$$

对于充分小的 $\varepsilon>0$,有正定解 $P>0$。

引理 7-14 条件 A 成立的充分必要条件是

① $R=\gamma^2 I-D^{\mathrm{T}}D>0$。

② 如下两个等价条件之一成立

1° 定义

$$H=\begin{bmatrix} A+BR^{-1}D^{\mathrm{T}}C & BR^{-1}B^{\mathrm{T}} \\ -C^{\mathrm{T}}(I+DR^{-1}D^{\mathrm{T}})C & -(A+BR^{-1}D^{\mathrm{T}}C)^{\mathrm{T}} \end{bmatrix}$$

则 $H\in\mathrm{dom}(\mathrm{Ric})$,且 $\mathrm{Ric}(H)\geqslant 0$。

2° 满足方程

$$P(A+BR^{-1}D^{\mathrm{T}}C)+(A+BR^{-1}D^{\mathrm{T}}C)^{\mathrm{T}}P+PBR^{-1}B^{\mathrm{T}}P+C^{\mathrm{T}}(I+DR^{-1}D^{\mathrm{T}})C=0$$

且使

$$A_0=A+BR^{-1}D^{\mathrm{T}}C+BR^{-1}B^{\mathrm{T}}P$$

为稳定阵的正半定阵 $P\geqslant 0$ 存在。

7.4.2 状态反馈 H^∞ 控制

考虑如下(广义)被控对象

$$\begin{cases} \dot{x}=Ax+B_1w+B_2u \\ z=C_1x+D_{11}w+D_{12}u \\ y=C_2x+D_{21}w \end{cases} \tag{7-96}$$

式中 $x\in R^n, u\in R^{m_2}, w\in R^{m_1}, z\in R^{p_1}, y\in R^{p_2}$,$[A,B_2]$能稳,$[C_2,A]$能检测。假设 $D_{22}=0$。对于 $D_{22}\neq 0$ 的情形,可以做一简单变换,使之成为 $D_{22}=0$ 的形式。

状态反馈 H^∞ 控制问题是对系统(7-96)在状态 x 可测得的情况下,要求一状态反馈 $u=Kx$,使得闭环系统满足如下条件:

(条件 SF) $\|T_{zw}(s)\|_\infty<\gamma$,且$(A+B_2K)$为稳定阵,式中

$$T_{zw}(s)=(C_1+D_{12}K)(sI-A-B_2K)^{-1}B_1+D_{11}$$

定理 7-5 假设系统(7-96)满足:

① $D_{11}=D_{22}=0$。

② $D_{12}^{\mathrm{T}}[C_1 \quad D_{12}]=[0 \quad I]$。

③ $[A,B_2]$能稳,$[C_2,A]$能观。

④ $u=Kx$。

则系统(7-96)可表示为

$$
\begin{cases}
\dot{\boldsymbol{x}}=\boldsymbol{A}\boldsymbol{x}+\boldsymbol{B}_1\boldsymbol{w}+\boldsymbol{B}_2\boldsymbol{u}\\
\boldsymbol{z}=\boldsymbol{C}_1\boldsymbol{x}+\boldsymbol{D}_{12}\boldsymbol{u}\\
\boldsymbol{y}=\boldsymbol{C}_2\boldsymbol{x}+\boldsymbol{D}_{21}\boldsymbol{w}\\
\boldsymbol{u}=\boldsymbol{K}\boldsymbol{x}
\end{cases}
\tag{7-97}
$$

由 $\boldsymbol{w}$ 至 $\boldsymbol{z}$ 的闭环传递函数矩阵为

$$
\boldsymbol{T}_{zw}=(\boldsymbol{C}_1+\boldsymbol{D}_{12}\boldsymbol{K})(s\boldsymbol{I}-\boldsymbol{A}-\boldsymbol{B}_2\boldsymbol{K})^{-1}\boldsymbol{B}_1 \tag{7-98}
$$

如果$(\boldsymbol{A}+\boldsymbol{B}_2\boldsymbol{K})$为稳定阵，那么由引理 7-11 可知，$\|\boldsymbol{T}_{zw}\|_\infty<\gamma$ 的充要条件是 Hamilton 矩阵

$$
\boldsymbol{H}_K=\begin{bmatrix}\boldsymbol{A}+\boldsymbol{B}_2\boldsymbol{K} & \dfrac{1}{\gamma^2}\boldsymbol{B}_1\boldsymbol{B}_1^{\mathrm{T}}\\ -(\boldsymbol{C}_1+\boldsymbol{D}_{12}\boldsymbol{K})^{\mathrm{T}}(\boldsymbol{C}_1+\boldsymbol{D}_{12}\boldsymbol{K}) & -(\boldsymbol{A}+\boldsymbol{B}_2\boldsymbol{K})^{\mathrm{T}}\end{bmatrix}
$$

的特征值实部均不为零。

若定义 Hamilton 矩阵如下：

$$
\boldsymbol{H}_\infty=\begin{bmatrix}\boldsymbol{A} & \dfrac{1}{\gamma^2}\boldsymbol{B}_1\boldsymbol{B}_1^{\mathrm{T}}-\boldsymbol{B}_2\boldsymbol{B}_2^{\mathrm{T}}\\ -\boldsymbol{C}_1^{\mathrm{T}}\boldsymbol{C}_1 & -\boldsymbol{A}^{\mathrm{T}}\end{bmatrix}
$$

可以证明，当 $\boldsymbol{H}_\infty\in\mathrm{dom(Ric)}$时，$(\boldsymbol{A}+\boldsymbol{B}_2\boldsymbol{B}_2^{\mathrm{T}}\boldsymbol{X}_\infty)$为稳定阵，其中 $\boldsymbol{X}_\infty=\mathrm{Ric}(\boldsymbol{H}_\infty)$。且当 $\boldsymbol{K}=-\boldsymbol{B}_2^{\mathrm{T}}\boldsymbol{X}_\infty$时，$\boldsymbol{H}_\infty$与 $\boldsymbol{H}_K$ 相似。因此，$\|\boldsymbol{T}_{zw}\|_\infty<\gamma$ 的充要条件是 $\boldsymbol{H}_\infty\in\mathrm{dom(Ric)}$。

上述 $\|\boldsymbol{T}_{zw}\|_\infty<\gamma$，且状态反馈阵 $\boldsymbol{K}$ 存在的充分必要条件可等价为：对于充分小的 $\varepsilon>0$，Riccati 方程

$$
\boldsymbol{A}^{\mathrm{T}}\boldsymbol{P}+\boldsymbol{P}\boldsymbol{A}+\gamma^{-2}\boldsymbol{P}(\boldsymbol{B}_1\boldsymbol{B}_1^{\mathrm{T}}-\gamma^2\boldsymbol{B}_2\boldsymbol{B}_2^{\mathrm{T}})\boldsymbol{P}+\boldsymbol{C}_1^{\mathrm{T}}\boldsymbol{C}_1+\varepsilon\boldsymbol{I}=0 \tag{7-99}
$$

有正定解 $\boldsymbol{P}>0$，状态反馈阵

$$
\boldsymbol{K}=-\boldsymbol{B}_2^{\mathrm{T}}\boldsymbol{P} \tag{7-100}
$$

定理 7-6 对于系统(7-96)，若 $\boldsymbol{D}_{11}=\boldsymbol{0}$，$\boldsymbol{D}_{12}=\boldsymbol{0}$，则满足条件 *SF* 的 $\boldsymbol{K}$ 存在的充分必要条件是：对于充分小的 $\varepsilon>0$，方程

$$
\boldsymbol{A}^{\mathrm{T}}\boldsymbol{P}+\boldsymbol{P}\boldsymbol{A}+\frac{1}{\varepsilon\gamma^2}\boldsymbol{P}(\varepsilon\boldsymbol{B}_1\boldsymbol{B}_1^{\mathrm{T}}-\gamma^2\boldsymbol{B}_2\boldsymbol{B}_2^{\mathrm{T}})\boldsymbol{P}+\boldsymbol{C}_1^{\mathrm{T}}\boldsymbol{C}_1+\varepsilon\boldsymbol{I}=\boldsymbol{0} \tag{7-101}
$$

存在正定解 $\boldsymbol{P}>\boldsymbol{0}$，这样的 ε 和 $\boldsymbol{P}$ 存在时，有

$$
\boldsymbol{K}=-\frac{1}{2\varepsilon}\boldsymbol{B}_2^{\mathrm{T}}\boldsymbol{P} \tag{7-102}
$$

定理 7-7 对于系统(7-96)，若 $\boldsymbol{D}_{11}=\boldsymbol{0}$，$\boldsymbol{D}_{12}^{\mathrm{T}}\boldsymbol{C}_1=\boldsymbol{0}$，$\boldsymbol{D}_{12}^{\mathrm{T}}\boldsymbol{D}_{12}=\boldsymbol{I}$，且$[\boldsymbol{C}_1,\boldsymbol{A}]$能检测，则满足条件 *SF* 的 $\boldsymbol{K}$ 存在的充分必要条件为如下两个等价条件中任一得以满足：

① 定义

$$
\boldsymbol{H}=\begin{bmatrix}\boldsymbol{A} & \gamma^{-2}\boldsymbol{B}_1\boldsymbol{B}_1^{\mathrm{T}}-\boldsymbol{B}_2\boldsymbol{B}_2^{\mathrm{T}}\\ -\boldsymbol{C}_1^{\mathrm{T}}\boldsymbol{C}_1 & -\boldsymbol{A}^{\mathrm{T}}\end{bmatrix}
$$

有 $\boldsymbol{H}\in\mathrm{dom(Ric)}$，且 $\mathrm{Ric}(\boldsymbol{H})\geqslant 0$。

② Riccati 方程

$$
\boldsymbol{A}^{\mathrm{T}}\boldsymbol{P}+\boldsymbol{P}\boldsymbol{A}+\gamma^{-2}\boldsymbol{P}\boldsymbol{B}_1\boldsymbol{B}_1^{\mathrm{T}}\boldsymbol{P}-\boldsymbol{P}\boldsymbol{B}_2\boldsymbol{B}_2^{\mathrm{T}}\boldsymbol{P}+\boldsymbol{C}_1^{\mathrm{T}}\boldsymbol{C}_1=\boldsymbol{0} \tag{7-103}
$$

存在半正定解 $\boldsymbol{P}\geqslant\boldsymbol{0}$，且$(\boldsymbol{A}+\gamma^{-2}\boldsymbol{B}_1\boldsymbol{B}_1^{\mathrm{T}}\boldsymbol{P}-\boldsymbol{B}_2\boldsymbol{B}_2^{\mathrm{T}}\boldsymbol{P})$为稳定阵。

当上述条件之一成立时，$\boldsymbol{P}=\mathrm{Ric}(\boldsymbol{H})$，而状态反馈阵

$$\boldsymbol{K}=-\boldsymbol{B}_2^{\mathrm{T}}\boldsymbol{P} \tag{7-104}$$

上面介绍了在状态可测的情况下，利用定常状态反馈（$\boldsymbol{K}$ 为常阵）的 H^∞ 控制器的设计方法。但是可以证明，定常状态反馈所能达到的最小 γ 与动态状态反馈（$\boldsymbol{K}$ 为实有理函数阵）所能达到的最小 γ 相等，甚至与非线性时变状态反馈所能达到的最小 γ 相等。

利用上述结果来设计状态反馈 H^∞ 控制器步骤如下：

① 任意选取 $\gamma>0$ 和充分小 $\varepsilon>0$。

② 检查使条件 SF 成立的 $\boldsymbol{K}$ 存在的充要条件式(7-99)，或式(7-101)，或式(7-103)是否成立。

1° 若不成立，增加 γ，返回②。

2° 若成立，且迭代增量已足够小，则转下步；否则，减小 γ，返回②。

3° 由式(7-100)，或式(7-102)，或式(7-104)计算 $\boldsymbol{K}$。

7.4.3 状态反馈 H^∞ 控制与 LQ 控制的比较

假设所考虑的被控对象不同于式(7-96)描述的广义被控对象，而由下式描述

$$\dot{\boldsymbol{x}}=\boldsymbol{A}\boldsymbol{x}+\boldsymbol{B}\boldsymbol{u}$$

$$\boldsymbol{y}=\boldsymbol{C}\boldsymbol{x}$$

评价函数为

$$J=\int_0^\infty(\boldsymbol{x}^{\mathrm{T}}\boldsymbol{Q}\boldsymbol{x}+\boldsymbol{u}^{\mathrm{T}}\boldsymbol{R}\boldsymbol{u})\mathrm{d}t$$

式中 $\boldsymbol{Q}=\boldsymbol{Q}^{\mathrm{T}}\geqslant\boldsymbol{0}$，$\boldsymbol{R}=\boldsymbol{R}^{\mathrm{T}}>\boldsymbol{0}$，且$[\boldsymbol{Q}^{1/2},\boldsymbol{A}]$能检测。周知，使 J 最小的状态反馈阵 $\boldsymbol{K}(\boldsymbol{u}=\boldsymbol{K}\boldsymbol{x})$为

$$\boldsymbol{K}=-\boldsymbol{R}^{-1}\boldsymbol{B}^{\mathrm{T}}\boldsymbol{P}$$

式中 $\boldsymbol{P}$ 为如下 Riccati 方程的解

$$\boldsymbol{A}^{\mathrm{T}}\boldsymbol{P}+\boldsymbol{P}\boldsymbol{A}-\boldsymbol{P}\boldsymbol{B}\boldsymbol{R}^{-1}\boldsymbol{B}^{\mathrm{T}}\boldsymbol{P}+\boldsymbol{Q}=\boldsymbol{0}$$

对于定理 7-7 所考虑的情形，在等价条件②的 Riccati 方程(7-103)中，令 $\gamma\to\infty$，则所得到的 H^∞ 状态反馈矩阵，恰是 $\boldsymbol{R}=\boldsymbol{I}$，$\boldsymbol{Q}=\boldsymbol{C}_1\boldsymbol{C}_1^{\mathrm{T}}$，$\boldsymbol{B}=\boldsymbol{B}_2$ 时的 LQ 状态反馈矩阵。显然，对于 $\boldsymbol{R}\neq\boldsymbol{I}$ 的一般情形，通过对 $\boldsymbol{u}$ 进行坐标变换，也能得到相应的结论。

下面比较一下状态反馈 H^∞ 控制系统和 LQ 控制系统的鲁棒性。

对于 LQ 控制，令 $\boldsymbol{R}=\boldsymbol{I}$，且定义回差矩阵

$$\boldsymbol{D}(s)=\boldsymbol{I}-\boldsymbol{K}(s\boldsymbol{I}-\boldsymbol{A})^{-1}\boldsymbol{B}$$

则

$$\boldsymbol{D}^{\mathrm{T}}(-\mathrm{j}\omega)\boldsymbol{D}(\mathrm{j}\omega)\geqslant\boldsymbol{I},\quad\forall\,\omega\in R$$

由此可知，LQ 控制系统的增益裕量为 1/2 至∞，而相位裕量大于等于 60°（请参阅 B. D. O. Anderson 及 J. B. Moore 著，线性最优控制）。

对于 H^∞ 控制（定理 7-7 中所考虑的情形），定义回差矩阵

$$\boldsymbol{D}(s)=\boldsymbol{I}-\boldsymbol{K}(s\boldsymbol{I}-\boldsymbol{A})^{-1}\boldsymbol{B}_2$$

则有

$$\boldsymbol{D}^{\mathrm{T}}(-\mathrm{j}\omega)\boldsymbol{D}(\mathrm{j}\omega)\geqslant\boldsymbol{I}+\boldsymbol{B}_2^{\mathrm{T}}(\mathrm{j}\omega\boldsymbol{I}-\boldsymbol{A}^{\mathrm{T}})^{-1}\boldsymbol{P}\boldsymbol{B}_1\boldsymbol{B}_1^{\mathrm{T}}\boldsymbol{P}(\mathrm{j}\omega\boldsymbol{I}-\boldsymbol{A})^{-1}\boldsymbol{B}_2$$

因上述不等式右端第二项是非负的，故知 H^∞ 控制系统的稳定裕量大于 LQ 控制系统。

7.4.4　输出反馈 H^∞ 控制

仍考虑式(7-96)所描述的(广义)被控对象

$$\begin{cases}\dot{\boldsymbol{x}}=\boldsymbol{A}\boldsymbol{x}+\boldsymbol{B}_1\boldsymbol{w}+\boldsymbol{B}_2\boldsymbol{u}\\ \boldsymbol{z}=\boldsymbol{C}_1\boldsymbol{x}+\boldsymbol{D}_{11}\boldsymbol{w}+\boldsymbol{D}_{12}\boldsymbol{u}\\ \boldsymbol{y}=\boldsymbol{C}_2\boldsymbol{x}+\boldsymbol{D}_{21}\boldsymbol{w}\end{cases}$$

要求设计一控制器

$$\boldsymbol{u}=\boldsymbol{K}\boldsymbol{y}$$

使得闭环系统满足如下条件(条件 OF)

$$\|\boldsymbol{T}_{zw}(s)\|_\infty<\gamma\text{，且闭环系统内稳}$$

假设(广义)被控对象满足如下条件：

$$\left.\begin{array}{l}① [\boldsymbol{A},\boldsymbol{B}_1]\text{能控，}[\boldsymbol{C}_1,\boldsymbol{A}]\text{能检测。}\\ ② [\boldsymbol{A},\boldsymbol{B}_2]\text{能控，}[\boldsymbol{C}_2,\boldsymbol{A}]\text{能检测。}\\ ③ \boldsymbol{D}_{11}=\boldsymbol{0},\boldsymbol{D}_{22}=\boldsymbol{0}\text{。}\\ ④ \boldsymbol{D}_{12}^{\mathrm{T}}[\boldsymbol{C}_1\quad \boldsymbol{D}_{12}]=[\boldsymbol{0}\quad \boldsymbol{I}]\text{。}\\ ⑤ \begin{bmatrix}\boldsymbol{B}_1\\ \boldsymbol{D}_{21}\end{bmatrix}\boldsymbol{D}_{21}^{\mathrm{T}}=\begin{bmatrix}\boldsymbol{0}\\ \boldsymbol{I}\end{bmatrix}\text{。}\end{array}\right\} \tag{7-105}$$

定义两个 Hamilton 矩阵

$$\boldsymbol{H}_\infty=\begin{bmatrix}\boldsymbol{A} & \gamma^{-2}\boldsymbol{B}_1\boldsymbol{B}_1^{\mathrm{T}}-\boldsymbol{B}_2\boldsymbol{B}_2^{\mathrm{T}}\\ -\boldsymbol{C}_1^{\mathrm{T}}\boldsymbol{C}_1 & -\boldsymbol{A}^{\mathrm{T}}\end{bmatrix}$$

$$\boldsymbol{J}_\infty=\begin{bmatrix}\boldsymbol{A}^{\mathrm{T}} & \gamma^{-2}\boldsymbol{C}_1^{\mathrm{T}}\boldsymbol{C}_1-\boldsymbol{C}_2^{\mathrm{T}}\boldsymbol{C}_2\\ -\boldsymbol{B}_1\boldsymbol{B}_1^{\mathrm{T}} & -\boldsymbol{A}\end{bmatrix}$$

定理 7-8　使闭环系统稳定，且满足 $\|\boldsymbol{T}_{zw}\|_\infty<\gamma$ 的输出反馈控制器存在的充要条件，是如下三个条件成立：

① $\boldsymbol{H}_\infty\in\mathrm{dom(Ric)},\boldsymbol{X}_\infty=\mathrm{Ric}(\boldsymbol{H}_\infty)>\boldsymbol{0}$。

② $\boldsymbol{J}_\infty\in\mathrm{dom(Ric)},\boldsymbol{Y}_\infty=\mathrm{Ric}(\boldsymbol{J}_\infty)>\boldsymbol{0}$。

③ $\lambda_{\max}(\boldsymbol{X}_\infty\cdot\boldsymbol{Y}_\infty)<\gamma^2$。

当上述条件成立时，H^∞ 次优控制器如下：

$$\boldsymbol{K}_{\mathrm{sub}}=[\boldsymbol{A}_\infty,-\boldsymbol{Z}_\infty\boldsymbol{L}_\infty,\boldsymbol{K}_\infty,\boldsymbol{0}] \tag{7-106}$$

式中

$$\left.\begin{array}{l}\boldsymbol{A}_\infty=\boldsymbol{A}+\gamma^{-2}\boldsymbol{B}_1\boldsymbol{B}_1^{\mathrm{T}}\boldsymbol{X}_\infty+\boldsymbol{B}_2\boldsymbol{K}_\infty+\boldsymbol{Z}_\infty\boldsymbol{L}_\infty\boldsymbol{C}_2\\ \boldsymbol{K}_\infty=-\boldsymbol{B}_2^{\mathrm{T}}\boldsymbol{X}_\infty\\ \boldsymbol{L}_\infty=-\boldsymbol{Y}_\infty\boldsymbol{C}_2^{\mathrm{T}}\\ \boldsymbol{Z}_\infty=(\boldsymbol{I}-\gamma^{-2}\boldsymbol{Y}_\infty\boldsymbol{X}_\infty)^{-1}\end{array}\right\} \tag{7-107}$$

上述 $\boldsymbol{K}_{\mathrm{sub}}$ 可以表示为

$$\dot{\hat{\boldsymbol{x}}}=\boldsymbol{A}\hat{\boldsymbol{x}}+\boldsymbol{B}_2\boldsymbol{u}+\boldsymbol{Z}_\infty\boldsymbol{L}_\infty(\boldsymbol{C}_2\hat{\boldsymbol{x}}-\boldsymbol{y})+\boldsymbol{B}_1\boldsymbol{w}_{\mathrm{worst}} \tag{7-108}$$

$$\boldsymbol{u}=\boldsymbol{K}_\infty\hat{\boldsymbol{x}} \tag{7-109}$$

$$w_{\text{worst}}=\gamma^{-2}B_1^{\text{T}}X_\infty\hat{x} \tag{7-110}$$

系统结构图如图 7-13 所示。显然,这是典型的观测器(7-108)加状态反馈(7-109)结构,只是在观测器方程(7-108)中多了一项补偿项 B_1w_{worst}。实际上,w_{worst} 是比值 $\|Z\|_2/\|w\|_2$ 最大(扰动抑制效果最差)时,扰动输入的一个估值。因此,也有人指出 H^∞ 最优控制实际上是一种前馈补偿控制。

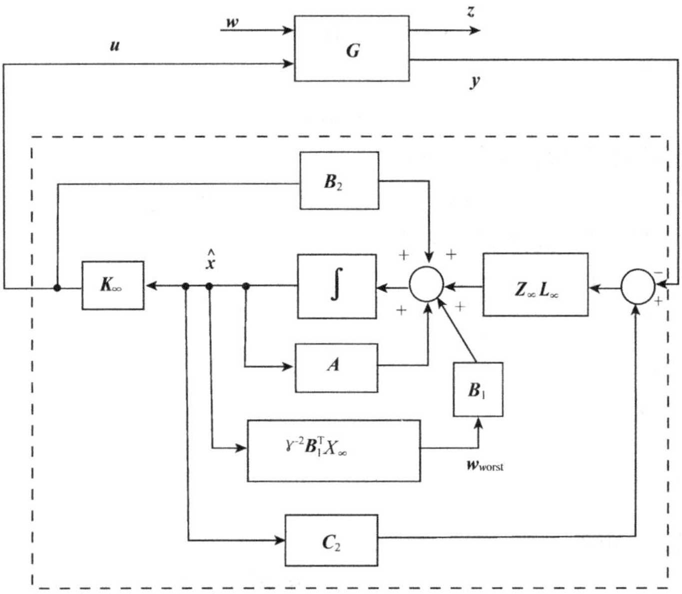

图 7-13　输出反馈 H^∞ 次优控制系统

利用上述结果来设计输出反馈 H^∞ 控制器的步骤如下:

① 对不同的 γ 检查定理 7-8 的条件①～③是否成立。若不成立,则增加 γ;若成立,则减小 γ,直到 γ 的迭代变化量充分小为止。然后,求出对应于所求得 γ 的控制器。

② 在每次迭代中,仅需解两个与(广义)被控对象同阶的 Riccati 方程。

③ 所求得控制器的阶次与(广义)被控对象的阶次相等。

7.4.5　输出反馈 H^∞ 控制与 LQG 控制的比较

我们先介绍 LQG 或说 H^2 控制的有关结果,然后将 H^∞ 控制与 LQG 控制加以比较,以显示它们之间的关系。

考虑系统(7-96),并假设式(7-105)的条件成立。在 H^2 控制器的设计中,是要求得到一个 K,使得当

$$u=Ky$$

时,下述条件(最优条件 OF_2)成立:

$\|T_{zw}(s)\|_2=\gamma$,且闭环系统内稳。

或者(次优条件 OF_2)

$\|T_{zw}(s)\|_2<\gamma$,且闭环系统内稳。

定义 Hamilton 矩阵

$$H_2=\begin{bmatrix} A & -B_2B_2^{\mathrm{T}} \\ -C_1^{\mathrm{T}}C_1 & -A^{\mathrm{T}} \end{bmatrix}$$

$$J_2=\begin{bmatrix} A^{\mathrm{T}} & -C_2^{\mathrm{T}}C_2 \\ -B_1B_1^{\mathrm{T}} & -A \end{bmatrix}$$

则由引理 7-12 知：$\boldsymbol{H}_2\in\mathrm{dom(Ric)}$，$\boldsymbol{J}_2\in\mathrm{dom(Ric)}$，且

$$X_2=\mathrm{Ric}(H_2)\geqslant 0,\quad Y_2=\mathrm{Ric}(J_2)\geqslant 0$$

定义

$$G_c(s)=\left[\begin{array}{c:c} A+B_2K_2 & I \\ \hdashline C_1+D_{12}K_2 & 0 \end{array}\right]$$

$$G_f(s)=\left[\begin{array}{c:c} A+L_2C_2 & B_1+L_2D_{12} \\ \hdashline I & 0 \end{array}\right]$$

$$K_2=-B_2^{\mathrm{T}}X_2$$

$$L_2=-Y_2C_2^{\mathrm{T}}$$

定理 7-9 使最优条件 OF_2 成立的控制器为

$$K_{\mathrm{opt}}=\left[\begin{array}{c:c} \hat{A}_2 & -L_2 \\ \hdashline K_2 & 0 \end{array}\right]$$

式中

$$\hat{A}_2=A+B_2K_2+L_2C_2$$

而

$$\min\|T_{zw}(s)\|_2^2=\|G_c(s)B_1\|_2^2+\|K_2G_f(s)\|_2^2$$

当 $m_1\geqslant p_2$，$p_1\geqslant m_2$ 时，上述最优控制器是唯一的。

对于 H^2 次优控制器，有如下结果。

定理 7-10 使次优条件 OF_2 成立的控制器集合，是图 7-14 中 $\boldsymbol{y}$ 到 $\boldsymbol{u}$ 的传递矩阵的集合。图中

$$M_2(s)=\left[\begin{array}{c:cc} \hat{A}_2 & -L_2 & B_2 \\ \hdashline K_2 & 0 & I \\ -C_2 & I & 0 \end{array}\right]$$

而 $Q\in\mathrm{RH}^2$，$\|Q\|_2^2<\gamma^2-(\|G_cB_1\|_2^2+\|K_2G_f\|_2^2)$

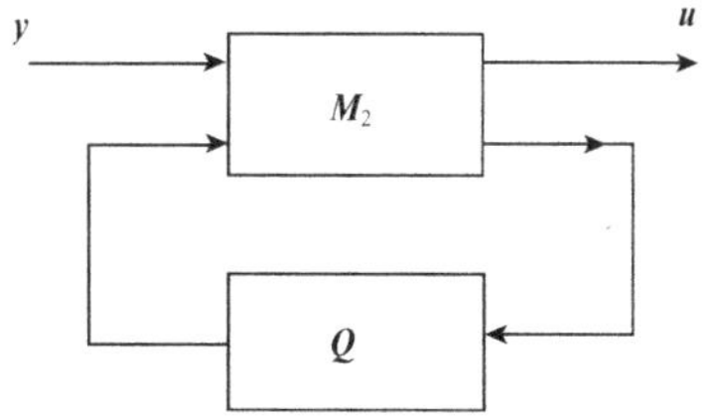

图 7-14　次优控制系统

周知，H^2 控制器有如下分离特性：

$$\dot{\hat{x}}=A\hat{x}+B_2u+L_2(C_2\hat{x}-y)$$

$$u=K_2\hat{x}$$

式中 $\hat{\boldsymbol{x}}$ 为控制器的状态，$\boldsymbol{L}_2$ 为 Kalman 观测器增益矩阵，而 $\boldsymbol{K}_2$ 为最优状态反馈阵，它们可以分别独立于 $\|\boldsymbol{T}_{zw}(s)\|_2$ 的最小化和状态的估计进行设计。

对于输出反馈 H^∞ 控制器，我们有

$$\dot{\hat{x}}=A\hat{x}+B_2u+Z_\infty L_\infty(C_2\hat{x}-y)+B\hat{w}_{\mathrm{worst}}$$

$$u=K_\infty\hat{x}$$

$$\hat{w}_{\mathrm{worst}}=-\gamma^{-2}B_1^{\mathrm{T}}X_\infty\hat{x}$$

从结构上来看，输出反馈 H^∞ 控制器也具有分离特性。比较定理 7-9 和定理 7-7 的结果可知，这里的 H^∞ 状态反馈阵 $\boldsymbol{K}_\infty$，也可以独立于状态估计而设计，而 $\boldsymbol{Z}_\infty \boldsymbol{L}_\infty$ 是在输入 $\boldsymbol{w}$ 为最坏的情况下观测器的增益阵。但在 H^∞ 控制器中，多出一项 $\hat{\boldsymbol{w}}_{\text{worst}}$，它是最坏情况下的(使 $\|\boldsymbol{z}\|_\infty^2$ 最大的)输入 $\boldsymbol{w}_{\text{worst}}=-\gamma^{-2}\boldsymbol{B}_1^{\mathrm{T}}\boldsymbol{X}_\infty \boldsymbol{x}$ 的估值。

当令 $\gamma\to\infty$ 时，$H^\infty\to H^2$，$\boldsymbol{J}_\infty\to\boldsymbol{J}_2$；$\boldsymbol{Z}_\infty\to\boldsymbol{I}$；$\boldsymbol{Z}_\infty\boldsymbol{L}_\infty\to\boldsymbol{L}_2$；$\boldsymbol{K}_\infty\to\boldsymbol{K}_2$；$\hat{\boldsymbol{w}}_{\text{worst}}\to\boldsymbol{0}$。即 H^∞ 控制器→H^2 控制器。因此，H^2 控制是 H^∞ 控制的一个特例。

习　题

7-1　已知传递函数

$$G(s)=\frac{s-1}{s(s-2)}$$

的最小实现为

$$G(s)=[\boldsymbol{A},\boldsymbol{B},\boldsymbol{C},\boldsymbol{D}]$$

式中

$$\boldsymbol{A}=\begin{bmatrix}0 & 1\\ 0 & 2\end{bmatrix},\quad \boldsymbol{B}=\begin{bmatrix}0\\ 1\end{bmatrix},\quad \boldsymbol{C}=[-1,1],\quad \boldsymbol{D}=\boldsymbol{0}$$

试将 $\boldsymbol{G}(s)$ 互质分解为

$$\boldsymbol{G}(s)=\boldsymbol{N}(s)\boldsymbol{M}^{-1}(s)=\widetilde{\boldsymbol{M}}^{-1}(s)\widetilde{\boldsymbol{N}}(s)$$

7-2　试说明如何将跟踪问题、鲁棒稳定性问题和模型匹配问题化为标准 H^∞ 控制问题。

7-3　试证明 BIBO 稳定的充要条件是系统的脉冲响应 $h(t)$ 绝对可积。

7-4　试证明若系统是内部稳定的，则必是 BIBO 稳定的；但逆问题则不一定成立。

7-5　在标准 H^∞ 控制问题中，$\boldsymbol{K}$ 使 $\boldsymbol{G}$ 稳定的充要条件是什么？试证明之。

7-6　设如图 7-2 所示的跟踪问题中

$$\boldsymbol{P}(s)=\frac{s-1}{s(s-2)},\quad \boldsymbol{W}(s)=\frac{s+1}{10s+1}$$

试求：

(1) 广义被控装置 $\boldsymbol{G}(s)$。

(2) 求 $\boldsymbol{G}(s)$ 的一个最小实现，$\boldsymbol{G}(s)=[\boldsymbol{A},\boldsymbol{B},\boldsymbol{C},\boldsymbol{D}]$。

(3) 按互质分解求使 $\boldsymbol{G}(s)$ 稳定的 $\boldsymbol{K}$。

第 8 章　奇异最优控制

第 3 章在阐述时间最优控制问题时，曾谈及奇异情况。除此而外，在某些最优化问题，例如，邻近极值控制问题中，也会出现$\partial H/\partial \boldsymbol{u}=\boldsymbol{0}$，且$\partial^2 H/\partial \boldsymbol{u}^2$ 为奇异矩阵的极值弧线，这种极值弧线称为奇异弧。在奇异弧上，最优控制可以存在，也满足极小值原理，但由极小值原理解不出最优控制 $\boldsymbol{u}^*(t)$的具体形式。$\boldsymbol{u}^*(t)$可以在控制边界之内取值，并需用附加检验来确定奇异弧是否最优。

在本章讨论的奇异最优控制的问题中，我们将限于讨论哈密顿函数 H 对控制变量 $\boldsymbol{u}$ 为线性关系，而对状态变量 $\boldsymbol{x}$ 为非线性关系的情况，因为这种情况是实际应用中遇到奇异弧的最常见情况。线性、二次型状态最优调节器问题中，也存在类似的奇异解。

求解奇异最优控制比求解正常最优控制要困难得多。奇异解通常由正常弧和奇异弧所组成。为了判断和确定奇异弧的最优性，可以采用广义凸性条件和雅各布森条件，这是两种确定奇异弧的必要条件。有关正常弧与奇异弧的连接条件问题，也有一些研究成果。然而，奇异最优控制理论和方法的研究，尚不成熟，有待进一步发展和完善。本章将简要介绍线性系统和非线性系统奇异解的确定方法及其应用，并对奇异最优调节器问题进行单独论述。

8.1　最优控制问题的奇异解

本节将从一个特例给出奇异最优控制中的基本概念，并不加证明地给出检验和确定奇异弧最优性的必要条件。

8.1.1　特例

设一阶系统方程及初始条件为

$$\dot{x}(t)=u(t),\quad x(0)=1$$

控制为$|u(t)|\leqslant 1$，要求最优控制 $u^*(t)$，使性能指标

$$J=\frac{1}{2}\int_0^2 x^2(t)\mathrm{d}t$$

为极小。设末态要求 $x(2)=0$。

首先构造哈密顿函数

$$H=\frac{1}{2}x^2(t)+\lambda(t)u(t)$$

式中 $\lambda(t)$为拉格朗日乘子。根据极小值原理，对于非零的 $\lambda(t)$，最优控制为

$$u^*(t)=-\mathrm{sgn}\{\lambda(t)\}=\begin{cases}+1, & \lambda(t)<0\\ -1, & \lambda(t)>0\end{cases} \tag{8-1}$$

式(8-1)表明，最优控制在其约束边界上取值，为邦-邦控制形式，其相应的轨线称为正常

弧。另一方面，由于哈密顿函数 H 线性依赖于控制变量 $u(t)$，当协态变量 $\lambda(t)=0$ 时，必出现奇异控制情况，此时相应的轨线称为奇异弧。

根据极小值原理，当控制变量 $u(t)$ 在约束边界 ± 1 之内取值时，有

$$\frac{\partial H}{\partial u}=\lambda(t)=0,\quad \frac{\partial^2 H}{\partial u^2}=0 \tag{8-2}$$

因为式(8-2)满足极小值原理的必要条件，所以 $\lambda(t)=0$ 也是产生最优控制 $u^*(t)$ 的一个可能解。此时，函数 H 与控制 $u(t)$ 全然无关，因而哈密顿函数 H 无法相对 $u(t)$ 取绝对极小。换句话说，与 $\lambda(t)=0$ 相应的控制，虽然满足极小值原理，但却无法应用极小值原理的方法求出与 $\lambda(t)=0$ 相应的奇异最优解 $u^*(t)$。这种控制问题称为奇异最优控制问题。

为了确定奇异解，设 $\lambda(t)>0$，则 $u^*(t)=-1$。积分下列正则方程：

$$\dot{x}(t)=u(t)=-1$$

$$\dot{\lambda}(t)=-\frac{\partial H}{\partial x}=-x(t)$$

并代入已知初态 $x(0)=1$，可得

$$x(t)=1-t$$

$$\lambda(t)=\lambda(0)-t+\frac{1}{2}t^2$$

在奇异弧上必有

$$\begin{cases}\dfrac{\partial H}{\partial u}=\lambda(t)=0\\[2mm] \dfrac{\mathrm{d}}{\mathrm{d}t}\left(\dfrac{\partial H}{\partial u}\right)=\dot{\lambda}(t)=-x(t)=0\\[2mm] \dfrac{\mathrm{d}^2}{\mathrm{d}t^2}\left(\dfrac{\partial H}{\partial u}\right)=-\dot{x}(t)=-u(t)=0\end{cases} \tag{8-3}$$

解式(8-3)诸式，得奇异解

$$u^*(t)=0,\quad \lambda(t)=0,\quad x(t)=0$$

设 $t=t_1$ 时，最优轨线由正常弧进入奇异弧，则有

$$x(t_1)=1-t_1=0$$

$$\lambda(t_1)=\lambda(0)-t_1+\frac{1}{2}t_1^2=0$$

解得

$$t_1=1,\quad \lambda(0)=\frac{1}{2}$$

说明 $\lambda(t)>0$ 的假设是正确的。若设 $\lambda(t)<0$，会得到 $t_1=-1$ 的不当结论。但是，若初态 $x(0)<0$，则情况正好相反。本例的求解结果如图 8-1 所示。

对于所有的 $t\in[1,2]$，由于

$$x(t)=x(2)=0$$

$$\lambda(t)=\lambda(2)=\lambda(1)-t_f+\frac{1}{2}t_f^2=0$$

$$u(t)=\dot{x}(t)=0$$

表明奇异解满足末值条件，故 $t\in[1,2]$ 为奇异段，或称奇异时间间隔。最优轨线由正常

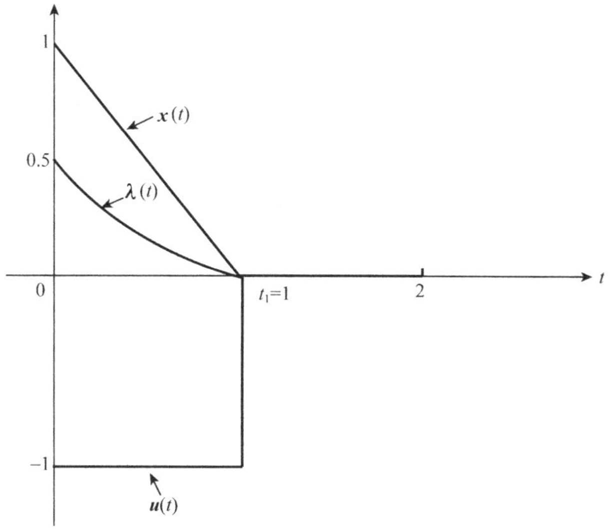

图 8-1　特例的最优解

弧及奇异弧两部分组成。

8.1.2　奇异最优控制问题

问题 8-1　设系统状态方程为

$$\dot{\boldsymbol{x}}(t)=\boldsymbol{f}(\boldsymbol{x},\boldsymbol{u},t),\quad \boldsymbol{x}(t_0)=\boldsymbol{x}_0 \tag{8-4}$$

式中 $\boldsymbol{x}(t)\in R^n$,$\boldsymbol{u}(t)\in R^n$,控制约束:$|u_j(t)|\leqslant 1,j=1,2,\cdots,m$,性能指标为

$$J=\varphi[\boldsymbol{x}(t_f),t_f]+\int_{t_0}^{t_f}L(\boldsymbol{x},\boldsymbol{u},t)\mathrm{d}t \tag{8-5}$$

式中 t_f 可以固定,也可以自由。要求最优控制 $\boldsymbol{u}^*(t)$,使性能指标(8-5)极小。

构造哈密顿函数

$$H(\boldsymbol{x},\boldsymbol{u},\boldsymbol{\lambda},t)=L(\boldsymbol{x},\boldsymbol{u},t)+\boldsymbol{\lambda}^{\mathrm{T}}(t)\boldsymbol{f}(\boldsymbol{x},\boldsymbol{u},t) \tag{8-6}$$

式中 $\boldsymbol{\lambda}(t)\in R^n$,为待定的拉格朗日乘子向量。根据极小值原理,当控制变量在约束边界之内取值时,哈密顿函数 H 相对最优控制取极小值的必要条件为

$$\frac{\partial H}{\partial \boldsymbol{u}}=\boldsymbol{0} \tag{8-7}$$

$$\frac{\partial^2 H}{\partial \boldsymbol{u}^2}\geqslant\boldsymbol{0} \tag{8-8}$$

条件(8-8)称为凸性条件,或称勒让德-克莱勃希条件。

哈密顿函数 H 相对最优控制取极小值的充分条件是

$$\frac{\partial H}{\partial \boldsymbol{u}}=\boldsymbol{0}$$

$$\frac{\partial^2 H}{\partial \boldsymbol{u}^2}>\boldsymbol{0} \tag{8-9}$$

条件(8-9)称为强化条件,或称强化的勒让德-克莱勃希条件。

如果在某一时间间隔$[t_1,t_2]\subset[t_0,t_f]$上,矩阵$\frac{\partial^2 H}{\partial \boldsymbol{u}^2}$奇异,即

$$\det\left(\frac{\partial^2 H}{\partial \boldsymbol{u}^2}\right)=0 \tag{8-10}$$

或者矩阵$\frac{\partial^2 H}{\partial \boldsymbol{u}^2}$非负定，即

$$\frac{\partial^2 H}{\partial \boldsymbol{u}^2}\geqslant \boldsymbol{0} \tag{8-11}$$

则称问题 8-1 是奇异的。此时的最优控制为奇异最优控制。与奇异最优控制对应的最优轨线部分称为奇异弧，在奇异弧上，凸性条件成立，但强化条件不成立。时间区间$[t_1, t_2]$称为奇异时间间隔。

实际上，如果哈密顿函数是控制向量的线性函数，那么根据上述定义，问题必是奇异的。

在奇异弧上，由于哈密顿函数 H 与控制向量$\boldsymbol{u}$ 无关，因此根据极值条件$\partial H/\partial \boldsymbol{u}=\boldsymbol{0}$ 得不到确定的最优控制。如果在区间$[t_1, t_2]$上存在奇异最优控制，必存在$\partial H/\partial \boldsymbol{u}=\boldsymbol{0}$ 的关系，进而必须满足$\partial H/\partial \boldsymbol{u}$ 对时间各阶导数为零的下列附加条件：

$$\frac{\partial H}{\partial \boldsymbol{u}}=\boldsymbol{0} \tag{8-12}$$

$$\frac{\mathrm{d}}{\mathrm{d}t}\left(\frac{\partial H}{\partial \boldsymbol{u}}\right)=\boldsymbol{0} \tag{8-13}$$

$$\frac{\mathrm{d}^2}{\mathrm{d}t^2}\left(\frac{\partial H}{\partial \boldsymbol{u}}\right)=\boldsymbol{0} \tag{8-14}$$

联立求解上述三组代数方程，可以求出奇异最优控制 $\boldsymbol{u}^*(t)$、奇异弧 $\boldsymbol{x}^*(t)$以及相应的协态 $\boldsymbol{\lambda}(t)$。

应当指出，利用式(8-12)～式(8-14)求出的奇异解是否最优，需要进行附加检验。

8.1.3 奇异弧最优性的必要条件

在奇异弧上，极小值原理没有为确定奇异控制提供任何信息。为了弥补奇异情况下定解条件的不足，需要另外寻找奇异弧应满足的其他条件。有人从泛函二次变分非负性条件出发，导出了奇异弧最优性的两种新的必要条件：广义凸性条件，或称广义勒让德-克莱勃希条件，以及雅各布森条件。

根据第 2 章介绍的变分理论可知，对于问题 8-1，若令 J_a 为广义泛函，则沿最优轨线应有：$\delta J_a=0$，$\delta^2 J_a\geqslant 0$。奇异弧满足 $\delta J_a=0$ 条件，但仅此不足以给出奇异最优控制。不难导出，问题 8-1 的广义泛函二次变分为

$$\delta^2 J_a=\frac{1}{2}\left[\delta\boldsymbol{x}^{\mathrm{T}}(t)\frac{\partial^2\varphi}{\partial \boldsymbol{x}^2}\delta\boldsymbol{x}(t)\right]_{t=t_f}+\frac{1}{2}\int_{t_0}^{t_f}\left[\delta\boldsymbol{x}^{\mathrm{T}} \quad \delta\boldsymbol{u}^{\mathrm{T}}\right]\begin{bmatrix}\dfrac{\partial^2 H}{\partial \boldsymbol{x}^2} & \dfrac{\partial^2 H}{\partial \boldsymbol{x}\partial \boldsymbol{u}}\\ \left(\dfrac{\partial^2 H}{\partial \boldsymbol{x}\partial \boldsymbol{u}}\right)^{\mathrm{T}} & \dfrac{\partial^2 H}{\partial \boldsymbol{u}^2}\end{bmatrix}\begin{bmatrix}\delta\boldsymbol{x}\\ \delta\boldsymbol{u}\end{bmatrix}\mathrm{d}t \tag{8-15}$$

式中变分 $\delta\boldsymbol{x}$ 和 $\delta\boldsymbol{u}$ 应满足

$$\delta\dot{\boldsymbol{x}}=\frac{\partial \boldsymbol{f}}{\partial \boldsymbol{x}^{\mathrm{T}}}\delta\boldsymbol{x}+\frac{\partial \boldsymbol{f}}{\partial \boldsymbol{u}^{\mathrm{T}}}\delta\boldsymbol{u} \tag{8-16}$$

$$\delta\boldsymbol{x}(t_0)=\boldsymbol{0} \tag{8-17}$$

从二次变分(8-15)在约束(8-16)和(8-17)下的非负性出发，可以导出如下新的必要条件。

定理 8-1 对于问题 8-1,标量控制 $u(t)$为最优的一个必要条件为

$$(-1)^k \frac{\partial}{\partial u}\left[\left(\frac{\mathrm{d}}{\mathrm{d}t}\right)^{2k}\left(\frac{\partial H}{\partial u}\right)\right]\geqslant 0,\quad k=0,1,2,\cdots \tag{8-18}$$

上述必要条件(8-18)在形式上类似于凸性条件(8-8),故称为广义凸性条件,或称广义勒让德-克莱勃希条件。对于定理 8-1,应指出如下数点:

①式(8-18)中 $2k$ 恒为偶数,其中整数 k 称为该奇异问题的阶数。

②在 $\boldsymbol{x}-\boldsymbol{\lambda}$ 空间中,奇异曲面的维数为 $2(n-k)$,有关奇异曲面的概念将在下节介绍。

③关于 $\boldsymbol{u}(t)$为向量时的广义勒让德-克莱勃希条件,可参阅文献(Bell et al. 1975)。

奇异弧最优性的另一个必要条件是雅各布森条件,见如下定理。

定理 8-2 对于奇异最优控制问题 8-1,若末端自由,则二次变分(8-15)非负的必要条件是

$$\boldsymbol{CB}+\boldsymbol{B}^{\mathrm{T}}\boldsymbol{WB}\geqslant \boldsymbol{0},\quad \forall t\in[t_0,t_f] \tag{8-19}$$

矩阵 $\boldsymbol{W}$ 满足

$$-\dot{\boldsymbol{W}}=\boldsymbol{Q}+\boldsymbol{A}^{\mathrm{T}}\boldsymbol{W}+\boldsymbol{WA},\pm\boldsymbol{W}(t_f)=\frac{\partial^2\varphi}{\partial\boldsymbol{x}^2(t_f)} \tag{8-20}$$

式中

$$\begin{aligned}&\boldsymbol{Q}=\frac{\partial^2 H}{\partial\boldsymbol{x}^2},\qquad \boldsymbol{C}=\frac{\partial^2 H}{\partial\boldsymbol{u}\partial\boldsymbol{x}}\\&\boldsymbol{A}=\frac{\partial\boldsymbol{f}}{\partial\boldsymbol{x}^{\mathrm{T}}},\qquad \boldsymbol{B}=\frac{\partial\boldsymbol{f}}{\partial\boldsymbol{u}^{\mathrm{T}}}\end{aligned} \tag{8-21}$$

应当指出,广义勒让德-克莱勃希条件与雅各布森条件是两个不同的必要条件。满足前者并不一定满足后者。一般地说,奇异弧同时满足这两个必要条件也未必是最优的。到目前为止,尚未得到奇异最优控制的充分条件。对于简单的问题,可以通过问题的物理意义,或者通过直接计算性能指标的方法,来判断利用奇异性必要条件求出的奇异最优控制是否合乎问题的要求。

例 8-1 已知系统方程

$$\dot{x}_1(t)=x_2(t),\quad x_1(0)=0$$
$$\dot{x}_2(t)=u(t),\quad x_2(0)=1$$

性能指标

$$J=\frac{1}{2}\int_0^{3\pi/2}[-x_1^2(t)+x_2^2(t)]\mathrm{d}t$$

试求使性能指标极小的奇异解。

解 构造哈密顿函数

$$H=\frac{1}{2}(-x_1^2+x_2^2)+\lambda_1 x_2+\lambda u$$

由于 H 相对 u 为线性关系,故存在奇异解。

协态方程及横截条件为

$$\dot{\lambda}_1(t)=x_1(t),\quad \lambda_1\left(\frac{3}{2}\pi\right)=0$$

$$\dot{\lambda}_2(t)=-x_2(t)-\lambda_1(t),\quad \lambda_2\left(\frac{3}{2}\pi\right)=0$$

则由式(8-12)～式(8-14)解得

$$\lambda_2(t)=0,\quad x_2(t)=-\lambda_1(t),\quad u(t)=-x_1(t)$$

将 $u(t)=-x_1(t)$ 代入状态方程，得

$$\dot{\boldsymbol{x}}(t)=\begin{bmatrix}0 & 1\\ -1 & 0\end{bmatrix}\boldsymbol{x}(t)$$

其状态转移阵为

$$\mathrm{e}^{\boldsymbol{A}t}=\begin{bmatrix}\cos t & \sin t\\ -\sin t & \cos t\end{bmatrix}$$

于是

$$\boldsymbol{x}(t)=\mathrm{e}^{\boldsymbol{A}t}\boldsymbol{x}(0)=\begin{bmatrix}\sin t\\ \cos t\end{bmatrix}$$

奇异解为

$$u^*(t)=-\sin t,\quad x_1{}^*(t)=\sin t,\quad x_2^*(t)=\cos t$$

$$\lambda_1(t)=-\cos t,\quad \lambda_2(t)=0$$

奇异解对应的性能指标

$$J=\frac{1}{2}\int_0^{3\pi/2}(-\sin^2 t+\cos^2 t)\mathrm{d}t$$

$$=\frac{1}{2}\int_0^{3\pi/2}\cos 2t\mathrm{d}t=0$$

为了检验奇异弧的最优性，由式(8-21)算得

$$\boldsymbol{C}=\frac{\partial^2 H}{\partial u\partial \boldsymbol{x}}=[0\quad 0]$$

$$\boldsymbol{B}=\frac{\partial \boldsymbol{f}}{\partial u}=\begin{bmatrix}\dfrac{\partial f_1}{\partial u}\\ \dfrac{\partial f_2}{\partial u}\end{bmatrix}=\begin{bmatrix}0\\ 1\end{bmatrix}$$

$$\boldsymbol{A}=\frac{\partial \boldsymbol{f}}{\partial \boldsymbol{x}^{\mathrm{T}}}=\begin{bmatrix}\dfrac{\partial f_1}{\partial x_1} & \dfrac{\partial f_1}{\partial x_2}\\ \dfrac{\partial f_2}{\partial x_1} & \dfrac{\partial f_2}{\partial x_2}\end{bmatrix}=\begin{bmatrix}0 & 1\\ 0 & 0\end{bmatrix}$$

$$\boldsymbol{Q}=\frac{\partial^2 H}{\partial \boldsymbol{x}^2}=\begin{bmatrix}\dfrac{\partial^2 H}{\partial x_1^2} & \dfrac{\partial^2 H}{\partial x_1\partial x_2}\\ \dfrac{\partial^2 H}{\partial x_2\partial x_1} & \dfrac{\partial^2 H}{\partial x_2^2}\end{bmatrix}=\begin{bmatrix}-1 & 0\\ 0 & 1\end{bmatrix}$$

若令

$$\boldsymbol{W}=\begin{bmatrix}W_{11} & W_{12}\\ W_{21} & W_{22}\end{bmatrix},\quad \boldsymbol{W}\left(\frac{3}{2}\pi\right)=\begin{bmatrix}0 & 0\\ 0 & 0\end{bmatrix}$$

则由式(8-19)可得

$$(\boldsymbol{C}+\boldsymbol{B}^{\mathrm{T}}\boldsymbol{W})\boldsymbol{B}=\boldsymbol{W}\geqslant\boldsymbol{0}$$

再由式(8-20)得如下微分方程组：

$$-\dot{W}_{11}=-1,\quad W_{11}\left(\frac{3}{2}\pi\right)=0$$

$$-\dot{W}_{12}=W_{11},\quad W_{12}\left(\frac{3}{2}\pi\right)=0$$

$$-\dot{W}_{21}=W_{11},\quad W_{21}\left(\frac{3}{2}\pi\right)=0$$

$$-\dot{W}_{22}=1+W_{12}+W_{21},\quad W_{22}\left(\frac{3}{2}\pi\right)=0$$

不难解得

$$W_{11}(t)=-\frac{3}{2}\pi+t$$

$$W_{12}(t)=-\frac{9}{8}\pi^2+\frac{3}{2}\pi t-\frac{1}{2}t^2$$

$$W_{21}(t)=-\frac{9}{8}\pi^2+\frac{3}{2}\pi t-\frac{1}{2}t^2$$

$$W_{22}(t)=-\frac{9}{8}\pi^3+\frac{3}{2}\pi+\left(-1+\frac{9}{4}\pi^2\right)t-\frac{3}{2}\pi t^2+\frac{1}{3}t^3$$

若令

$$\tau=\frac{3}{2}\pi-t$$

则有

$$W_{22}(\tau)=\tau-\frac{1}{3}\tau^3$$

显然，$\tau>\sqrt{3}$时，或者 $t<\frac{3}{2}\pi-\sqrt{3}$时，雅各布森条件(8-19)不再满足。因此，当 $\tau>\sqrt{3}$时，奇异弧不是最优的。

8.2 线性系统的奇异最优控制

本节讨论线性二次型问题的奇异解，并介绍一种新的确定奇异最优控制的简便方法。

8.2.1 线性奇异最优控制问题

问题 8-2 设线性时变系统方程

$$\dot{\boldsymbol{x}}(t)=\boldsymbol{A}(t)\boldsymbol{x}(t)+\boldsymbol{B}(t)\boldsymbol{u}(t),\quad \boldsymbol{x}(t_0)=\boldsymbol{x}_0 \tag{8-22}$$

式中 $\boldsymbol{x}(t)\in R^n$，矩阵 $\boldsymbol{A}(t)$和 $\boldsymbol{B}(t)$维数适当，其各元连续有界。控制约束为

$$|u_j(t)|\leqslant 1,\quad j=1,2,\cdots,m \tag{8-23}$$

性能指标为状态的二次型

$$J=\frac{1}{2}\boldsymbol{x}^{\mathrm{T}}(t_f)\boldsymbol{F}\boldsymbol{x}(t_f)+\frac{1}{2}\int_{t_0}^{t_f}\boldsymbol{x}^{\mathrm{T}}(t)\boldsymbol{Q}(t)\boldsymbol{x}(t)\mathrm{d}t \tag{8-24}$$

式中加权矩阵 $\boldsymbol{F}$ 和 $\boldsymbol{Q}(t)$都是对称非负定矩阵，维数适当，且 $\boldsymbol{Q}(t)$各元连续有界。要求满足约束条件(8-23)的最优控制 $\boldsymbol{u}^*(t)$，使性能指标(8-24)极小。

上述问题与标准状态调节器的差别在于：前者对控制的限制由不等式约束(8-23)直接给出，而后者对控制的限制由性能指标中的惩罚项 $\boldsymbol{u}^{\mathrm{T}}(t)\boldsymbol{R}(t)\boldsymbol{u}(t)$体现。从工程观点来看，问题 8-2 的提法更符合实际。

8.2.2 奇异解

对于问题 8-2,构造哈密顿函数

$$H=\frac{1}{2}\boldsymbol{x}^{\mathrm{T}}(t)\boldsymbol{Q}(t)\boldsymbol{x}(t)+\boldsymbol{\lambda}^{\mathrm{T}}(t)\boldsymbol{A}(t)\boldsymbol{x}(t)+\boldsymbol{\lambda}^{\mathrm{T}}(t)\boldsymbol{B}(t)\boldsymbol{u}(t) \tag{8-25}$$

由于哈密顿函数 H 是 $\boldsymbol{u}(t)$的线性函数,故有产生奇异解的可能。根据极小值原理

正则方程

$$\dot{\boldsymbol{x}}(t)=\frac{\partial H}{\partial \boldsymbol{\lambda}}=\boldsymbol{A}(t)\boldsymbol{x}(t)+\boldsymbol{B}(t)\boldsymbol{u}(t) \tag{8-26}$$

$$\dot{\boldsymbol{\lambda}}(t)=-\frac{\partial H}{\partial \boldsymbol{x}}=-\boldsymbol{Q}(t)\boldsymbol{x}(t)+\boldsymbol{A}^{\mathrm{T}}(t)\boldsymbol{\lambda}(t) \tag{8-27}$$

横截条件及边界条件

$$\boldsymbol{x}(t_0)=\boldsymbol{x}_0 \tag{8-28}$$

$$\boldsymbol{\lambda}(t_f)=\boldsymbol{F}\boldsymbol{x}(t_f) \tag{8-29}$$

极小值条件

$$H^*=\min_{|u_j|\leqslant 1} H \tag{8-30}$$

因而

$$\boldsymbol{u}^*(t)=-\operatorname{sgn}\{\boldsymbol{B}^{\mathrm{T}}(t)\boldsymbol{\lambda}(t)\} \tag{8-31}$$

若 $\boldsymbol{B}^{\mathrm{T}}(t)\boldsymbol{\lambda}(t)\neq\boldsymbol{0}, \forall t\in[t_0,t_f]$,则使哈密顿函数 H 为极小的 $\boldsymbol{u}(t)$出现在约束边界上,最优控制为邦-邦控制,形成正常弧;若存在$[t_1,t_2]\subset[t_0,t_f]$,使得

$$\frac{\partial H}{\partial \boldsymbol{u}}=\boldsymbol{B}^{\mathrm{T}}(t)\boldsymbol{\lambda}(t)=\boldsymbol{0} \tag{8-32}$$

$$\frac{\partial^2 H}{\partial \boldsymbol{u}^2}=\boldsymbol{0} \tag{8-33}$$

则问题 8-2 存在奇异解。奇异弧除满足式(8-32)外,还满足

$$\begin{aligned}\frac{\mathrm{d}}{\mathrm{d}t}\left(\frac{\partial H}{\partial \boldsymbol{u}}\right)&=\frac{\mathrm{d}}{\mathrm{d}t}[\boldsymbol{B}^{\mathrm{T}}(t)\boldsymbol{\lambda}(t)]=\dot{\boldsymbol{B}}^{\mathrm{T}}(t)\boldsymbol{\lambda}(t)+\boldsymbol{B}^{\mathrm{T}}(t)\dot{\boldsymbol{\lambda}}(t)\\&\quad-[\boldsymbol{x}^{\mathrm{T}}(t)\boldsymbol{Q}(t)+\boldsymbol{\lambda}^{\mathrm{T}}(t)\boldsymbol{A}(t)]\boldsymbol{B}(t)+\boldsymbol{\lambda}^{\mathrm{T}}(t)\dot{\boldsymbol{B}}(t)=\boldsymbol{0}\end{aligned} \tag{8-34}$$

以及

$$\begin{aligned}\frac{\mathrm{d}^2}{\mathrm{d}t^2}\left(\frac{\partial H}{\partial \boldsymbol{u}}\right)&=-[\dot{\boldsymbol{x}}^{\mathrm{T}}(t)\boldsymbol{Q}(t)+\boldsymbol{x}^{\mathrm{T}}(t)\dot{\boldsymbol{Q}}(t)+\dot{\boldsymbol{\lambda}}^{\mathrm{T}}(t)\boldsymbol{A}(t)+\boldsymbol{\lambda}^{\mathrm{T}}(t)\dot{\boldsymbol{A}}(t)]\boldsymbol{B}(t)\\&\quad+[\boldsymbol{x}^{\mathrm{T}}(t)\boldsymbol{Q}(t)+\boldsymbol{\lambda}^{\mathrm{T}}(t)\boldsymbol{A}(t)+\dot{\boldsymbol{\lambda}}^{\mathrm{T}}(t)]\dot{\boldsymbol{B}}(t)+\boldsymbol{\lambda}^{\mathrm{T}}(t)\dot{\boldsymbol{B}}(t)=\boldsymbol{0}\end{aligned} \tag{8-35}$$

将正则方程(8-26)和(8-27)代入式(8-35),经整理得

$$\begin{aligned}\boldsymbol{B}^{\mathrm{T}}(t)\boldsymbol{Q}(t)\boldsymbol{B}(t)\boldsymbol{u}^*(t)&=[\boldsymbol{B}^{\mathrm{T}}(t)\boldsymbol{A}^{\mathrm{T}}(t)\boldsymbol{Q}(t)-\boldsymbol{B}^{\mathrm{T}}(t)\boldsymbol{Q}(t)\boldsymbol{A}(t)-\boldsymbol{B}^{\mathrm{T}}(t)\dot{\boldsymbol{Q}}(t)]\boldsymbol{x}(t)\\&\quad+[\boldsymbol{B}^{\mathrm{T}}(t)\boldsymbol{A}^{\mathrm{T}^2}(t)-\boldsymbol{B}^{\mathrm{T}}(t)\dot{\boldsymbol{A}}^{\mathrm{T}}(t)+\ddot{\boldsymbol{B}}^{\mathrm{T}}(t)]\boldsymbol{\lambda}(t)\end{aligned} \tag{8-36}$$

如果矩阵 $\boldsymbol{B}(t)$列满秩,即

$$\operatorname{rank}\{\boldsymbol{B}(t)\}=m \tag{8-37}$$

且 $m\times m$ 矩阵 $\boldsymbol{B}^{\mathrm{T}}(t)\boldsymbol{Q}(t)\boldsymbol{B}(t)$非奇异,则奇异最优控制

$$\begin{aligned}\boldsymbol{u}^*(t)&=-[\boldsymbol{B}^{\mathrm{T}}(t)\boldsymbol{Q}(t)\boldsymbol{B}(t)]^{-1}\boldsymbol{B}^{\mathrm{T}}(t)\{[\boldsymbol{Q}(t)\boldsymbol{A}(t)-\boldsymbol{A}^{\mathrm{T}}(t)\boldsymbol{Q}(t)+\dot{\boldsymbol{Q}}(t)]\boldsymbol{x}(t)\\&\quad-[\boldsymbol{A}^{\mathrm{T}^2}(t)-\dot{\boldsymbol{A}}^{\mathrm{T}}(t)]\boldsymbol{\lambda}(t)\}+[\boldsymbol{B}^{\mathrm{T}}(t)\boldsymbol{Q}(t)\boldsymbol{B}(t)]^{-1}\ddot{\boldsymbol{B}}^{\mathrm{T}}(t)\boldsymbol{\lambda}(t)\end{aligned} \tag{8-38}$$

联立求解矩阵方程组(8-38)、(8-26)和(8-27),并考虑边界条件(8-28)和(8-29),可以得

到问题 8-2 的奇异解。

如果问题 8-2 为定常问题，则因 $\boldsymbol{A}$、$\boldsymbol{B}$、$\boldsymbol{Q}$ 均为常数矩阵，因而在满足条件(8-37)的情况下，奇异最优控制表达式为

$$\boldsymbol{u}^*(t)=-(\boldsymbol{B}^{\mathrm{T}}\boldsymbol{QB})^{-1}\boldsymbol{B}^{\mathrm{T}}[(\boldsymbol{QA}-\boldsymbol{A}^{\mathrm{T}}\boldsymbol{Q})\boldsymbol{x}(t)-\boldsymbol{A}^{\mathrm{T}}\boldsymbol{A}^{\mathrm{T}}\boldsymbol{\lambda}(t)] \tag{8-39}$$

式(8-39)表明，若问题 8-2 在定常情况下存在奇异解，则奇异控制是状态 $\boldsymbol{x}(t)$和协态$\boldsymbol{\lambda}(t)$的线性函数。

以上求得的奇异最优控制 $\boldsymbol{u}^*(t)$表达式(8-38)或(8-39)，适用于复合型性能指标、t_f 固定、末态自由、$\boldsymbol{B}^{\mathrm{T}}(t)\boldsymbol{Q}(t)\boldsymbol{B}(t)$非奇异的情况。但是，对于积分型性能指标、$t_f$ 自由、末态受约束或固定等情况，只要改变相应的边界条件和横截条件，式(8-38)或式(8-39)的形式并不改变，因此具有一般性。

8.2.3 奇异超曲面

当问题 8-2 定常、t_f 自由、末态自由时，沿最优轨线

$$H^*=\frac{1}{2}\boldsymbol{x}^{\mathrm{T}}(t)\boldsymbol{Qx}(t)+\boldsymbol{\lambda}^{\mathrm{T}}(t)[\boldsymbol{Ax}(t)+\boldsymbol{Bu}^*(t)]=\boldsymbol{0} \tag{8-40}$$

在奇异弧上，满足

$$\frac{\partial H}{\partial \boldsymbol{u}}=\boldsymbol{B}^{\mathrm{T}}\boldsymbol{\lambda}(t)=\boldsymbol{0} \tag{8-41}$$

$$\frac{\mathrm{d}}{\mathrm{d}t}\left(\frac{\partial H}{\partial \boldsymbol{u}}\right)=-\boldsymbol{B}^{\mathrm{T}}[\boldsymbol{Qx}(t)+\boldsymbol{A}^{\mathrm{T}}\boldsymbol{\lambda}(t)]=\boldsymbol{0} \tag{8-42}$$

方程组(8-40)～(8-42)代表了关于 $\boldsymbol{\lambda}(t)$和 $\boldsymbol{x}(t)$的 $2m+1$ 个方程，定义了在$(\boldsymbol{x},\boldsymbol{\lambda})$$2n$ 维空间上可能的奇异弧轨迹，而方程(8-39)是在奇异弧上得到的线性反馈律。此时，$k=1$ 时的广义凸性条件

$$-\frac{\partial}{\partial \boldsymbol{u}}\left[\frac{\mathrm{d}^2}{\mathrm{d}t^2}\left(\frac{\partial H}{\partial \boldsymbol{u}}\right)\right]=-\frac{\partial}{\partial \boldsymbol{u}}(\boldsymbol{B}^{\mathrm{T}}\boldsymbol{QBu})=\boldsymbol{B}^{\mathrm{T}}\boldsymbol{QB}\geqslant\boldsymbol{0} \tag{8-43}$$

在 $\boldsymbol{Q}\geqslant\boldsymbol{0}$ 条件下得到满足。因此，式(8-39)是奇异最优控制的必要条件。

因为奇异弧上的各点$(\boldsymbol{x},\boldsymbol{\lambda})$满足式(8-40)～(8-42)描述的 $2m+1$ 个方程，因此最优奇异弧若存在，必在由上述 $2m+1$ 个方程所决定的超曲面上，令

$$S=\left\{(\boldsymbol{x},\boldsymbol{\lambda})\left|\frac{\partial H}{\partial \boldsymbol{u}}=\boldsymbol{0},\frac{\mathrm{d}}{\mathrm{d}t}\left(\frac{\partial H}{\partial \boldsymbol{u}}\right)=\boldsymbol{0},H=\frac{1}{2}\boldsymbol{x}^{\mathrm{T}}\boldsymbol{Qx}+\boldsymbol{\lambda}^{\mathrm{T}}\quad(\boldsymbol{Ax}+\boldsymbol{Bu})\right.\right\} \tag{8-44}$$

则 S 是$(\boldsymbol{x},\boldsymbol{\lambda})$$2n$ 维空间上的一个 $2(n-m)$维超曲面。以 S 超曲面上的各点作为初始条件，并采用控制律(8-39)，才可能形成奇异弧，故 S 称为 $2(n-m)$维奇异超曲面。

需要指出，奇异解可能是最优解，也可能不是，并且目前尚不知道充分条件是什么。因此，含有奇异控制的问题格外难解，而且通常判断奇异弧是否最优轨线的一部分也很麻烦。虽然找到了一个广义凸性条件和雅各布森条件，但都是必要条件，对求可能解并没有太大的帮助。奇异最优控制的研究，尚有待进一步完善。

例 8-2 已知二次积分模型

$$\dot{x}_1(t)=x_2(t),\quad x_1(0)=x_{10},\quad x_1(t_f)=0$$
$$\dot{x}_2(t)=u(t),\quad x_2(0)=x_{20},\quad x_2(t_f)=0$$

控制约束$|u(t)|\leqslant1$。性能指标

$$J=\frac{1}{2}\int_0^{t_f}[x_1^2(t)+x_2^2(t)]\mathrm{d}t$$

式中 t_f 自由。试求最优控制 $u^*(t)$。

解 本例为线性定常系统、积分型性能指标、t_f 自由、末端固定的最优化问题。构造哈密顿函数

$$H=\frac{1}{2}(x_1^2+x_2^2)+\lambda_1x_2+\lambda_2u$$

根据极小值原理可知，相应于正常弧段的最优控制为如下邦-邦控制形式：

$$u^*(t)=-\mathrm{sgn}\{\lambda_2(t)\}$$

邦-邦弧段满足下列正则方程：

$$\begin{aligned}&\dot{x}_1(t)=x_2(t),\quad \dot{x}_2(t)=-\mathrm{sgn}\{\lambda_2(t)\}\\&\dot{\lambda}(t)=-x_1(t),\quad \dot{\lambda}_2(t)=-x_2(t)-\lambda_1(t)\end{aligned}\tag{8-45}$$

在相平面上，邦-邦弧的切换线方程为

$$\gamma_+=\{(x_1,x_2)\,|\,x_1=\frac{1}{2}x_2^2,x_2\leqslant0\}$$

$$\gamma_-=\{(x_1,x_2)\,|\,x_1=-\frac{1}{2}x_2^2,x_2\geqslant0\}$$

另一方面，函数 H 线性依赖于 u，所以还可能存在奇异弧段。对于奇异弧段，下式成立：

$$\begin{aligned}&\frac{\partial H}{\partial u}=\lambda_2(t)=0\\&\frac{\mathrm{d}}{\mathrm{d}t}\left(\frac{\partial H}{\partial u}\right)=\dot{\lambda}_2(t)=-x_2(t)-\lambda_1(t)=0\\&\frac{\mathrm{d}^2}{\mathrm{d}t^2}\left(\frac{\partial H}{\partial u}\right)=-\dot{x}_2(t)-\dot{\lambda}_1(t)=-u(t)+x_1(t)=0\end{aligned}\tag{8-46}$$

解得奇异最优控制

$$u^*(t)=x_1(t)\tag{8-47}$$

说明奇异最优控制是部分状态变量的线性反馈。上述结果亦可由式(8-39)解出。

下面求奇异弧方程。将奇异控制(8-47)代入状态方程

$$\dot{x}_1(t)=x_2(t)$$
$$\dot{x}_2(t)=x_1(t)$$

因为

$$\frac{\mathrm{d}x_1(t)}{x_2(t)}=\frac{\mathrm{d}x_2(t)}{x_1(t)}$$

积分可得奇异弧方程

$$x_1^2(t)-x_2^2(t)=\mathrm{const}\tag{8-48}$$

由于要求 $x_1(t_f)=x_2(t_f)=0$，所以满足末值条件的奇异弧为两条直线，其方程为

$$x_1+x_2=0,\qquad x_1-x_2=0$$

奇异弧轨线如图 8-2 所示，图中箭头表示相点的运动方向。显然，我们要求在奇异弧上系统的运动是稳定的，故应取如下奇异弧方程。此外，奇异控制亦应满足控制约束条件 $|u(t)|\leqslant1$，因此要求 $|x_1(t)|\leqslant1$。于是，满足控制约束且产生稳定运动的奇异弧方程为

$$x_1+x_2=0\tag{8-49}$$

在奇异弧上，通过对奇异控制状态方程的积分，可得相点运动规律为

$$x_1(t)=c\mathrm{e}^{-t},\quad x_2(t)=-c\mathrm{e}^{-t} \tag{8-50}$$

正好满足奇异弧方程 $x_1+x_2=0$。其中常数 c 由奇异弧上起始点的坐标决定。

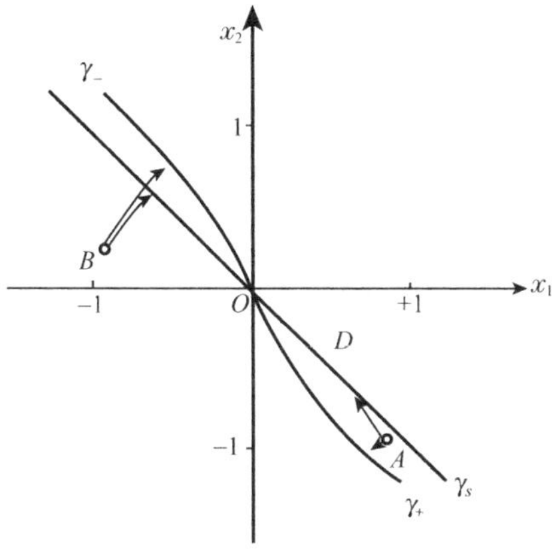

图 8-2 例 8-2 的奇异弧

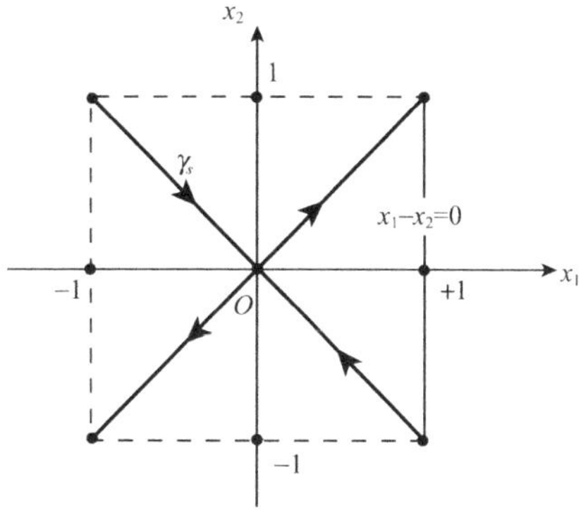

图 8-3 原点附近开关曲线 γ_s

接着，我们研究不同初态条件下，系统最优轨线的组成情况。

当(x_{10},x_{20})在原点附近。即$|x_{10}|<1$、$|x_{20}|<1$ 时，可以算得，邦-奇控制比邦-邦控制的性能指标要小，因此奇异弧 γ_s就是原点附近邦-奇控制的开关曲线，如图 8-3 所示。

当(x_{10},x_{20})远离原点时，可以算出，进入奇异弧以前的邦-邦弧的开关曲线十分接近邦-邦控制的开关曲线。各种邦-奇控制的典型最优轨线及邦-奇时间控制律如图 8-4 所示。

例 8-3 设二阶自治线性系统

$$\dot{x}_1(t)=x_2(t)+u(t),\quad x_1(0)=x_{10},\quad x_1(t_f)=0$$
$$\dot{x}_2(t)=-u(t),\quad x_2(0)=x_{20},\quad x_2(t_f)=0$$

性能指标

$$J=\frac{1}{2}\int_0^{t_f}x_1^2(t)\mathrm{d}t$$

式中 t_f 给定。控制约束$|u(t)|\leqslant M$。试求最优控制 $u^*(t)$。

解 构造哈密顿函数

$$H=\frac{1}{2}x_1^2+\lambda_1(x_2+u)-\lambda_2 u$$

根据极小值原理，正则方程及边界条件为

$$\dot{x}_1=\frac{\partial H}{\partial\lambda_1}=x_2+u,\quad x_1(0)=x_{10}$$

$$\dot{x}_2=\frac{\partial H}{\partial\lambda_2}=-u,\quad x_2(0)=x_{20}$$

$$\dot{\lambda}_1=-\frac{\partial H}{\partial x_1}=-x_1,\quad x_1(t_f)=0$$

$$\dot{\lambda}_2=-\frac{\partial H}{\partial x_2}=-\lambda_1,\quad x_2(t_f)=0$$

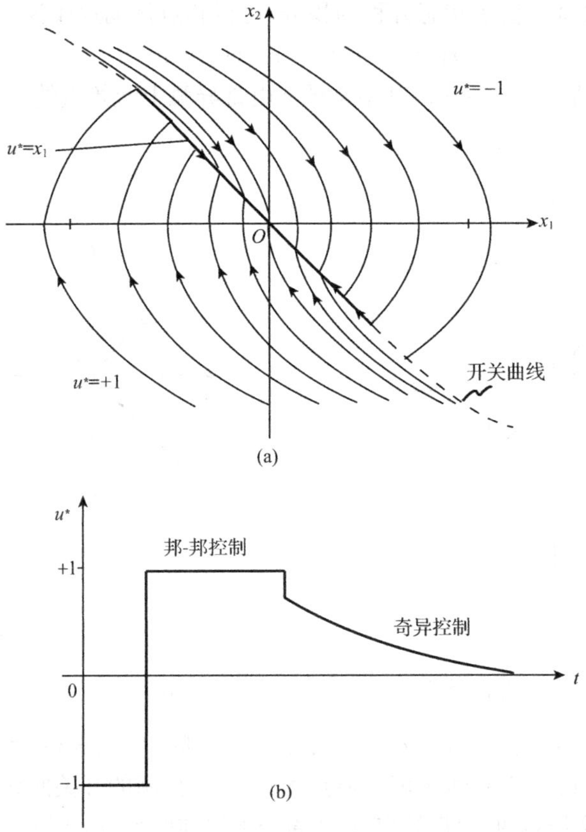

图 8-4　邦-奇控制律及其轨线

奇异弧必定使得在一有限时间区间中，有

$$\frac{\partial H}{\partial u}=\lambda_1-\lambda_2=0$$

$$\frac{\mathrm{d}}{\mathrm{d}t}\left(\frac{\partial H}{\partial u}\right)=\dot{\lambda}_1-\dot{\lambda}_2=-x_1+\lambda_1=0$$

解得奇异最优控制

$$\frac{\mathrm{d}^2}{\mathrm{d}t^2}\left(\frac{\partial H}{\partial u}\right)=-\dot{x}_1+\dot{\lambda}_1=-x_2-u-x_1=0$$

$$u^*(t)=-[x_1(t)+x_2(t)] \tag{8-51}$$

式(8-51)表明，闭环奇异最优控制是状态变量的线性反馈。

由于哈密顿函数 H 不显含 t，故 H 沿最优轨线保持为常数。在奇异弧上

$$\begin{aligned}H^*&=\frac{1}{2}x_1^2+\lambda_1(x_2+u)-\lambda_2 u\\&=\frac{1}{2}x_1^2+x_1(x_2+u)-x_1 u\\&=\frac{1}{2}x_1^2+x_1x_2=\text{const}\end{aligned}$$

可见，奇异弧方程为

$$\frac{1}{2}x_1^2+x_1x_2=\text{const} \tag{8-52}$$

在相平面上,上述奇异弧方程代表一双曲线族,如图 8-5 所示。

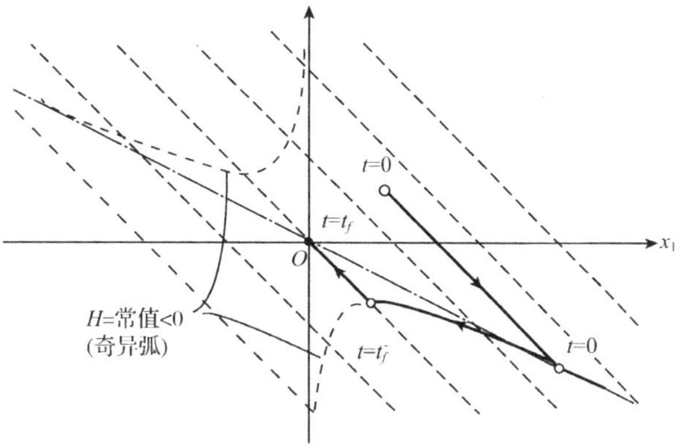

图 8-5 具有奇异弧的最优轨线

图 8-5 中,双曲奇异弧有两条渐近线,即

$$x_1=0, \quad x_1+2x_2=0 \tag{8-53}$$

因为

$$-\frac{\partial}{\partial u}\left[\frac{\mathrm{d}^2}{\mathrm{d}t^2}\left(\frac{\partial H}{\partial u}\right)\right]=1>0$$

故广义凸性条件成立。下面分两种情况讨论最优轨线问题。

(1) 当 $M\to\infty$ 时

当 $M\to\infty$ 时,表示控制 $u(t)$ 无约束。此时,利用脉冲输入瞬时地将系统状态转移到奇异弧,然后沿奇异弧运动至 $x_1+x_2=0$ 的直线上,再用另一脉冲输入将系统状态转移到原点,形成冲-奇-冲控制。最优轨线已画在图 8-5 之中。

在奇异弧上,式(8-51)成立,将其代入系统状态方程,可以解出

$$\begin{aligned} x_1(t)&=x_1(0^+)\mathrm{e}^{-t} \\ x_2(t)&=x_1(0^+)\sinh t+x_2(0^+)\mathrm{e}^{t} \end{aligned} \tag{8-54}$$

式中 $\sinh t=\frac{1}{2}(\mathrm{e}^t-\mathrm{e}^{-t})$ 为双曲正弦函数。不难验证,下式:

$$\dot{x}_2(t)-x_2(t)=x_1(t)$$

成立。利用倒推法可以求得

$$\begin{aligned} x_1(0^+)&=\frac{2c}{1-\mathrm{e}^{-2t_f}} \\ x_2(0^+)&=\frac{-c}{\tanh t_f} \end{aligned} \tag{8-55}$$

式中 $c=x_1(0)+x_2(0)$。由于 $x_1(0^+)$ 和 $x_2(0^+)$ 位于奇异弧上,必满足奇异弧方程(8-52),故有

$$\frac{1}{2}x_1^2(0^+)+x_1(0^+)x_2(0^+)=c_1=\text{const} \tag{8-56}$$

将式(8-55)代入上式,计及双曲正切

$$\tanh t_f=\frac{\mathrm{e}^{t_f}-\mathrm{e}^{-t_f}}{\mathrm{e}^{t_f}+\mathrm{e}^{-t_f}}$$

可得

$$c_1 = -2c^2 \frac{e^{-2t_f}}{(1-e^{-2t_f})^2} < 0 \tag{8-57}$$

当 $x_1(0)$、$x_2(0)$和 t_f 已知时，根据上述结果，从所有可能的双曲奇异弧中，选出要求的奇异弧，使系统沿此奇异弧在 t_f 时刻到达 $x_1+x_2=0$ 直线，从而最后在脉冲作用下趋于原点。

(2) 当 M 有界而 t_f 自由时

在奇异弧渐近线 $x_1=0$ 上，奇异最优控制为

$$u^*(t) = -(x_1+x_2) = -x_2$$

而在奇异弧另一条渐近线 $x_1+2x_2=0$ 上，奇异最优控制为

$$u^*(t) = -(x_1+x_2) = x_2$$

由于$|u(t)| \leqslant M$，因此，奇异弧段 $x_1=0$ 的范围 S_1 是有限的，其上的轨线方程为

$$\begin{aligned} x_1(t) &= 0 \\ x_2(t) &= x_2(t_1)e^{(t-t_1)} \end{aligned} \tag{8-58}$$

同理，奇异弧段 $x_1+2x_2=0$ 的范围 S_2 也是有限的，其上的轨线方程为

$$\begin{aligned} x_1(t) &= x_1(t_1) + [1-e^{-(t-t_1)}]x_2(t_1) \\ x_2(t) &= e^{-(t-t_1)}x_2(t_1) \end{aligned} \tag{8-59}$$

式中 t_1 是奇异弧起始时刻。最优轨线如图 8-6 所示。

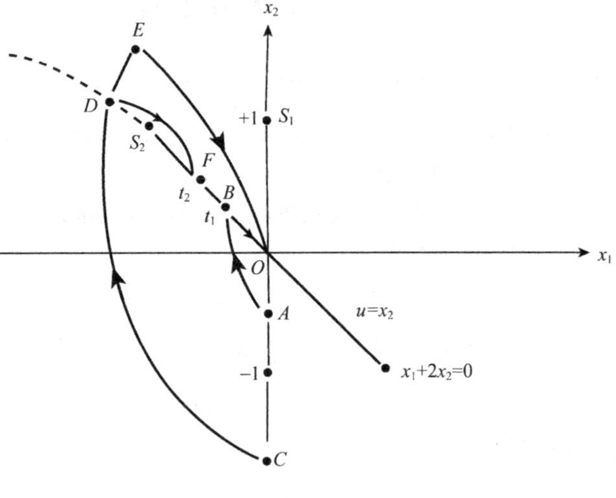

图 8-6　最优轨线

将 S_1 和 S_2 上的奇异控制表达式代入系统状态方程，容易判断沿 S_1 的运动远离原点，而沿 S_2 的运动指向原点。由于要求的末态为原点，因此 S_2 为要求的奇异弧。最优轨线由邦-邦弧和奇异弧 S_2 组成。例如，当 $M=1$，$x_1(0)=0$，$x_2(0)=-0.5$ 时，在图 8-6 中以 A 点表示，最优轨线的第一段是 $u=-1$ 的邦-邦控制正常弧，交 S_2 于 B 点，其坐标为 $x_1(t_1)=-1$，$x_2(t_1)=0.5$。然后转为奇异控制 $u=x_2$，相点沿 S_2 到达原点。相应的最优轨线为 ABO。

若初态远离原点，如图 8-6 中的 C 点，则最优轨线的前两段分别是 $u=-1$ 和 $u=+1$

产生的邦-邦弧CD和DF，然后沿奇异弧S_2到达原点。相应的最优轨线为$CDFO$。虽然采用两段邦-邦控制也能到达坐标原点，其相应轨线为CEO，但其性能指标大于邦-奇控制的性能指标，故CEO不是最优轨线。应当指出，采用最优的邦-奇控制，末态时间t_f是无限的；而采用非最优的邦-邦控制，所需的末态时间t_f是有限的。

8.2.4 确定奇异解的控制变量转移法

奇异最优控制问题的求解，是一项比较困难的工作。到目前为止，研究奇异线性二次型问题的方法主要有三种：一种是变换的方法，用一个非奇异线性二次型问题去代替奇异线性二次型控制问题；另一种是寻求奇异线性二次型问题可解性的必要条件或充分条件，就目前来说，附加的必要条件已有人提出，但充分条件尚未解决；再一种是利用摄动方法把奇异问题化为非奇异问题。事实上，由于奇异最优控制问题的复杂性，每一种求解方法都有一定的适用范围。一般而言，当哈密顿函数H线性依赖于控制$\boldsymbol{u}(t)$时，就可能出现奇异控制。如果利用正交变换将系统原控制向量置于重新构造的哈密顿函数之外，选择状态变量的一部分作为新的控制向量，且该新的控制向量既与原控制向量有关，又与H函数不呈线性关系，则可以应用求解非奇异控制的极小值原理求出奇异解。这就是控制变量转移法的基本思想。

考虑如下常见的奇异控制问题。

问题 8-3 设线性定常系统方程

$$\dot{\boldsymbol{x}}(t)=\boldsymbol{A}\boldsymbol{x}(t)+\boldsymbol{B}\boldsymbol{u}(t) \tag{8-60}$$

性能指标

$$J=\int_{t_0}^{t_f}\boldsymbol{x}^{\mathrm{T}}(t)\boldsymbol{Q}\boldsymbol{x}(t)\,\mathrm{d}t \tag{8-61}$$

已知

$$\mathrm{rank}\boldsymbol{B}=r\leqslant m<n \tag{8-62}$$

其余假设条件同问题 8-2。要求使性能指标(8-61)为极小的最优控制$\boldsymbol{u}^*(t)$和最优轨线$\boldsymbol{x}^*(t)$。

按照极小值原理，构造哈密顿函数

$$H=\boldsymbol{x}^{\mathrm{T}}\boldsymbol{Q}\boldsymbol{x}+\boldsymbol{\lambda}^{\mathrm{T}}(\boldsymbol{A}\boldsymbol{x}+\boldsymbol{B}\boldsymbol{u})$$

由于H线性依赖于$\boldsymbol{u}$，可能出现奇异解。若对矩阵$\boldsymbol{B}$进行正交变换，则因$\mathrm{rank}\boldsymbol{B}=r$，系统中必有$r$维状态向量$\boldsymbol{x}_1(t)$为控制向量$\boldsymbol{u}(t)$所约束，而另外$(n-r)$维状态向量$\boldsymbol{x}_2(t)$与控制$\boldsymbol{u}(t)$无直接关系，仅通过$\boldsymbol{x}_1(t)$与$\boldsymbol{u}(t)$相关。若取$\boldsymbol{x}_1(t)$作为新假设的控制向量，$\boldsymbol{x}_2(t)$作为新的状态向量，则原奇异最优控制问题转换为如下非奇异最优控制问题。

问题 8-4 设线性定常系统方程

$$\dot{\boldsymbol{x}}_2(t)=\boldsymbol{A}_1\boldsymbol{x}_2(t)+\boldsymbol{B}_1\boldsymbol{x}_1(t) \tag{8-63}$$

性能指标

$$J=\int_{t_0}^{t_f}[\boldsymbol{x}_1^{\mathrm{T}}(t)\boldsymbol{R}\boldsymbol{x}_1(t)+\boldsymbol{x}_2^{\mathrm{T}}(t)\boldsymbol{Q}_1\boldsymbol{x}_2(t)]\,\mathrm{d}t \tag{8-64}$$

式中$\boldsymbol{A}_1$为矩阵$\boldsymbol{A}$经正交变换后的$(n-r)\times(n-r)$维分块矩阵；$\boldsymbol{B}_1$是矩阵$\boldsymbol{B}$经正交变换后的$(n-r)\times r$维分块矩阵；$\boldsymbol{R}$和$\boldsymbol{Q}_1$是权矩阵$\boldsymbol{Q}$经正交变换后，分别对应于$\boldsymbol{x}_1(t)$和$\boldsymbol{x}_2(t)$

的 $r\times r$ 维和 $(n-r)\times(n-r)$ 维分块权矩阵。要求正常最优控制 $\boldsymbol{x}_1^*(t)$ 和正常最优轨线 $\boldsymbol{x}_2^*(t)$，使性能指标(8-64)极小，从而求得问题 8-3 要求的奇异最优控制 $\boldsymbol{u}^*(t)$ 和奇异最优轨线 $\boldsymbol{x}^*(t)$。

引理 8-1 设 $\boldsymbol{A}$ 是 $m\times n$ 维矩阵，则存在 m 阶正交矩阵 $\boldsymbol{V}$ 和 n 阶正交矩阵 $\boldsymbol{U}$，使

$$\boldsymbol{V}^{\mathrm{T}}\boldsymbol{A}\boldsymbol{U}=\begin{bmatrix}\boldsymbol{\Delta} & \boldsymbol{0}\\ \boldsymbol{0} & \boldsymbol{0}\end{bmatrix} \tag{8-65}$$

式中

$$\boldsymbol{\Delta}=\mathrm{diag}\{\alpha_1,\alpha_2,\cdots,\alpha_r\} \tag{8-66}$$

而 $\alpha_i^2,i=1,2,\cdots,r$，是 $\boldsymbol{A}^{\mathrm{T}}\boldsymbol{A}$ 的全部正特征值。

推论 设 $\boldsymbol{B}$ 为 $n\times m$ 维矩阵，$\mathrm{rank}\boldsymbol{B}=r<m$，则必存在 n 阶正交矩阵 $\boldsymbol{V}$，使得

$$\boldsymbol{V}^{\mathrm{T}}\boldsymbol{B}=\begin{bmatrix}\boldsymbol{B}_1\\ \boldsymbol{0}\end{bmatrix} \tag{8-67}$$

式中 $\boldsymbol{B}_1$ 为 $r\times m$ 维矩阵。

证明 由引理 8-1 知，下式成立：

$$\boldsymbol{V}^{\mathrm{T}}\boldsymbol{B}\boldsymbol{U}=\begin{bmatrix}\boldsymbol{\Delta} & \boldsymbol{0}\\ \boldsymbol{0} & \boldsymbol{0}\end{bmatrix}$$

令正交矩阵

$$\boldsymbol{U}^{\mathrm{T}}=\begin{bmatrix}\boldsymbol{U}_1 & \boldsymbol{U}_2\\ \boldsymbol{U}_3 & \boldsymbol{U}_4\end{bmatrix}=\boldsymbol{U}^{-1}$$

式中 $\boldsymbol{U}_1$ 为 $r\times l$ 矩阵，$\boldsymbol{U}_2$ 为 $r\times(m-l)$ 矩阵，$\boldsymbol{U}_3$ 为 $(m-r)\times l$ 矩阵，$\boldsymbol{U}_4$ 为 $(m-r)\times(m-l)$ 矩阵。则有

$$\boldsymbol{V}^{\mathrm{T}}\boldsymbol{B}=\begin{bmatrix}\boldsymbol{\Delta} & \boldsymbol{0}\\ \boldsymbol{0} & \boldsymbol{0}\end{bmatrix}\boldsymbol{U}^{-1}=\begin{bmatrix}\boldsymbol{\Delta}\boldsymbol{U}_1 & \boldsymbol{\Delta}\boldsymbol{U}_2\\ \boldsymbol{0} & \boldsymbol{0}\end{bmatrix}=\begin{bmatrix}\boldsymbol{B}_1\\ \boldsymbol{0}\end{bmatrix}$$

式中 $\boldsymbol{B}_1=[\boldsymbol{\Delta}\boldsymbol{U}_1\quad \boldsymbol{\Delta}\boldsymbol{U}_2]$ 为 $r\times m$ 维矩阵。

定理 8-3 对于给定的奇异控制问题 8-3，如下结论成立：

①所给奇异控制问题可以转化为如下非奇异控制问题。

$$\dot{\boldsymbol{x}}_2(t)=\boldsymbol{A}_4\boldsymbol{x}_2(t)+\boldsymbol{A}_3\boldsymbol{x}_1(t) \tag{8-68}$$

$$J=\int_{t_0}^{t_f}[\boldsymbol{x}_1^{\mathrm{T}}(t)\boldsymbol{Q}_{11}\boldsymbol{x}_1(t)+2\boldsymbol{x}_1^{\mathrm{T}}(t)\boldsymbol{Q}_{12}\boldsymbol{x}_2(t)+\boldsymbol{x}_2^{\mathrm{T}}(t)\boldsymbol{Q}_{22}\boldsymbol{x}_2(t)]\mathrm{d}t \tag{8-69}$$

式中 $\boldsymbol{x}_1\in R^r$，$x_2\in R^{n-r}$ 分别为正交变换后的分状态向量；$\boldsymbol{A}_4$、$\boldsymbol{A}_3$ 为矩阵 $\boldsymbol{A}$ 经正交变换后的分块矩阵；$\boldsymbol{Q}_{11}$、$\boldsymbol{Q}_{12}$、$\boldsymbol{Q}_{22}$ 为权矩阵 $\boldsymbol{Q}$ 经正交变换后的分块矩阵。

②原奇异控制问题 8-3 的奇异解满足如下方程：

$$\dot{\boldsymbol{x}}_1^*(t)=\boldsymbol{A}_1\boldsymbol{x}_1^*(t)+\boldsymbol{A}_2\boldsymbol{x}_2^*(t)+\boldsymbol{B}_1\boldsymbol{u}^*(t) \tag{8-70}$$

式中 $\boldsymbol{A}_1$、$\boldsymbol{A}_2$ 和 $\boldsymbol{B}_1$ 分别为矩阵 $\boldsymbol{A}$ 和 $\boldsymbol{B}$ 经正交变换后的分块矩阵。

③当 $\mathrm{rank}\boldsymbol{B}=r=m$ 时，奇异解存在且唯一；若 $r<m$，则奇异解不唯一。

证明 根据推论，对系统(8-60)进行如下线性变换

$$\bar{\boldsymbol{x}}(t)=\boldsymbol{V}^{\mathrm{T}}\boldsymbol{x}(t)$$

式中 $\boldsymbol{V}^{\mathrm{T}}\boldsymbol{V}=\boldsymbol{V}\boldsymbol{V}^{\mathrm{T}}=\boldsymbol{I}$。则原系统(8-60)变为

$$\dot{\bar{\boldsymbol{x}}}(t)=\bar{\boldsymbol{A}}\bar{\boldsymbol{x}}(t)+\bar{\boldsymbol{B}}\boldsymbol{u}(t)$$

而原性能指标(8-61)变为

$$J=\int_{t_0}^{t_f}\bar{\boldsymbol{x}}^{\mathrm{T}}(t)\bar{\boldsymbol{Q}}\bar{\boldsymbol{x}}(t)\,\mathrm{d}t$$

式中

$$\bar{\boldsymbol{A}}=\boldsymbol{V}^{\mathrm{T}}\boldsymbol{A}\boldsymbol{V}=\begin{bmatrix}\boldsymbol{A}_1 & \boldsymbol{A}_2\\ \boldsymbol{A}_3 & \boldsymbol{A}_4\end{bmatrix},\quad \bar{\boldsymbol{B}}=\boldsymbol{V}^{\mathrm{T}}\boldsymbol{B}=\begin{bmatrix}\boldsymbol{B}_1\\ 0\end{bmatrix}$$

$$\bar{\boldsymbol{Q}}=\boldsymbol{V}^{\mathrm{T}}\boldsymbol{Q}\boldsymbol{V}=\begin{bmatrix}\boldsymbol{Q}_{11} & \boldsymbol{Q}_{12}\\ \boldsymbol{Q}_{12}^{\mathrm{T}} & \boldsymbol{Q}_{22}\end{bmatrix}$$

设 $\bar{\boldsymbol{x}}(t)=[\boldsymbol{x}_1^{\mathrm{T}}(t)\quad \boldsymbol{x}_2^{\mathrm{T}}(t)]^{\mathrm{T}}$,则有

$$\dot{\boldsymbol{x}}_1(t)=\boldsymbol{A}_2\boldsymbol{x}_2(t)+\boldsymbol{A}_1\boldsymbol{x}_1(t)+\boldsymbol{B}_1\boldsymbol{u}(t)\tag{8-71}$$

$$\dot{\boldsymbol{x}}_2(t)=\boldsymbol{A}_4\boldsymbol{x}_2(t)+\boldsymbol{A}_3\boldsymbol{x}_1(t)\tag{8-72}$$

$$J=\int_{t_0}^{t_f}[\boldsymbol{x}_1^{\mathrm{T}}(t)\boldsymbol{Q}_{11}\boldsymbol{x}_1(t)+2\boldsymbol{x}_1^{\mathrm{T}}(t)\boldsymbol{Q}_{12}\boldsymbol{x}_2(t)+\boldsymbol{x}_2^{\mathrm{T}}(t)\boldsymbol{Q}_{22}\boldsymbol{x}_2(t)]\mathrm{d}t\tag{8-73}$$

证得式(8-68)及式(8-69)成立。显然,式(8-68)及式(8-69)构成非奇异最优控制问题,且与原奇异最优控制问题 8-3 等价。其中,$\boldsymbol{x}_1(t)\in R^r$,设为新的控制向量;$\boldsymbol{x}_2(t)\in R^{n-r}$,设为新的状态向量。

对于式(8-68)和式(8-69)构成的非奇异最优控制问题,可以直接采用极小值原理的方法求解,得到最优解 $\boldsymbol{x}_1^*(t)$和 $\boldsymbol{x}_2^*(t)$,以及最优性能指标 J^*。将 $\boldsymbol{x}_1^*(t)$和 $\boldsymbol{x}_2^*(t)$代入式(8-71),证得式(8-70)成立。由于 $\boldsymbol{x}_1^*(t)$和 $\boldsymbol{x}_2^*(t)$是使性能指标(8-69)极小的最优解,故满足式(8-70)的 $\boldsymbol{u}^*(t)$是使原系统性能指标(8-61)为极小的奇异最优控制。原系统的奇异最优轨线为

$$\boldsymbol{x}^*(t)=\boldsymbol{V}\bar{\boldsymbol{x}}^*(t)\tag{8-74}$$

从式(8-70)可以明显看出,因为 $\boldsymbol{x}_1(t)\in R^r$,$\boldsymbol{u}(t)\in R^m$,表明 r 个方程中含有 m 个未知数。所以,当 $r<m$ 时,其中必定至少存在 $m-r$ 个自由变量,最优解 $\boldsymbol{u}^*(t)$可能不唯一;但当 $r=m$ 时,$\boldsymbol{u}^*(t)$存在且唯一。

为了表明控制变量转移法的有效性,仍以例 8-3 为例进行分析。不难求得例 8-3 系统的正交矩阵为

$$\boldsymbol{V}=\begin{bmatrix}\frac{1}{\sqrt{2}} & \frac{1}{\sqrt{2}}\\ -\frac{1}{\sqrt{2}} & \frac{1}{\sqrt{2}}\end{bmatrix}$$

相应算得

$$\bar{\boldsymbol{A}}=\begin{bmatrix}-\frac{1}{2} & \frac{1}{2}\\ -\frac{1}{2} & \frac{1}{2}\end{bmatrix},\quad \bar{\boldsymbol{B}}=\begin{bmatrix}\sqrt{2}\\ 0\end{bmatrix}$$

$$\bar{\boldsymbol{Q}}=\begin{bmatrix}\frac{1}{4} & \frac{1}{4}\\ \frac{1}{4} & \frac{1}{4}\end{bmatrix}$$

设 $\bar{\boldsymbol{x}}=[\bar{x}_1 \quad \bar{x}_2]^{\mathrm{T}}$，由式(8-71)～式(8-73)可得

$$\dot{\bar{x}}_1=-\frac{1}{2}\bar{x}_1+\frac{1}{2}\bar{x}_2+\sqrt{2}u$$

$$\dot{\bar{x}}_2=-\frac{1}{2}\bar{x}_2-\frac{1}{2}\bar{x}_1$$

$$J=\int_0^{t_f}\left(\frac{1}{4}\bar{x}_1^2+\frac{1}{4}\bar{x}_2^2+\frac{1}{2}\bar{x}_1\bar{x}_2\right)\mathrm{d}t$$

令哈密顿函数

$$H=\frac{1}{4}(\bar{x}_1^2+2\bar{x}_1\bar{x}_2+\bar{x}_2^2)+\frac{1}{2}\lambda(\bar{x}_2-\bar{x}_1)$$

由极小值原理，得

$$\dot{\bar{x}}_2=\frac{1}{2}(\bar{x}_2-\bar{x}_1)$$

$$\dot{\lambda}=-\frac{1}{2}(\bar{x}_1+\bar{x}_2+\lambda)$$

$$\frac{\partial H}{\partial \bar{x}_1}=\frac{1}{2}(\bar{x}_1+\bar{x}_2-\lambda)=0$$

解得

$$\lambda=\bar{x}_1+\bar{x}_2=c_1\mathrm{e}^{-t}$$

$$\bar{x}_2^*=c_2\mathrm{e}^{t}+\frac{1}{4}c_1\mathrm{e}^{-t}$$

$$\bar{x}_1^*=\frac{3}{4}c_1\mathrm{e}^{-t}-c_2\mathrm{e}^{t}$$

$$u^*=-\frac{\sqrt{2}}{4}c_1\mathrm{e}^{-t}-\sqrt{2}c_2\mathrm{e}^{t}$$

式中 c_1 和 c_2 为待定常数。

作反变换 $\boldsymbol{x}^*=\bar{\boldsymbol{V}}\boldsymbol{x}^*$，可得

$$x_1^*=\frac{1}{\sqrt{2}}(\bar{x}_1^*+\bar{x}_2^*)=\frac{\sqrt{2}}{2}c_1\mathrm{e}^{-t}$$

$$x_2^*=\frac{1}{\sqrt{2}}(\bar{x}_2^*-\bar{x}_1^*)=\frac{\sqrt{2}}{4}(4c_2\mathrm{e}^{t}-c_1\mathrm{e}^{-t})$$

令 $t=0$，代入已知的 $x_1(0)$ 和 $x_2(0)$，易得

$$c_1=\sqrt{2}x_1(0)$$

$$c_2=\frac{\sqrt{2}}{4}x_1(0)+\frac{\sqrt{2}}{2}x_2(0)$$

于是，奇异最优控制

$$u^*(t)=-x_1(0)\cosh t-x_2(0)\mathrm{e}^{t}=-[x_1(t)+x_2(t)]$$

奇异最优轨线

$$x_1^*(t)=x_1(0)\mathrm{e}^{-t}$$

$$x_2^*(t)=x_1(0)\sinh t+x_2(0)\mathrm{e}^{t}$$

上述结果与例 8-3 的结果完全一致。

8.3 非线性系统的奇异最优控制

本节研究的非线性系统奇异最优控制问题,其系统状态方程对状态 $\boldsymbol{x}(t)$ 是非线性的,但对控制 $\boldsymbol{u}(t)$ 是线性的;性能指标设为末值型,因而哈密顿函数 H 对控制 $\boldsymbol{u}(t)$ 仍是线性的,对状态 $\boldsymbol{x}(t)$ 则是非线性的。这当然不是最普遍的情况,但却包含了实际应用中大多数的重要情况。此外,为了便于研究,设控制 $u(t)$ 为标量,因而决定的奇异控制也是标量,但这并不失一般性,因为在控制为向量的情况下,可个别地适用于 $\boldsymbol{u}(t)$ 的分量。

问题 8-5 已知非线性单输入系统方程

$$\dot{\boldsymbol{x}}(t)=\boldsymbol{f}(\boldsymbol{x})+\boldsymbol{b}(\boldsymbol{x})u(t) \tag{8-75}$$

式中 $\boldsymbol{x}(t)$ 为 n 维状态向量,$u(t)$ 为标量控制,$\boldsymbol{f}(\boldsymbol{x})$ 和 $\boldsymbol{b}(\boldsymbol{x})$ 是 $\boldsymbol{x}(t)$ 的 n 维向量函数。

要求选择满足不等式约束

$$|u(t)|\leqslant 1 \tag{8-76}$$

的最优控制 $u^*(t)$,使系统(8-75)由已知初态

$$\boldsymbol{x}(t_0)=\boldsymbol{x}_0 \tag{8-77}$$

在末态时刻 $t_f>t_0$ 到达目标集

$$\boldsymbol{\psi}[x(t_f)]=\boldsymbol{0} \tag{8-78}$$

并使末值型性能指标

$$J=\varphi[\boldsymbol{x}(t_f)] \tag{8-79}$$

极小。其中 $\boldsymbol{\psi}(\cdot)$ 是末态 $x(t_f)$ 的 r 维函数向量,t_f 固定。

在上述问题中,末值型指标并不是一种限制,真正的限制是要求哈密顿函数 H 对控制 $u(t)$ 是线性的。

对问题 8-5,构造哈密顿函数

$$H=\boldsymbol{\lambda}^{\mathrm{T}}(t)\boldsymbol{f}(\boldsymbol{x})+\boldsymbol{\lambda}^{\mathrm{T}}(t)\boldsymbol{b}(\boldsymbol{x})u(t) \tag{8-80}$$

根据极小值原理,应有

正则方程

$$\dot{\boldsymbol{x}}(t)=\boldsymbol{f}(\boldsymbol{x})+\boldsymbol{b}(\boldsymbol{x})u(t) \tag{8-81}$$

$$\dot{\boldsymbol{\lambda}}(t)=-\frac{\partial \boldsymbol{f}^{\mathrm{T}}(\boldsymbol{x})}{\partial \boldsymbol{x}}\boldsymbol{\lambda}(t)-\frac{\partial \boldsymbol{b}^{\mathrm{T}}(\boldsymbol{x})}{\partial \boldsymbol{x}}\boldsymbol{\lambda}(t)u(t) \tag{8-82}$$

边界条件

$$\boldsymbol{x}(t_0)=\boldsymbol{x}_0 \tag{8-83}$$

$$\boldsymbol{\lambda}(t_f)=\left[\frac{\partial\varphi}{\partial \boldsymbol{x}}+\frac{\partial\boldsymbol{\psi}}{\partial \boldsymbol{x}}\boldsymbol{\gamma}^{\mathrm{T}}\right]_{t_f} \tag{8-84}$$

$$\boldsymbol{\psi}[\boldsymbol{x}(t_f)]=\boldsymbol{0} \tag{8-85}$$

极值条件

$$H^*=\min_{|u|\leqslant 1}H$$

即

$$u^*(t)=-\operatorname{sgn}\{\boldsymbol{\lambda}^{\mathrm{T}}(t)\boldsymbol{b}(\boldsymbol{x})\} \tag{8-86}$$

解式(8-81)~式(8-86)的两点边界问题,可得正常解。

如果存在某一时间间隔$[t_1, t_2] \subset [t_0, t_f]$，使得

$$\frac{\partial H}{\partial u}=\boldsymbol{\lambda}^{\mathrm{T}}(t)\boldsymbol{b}(\boldsymbol{x})=0 \tag{8-87}$$

则可能出现奇异解。因为式(8-87)中不出现$u(t)$，所以由式(8-87)不能直接确定奇异解$u(\boldsymbol{x},\boldsymbol{\lambda})$。考虑到$\frac{\partial H}{\partial u}$的各阶导数为零，进一步考察

$$\begin{aligned}\frac{\mathrm{d}}{\mathrm{d}t}\left(\frac{\partial H}{\partial u}\right)&=\boldsymbol{\lambda}^{\mathrm{T}}(t)\dot{\boldsymbol{b}}(\boldsymbol{x})+\dot{\boldsymbol{\lambda}}^{\mathrm{T}}(t)\boldsymbol{b}(\boldsymbol{x})\\&=\boldsymbol{\lambda}^{\mathrm{T}}(t)\frac{\partial \boldsymbol{b}(\boldsymbol{x})}{\partial \boldsymbol{x}}\dot{\boldsymbol{x}}(t)+\dot{\boldsymbol{\lambda}}^{\mathrm{T}}(t)\boldsymbol{b}(\boldsymbol{x})=\boldsymbol{0}\end{aligned} \tag{8-88}$$

在式(8-88)中，代入式(8-81)和式(8-82)，经整理后可得

$$\frac{\mathrm{d}}{\mathrm{d}t}\left(\frac{\partial H}{\partial u}\right)=\boldsymbol{\lambda}^{\mathrm{T}}(t)\boldsymbol{q}(\boldsymbol{x})=0 \tag{8-89}$$

式中

$$\boldsymbol{q}(\boldsymbol{x})=\frac{\partial \boldsymbol{b}^{\mathrm{T}}(\boldsymbol{x})}{\partial \boldsymbol{x}}\boldsymbol{f}(\boldsymbol{x})-\frac{\partial \boldsymbol{f}^{\mathrm{T}}(\boldsymbol{x})}{\partial \boldsymbol{x}}\boldsymbol{b}(\boldsymbol{x}) \tag{8-90}$$

在式(8-89)中，由于含$u(t)$各项全部对消，故由式(8-89)也无法确定$u(\boldsymbol{x},\boldsymbol{\lambda})$。继续考察

$$\begin{aligned}\frac{\mathrm{d}^2}{\mathrm{d}t^2}\left(\frac{\partial H}{\partial u}\right)&=\boldsymbol{\lambda}^{\mathrm{T}}(t)\dot{\boldsymbol{q}}(\boldsymbol{x})+\dot{\boldsymbol{\lambda}}^{\mathrm{T}}(t)\boldsymbol{q}(\boldsymbol{x})=\boldsymbol{\lambda}^{\mathrm{T}}(t)\frac{\partial \boldsymbol{q}^{\mathrm{T}}(\boldsymbol{x})}{\partial \boldsymbol{x}}\dot{\boldsymbol{x}}(t)+\dot{\boldsymbol{\lambda}}^{\mathrm{T}}(t)\boldsymbol{q}(\boldsymbol{x})\\&=\boldsymbol{\lambda}^{\mathrm{T}}(t)\frac{\partial \boldsymbol{q}^{\mathrm{T}}(\boldsymbol{x})}{\partial \boldsymbol{x}}[\boldsymbol{f}(\boldsymbol{x})+\boldsymbol{b}(\boldsymbol{x})u(t)]-\boldsymbol{\lambda}^{\mathrm{T}}(t)\left[\frac{\partial \boldsymbol{f}^{\mathrm{T}}(\boldsymbol{x})}{\partial \boldsymbol{x}}+\frac{\partial \boldsymbol{b}^{\mathrm{T}}(\boldsymbol{x})}{\partial \boldsymbol{x}}u(t)\right]\boldsymbol{q}(\boldsymbol{x})\\&=\boldsymbol{\lambda}^{\mathrm{T}}(t)\left[\frac{\partial \boldsymbol{q}^{\mathrm{T}}(x)}{\partial \boldsymbol{x}}\boldsymbol{f}(\boldsymbol{x})-\frac{\partial \boldsymbol{f}^{\mathrm{T}}(\boldsymbol{x})}{\partial \boldsymbol{x}}\boldsymbol{q}(\boldsymbol{x})\right]\\&\quad+\boldsymbol{\lambda}^{\mathrm{T}}(t)\left[\frac{\partial \boldsymbol{q}^{\mathrm{T}}(\boldsymbol{x})}{\partial \boldsymbol{x}}\boldsymbol{b}(\boldsymbol{x})-\frac{\partial \boldsymbol{b}^{\mathrm{T}}(\boldsymbol{x})}{\partial \boldsymbol{x}}\boldsymbol{q}(\boldsymbol{x})\right]u(t)=0\end{aligned} \tag{8-91}$$

式(8-91)中包含有$u(t)$项。若

$$\boldsymbol{\lambda}^{\mathrm{T}}(t)\left[\frac{\partial \boldsymbol{q}^{\mathrm{T}}(\boldsymbol{x})}{\partial \boldsymbol{x}}\boldsymbol{b}(\boldsymbol{x})-\frac{\partial \boldsymbol{b}^{\mathrm{T}}(\boldsymbol{x})}{\partial \boldsymbol{x}}\boldsymbol{q}(\boldsymbol{x})\right]\neq\boldsymbol{0} \tag{8-92}$$

则由式(8-91)可得奇异弧上的最优控制

$$u^*(t)=-\frac{\boldsymbol{\lambda}^{\mathrm{T}}(t)\left[\frac{\partial \boldsymbol{q}^{\mathrm{T}}(\boldsymbol{x})}{\partial \boldsymbol{x}}\boldsymbol{f}(\boldsymbol{x})-\frac{\partial \boldsymbol{f}^{\mathrm{T}}(\boldsymbol{x})}{\partial \boldsymbol{x}}\boldsymbol{q}(\boldsymbol{x})\right]}{\boldsymbol{\lambda}^{\mathrm{T}}(t)\left[\frac{\partial \boldsymbol{q}^{\mathrm{T}}(\boldsymbol{x})}{\partial \boldsymbol{x}}\boldsymbol{b}(\boldsymbol{x})-\frac{\partial \boldsymbol{b}^{\mathrm{T}}(\boldsymbol{x})}{\partial \boldsymbol{x}}\boldsymbol{q}(\boldsymbol{x})\right]} \tag{8-93}$$

如果从某一时刻开始，式(8-87)和式(8-89)成立，则在$(\boldsymbol{x},\boldsymbol{\lambda})$ $2n$维空间中，可以确定$2n-2$维奇异超曲面，控制律(8-93)能维持条件(8-87)成立。以$2n-2$维奇异超曲面上的点作为初始条件，若问题存在奇异解，则奇异控制(8-93)所决定的奇异弧必在该$2n-2$维奇异超曲面上。

在问题8-5中，若末端时刻t_f自由，则沿最优轨线，哈密顿函数

$$H=\boldsymbol{\lambda}^{\mathrm{T}}(t)[\boldsymbol{f}(\boldsymbol{x})+\boldsymbol{b}(\boldsymbol{x})u(t)]=\boldsymbol{0} \tag{8-94}$$

由于在奇异弧上满足

$$\frac{\partial H}{\partial u}=\boldsymbol{\lambda}^{\mathrm{T}}(t)\boldsymbol{b}(\boldsymbol{x})=\boldsymbol{0}$$

故有

$$H=\boldsymbol{\lambda}^{\mathrm{T}}(t)\boldsymbol{f}(\boldsymbol{x})=\mathbf{0} \tag{8-95}$$

根据式(8-95),可以确定最优末端时刻 t_f^* 。这时,由式(8-87)、式(8-89)和式(8-95)共同确定一个 $2n-3$ 维奇异超曲面,其描述方程为

$$\begin{cases}\boldsymbol{\lambda}^{\mathrm{T}}(t)\boldsymbol{b}(\boldsymbol{x})=\mathbf{0}\\ \boldsymbol{\lambda}^{\mathrm{T}}(t)\boldsymbol{q}(\boldsymbol{x})=\mathbf{0}\\ \boldsymbol{\lambda}^{\mathrm{T}}(t)\boldsymbol{f}(\boldsymbol{x})=\mathbf{0}\end{cases} \tag{8-96}$$

式(8-96)为 $\boldsymbol{\lambda}(t)$的线性齐次方程。对于 $n=3$ 的定常问题 8-5,式(8-96)有非零解的条件是 $\boldsymbol{\lambda}(t)$构成的系数行列式为零。

例 8-4 研究探空火箭最大上升高度的推力控制问题。已知单级探空火箭的运动方程为

$$\dot{v}(t)=\frac{1}{m(t)}[F(t)-D(v,h)]-g \tag{8-97}$$

$$\dot{h}(t)=v(t) \tag{8-98}$$

$$\dot{m}(t)=-\frac{1}{c}F(t) \tag{8-99}$$

式中 $v(t)$为火箭垂直速度,$h(t)$为火箭飞行高度,$m(t)$为火箭质量,$F(t)$为火箭推力,即控制变量,$D(v,h)$为空气阻力,与 $\boldsymbol{v}(t)$及 $h(t)$有关,g 为重力加速度,视为常数,c 为单位质量燃料燃烧所产生的推力,称为比推力,也是一个常数。推进剂总量固定。

设端点条件

$$\boldsymbol{v}(0)=0,\quad h(0)=0,\quad m(0)=m_0 \tag{8-100}$$

$$\boldsymbol{v}(t_f)=0,\qquad m(t_f)=m_1 \tag{8-101}$$

推力约束

$$0\leqslant F(t)\leqslant F_{\max} \tag{8-102}$$

要求设计满足约束条件(8-102)的最优推力程序 $F^*(t)$,使探空火箭终点高度为最大,或者说,使如下性能指标:

$$J=-h(t_f) \tag{8-103}$$

为极小,其中 t_f 自由。

构造哈密顿函数

$$H=\lambda_v\left(\frac{F-D}{m}-g\right)+\lambda_h\boldsymbol{v}-\lambda_m\frac{F}{c} \tag{8-104}$$

根据极小值原理可得

协态方程

$$\dot{\lambda}_v=-\frac{\partial H}{\partial \boldsymbol{v}}=\frac{\lambda_v}{m}\frac{\partial D(\boldsymbol{v},h)}{\partial \boldsymbol{v}}-\lambda_h \tag{8-105}$$

$$\dot{\lambda}_h=-\frac{\partial H}{\partial h}=\frac{\lambda_v}{m}\frac{\partial D(\boldsymbol{v},h)}{\partial h} \tag{8-106}$$

$$\dot{\lambda}_m=-\frac{\partial H}{\partial m}=\lambda_v\frac{F-D}{m^2} \tag{8-107}$$

边界条件

$$\boldsymbol{v}(t_f)=0 \tag{8-108}$$

$$\lambda_h(t_f)=-1 \tag{8-109}$$

$$m(t_f)=0 \tag{8-110}$$

H 函数沿最优轨线变化律

$$H^*(t)=\left(\frac{F-D}{m}-g\right)\lambda_v+\boldsymbol{v}\lambda_h-\frac{F}{c}\lambda_m=0 \tag{8-111}$$

极小值条件

$$H^*=\min_{0\leqslant F\leqslant F_m} H \tag{8-112}$$

由于式(8-104)表示的哈密顿函数可写为

$$H=\left(\frac{\lambda_v}{m}-\frac{\lambda_m}{c}\right)F+\lambda_h\boldsymbol{v}-\boldsymbol{\lambda}_v\left(\frac{D}{m}+g\right) \tag{8-113}$$

故通过使

$$\left(\frac{\lambda_v}{m}-\frac{\lambda_m}{c}\right)F=\min$$

可给出 H 函数相对 $F(t)$的极小值。产生最大飞行高度的推力 $F(t)$有三种可能解：

①若$\left(\frac{\lambda_v}{m}-\frac{\lambda_m}{c}\right)>0$,则取 $F(t)=0$。

②若$\left(\frac{\lambda_v}{m}-\frac{\lambda_m}{c}\right)<0$,则取 $F(t)=F_{\max}$。

③若$\left(\frac{\lambda_v}{m}-\frac{\lambda_m}{c}\right)=0$,则取 $0<F(t)<F_{\max}$。

由于哈密顿函数 H 相对推力 $F(t)$为线性关系,故可能出现奇异情况。在奇异弧上,显然有

$$\frac{\partial H}{\partial F}=c\lambda_v-m\lambda_m=0 \tag{8-114}$$

$$\frac{\mathrm{d}}{\mathrm{d}t}\left(\frac{\partial H}{\partial F}\right)=c\dot{\lambda}_v-m\dot{\lambda}_m-\dot{m}\lambda_m=0$$

将式(8-99)、式(8-105)和式(8-107)代入上式,得

$$\frac{\lambda_v}{m}\left(c\frac{\partial D}{\partial \boldsymbol{v}}-F+D\right)-c\lambda_h+\frac{F}{c}\lambda_m=0$$

以 m 乘上式两端,有

$$c\lambda_v\frac{\partial D}{\partial v}-\frac{F}{c}(c\lambda_v-m\lambda_m)+D\lambda_v-cm\lambda_h=0$$

由于式(8-114)成立,所以上式等号两边同除 c 得

$$\frac{\mathrm{d}}{\mathrm{d}t}\left(\frac{\partial H}{\partial F}\right)=\left(\frac{\partial D}{\partial \boldsymbol{v}}+\frac{D}{\boldsymbol{c}}\right)\lambda_v-m\lambda_h=0 \tag{8-115}$$

由式(8-111)、式(8-114)和式(8-115)齐次方程组可见,在$(\boldsymbol{x},\boldsymbol{\lambda})$六维空间中,该齐次方程组构成如下三维奇异超曲面:

$$\begin{cases}\left(\dfrac{F-D}{m}-g\right)\lambda_v+v\lambda_h-\dfrac{F}{c}\lambda_m=0\\ c\lambda_v-m\lambda_m=0\\ \left(\dfrac{\partial D}{\partial \boldsymbol{v}}+\dfrac{D}{c}\right)\lambda_v-m\lambda_h=0\end{cases} \tag{8-116}$$

在方程组(8-116)中,若系数矩阵非奇异,则只有零解

$$\lambda_v=\lambda_h=\lambda_m=0$$

显然,这不是我们所要达到的目的;若其系数矩阵奇异,则齐次方程组(8-116)有非零解。这时,称齐次方程组(8-116)是相容的。因而,相容性要求

$$\begin{vmatrix} \dfrac{F-D}{m}-g & \boldsymbol{v} & -\dfrac{F}{c} \\ c & 0 & -m \\ \dfrac{\partial D}{\partial \boldsymbol{v}}+\dfrac{D}{c} & -m & 0 \end{vmatrix}=0 \tag{8-117}$$

将式(8-117)按第二行展开,得($\boldsymbol{v},h,m$)三维空间中一个奇异超曲面方程

$$D+mg-\frac{\boldsymbol{v}}{c}D-\boldsymbol{v}\frac{\partial D}{\partial \boldsymbol{v}}=0 \tag{8-118}$$

奇异弧必位于式(8-118)描述的奇异超曲面上。再令

$$\begin{aligned}\frac{\mathrm{d}^2}{\mathrm{d}t^2}\left(\frac{\partial H}{\partial F}\right)=&\left(\frac{\partial^2 D}{\partial \boldsymbol{v}^2}\dot{v}+\frac{\partial^2 D}{\partial \boldsymbol{v}\partial h}\dot{h}\right)\lambda_v+\frac{\partial D}{\partial \boldsymbol{v}}\dot{\lambda}_v+\frac{1}{c}\left(\frac{\partial D}{\partial \boldsymbol{v}}\dot{\boldsymbol{v}}+\frac{\partial D}{\partial h}\dot{h}\right)\lambda_v\\&+\frac{D}{c}\dot{\lambda}_v-\dot{m}\lambda_h-m\dot{\lambda}_h=0\end{aligned} \tag{8-119}$$

将式(8-97)~式(8-99)、式(8-105)、式(8-106)代入式(8-119),经整理得

$$\begin{aligned}&F\left[\left(c\frac{\partial^2 D}{\partial \boldsymbol{v}^2}+\frac{\partial D}{\partial \boldsymbol{v}}\right)\lambda_v+m\lambda_h\right]+\lambda_v\left[(c-cmg-cD)\frac{\partial^2 D}{\partial \boldsymbol{v}^2}+cm\boldsymbol{v}\frac{\partial^2 D}{\partial \boldsymbol{v}\partial h}\right.\\&\left.-mg\frac{\partial D}{\partial \boldsymbol{v}}+(m\boldsymbol{v}-cm)\frac{\partial D}{\partial h}\right]-m\lambda_h\left(c\frac{\partial D}{\partial \boldsymbol{v}}+D\right)=0\end{aligned} \tag{8-120}$$

在式(8-120)中,代入式(8-115),并以 c/λ_v 同乘等式两端,得

$$\begin{aligned}\left((D+2c\frac{\partial D}{\partial \boldsymbol{v}}+c^2\frac{\partial^2 D}{\partial \boldsymbol{v}^2}\right)F=&D\left(D+2c\frac{\partial D}{\partial \boldsymbol{v}}+c^2\frac{\partial^2 D}{\partial \boldsymbol{v}^2}\right)+mg\left(c\frac{\partial D}{\partial \boldsymbol{v}}+c^2\frac{\partial^2 D}{\partial \boldsymbol{v}^2}\right)\\&+m\left[(c^2-c\boldsymbol{v})\frac{\partial D}{\partial h}-c^2\boldsymbol{v}\frac{\partial^2 D}{\partial \boldsymbol{v}\partial h}\right]\end{aligned}$$

为简化结果,在上式等号右端进行配项,有

$$\begin{aligned}\left(D+2c\frac{\partial D}{\partial \boldsymbol{v}}+c^2\frac{\partial^2 D}{\partial \boldsymbol{v}^2}\right)F=&D\left(D+2c\frac{\partial D}{\partial \boldsymbol{v}}+c^2\frac{\partial^2 D}{\partial \boldsymbol{v}^2}\right)+mg\left(D+2c\frac{\partial D}{\partial \boldsymbol{v}}+c^2\frac{\partial^2 D}{\partial \boldsymbol{v}^2}\right)\\&+m\left[c(c-\boldsymbol{v})\frac{\partial D}{\partial h}-\boldsymbol{v}c^2\frac{\partial^2 D}{\partial \boldsymbol{v}\partial h}-g\left(D+c\frac{\partial D}{\partial \boldsymbol{v}}\right)\right]\end{aligned}$$

最后得奇异最优控制

$$\begin{aligned}F^*(t)=&D+mg+\frac{m}{D+2c\dfrac{\partial D}{\partial \boldsymbol{v}}+c^2\dfrac{\partial^2 D}{\partial \boldsymbol{v}^2}}\left[-g\left(D+c\frac{\partial D}{\partial \boldsymbol{v}}\right)\right.\\&\left.+c(c-\boldsymbol{v})\frac{\partial D}{\partial h}-\boldsymbol{v}c^2\frac{\partial^2 D}{\partial \boldsymbol{v}\partial h}\right]\end{aligned} \tag{8-121}$$

式(8-121)表明,在奇异弧上,最优推力为非线性反馈律。

通常,空气阻力 $D(\boldsymbol{v},h)$是 $\boldsymbol{v}$ 和 h 的单调函数,故推力控制过程一般为邦-奇-邦过程,包括如下三段:

①$F=F_{\max}$,直到满足奇异超曲面方程(8-118),相点($\boldsymbol{v},h,m$)到达奇异超曲面为止,形成最大推力邦-邦弧。

②采用状态反馈律(8-121)得出奇异弧,使相点($\boldsymbol{v},h,m$)在奇异超曲面上沿特定奇异弧运动,直至$m=m(t_f)$为止,形成非线性奇异控制。

③取$F=0$,探空火箭靠惯性继续上升,直至$\boldsymbol{v}=0$为止。

应当指出,在$F=F_{\max}$最大推力弧尚未到达奇异超曲面(8-118)之前,推进剂就可能已经耗完,即$m=m(t_f)$,从而在解中不出现奇异弧。这正好是$D=0$(无空气阻力)的情况,奇异超曲面方程简化为$m=0$。推力控制具有邦-邦形式,不会出现奇异段。

8.4 奇异最优调节器

当控制受到有界约束时,最优调节器的控制方式不再完全是线性的,而会出现两种工作方式——继电方式和线性方式。对于典型的大初始状态值,调节器首先工作在继电方式,这时控制为邦-邦控制,对应的轨线为正常弧;当状态值充分小时,调节器工作由继电方式转入滑动方式,或称线性方式,并保持这种调节方式直至达到零状态,这时的控制为线性奇异控制,相应的运动轨线为奇异弧。

本节将应用调节器理论求取奇异最优调节器的奇异解。采用线性变换方法将原奇异调节器问题转化为标准调节器问题,然后应用标准调节器的结果给出奇异调节器问题的解。

8.4.1 奇异最优调节器问题

问题 8-6 已知线性时变系统的状态方程

$$\dot{\boldsymbol{x}}(t)=\boldsymbol{A}(t)\boldsymbol{x}(t)+\boldsymbol{B}(t)\boldsymbol{u}(t),\quad \boldsymbol{x}(t_0)=\boldsymbol{x}_0 \tag{8-122}$$

式中$\boldsymbol{x}(t)\in R^n$,$\boldsymbol{u}(t)\in R^m$,矩阵$\boldsymbol{A}(t)$和$\boldsymbol{B}(t)$维数适当,其各元连续可微且有界。

要求选择满足不等式约束

$$|u_j(t)|\leqslant 1,\quad j=1,2,\cdots,m \tag{8-123}$$

的最优控制$\boldsymbol{u}^*(t)$,使性能指标

$$J=\int_{t_0}^{t_f}\boldsymbol{x}^{\mathrm{T}}(t)\boldsymbol{Q}(t)\boldsymbol{x}(t)\mathrm{d}t \tag{8-124}$$

为极小。其中$\boldsymbol{Q}(t)$为对称非负定矩阵,其各元连续有界,末端时刻t_f固定。

为了利用标准调节器的结果求得奇异最优调节器问题的奇异解,暂不考虑控制约束(8-123),可利用线性变换方法将无约束的奇异调节器转化为等价的标准调节器,即修正奇异调节器;然后利用标准调节器的理论结果立即得到修正的奇异调节器的解;再把修正的奇异调节器的解转化为原奇异调节器的解;最后,考虑控制约束(8-123)对所求得的解适当修正,从而得到有控制约束的奇异最优调节器问题 8-6 的奇异解。

首先对原系统状态方程(8-122)进行线性变换。令

$$\boldsymbol{x}_1(t)=\boldsymbol{x}(t)-\boldsymbol{B}(t)\boldsymbol{u}_1(t) \tag{8-125}$$

$$\dot{\boldsymbol{u}}_1(t)=\boldsymbol{u}(t) \tag{8-126}$$

对式(8-125)等式两端取一阶导数,得

$$\begin{aligned}\dot{\boldsymbol{x}}_1(t)&=\dot{\boldsymbol{x}}(t)-\boldsymbol{B}(t)\boldsymbol{u}(t)-\dot{\boldsymbol{B}}(t)\boldsymbol{u}_1(t)\\&=\boldsymbol{A}(t)[\boldsymbol{x}(t)-\boldsymbol{B}(t)\boldsymbol{u}_1(t)]+[\boldsymbol{A}(t)\boldsymbol{B}(t)-\dot{\boldsymbol{B}}(t)]\boldsymbol{u}_1(t)\end{aligned}$$

$$=\boldsymbol{A}(t)\boldsymbol{x}_1(t)+\boldsymbol{B}_1(t)\boldsymbol{u}_1(t) \tag{8-127}$$

式中

$$\boldsymbol{B}_1(t)=\boldsymbol{A}(t)\boldsymbol{B}(t)-\dot{\boldsymbol{B}}(t) \tag{8-128}$$

此时,式(8-127)还不是最后的变型状态方程,有待进一步变换。

然后对原性能指标(8-124)进行线性变换。将式(8-125)代入性能指标(8-124),可得

$$\begin{aligned} J &= \int_{t_0}^{t_f} [\boldsymbol{x}_1(t)+\boldsymbol{B}(t)\boldsymbol{u}_1(t)]^{\mathrm{T}}\boldsymbol{Q}(t)[\boldsymbol{x}_1(t)+\boldsymbol{B}(t)\boldsymbol{u}_1(t)]\mathrm{d}t \\ &= \int_{t_0}^{t_f} [\boldsymbol{x}_1^{\mathrm{T}}(t)\boldsymbol{Q}(t)\boldsymbol{x}_1(t)+2\boldsymbol{x}_1^{\mathrm{T}}\boldsymbol{H}(t)\boldsymbol{u}_1(t)+\boldsymbol{u}_1^{\mathrm{T}}(t)\boldsymbol{R}(t)\boldsymbol{u}_1(t)]\mathrm{d}t \end{aligned} \tag{8-129}$$

式中

$$\boldsymbol{H}(t)=\boldsymbol{Q}(t)\boldsymbol{B}(t) \tag{8-130}$$

$$\boldsymbol{R}(t)=\boldsymbol{B}^{\mathrm{T}}(t)\boldsymbol{Q}(t)\boldsymbol{B}(t) \tag{8-131}$$

对式(8-129)中的被积函数进行配方,令

$$\begin{aligned} &\boldsymbol{x}_1^{\mathrm{T}}(t)\boldsymbol{Q}(t)\boldsymbol{x}_1(t)+2\boldsymbol{x}_1^{\mathrm{T}}\boldsymbol{H}(t)\boldsymbol{u}_1(t)+\boldsymbol{u}_1^{\mathrm{T}}(t)\boldsymbol{R}(t)\boldsymbol{u}_1(t) \\ &=\boldsymbol{x}_1^{\mathrm{T}}(t)[\boldsymbol{Q}(t)+\Delta\boldsymbol{Q}(t)]\boldsymbol{x}_1(t)+[\boldsymbol{u}_1(t)+\Delta\boldsymbol{u}_1(t)]^{\mathrm{T}}\boldsymbol{R}(t)[\boldsymbol{u}_1(t)+\Delta\boldsymbol{u}_1(t)] \end{aligned} \tag{8-132}$$

将式(8-132)右端乘开,并假定式(8-131)定义的 $\boldsymbol{R}(t)>\boldsymbol{0}$,可得

$$\Delta\boldsymbol{u}_1(t)=\boldsymbol{R}^{-1}(t)\boldsymbol{H}^{\mathrm{T}}(t)\boldsymbol{x}_1(t) \tag{8-133}$$

$$\Delta\boldsymbol{Q}(t)=-\boldsymbol{H}(t)\boldsymbol{R}^{-1}(t)\boldsymbol{H}^{\mathrm{T}}(t) \tag{8-134}$$

于是,性能指标(8-129)可以写为

$$J=\int_{t_0}^{t_f} [\boldsymbol{x}_1^{\mathrm{T}}(t)\boldsymbol{Q}_1(t)\boldsymbol{x}_1(t)+\boldsymbol{u}_2^{\mathrm{T}}\boldsymbol{R}(t)\boldsymbol{u}_2(t)]\mathrm{d}t \tag{8-135}$$

式中

$$\boldsymbol{Q}_1(t)=\boldsymbol{Q}(t)-\boldsymbol{H}(t)\boldsymbol{R}^{-1}(t)\boldsymbol{H}^{\mathrm{T}}(t) \tag{8-136}$$

$$\boldsymbol{u}_2(t)=\boldsymbol{u}_1(t)+\boldsymbol{R}^{-1}(t)\boldsymbol{H}^{\mathrm{T}}(t)\boldsymbol{x}_1(t) \tag{8-137}$$

作为性能指标,在式(8-135)中,要求 $\boldsymbol{Q}_1(t)$ 和 $\boldsymbol{R}(t)$ 分别为对称非负定和对称正定矩阵。$\boldsymbol{Q}_1(t)$ 和 $\boldsymbol{R}(t)$ 的对称性是显然的。如果 $\boldsymbol{Q}(t)>\boldsymbol{0}$,且 $\mathrm{rank}\boldsymbol{B}(t)=m$,则由定义式(8-131)可见,必有 $\boldsymbol{R}(t)>\boldsymbol{0}$。对于 $\boldsymbol{Q}(t)\geqslant\boldsymbol{0}$ 情形,也存在许多可能的矩阵 $\boldsymbol{B}(t)$,可以使得 $\boldsymbol{R}(t)>\boldsymbol{0}$。如果 $\boldsymbol{R}(t)$ 不满足正定性条件,则还要进行变换,直到正定性成立。在以下的讨论中,我们总是认为 $\boldsymbol{R}(t)>\boldsymbol{0}$ 成立。至于 $\boldsymbol{Q}_1(t)$ 的非负定性,可见以下命题。

命题 8-1 若 $\boldsymbol{Q}(t)\geqslant 0$,$\boldsymbol{R}(t)>0$,必有

$$\boldsymbol{Q}_1(t)=\boldsymbol{Q}(t)-\boldsymbol{H}(t)\boldsymbol{R}^{-1}(t)\boldsymbol{H}^{\mathrm{T}}(t)\geqslant\boldsymbol{0}$$

证明 由于 $\boldsymbol{Q}(t)\geqslant\boldsymbol{0}$,故有

$$\begin{aligned} \boldsymbol{x}^{\mathrm{T}}(t)\boldsymbol{Q}(t)\boldsymbol{x}(t)=\boldsymbol{x}_1^{\mathrm{T}}(t)\boldsymbol{Q}_1(t)\boldsymbol{x}_1(t)+[\boldsymbol{u}_1(t)+\boldsymbol{R}^{-1}(t)\boldsymbol{H}^{\mathrm{T}}(t)\boldsymbol{x}_1(t)]^{\mathrm{T}}\boldsymbol{R}(t)\cdot \\ [\boldsymbol{u}_1(t)+\boldsymbol{R}^{-1}(t)\boldsymbol{H}^{\mathrm{T}}(t)\boldsymbol{x}_1(t)]\geqslant\boldsymbol{0},\quad \forall\,\boldsymbol{x}(t) \end{aligned}$$

选择

$$\boldsymbol{u}_1(t)=-\boldsymbol{R}^{-1}(t)\boldsymbol{H}^{\mathrm{T}}(t)\boldsymbol{x}_1(t)$$

可得

$$\boldsymbol{x}_1^{\mathrm{T}}(t)\boldsymbol{Q}_1(t)\boldsymbol{x}_1(t)\geqslant\boldsymbol{0},\quad \forall\,\boldsymbol{x}_1(t)$$

因此必有 $\boldsymbol{Q}_1(t)\geqslant\boldsymbol{0}$。

由于性能指标(8-135)中不含 $\boldsymbol{u}_1(t)$，而含 $\boldsymbol{u}_2(t)$，因此对变型状态方程(8-127)可作进一步变换。将式(8-137)代入式(8-127)，可得

$$\dot{\boldsymbol{x}}_1(t)=\boldsymbol{A}_1(t)\boldsymbol{x}_1(t)+\boldsymbol{B}_1(t)\boldsymbol{u}_2(t) \tag{8-138}$$

式中

$$\boldsymbol{A}_1(t)=\dot{\boldsymbol{A}}(t)-\boldsymbol{B}_1(t)\boldsymbol{R}^{-1}(t)\boldsymbol{H}^{\mathrm{T}}(t) \tag{8-139}$$

于是，修正的奇异最优调节器问题可以归纳如下。

问题 8-7 对于问题 8-6，当暂不考虑控制约束(8-123)时，其等价的修正奇异调节器问题为：已知线性时变系统状态方程

$$\begin{aligned}&\dot{\boldsymbol{x}}_1(t)=\boldsymbol{A}_1(t)\boldsymbol{x}_1(t)+\boldsymbol{B}_1(t)\boldsymbol{u}_2(t)\\&\boldsymbol{x}_1(t_0)=\boldsymbol{x}(t_0)-\boldsymbol{B}(t_0)\boldsymbol{u}_1(t_0)\end{aligned} \tag{8-140}$$

性能指标

$$J=\int_{t_0}^{t_f}[\boldsymbol{x}_1^{\mathrm{T}}(t)\boldsymbol{Q}_1(t)\boldsymbol{x}_1(t)+\boldsymbol{u}_2^{\mathrm{T}}\boldsymbol{R}(t)\boldsymbol{u}_2(t)]\mathrm{d}t \tag{8-141}$$

式中 $\boldsymbol{Q}_1(t)$ 和 $\boldsymbol{R}(t)$ 分别为对称非负定和正定矩阵，其各元连续且有界。要求最优控制 $\boldsymbol{u}_2^*(t)$ 使性能指标(8-141)极小。其中 $\boldsymbol{x}_1(t)$ 满足式(8-125)，$\boldsymbol{A}_1(t)$ 满足式(8-139)，$\boldsymbol{B}_1(t)$ 满足式(8-128)，$\boldsymbol{u}_2(t)$ 满足式(8-137)，$\boldsymbol{Q}_1(t)$ 满足式(8-136)，$\boldsymbol{R}(t)$ 满足式(8-131)。

问题 8-7 属于标准调节器问题，根据本书第 5 章介绍的状态调节器理论，可以给出其最优解结果。

8.4.2 控制无约束时的奇异解

由定理 5-1 知，修正的奇异调节器问题 8-7 的最优控制为

$$\boldsymbol{u}_2^*(t)=-\boldsymbol{K}(t)\boldsymbol{x}_1(t) \tag{8-142}$$

式中

$$\boldsymbol{K}(t)=\boldsymbol{R}^{-1}(t)\boldsymbol{B}_1^{\mathrm{T}}(t)\boldsymbol{P}(t) \tag{8-143}$$

而 $\boldsymbol{P}(t)$ 是满足如下黎卡提矩阵微分方程的对称非负定矩阵

$$-\dot{\boldsymbol{P}}(t)=\boldsymbol{P}(t)\boldsymbol{A}_1(t)+\boldsymbol{A}_1^{\mathrm{T}}(t)\boldsymbol{P}(t)-\boldsymbol{P}(t)\boldsymbol{B}_1(t)\boldsymbol{R}^{-1}(t)\boldsymbol{B}_1^{\mathrm{T}}(t)\boldsymbol{P}(t)+\boldsymbol{Q}_1(t) \tag{8-144}$$

其边界条件为

$$\boldsymbol{P}(t_f)=\boldsymbol{0} \tag{8-145}$$

将式(8-137)、式(8-131)、式(8-128)及式(8-130)代入式(8-142)，可得

$$\boldsymbol{u}_1^*(t)=-\boldsymbol{K}_1(t)\boldsymbol{x}_1(t) \tag{8-146}$$

式中

$$\begin{aligned}\boldsymbol{K}_1(t)&=\boldsymbol{R}^{-1}(t)[\boldsymbol{B}_1^{\mathrm{T}}(t)\boldsymbol{P}(t)+\boldsymbol{H}^{\mathrm{T}}(t)]\\&=[\boldsymbol{B}^{\mathrm{T}}(t)\boldsymbol{Q}(t)\boldsymbol{B}(t)]^{-1}\{\boldsymbol{B}^{\mathrm{T}}(t)[\boldsymbol{A}^{\mathrm{T}}(t)\boldsymbol{P}(t)+\boldsymbol{Q}(t)]-\dot{\boldsymbol{B}}^{\mathrm{T}}(t)\boldsymbol{P}(t)\}\end{aligned} \tag{8-147}$$

为修正的奇异调节器的 $m\times n$ 维反馈增益矩阵。

将式(8-139)、式(8-136)代入式(8-144)，有

$$\begin{aligned}-\dot{\boldsymbol{P}}(t)=&\boldsymbol{P}(t)[\boldsymbol{A}(t)-\boldsymbol{B}_1(t)\boldsymbol{R}^{-1}(t)\boldsymbol{H}^{\mathrm{T}}(t)]+[\boldsymbol{A}(t)-\boldsymbol{B}_1(t)\boldsymbol{R}^{-1}(t)\boldsymbol{H}^{\mathrm{T}}(t)]^{\mathrm{T}}\boldsymbol{P}(t)\\&-\boldsymbol{P}(t)\boldsymbol{B}_1(t)\boldsymbol{R}^{-1}(t)\boldsymbol{B}_1^{\mathrm{T}}(t)\boldsymbol{P}(t)+\boldsymbol{Q}(t)-\boldsymbol{H}(t)\boldsymbol{R}^{-1}(t)\boldsymbol{H}^{\mathrm{T}}(t)\end{aligned} \tag{8-148}$$

因为

$$\boldsymbol{K}_1^{\mathrm{T}}(t)\boldsymbol{B}^{\mathrm{T}}(t)\boldsymbol{Q}(t)\boldsymbol{B}(t)\boldsymbol{K}_1(t)=[\boldsymbol{P}(t)\boldsymbol{B}_1(t)+\boldsymbol{H}(t)]\boldsymbol{R}^{-1}(t)\boldsymbol{B}^{\mathrm{T}}(t)$$

$$Q(t)B(t)R^{-1}(t)[B_1^{\mathrm{T}}(t)P(t)+H^{\mathrm{T}}(t)]=P(t)B_1(t)R^{-1}(t)H^{\mathrm{T}}(t)+H(t)R^{-1}(t)B_1^{\mathrm{T}}(t)P(t)$$
$$+P(t)B_1(t)R^{-1}(t)B_1^{\mathrm{T}}(t)P(t)+H(t)R^{-1}(t)H^{\mathrm{T}}(t)$$

所以黎卡提方程(8-148)可写为

$$\begin{aligned}-\dot{P}(t)&=P(t)A(t)+A^{\mathrm{T}}(t)P(t)-\{P(t)B_1(t)R^{-1}(t)H^{\mathrm{T}}(t)+H(t)R^{-1}(t)B_1^{\mathrm{T}}(t)P(t)\\&\quad+P(t)B_1(t)R^{-1}(t)B_1^{\mathrm{T}}(t)P(t)+H(t)R^{-1}(t)H^{\mathrm{T}}(t)\}+Q(t)\\&=P(t)A(t)+A^{\mathrm{T}}(t)P(t)-K_1^{\mathrm{T}}(t)B^{\mathrm{T}}(t)Q(t)B(t)K_1(t)+Q(t)\end{aligned} \tag{8-149}$$

由定理 5-1,最优性能指标为

$$J^*=x_1^{\mathrm{T}}(t_0)P(t_0)x_1(t_0) \tag{8-150}$$

修正的奇异最优调节器的结构图如图 8-7 所示。

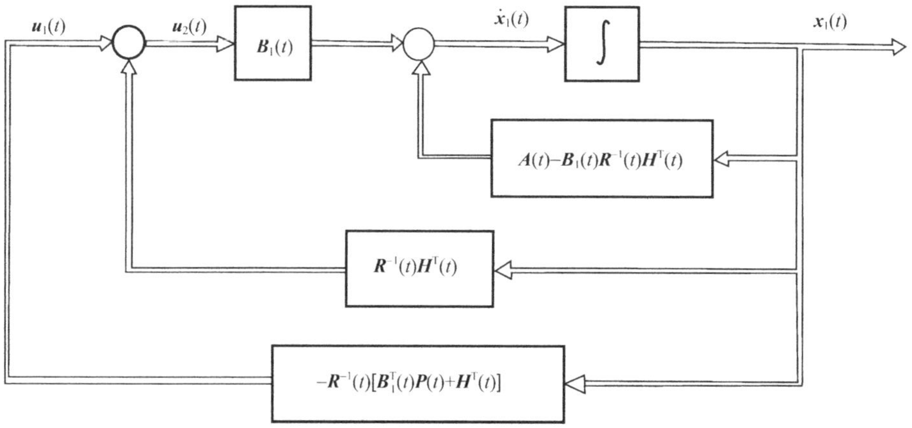

图 8-7 修正奇异最优调节器结构图

以上结果可归纳为如下定理。

定理 8-4 对于修正的奇异最优调节器问题 8-7,其最优控制如式(8-146)所示,最优性能指标如式(8-150)所示。其中 $K_1(t)$满足式(8-147),$P(t)$满足黎卡提方程(8-148)及其边界条件(8-145)。各变量之间满足如下关系(对所有的 t):

① $$P(t)B(t)=0 \tag{8-151}$$

② $$K_1(t)B(t)=I \tag{8-152}$$

③ $$J^*=x^{\mathrm{T}}(t_0)P(t_0)x(t_0) \tag{8-153}$$

④ $$K_1(t)x(t)=0 \tag{8-154}$$

证明 ①$P(t)B(t)=0$。以矩阵 $B(t)$右乘黎卡提方程(8-148)及其边界条件(8-145)的两边,可得

$$\begin{aligned}-\dot{P}B&=P(A-B_1R^{-1}H^{\mathrm{T}})B+(A-B_1R^{-1}H^{\mathrm{T}})^{\mathrm{T}}PB\\&\quad-PB_1R^{-1}B_1^{\mathrm{T}}PB+(Q-HR^{-1}H^{\mathrm{T}})B\\P(t_f)B&=0\end{aligned} \tag{8-155}$$

将式(8-130)、式(8-131)及式(8-128)代入式(8-155),有

$$\begin{aligned}-\dot{P}B&=P\dot{B}+(A^{\mathrm{T}}-HR^{-1}B_1^{\mathrm{T}}-PB_1R^{-1}B_1^{\mathrm{T}})PB\\P(t_f)B&=0\end{aligned} \tag{8-156}$$

因为

$$-\frac{\mathrm{d}}{\mathrm{d}t}(\boldsymbol{PB})=-\dot{\boldsymbol{P}}\boldsymbol{B}-\boldsymbol{P}\dot{\boldsymbol{B}}$$

所以

$$-\frac{\mathrm{d}}{\mathrm{d}t}(\boldsymbol{PB})=(\boldsymbol{A}^{\mathrm{T}}-\boldsymbol{HR}^{-1}\boldsymbol{B}_1^{\mathrm{T}}-\boldsymbol{PB}_1\boldsymbol{R}^{-1}\boldsymbol{B}_1^{\mathrm{T}})\boldsymbol{PB}$$

$$\boldsymbol{P}(t_f)\boldsymbol{B}=\boldsymbol{0}$$

上述齐次微分方程是下列齐次微分方程

$$\frac{\mathrm{d}}{\mathrm{d}t}(\boldsymbol{PB})=(\boldsymbol{A}^{\mathrm{T}}-\boldsymbol{HR}^{-1}\boldsymbol{B}_1^{\mathrm{T}}-\boldsymbol{PB}_1\boldsymbol{R}^{-1}\boldsymbol{B}_1^{\mathrm{T}})\boldsymbol{PB} \tag{8-157}$$

的伴随方程。今设原方程(8-157)的状态转移矩阵为 $\boldsymbol{\Phi}(t,t_0)$，则伴随方程(8-156)的状态转移矩阵

$$\boldsymbol{\Phi}_1(t,t_0)=[\boldsymbol{\Phi}^{\mathrm{T}}(t,t_0)]^{-1}=\boldsymbol{\Phi}^{\mathrm{T}}(t_0,t) \tag{8-158}$$

于是，齐次微分方程(8-157)的解为

$$\boldsymbol{PB}=\boldsymbol{\Phi}_1(t,t_f)(\boldsymbol{PB})_{t_f}=\boldsymbol{\Phi}^{\mathrm{T}}(t_f,t)(\boldsymbol{PB})_{t_f}$$

由于 $\boldsymbol{\Phi}(t_f,t)$ 非奇异，$(\boldsymbol{PB})_{t_f}=\boldsymbol{0}$，必有

$$\boldsymbol{PB}=\boldsymbol{0},\quad \forall t$$

②$\boldsymbol{K}_1(t)\boldsymbol{B}(t)=\boldsymbol{I}$。将式(8-147)的两边右乘矩阵 $\boldsymbol{B}(t)$，可得

$$\boldsymbol{K}_1(t)\boldsymbol{B}(t)=\boldsymbol{R}^{-1}(t)[\boldsymbol{B}_1^{\mathrm{T}}(t)\boldsymbol{P}(t)+\boldsymbol{H}^{\mathrm{T}}(\mathrm{t})]\boldsymbol{B}(t)$$

代入 $\boldsymbol{P}(t)\boldsymbol{B}(t)=\boldsymbol{0}$ 以及 $\boldsymbol{H}^{\mathrm{T}}(t)\boldsymbol{B}(t)=\boldsymbol{R}(t)$，证得

$$\boldsymbol{K}_1(t)\boldsymbol{B}(t)=\boldsymbol{I},\quad \forall t$$

对上式微分，可得

$$\dot{\boldsymbol{K}}_1(t)\boldsymbol{B}(t)+\boldsymbol{K}_1(t)\dot{\boldsymbol{B}}(t)=\boldsymbol{0} \tag{8-159}$$

③$J^*=\boldsymbol{x}^{\mathrm{T}}(t_0)\boldsymbol{P}(t_0)\boldsymbol{x}(t_0)$。将式(8-125)代入最优性能指标(8-150)，可得

$$\begin{aligned}J^*=&\boldsymbol{x}^{\mathrm{T}}(t_0)\boldsymbol{P}(t_0)\boldsymbol{x}(t_0)-\boldsymbol{x}^{\mathrm{T}}(t_0)\boldsymbol{P}(t_0)\boldsymbol{B}(t_0)\boldsymbol{u}_1^*(t_0)\\&-\boldsymbol{u}_1^{*\mathrm{T}}(t_0)\boldsymbol{B}^{\mathrm{T}}(t_0)\boldsymbol{P}(t_0)\boldsymbol{x}(t_0)+\boldsymbol{u}_1^{*\mathrm{T}}(t_0)\boldsymbol{B}^{\mathrm{T}}(t_0)\boldsymbol{P}(t_0)\boldsymbol{B}(t_0)\boldsymbol{u}_1^*(t_0)\end{aligned}$$

由式(8-151)知

$$\boldsymbol{P}(t)\boldsymbol{B}(t)=\boldsymbol{B}^{\mathrm{T}}(t)\boldsymbol{P}(t)=\boldsymbol{0},\quad \forall t$$

因而式(8-153)成立。

④$\boldsymbol{K}_1(t)\boldsymbol{x}(t)=\boldsymbol{0}$。对于 $\boldsymbol{u}_1(t)=\boldsymbol{u}_1^*(t)$，有

$$\begin{aligned}\boldsymbol{K}_1(t)\boldsymbol{x}(t)&=\boldsymbol{K}_1(t)[\boldsymbol{x}_1(t)+\boldsymbol{B}(t)\boldsymbol{u}_1^*(t)]\\&=\boldsymbol{K}_1(t)\boldsymbol{x}_1(t)+\boldsymbol{K}_1(t)\boldsymbol{B}(t)\boldsymbol{u}_1^*(t)\end{aligned}$$

在上式中，代入式(8-146)和式(8-152)，立即证得式(8-154)。

求得修正的奇异最优调节器问题 8-7 的解以后，需要转回到控制无约束时，原奇异最优调节器问题 8-6 的解。由于式(8-125)成立，因此在转换过程中，应满足如下边界约束

$$\boldsymbol{x}(t_0)=\boldsymbol{x}_1(t_0)+\boldsymbol{B}(t_0)\boldsymbol{u}_1^*(t_0) \tag{8-160}$$

式中 $\boldsymbol{x}(t_0)$ 是原奇异最优调节器问题中任意给定的初态。因此，修正奇异调节器中的初态 $\boldsymbol{x}_1(t_0)$ 不能是任意的，必须满足边界约束(8-160)，否则修正的奇异调节器的解将失去其应有的意义。当 $t=t_0$ 时，由定理 8-4 知

$$\boldsymbol{u}_1^*(t_0)=-\boldsymbol{K}_1(t_0)\boldsymbol{x}_1(t_0)$$

故边界约束(8-160)又可表示为

$$x(t_0)=x_1(t_0)-B(t_0)K_1(t_0)x_1(t_0) \tag{8-161}$$

可以证明,式(8-154)是修正的奇异最优调节器的解,可以转回为原奇异最优调节器的解的充分必要条件。

命题 8-2 边界约束条件(8-161)成立的充分必要条件是

$$K_1(t)x(t)=0, \quad \forall t$$

证明 必要性:设式(8-161)成立,以矩阵 $K_1(t_0)$左乘式(8-161)两边,可得

$$K_1(t_0)x(t_0)=K_1(t_0)x_1(t_0)-K_1(t_0)B(t_0)K_1(t_0)x_1(t_0)$$

由式(8-152)知

$$K_1(t_0)B(t_0)=I$$

故 $K_1(t_0)x(t_0)=0$,必要性得证。

充分性:设 $K_1(t_0)x(t_0)=0$,任选 $x(t_0)=x_1(t_0)$,于是有

$$K_1(t_0)x(t_0)=K_1(t_0)x_1(t_0)=0$$

即

$$u_1^*(t_0)=-K_1(t_0)x_1(t_0)=0$$

因此

$$x(t_0)=x_1(t_0)+B(t_0)u_1^*(t_0)$$

充分性得证。

为了把修正的奇异最优调节器的解转回为原奇异最优调节器的解,我们除了要求在 $t=t_0$ 时关系式(8-125)成立以外,还要求 $t>t_0$ 时,该式也能成立。

命题 8-3 若关系式

$$x(t)=x_1(t)+B(t)u_1^*(t) \tag{8-162}$$

在 $t=t_0$ 时成立,则对于所有 $t>t_0$,该式仍然成立。

证明 因为

$$\frac{\mathrm{d}}{\mathrm{d}t}[x(t)-x_1(t)-B(t)u_1^*(t)]=\dot{x}(t)-\dot{x}_1(t)-B(t)\dot{u}_1^*(t)-\dot{B}(t)u_1^*(t)$$

在上式中代入式(8-122)、式(8-127)、式(8-126)以及式(8-128),可得

$$\frac{\mathrm{d}}{\mathrm{d}t}[x(t)-x_1(t)-B(t)u_1^*(t)]$$

$$=A(t)[x(t)-x_1(t)-B(t)u_1^*(t)] \tag{8-163}$$

式(8-163)为齐次微分方程,若设其状态转移阵为 $\Phi_2(t,t_0)$,则方程(8-163)的解为

$$[x(t)-x_1(t)-B(t)u_1^*(t)]=\Phi_2(t,t_0)[x(t_0)-x_1(t_0)-B(t_0)u_1^*(t_0)] \tag{8-164}$$

在式(8-164)中,$\Phi_2(t,t_0)$为非奇异矩阵,且由已知条件

$$x(t_0)=x_1(t_0)+B(t_0)u_1^*(t_0)$$

故证得

$$x(t)=x_1(t)+B(t)u_1^*(t), \quad (\forall t)$$

由命题 8-2 及命题 8-3 知,修正的奇异调节器的最优解必可转化为原奇异调节器的最优解。

8.4.3 控制约束条件下的奇异解

当不考虑控制约束(8-123)时,修正的奇异调节器的最优控制为

$$\boldsymbol{u}_1^*(t)=-\boldsymbol{K}_1(t)\boldsymbol{x}_1(t)$$

由式(8-126)知,原奇异调节器的最优控制

$$\boldsymbol{u}^*(t)=\dot{\boldsymbol{u}}_1^*(t)=\frac{\mathrm{d}}{\mathrm{d}t}[-\boldsymbol{K}_1(t)\boldsymbol{x}_1(t)]=-\dot{\boldsymbol{K}}_1(t)\boldsymbol{x}_1(t)-\boldsymbol{K}_1(t)\dot{\boldsymbol{x}}_1(t) \tag{8-165}$$

将式(8-125)、式(8-127)、式(8-128)以及式(8-159)代入式(8-165),得

$$\boldsymbol{u}^*(t)=-[\boldsymbol{K}_1(t)\boldsymbol{A}(t)+\dot{\boldsymbol{K}}_1(t)]\boldsymbol{x}(t) \tag{8-166}$$

式中 $\boldsymbol{K}_1(t)$满足式(8-147),$\boldsymbol{P}(t)$满足黎卡提方程(8-149)及其边界条件(8-145)。

修正的奇异调节器的最优性能指标(8-150)已在定理 8-4 中转化为原奇异调节器的最优性能指标(8-153)。于是,在不考虑控制约束(8-123)时,问题 8-6 的奇异最优控制为式(8-166),奇异最优性能指标为式(8-153)。

当考虑控制约束方程(8-123)时,由于奇异解的取值范围为$-1<u_j(t)<+1$,故奇异最优控制(8-166)应满足如下约束方程

$$|[\boldsymbol{K}_1(t)\boldsymbol{A}(t)\boldsymbol{x}(t)+\dot{\boldsymbol{K}}_1(t)\boldsymbol{x}(t)]_j|<1,\quad j=1,2,\cdots,m \tag{8-167}$$

$$[\boldsymbol{K}_1(t)\boldsymbol{x}(t)]_j=0,\quad j=1,2,\cdots,m \tag{8-168}$$

这两个约束方程构成了奇异超曲面。在奇异超曲面中,凡满足式(8-166)的部分形成了奇异超曲面中的一个子集,该子集称为奇异带。状态轨线一旦进入奇异带,就将保留在奇异带内,形成奇异弧。

显然,控制约束(8-123)并不影响最优性能指标为式(8-153)的结论。

8.5 奇异最优控制的应用

本节介绍奇异最优控制在直流随动系统中的应用。这种直流随动系统可以是由可控硅整流装置供电的双闭环调速系统。

设具有负载扰动的直流随动系统方程为

$$\begin{cases}\dot{s}=kn\\ \dot{n}=bi-b_0w\end{cases}$$

式中 s 为位置偏差;n 为速度偏差;i 为控制电流;w 为负载力矩;k 为减速箱的减速比;b 为R_0/T_Mc_e;b_0 为 b/c_M;R_0 为主回路总电阻;c_e 为电机电势常数;c_M 为电机转矩常数;T_M 为$GD^2R_0/375c_ec_M$;GD^2 为飞轮转矩。

已知初始条件:$s(0)=s_0$,$n(0)=n_0$;终端条件:$s(t_f)=0$,$n(t_f)=0$;性能指标 $J=\frac{1}{2}\int_0^{t_f}(s^2+qn^2)\mathrm{d}t$。

控制约束:$-I_M\leqslant i\leqslant I_M$;状态约束:$N_1\leqslant n\leqslant N_2$。

在状态变量约束的内域($N_1\leqslant n\leqslant N_2$),有哈密顿函数

$$H=\frac{1}{2}(s^2+qn^2)+\lambda_1kn+\lambda_2(bi-b_0w)$$

根据极小值原理,求得的正常控制为

$$i^*=-I_M\mathrm{sgn}(\lambda_2b)$$

控制量在其约束边界上取值，形成邦-邦控制。由于 H 对 i 为线性关系，故还存在奇异控制

$$i^*=\frac{k}{qb}s+\frac{b_0}{b}w$$

其奇异弧表达式为

$$V_s=\{(s,n)\mid s+\sqrt{q}n=0,-\frac{qb}{k}I_M-\frac{qb_0}{k}w\leqslant s\leqslant\frac{qb}{k}I_M-\frac{qb_0}{k}w\}$$

为了得到全状态反馈的控制律，使系统能够稳定地工作，可通过加上在奇异弧上恒为零的项来修正奇异最优控制律

$$i^*=\frac{k}{qb}s+\frac{b_0}{b}w+\eta(s+\sqrt{q}n)$$

令 $\eta=-\frac{2k}{bq}$，得 $i^*=-\frac{k}{qb}s-\frac{2k}{b\sqrt{q}}n+\frac{b_0}{b}w$。

当状态触及约束边界时，根据状态受限时的极小值原理，可求出在约束边界上的最优控制律为 $i^*=(b_0/b)w$。

在求解最优开关曲线时，邦-邦控制只切换一次便进入奇异控制。第一段邦-邦开关曲线的求取可通过求邦-邦子弧的相轨迹方程和第一次邦-邦开关时刻表达式获得。

对应于 $i^*(-I_M,I_M)$ 的开关曲线为

$$C_1=\left\{(s,n)\middle| s=\frac{2}{9}\frac{kn^2}{b(I_M-\frac{b_0}{b}w)}+\sqrt{q}n\right.$$
$$\left.-\frac{2}{9\sqrt{k}b(I_M-\frac{b_0}{b}w)}[kn-3b(I_M-\frac{b_0}{b}w)\sqrt{q}]\sqrt{n[kn-3b(I_M-\frac{b_0}{b}w)\sqrt{q}]}\right\}$$

对应于 $i^*(I_M,-I_M)$ 的开关曲线为

$$C_2=\left\{(s,n)\middle| s=-\frac{2}{9}\frac{kn^2}{b(I_M-\frac{b_0}{b}w)}+\sqrt{q}n\right.$$
$$\left.-\frac{2}{9\sqrt{k}b(I_M+\frac{b_0}{b}w)}[kn+3b(I_M+\frac{b_0}{b}w)\sqrt{q}]\sqrt{n[kn+3b(I_M+\frac{b_0}{b}w)\sqrt{q}]}\right\}$$

若把分段常值负载 w 视为变量，遍取 w 的允许值，则在 s、n 和 w 组成的三维状态空间中，对应所有 w 可能值的开关曲线族构成了开关曲面，如图 8-8 所示。由图可见，开关曲面分别由邦-邦开关曲线族 C_{1i}、C_{2i}，奇异弧线族 V_{si} 和约束边界上控制子弧 n_{1i}、n_{2i} 所构成的空间平面组成，并把状态空间分为 D^+ 和 D^- 两个子空间。最优控制律归纳为表 8-1 所示。

表 8-1　最优控制律

域 D^+	域 D^-	约束边界	奇异弧
$i^*=I_M$	$i^*=-I_M$	$i^*=\frac{b_0}{b}w$	$i^*=-\frac{k}{bq}s-\frac{2k}{b\sqrt{q}}n+\frac{b_0}{b}w$

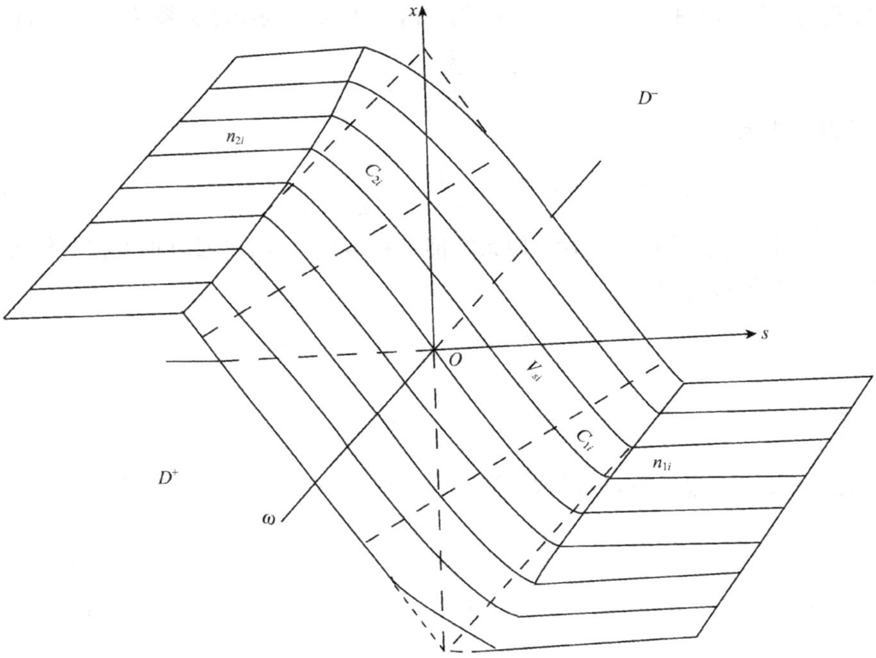

图 8-8　最优开关曲面

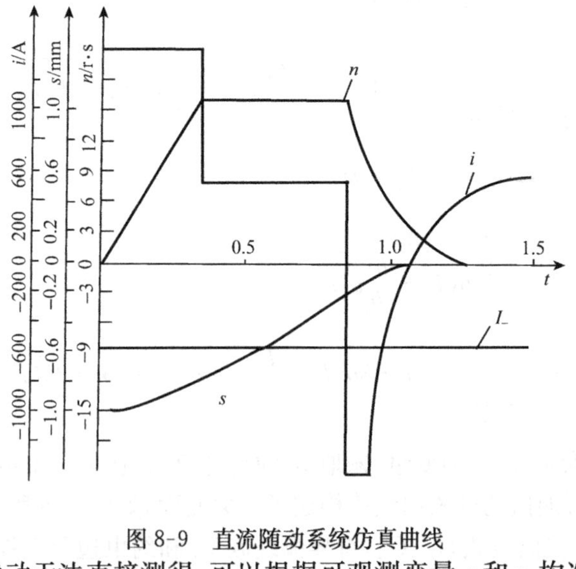

图 8-9　直流随动系统仿真曲线

实际上，负载扰动无法直接测得，可以根据可观测变量 s 和 n 构造状态观测器，得到 $\hat{w}$ 以代替上面讨论的 w。

令 $\hat{y}=b_0\hat{w}$，有增广系统

$$\begin{bmatrix}\dot{\hat{y}}\\ \dot{s}\\ \dot{n}\end{bmatrix}=\begin{bmatrix}0 & 0 & 0\\ 0 & 0 & k\\ -1 & 0 & 0\end{bmatrix}\begin{bmatrix}\hat{y}\\ s\\ n\end{bmatrix}+\begin{bmatrix}0\\ 0\\ b\end{bmatrix}i$$

则状态观测器方程为

$$\dot{z}=-kz+ki+k^2n$$
$$\hat{y}=z-kn$$

通常,权系数 q 的选取与系统动态性能有关。q 值过大,系统的过渡过程时间长;q 值过小,系统又会出现超调。本例选取 $q=9.5\times10^{-4}$。

当给定位置信号为 1 mm,主要技术参数为额定电流 $I_N=564$ A、额定转速 $n_N=1000$ r/min、过载能力 2.5 倍、$R_0=0.058\Omega$、$c_e=25.5$ V/(r · min^{-1})、$c_M=0.412$ kg · m/A、$k=0.075$ mm/(r · s^{-1})、观测器极点选为−10 时,计算机仿真结果如图 8-9 所示。从仿真结果可见:奇异最优控制系统综合了邦-邦控制与线性反馈控制的优点,能尽快地消除偏差,带负载进入稳态;控制规律及开关曲线可按负载力矩的变化量进行在线修正。

习　　题

8-1　已知一阶系统方程

$$\dot{x}(t)=u(t),\quad x(0)=1$$

控制约束:$|u(t)|\leqslant1$。性能指标

$$J=\frac{1}{2}\int_0^2 x^2(t)\mathrm{d}t$$

末态要求 $x(2)=0.5$。试求系统的邦-邦解与奇异解。

8-2　设二阶系统方程

$$\dot{x}_1(t)=x_2(t)$$
$$\dot{x}_2(t)=-x_1(t)+u(t)$$

控制约束:$|u(t)|\leqslant1$。性能指标

$$J=\frac{1}{2}\int_0^{t_f} x_1^2(t)\mathrm{d}t$$

式中 t_f 自由。试验证系统能否出现奇异弧。

8-3　设二阶可控系统

$$\dot{x}_1(t)=a_{11}x_1(t)+a_{12}x_2(t)$$
$$\dot{x}_2(t)=a_{21}x_1(t)+a_{22}x_2(t)+u(t)$$

控制约束:$|u(t)|<1$。性能指标

$$J=\frac{1}{2}\int_0^{t_f}[x_1^2(t)+x_2^2(t)]\mathrm{d}t$$

式中 t_f 自由。试证明奇异最优控制为

$$u^*(t)=-(a_{12}+a_{21})x_1(t)-(a_{11}+a_{22})x_2(t)$$

8-4　试用控制变量转移法重作例 8-2。

8-5　设二阶非线性定常系统

$$\dot{x}_1(t)=x_2(t),\quad x_1(0)=x_{10},\quad x_1(t_f)=x_{1T}$$
$$\dot{x}_2(t)=-x_2(t)-x_2^3(t)+u(t)$$
$$x_2(0)=x_{20},\quad x_2(t_f)=x_{2T}$$

控制约束:$|u(t)|\leqslant1$。性能指标

$$J=\int_0^{t_f} \mathrm{d}t=t_f$$

式中 t_f 自由。试证不存在奇异最优控制。

8-6 已知系统方程

$$\dot{\boldsymbol{x}}(t)=\begin{bmatrix}0 & 1\\0 & 0\end{bmatrix}\boldsymbol{x}(t)+\begin{bmatrix}1\\-1\end{bmatrix}u(t)$$

控制约束 $|u(t)|\leqslant 1$。性能指标

$$J=\int_0^{t_f} x_1^2(t)\mathrm{d}t$$

试用奇异调节器方法求奇异最优控制 $u^*(t)$。

8-7 已知系统方程

$$\dot{\boldsymbol{x}}(t)=\begin{bmatrix}0 & 1 & 0\\0 & 0 & 1\\0 & 0 & 0\end{bmatrix}\boldsymbol{x}(t)+\begin{bmatrix}0\\0\\1\end{bmatrix}u(t)$$

控制约束 $|u(t)|\leqslant 1$。性能指标

$$J=\int_0^{t_f} [x_1^2(t)+x_2^2(t)+x_3^2(t)]\mathrm{d}t$$

试用奇异调节器方法求奇异最优控制 $u^*(t)$。

第 9 章 随机最优控制

在以前各章所研究的最优控制问题中，认为控制系统不受随机干扰作用，而且假定系统的状态变量都可直接获得，因此，所研究的是确定性系统的最优控制问题。实际上，工程系统都或多或少地受到随机干扰的作用，也常常不可能获得状态的全部信息，而只能根据量测方程得到某些不完全的信息。受到随机干扰作用的系统称为随机系统，其状态为随机变量。本章将考虑系统所受到的随机干扰或模型本身的随机误差以及量测装置的量测误差和随机性的初始状态，采用卡尔曼滤波器估计随机系统的状态，结合随机过程理论研究随机系统的最优控制问题。由于非线性系统的随机最优控制问题非常复杂，几乎得不到正确的解，因此本章仅限于讨论在工程中已经实际应用的具有二次型性能指标的线性系统，在高斯(正态)分布白噪声干扰作用下的随机最优控制问题，即所谓 LQG 问题。

9.1 随机噪声作用下的状态响应

9.1.1 状态对白噪声的响应

设线性时变随机系统的状态方程为

$$\dot{\boldsymbol{x}}(t)=\boldsymbol{F}(t)\boldsymbol{x}(t)+\boldsymbol{G}(t)\boldsymbol{w}(t),\quad \boldsymbol{x}(t_0)=\boldsymbol{x}_0 \tag{9-1}$$

式中 $\boldsymbol{x}(t)$为 n 维随机状态向量，$\boldsymbol{x}_0$ 是 n 维随机初始状态，其均值及方差阵分别为

$$E[\boldsymbol{x}(t_0)]=\boldsymbol{m}_0 \tag{9-2}$$

$$\mathrm{Var}[\boldsymbol{x}(t_0)]=E[(\boldsymbol{x}_0-\boldsymbol{m}_0)(\boldsymbol{x}_0-\boldsymbol{m}_0)^{\mathrm{T}}]=\boldsymbol{P}_0 \tag{9-3}$$

$\boldsymbol{w}(t)$为零均值高斯白噪声过程，其统计特性

$$\mathrm{Cov}[\boldsymbol{w}(t),\boldsymbol{w}(\tau)]=E[\boldsymbol{w}(t)\boldsymbol{w}^{\mathrm{T}}(\tau)]=\boldsymbol{Q}_0(t)\delta(t-\tau) \tag{9-4}$$

$$\mathrm{Cov}[\boldsymbol{x}(t_0),\boldsymbol{w}(\tau)]=E[(\boldsymbol{x}_0-\boldsymbol{m}_0)\boldsymbol{w}^{\mathrm{T}}(\tau)]=\boldsymbol{0} \tag{9-5}$$

下面逐个求出随机向量 $\boldsymbol{x}(t)$的统计性能。首先，求 $\boldsymbol{x}(t)$的均值。显然，$\boldsymbol{x}(t)$的均值满足以下矩阵微分方程及初始条件

$$\frac{\mathrm{d}}{\mathrm{d}t}[E[\boldsymbol{x}(t)]]=\boldsymbol{F}(t)E\boldsymbol{x}(t)+\boldsymbol{G}(t)E[\boldsymbol{w}(t)],\quad E[\boldsymbol{x}(t_0)]=\boldsymbol{m}_0 \tag{9-6}$$

其解为

$$\begin{aligned}E[\boldsymbol{x}(t)]&=\boldsymbol{\Phi}(t,t_0)\boldsymbol{m}_0+\int_{t_0}^{t}\boldsymbol{\Phi}(t,\tau)\boldsymbol{G}(\tau)E[\boldsymbol{w}(\tau)]\mathrm{d}\tau\\&=\boldsymbol{\Phi}(t,t_0)\boldsymbol{m}_0\end{aligned} \tag{9-7}$$

其次求 $\boldsymbol{x}(t)$的方差阵。因为式(9-1)的解为

$$\boldsymbol{x}(t)=\boldsymbol{\Phi}(t,t_0)\boldsymbol{x}_0+\int_{t_0}^{t}\boldsymbol{\Phi}(t,\tau)\boldsymbol{G}(\tau)\boldsymbol{w}(\tau)\mathrm{d}\tau \tag{9-8}$$

所以由式(9-8)减去式(9-7)，再右乘 $\boldsymbol{w}^{\mathrm{T}}(t)$可得

$$[\boldsymbol{x}(t)-E[\boldsymbol{x}(t)]]\boldsymbol{w}^{\mathrm{T}}(t)=\boldsymbol{\Phi}(t,t_0)(\boldsymbol{x}_0-\boldsymbol{m}_0)\boldsymbol{w}^{\mathrm{T}}(t)+\int_{t_0}^{t}\boldsymbol{\Phi}(t,\tau)\boldsymbol{G}(\tau)\boldsymbol{w}(\tau)\boldsymbol{w}^{\mathrm{T}}(t)\mathrm{d}\tau$$

上式两端取数学期望，并代入式(9-5)和式(9-4)，可得

$$\mathrm{Cov}[\boldsymbol{x}(t),\boldsymbol{w}(t)]=\int_{t_0}^{t}\boldsymbol{\Phi}(t,\tau)\boldsymbol{G}(\tau)\boldsymbol{Q}_0(\tau)\delta(\tau-t)\mathrm{d}\tau=\frac{1}{2}\boldsymbol{G}(t)\boldsymbol{Q}_0(t) \tag{9-9}$$

将式(9-1)与式(9-6)相减，再右乘$[\boldsymbol{x}(t)-E[\boldsymbol{x}(t)]]^{\mathrm{T}}$，则得

$$\begin{aligned}&\left\{\frac{\mathrm{d}}{\mathrm{d}t}[\boldsymbol{x}(t)-E[\boldsymbol{x}(t)]]\right\}[\boldsymbol{x}(t)-E[\boldsymbol{x}(t)]]^{\mathrm{T}}\\&=\boldsymbol{F}(t)[\boldsymbol{x}(t)-E[\boldsymbol{x}(t)]][\boldsymbol{x}(t)-E[\boldsymbol{x}(t)]]^{\mathrm{T}}+\boldsymbol{G}(t)[\boldsymbol{w}(t)-E[\boldsymbol{x}(t)]][\boldsymbol{x}(t)-E[\boldsymbol{x}(t)]]^{\mathrm{T}}\end{aligned}$$

将上式转置后再加到上式中，得到

$$\begin{aligned}&\frac{\mathrm{d}}{\mathrm{d}t}\{[\boldsymbol{x}(t)-E[\boldsymbol{x}(t)]][\boldsymbol{x}(t)-E[\boldsymbol{x}(t)]]^{\mathrm{T}}\}\\&=\boldsymbol{F}(t)[\boldsymbol{x}(t)-E[\boldsymbol{x}(t)]][\boldsymbol{x}(t)-E[\boldsymbol{x}(t)]]^{\mathrm{T}}+[\boldsymbol{x}(t)-E[\boldsymbol{x}(t)]][\boldsymbol{x}(t)-E[\boldsymbol{x}(t)]]^{\mathrm{T}}\boldsymbol{F}^{\mathrm{T}}(t)\\&\quad+\boldsymbol{G}(t)\boldsymbol{w}(t)[\boldsymbol{x}(t)-E[\boldsymbol{x}(t)]]^{\mathrm{T}}+[\boldsymbol{x}(t)-E[\boldsymbol{x}(t)]]\boldsymbol{w}^{\mathrm{T}}(t)\boldsymbol{G}^{\mathrm{T}}(t)\end{aligned}$$

上式两端取数学期望，并代入式(9-9)，得 $\boldsymbol{x}(t)$ 的方差阵

$$\mathrm{Var}[\boldsymbol{x}(t)]=\boldsymbol{P}_x(t) \tag{9-10}$$

其应满足的矩阵微分方程为

$$\begin{aligned}&\dot{\boldsymbol{P}}_x(t)=\boldsymbol{F}(t)\boldsymbol{P}_x(t)+\boldsymbol{P}_x(t)\boldsymbol{F}^{\mathrm{T}}(t)+\boldsymbol{G}(t)\boldsymbol{Q}_0(t)\boldsymbol{G}^{\mathrm{T}}(t)\\&\boldsymbol{P}_x(t_0)=\boldsymbol{P}_0\end{aligned} \tag{9-11}$$

再次，求 $\boldsymbol{x}(t)$ 的协方差阵

$$\mathrm{Cov}[\boldsymbol{x}(t),\boldsymbol{x}(\tau)]=E\{[\boldsymbol{x}(t)-E\boldsymbol{x}(t)][\boldsymbol{x}(\tau)-E[\boldsymbol{x}(\tau)]]^{\mathrm{T}}\} \tag{9-12}$$

将式(9-8)与式(9-7)相减，令 $t=t+\tau$，$t_0=t$，且令原式中 $\tau=t'$，代换后得

$$\begin{aligned}\boldsymbol{x}(t+\tau)-E[\boldsymbol{x}(t+\tau)]=&\boldsymbol{\Phi}(t+\tau,t)[\boldsymbol{x}(t)-E[\boldsymbol{x}(t)]]\\&+\int_{t}^{t+\tau}\boldsymbol{\Phi}(t+\tau,t')\boldsymbol{G}(t')\boldsymbol{w}(t')\mathrm{d}t'\end{aligned} \tag{9-13}$$

式(9-13)右乘$[\boldsymbol{x}(t)-E[\boldsymbol{x}(t)]]^{\mathrm{T}}$，并取数学期望，得

$$\begin{aligned}\mathrm{Cov}[\boldsymbol{x}(t+\tau),\boldsymbol{x}(t)]=&\boldsymbol{\Phi}(t+\tau,t)\boldsymbol{P}_x(t)\\&+\int_{t}^{t+\tau}\boldsymbol{\Phi}(t+\tau,t')\boldsymbol{G}(t')E[\boldsymbol{w}(t')][\boldsymbol{x}(t)-E\boldsymbol{x}(t)]^{\mathrm{T}}\mathrm{d}t'\end{aligned}$$

因为 $\boldsymbol{w}(t)$ 为白噪声，当 $\tau>0$ 时

$$E\{\boldsymbol{w}(t')[\boldsymbol{x}(t)-E[\boldsymbol{x}(t)]]^{\mathrm{T}}\}=\boldsymbol{0}$$

且当 $\tau=0$ 时，积分上限与下限相等，积分项为零，故有

$$\boldsymbol{P}_x(t+\tau,t)=\boldsymbol{\Phi}(t+\tau,t)\boldsymbol{P}_x(t),\quad \forall\tau\geqslant0 \tag{9-14}$$

根据协方差矩阵性质

$$\boldsymbol{P}_x(t,t+\tau)=\boldsymbol{P}_x^{\mathrm{T}}(t+\tau,t) \tag{9-15}$$

因此，式(9-14)也可写为

$$\boldsymbol{P}_x(t,t+\tau)=\boldsymbol{P}_x(t)\boldsymbol{\Phi}^{\mathrm{T}}(t+\tau,t),\quad \forall\tau\geqslant0 \tag{9-16}$$

最后，求 $\boldsymbol{x}(t)$ 与 $\boldsymbol{w}(t)$ 的协方差阵。以 $\boldsymbol{w}^{\mathrm{T}}(t)\boldsymbol{G}^{\mathrm{T}}(t)$ 右乘式(9-13)，并取数学期望，即可得到下式，并列入式(9-9)结果

$$P_{xw}(t+\tau,t)G^{T}(t)=\begin{cases}\Phi(t+\tau,t)G(t)Q_0(t)G^{T}(t), & 当\ \tau>0\\ \frac{1}{2}G(t)Q_0(t)G^{T}(t), & 当\ \tau=0\\ 0, & 当\ \tau<0\end{cases}$$

于是，$x(t+\tau)$ 与 $w(t)$ 的协方差阵为

$$P_{xw}(t+\tau,t)=\begin{cases}\Phi(t+\tau,t)G(t)Q_0(t), & 当\ \tau>0\\ \frac{1}{2}G(t)Q_0(t), & 当\ \tau=0\\ 0, & 当\ \tau<0\end{cases} \tag{9-17}$$

上述论证，可以归纳为如下定理。

定理 9-1 设 $x(t)$ 是随机微分方程

$$\dot{x}(t)=F(t)x(t)+G(t)w(t),\quad x(t_0)=x_0$$

的解。其中 $w(t)$ 是均值为零，方差阵为 $Q_0(t)$ 的白噪声，x_0 为与 $w(t)$ 不相关的 n 维初始随机向量，其均值为 m_0 方差阵为 P_0。则

① $x(t)$ 的均值为式(9-7)，满足矩阵微分方程(9-6)。

② $x(t)$ 的方差阵是矩阵微分方程(9-11)的解。

③ $x(t)$ 的协方差阵如式(9-14)或式(9-16)所示。

④ $x(t+\tau)$ 与 $w(t)$ 的协方差阵如式(9-17)所示。

当式(9-1)定常时，F、G 和 Q_0 为常阵，转移矩阵

$$\Phi(t+\tau,t)=\Phi(\tau)=e^{F(t-t_0)} \tag{9-18}$$

可以证明，当 $t_0\to-\infty$ 时，方差阵 $P_x(t)$ 趋于常阵 $\bar{P}_x$。于是，式(9-11)演变为

$$F\bar{P}_x+\bar{P}xF^{T}+GQ_0G^{T}=0 \tag{9-19}$$

定理 9-2 设 $x(t)$ 是定常随机微分方程

$$\dot{x}(t)=Fx(t)+Gw(t),\quad x(t_0)=x_0 \tag{9-20}$$

的解。假设同定理 9-1，但 F、G 和 Q_0 为常阵，则

① $x(t)$ 的均值

$$E[x(t)]=\Phi(\tau)m_0 \tag{9-21}$$

满足下列齐次矩阵微分方程

$$\frac{d}{dt}[Ex(t)]=FE[x(t)],\quad E[x(t_0)]=m_0 \tag{9-22}$$

② $x(t)$ 的方差阵 $\bar{P}_x$ 是下列矩阵代数方程的解

$$F\bar{P}_x+\bar{P}_xF^{T}+GQ_0G^{T}=0 \tag{9-23}$$

③ $x(t)$ 的协方差阵

$$P_x(\tau)=\Phi(\tau)\bar{P}_x,\quad \forall\tau\geqslant0 \tag{9-24}$$

或者

$$P_x(-\tau)=\bar{P}_x\Phi^{T}(\tau),\quad \forall\tau\geqslant0 \tag{9-25}$$

④ $x(t)$ 与 $w(t)$ 的协方差阵

$$P_{xw}(\tau)=\begin{cases}\boldsymbol{\Phi}(\tau)\boldsymbol{G}\boldsymbol{Q}_0, & 当\ \tau>0\\ \dfrac{1}{2}\boldsymbol{G}\boldsymbol{Q}_0, & 当\ \tau=0\\ \boldsymbol{0}, & 当\ \tau<0\end{cases} \tag{9-26}$$

9.1.2 状态对有色噪声的响应

在许多工程问题中，随机干扰不是白噪声，而是有色噪声。若将白噪声通过成形滤波器，则其输出便是有色噪声。成形滤波器的方程为

$$\boldsymbol{v}(t)=\boldsymbol{C}(t)\boldsymbol{z}(t) \tag{9-27}$$

$$\dot{\boldsymbol{z}}(t)=\boldsymbol{A}(t)\boldsymbol{z}(t)+\boldsymbol{B}(t)\boldsymbol{w}(t) \tag{9-28}$$

式中 $\boldsymbol{v}(t)$为有色噪声，$\boldsymbol{w}(t)$为白噪声。

在有色噪声作用下，系统的随机微分方程表达式为

$$\dot{\boldsymbol{x}}(t)=\boldsymbol{F}(t)\boldsymbol{x}(t)+\boldsymbol{G}(t)\boldsymbol{v}(t) \tag{9-29}$$

将式(9-27)代入式(9-29)，则系统与成形滤波器方程为

$$\dot{\boldsymbol{x}}(t)=\boldsymbol{F}(t)\boldsymbol{x}(t)+\boldsymbol{G}(t)\boldsymbol{C}(t)\boldsymbol{z}(t)$$

$$\dot{\boldsymbol{z}}(t)=\boldsymbol{A}(t)\boldsymbol{z}(t)+\boldsymbol{B}(t)\boldsymbol{w}(t)$$

利用扩充状态变量法，令

$$\bar{\boldsymbol{x}}(t)=\begin{bmatrix}\boldsymbol{x}(t)\\ \boldsymbol{z}(t)\end{bmatrix},\quad \bar{\boldsymbol{F}}(t)=\begin{bmatrix}\boldsymbol{F}(t) & \boldsymbol{G}(t)\boldsymbol{C}(t)\\ \boldsymbol{0} & \boldsymbol{A}(t)\end{bmatrix},\quad \bar{\boldsymbol{G}}(t)=\begin{bmatrix}\boldsymbol{0}\\ \boldsymbol{B}(t)\end{bmatrix}$$

则增广系统的随机微分方程为

$$\dot{\bar{\boldsymbol{x}}}(t)=\bar{\boldsymbol{F}}(t)\bar{\boldsymbol{x}}(t)+\bar{\boldsymbol{G}}(t)\boldsymbol{w}(t) \tag{9-30}$$

于是，系统在有色噪声作用下的响应，可以转化为增广系统在白噪声作用下的响应。

9.1.3 随机型性能指标

设随机系统微分方程如式(9-1)所示。已知随机初态 $\boldsymbol{x}_0$ 的均值为 $\boldsymbol{m}_0$，方差阵为 $\boldsymbol{P}_0$。若取性能指标

$$J=\frac{1}{2}\boldsymbol{x}^{\mathrm{T}}(t_f)\boldsymbol{P}_{\mathrm{T}}\boldsymbol{x}(t_f)+\frac{1}{2}\int_{t_0}^{t_f}\boldsymbol{x}^{\mathrm{T}}(t)\boldsymbol{Q}(t)\boldsymbol{x}(t)\,\mathrm{d}t \tag{9-31}$$

式中 $\boldsymbol{P}_{\mathrm{T}}$ 为非负定对称矩阵，$\boldsymbol{Q}(t)$也是非负定对称时变矩阵。则因 $\boldsymbol{x}(t)$为随机向量，使得 J 成为随机变量。因此，在随机控制中，应取式(9-31)的数学期望作为性能指标，即

$$J=E\left\{\frac{1}{2}\boldsymbol{x}^{\mathrm{T}}(t_f)\boldsymbol{P}_{\mathrm{T}}\boldsymbol{x}(t_f)+\frac{1}{2}\int_{t_0}^{t_f}\boldsymbol{x}^{\mathrm{T}}(t)\boldsymbol{Q}(t)\boldsymbol{x}(t)\,\mathrm{d}t\right\} \tag{9-32}$$

为了便于使用，需要将式(9-32)转化为另一种形式。考虑到 $\mathrm{tr}[\boldsymbol{x}\boldsymbol{x}^{\mathrm{T}}]=\boldsymbol{x}^{\mathrm{T}}\boldsymbol{x}$，则式(9-32)在 $\boldsymbol{m}_0=\boldsymbol{0}$ 时可以写为

$$\begin{aligned}J&=\mathrm{tr}\left\{\frac{1}{2}\boldsymbol{P}_{\boldsymbol{x}}(t_f)\boldsymbol{P}_{\mathrm{T}}+\frac{1}{2}\int_{t_0}^{t_f}\boldsymbol{P}_{\boldsymbol{x}}(t)\boldsymbol{Q}(t)\,\mathrm{d}t\right\}\\ &=\frac{1}{2}\mathrm{tr}\left\{\boldsymbol{P}_{\boldsymbol{x}}(t_f)\boldsymbol{P}_{\mathrm{T}}+\int_{t_0}^{t_f}\left\{\boldsymbol{P}_{\boldsymbol{x}}(t)\boldsymbol{Q}(t)+\frac{\mathrm{d}}{\mathrm{d}t}[\boldsymbol{P}_{\boldsymbol{x}}(t)\boldsymbol{P}(t)]\right\}\mathrm{d}(t)-[\boldsymbol{P}_{\boldsymbol{x}}(t_f)\boldsymbol{P}_{\mathrm{T}}-\boldsymbol{P}_0\boldsymbol{P}(t_0)]\right\}\\ &=\frac{1}{2}\mathrm{tr}\left\{\boldsymbol{P}_0\boldsymbol{P}(t_0)+\int_{t_0}^{t_f}[\boldsymbol{P}_{\boldsymbol{x}}(t)\boldsymbol{Q}(t)+\boldsymbol{P}_{\boldsymbol{x}}(t)\dot{\boldsymbol{P}}(t)+\dot{\boldsymbol{P}}_{\boldsymbol{x}}(t)\boldsymbol{P}(t)]\mathrm{d}t\right\}\end{aligned} \tag{9-33}$$

下面分几种情况对性能指标(9-33)的最后形式进行讨论。

(1) 随机初态 $\boldsymbol{x}_0$ 的均值 $E\{\boldsymbol{x}_0\}=\boldsymbol{m}_0=\boldsymbol{0}$

将式(9-11)代入式(9-33),可得

$$J=\frac{1}{2}\mathrm{tr}\{\boldsymbol{P}_0\boldsymbol{P}(t_0)+\int_{t_0}^{t_f}[\boldsymbol{P}_x(t)\boldsymbol{Q}(t)+\boldsymbol{P}_x(t)\dot{\boldsymbol{P}}(t)+\boldsymbol{F}(t)\boldsymbol{P}_x(t)\boldsymbol{P}(t)+\boldsymbol{P}_x(t)\boldsymbol{F}^{\mathrm{T}}(t)\boldsymbol{P}(t)+\boldsymbol{G}(t)\boldsymbol{Q}_0(t)\boldsymbol{G}^{\mathrm{T}}(t)\boldsymbol{P}(t)]\mathrm{d}t\} \tag{9-34}$$

鉴于当 $\boldsymbol{M}$ 与 $\boldsymbol{N}$ 为维数相同的方阵时,有

$$\mathrm{tr}(\boldsymbol{MN})=\mathrm{tr}(\boldsymbol{NM})$$

故式(9-34)可以写为

$$J=\frac{1}{2}\mathrm{tr}\{\boldsymbol{P}_0\boldsymbol{P}(t_0)+\int_{t_0}^{t_f}\{\boldsymbol{P}_x(t)[\dot{\boldsymbol{P}}(t)+\boldsymbol{P}(t)\boldsymbol{F}(t)+\boldsymbol{F}^{\mathrm{T}}(t)\boldsymbol{P}(t)+\boldsymbol{Q}(t)]+\boldsymbol{G}(t)\boldsymbol{Q}_0(t)\boldsymbol{G}^{\mathrm{T}}(t)\boldsymbol{P}(t)\mathrm{d}t\} \tag{9-35}$$

若 $\boldsymbol{P}(t)$满足以下矩阵微分方程及末值条件:

$$\begin{aligned}-\dot{\boldsymbol{P}}(t)&=\boldsymbol{P}(t)\boldsymbol{F}(t)+\boldsymbol{F}^{\mathrm{T}}(t)\boldsymbol{P}(t)+\boldsymbol{Q}(t)\\ \boldsymbol{P}(t_f)&=\boldsymbol{P}_{\mathrm{T}}\end{aligned} \tag{9-36}$$

则随机型性能指标为

$$J=\frac{1}{2}\mathrm{tr}\{\boldsymbol{P}_0\boldsymbol{P}(t_0)+\int_{t_0}^{t_f}\boldsymbol{G}(t)\boldsymbol{Q}_0(t)\boldsymbol{G}^{\mathrm{T}}(t)\boldsymbol{P}(t)\mathrm{d}t\} \tag{9-37}$$

(2) 随机初态 $\boldsymbol{x}_0$ 的均值 $E\{\boldsymbol{x}_0\}=\boldsymbol{m}_0\neq\boldsymbol{0}$

定义 $E[\boldsymbol{x}_0\boldsymbol{x}_0^{\mathrm{T}}]=\boldsymbol{P}'_x(t_0)$为原点二次矩阵。当 $\boldsymbol{m}_0=\boldsymbol{0}$ 时,$\boldsymbol{P}'_x(t_0)$正好等于 $\boldsymbol{x}_0$ 的方差阵 $\boldsymbol{P}_0$。不难求得

$$J=\frac{1}{2}\mathrm{tr}\{\boldsymbol{P}'_x(t_0)\boldsymbol{P}(t_0)+\int_{t_0}^{t_f}\boldsymbol{G}(t)\boldsymbol{Q}_0(t)\boldsymbol{G}^{\mathrm{T}}(t)\boldsymbol{P}(t)\mathrm{d}t\} \tag{9-38}$$

因为

$$\begin{aligned}\boldsymbol{P}_0&=E\{(\boldsymbol{x}_0-\boldsymbol{m}_0)(\boldsymbol{x}_0-\boldsymbol{m}_0)^{\mathrm{T}}\}\\&=E[\boldsymbol{x}_0\boldsymbol{x}_0^{\mathrm{T}}]-\boldsymbol{m}_0E[\boldsymbol{x}_0^{\mathrm{T}}]-E[\boldsymbol{x}_0]\boldsymbol{m}_0^{\mathrm{T}}+\boldsymbol{m}_0\boldsymbol{m}_0^{\mathrm{T}}\end{aligned}$$

所以

$$\boldsymbol{P}'_x(t_0)=\boldsymbol{P}_0+\boldsymbol{m}_0\boldsymbol{m}_0^{\mathrm{T}} \tag{9-39}$$

$$\mathrm{tr}\{\boldsymbol{P}'_x(t_0)\boldsymbol{P}(t_0)\}=\mathrm{tr}\{\boldsymbol{m}_0\boldsymbol{m}_0^{\mathrm{T}}\boldsymbol{P}(t_0)+\boldsymbol{P}_0\boldsymbol{P}(t_0)\} \tag{9-40}$$

于是,随机型性能指标(9-38)可表示为

$$J=\frac{1}{2}\boldsymbol{m}_0^{\mathrm{T}}\boldsymbol{P}(t_0)\boldsymbol{m}_0+\frac{1}{2}\mathrm{tr}\{\boldsymbol{P}_0\boldsymbol{P}(t_0)+\int_{t_0}^{t_f}\boldsymbol{G}(t)\boldsymbol{Q}_0(t)\boldsymbol{G}^{\mathrm{T}}(t)\boldsymbol{P}(t)\mathrm{d}t\} \tag{9-41}$$

式中 $\boldsymbol{P}(t)$满足矩阵方程(9-36)。

(3) 系统(9-1)及初态 $\boldsymbol{x}_0$ 均为确定性的

因 $\boldsymbol{w}(t)=\boldsymbol{0}$,$\boldsymbol{x}_0=E\{\boldsymbol{x}_0\}=\boldsymbol{m}_0$,故 $\boldsymbol{Q}_0(t)=\boldsymbol{0}$,$\boldsymbol{P}_0=\boldsymbol{0}$。确定性系统方程

$$\dot{\boldsymbol{x}}(t)=\boldsymbol{A}(t)\boldsymbol{x}(t),\quad \boldsymbol{x}(t_0)=\boldsymbol{x}_0 \tag{9-42}$$

确定性性能指标由式(9-41)可以求出为

$$J=\frac{1}{2}\boldsymbol{x}_0^{\mathrm{T}}\boldsymbol{P}(t_0)\boldsymbol{x}_0 \tag{9-43}$$

正好还原为确定性系统的最优性能指标。

(4) 系统(9-1)无模型噪声，但初态为随机过程

因 $\boldsymbol{w}(t)=\mathbf{0}$，从而 $\boldsymbol{Q}_0(t)=\mathbf{0}$。在 $E\{\boldsymbol{x}_0\}=\boldsymbol{m}_0\neq\mathbf{0}$ 且 $\boldsymbol{x}_0$ 的方差阵为 $\boldsymbol{P}_0$ 时，性能指标(9-41)演化为

$$J=\frac{1}{2}\boldsymbol{m}_0^{\mathrm{T}}\boldsymbol{P}(t_0)\boldsymbol{m}_0+\frac{1}{2}\mathrm{tr}\{\boldsymbol{P}_0\boldsymbol{P}(t_0)\} \tag{9-44}$$

式(9-44)中第二项是由于随机初始状态产生的附加量。显然，性能指标(9-41)中的积分项，是由于作用在系统上的随机干扰过程产生的。因为 $\boldsymbol{Q}_0(t)$ 和 $\boldsymbol{P}(t)$ 都是非负定矩阵，因而可以得出结论：随机控制系统的性能指标总是大于其相应的确定性系统的性能指标。

9.2 随机状态反馈调节器

9.2.1 随机最优状态调节器

问题 9-1 设线性时变随机系统方程

$$\begin{aligned}\dot{\boldsymbol{x}}(t)&=\boldsymbol{F}(t)\boldsymbol{x}(t)+\boldsymbol{G}(t)\boldsymbol{u}(t)+\boldsymbol{w}(t)\\ \boldsymbol{x}(t_0)&=\boldsymbol{x}_0\end{aligned} \tag{9-45}$$

式中 $\boldsymbol{x}(t)$ 为 n 维状态向量，$\boldsymbol{u}(t)$ 为 m 维控制向量，$\boldsymbol{w}(t)$ 为 n 维零均值高斯白噪声，$\boldsymbol{x}_0$ 为 n 维随机初始状态。已知

$$E\{\boldsymbol{x}_0\}=\boldsymbol{m}_0,\quad E\{(\boldsymbol{x}_0-\boldsymbol{m}_0)(\boldsymbol{x}_0-\boldsymbol{m}_0)^{\mathrm{T}}\}=\boldsymbol{P}_0$$

$$E\{\boldsymbol{x}_0\boldsymbol{w}^{\mathrm{T}}(t)\}=\mathbf{0},\quad E\{\boldsymbol{w}(t)\boldsymbol{w}^{\mathrm{T}}(t)\}=\boldsymbol{Q}_0(t)$$

要求随机最优控制 $\boldsymbol{u}^*(t)$，使下列随机二次型性能指标：

$$J=E\left\{\frac{1}{2}\boldsymbol{x}^{\mathrm{T}}(t_f)\boldsymbol{P}_{\mathrm{T}}\boldsymbol{x}(t_f)+\frac{1}{2}\int_{t_0}^{t_f}[\boldsymbol{x}^{\mathrm{T}}(t)\boldsymbol{Q}(t)\boldsymbol{x}(t)+\boldsymbol{u}^{\mathrm{T}}(t)\boldsymbol{R}(t)\boldsymbol{u}(t)]\mathrm{d}t\right\} \tag{9-46}$$

最小。式中 $\boldsymbol{P}_{\mathrm{T}}$ 与 $\boldsymbol{Q}(t)$ 为对称非负定矩阵，$\boldsymbol{R}(t)$ 为对称正定矩阵，t_f 固定。

为了求解问题 9-1，需要证明一个确定性系统的预备定理。设确定性系统方程为

$$\dot{\boldsymbol{x}}(t)=\boldsymbol{A}(t)\boldsymbol{x}(t)+\boldsymbol{B}(t)\boldsymbol{u}(t),\quad \boldsymbol{x}(t_0)=\boldsymbol{x}_0 \tag{9-47}$$

性能指标取为

$$J=\frac{1}{2}\boldsymbol{x}^{\mathrm{T}}(t_f)\boldsymbol{F}\boldsymbol{x}(t_f)+\frac{1}{2}\int_{t_0}^{t_f}[\boldsymbol{x}^{\mathrm{T}}(t)\boldsymbol{Q}(t)\boldsymbol{x}(t)+\boldsymbol{u}^{\mathrm{T}}(t)\boldsymbol{R}(t)\boldsymbol{u}(t)]\mathrm{d}t \tag{9-48}$$

若采用某一确定性的控制规律

$$\boldsymbol{u}(t)=-\widetilde{\boldsymbol{K}}(t)\boldsymbol{x}(t) \tag{9-49}$$

式中 $\widetilde{\boldsymbol{K}}(t)$ 为任意选定的时间函数矩阵，则系统方程(9-47)变为

$$\dot{\boldsymbol{x}}(t)=[\boldsymbol{A}(t)-\boldsymbol{B}(t)\widetilde{\boldsymbol{K}}(t)]\boldsymbol{x}(t),\quad \boldsymbol{x}(t_0)=\boldsymbol{x}_0 \tag{9-50}$$

而性能指标(9-48)变为

$$J=\frac{1}{2}\boldsymbol{x}^{\mathrm{T}}(t_f)\boldsymbol{F}\boldsymbol{x}(t_f)+\frac{1}{2}\int_{t_0}^{t_f}\boldsymbol{x}^{\mathrm{T}}(t)[\boldsymbol{Q}(t)+\widetilde{\boldsymbol{K}}^{\mathrm{T}}(t)\boldsymbol{R}(t)\widetilde{\boldsymbol{K}}(t)]\boldsymbol{x}(t)\mathrm{d}t \tag{9-51}$$

可以看出，式(9-50)与式(9-42)形式相同，式(9-51)与式(9-32)的确定性形式相同。因此，由式(9-43)得系统(9-47)在控制律(9-49)作用下的性能指标

$$\tilde{J}=\frac{1}{2}\boldsymbol{x}_0^{\mathrm{T}}\tilde{\boldsymbol{P}}(t_0)\boldsymbol{x}_0 \tag{9-52}$$

式中 $\tilde{\boldsymbol{P}}(t)$满足如下矩阵微分方程：

$$\begin{aligned}-\dot{\tilde{\boldsymbol{P}}}(t)=&\tilde{\boldsymbol{P}}(t)[\boldsymbol{A}(t)-\boldsymbol{B}(t)\tilde{\boldsymbol{K}}(t)]+[\boldsymbol{A}(t)-\boldsymbol{B}(t)\tilde{\boldsymbol{K}}(t)]^{\mathrm{T}}\tilde{\boldsymbol{P}}(t)\\&+\boldsymbol{Q}(t)+\tilde{\boldsymbol{K}}^{\mathrm{T}}(t)\boldsymbol{R}(t)\tilde{\boldsymbol{K}}(t)\\\tilde{\boldsymbol{P}}(t_f)=&\boldsymbol{F}\end{aligned} \tag{9-53}$$

若采用最优控制规律

$$\boldsymbol{u}^*(t)=-\boldsymbol{K}(t)\boldsymbol{x}(t) \tag{9-54}$$

式中

$$\boldsymbol{K}(t)=\boldsymbol{R}^{-1}(t)\boldsymbol{B}^{\mathrm{T}}(t)\boldsymbol{P}(t) \tag{9-55}$$

而 $\boldsymbol{P}(t)$满足以下黎卡提矩阵微分方程：

$$\begin{aligned}-\dot{\boldsymbol{P}}(t)=&\boldsymbol{P}(t)\boldsymbol{A}(t)+\boldsymbol{A}^{\mathrm{T}}(t)\boldsymbol{P}(t)-\boldsymbol{P}(t)\boldsymbol{B}(t)\boldsymbol{R}^{-1}(t)\boldsymbol{B}^{\mathrm{T}}(t)\boldsymbol{P}(t)+\boldsymbol{Q}(t)\\\boldsymbol{P}(t_f)=&\boldsymbol{F}\end{aligned} \tag{9-56}$$

则最优性能指标

$$J^*=\frac{1}{2}\boldsymbol{x}_0^{\mathrm{T}}\boldsymbol{P}(t_0)\boldsymbol{x}_0 \tag{9-57}$$

显然

$$J^*\leqslant\tilde{J} \tag{9-58}$$

$$\boldsymbol{P}(t)\leqslant\tilde{\boldsymbol{P}}(t) \tag{9-59}$$

仅当 $\tilde{\boldsymbol{K}}(t)=\boldsymbol{R}^{-1}(t)\boldsymbol{B}^{\mathrm{T}}(t)\tilde{\boldsymbol{P}}(t)$时，式(9-58)和式(9-59)才取严格等号。上述结论可归纳为如下预备定理。

定理 9-3 设矩阵微分方程及边界条件为

$$\begin{aligned}-\dot{\tilde{\boldsymbol{P}}}(t)=&\tilde{\boldsymbol{P}}(t)[\boldsymbol{A}(t)-\boldsymbol{B}(t)\tilde{\boldsymbol{K}}(t)]+[\boldsymbol{A}(t)-\boldsymbol{B}(t)\tilde{\boldsymbol{K}}(t)]^{\mathrm{T}}\tilde{\boldsymbol{P}}(t)\\&+\tilde{\boldsymbol{K}}^{\mathrm{T}}(t)\boldsymbol{R}(t)\tilde{\boldsymbol{K}}(t)+\boldsymbol{Q}(t)\\\tilde{\boldsymbol{P}}(t_f)=&\boldsymbol{F}\end{aligned}$$

另一矩阵微分方程及边界条件为

$$\begin{aligned}-\dot{\boldsymbol{P}}(t)=&\boldsymbol{P}(t)\boldsymbol{A}(t)+\boldsymbol{A}^{\mathrm{T}}(t)\boldsymbol{P}(t)-\boldsymbol{P}(t)\boldsymbol{B}(t)\boldsymbol{R}^{-1}(t)\boldsymbol{B}^{\mathrm{T}}(t)\boldsymbol{P}(t)+\boldsymbol{Q}(t)\\\tilde{\boldsymbol{P}}(t_f)=&\boldsymbol{F}\end{aligned}$$

式中，$\boldsymbol{F}\geqslant\boldsymbol{0}$，$\boldsymbol{Q}(t)\geqslant\boldsymbol{0}$，$\boldsymbol{R}(t)>\boldsymbol{0}$，$\tilde{\boldsymbol{K}}(t)$是任意连续的时间函数矩阵，$t_0\leqslant t\leqslant t_f$。则如下关系式成立：

$$\boldsymbol{P}(t)\leqslant\tilde{\boldsymbol{P}}(t)$$

仅当 $\tilde{\boldsymbol{K}}(t)=\boldsymbol{R}^{-1}(t)\boldsymbol{B}^{\mathrm{T}}(t)\tilde{\boldsymbol{P}}(t)$时，上式取严格等号。

根据上述定理，可以研究问题 9-1 的求解过程。对于系统(9-45)，取任一线性反馈控制律

$$\boldsymbol{u}(t)=-\tilde{\boldsymbol{K}}(t)\boldsymbol{x}(t) \tag{9-60}$$

则闭环系统方程为

$$\begin{aligned}\dot{\boldsymbol{x}}(t)=&[\boldsymbol{F}(t)-\boldsymbol{G}(t)\tilde{\boldsymbol{K}}(t)]\boldsymbol{x}(t)+\boldsymbol{w}(t)\\\boldsymbol{x}(t_0)=&\boldsymbol{x}_0\end{aligned} \tag{9-61}$$

性能指标(9-46)可以写为

$$\tilde{J} = E\left\{\frac{1}{2}\boldsymbol{x}^{\mathrm{T}}(t_f)\boldsymbol{P}_T\boldsymbol{x}(t_f) + \frac{1}{2}\int_{t_0}^{t_f}\boldsymbol{x}^{\mathrm{T}}(t)[\boldsymbol{Q}(t) + \tilde{\boldsymbol{K}}^{\mathrm{T}}(t)\boldsymbol{R}(t)\tilde{\boldsymbol{K}}(t)]\boldsymbol{x}(t)\mathrm{d}t\right\} \quad (9\text{-}62)$$

则由式(9-41)知,式(9-62)可进一步表示为

$$\tilde{J} = \frac{1}{2}\boldsymbol{m}_0^{\mathrm{T}}\boldsymbol{P}(t_0)\boldsymbol{m}_0 + \frac{1}{2}\mathrm{tr}\left\{\boldsymbol{P}_0\tilde{\boldsymbol{P}}(t_0) + \int_{t_0}^{t_f}\boldsymbol{G}(t)\boldsymbol{Q}_0(t)\tilde{\boldsymbol{P}}(t)\mathrm{d}t\right\} \quad (9\text{-}63)$$

式中 $\tilde{\boldsymbol{P}}(t)$满足下列矩阵微分方程及边界条件:

$$\begin{aligned} -\dot{\tilde{\boldsymbol{P}}}(t) &= \tilde{\boldsymbol{P}}(t)[\boldsymbol{F}(t) - \boldsymbol{G}(t)\tilde{\boldsymbol{K}}(t)] + [\boldsymbol{F}(t) - \boldsymbol{G}(t)\tilde{\boldsymbol{K}}(t)]^{\mathrm{T}}\tilde{\boldsymbol{P}}(t) \\ &\quad + \tilde{\boldsymbol{K}}^{\mathrm{T}}(t)\boldsymbol{R}(t)\tilde{\boldsymbol{K}}(t) + \boldsymbol{Q}(t) \\ \tilde{\boldsymbol{P}}(t_f) &= \boldsymbol{P}_{\mathrm{T}} \end{aligned} \quad (9\text{-}64)$$

如果对于系统(9-45)选取以下控制律:

$$\boldsymbol{u}^*(t) = -\boldsymbol{K}(t)\boldsymbol{x}(t) \quad (9\text{-}65)$$

式中

$$\boldsymbol{K}(t) = \boldsymbol{R}^{-1}(t)\boldsymbol{G}^{\mathrm{T}}(t)\boldsymbol{P}(t) \quad (9\text{-}66)$$

同样根据式(9-41)知,系统的性能指标为

$$J = \frac{1}{2}\boldsymbol{m}_0^{\mathrm{T}}\boldsymbol{P}(t_0)\boldsymbol{m}_0 + \frac{1}{2}\mathrm{tr}\left\{\boldsymbol{P}_0\boldsymbol{P}(\boldsymbol{t}_0) + \int_{t_0}^{t_f}\boldsymbol{Q}_0(t)\boldsymbol{P}(t)\mathrm{d}t\right\} \quad (9\text{-}67)$$

式中 $\boldsymbol{P}(t)$满足下列矩阵黎卡提方程及边界条件:

$$\begin{aligned} -\dot{\boldsymbol{P}}(t) &= \boldsymbol{P}(t)\boldsymbol{F}(t) + \boldsymbol{F}^{\mathrm{T}}(t)\boldsymbol{P}(t) - \boldsymbol{P}(t)\boldsymbol{G}(t)\boldsymbol{R}^{-1}(t)\boldsymbol{G}^{\mathrm{T}}(t)\boldsymbol{P}(t) + \boldsymbol{Q}(t) \\ \boldsymbol{P}(t_f) &= \boldsymbol{P}_{\mathrm{T}} \end{aligned} \quad (9\text{-}68)$$

根据定理 9-3,有

$$\boldsymbol{P}(t) \leqslant \tilde{\boldsymbol{P}}(t)$$

仅当 $\tilde{\boldsymbol{K}}(t) = \boldsymbol{R}^{-1}(t)\boldsymbol{G}^{\mathrm{T}}(t)\tilde{\boldsymbol{P}}(t)$时,以上不等式才变为等式。因此,式(9-67)为最优性能指标,相应的控制律(9-65)为最优控制律。上述结论,可以归纳为如下定理。

定理 9-4 随机状态调节器问题 9-1 的最优控制律为式(9-65),最优性能指标为式(9-67)。其中,状态反馈增益阵 $\boldsymbol{K}(t)$定义为式(9-66),矩阵 $\boldsymbol{P}(t)$满足黎卡提矩阵微分方程及边界条件(9-68)。

定理 9-4 表明,随机型系统的最优控制律与相应的确定型系统的最优控制律完全相同。也就是说,确定随机最优控制时,可以完全不考虑模型噪声的存在。但是,随机型最优性能指标要大于相应的确定型系统的最优性能指标。在随机最优性能指标(9-67)中,第一项就是相应确定型系统的最优性能指标,第二项是由于随机初态通过初始方差阵 $\boldsymbol{P}_0$ 而产生的,第三项是由于系统的模型噪声 $\boldsymbol{w}(t)$通过其方差阵 $\boldsymbol{Q}_0(t)$所产生的。由于式中矩阵的正定性或非负性,所有的随机因素都使随机系统的最优性能指标值增大。

9.2.2 随机最优输出调节器

如果在系统的状态方程中存在有色模型噪声 $\boldsymbol{v}(t)$,在输出方程中不存在量测噪声,同时在系统的性能指标中不出现状态变量,只出现输出变量,则这类问题称为有色噪声作用下的随机输出调节器问题。

问题 9-2 设线性时变随机系统的状态方程及输出方程为

$$\dot{\boldsymbol{x}}(t)=\boldsymbol{F}(t)\boldsymbol{x}(t)+\boldsymbol{G}(t)\boldsymbol{u}(t)+\boldsymbol{v}(t) \tag{9-69}$$

$$\boldsymbol{y}(t)=\boldsymbol{H}(t)\boldsymbol{x}(t) \tag{9-70}$$

式中 $\boldsymbol{x}(t)$ 为 n 维状态向量，$\boldsymbol{u}(t)$ 为 m 维控制向量，$\boldsymbol{y}(t)$ 为 l 维输出向量，$\boldsymbol{v}(t)$ 为 n 维零均值有色噪声，可视为白噪声作用下成型滤波器输出。已知成形滤波器方程为

$$\boldsymbol{v}(t)=\boldsymbol{C}(t)\boldsymbol{z}(t) \tag{9-71}$$

$$\dot{\boldsymbol{z}}(t)=\boldsymbol{A}(t)\boldsymbol{z}(t)+\boldsymbol{B}(t)\boldsymbol{w}(t) \tag{9-72}$$

式中 $\boldsymbol{w}(t)$ 为白噪声，其方差阵为 $\boldsymbol{Q}_0(t)$。性能指标取为

$$J=E\left\{\frac{1}{2}\boldsymbol{y}^{\mathrm{T}}(t_f)\boldsymbol{P}_{\mathrm{T}}\boldsymbol{y}(t_f)+\frac{1}{2}\int_{t_0}^{t_f}[\boldsymbol{y}^{\mathrm{T}}(t)\boldsymbol{Q}(t)\boldsymbol{y}(t)+\boldsymbol{u}^{\mathrm{T}}(t)\boldsymbol{R}(t)\boldsymbol{u}(t)]\mathrm{d}t\right\} \tag{9-73}$$

式中 $\boldsymbol{P}_{\mathrm{T}}$ 和 $\boldsymbol{Q}(t)$ 为对称非负定矩阵，$\boldsymbol{R}(t)$ 为对称正定矩阵。

要求随机最优控制 $\boldsymbol{u}^*(t)$，使性能指标(9-73)极小。

为了便于求解问题 9-2，可用扩充变量法将随机输出调节器问题转化为随机状态调节器问题。令

$$\begin{gathered}\bar{\boldsymbol{x}}(t)=\begin{bmatrix}\boldsymbol{x}(t)\\ \boldsymbol{z}(t)\end{bmatrix},\quad \bar{\boldsymbol{F}}(t)=\begin{bmatrix}\boldsymbol{F}(t) & \boldsymbol{C}(t)\\ \boldsymbol{0} & \boldsymbol{A}(t)\end{bmatrix}\\ \bar{\boldsymbol{G}}(t)=\begin{bmatrix}\boldsymbol{G}(t)\\ \boldsymbol{0}\end{bmatrix},\quad \bar{\boldsymbol{w}}(t)=\begin{bmatrix}\boldsymbol{0}\\ \boldsymbol{B}(t)\boldsymbol{w}(t)\end{bmatrix}\\ \bar{\boldsymbol{H}}(t)=[\boldsymbol{H}(t)\quad \boldsymbol{0}]\end{gathered} \tag{9-74}$$

则增广系统方程为

$$\dot{\bar{\boldsymbol{x}}}(t)=\bar{\boldsymbol{F}}(t)\bar{\boldsymbol{x}}(t)+\bar{\boldsymbol{G}}(t)\boldsymbol{u}(t)+\bar{\boldsymbol{w}}(t) \tag{9-75}$$

$$\boldsymbol{y}(t)=\bar{\boldsymbol{H}}(t)\bar{\boldsymbol{x}}(t) \tag{9-76}$$

将输出方程(9-70)代入性能指标(9-73)，可得

$$J=E\left\{\frac{1}{2}\bar{\boldsymbol{x}}^{\mathrm{T}}(t_f)\boldsymbol{P}_{1\mathrm{T}}\bar{\boldsymbol{x}}(t_f)+\frac{1}{2}\int_{t_0}^{t_f}[\bar{\boldsymbol{x}}^{\mathrm{T}}(t)\boldsymbol{Q}_1(t)\bar{\boldsymbol{x}}(t)+\boldsymbol{u}^{\mathrm{T}}(t)\boldsymbol{R}(t)\boldsymbol{u}(t)]\mathrm{d}t\right\} \tag{9-77}$$

式中

$$\begin{gathered}\boldsymbol{P}_{1T}=\begin{bmatrix}\boldsymbol{H}^{\mathrm{T}}(t_f)\boldsymbol{P}_{T}\boldsymbol{H}(t_f) & \boldsymbol{0}\\ \boldsymbol{0} & \boldsymbol{0}\end{bmatrix}\\ \boldsymbol{Q}_1(t)=\begin{bmatrix}\boldsymbol{H}^{\mathrm{T}}(t)\boldsymbol{Q}(t)\boldsymbol{H}(t) & \boldsymbol{0}\\ \boldsymbol{0} & \boldsymbol{0}\end{bmatrix}\end{gathered} \tag{9-78}$$

由于 $\boldsymbol{P}_{\mathrm{T}}$ 与 $\boldsymbol{Q}(t)$ 对称非负定，若阵对 $\{\boldsymbol{F}(t),\boldsymbol{H}(t)\}$ 完全可观测，则由引理 6-1 知，$\boldsymbol{P}_{1T}$ 和 $\boldsymbol{Q}_1(t)$ 为对称非负定矩阵。

由系统方程(9-75)、(9-76)及性能指标(9-77)可以看出，随机输出调节器问题已转化为随机状态调节器问题。根据定理 9-4 可得最优控制

$$\boldsymbol{u}^*(t)=-\boldsymbol{K}(t)\bar{\boldsymbol{x}}(t) \tag{9-79}$$

式中

$$\boldsymbol{K}(t)=\boldsymbol{R}^{-1}(t)\bar{\boldsymbol{G}}^{\mathrm{T}}(t)\boldsymbol{P}(t) \tag{9-80}$$

而 $\boldsymbol{P}(t)$ 满足下列黎卡提方程及其边界条件：

$$\begin{gathered}-\dot{\boldsymbol{P}}(t)=\boldsymbol{P}(t)\bar{\boldsymbol{F}}(t)+\bar{\boldsymbol{F}}^{\mathrm{T}}(t)\boldsymbol{P}(t)-\boldsymbol{P}(t)\bar{\boldsymbol{G}}(t)\boldsymbol{R}^{-1}(t)\bar{\boldsymbol{G}}^{\mathrm{T}}(t)\boldsymbol{P}(t)+\boldsymbol{Q}_1(t)\\ \boldsymbol{P}(t_f)=\boldsymbol{P}_{1T}\end{gathered} \tag{9-81}$$

将矩阵 $\boldsymbol{P}(t)$ 及 $\boldsymbol{K}(t)$ 按 $\boldsymbol{x}(t)$ 与 $\boldsymbol{z}(t)$ 的维数进行分块，即令

$$\boldsymbol{P}(t)=\begin{bmatrix}\boldsymbol{P}_{11}(t) & \boldsymbol{P}_{12}(t)\\ \boldsymbol{P}_{12}^{\mathrm{T}}(t) & \boldsymbol{P}_{22}(t)\end{bmatrix}$$

$$\boldsymbol{K}(t)=[\boldsymbol{K}_1(t)\quad \boldsymbol{K}_2(t)]$$

则式(9-79)可以写为

$$\boldsymbol{u}^*(t)=-\boldsymbol{K}_1(t)\boldsymbol{x}(t)-\boldsymbol{K}_2(t)\boldsymbol{z}(t) \tag{9-82}$$

式中

$$\begin{aligned}\boldsymbol{K}_1(t)&=\boldsymbol{R}^{-1}(t)\boldsymbol{G}^{\mathrm{T}}(t)\boldsymbol{P}_{11}(t)\\ \boldsymbol{K}_2(t)&=\boldsymbol{R}^{-1}(t)\boldsymbol{G}^{\mathrm{T}}(t)\boldsymbol{P}_{12}(t)\end{aligned} \tag{9-83}$$

将式(9-74)及式(9-78)代入式(9-81)，得以下黎卡提矩阵微分方程组

$$\begin{aligned}&-\dot{\boldsymbol{P}}_{11}(t)=\boldsymbol{P}_{11}(t)\boldsymbol{F}(t)+\boldsymbol{F}^{\mathrm{T}}(t)\boldsymbol{P}_{11}(t)-\boldsymbol{P}_{11}(t)\boldsymbol{G}(t)\boldsymbol{R}^{-1}(t)\boldsymbol{G}^{\mathrm{T}}(t)\boldsymbol{P}_{11}(t)+\boldsymbol{H}^{\mathrm{T}}(t)\boldsymbol{Q}(t)\boldsymbol{H}(t)\\ &\boldsymbol{P}_{11}(t_f)=\boldsymbol{H}^{\mathrm{T}}(t_f)\boldsymbol{P}_T\boldsymbol{H}(t_f)\end{aligned} \tag{9-84}$$

$$\begin{aligned}-\dot{\boldsymbol{P}}_{12}(t)&=\boldsymbol{P}_{12}(t)\boldsymbol{A}(t)+\boldsymbol{P}_{11}(t)\boldsymbol{C}(t)+\boldsymbol{F}^{\mathrm{T}}(t)\boldsymbol{P}_{12}(t)-\boldsymbol{P}_{11}(t)\boldsymbol{G}(t)\boldsymbol{R}^{-1}(t)\boldsymbol{G}^{\mathrm{T}}(t)\boldsymbol{P}_{12}(t)\\ &=\boldsymbol{P}_{12}(t)\boldsymbol{A}(t)+[\boldsymbol{F}(t)-\boldsymbol{G}(t)\boldsymbol{K}_1(t)]^{\mathrm{T}}\boldsymbol{P}_{12}(t)+\boldsymbol{P}_{11}(t)\boldsymbol{C}(t)\\ \boldsymbol{P}_{12}(t_f)&=\boldsymbol{0}\end{aligned} \tag{9-85}$$

$$\begin{aligned}-\dot{\boldsymbol{P}}_{22}(t)&=\boldsymbol{P}_{22}(t)\boldsymbol{A}(t)+\boldsymbol{A}^{\mathrm{T}}(t)\boldsymbol{P}_{22}(t)+\boldsymbol{P}_{12}^{\mathrm{T}}(t)\boldsymbol{C}(t)+\boldsymbol{C}^{\mathrm{T}}(t)\boldsymbol{P}_{12}(t)\\ &\quad-\boldsymbol{P}_{12}^{\mathrm{T}}(t)\boldsymbol{G}(t)\boldsymbol{R}^{-1}(t)\boldsymbol{G}^{\mathrm{T}}(t)\boldsymbol{P}_{12}(t)\\ \boldsymbol{P}_{22}(t_f)&=\boldsymbol{0}\end{aligned} \tag{9-86}$$

根据定理 9-4，还可得最优性能指标

$$J=\frac{1}{2}\bar{\boldsymbol{m}}_0^{\mathrm{T}}\boldsymbol{P}(t_0)\bar{\boldsymbol{m}}_0+\frac{1}{2}\mathrm{tr}\{\bar{\boldsymbol{P}}_0\boldsymbol{P}(t_0)+\int_{t_0}^{t_f}\bar{\boldsymbol{Q}}_0(t)\boldsymbol{P}(t)\mathrm{d}t\} \tag{9-87}$$

式中 $\boldsymbol{P}(t)$ 满足式(9-81)或式(9-84)～式(9-86)，$\boldsymbol{P}(t_0)$ 是 $\boldsymbol{P}(t)$ 在 $t=t_0$ 时的值，而

$$\bar{\boldsymbol{m}}_0=E\{\bar{\boldsymbol{x}}(0)\}=\begin{bmatrix}E\{\boldsymbol{x}(0)\}\\ E\{\boldsymbol{z}(0)\}\end{bmatrix}=\begin{bmatrix}\boldsymbol{m}_0\\ \boldsymbol{0}\end{bmatrix} \tag{9-88}$$

$$\begin{aligned}\bar{\boldsymbol{P}}_0&=\boldsymbol{E}\{[\bar{\boldsymbol{x}}(t)-\bar{\boldsymbol{m}}_0][\bar{\boldsymbol{x}}(t)-\bar{\boldsymbol{m}}_0]^{\mathrm{T}}\}\\ &=\begin{bmatrix}\boldsymbol{P}_0 & E\{[\boldsymbol{x}(t)-\boldsymbol{m}_0]\boldsymbol{z}^{\mathrm{T}}(t)\}\\ E\{\boldsymbol{z}(t)[\boldsymbol{x}(t)-\boldsymbol{m}_0]^{\mathrm{T}}\} & E\{\boldsymbol{z}(t)\boldsymbol{z}^{\mathrm{T}}(t)\}\end{bmatrix}\end{aligned} \tag{9-89}$$

$$\bar{\boldsymbol{Q}}_0(t)=E\{\bar{\boldsymbol{w}}(t)\bar{\boldsymbol{w}}^{\mathrm{T}}(t)\}=\begin{bmatrix}\boldsymbol{0} & \boldsymbol{0}\\ \boldsymbol{0} & \boldsymbol{B}(t)\boldsymbol{Q}_0(t)\boldsymbol{B}^{\mathrm{T}}(t)\end{bmatrix} \tag{9-90}$$

如果 $\boldsymbol{z}(t)$ 与 $\boldsymbol{x}(t)$ 不相关，且 $\boldsymbol{z}(t)$ 的方差阵为 $\boldsymbol{\Delta}(t)$，则性能指标(9-87)可进一步写为

$$\begin{aligned}J=&\frac{1}{2}\boldsymbol{m}_0^{\mathrm{T}}\boldsymbol{P}_{11}(t_0)\boldsymbol{m}_0+\frac{1}{2}\mathrm{tr}\left\{\begin{bmatrix}\boldsymbol{P}_0\boldsymbol{P}_{11}(t_0) & \boldsymbol{P}_0\boldsymbol{P}_{12}(t_0)\\ \boldsymbol{\Delta}(t)\boldsymbol{P}_{12}^{\mathrm{T}}(t_0) & \boldsymbol{\Delta}(t)\boldsymbol{P}_{22}(t_0)\end{bmatrix}\right.\\ &\left.+\int_{t_0}^{t_f}\begin{bmatrix}\boldsymbol{0} & \boldsymbol{0}\\ \boldsymbol{B}(t)\boldsymbol{Q}_0(t)\boldsymbol{B}^{\mathrm{T}}(t)\boldsymbol{P}_{12}^{\mathrm{T}}(t) & \boldsymbol{B}(t)\boldsymbol{Q}_0(t)\boldsymbol{B}^{\mathrm{T}}(t)\boldsymbol{P}_{22}(t)\end{bmatrix}\mathrm{d}t\right\}\end{aligned} \tag{9-91}$$

以上推证结果，可以归纳为如下定理。

定理 9-5　对于随机输出调节器问题 9-2，如果 $\boldsymbol{x}_0$ 的均值为 $\boldsymbol{m}_0$，方差阵为 $\boldsymbol{P}_0$，$\boldsymbol{v}(t)$ 的均值为零，$\boldsymbol{z}(t)$ 的方差阵为 $\boldsymbol{\Delta}(t)$，$\boldsymbol{w}(t)$ 的均值为零，方差阵为 $\boldsymbol{Q}_0(t)$，$\boldsymbol{x}_0$ 与 $\boldsymbol{w}(t)$ 不相关，$\boldsymbol{x}(t)$ 与 $\boldsymbol{z}(t)$ 不相关，且 $\{\boldsymbol{F}(t),\boldsymbol{H}(t)\}$ 完全可观，则问题 9-2 的最优控制如式(9-82)所示，其

中$\boldsymbol{x}(t)$为系统状态方程(9-69)的解，$\boldsymbol{z}(t)$为噪声系统(9-72)的输出，$\boldsymbol{K}_1(t)$和$\boldsymbol{K}_2(t)$由式(9-83)定义。

问题 9-2 的最优性能指标如式(9-91)所示，其中 $\boldsymbol{P}_{11}(t)$满足式(9-84)，$\boldsymbol{P}_{12}(t)$满足式(9-85)，$\boldsymbol{P}_{22}(t)$满足式(9-86)。

观察式(9-84)可以发现，$\boldsymbol{P}_{11}(t)$与随机干扰项完全不相关，因而 $\boldsymbol{K}_1(t)$也与随机干扰无关。于是，可按确定型输出调节器方法求得 $\boldsymbol{P}_{11}(t)$和 $\boldsymbol{K}_1(t)$。然后，按式(9-85)求出 $\boldsymbol{P}_{12}(t)$，再由式(9-83)求出 $\boldsymbol{K}_2(t)$。由式(9-85)明显可见，$\boldsymbol{P}_{12}(t)$与噪声系统的参数有关，从而 $\boldsymbol{K}_2(t)$也与噪声系统的参数有关。这种特殊的结构形式如图 9-1 所示。

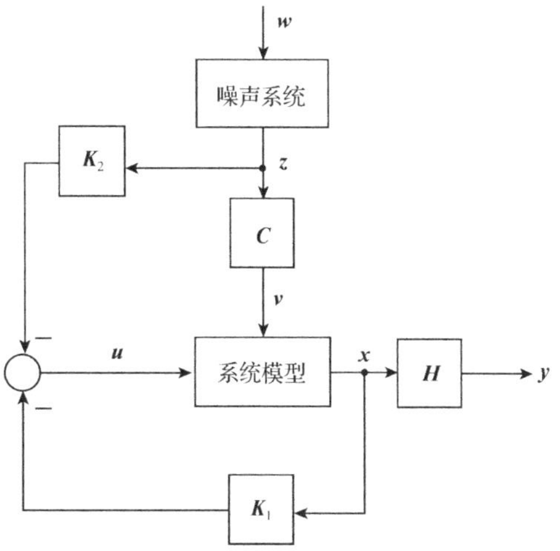

图 9-1　有色噪声作用下输出调节器结构图

9.2.3　随机跟踪系统

问题 9-3　已知线性时变系统的动态方程

$$\dot{\boldsymbol{x}}(t)=\boldsymbol{F}(t)\boldsymbol{x}(t)+\boldsymbol{G}(t)\boldsymbol{u}(t) \tag{9-92}$$

$$\boldsymbol{y}(t)=\boldsymbol{H}(t)\boldsymbol{x}(t) \tag{9-93}$$

式中 $\boldsymbol{x}(t)\in R^n$，$\boldsymbol{u}(t)\in R^m$，$\boldsymbol{y}(t)\in R^l$，矩阵 $\boldsymbol{F}(t)$、$\boldsymbol{G}(t)$、$\boldsymbol{H}(t)$维数适当，其各元连续且有界。

设 l 维希望输出向量 $\boldsymbol{z}(t)$是在白噪声 $\boldsymbol{w}(t)$作用下，参考模型的输出。已知参考模型方程为

$$\dot{\boldsymbol{x}}_r(t)=\boldsymbol{F}_r(t)\boldsymbol{x}_r(t)+\boldsymbol{w}(t) \tag{9-94}$$

$$\boldsymbol{z}(t)=\boldsymbol{H}_r(t)\boldsymbol{x}_r(t) \tag{9-95}$$

要求确定最优控制 $\boldsymbol{u}^*(t)$，使系统输出 $\boldsymbol{y}(t)$跟随希望输出 $\boldsymbol{z}(t)$，并使下列随机型性能指标极小：

$$J=E\left\{\frac{1}{2}\int_{t_0}^{t_f}\{[\boldsymbol{y}(t)-\boldsymbol{z}(t)]^{\mathrm{T}}\boldsymbol{Q}(t)[\boldsymbol{y}(t)-\boldsymbol{z}(t)]+\boldsymbol{u}^{\mathrm{T}}(t)\boldsymbol{R}(t)\boldsymbol{u}(t)\}\mathrm{d}t\right\} \tag{9-96}$$

式中末端时刻 t_f 固定，$\boldsymbol{Q}(t)$和 $\boldsymbol{R}(t)$分别为对称非负定和对称正定矩阵，其各元连续且有界。

定理 9-6　对于有限时间随机跟踪系统问题 9-3，若阵对$\{\boldsymbol{F}(t),\boldsymbol{H}(t)\}$完全可观，则最优控制

$$\boldsymbol{u}^*(t)=-\boldsymbol{K}_1(t)\boldsymbol{x}(t)+\boldsymbol{K}_2(t)\boldsymbol{x}_r(t) \tag{9-97}$$

式中反馈增益矩阵

$$\boldsymbol{K}_1(t)=\boldsymbol{R}^{-1}(t)\boldsymbol{G}^{\mathrm{T}}(t)\boldsymbol{P}_{11}(t) \tag{9-98}$$

前馈增益矩阵

$$\boldsymbol{K}_2(t)=-\boldsymbol{R}^{-1}(t)\boldsymbol{G}^{\mathrm{T}}(t)\boldsymbol{P}_{12}(t) \tag{9-99}$$

而 $\boldsymbol{P}_{11}(t)$和 $\boldsymbol{P}_{12}(t)$是与 $\boldsymbol{x}(t)$和 $\boldsymbol{x}_r(t)$维数相应的 $\boldsymbol{P}(t)$的分块矩阵，满足以下各矩阵微分方

程及其边界条件：

$$
\begin{aligned}
-\dot{\boldsymbol{P}}_{11}(t)=&\boldsymbol{P}_{11}(t)\boldsymbol{F}(t)+\boldsymbol{F}^{\mathrm{T}}(t)\boldsymbol{P}_{11}(t)-\boldsymbol{P}_{11}(t)\boldsymbol{G}(t)\boldsymbol{R}^{-1}(t)\boldsymbol{G}^{\mathrm{T}}(t)\boldsymbol{P}_{11}(t)\\
&+\boldsymbol{H}^{\mathrm{T}}(t)\boldsymbol{Q}(t)\boldsymbol{H}(t),\\
\boldsymbol{P}_{11}(t_f)=&\boldsymbol{0}
\end{aligned}
\tag{9-100}
$$

$$
\begin{aligned}
-\dot{\boldsymbol{P}}_{12}(t)=&\boldsymbol{P}_{12}(t)\boldsymbol{F}_r(t)+\boldsymbol{F}^{\mathrm{T}}(t)\boldsymbol{P}_{12}(t)-\boldsymbol{P}_{11}(t)\boldsymbol{G}(t)\boldsymbol{R}^{-1}(t)\boldsymbol{G}^{\mathrm{T}}(t)\boldsymbol{P}_{12}(t)\\
&-\boldsymbol{H}^{\mathrm{T}}(t)\boldsymbol{Q}(t)\boldsymbol{H}_r(t)\\
=&\boldsymbol{P}_{12}(t)\boldsymbol{F}_r(t)+[\boldsymbol{F}(t)-\boldsymbol{G}(t)\boldsymbol{K}_1(t)]^{\mathrm{T}}\boldsymbol{P}_{12}(t)-\boldsymbol{H}^{\mathrm{T}}(t)\boldsymbol{Q}(t)\boldsymbol{H}_r(t)\\
\boldsymbol{P}_{12}(t_f)=&\boldsymbol{0}
\end{aligned}
\tag{9-101}
$$

证明 采用扩充变量法，令

$$
\bar{\boldsymbol{x}}(r)=\begin{bmatrix}\boldsymbol{x}(t)\\ \boldsymbol{x}_r(t)\end{bmatrix},\quad \bar{\boldsymbol{F}}(t)=\begin{bmatrix}\boldsymbol{F}(t) & \boldsymbol{0}\\ \boldsymbol{0} & \boldsymbol{F}_r(t)\end{bmatrix}
$$

$$
\bar{\boldsymbol{G}}(t)=\begin{bmatrix}\boldsymbol{G}(t)\\ \boldsymbol{0}\end{bmatrix},\quad \bar{\boldsymbol{w}}(t)=\begin{bmatrix}\boldsymbol{0}\\ \boldsymbol{w}(t)\end{bmatrix}\tag{9-102}
$$

则式(9-92)和式(9-94)可合写为如下状态方程：

$$
\dot{\bar{\boldsymbol{x}}}(t)=\bar{\boldsymbol{F}}(t)\bar{\boldsymbol{x}}(t)+\bar{\boldsymbol{G}}(t)\boldsymbol{u}(t)+\bar{\boldsymbol{w}}(t)\tag{9-103}
$$

由式(9-93)和式(9-95)知

$$
\bar{\boldsymbol{y}}(t)=\boldsymbol{y}(t)-\boldsymbol{z}(t)=\bar{\boldsymbol{H}}(t)\bar{\boldsymbol{x}}(t)\tag{9-104}
$$

式中

$$
\bar{\boldsymbol{H}}(t)=[\boldsymbol{H}(t)\quad -\boldsymbol{H}_r(t)]\tag{9-105}
$$

将式(9-104)代入性能指标(9-96)，可得

$$
J=\frac{1}{2}E\left\{\int_{t_0}^{t_f}[\bar{\boldsymbol{x}}^{\mathrm{T}}(t)\boldsymbol{Q}_1(t)\bar{\boldsymbol{x}}(t)+\boldsymbol{u}^{\mathrm{T}}(t)\boldsymbol{R}(t)\boldsymbol{u}(t)]\mathrm{d}t\right\}\tag{9-106}
$$

式中

$$
\boldsymbol{Q}_1(t)=\bar{\boldsymbol{H}}^{\mathrm{T}}(t)\boldsymbol{Q}(t)\bar{\boldsymbol{H}}(t)\tag{9-107}
$$

由于 $\boldsymbol{Q}(t)$ 对称非负，阵对 $[\boldsymbol{F}(t)\quad \boldsymbol{H}(t)]$ 完全可观，必有 $\boldsymbol{Q}_1(t)$ 为对称非负矩阵。由系统方程(9-103)、(9-104)及性能指标(9-106)可见，随机跟踪系统问题已转化为随机状态调节器问题。

根据随机状态调节器的最优控制律，有

$$
\boldsymbol{u}^*(t)=-\boldsymbol{K}(t)\bar{\boldsymbol{x}}(t)\tag{9-108}
$$

式中

$$
\boldsymbol{K}(t)=\boldsymbol{R}^{-1}(t)\bar{\boldsymbol{G}}^{\mathrm{T}}(t)\boldsymbol{P}(t)\tag{9-109}
$$

若令

$$
\boldsymbol{P}(t)=\begin{bmatrix}\boldsymbol{P}_{11}(t) & \boldsymbol{P}_{12}(t)\\ \boldsymbol{P}_{12}^{\mathrm{T}}(t) & \boldsymbol{P}_{22}(t)\end{bmatrix}
$$

$$
\boldsymbol{K}(t)=[\boldsymbol{K}_1(t)\quad -\boldsymbol{K}_2(t)]\tag{9-110}
$$

则 $\boldsymbol{K}_1(t)$ 满足式(9-98)，$\boldsymbol{K}_2(t)$ 满足式(9-99)，最优控制 $\boldsymbol{u}^*(t)$ 如式(9-97)所示。

根据定理 9-4，$\boldsymbol{P}(t)$ 满足下列黎卡提方程及边界条件：

$$
-\dot{\boldsymbol{P}}(t)=\boldsymbol{P}(t)\bar{\boldsymbol{F}}(t)+\bar{\boldsymbol{F}}^{\mathrm{T}}(t)\boldsymbol{P}(t)
$$

$$-\boldsymbol{P}(t)\bar{\boldsymbol{G}}(t)\boldsymbol{R}^{-1}(t)\bar{\boldsymbol{G}}^{\mathrm{T}}(t)\boldsymbol{P}(t)+\boldsymbol{Q}_1(t)$$

$$\boldsymbol{P}(t_f)=\mathbf{0} \tag{9-111}$$

将式(9-102)、式(9-105)、式(9-107)、式(9-110)代入式(9-111)，立即证得式(9-100)和式(9-101)。

观察式(9-100)和式(9-98)可知，$\boldsymbol{P}_{11}(t)$和$\boldsymbol{K}_1(t)$与参考模型的参数无关。随机跟踪系统结构图如图 9-2 所示。

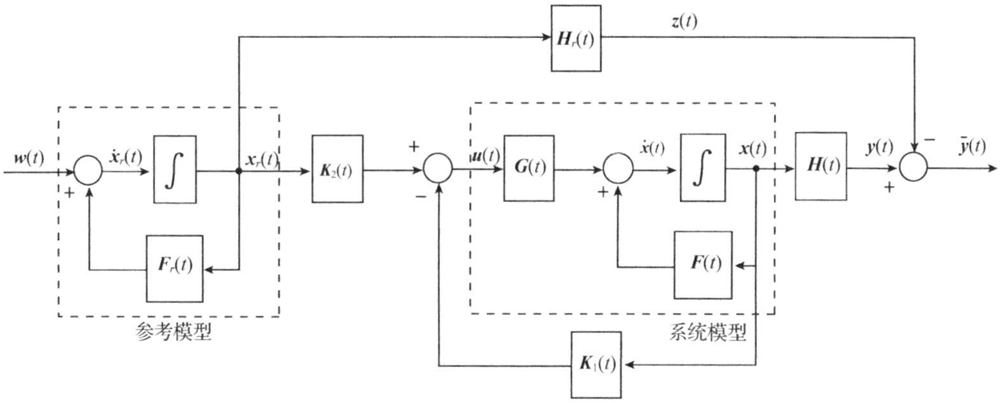

图 9-2　随机跟踪系统结构图

例 9-1　设一阶系统方程

$$\dot{x}(t)=-\frac{1}{a}x(t)+ku(t)$$

$$y(t)=x(t)$$

参考模型

$$\dot{x}_r(t)=-\frac{1}{a_r}x_r(t)+w(t)$$

$$z(t)=x_r(t)$$

式中 $w(t)$是强度为 $q(t)$的白噪声。性能指标

$$J=E\left\{\int_{t_0}^{t_f}\{[y(t)-z(t)]^2+ru^2(t)\}\mathrm{d}t\right\}$$

式中 $r>0$。试求该随机跟踪系统的最优控制 $u^*(t)$。

解　根据定理 9-6 不难求得

$$u^*(t)=-\frac{k}{r}[p_{11}x(t)+p_{12}x_r(t)]$$

当 t_f 相当大时，有

$$p_{11}=\frac{r}{k^2}\left[-\frac{1}{a}+\sqrt{\frac{1}{a^2}+\frac{k^2}{r}}\right]$$

$$p_{12}=\left[\frac{1}{a_r}+\sqrt{\frac{1}{a^2}+\frac{k^2}{r}}\right]^{-1}$$

9.3 随机输出反馈调节器

对于系统状态方程和量测方程均含有噪声的随机系统，如果通过卡尔曼滤波器，根据系统的确定性输入和随机性输出得到系统状态的线性最优估计，并以估计状态代替系统真实状态进行线性反馈控制，则这种将卡尔曼滤波器和随机状态调节器结合在一起考虑的问题，称为随机输出反馈调节器问题。

9.3.1 随机输出反馈调节器的最优控制律

问题 9-4 已知线性随机系统的状态方程及量测方程为

$$\dot{\boldsymbol{x}}(t)=\boldsymbol{F}(t)\boldsymbol{x}(t)+\boldsymbol{G}(t)\boldsymbol{u}(t)+\boldsymbol{w}(t),\quad \boldsymbol{x}(t_0)=\boldsymbol{x}_0 \tag{9-112}$$

$$\boldsymbol{y}(t)=\boldsymbol{H}(t)\boldsymbol{x}(t)+\boldsymbol{v}(t) \tag{9-113}$$

式中随机初始状态 $\boldsymbol{x}_0$ 的均值为 $\boldsymbol{m}_0$，方差阵为 $\boldsymbol{P}_0$；$\boldsymbol{w}(t)$ 与 $\boldsymbol{v}(t)$ 为零均值白噪声，其方差阵分别为非负及正定的 $\boldsymbol{Q}_0(t)$ 和 $\boldsymbol{R}_0(t)$；$\boldsymbol{w}(t)$ 与 $\boldsymbol{v}(t)$ 不相关；$\boldsymbol{x}_0$ 与 $\boldsymbol{w}(t)$ 和 $\boldsymbol{v}(t)$ 均不相关。其余假设同前。

要求最优反馈控制律 $\boldsymbol{u}^*(t)$，使下列性能指标极小

$$J=E\left\{\frac{1}{2}\boldsymbol{x}^{\mathrm{T}}(t_f)\boldsymbol{P}_{\mathrm{T}}\boldsymbol{x}(t_f)+\frac{1}{2}\int_{t_0}^{t_f}[\boldsymbol{x}^{\mathrm{T}}(t)\boldsymbol{Q}(t)\boldsymbol{x}(t)+\boldsymbol{u}^{\mathrm{T}}(t)\boldsymbol{R}(t)\boldsymbol{u}(t)]\mathrm{d}t\right\} \tag{9-114}$$

式中 $\boldsymbol{P}_{\mathrm{T}}$ 与 $\boldsymbol{Q}(t)$ 为对称非负定矩阵；$\boldsymbol{R}(t)$ 为对称正定矩阵。

根据分离定理，随机输出反馈调节器问题的最优控制律，就是随机状态调节器的最优控制律，只是以卡尔曼滤波器给出的线性最小方差估计 $\hat{\boldsymbol{x}}(t)$ 代替了系统的真实状态 $\boldsymbol{x}(t)$。

定理 9-7 线性连续随机系统分离定理。

对于随机输出反馈调节器问题 9-4，其最优控制

$$\boldsymbol{u}^*(t)=-\boldsymbol{K}(t)\hat{\boldsymbol{x}}(t) \tag{9-115}$$

式中状态反馈增益矩阵

$$\boldsymbol{K}(t)=\boldsymbol{R}^{-1}(t)\boldsymbol{G}^{\mathrm{T}}(t)\boldsymbol{P}(t) \tag{9-116}$$

而 $\boldsymbol{P}(t)$ 满足下列黎卡提矩阵微分方程及其边界条件：

$$\begin{aligned}&-\dot{\boldsymbol{P}}(t)=\boldsymbol{P}(t)\boldsymbol{F}(t)+\boldsymbol{F}^{\mathrm{T}}(t)\boldsymbol{P}(t)-\boldsymbol{P}(t)\boldsymbol{G}(t)\boldsymbol{R}^{-1}(t)\boldsymbol{G}^{\mathrm{T}}(t)\boldsymbol{P}(t)+\boldsymbol{Q}(t)\\&\boldsymbol{P}(t_f)=\boldsymbol{P}_{\mathrm{T}}\end{aligned} \tag{9-117}$$

$\hat{\boldsymbol{x}}(t)$ 由以下卡尔曼滤波方程给出：

$$\begin{aligned}&\dot{\hat{\boldsymbol{x}}}(t)=\boldsymbol{F}(t)\hat{\boldsymbol{x}}(t)+\boldsymbol{G}(t)\boldsymbol{u}(t)+\boldsymbol{K}_1(t)[\boldsymbol{y}(t)-\boldsymbol{H}(t)\hat{\boldsymbol{x}}(t)]\\&\hat{\boldsymbol{x}}(t_0)=\boldsymbol{m}_0\end{aligned} \tag{9-118}$$

式中卡尔曼增益矩阵

$$\boldsymbol{K}_1(t)=\boldsymbol{P}_1(t)\boldsymbol{H}^{\mathrm{T}}(t)\boldsymbol{R}_0^{-1}(t) \tag{9-119}$$

而 $\boldsymbol{P}_1(t)$ 满足以下黎卡提矩阵微分方程及其初值条件：

$$\begin{aligned}&\dot{\boldsymbol{P}}_1(t)=\boldsymbol{F}(t)\boldsymbol{P}_1(t)+\boldsymbol{P}_1(t)\boldsymbol{F}^{\mathrm{T}}(t)-\boldsymbol{P}_1(t)\boldsymbol{H}^{\mathrm{T}}(t)\boldsymbol{R}_0^{-1}(t)\boldsymbol{H}(t)\boldsymbol{P}_1(t)+\boldsymbol{Q}_0(t)\\&\boldsymbol{P}_1(t_0)=P_0\end{aligned} \tag{9-120}$$

随机输出反馈调节器的结构图如图 9-3 所示。

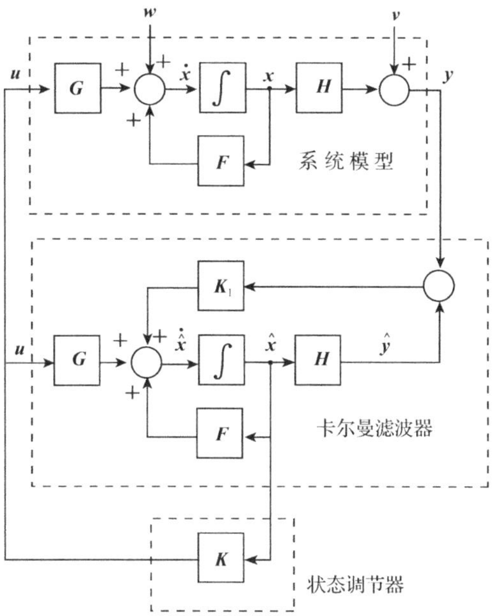

图 9-3 随机输出反馈调节器结构图

证明 定义估计误差与估计误差方差阵分别为

$$\tilde{\boldsymbol{x}}(t)=\hat{\boldsymbol{x}}(t)-\boldsymbol{x}(t) \tag{9-121}$$

$$\boldsymbol{P}_1(t)=E\{\tilde{\boldsymbol{x}}(t)\tilde{\boldsymbol{x}}^{\mathrm{T}}(t)\} \tag{9-122}$$

根据正交投影定理,状态估计 $\hat{\boldsymbol{x}}(t)$ 与估计误差 $\tilde{\boldsymbol{x}}(t)$ 彼此正交,因此有 $E\{\hat{\boldsymbol{x}}\tilde{\boldsymbol{x}}^{\mathrm{T}}\}=E\{\tilde{\boldsymbol{x}}\hat{\boldsymbol{x}}^{\mathrm{T}}\}=0$。于是

$$\begin{aligned}E\{\boldsymbol{x}^{\mathrm{T}}\boldsymbol{Q}(t)\boldsymbol{x}\}&=E\{(\hat{\boldsymbol{x}}-\tilde{\boldsymbol{x}})^{\mathrm{T}}\boldsymbol{Q}(t)(\hat{\boldsymbol{x}}-\tilde{\boldsymbol{x}})\}\\&=E\{\mathrm{tr}[\boldsymbol{Q}(t)(\hat{\boldsymbol{x}}-\tilde{\boldsymbol{x}})(\hat{\boldsymbol{x}}-\tilde{\boldsymbol{x}})^{\mathrm{T}}\}\\&=\mathrm{tr}\{\boldsymbol{Q}(t)[E(\hat{\boldsymbol{x}}\hat{\boldsymbol{x}}^{\mathrm{T}})-E(\hat{\boldsymbol{x}}\tilde{\boldsymbol{x}}^{\mathrm{T}})-E(\tilde{\boldsymbol{x}}\hat{\boldsymbol{x}}^{\mathrm{T}})+E(\tilde{\boldsymbol{x}}\tilde{\boldsymbol{x}}^{\mathrm{T}})]\}\\&=E\{\hat{\boldsymbol{x}}^{\mathrm{T}}\boldsymbol{Q}(t)\hat{\boldsymbol{x}}\}+\mathrm{tr}\{\boldsymbol{Q}(t)\boldsymbol{P}_1(t)\}\end{aligned}$$

令 $t=t_f$,则有

$$E\{\boldsymbol{x}^{\mathrm{T}}(t_f)\boldsymbol{P}_{\mathrm{T}}\boldsymbol{x}(t_f)\}=E\{\hat{\boldsymbol{x}}^{\mathrm{T}}(t_f)\boldsymbol{P}_{\mathrm{T}}\hat{\boldsymbol{x}}(t_f)\}+\mathrm{tr}\{\boldsymbol{P}_{\mathrm{T}}\boldsymbol{P}_1(t_f)\}$$

将上两式代入性能指标(9-114),可得

$$\begin{aligned}J=&\frac{1}{2}E\left\{\hat{\boldsymbol{x}}^{\mathrm{T}}(t_f)\boldsymbol{P}_{\mathrm{T}}\boldsymbol{x}(t_f)+\int_{t_0}^{t_f}[\hat{\boldsymbol{x}}^{\mathrm{T}}\boldsymbol{Q}(t)\hat{\boldsymbol{x}}+\boldsymbol{u}^{\mathrm{T}}\boldsymbol{R}(t)\boldsymbol{u}]\mathrm{d}t\right\}\\&+\frac{1}{2}\mathrm{tr}\left\{\boldsymbol{P}_{\mathrm{T}}\boldsymbol{P}_1(t_f)+\int_{t_0}^{t_f}\boldsymbol{Q}(t)\boldsymbol{P}_1(t)\mathrm{d}t\right\}\end{aligned} \tag{9-123}$$

考察卡尔曼滤波方程(9-118)中的估计量测误差(信息过程)

$$\tilde{\boldsymbol{y}}(t)=\boldsymbol{y}(t)-\boldsymbol{H}(t)\hat{\boldsymbol{x}}(t)$$

将量测方程(9-113)代入上式,可得

$$\tilde{\boldsymbol{y}}(t)=-\boldsymbol{H}(t)\tilde{\boldsymbol{x}}(t)+\boldsymbol{v}(t)$$

估计量测误差的协方差阵

$$E\{\tilde{\boldsymbol{y}}(t)\tilde{\boldsymbol{y}}^{\mathrm{T}}(\tau)\}=E\{[-\boldsymbol{H}(t)\tilde{\boldsymbol{x}}(t)+\boldsymbol{v}(t)][-\boldsymbol{H}(\tau)\tilde{\boldsymbol{x}}(\tau)+\boldsymbol{v}(\tau)]^{\mathrm{T}}\}$$

$$=\boldsymbol{H}(t)E\{\tilde{\boldsymbol{x}}(t)\tilde{\boldsymbol{x}}^{\mathrm{T}}(\tau)\}\boldsymbol{H}^{\mathrm{T}}(\tau)-\boldsymbol{H}(t)E\{\tilde{\boldsymbol{x}}(t)\boldsymbol{v}^{\mathrm{T}}(\tau)\}$$
$$-E\{\boldsymbol{v}(t)\tilde{\boldsymbol{x}}^{\mathrm{T}}(\tau)\}\boldsymbol{H}^{\mathrm{T}}(\tau)+E\{\boldsymbol{v}(t)\boldsymbol{v}^{\mathrm{T}}(\tau)\} \tag{9-124}$$

从滤波方程(9-118)减去状态方程(9-112)，并代入量测方程(9-113)，可得

$$\dot{\tilde{\boldsymbol{x}}}(t)=[\boldsymbol{F}(t)-\boldsymbol{K}_1(t)\boldsymbol{H}(t)]\tilde{\boldsymbol{x}}(t)+\boldsymbol{K}_1(t)\boldsymbol{v}(t)-\boldsymbol{w}(t) \tag{9-125}$$

根据定理 9-1

$$E\{\tilde{\boldsymbol{x}}(t)\tilde{\boldsymbol{x}}^{\mathrm{T}}(\tau)\}=\boldsymbol{\Phi}(t,\tau)\boldsymbol{P}_1(\tau),\quad \forall t>\tau$$
$$E\{\tilde{\boldsymbol{x}}(t)\boldsymbol{v}^{\mathrm{T}}(\tau)\}=\begin{cases}\boldsymbol{\Phi}(t,\tau)\boldsymbol{K}_1(\tau)\boldsymbol{R}_0(\tau), & \forall t>\tau\\ \boldsymbol{0}, & \forall t<\tau\end{cases}$$

式中 $\boldsymbol{\Phi}(t,\tau)$为式(9-125)的状态转移阵。将上两式代入式(9-124)，并代入卡尔曼增益矩阵(9-119)，得到

$$E\{\tilde{\boldsymbol{y}}(t)\tilde{\boldsymbol{y}}^{\mathrm{T}}(\tau)\}=\boldsymbol{H}(t)\boldsymbol{\Phi}(t,\tau)\boldsymbol{P}_1(\tau)\boldsymbol{H}^{\mathrm{T}}(\tau)-\boldsymbol{H}(t)\boldsymbol{\Phi}(t,\tau)\boldsymbol{K}_1(\tau)\boldsymbol{R}_0(\tau)+\boldsymbol{R}_0(t)\delta(t-\tau)$$
$$=\boldsymbol{R}_0(t)\delta(t-\tau)$$

由上式可见，估计量测误差 $\tilde{\boldsymbol{y}}(t)$是方差阵为 $\boldsymbol{R}_0(t)$的白噪声。因此，$\boldsymbol{K}_1(t)\tilde{\boldsymbol{y}}(t)$也是白噪声。令白噪声

$$\boldsymbol{w}_1(t)=\boldsymbol{K}_1(t)\tilde{\boldsymbol{y}}(t)=\boldsymbol{K}_1(t)[\boldsymbol{y}(t)-\boldsymbol{H}(t)\hat{\boldsymbol{x}}(t)]$$

其统计特性

$$E\{\boldsymbol{w}_1(t)\}=\boldsymbol{0}$$
$$E\{\boldsymbol{w}_1(t)\boldsymbol{w}_1^{\mathrm{T}}(t)\}=\boldsymbol{K}_1(t)\boldsymbol{R}_0(t)\boldsymbol{K}_1^{\mathrm{T}}(t)$$

因此滤波方程(9-118)可以写为

$$\dot{\hat{\boldsymbol{x}}}(t)=\boldsymbol{F}(t)\hat{\boldsymbol{x}}(t)+\boldsymbol{G}(t)\boldsymbol{u}(t)+\boldsymbol{w}_1(t) \tag{9-126}$$

此外，由式(9-123)可见，其后两项与控制 $\boldsymbol{u}(t)$无关。因此，选择 $\boldsymbol{u}(t)$使性能指标(9-123)极小的问题，等价为选择 $\boldsymbol{u}(t)$，使下列性能指标

$$J=\frac{1}{2}E\left\{\hat{\boldsymbol{x}}^{\mathrm{T}}(t_f)\boldsymbol{P}_T\hat{\boldsymbol{x}}(t_f)+\int_{t_0}^{t_f}[\hat{\boldsymbol{x}}^{\mathrm{T}}\boldsymbol{Q}(t)\hat{\boldsymbol{x}}+\boldsymbol{u}^{\mathrm{T}}\boldsymbol{R}(t)\boldsymbol{u}]\mathrm{d}t\right\} \tag{9-127}$$

极小。于是，随机输出反馈调节器问题的提法变为：根据滤波方程(9-126)，寻求最优反馈控制律 $\boldsymbol{u}^*(t)$，使性能指标(9-127)极小。这正是随机状态反馈调节器问题 9-1 的提法。根据定理 9-4，随机状态调节器的最优控制与确定型相应状态调节器的最优控制相同，由式(9-115)至式(9-117)给出，除了以状态估计 $\hat{\boldsymbol{x}}(t)$代替状态 $\boldsymbol{x}(t)$外，与最优滤波器无关；状态最优估计 $\hat{\boldsymbol{x}}(t)$由卡尔曼滤波公式(9-118)至式(9-120)给出，与最优控制器无关。因而，分离定理成立。最优控制器与最优滤波器可以分别单独设计。

9.3.2 随机输出反馈调节器的最优性能指标

将最优控制式(9-115)代入状态方程(9-112)及滤波方程(9-118)，并考虑到量测方程(9-113)，可得

$$\dot{\boldsymbol{x}}(t)=\boldsymbol{F}(t)\boldsymbol{x}(t)-\boldsymbol{G}(t)\boldsymbol{K}(t)\hat{\boldsymbol{x}}(t)+\boldsymbol{w}(t) \tag{9-128}$$

$$\dot{\hat{\boldsymbol{x}}}(t)=[\boldsymbol{F}(t)-\boldsymbol{G}(t)\boldsymbol{K}(t)]\hat{\boldsymbol{x}}(t)+\boldsymbol{K}_1(t)\{\boldsymbol{H}(t)[\boldsymbol{x}(t)-\hat{\boldsymbol{x}}(t))]+\boldsymbol{v}(t)\} \tag{9-129}$$

定义状态估计误差 $\tilde{\boldsymbol{x}}(t)=\hat{\boldsymbol{x}}(t)-\boldsymbol{x}(t)$，将式(9-129)减去式(9-128)，得到

$$\dot{\tilde{\boldsymbol{x}}}(t)=[\boldsymbol{F}(t)-\boldsymbol{K}_1(t)\boldsymbol{H}(t)]\tilde{\boldsymbol{x}}(t)+\boldsymbol{K}_1(t)\boldsymbol{v}(t)-\boldsymbol{w}(t) \tag{9-130}$$

且有

$$\dot{\hat{\boldsymbol{x}}}(t)=-\boldsymbol{K}_1(t)\boldsymbol{H}(t)\tilde{\boldsymbol{x}}(t)+[\boldsymbol{F}(t)-\boldsymbol{G}(t)\boldsymbol{K}(t)]\hat{\boldsymbol{x}}(t)+\boldsymbol{K}_1(t)\boldsymbol{v}(t) \tag{9-131}$$

将上两式写为增广矩阵形式，并在书写过程中，为方便起见略去时间 t，得

$$\begin{bmatrix}\dot{\tilde{\boldsymbol{x}}}\\ \dot{\hat{\boldsymbol{x}}}\end{bmatrix}=\begin{bmatrix}\boldsymbol{F}-\boldsymbol{K}_1\boldsymbol{H} & \boldsymbol{0}\\ -\boldsymbol{K}_1\boldsymbol{H} & \boldsymbol{F}-\boldsymbol{G}\boldsymbol{K}\end{bmatrix}\begin{bmatrix}\tilde{\boldsymbol{x}}\\ \hat{\boldsymbol{x}}\end{bmatrix}+\begin{bmatrix}-\boldsymbol{I} & \boldsymbol{K}_1\\ \boldsymbol{0} & \boldsymbol{K}_1\end{bmatrix}\begin{bmatrix}\boldsymbol{w}\\ \boldsymbol{v}\end{bmatrix} \tag{9-132}$$

若令增广状态方差阵

$$\boldsymbol{P}_{\tilde{x}\hat{x}}=\mathrm{Var}\left\{\begin{bmatrix}\tilde{\boldsymbol{x}}\\ \hat{\boldsymbol{x}}\end{bmatrix}\right\}$$

设 $E\{\boldsymbol{x}_0\}=\boldsymbol{m}_0=\boldsymbol{0}$，已证：卡尔曼最优估计 $\hat{\boldsymbol{x}}$ 为无偏估计，故有 $E\{\tilde{\boldsymbol{x}}\}=\boldsymbol{0}$。于是

$$\boldsymbol{P}_{\tilde{x}\hat{x}}=\begin{bmatrix}\boldsymbol{P}_{11} & \boldsymbol{P}_{12}\\ \boldsymbol{P}_{12}^{\mathrm{T}} & \boldsymbol{P}_{22}\end{bmatrix}=E\left\{\begin{bmatrix}\tilde{\boldsymbol{x}}\\ \hat{\boldsymbol{x}}\end{bmatrix}[\tilde{\boldsymbol{x}}^{\mathrm{T}}\quad \hat{\boldsymbol{x}}^{\mathrm{T}}]\right\}$$

式中 $\boldsymbol{P}_{11}=\boldsymbol{P}_1=E\{\tilde{\boldsymbol{x}}\tilde{\boldsymbol{x}}^{\mathrm{T}}\}$，$\boldsymbol{P}_{12}=E\{\tilde{\boldsymbol{x}}\hat{\boldsymbol{x}}^{\mathrm{T}}$，$\boldsymbol{P}_{22}=E\{\hat{\boldsymbol{x}}\hat{\boldsymbol{x}}^{\mathrm{T}}\}$。根据状态对白噪声的响应可知，$\boldsymbol{P}_{\tilde{x}\hat{x}}$ 满足式(9-11)。于是得

$$\dot{\boldsymbol{P}}_1=(\boldsymbol{F}-\boldsymbol{K}_1\boldsymbol{H})\boldsymbol{P}_1+\boldsymbol{P}_1(\boldsymbol{F}-\boldsymbol{K}_1\boldsymbol{H})^{\mathrm{T}}+\boldsymbol{Q}_0+\boldsymbol{K}_1\boldsymbol{R}_0\boldsymbol{K}_1^{\mathrm{T}},\quad \boldsymbol{P}_1(t_0)=\boldsymbol{P}_0 \tag{9-133}$$

$$\dot{\boldsymbol{P}}_{12}=(\boldsymbol{F}-\boldsymbol{K}_1\boldsymbol{H})\boldsymbol{P}_{12}+\boldsymbol{P}_{12}(\boldsymbol{F}-\boldsymbol{G}\boldsymbol{K})^{\mathrm{T}}-\boldsymbol{P}_1\boldsymbol{H}^{\mathrm{T}}\boldsymbol{K}_1^{\mathrm{T}}+\boldsymbol{K}_1\boldsymbol{R}_0\boldsymbol{K}_1^{\mathrm{T}},\quad \boldsymbol{P}_{12}(t_0)=\boldsymbol{0} \tag{9-134}$$

$$\dot{\boldsymbol{P}}_{22}=(\boldsymbol{F}-\boldsymbol{G}\boldsymbol{K})\boldsymbol{P}_{22}+\boldsymbol{P}_{22}(\boldsymbol{F}-\boldsymbol{G}\boldsymbol{K})^{\mathrm{T}}-\boldsymbol{P}_{12}^{\mathrm{T}}\boldsymbol{H}^{\mathrm{T}}\boldsymbol{K}_1^{\mathrm{T}}-\boldsymbol{K}_1\boldsymbol{H}\boldsymbol{P}_{12}+\boldsymbol{K}_1\boldsymbol{R}_0\boldsymbol{K}_1^{\mathrm{T}},\quad \boldsymbol{P}_{22}(t_0)=\boldsymbol{0} \tag{9-135}$$

在上述矩阵微分方程组中，代入式(9-116)和式(9-119)，并由正交投影定理知，$\boldsymbol{P}_{12}=E\{\tilde{\boldsymbol{x}}\hat{\boldsymbol{x}}^{\mathrm{T}}\}=0$，于是有

$$\dot{\boldsymbol{P}}_1(t)=\boldsymbol{F}(t)\boldsymbol{P}_1(t)+\boldsymbol{P}_1(t)\boldsymbol{F}^{\mathrm{T}}(t)-\boldsymbol{P}_1(t)\boldsymbol{H}^{\mathrm{T}}(t)\boldsymbol{R}_0^{-1}(t)\boldsymbol{H}(t)\boldsymbol{P}_1(t)+\boldsymbol{Q}_0(t)$$
$$\boldsymbol{P}_1(t_0)=\boldsymbol{P}_0 \tag{9-136}$$

$$\dot{\boldsymbol{P}}_{22}=[\boldsymbol{F}(t)-\boldsymbol{G}(t)\boldsymbol{K}(t)]\boldsymbol{P}_{22}(t)+\boldsymbol{P}_{22}(t)[\boldsymbol{F}(t)-\boldsymbol{G}(t)\boldsymbol{K}(t)]^{\mathrm{T}}+\boldsymbol{K}_1(t)\boldsymbol{R}_0(t)\boldsymbol{K}_1^{\mathrm{T}}(t)$$
$$\boldsymbol{P}_{22}(t_0)=\boldsymbol{0} \tag{9-137}$$

式中式(9-136)就是滤波黎卡提方程(9-120)。

由于状态 $\boldsymbol{x}(t)$ 的方差阵为

$$\boldsymbol{P}_x(t)=E\{(\hat{\boldsymbol{x}}-\tilde{\boldsymbol{x}})(\hat{\boldsymbol{x}}-\tilde{\boldsymbol{x}})^{\mathrm{T}}\}=\boldsymbol{P}_{22}(t)+\boldsymbol{P}_1(t) \tag{9-138}$$

以及由式(9-115)可得控制 $\boldsymbol{u}(t)$ 的方差阵为

$$\boldsymbol{P}_u(t)=E\{\boldsymbol{u}(t)\boldsymbol{u}^{\mathrm{T}}(t)\}=\boldsymbol{K}(t)\boldsymbol{P}_{22}(t)\boldsymbol{K}^{\mathrm{T}}(t) \tag{9-139}$$

故性能指标(9-114)可以写为

$$\begin{aligned}J&=\frac{1}{2}E\left\{\boldsymbol{x}^{\mathrm{T}}(t_f)\boldsymbol{P}_{\mathrm{T}}\boldsymbol{x}(t_f)+\int_{t_0}^{t_f}[\boldsymbol{x}^{\mathrm{T}}(t)\boldsymbol{Q}(t)\boldsymbol{x}(t)+\boldsymbol{u}^{\mathrm{T}}(t)\boldsymbol{R}(t)\boldsymbol{u}(t)]\mathrm{d}t\right\}\\&=\frac{1}{2}\mathrm{tr}\left\{\boldsymbol{P}_{\mathrm{T}}\boldsymbol{P}_x(t_f)+\int_{t_0}^{t_f}[\boldsymbol{Q}(t)\boldsymbol{P}_x(t)+\boldsymbol{R}(t)\boldsymbol{K}(t)\boldsymbol{P}_{22}(t)\boldsymbol{K}^{\mathrm{T}}(t)]\mathrm{d}t\right\}\end{aligned}$$

在上式中，加上以下恒为零的等式：

$$\frac{1}{2}[\boldsymbol{P}(t_0)\boldsymbol{P}_x(t_0)-\boldsymbol{P}_{\mathrm{T}}\boldsymbol{P}_x(t_f)]+\frac{1}{2}\int_{t_0}^{t_f}\frac{\mathrm{d}}{\mathrm{d}t}[\boldsymbol{P}(t)\boldsymbol{P}_x(t)]\mathrm{d}t=\boldsymbol{0}$$

可得

$$J=\frac{1}{2}\mathrm{tr}\left\{\boldsymbol{P}(t_0)\boldsymbol{P}_x(t_0)+\int_{t_0}^{t_f}[\boldsymbol{Q}(t)\boldsymbol{P}_x(t)+\boldsymbol{R}(t)\boldsymbol{K}(t)\boldsymbol{P}_{22}(t)\boldsymbol{K}^{\mathrm{T}}(t)\right.$$
$$\left.+\dot{\boldsymbol{P}}(t)\boldsymbol{P}_x(t)+\boldsymbol{P}(t)\dot{\boldsymbol{P}}_x(t)]\mathrm{d}t\right\}$$

将式(9-117)、式(9-136)～式(9-138)以及式(9-116)代入上式，经整理得 $\boldsymbol{m}_0=\boldsymbol{0}$ 时的最优性能指标

$$J^*=\frac{1}{2}\mathrm{tr}\left\{\boldsymbol{P}(t_0)\boldsymbol{P}_0+\int_{t_0}^{t_f}[\boldsymbol{P}(t)\boldsymbol{Q}_0(t)+\boldsymbol{K}^{\mathrm{T}}(t)\boldsymbol{R}(t)\boldsymbol{K}(t)\boldsymbol{P}_1(t)]\mathrm{d}t\right\}\tag{9-140}$$

当 $\boldsymbol{m}_0\neq\boldsymbol{0}$ 时，依同样推导方法可得最优性能指标

$$J^*=\frac{1}{2}\boldsymbol{m}_0^{\mathrm{T}}\boldsymbol{P}(t_0)\boldsymbol{m}_0+\frac{1}{2}\mathrm{tr}\left\{\boldsymbol{P}(t_0)\boldsymbol{P}_0+\int_{t_0}^{t_f}[\boldsymbol{P}(t)\boldsymbol{Q}_0(t)+\boldsymbol{K}^{\mathrm{T}}(t)\boldsymbol{R}(t)\boldsymbol{K}(t)\boldsymbol{P}_1(t)]\mathrm{d}t\right\}\tag{9-141}$$

对于确定型系统，在性能指标(9-141)中，仅第一项存在，由于 $\boldsymbol{m}_0=\boldsymbol{x}_0$，所得最优性能指标为

$$J^*=\frac{1}{2}\boldsymbol{x}_0^{\mathrm{T}}\boldsymbol{P}(t_0)\boldsymbol{x}_0\tag{9-142}$$

正好与第 5 章所得结果一致。

对于随机型系统，性能指标(9-141)中各项都存在，其中第二项是由随机初态产生的，第三项由系统模型噪声产生，最后一项则由估计状态所产生。以上随机因素都增大了最优性能指标的值。

9.3.3 随机输出反馈跟踪系统

本章第 2 节研究的随机跟踪系统，可以利用的信息是全部参考变量与状态变量。现在的问题则是只有部分变量的线性组合可以量测，而且在这些信息上还都附加有白噪声。

问题 9-5 已知线性随机系统状态方程为

$$\dot{\boldsymbol{x}}(t)=\boldsymbol{F}(t)\boldsymbol{x}(t)+\boldsymbol{G}(t)\boldsymbol{u}(t)+\boldsymbol{w}(t)\tag{9-143}$$

量测方程为

$$\boldsymbol{y}(t)=\boldsymbol{H}(t)\boldsymbol{x}(t)+\boldsymbol{v}(t)\tag{9-144}$$

输出方程为

$$\boldsymbol{z}(t)=\boldsymbol{D}(t)\boldsymbol{x}(t)\tag{9-145}$$

式中 $\boldsymbol{z}(t)$为 q 维输出向量。

设 q 维参考向量 $\boldsymbol{z}_r(t)$是参考模型在白噪声作用下的输出。已知参考模型状态方程为

$$\dot{\boldsymbol{x}}_r(t)=\boldsymbol{F}_r(t)\boldsymbol{x}_r(t)+\boldsymbol{w}_r(t)\tag{9-146}$$

式中 $\boldsymbol{w}_r(t)$是均值为零、方差阵为 $\boldsymbol{Q}_r(t)$的白噪声。参考模型的量测方程为

$$\boldsymbol{y}_r(t)=\boldsymbol{H}_r(t)\boldsymbol{x}_r(t)+\boldsymbol{v}_r(t)\tag{9-147}$$

参考模型的输出方程为

$$\boldsymbol{z}_r(t)=\boldsymbol{D}_r(t)\boldsymbol{x}_r(t)\tag{9-148}$$

要求确定线性最优反馈控制 $\boldsymbol{u}^*(t)$，使系统输出 $\boldsymbol{z}(t)$跟踪参考输出 $\boldsymbol{z}_r(t)$，并使下列随机型性能指标极小：

$$J=E\left\{\frac{1}{2}\int_{t_0}^{t_f}\{[\boldsymbol{z}(t)-\boldsymbol{z}_r(t)]^{\mathrm{T}}\boldsymbol{Q}(t)[\boldsymbol{z}(t)-\boldsymbol{z}_r(t)]+\boldsymbol{u}^{\mathrm{T}}(t)\boldsymbol{R}(t)\boldsymbol{u}(t)\}\mathrm{d}t\right\} \tag{9-149}$$

式中末端时刻 t_f 固定，$\boldsymbol{Q}(t)$ 和 $\boldsymbol{R}(t)$ 分别为对称非负定和对称正定矩阵。

定理 9-8 对于随机输出反馈跟踪系统问题 9-5，若系统$\{\boldsymbol{F}(t),\boldsymbol{D}(t)\}$完全可观，参考模型$\{\boldsymbol{F}_r(t),\boldsymbol{D}_r(t)\}$完全可观，则最优控制

$$\boldsymbol{u}^*(t)=-\boldsymbol{K}_1(t)\hat{\boldsymbol{x}}(t)+\boldsymbol{K}_2(t)\hat{\boldsymbol{x}}_r(t) \tag{9-150}$$

式中

$$\boldsymbol{K}_1(t)=\boldsymbol{R}^{-1}(t)\boldsymbol{G}^{\mathrm{T}}(t)\boldsymbol{P}_{11}(t) \tag{9-151}$$

$$\boldsymbol{K}_2(t)=-\boldsymbol{R}^{-1}(t)\boldsymbol{G}^{\mathrm{T}}(t)\boldsymbol{P}_{12}(t) \tag{9-152}$$

而 $\boldsymbol{P}_{11}(t)$ 及 $\boldsymbol{P}_{12}(t)$ 分别满足以下矩阵微分方程及其边界条件：

$$\begin{aligned}&-\dot{\boldsymbol{P}}_{11}(t)=\boldsymbol{P}_{11}(t)\boldsymbol{F}(t)+\boldsymbol{F}^{\mathrm{T}}(t)\boldsymbol{P}_{11}(t)-\boldsymbol{P}_{11}(t)\boldsymbol{G}(t)\boldsymbol{R}^{-1}(t)\boldsymbol{G}^{\mathrm{T}}(t)\boldsymbol{P}_{11}(t)+\boldsymbol{D}^{\mathrm{T}}(t)\boldsymbol{Q}(t)\boldsymbol{D}(t)\\&\boldsymbol{P}_{11}(t_f)=\boldsymbol{0}\end{aligned} \tag{9-153}$$

$$\begin{aligned}&-\dot{\boldsymbol{P}}_{12}(t)=\boldsymbol{P}_{12}(t)\boldsymbol{F}_r(t)+\boldsymbol{F}_r^{\mathrm{T}}(t)\boldsymbol{P}_{12}(t)-\boldsymbol{P}_{11}(t)\boldsymbol{G}(t)\boldsymbol{R}^{-1}(t)\boldsymbol{G}^{\mathrm{T}}(t)\boldsymbol{P}_{12}(t)-\boldsymbol{D}^{\mathrm{T}}(t)\boldsymbol{Q}(t)\boldsymbol{D}_r(t)\\&\boldsymbol{P}_{12}(t_f)=\boldsymbol{0}\end{aligned} \tag{9-154}$$

且有

$$\begin{aligned}-\dot{\boldsymbol{P}}_{22}(t)=&\boldsymbol{P}_{22}(t)\boldsymbol{F}_r(t)+\boldsymbol{F}_r^{\mathrm{T}}(t)\boldsymbol{P}_{22}(t)-\boldsymbol{P}_{12}^{\mathrm{T}}(t)\boldsymbol{G}(t)\boldsymbol{R}^{-1}(t)\boldsymbol{G}^{\mathrm{T}}(t)\boldsymbol{P}_{12}(t)\\&+\boldsymbol{D}_r^{\mathrm{T}}(t)\boldsymbol{Q}(t)\boldsymbol{D}_r(t)\\\boldsymbol{P}_{22}(t_f)=&\boldsymbol{0}\end{aligned} \tag{9-155}$$

式(9-150)中的 $\hat{\boldsymbol{x}}(t)$ 为系统模型的卡尔曼滤波器的输出，而 $\hat{\boldsymbol{x}}_r(t)$ 则是参考模型的卡尔曼滤波器的输出。

证明 利用扩充变量法，可将系统模型(9-143)～(9-145)与参考模型(9-146)～(9-148)合成一个增广系统，其状态方程

$$\dot{\bar{\boldsymbol{x}}}(t)=\bar{\boldsymbol{F}}(t)\bar{\boldsymbol{x}}(t)+\bar{\boldsymbol{G}}(t)\boldsymbol{u}(t)+\bar{\boldsymbol{w}}(t) \tag{9-156}$$

式中

$$\begin{aligned}&\bar{\boldsymbol{x}}(t)=\begin{bmatrix}\boldsymbol{x}(t)\\\boldsymbol{x}_r(t)\end{bmatrix},\quad \bar{\boldsymbol{F}}(t)=\begin{bmatrix}\boldsymbol{F}(t)&\boldsymbol{0}\\\boldsymbol{0}&\boldsymbol{F}_r(t)\end{bmatrix}\\&\bar{\boldsymbol{G}}(t)=\begin{bmatrix}\boldsymbol{G}(t)\\\boldsymbol{0}\end{bmatrix},\quad \bar{\boldsymbol{w}}(t)=\begin{bmatrix}\boldsymbol{w}(t)\\\boldsymbol{w}_r(t)\end{bmatrix}\end{aligned} \tag{9-157}$$

增广量测方程为

$$\bar{\boldsymbol{y}}(t)=\bar{\boldsymbol{H}}(t)\bar{\boldsymbol{x}}(t)+\bar{\boldsymbol{v}}(t) \tag{9-158}$$

式中

$$\begin{aligned}&\bar{\boldsymbol{y}}(t)=\begin{bmatrix}\boldsymbol{y}(t)\\\boldsymbol{y}_r(t)\end{bmatrix},\quad \bar{\boldsymbol{v}}(t)=\begin{bmatrix}\boldsymbol{v}(t)\\\boldsymbol{v}_r(t)\end{bmatrix}\\&\bar{\boldsymbol{H}}(t)=\begin{bmatrix}\boldsymbol{H}(t)&\boldsymbol{0}\\\boldsymbol{0}&-\boldsymbol{H}_r(t)\end{bmatrix}\end{aligned} \tag{9-159}$$

增广输出方程为

$$\bar{\boldsymbol{z}}(t)=\bar{\boldsymbol{D}}(t)\bar{\boldsymbol{x}}(t) \tag{9-160}$$

式中

$$\bar{\boldsymbol{z}}(t)=\boldsymbol{z}(t)-\boldsymbol{z}_r(t) \tag{9-161}$$

$$\bar{\boldsymbol{D}}(t)=[\boldsymbol{D}(t)-\boldsymbol{D}_r(t)] \tag{9-162}$$

将式(9-161)和(9-160)代入性能指标(9-149)，可得

$$\bar{J}=E\left\{\frac{1}{2}\int_{t_0}^{t_f}[\bar{\boldsymbol{x}}^{\mathrm{T}}(t)\bar{\boldsymbol{Q}}(t)\bar{\boldsymbol{x}}(t)+\boldsymbol{u}^{\mathrm{T}}(t)\boldsymbol{R}(t)\boldsymbol{u}(t)]\mathrm{d}t\right\} \tag{9-163}$$

式中

$$\bar{\boldsymbol{Q}}(t)=\bar{\boldsymbol{D}}^{\mathrm{T}}(t)\boldsymbol{Q}(t)\bar{\boldsymbol{D}}(t)=\begin{bmatrix}\boldsymbol{D}^{\mathrm{T}}(t)\boldsymbol{Q}(t)\boldsymbol{D}(t) & -\boldsymbol{D}^{\mathrm{T}}(t)\boldsymbol{Q}(t)\boldsymbol{D}_r(t)\\ -\boldsymbol{D}_r^{\mathrm{T}}(t)\boldsymbol{Q}(t)\boldsymbol{D}(t) & \boldsymbol{D}_r^{\mathrm{T}}(t)\boldsymbol{Q}(t)\boldsymbol{D}_r(t)\end{bmatrix} \tag{9-164}$$

因为 $\boldsymbol{Q}(t)$ 对称非负定，阵对 $[\boldsymbol{F}(t),\boldsymbol{D}(t)]$ 及阵对 $[\boldsymbol{F}_r(t),\boldsymbol{D}_r(t)]$ 完全可观，所以 $\bar{\boldsymbol{Q}}(t)$ 为对称非负定矩阵。

通过以上变换，随机跟踪问题式(9-156)和式(9-163)变为典型的随机状态反馈调节器问题。根据定理 9-4

$$\boldsymbol{K}(t)=\boldsymbol{R}^{-1}(t)\bar{\boldsymbol{G}}^{\mathrm{T}}(t)\boldsymbol{P}(t) \tag{9-165}$$

令

$$\boldsymbol{P}(t)=\begin{bmatrix}\boldsymbol{P}_{11}(t) & \boldsymbol{P}_{12}(t)\\ \boldsymbol{P}_{12}^{\mathrm{T}}(t) & \boldsymbol{P}_{22}(t)\end{bmatrix},\quad \boldsymbol{K}(t)=[\boldsymbol{K}_1(t)\quad -\boldsymbol{K}_2(t)]$$

并将式(9-157)代入式(9-165)，立即证得式(9-151)和式(9-152)。

将式(9-157)及式(9-164)代入 $\boldsymbol{P}(t)$ 满足的如下黎卡提矩阵微分方程及其边界条件：

$$-\dot{\boldsymbol{P}}(t)=\boldsymbol{P}(t)\bar{\boldsymbol{F}}(t)+\bar{\boldsymbol{F}}^{\mathrm{T}}(t)\boldsymbol{P}(t)-\boldsymbol{P}(t)\bar{\boldsymbol{G}}(t)\boldsymbol{R}^{-1}(t)\bar{\boldsymbol{G}}^{\mathrm{T}}(t)\boldsymbol{P}(t)+\bar{\boldsymbol{Q}}(t)$$

$$\boldsymbol{P}(t_f)=\boldsymbol{0}$$

立即证得式(9-153)～式(9-155)。

由分离定理 9-7，证得最优控制律(9-150)。

随机输出反馈跟踪系统的方框图如图 9-4 所示。

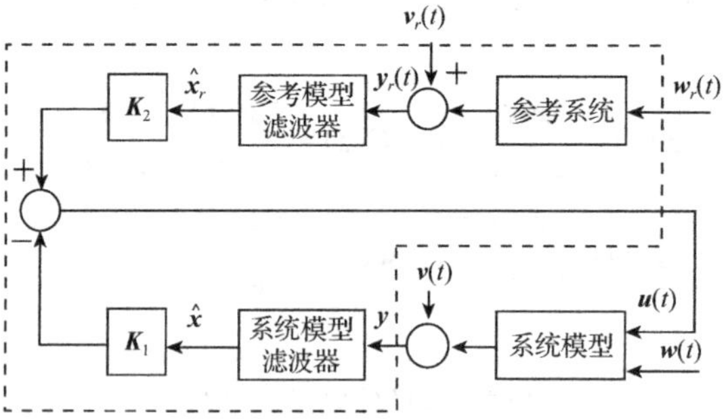

图 9-4　随机跟踪系统方框图

由定理 9-8 可见，求解 $\boldsymbol{K}_1(t)$ 只需要确定模型系统的参数，与参考模型无关；而求解 $\boldsymbol{K}_2(t)$ 则必须用到参考模型的参数。

例 9-2　设二维系统模型方程

$$\dot{x}_1(t)=x_2(t)+\boldsymbol{w}(t)$$
$$\dot{x}_2(t)=\boldsymbol{u}(t)$$

输出方程

$$z(t)=x_1(t)$$

量测方程

$$y(t)=x_1(t)+v(t)$$

式中 $w(t)$是均值为零、强度为 q^2 的白噪声，$v(t)$是均值为零、强度为 ρ^2 的白噪声，$w(t)$与 $v(t)$不相关。

设系统应跟踪 $z_r(t)$，参考模型方程为

$$\dot{x}_r(t)=-\frac{1}{a_r}x_r(t)+w_r(t)$$

$$z_r(t)=x_r(t)$$

参考模型量测方程为

$$y_r(t)=x_r(t)+v_r(t)$$

式中 $w_r(t)$与 $v_r(t)$是均值为零、互不相关，且方差分别为 q_r^2 和 ρ_r^2 的白噪声。试求最优控制，使下列性能指标为最小

$$J=E\left\{\int_{t_0}^{t_f}\{[z(t)-z_r(t)]^2+ru^2(t)\}\mathrm{d}t\right\}$$

式中 $t_f\to\infty$，a_r 和 r 都是大于零的常数。

解 由于系统模型和参考模型都是定常的，性能指标的权系数为常数，且 $t_f\to\infty$，因此属于定常随机跟踪系统问题。此时，$\boldsymbol{K}_1$ 和 $\boldsymbol{K}_2$ 都是常向量或常数。按确定型输出调节器问题计算，不难求得

$$\boldsymbol{P}=\begin{bmatrix}\sqrt{2}r^{1/4} & r^{1/2}\\ r^{1/2} & \sqrt{2}r^{3/4}\end{bmatrix}$$

因而

$$\boldsymbol{K}_1=r^{-1}\boldsymbol{G}^{\mathrm{T}}\boldsymbol{P}=[r^{-1/2}\quad \sqrt{2}r^{-1/4}]$$

下一步求 K_2。令 $P_{12}=[P_1\quad P_2]^{\mathrm{T}}$，由式(9-101)，考虑到 $\dot{\boldsymbol{P}}_{12}=\boldsymbol{0}$，得如下两个代数方程

$$\frac{P_1}{a_r}+r^{-1/2}P_2+1=0$$

$$\frac{P_2}{a_r}-P_1+\sqrt{2}r^{-1/4}P_2=0$$

联立解得

$$P_2=\frac{-1}{r^{-1/2}+a_r^{-2}+\sqrt{2}a_r^{-1}r^{-1/4}}$$

由式(9-152)得

$$K_2=\frac{r^{-1}}{r^{-1/2}+a_r^{-2}+\sqrt{2}a_r^{-1}r^{-1/4}}$$

于是，由式(9-150)得最优控制

$$u^*(t)=r^{-1/2}\hat{x}_1(t)+\sqrt{2}r^{-1/4}\hat{x}_2(t)-\frac{r^{-1}}{r^{-1/2}+a_r^{-2}+\sqrt{2}a_r^{-1}r^{-1/4}}\hat{x}_r(t)$$

式中状态估计 $\hat{x}_1(t)$和 $\hat{x}_2(t)$，以及估计参考状态 $\hat{x}_r(t)$，可采用卡尔曼滤波理论算出。例如，$\hat{x}_r(t)$可由

$$\dot{\hat{x}}_r(t)=-\frac{1}{a_r}\hat{x}_r(t)+k_r[y(t)-\hat{x}_r(t)]$$

算出。其中

$$k_r=\sqrt{\frac{1}{a_r^2}+\frac{q_r}{\rho_r}}-\frac{1}{a_r}$$

9.4 离散系统的随机最优控制

离散系统的随机最优控制结果,在许多方面与连续系统的随机最优控制结果相平行,因此有些证明过程我们就省略了。本节内容的安排,与连续系统的随机最优控制问题基本相同。

9.4.1 状态序列对白噪声的响应

设线性离散随机系统的状态差分方程为

$$\boldsymbol{x}(k+1)=\boldsymbol{\Phi}(k+1,k)\boldsymbol{x}(k)+\boldsymbol{\Gamma}(k)\boldsymbol{w}(k) \tag{9-166}$$

式中 $\boldsymbol{x}(k)$为 n 维状态向量,$\boldsymbol{w}(k)$为 m 维白噪声。已知 $\boldsymbol{x}(0)$是 n 维初始随机状态向量,与 $\boldsymbol{w}(k)$不相关,$\boldsymbol{x}(0)$和 $\boldsymbol{w}(k)$满足高斯分布,其统计特性为

$$\begin{aligned}&E[\boldsymbol{x}(0)]=\boldsymbol{m}_0\\&E\{[\boldsymbol{x}(0)-\boldsymbol{m}_0][\boldsymbol{x}(0)-\boldsymbol{m}_0]^{\mathrm{T}}\}=\boldsymbol{P}_0\\&E\{[\boldsymbol{w}(k)-E[w(k)]][\boldsymbol{w}(\mathrm{j})-E[\boldsymbol{w}(\mathrm{j})]]^{\mathrm{T}}\}=\boldsymbol{Q}_0(k)\delta_{kj}\\&E\{[\boldsymbol{x}(0)-\boldsymbol{m}_0][\boldsymbol{w}(k)-E[\boldsymbol{w}(k)]]^{\mathrm{T}}\}=\boldsymbol{0}\end{aligned} \tag{9-167}$$

将式(9-166)两端取数学期望,得 $\boldsymbol{x}(k)$均值应满足的差分方程为

$$E[\boldsymbol{x}(k+1)]=\boldsymbol{\Phi}(k+1,k)E[\boldsymbol{x}(k)]+\boldsymbol{\Gamma}(k)E[\boldsymbol{w}(k)] \tag{9-168}$$

由式(9-166)和式(9-168)可得

$$\begin{aligned}&E\{[\boldsymbol{x}(k+1)-E[\boldsymbol{x}(k+1)]][\boldsymbol{x}(k+1)-E[\boldsymbol{x}(k+1)]]^{\mathrm{T}}\}\\&=E\{\boldsymbol{\Phi}(k+1,k)[\boldsymbol{x}(k)-E[\boldsymbol{x}(k)]][\boldsymbol{x}(k)-E[\boldsymbol{x}(k)]]^{\mathrm{T}}\boldsymbol{\Phi}^{\mathrm{T}}(k+1,k)\\&\quad+E\{\boldsymbol{\Gamma}(k)[\boldsymbol{w}(k)-E[\boldsymbol{w}(k)]][\boldsymbol{w}(k)-E[\boldsymbol{w}(k)]]^{\mathrm{T}}\boldsymbol{\Gamma}^{\mathrm{T}}(k)\}\end{aligned} \tag{9-169}$$

若令 $\boldsymbol{x}(k)$的方差阵为

$$\boldsymbol{P}(k)=E\{[\boldsymbol{x}(k)-E[\boldsymbol{x}(k)]][\boldsymbol{x}(k)-E[\boldsymbol{x}(k)]]^{\mathrm{T}}\} \tag{9-170}$$

则由式(9-169)得 $\boldsymbol{P}(k)$应满足如下差分方程:

$$\boldsymbol{P}(k+1)=\boldsymbol{\Phi}(k+1,k)\boldsymbol{P}(k)\boldsymbol{\Phi}^{\mathrm{T}}(k+1,k)+\boldsymbol{\Gamma}(k)\boldsymbol{Q}_0(k)\boldsymbol{\Gamma}^{\mathrm{T}}(k) \tag{9-171}$$

应用与连续随机系统类似的方法,可得如下定理。

定理 9-9 设 $\boldsymbol{x}(k)$是状态差分方程(9-166)的解,其中 $\boldsymbol{w}(k)$ $(k=1,2,\cdots,N-1)$是方差阵为 $\boldsymbol{Q}_0(k)$的高斯白噪声序列。已知随机初始状态 $\boldsymbol{x}(0)$为高斯分布,与 $\boldsymbol{w}(k)$不相关,且其均值为 $\boldsymbol{m}_0$,方差阵为 $\boldsymbol{P}_0$,则如下结论成立:

① $\boldsymbol{x}(k)$的均值满足差分方程(9-168)。

② $\boldsymbol{x}(k)$的方差阵 $\boldsymbol{P}(k)$满足差分方程(9-171)。

③ $\boldsymbol{x}(k)$的协方差阵为

$$\boldsymbol{P}(k+j,k)=\boldsymbol{\Phi}(k+j,k)\boldsymbol{P}(k),\quad \forall j>0 \tag{9-172}$$

或

$$\boldsymbol{P}(k,k+j)=\boldsymbol{P}(k)\boldsymbol{\Phi}^{\mathrm{T}}(k+j,k),\quad \forall j>0 \tag{9-173}$$

④ $\boldsymbol{x}(k)$与 $w(k)$的协方差阵为

$$E\{[\boldsymbol{x}(k+j)-E[\boldsymbol{x}(k+j)]][\boldsymbol{w}(k)-E[\boldsymbol{w}(k)]]^{\mathrm{T}}\}$$
$$=\begin{cases}\boldsymbol{\Phi}(k+j,k+1)\boldsymbol{Q}_0(k), & j>0\\ \boldsymbol{0}, & j\leqslant 0\end{cases} \tag{9-174}$$

定理 9-10 设 $\boldsymbol{x}(k)$是如下定常状态差分方程的解：

$$\boldsymbol{x}(k+1)=\boldsymbol{\Phi}\boldsymbol{x}(k)+\boldsymbol{\Gamma}\boldsymbol{w}(k) \tag{9-175}$$

式中 $\boldsymbol{\Phi}$ 与 $\boldsymbol{\Gamma}$ 为常阵，$\boldsymbol{w}(k)$的方差阵 $\boldsymbol{Q}_0$ 也是常阵，其他同定理 9-9。则当 $k\to\infty$时，如下结论成立：

① $\boldsymbol{x}(k)$的均值

$$E[\boldsymbol{x}(k+1)]=\boldsymbol{\Phi}E[\boldsymbol{x}(k)]+\boldsymbol{\Gamma}E[\boldsymbol{w}(k)] \tag{9-176}$$

② $\boldsymbol{x}(k)$的方差阵

$$\boldsymbol{P}=\boldsymbol{\Phi}\boldsymbol{P}\boldsymbol{\Phi}^{\mathrm{T}}+\boldsymbol{\Gamma}\boldsymbol{Q}_0\boldsymbol{\Gamma}^{\mathrm{T}} \tag{9-177}$$

③ $\boldsymbol{x}(k)$的协方差阵

$$\boldsymbol{P}(j)=\boldsymbol{\Phi}(j)\boldsymbol{P}$$

或

$$\boldsymbol{P}(-j)=\boldsymbol{P}\boldsymbol{\Phi}^{\mathrm{T}}(j) \tag{9-178}$$

④ $\boldsymbol{x}(k)$与 $\boldsymbol{w}(k)$的协方差阵

$$E\{[\boldsymbol{x}(k+j)-E[\boldsymbol{x}(k+j)]][\boldsymbol{w}(k)-E[\boldsymbol{w}(k)]]^{\mathrm{T}}\}=\begin{cases}\boldsymbol{\Phi}(j-1)\boldsymbol{Q}_0, & j>0\\ \boldsymbol{0}, & j\leqslant 0\end{cases} \tag{9-179}$$

9.4.2 离散随机状态反馈调节器

问题 9-6 设线性离散随机系统的状态方程

$$\boldsymbol{x}(k+1)=\boldsymbol{\Phi}(k+1,k)\boldsymbol{x}(k)+\boldsymbol{B}(k)\boldsymbol{u}(k)+\boldsymbol{w}(k),\quad \boldsymbol{x}(0)=\boldsymbol{x}_0 \tag{9-180}$$

式中 $\boldsymbol{x}(k)$为 n 维状态向量，$\boldsymbol{u}(k)$为 m 维控制向量，$\boldsymbol{w}(k)$为 n 维零均值高斯白噪声，其方差阵为 $\boldsymbol{Q}_0(k)$，$\boldsymbol{x}_0$ 为随机初始状态高斯分布，其均值为 $\boldsymbol{m}_0$，方差阵为 $\boldsymbol{P}_0$，且与 $\boldsymbol{w}(k)$不相关。设系统随机型性能指标为

$$J=\frac{1}{2}E\left\{\boldsymbol{x}^{\mathrm{T}}(N)\boldsymbol{F}\boldsymbol{x}(N)+\sum_{k=0}^{N-1}[\boldsymbol{x}^{\mathrm{T}}(k)\boldsymbol{Q}(k)\boldsymbol{x}(k)+\boldsymbol{u}^{\mathrm{T}}(k)\boldsymbol{R}(k)\boldsymbol{u}(k)]\right\} \tag{9-181}$$

式中 $\boldsymbol{Q}(k)$与 $\boldsymbol{F}$ 为对称非负定矩阵，$\boldsymbol{R}(k)$为对称正定矩阵。要求确定线性最优反馈控制律 $\boldsymbol{u}^*(k)$，$k=0,1,2,\cdots,N-1$，使性能指标(9-181)极小。

定理 9-11 离散系统随机最优状态调节器问题 9-6 的最优控制序列为

$$\boldsymbol{u}^*(k)=-\boldsymbol{K}(k)\boldsymbol{x}(k),\quad k=0,1,\cdots,N-1 \tag{9-182}$$

式中状态反馈增益矩阵序列

$$\boldsymbol{K}(k)=[\boldsymbol{R}(k)+\boldsymbol{B}^{\mathrm{T}}(k)\boldsymbol{P}(k+1)\boldsymbol{B}(k)]^{-1}\boldsymbol{B}^{\mathrm{T}}(k)\boldsymbol{P}(k+1)\boldsymbol{\Phi}(k+1,k) \tag{9-183}$$

而 $\boldsymbol{P}(k)$应满足以下离散黎卡提差分方程：

$$\begin{aligned}\boldsymbol{P}(k)=&\boldsymbol{\Phi}^{\mathrm{T}}(k+1,k)\boldsymbol{P}(k+1)\boldsymbol{\Phi}(k+1,k)\\&-\boldsymbol{K}^{\mathrm{T}}(k)[\boldsymbol{R}(k)+\boldsymbol{B}^{\mathrm{T}}(k)\boldsymbol{P}(k+1)\boldsymbol{B}(k)]\boldsymbol{K}(k)+\boldsymbol{Q}(k)\end{aligned} \tag{9-184}$$

其边界条件为

$$\boldsymbol{P}(N)=\boldsymbol{F} \tag{9-185}$$

问题 9-6 的最优性能指标

$$J^{*}=\frac{1}{2}\boldsymbol{m}_0^{\mathrm{T}}\boldsymbol{P}(0)\boldsymbol{m}_0+\frac{1}{2}\mathrm{tr}\{\boldsymbol{P}(0)\boldsymbol{P}_0+\sum_{k=0}^{N-1}\boldsymbol{Q}_0(k)\boldsymbol{P}(k+1)\}\tag{9-186}$$

证明 由哈密顿-雅可比方程

$$J[\boldsymbol{x}(k),k]=\min_{\boldsymbol{u}(k)}\frac{1}{2}\{\boldsymbol{x}^{\mathrm{T}}(k)\boldsymbol{Q}(k)\boldsymbol{x}(k)+\boldsymbol{u}^{\mathrm{T}}(k)\boldsymbol{R}(k)\boldsymbol{u}(k)+J[\boldsymbol{x}(k+1),k+1]\}\tag{9-187}$$

式(9-187)两端取数学期望

$$\begin{aligned}E\{J[\boldsymbol{x}(k),k]\}=\min_{\boldsymbol{u}(k)}\frac{1}{2}E\{&\boldsymbol{x}^{\mathrm{T}}(k)\boldsymbol{Q}(k)\boldsymbol{x}(k)+\boldsymbol{u}^{\mathrm{T}}(k)\boldsymbol{R}(k)\boldsymbol{u}(k)\\&+J[\boldsymbol{x}(k+1),k+1]\}\end{aligned}\tag{9-188}$$

令

$$J[\boldsymbol{x}(k),k]=\frac{1}{2}[\boldsymbol{x}^{\mathrm{T}}(k)\boldsymbol{P}(k)\boldsymbol{x}(k)+h(k)]\tag{9-189}$$

式中 $\boldsymbol{P}(k)$ 及 $h(k)$ 待定。则有

$$J[\boldsymbol{x}(k+1),k+1]=\frac{1}{2}[\boldsymbol{x}^{\mathrm{T}}(k+1)\boldsymbol{P}(k+1)\boldsymbol{x}(k+1)+h(k+1)]\tag{9-190}$$

将式(9-180)代入式(9-190)，两端取数学期望，考虑到 $\boldsymbol{w}(k)$ 与 $\boldsymbol{x}(k)$ 及 $\boldsymbol{u}(k)$ 均不相关，可得

$$\begin{aligned}E\{J[\boldsymbol{x}(k+1),k+1]\}=&\frac{1}{2}[\boldsymbol{\Phi}(k+1,k)\boldsymbol{x}(k)+\boldsymbol{B}(k)\boldsymbol{u}(k)]^{\mathrm{T}}\\&\boldsymbol{P}(k+1)[\boldsymbol{\Phi}(k+1,k)\boldsymbol{x}(k)+\boldsymbol{B}(k)\boldsymbol{u}(k)]\\&+\frac{1}{2}\mathrm{tr}\boldsymbol{Q}_0(k)\boldsymbol{P}(k+1)+\frac{1}{2}h(k+1)\end{aligned}\tag{9-191}$$

将式(9-191)代入式(9-188)，并通过配完全平方，得

$$\begin{aligned}E\{J[\boldsymbol{x}(k),k]\}=&\min_{\boldsymbol{u}(k)}\frac{1}{2}\{\boldsymbol{x}^{\mathrm{T}}(k)\boldsymbol{Q}(k)\boldsymbol{x}(k)+\boldsymbol{u}^{\mathrm{T}}(k)\boldsymbol{R}(k)\boldsymbol{u}(k)+E(J[\boldsymbol{x}(\boldsymbol{k}+1),\boldsymbol{k}+1])\}\\=&\min_{\boldsymbol{u}(k)}\frac{1}{2}\{\boldsymbol{x}^{\mathrm{T}}(k)[\boldsymbol{\Phi}^{\mathrm{T}}(k+1,k)\boldsymbol{P}(k+1)\boldsymbol{\Phi}(k+1,k)+\boldsymbol{Q}(k)\\&-\boldsymbol{K}^{\mathrm{T}}(k)(\boldsymbol{R}(k)+\boldsymbol{B}^{\mathrm{T}}(k)\boldsymbol{P}(k+1)\boldsymbol{B}(k))\boldsymbol{K}(k)]\boldsymbol{x}(k)\\&+[\boldsymbol{u}(k)+\boldsymbol{K}(k)\boldsymbol{x}(k)]^{\mathrm{T}}[\boldsymbol{R}(k)+\boldsymbol{B}^{\mathrm{T}}(k)\boldsymbol{P}(k+1)\boldsymbol{B}(k)][\boldsymbol{u}(k)\\&+\boldsymbol{K}(k)\boldsymbol{x}(k)]+\mathrm{tr}\boldsymbol{Q}_0(k)\boldsymbol{P}(k+1)+h(k+1)\}\end{aligned}\tag{9-192}$$

式中 $\boldsymbol{K}(k)=[\boldsymbol{R}(k)+\boldsymbol{B}^{\mathrm{T}}(k)\boldsymbol{P}(k+1)\boldsymbol{B}(k)]^{-1}\boldsymbol{B}^{\mathrm{T}}(k)\boldsymbol{P}(k+1)\boldsymbol{\Phi}(k+1,k)$。因为 $\boldsymbol{R}(k)>0$，$\boldsymbol{P}(k+1)\geqslant 0$，故 $[\boldsymbol{R}(k)+\boldsymbol{B}^{\mathrm{T}}(k)\boldsymbol{P}(k+1)\boldsymbol{B}(k)]^{-1}$ 存在。

由式(9-192)显见，极小值在

$$\boldsymbol{u}^{*}(k)=-\boldsymbol{K}(k)\boldsymbol{x}(k)\tag{9-193}$$

时得到。

当式(9-193)成立时，由式(9-189)和式(9-192)可得

$$\begin{aligned}\frac{1}{2}[\boldsymbol{x}^{\mathrm{T}}(k)\boldsymbol{P}(k)\boldsymbol{x}(k)+h(k)]=&\frac{1}{2}\boldsymbol{x}^{\mathrm{T}}(k)[\boldsymbol{\Phi}^{\mathrm{T}}(k+1,k)\boldsymbol{P}(k+1)\boldsymbol{\Phi}(k+1,k)+\boldsymbol{Q}(k)\\&-\boldsymbol{K}^{\mathrm{T}}(k)(\boldsymbol{R}(k)+\boldsymbol{B}^{\mathrm{T}}(k)\boldsymbol{P}(k+1)\boldsymbol{B}(k))\boldsymbol{K}(k)]\boldsymbol{x}(k)\\&+\frac{1}{2}\mathrm{tr}\boldsymbol{Q}_0(k)\boldsymbol{P}(k+1)+\frac{1}{2}h(k+1)\end{aligned}\tag{9-194}$$

因此，$\boldsymbol{P}(k)$ 满足离散黎卡提方程(9-184)，且有

$$h(k)=h(k+1)+\mathrm{tr}\boldsymbol{Q}_0(k)\boldsymbol{P}(k+1),\quad h(N)=0 \tag{9-195}$$

最优性能指标

$$\begin{aligned}J^* &= \min_{\boldsymbol{u}(k)} E\left\{\boldsymbol{x}^{\mathrm{T}}(N)\boldsymbol{F}\boldsymbol{x}(N)+\sum_{k=0}^{N-1}\left[\boldsymbol{x}^{\mathrm{T}}(k)\boldsymbol{Q}(k)\boldsymbol{x}(k)+\boldsymbol{u}^{\mathrm{T}}(k)\boldsymbol{R}(k)\boldsymbol{u}(k)\right]\right\}=E\{J[\boldsymbol{x}_0,0]\}\\ &= \frac{1}{2}\boldsymbol{m}_0^{\mathrm{T}}\boldsymbol{P}(0)\boldsymbol{m}_0+\frac{1}{2}\mathrm{tr}\left\{\boldsymbol{P}(0)\boldsymbol{P}_0+\sum_{k=0}^{N-1}\boldsymbol{Q}_0(k)\boldsymbol{P}(k+1)\right\}\end{aligned}$$

式中第一项是确定型系统的性能指标，第二项是由于随机初始状态产生的，最后一项则是由系统模型噪声所产生，与连续随机系统中的分析结论相同，所有的随机因素都会增大系统的性能指标。

9.4.3 离散随机输出反馈调节器

现在研究不完全状态信息情况下的离散随机输出反馈调节器设计：所研究的线性离散系统存在模型噪声，量测信息不完全且量测信息上附加有白噪声，初始状态为随机向量。

问题 9-7 已知线性离散随机系统的状态方程和量测方程分别为

$$\boldsymbol{x}(k+1)=\boldsymbol{\Phi}(k+1,k)\boldsymbol{x}(k)+\boldsymbol{B}(k)\boldsymbol{u}(k)+\boldsymbol{w}(k) \tag{9-196}$$

$$\boldsymbol{z}(k)=\boldsymbol{H}(k)\boldsymbol{x}(k)+\boldsymbol{v}(k) \tag{9-197}$$

初始状态 $\boldsymbol{x}_0$ 与白噪声 $\boldsymbol{w}(k)$ 及 $\boldsymbol{v}(k)$ 的统计特性为

$$\begin{aligned}&E\{\boldsymbol{x}_0\}=\boldsymbol{m}_0,\quad E\{(\boldsymbol{x}_0-\boldsymbol{m}_0)(\boldsymbol{x}_0-\boldsymbol{m}_0)^{\mathrm{T}}\}=\boldsymbol{P}_0\\ &E\{\boldsymbol{w}(k)\}=\boldsymbol{0},\quad E\{\boldsymbol{w}(k)\boldsymbol{w}^{\mathrm{T}}(k)\}=\boldsymbol{Q}_0(k)\\ &E\{\boldsymbol{v}(k)\}=\boldsymbol{0},\quad E\{\boldsymbol{v}(k)\boldsymbol{v}^{\mathrm{T}}(k)\}=\boldsymbol{R}_0(k)\\ &E\{\boldsymbol{x}_0\boldsymbol{w}^{\mathrm{T}}(k)\}=E\{\boldsymbol{x}_0\boldsymbol{v}^{\mathrm{T}}(k)\}=E\{\boldsymbol{w}(k)\boldsymbol{v}^{\mathrm{T}}(k)\}=\boldsymbol{0}\end{aligned} \tag{9-198}$$

式中 $\boldsymbol{Q}_0(K)\geqslant\boldsymbol{0}$，$\boldsymbol{R}_0(k)>\boldsymbol{0}$。系统随机性能指标为

$$J=\frac{1}{2}\mathrm{E}\left\{\boldsymbol{x}^{\mathrm{T}}(N)\boldsymbol{F}\boldsymbol{x}(N)+\sum_{k=0}^{N-1}\left[\boldsymbol{x}^{\mathrm{T}}(k)\boldsymbol{Q}(k)\boldsymbol{x}(k)+\boldsymbol{u}^{\mathrm{T}}(k)\boldsymbol{R}(k)\boldsymbol{u}(k)\right]\right\} \tag{9-199}$$

式中 $\boldsymbol{Q}(k)\geqslant\boldsymbol{0}$，$\boldsymbol{R}(k)>\boldsymbol{0}$。要求根据系统量测输出 $\boldsymbol{z}_0,\boldsymbol{z}_1,\cdots,\boldsymbol{z}_k$，确定最优控制 $\boldsymbol{u}^*(k)$，$k=0,1,\cdots,N-1$，使性能指标(9-199)极小。

定理 9-12 线性离散随机系统分离原理

对于离散随机输出反馈调节器问题 9-7，其最优控制

$$\boldsymbol{u}^*(k)=-\boldsymbol{K}(k)\hat{\boldsymbol{x}}(k) \tag{9-200}$$

式中状态反馈增益矩阵序列

$$\boldsymbol{K}(k)=[\boldsymbol{R}(k)+\boldsymbol{B}^{\mathrm{T}}(k)\boldsymbol{P}(k+1)\boldsymbol{B}(k)]^{-1}\boldsymbol{B}^{\mathrm{T}}(k)\boldsymbol{P}(k+1)\boldsymbol{\Phi}(k+1,k) \tag{9-201}$$

而 $\boldsymbol{P}(k)$ 满足下列矩阵差分方程及边界条件：

$$\begin{aligned}\boldsymbol{P}(k)=&\boldsymbol{\Phi}^{\mathrm{T}}(k+1,k)\boldsymbol{P}(k+1)\boldsymbol{\Phi}(k+1,k)+\boldsymbol{Q}(k)-\boldsymbol{K}^{\mathrm{T}}(k)[\boldsymbol{R}(k)\\ &+\boldsymbol{B}^{\mathrm{T}}(k)\boldsymbol{P}(k+1)\boldsymbol{B}(k)]\boldsymbol{K}(k)\\ \boldsymbol{P}(N)=&\boldsymbol{F}\end{aligned} \tag{9-202}$$

式(9-200)中的 $\hat{\boldsymbol{x}}(k)$ 为条件均值，满足以下卡尔曼滤波方程：

$$\hat{\boldsymbol{x}}(k)=\hat{\boldsymbol{x}}(k|k-1)+\boldsymbol{K}'(k)[\boldsymbol{z}(k)-\boldsymbol{H}(k)\hat{\boldsymbol{x}}(k|k-1)] \tag{9-203}$$

$$\hat{\boldsymbol{x}}(k|k-1)=\boldsymbol{\Phi}(k,k-1)\hat{\boldsymbol{x}}(k-1)+\boldsymbol{B}(k-1)\hat{\boldsymbol{u}}(k-1) \tag{9-204}$$

$$\boldsymbol{K}'(k)=\boldsymbol{P}(k|k-1)\boldsymbol{H}^{\mathrm{T}}(k)[\boldsymbol{H}(k)\boldsymbol{P}(k|k-1)\boldsymbol{H}^{\mathrm{T}}(k)+\boldsymbol{R}_0(k)]^{-1} \tag{9-205}$$

$$\boldsymbol{P}(k+1|k)=\boldsymbol{\Phi}(k+1,k)\boldsymbol{P}(k|k)\boldsymbol{\Phi}^{\mathrm{T}}(k+1,k)+\boldsymbol{Q}_0(k) \tag{9-206}$$

$$\boldsymbol{P}(k|k)=\boldsymbol{P}(k|k-1)-\boldsymbol{P}(k|k-1)\boldsymbol{H}^{\mathrm{T}}(k)[\boldsymbol{H}(k)\boldsymbol{P}(k|k-1)\boldsymbol{H}^{\mathrm{T}}(k)+\boldsymbol{R}_0(k)]^{-1}\boldsymbol{H}(k)\boldsymbol{P}(k|k-1) \tag{9-207}$$

最优性能指标

$$J^*=\frac{1}{2}\boldsymbol{m}_0^{\mathrm{T}}\boldsymbol{P}(0)\boldsymbol{m}_0+\frac{1}{2}\mathrm{tr}\left\{\boldsymbol{FP}(N)+\sum_{k=0}^{N-1}[\boldsymbol{P}(k+1)\boldsymbol{Q}_0'(k)+\boldsymbol{Q}(k)\boldsymbol{P}(k\mid k-1)]\right\} \tag{9-208}$$

系统的方框图如图 9-5 所示。

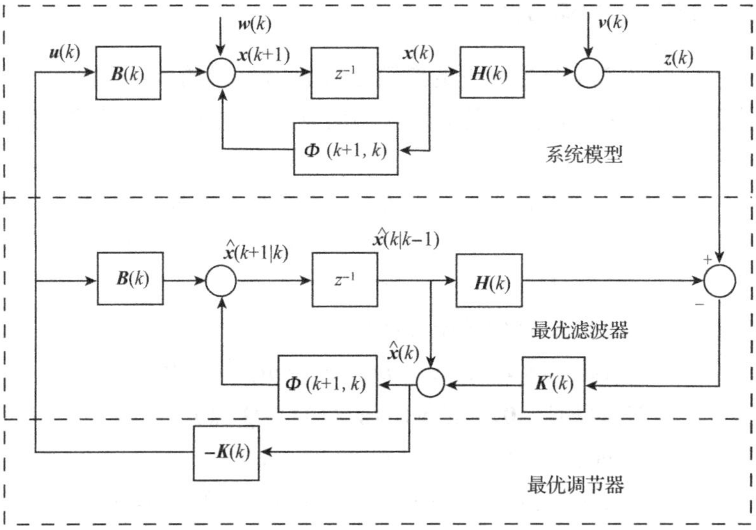

图 9-5　离散随机输出反馈调节器方框图

证明　将问题的讨论分为两步。

(1) 假定状态变量 $\boldsymbol{x}(k)$都可直接得到

此时,量测方程中 $\boldsymbol{H}(k)=\boldsymbol{I},\boldsymbol{v}(k)=\boldsymbol{0}$,即有

$$\boldsymbol{z}(k)=\boldsymbol{x}(k) \tag{9-209}$$

问题 9-7 可看作初值为 $\boldsymbol{x}(0)$的 N 级决策过程,可用动态规划法确定最优控制序列 $\boldsymbol{u}(0),\boldsymbol{u}(1),\cdots,\boldsymbol{u}(N-1)$,使性能指标(9-199)极小。

由于初始状态 $\boldsymbol{x}(0)$是随机变量,其可能值很多,这里假定 $\boldsymbol{x}(0)$为初始状态变量的取值。性能指标的极小值可用下式表示:

$$\begin{aligned}W[\boldsymbol{x}(0)]=\min_{\boldsymbol{u}(0),\cdots,\boldsymbol{u}(N-1)}\Big[&\boldsymbol{x}^{\mathrm{T}}(0)\boldsymbol{Q}(0)\boldsymbol{x}(0)+\boldsymbol{u}^{\mathrm{T}}(0)\boldsymbol{R}(0)\boldsymbol{u}(0)\\&+\mathop{E}_{\boldsymbol{x}(1),\cdots,\boldsymbol{x}(N)}\Big\{\Big(\sum_{k=1}^{N-1}[\boldsymbol{x}^{\mathrm{T}}(k)\boldsymbol{Q}(k)\boldsymbol{x}(k)+\boldsymbol{u}^{\mathrm{T}}(k)\boldsymbol{R}(k)\boldsymbol{u}(k)]\\&+\boldsymbol{x}^{\mathrm{T}}(N)\boldsymbol{F}\boldsymbol{x}(N)\Big)\,\Big|\,\boldsymbol{x}(0)\Big\}\Big]\end{aligned} \tag{9-210}$$

式中因为已设 $\boldsymbol{x}(0)$是状态变量初值的取值,所以 $\boldsymbol{x}^{\mathrm{T}}(0)\boldsymbol{Q}(0)\boldsymbol{x}(0)$和 $\boldsymbol{u}^{\mathrm{T}}(0)\boldsymbol{R}(0)\boldsymbol{u}(0)$也是取值,不需要取数学期望值。

根据动态规划最优性原理,从第 $k+1$ 级过程到第 N 级过程应当构成最优过程。设

第 $k+1$ 级过程的初值 $\boldsymbol{x}(k)$ 已给出，则从第 $k+1$ 级到第 N 级的性能指标极小值为

$$\begin{aligned}W[\boldsymbol{x}(k)]=&\min_{\boldsymbol{u}(k)}\min_{\boldsymbol{u}(k+1),\cdots,\boldsymbol{u}(N-1)}\Big[\boldsymbol{x}^{\mathrm{T}}(k)\boldsymbol{Q}(k)\boldsymbol{x}(k)+\boldsymbol{u}^{\mathrm{T}}(k)\boldsymbol{R}(k)\boldsymbol{u}(k)\\&+\mathop{E}_{\boldsymbol{x}(k+1),\cdots,\boldsymbol{x}(N)}\Big\{\Big(\sum_{j=k+1}^{N-1}[\boldsymbol{x}^{\mathrm{T}}(j)\boldsymbol{Q}(j)\boldsymbol{x}(j)+\boldsymbol{u}^{\mathrm{T}}(j)\boldsymbol{R}(j)\boldsymbol{u}(j)]\\&+\boldsymbol{x}^{\mathrm{T}}(N)\boldsymbol{F}\boldsymbol{x}(N)\Big)\,\Big|\,\boldsymbol{x}(k)\Big\}\Big],\quad k=0,1,\cdots,N-1\end{aligned}$$

上式可写为

$$\begin{aligned}W[\boldsymbol{x}(k)]=&\min_{\boldsymbol{u}(k)}\Big[\boldsymbol{x}^{\mathrm{T}}(k)\boldsymbol{Q}(k)\boldsymbol{x}(k)+\boldsymbol{u}^{\mathrm{T}}(k)\boldsymbol{R}(k)\boldsymbol{u}(k)\\&+\min_{\boldsymbol{u}(k+1),\cdots,\boldsymbol{u}(N-1)}\mathop{E}_{\boldsymbol{x}(k+1),\cdots,\boldsymbol{x}(N)}\Big\{\Big(\sum_{j=k+1}^{N-1}[\boldsymbol{x}^{\mathrm{T}}(j)\boldsymbol{Q}(j)\boldsymbol{x}(k)\\&+\boldsymbol{u}^{\mathrm{T}}(j)\boldsymbol{R}(j)\boldsymbol{u}(j)]+\boldsymbol{x}^{\mathrm{T}}(N)\boldsymbol{F}\boldsymbol{x}(N)\Big)\,\Big|\,\boldsymbol{x}(k)\Big\}\Big]\end{aligned}$$

若 $\boldsymbol{x}(k+1)$ 为取值，上式可进一步表示为

$$\begin{aligned}W[\boldsymbol{x}(k)]=&\min_{\boldsymbol{u}(k)}\Big\{\boldsymbol{x}^{\mathrm{T}}(k)\boldsymbol{Q}(k)\boldsymbol{x}(k)+\boldsymbol{u}^{\mathrm{T}}(k)\boldsymbol{R}(k)\boldsymbol{u}(k)\\&+\mathop{E}_{\boldsymbol{x}(k+1)}\Big\{\min_{\boldsymbol{u}(k+1),\cdots,\boldsymbol{u}(N-1)}\mathop{E}_{\boldsymbol{x}(k+2),\cdots,\boldsymbol{x}(N)}\Big[\Big(\sum_{j=k+1}^{N-1}[\boldsymbol{x}^{\mathrm{T}}(j)\boldsymbol{Q}(j)\boldsymbol{x}(j)\\&+\boldsymbol{u}^{\mathrm{T}}(j)\boldsymbol{R}(j)\boldsymbol{u}(j)]+\boldsymbol{x}^{\mathrm{T}}(N)\boldsymbol{F}\boldsymbol{x}(N)\Big)\,\Big|\,\boldsymbol{x}(k+1)\Big]\,\Big|\,\boldsymbol{x}(k)\Big\}\Big\}\Big]\end{aligned}\tag{9-211}$$

在式(9-211)中，因为

$$\begin{aligned}&\min_{\boldsymbol{u}(k+1),\cdots,\boldsymbol{u}(N-1)}\mathop{E}_{\boldsymbol{x}(k+2),\cdots,\boldsymbol{x}(N)}\Big[\Big(\sum_{j=k+1}^{N-1}[\boldsymbol{x}^{\mathrm{T}}(j)\boldsymbol{Q}(j)\boldsymbol{x}(j)+\boldsymbol{u}^{\mathrm{T}}(j)\boldsymbol{R}(j)\boldsymbol{u}(j)]+\boldsymbol{x}^{\mathrm{T}}(N)\boldsymbol{F}\boldsymbol{x}(N)\Big)\,\Big|\,\boldsymbol{x}(k+1)\Big]\\&=\min_{\boldsymbol{u}(k+1),\cdots,\boldsymbol{u}(N-1)}\Big[\boldsymbol{x}^{\mathrm{T}}(k+1)\boldsymbol{Q}(k+1)\boldsymbol{x}(k+1)+\boldsymbol{u}^{\mathrm{T}}(k+1)\boldsymbol{R}(k+1)\boldsymbol{u}(k+1)]\\&\quad+\mathop{E}_{\boldsymbol{x}(k+2),\cdots,\boldsymbol{x}(N)}\Big\{\Big(\sum_{j=k+1}^{N-1}[\boldsymbol{x}^{\mathrm{T}}(j)\boldsymbol{Q}(j)\boldsymbol{x}(j)\\&\quad+\boldsymbol{u}^{\mathrm{T}}(j)\boldsymbol{R}(j)\boldsymbol{u}(j)]+\boldsymbol{x}^{\mathrm{T}}(N)\boldsymbol{F}\boldsymbol{x}(N)\Big)\,\Big|\,\boldsymbol{x}(k+1)\Big\}\Big]\\&=W[\boldsymbol{x}(k+1)]\end{aligned}\tag{9-212}$$

故式(9-211)可以表示为

$$\begin{aligned}W[\boldsymbol{x}(k)]=&\min_{\boldsymbol{u}(k)}\{\boldsymbol{x}^{\mathrm{T}}(k)\boldsymbol{Q}(k)\boldsymbol{x}(k)+\boldsymbol{u}^{\mathrm{T}}(k)\boldsymbol{R}(k)\boldsymbol{u}(k)\\&+\mathop{E}_{\boldsymbol{x}(k+1)}\{W[\boldsymbol{x}(k+1)]\,|\,\boldsymbol{x}(k)\}\}\end{aligned}\tag{9-213}$$

显然，式(9-213)是动态规划的基本递推关系式，计算顺序从第 N 级开始，一直算到第 1 级为止。当 $k=N$ 时，式(9-213)变成

$$W[\boldsymbol{x}(N)]=\boldsymbol{x}^{\mathrm{T}}(N)\boldsymbol{F}\boldsymbol{x}(N)\tag{9-214}$$

式(9-214)表明，$W[\boldsymbol{x}(N)]$ 是 $\boldsymbol{x}(N)$ 的二次型函数。所以，第 $N-1$ 级的 $W[\boldsymbol{x}(N-1)]$ 必是 $\boldsymbol{x}(N-1)$ 和 $\boldsymbol{u}(N-1)$ 的二次型函数。以此类推，第 k 级的 $W[\boldsymbol{x}(k)]$ 应是 $\boldsymbol{x}(k)$ 和 $\boldsymbol{u}(k)$ 的二次型函数。假定

$$W[\boldsymbol{x}(k)]=\boldsymbol{x}^{\mathrm{T}}(k)\boldsymbol{P}(k)\boldsymbol{x}(k)+\eta(k)\tag{9-215}$$

式中 $\boldsymbol{P}(k)$ 为 $n\times n$ 对称矩阵，$\eta(k)$ 为一标量，则递推关系式(9-213)可以写为

$$\begin{aligned}W[\boldsymbol{x}(k)]=&\min_{\boldsymbol{u}(k)}\{\boldsymbol{x}^{\mathrm{T}}(k)\boldsymbol{Q}(k)\boldsymbol{x}(k)+\boldsymbol{u}^{\mathrm{T}}(k)\boldsymbol{R}(k)\boldsymbol{u}(k)\\&+\mathop{E}_{\boldsymbol{x}(k+1)}\{[\boldsymbol{x}^{\mathrm{T}}(k+1)\boldsymbol{P}(k+1)\boldsymbol{x}(k+1)+\eta(k+1)]\,|\,\boldsymbol{x}(k)\}\}\end{aligned}\tag{9-216}$$

由于状态方程表达式为(9-196),所以式(9-216)中

$$
\begin{aligned}
&\underset{x(k+1)}{E}\{[\boldsymbol{x}^{\mathrm{T}}(k+1)\boldsymbol{P}(k+1)\boldsymbol{x}(k+1)+\eta(k+1)]|\boldsymbol{x}(k)\}\\
&=\underset{x(k)}{E}[\{\boldsymbol{\Phi}(k+1,k)\boldsymbol{x}(k)+\boldsymbol{B}(k)\boldsymbol{u}(k)+\boldsymbol{w}(k)]^{\mathrm{T}}\boldsymbol{P}(k+1)[\boldsymbol{\Phi}(k+1,k)\boldsymbol{x}(k)\\
&\quad+\boldsymbol{B}(k)\boldsymbol{u}(k)+\boldsymbol{w}(k)]+\eta(k+1)\}|\boldsymbol{x}(k)]\\
&=[\boldsymbol{\Phi}(k+1,k)\boldsymbol{x}(k)+\boldsymbol{B}(k)\boldsymbol{u}(k)]^{\mathrm{T}}\boldsymbol{P}(k+1)[\boldsymbol{\Phi}(k+1,k)\boldsymbol{x}(k)\\
&\quad+\boldsymbol{B}(k)\boldsymbol{u}(k)]+E[\boldsymbol{w}^{\mathrm{T}}(k)\boldsymbol{P}(k+1)\boldsymbol{w}(k)]+\eta(k+1)\\
&=[\boldsymbol{\Phi}(k+1,k)\boldsymbol{x}(k)+\boldsymbol{B}(k)\boldsymbol{u}(k)]^{\mathrm{T}}\boldsymbol{P}(k+1)[\boldsymbol{\Phi}(k+1,k)\boldsymbol{x}(k)\\
&\quad+\boldsymbol{B}(k)\boldsymbol{u}(k)]+\mathrm{tr}[\boldsymbol{P}(k+1)\boldsymbol{Q}_0(k)]+\eta(k+1)
\end{aligned}
\tag{9-217}
$$

将上式代入式(9-216),可得

$$
\begin{aligned}
\mathrm{W}[\boldsymbol{x}(k)]&=\min_{\boldsymbol{u}(k)}\{\boldsymbol{x}^{\mathrm{T}}(k)\boldsymbol{Q}(k)\boldsymbol{x}(k)+\boldsymbol{u}^{\mathrm{T}}(k)\boldsymbol{R}(k)\boldsymbol{u}(k)\\
&\qquad+[\boldsymbol{\Phi}(k+1,k)\boldsymbol{x}(k)+\boldsymbol{B}(k)\boldsymbol{u}(k)]^{\mathrm{T}}\boldsymbol{P}(k+1)[\boldsymbol{\Phi}(k+1,k)\boldsymbol{x}(k)\\
&\qquad+\boldsymbol{B}(k)\boldsymbol{u}(k)]+\mathrm{tr}[\boldsymbol{P}(k+1)\boldsymbol{Q}_0(k)]+\eta(k+1)\}\\
&=\min_{\boldsymbol{u}(k)}\{\boldsymbol{x}^{\mathrm{T}}(k)[\boldsymbol{Q}(k)+\boldsymbol{\Phi}^{\mathrm{T}}(k+1,k)\boldsymbol{P}(k+1)\boldsymbol{\Phi}(k+1,k)]\boldsymbol{x}(k)\\
&\qquad+\boldsymbol{u}^{\mathrm{T}}(k)\boldsymbol{B}^{\mathrm{T}}(k)\boldsymbol{P}(k+1)\boldsymbol{\Phi}(k+1,k)\boldsymbol{x}(k)\\
&\qquad+\boldsymbol{x}^{\mathrm{T}}(k)\boldsymbol{\Phi}^{\mathrm{T}}(k+1,k)\boldsymbol{P}(k+1)\boldsymbol{B}(k)\boldsymbol{u}(k)\\
&\qquad+\boldsymbol{u}^{\mathrm{T}}(k)[\boldsymbol{R}(k)+\boldsymbol{B}^{\mathrm{T}}(k)\boldsymbol{P}(k+1)\boldsymbol{B}(k)]\boldsymbol{u}(k)\\
&\qquad+\mathrm{tr}[\boldsymbol{P}(k+1)\boldsymbol{Q}_0(k)]+\eta(k+1)\}
\end{aligned}
\tag{9-218}
$$

在式(9-218)中,$\mathrm{tr}[\boldsymbol{P}(k+1)\boldsymbol{Q}_0(k)]$是模型方程中的白噪声 $\boldsymbol{w}(k)$所引起的附加项。根据式(9-218),$W[\boldsymbol{x}(k)]$应满足下式:

$$
\begin{aligned}
W[\boldsymbol{x}(k)]&=\boldsymbol{x}^{\mathrm{T}}(k)\boldsymbol{P}(k)\boldsymbol{x}(k)+\eta(k)\\
&=\boldsymbol{x}^{\mathrm{T}}(k)[\boldsymbol{Q}(k)+\boldsymbol{\Phi}^{\mathrm{T}}(k+1,k)\boldsymbol{P}(k+1)\boldsymbol{\Phi}(k+1,k)]\boldsymbol{x}(k)\\
&\quad+\boldsymbol{u}^{\mathrm{T}}(k)\boldsymbol{B}^{\mathrm{T}}(k)\boldsymbol{P}(k+1)\boldsymbol{\Phi}(k+1,k)\boldsymbol{x}(k)\\
&\quad+\boldsymbol{x}^{\mathrm{T}}(k)\boldsymbol{\Phi}^{\mathrm{T}}(k+1,k)\boldsymbol{P}(k+1)\boldsymbol{B}(k)\boldsymbol{u}(k)\\
&\quad+\boldsymbol{u}^{\mathrm{T}}(k)[\boldsymbol{R}(k)+\boldsymbol{B}^{\mathrm{T}}(k)\boldsymbol{P}(k+1)\boldsymbol{B}(k)]\boldsymbol{u}(k)\\
&\quad+\mathrm{tr}[\boldsymbol{P}(k+1)\boldsymbol{Q}_0(k)]+\eta(k+1)
\end{aligned}
\tag{9-219}
$$

求式(9-219)对 $\boldsymbol{u}(k)$的偏导数,并令偏导数等于零,可得最优控制

$$
\begin{aligned}
\boldsymbol{u}^*(k)&=-[\boldsymbol{R}(k)+\boldsymbol{B}^{\mathrm{T}}(k)\boldsymbol{P}(k+1)\boldsymbol{B}(k)]^{-1}\boldsymbol{B}^{\mathrm{T}}(k)\boldsymbol{P}(k+1)\boldsymbol{\Phi}(k+1,k)\boldsymbol{x}(k)\\
&=-\boldsymbol{K}(k)\boldsymbol{x}(k)
\end{aligned}
\tag{9-220}
$$

式中

$$
\boldsymbol{K}(k)=[\boldsymbol{R}(k)+\boldsymbol{B}^{\mathrm{T}}(k)\boldsymbol{P}(k+1)\boldsymbol{B}(k)]^{-1}\boldsymbol{B}^{\mathrm{T}}(k)\boldsymbol{P}(k+1)\boldsymbol{\Phi}(k+1,k)
\tag{9-221}
$$

在式(9-221)中,因 $\boldsymbol{R}(k)>0$,$\boldsymbol{P}(k+1)\geqslant 0$,故逆矩阵$[\boldsymbol{R}(k)+\boldsymbol{B}^{\mathrm{T}}(k)\boldsymbol{P}(k+1)\boldsymbol{B}(k)]^{-1}$是存在的。

在最优控制表达式(9-220)中,$\boldsymbol{P}(k+1)$为未知矩阵。为了求出 $\boldsymbol{P}(k+1)$的递推关系,将式(9-220)代入式(9-219),经整理后可得

$$
\begin{aligned}
\boldsymbol{x}^{\mathrm{T}}(k)\boldsymbol{P}(k)\boldsymbol{x}(k)+\eta(k)=\boldsymbol{x}^{\mathrm{T}}(k)\{&\boldsymbol{\Phi}^{\mathrm{T}}(k+1,k)\boldsymbol{P}(k+1)\boldsymbol{\Phi}(k+1,k)+\boldsymbol{Q}(k)\\
&-\boldsymbol{K}^{\mathrm{T}}(k)[\boldsymbol{R}(k)+\boldsymbol{B}^{\mathrm{T}}(k)\boldsymbol{P}(k+1)\boldsymbol{B}(k)]\boldsymbol{K}(k)\}\boldsymbol{x}(k)\\
&+\mathrm{tr}[\boldsymbol{P}(k+1)\boldsymbol{Q}_0(k)]+\eta(k+1)
\end{aligned}
$$

上式对任意 $\boldsymbol{x}(k)$均应成立,因此得

$$
\boldsymbol{P}(k)=\boldsymbol{\Phi}^{\mathrm{T}}(k+1,k)\boldsymbol{P}(k+1)\boldsymbol{\Phi}(k+1,k)+\boldsymbol{Q}(k)
$$

$$-\boldsymbol{K}^{\mathrm{T}}(k)[\boldsymbol{R}(k)+\boldsymbol{B}^{\mathrm{T}}(k)\boldsymbol{P}(k+1)\boldsymbol{B}(k)]\boldsymbol{K}(k)$$

$$\boldsymbol{P}(N)=\boldsymbol{F} \tag{9-222}$$

以及

$$\begin{aligned}&\eta(k)=\operatorname{tr}[\boldsymbol{P}(k+1)\boldsymbol{Q}_0(k)]+\eta(k+1)\\&\eta(N)=0\end{aligned} \tag{9-223}$$

因为 $\boldsymbol{x}(k)$ 是随机的，所以 $W[\boldsymbol{x}(k)]$ 和 $W[\boldsymbol{x}(0)]$ 都是随机的，故最小性能指标函数

$$\begin{aligned}J^* &= \frac{1}{2}E\{W[\boldsymbol{x}(0)]\}\\&= \frac{1}{2}\boldsymbol{m}_0^{\mathrm{T}}\boldsymbol{P}(0)\boldsymbol{m}_0+\frac{1}{2}\operatorname{tr}\{\boldsymbol{P}(0)\boldsymbol{P}_0+\sum_{k=0}^{N-1}\boldsymbol{P}(k+1)\boldsymbol{Q}_0(k)\}\end{aligned} \tag{9-224}$$

由于离散矩阵黎卡提方程(9-222)与随机干扰 $\boldsymbol{w}(k)$ 无关，因此最优反馈增益阵 $\boldsymbol{K}(k)$ 与随机干扰无关。这一特性很重要。

(2) 假定状态变量 $\boldsymbol{x}(k)$ 需通过观测系统间接获得

已知量测方程(9-197)

$$\boldsymbol{z}(k)=\boldsymbol{H}(k)\boldsymbol{x}(k)+\boldsymbol{v}(k)$$

应用卡尔曼滤波方法可得 $\boldsymbol{x}(k)$ 的线性最小方差估计

$$\hat{\boldsymbol{x}}(k)\overset{\text{def}}{=\!=}\hat{\boldsymbol{x}}(k|k-1)$$

可以证明，以 $\hat{\boldsymbol{x}}(k)$ 代替 $\boldsymbol{x}(k)$ 得到的最优控制(9-200)，能使性能指标极小。

利用最优估值 $\hat{\boldsymbol{x}}(k)$ 与估值误差 $\tilde{\boldsymbol{x}}(k)\overset{\text{def}}{=\!=}\tilde{\boldsymbol{x}}(k|k-1)$ 的正交关系，有

$$E[\hat{\boldsymbol{x}}(k)\tilde{\boldsymbol{x}}^{\mathrm{T}}(k)]=\boldsymbol{0}$$

由于

$$\begin{aligned}E\{\boldsymbol{x}^{\mathrm{T}}(k)\boldsymbol{Q}(k)\boldsymbol{x}(k)\}&=E\{[\hat{\boldsymbol{x}}(k)+\tilde{\boldsymbol{x}}(k)]^{\mathrm{T}}\boldsymbol{Q}(k)[\hat{\boldsymbol{x}}(k)+\tilde{\boldsymbol{x}}(k)]\}\\&=E[\hat{\boldsymbol{x}}^{\mathrm{T}}(k)\boldsymbol{Q}(k)\hat{\boldsymbol{x}}(k)]+E[\tilde{\boldsymbol{x}}^{\mathrm{T}}(k)\boldsymbol{Q}(k)\tilde{\boldsymbol{x}}(k)]\end{aligned}$$

以及

$$E\{\boldsymbol{x}^{\mathrm{T}}(N)\boldsymbol{F}\boldsymbol{x}(N)\}=E[\hat{\boldsymbol{x}}^{\mathrm{T}}(N)\boldsymbol{F}\hat{\boldsymbol{x}}^{\mathrm{T}}(N)]+E[\tilde{\boldsymbol{x}}^{\mathrm{T}}(N)\boldsymbol{F}\tilde{\boldsymbol{x}}(N)]$$

于是，性能指标(9-199)可以改写为

$$\begin{aligned}J=&\frac{1}{2}E\Big\{\hat{\boldsymbol{x}}^{\mathrm{T}}(N)\boldsymbol{F}\hat{\boldsymbol{x}}(N)+\sum_{k=0}^{N-1}[\hat{\boldsymbol{x}}^{\mathrm{T}}(k)\boldsymbol{Q}(k)\hat{\boldsymbol{x}}(k)\\&+\hat{\boldsymbol{u}}^{\mathrm{T}}(k)\boldsymbol{R}(k)\hat{\boldsymbol{u}}(k)]\Big\}+\frac{1}{2}E\Big\{\tilde{\boldsymbol{x}}^{\mathrm{T}}(N)\boldsymbol{F}\tilde{\boldsymbol{x}}(N)\\&+\sum_{k=0}^{N-1}\tilde{\boldsymbol{x}}^{\mathrm{T}}(k)\boldsymbol{Q}(k)\tilde{\boldsymbol{x}}(k)\Big\}\end{aligned} \tag{9-225}$$

有控制信号时的卡尔曼滤波方程为

$$\hat{\boldsymbol{x}}(k+1|k)=\boldsymbol{\Phi}(k+1,k)\hat{\boldsymbol{x}}(k)+\boldsymbol{B}(k)\hat{\boldsymbol{u}}(k)+\boldsymbol{K}'(k)[\boldsymbol{v}(k)+\boldsymbol{H}(k)\tilde{\boldsymbol{x}}(k)] \tag{9-226}$$

根据式(9-225)和式(9-226)可得如下结论：

① 因为 $\hat{\boldsymbol{u}}(k)$ 是 $\hat{\boldsymbol{x}}(k)$ 的线性函数，故 $\tilde{\boldsymbol{x}}$ 与 $\hat{\boldsymbol{u}}(k)$ 正交，表明 $\tilde{\boldsymbol{x}}(k)$ 不受 $\hat{\boldsymbol{u}}(k)$ 的影响。

② 在式(9-226)中，$\boldsymbol{K}'(k)[\boldsymbol{v}(k)+\boldsymbol{H}(k)\tilde{\boldsymbol{x}}(k)]$ 为白噪声，其协方差阵为

$$\begin{aligned}&\boldsymbol{\Phi}(k+1,k)\boldsymbol{P}(k|k-1)\boldsymbol{H}^{\mathrm{T}}(k)[\boldsymbol{R}_0(k)+\boldsymbol{H}(k)\boldsymbol{P}(k|k-1)\boldsymbol{H}^{\mathrm{T}}(k)]^{-1}\cdot\\&\boldsymbol{H}(k)\boldsymbol{P}(k|k-1)\boldsymbol{\Phi}(k+1,k)\end{aligned}$$

式中 $\boldsymbol{P}(k|k-1)$ 为估计误差方差阵。

③ 估值 $\hat{\boldsymbol{x}}(k+1|k)$的方程(9-226)与真值 $\boldsymbol{x}(k+1)$的方程(9-196)具有相同的形式，只是前者的白噪声为 $\boldsymbol{K}'(k)[\boldsymbol{v}(k)+\boldsymbol{H}(k)\tilde{\boldsymbol{x}}(k)]$，而后者的白噪声为 $\boldsymbol{w}(k)$。

④ 在性能指标式(9-225)中，等式右端第二项与 $\hat{\boldsymbol{u}}(k)$无关，因此选择 $\hat{\boldsymbol{u}}(k)$使性能指标式(9-225)极小，等价为

$$J^*=\frac{1}{2}\min_{\hat{\boldsymbol{u}}(k)}E\{\hat{\boldsymbol{x}}^{\mathrm{T}}(N)\boldsymbol{F}\hat{\boldsymbol{x}}(N)+\sum_{k=0}^{N-1}[\hat{\boldsymbol{x}}^{\mathrm{T}}(k)\boldsymbol{Q}(k)\hat{\boldsymbol{x}}(k)+\hat{\boldsymbol{u}}^{\mathrm{T}}(k)\boldsymbol{R}(k)\hat{\boldsymbol{u}}(k)]\} \tag{9-227}$$

式(9-227)与式(9-199)在形式上完全相同。

由以上比较可知，(1)中的结构可以直接应用。因此

$$\boldsymbol{u}^*(k)=\hat{\boldsymbol{u}}^*(k)=-\boldsymbol{K}(k)\hat{\boldsymbol{x}}(k) \tag{9-228}$$

表明最优控制律为最优估值 $\hat{\boldsymbol{x}}(k)$的线性函数。

由上述结论③可知，式(9-223)中的 $\boldsymbol{Q}_0(k)$应用

$$\begin{aligned}\boldsymbol{Q}_0'(k)=&\boldsymbol{\Phi}(k+1,k)\boldsymbol{P}(k|k-1)\boldsymbol{H}^{\mathrm{T}}(k)[\boldsymbol{R}_0(k)\\&+\boldsymbol{H}(k)\boldsymbol{P}(k|k-1)\boldsymbol{H}^{\mathrm{T}}(k)]^{-1}\boldsymbol{H}(k)\boldsymbol{P}(k|k-1)\boldsymbol{\Phi}(k+1,k)\end{aligned}$$

来代替。若以 $\xi(k)$代表式(9-223)中的 $\eta(k)$，则 $\xi(k)$应满足以下方程：

$$\begin{aligned}&\xi(k)=\mathrm{tr}[\boldsymbol{P}(k+1)\boldsymbol{Q}_0'(k)]+\xi(k+1)\\&\xi(N)=0\end{aligned} \tag{9-229}$$

按照式(9-229)的递推关系，可逐级算出 $\xi(k)$。求出 $\boldsymbol{P}(k)$和 $\xi(k)$以后，可得

$$\boldsymbol{W}[\hat{\boldsymbol{x}}(k)]=\hat{\boldsymbol{x}}^{\mathrm{T}}(k)\boldsymbol{P}(k)\hat{\boldsymbol{x}}(k)+\xi(k) \tag{9-230}$$

于是，总的最优性能指标为

$$\begin{aligned}J^* &=\frac{1}{2}E\{W[\hat{\boldsymbol{x}}(0)]\}+\frac{1}{2}E\left\{\tilde{\boldsymbol{x}}^{\mathrm{T}}(N)\boldsymbol{F}\tilde{\boldsymbol{x}}(N)+\sum_{k=0}^{N-1}\tilde{\boldsymbol{x}}^{\mathrm{T}}(k)\boldsymbol{Q}(k)\tilde{\boldsymbol{x}}(k)\right\}\\&=\frac{1}{2}\boldsymbol{m}_0^{\mathrm{T}}\boldsymbol{P}(0)\boldsymbol{m}_0+\frac{1}{2}\mathrm{tr}\left\{\boldsymbol{F}\boldsymbol{P}(N)+\sum_{k=0}^{N-1}[\boldsymbol{P}(k+1)\boldsymbol{Q}_0'(k)+\boldsymbol{Q}(k)\boldsymbol{P}(k\mid k-1]\right\}\end{aligned}$$

至此，离散系统的分离原理证明完毕。

例 9-3 设系统状态方程

$$x(k+1)=x(k)+2u(k)+w(k),\quad x(0)=0$$

量测方程

$$z(k)=x(k)+v(k)$$

性能指标

$$J=E\left[x^2(3)+\sum_{k=0}^{2}u^2(k)\right]$$

已知 $w(k)$和 $v(k)$为互不相关的零均值白噪声序列，其方差分别为 $Q_0(k)=25$ 和 $R_0(k)=15$，初始状态的均值及估计误差协方差的初值为

$$E[x(0)]=0,\quad P(0|0_-)=E[\tilde{x}^2(0)]=100$$

试求随机输出反馈最优控制 $u^*(0)$，$u^*(1)$和 $u^*(2)$。

解 本例为三级决策过程。由题意

$$\Phi(k+1,k)=1,\quad B(k)=2,\quad H(k)=1$$

则由估计误差协方差方程(9-206)：

$$\begin{aligned}P(k+1|k)&=\Phi(k+1,k)P(k|k-1)\Phi^{\mathrm{T}}(k+1,k)+Q_0(k)\\&=\Phi(k+1,k)P(k|k-1)H^{\mathrm{T}}(k)\end{aligned}$$

$$\cdot [H(k)P(k|k-1)H^{\mathrm{T}}(k)+R_0(k)]^{-1}H(k)P(k|k-1)\Phi^{\mathrm{T}}(k+1,k)$$

可得

$$P(k+1|k)=P(k|k-1)-P(k|k-1)[P(k|k-1)+15]^{-1}P(k|k-1)+25$$

由卡尔曼增益阵方程(9-205),得

$$K'(k)=P(k|k-1)[P(k|k-1)+15]^{-1}$$

根据题意,$F=1$,$Q(k)=0$,$R(k)=1$,故由黎卡提方程(9-202)得

$$P(k)=P(k+1)-4P^2(k+1)[1+4P(k+1)]^{-1}$$

由状态反馈增益阵表达式(9-201),可得

$$K(k)=2[1+4P(k+1)]^{-1}P(k+1)$$

计算结果如表 9-1 所示。

表 9-1 计算结果表

k	$P(k\|k-1)$	$K'(k)$	$P(k)$	$K(k)$
3	37.1		1.000	
2	36.9	0.710	0.200	0.400
1	38.1	0.717	0.111	0.222
0	100.0	0.869	0.077	0.154

因为 $\hat{x}(0|0_-)=x(0)=0$,所以各级最优控制为

$$u^*(0)=-0.154\hat{x}(0|0_-)=0$$

$$u^*(1)=-0.222\hat{x}(1|0)$$

$$u^*(2)=-0.400\hat{x}(2|1)$$

习　　题

9-1 设微分方程为

$$\dot{\boldsymbol{x}}(t)=\boldsymbol{F}(t)\boldsymbol{x}(t)+\boldsymbol{G}(t)\boldsymbol{w}(t),\quad \boldsymbol{x}(0)=\boldsymbol{x}_0$$

已知 $E\{\boldsymbol{x}_0\}=\boldsymbol{m}_0$,$E\{\boldsymbol{w}(t)\}=\boldsymbol{0}$,$E\{\boldsymbol{x}_0\boldsymbol{w}^{\mathrm{T}}(t)\}=\boldsymbol{0}$,且有

$$E\{\boldsymbol{w}(t)\boldsymbol{w}^{\mathrm{T}}(t)\}=\boldsymbol{Q}_0(t)$$

定义二次矩阵为

$$\boldsymbol{P}'_x(t)=E\{\boldsymbol{x}(t)\boldsymbol{x}^{\mathrm{T}}(t)\}$$

$$\boldsymbol{P}'_x(0)=E\{\boldsymbol{x}_0\boldsymbol{x}_0^{\mathrm{T}}\}$$

求证:$\boldsymbol{P}'_x(t)$满足以下矩阵方程及初始条件

$$\dot{\boldsymbol{P}}'_x(t)=\boldsymbol{F}(t)\boldsymbol{P}'_x(t)+\boldsymbol{P}'_x(t)\boldsymbol{F}^{\mathrm{T}}(t)+\boldsymbol{G}(t)\boldsymbol{Q}_0(t)\boldsymbol{G}^{\mathrm{T}}(t)$$

$$\boldsymbol{P}'_x(0)=E\{\boldsymbol{x}_0\boldsymbol{x}_0^{\mathrm{T}}\}$$

9-2 设一探空火箭,当空气阻力与火箭重量相比可以略去不计时,其动力学方程为

$$\dot{x}(t)=\boldsymbol{v}(t)$$

$$\dot{m}(t)=-\frac{1}{c}f(t)$$

$$m(t)\dot{v}(t)=f(t)-m(t)g$$

式中 $x(t)$ 为火箭飞行高度，$v(t)$ 为火箭速度，$m(t)$ 为火箭质量，$f(t)$ 为火箭推力，c 为比推力(常数)，g 为重力加速度(常数)。已知随机变量 $x_0, v_0, m(0)$ 的均值都等于零，且彼此不相关，方差 $E\{x_0^2\}$、$E\{v_0^2\}$、$E\{m^2(0)\}$ 给定，$E\{f(t)\}=f_0=$ 常数，$E\{[f(t)-f_0]^2\}=q^2$。试求 $x(t)$、$v(t)$ 与 $m(t)$ 的均值与方差。

9-3 设随机系统状态方程为

$$\dot{\boldsymbol{x}}(t)=\boldsymbol{F}(t)\boldsymbol{x}(t)+\boldsymbol{G}(t)\boldsymbol{u}(t)+\boldsymbol{w}(t)$$

其状态转移矩阵为 $\boldsymbol{\Phi}(t,\tau)$，且满足下列方程：

$$\frac{\mathrm{d}}{\mathrm{d}\tau}\boldsymbol{\Phi}^{\mathrm{T}}(t,\tau)=-\boldsymbol{F}^{\mathrm{T}}(\tau)\boldsymbol{\Phi}(t,\tau),\quad \boldsymbol{\Phi}(\tau,\tau)=I$$

试证明：$\boldsymbol{x}(t)$ 的均值和方差阵分别为

$$E\{\boldsymbol{x}(t)\}=\boldsymbol{\Phi}(t,t_0)E\{\boldsymbol{x}(t_0)\}+\int_{t_0}^{t}\boldsymbol{\Phi}(t,\tau)\boldsymbol{G}(\tau)E\{\boldsymbol{w}(\tau)\}\mathrm{d}\tau$$

$$\boldsymbol{P}_x(t)=\boldsymbol{\Phi}(t,t_0)\boldsymbol{P}_0\boldsymbol{\Phi}^{\mathrm{T}}(t,t_0)+\int_{t_0}^{t}\boldsymbol{\Phi}(t,\tau)\boldsymbol{G}(\tau)\boldsymbol{Q}_0(\tau)\boldsymbol{G}^{\mathrm{T}}(\tau)\boldsymbol{\Phi}^{\mathrm{T}}(t,\tau)\,\mathrm{d}\tau$$

9-4 设随机系统方程为

$$\dot{x}_1(t)=x_2(t)$$

$$\dot{x}_2(t)=-\frac{1}{a}x_2(t)+ku(t)+w(t)$$

$$y(t)=x_1(t)$$

式中 $w(t)$ 为零均值白噪声，其方差为 q^2。试求最优控制 $u^*(t)$，使下列性能指标极小：

$$J=E\left\{\int_{t_0}^{t_f}[y^2(t)+\rho u^2(t)]\mathrm{d}t\right\}$$

式中 $\rho>0, a>0$。要求画出系统的方框图。

9-5 设随机系统方程为

$$\dot{x}(t)=u(t)+w(t)$$

$$z(t)=x(t)+v(t)$$

式中 $w(t)$ 与 $v(t)$ 为互不相关的零均值高斯白噪声，其方差分别为 q^2 和 r^2。试求最优控制 $u^*(t)$，使下列性能指标极小：

$$J=\frac{1}{2}E\left\{x^2(t_f)+\int_0^{t_f}\rho u^2(t)\mathrm{d}t\right\}$$

式中 $\rho>0$。并要求计算最小性能指标及绘出系统方框图。

9-6 设离散系统状态方程和量测方程为

$$x(k+1)=2x(k)+u(k)$$

$$z(k)=x(k)+v(k)$$

式中 $v(k)$ 是零均值高斯白噪声序列，其方差为 5。已知 $v(k)$ 与随机初始状态 $x(0)$ 不相关，且 $E\{x(0)\}=0$，$P(0|0_-)=E\{\tilde{x}^2(0)\}=50$，性能指标为

$$J=\frac{1}{2}E\left\{x^2(4)+\sum_{k=0}^{3}u^2(k)\right\}$$

试求随机最优控制序列 $u^*(k)$，$k=0,1,2,3$。

第 10 章　实用最优控制系统

前面九章已比较详细地介绍了最优控制的基本理论。我们知道,最优控制问题实质就是:找出允许的控制作用(规律),使动态系统(被控对象)从初始状态转移到某种要求的终端状态,并且保证某种要求的性能指标达到最小(大)。比如,我们希望宇宙飞船在距地球表面某一高度上飞行,假设这里只考虑控制飞船纵轴稳定地跟踪当地水平轴,即飞船的参考轴的一个轴的控制问题,并假设用喷气发动机作为姿态控制系统的动力。在某一时刻,由控制装置(如计算机)给出控制飞船纵轴跟踪新的给定参考轴的指令,在控制指令作用下,要求在一定时间内完成这种调整过程,并且要求燃料消耗最少,这就是燃料消耗最少控制问题。

研究理论的目的在于应用。目前,随着工业控制计算机、微电子器件、数字控制系统的大量涌现,以及控制算法的不断改进,最优控制理论在工程中已得到越来越广泛的应用。

用控制系统自动实现最优控制的例子有很多。比如,在航船上安装一种叫做综合导航系统的装置,它能够自动规划出最优航线,自动确定航船位置,并实现监视航行。为了保证船舶在广阔的海面上能够实现自动航行,可以利用全球卫星定位系统,用它测出船舶当前的位置和航线,把测量得到的航线与要求的航线进行比较,由电脑经过计算,确定出应该如何控制舵机,才能够使船按要求的航线自动行驶下去。

本章将介绍一些实用最优控制系统的例子,包括高速高精度数字伺服系统的时间次优控制;III 型数字伺服系统的 ITAE 性能指标最优控制;交直流混合电力系统直流制动的时间-能量双指标最优控制;二级倒立摆的二次型最优控制;电动公交车直流牵引电动机驱动系统最优控制等。

10.1　高速高精度数字伺服系统的时间次优控制

由直流电力拖动及交流电力拖动组成的数字式位置伺服系统是当前应用最广泛的电力拖动系统。如数控机床上用的伺服系统、飞行器制导系统、火箭或弹道发射架的控制系统、高射火炮的控制系统、雷达天线控制系统等。

本节重点介绍高速、高精度伺服系统的时间最优控制问题。作为高射火炮的数字控制系统,必须具有很高的跟踪角速度与跟踪角加速度的能力,才能从跟踪一批目标迅速转换到跟踪另一批目标。同时,由于被跟踪射击的目标甚远,这就必须有极高的跟踪精度、极小的稳态误差才能获得好的射击效果。

由上述可知,对这一类高速、高精度数字伺服系统,在单位阶跃输入作用下,我们希望其过渡过程为最佳过渡过程,即时间最优控制。

10.1.1　系统介绍

该系统的原理如图 10-1 所示。

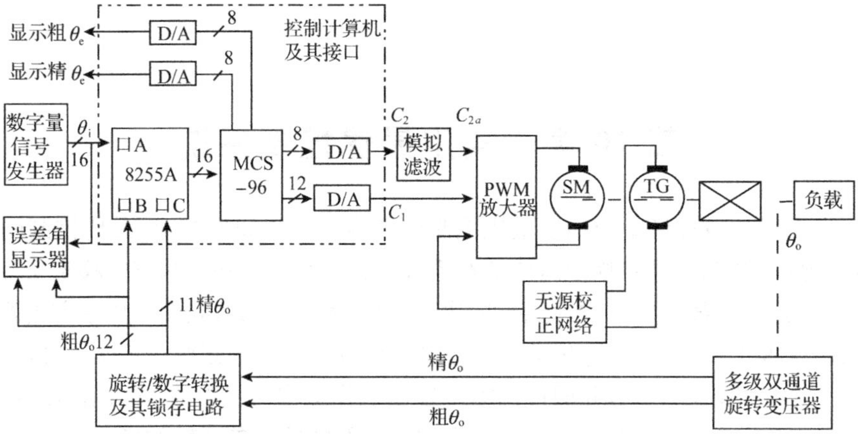

图 10-1　高速、高精度数字伺服系统原理图

图 10-1 中数字量信号发生器用以发出阶跃信号、等角速正/反转信号和正弦信号共四种指令，各种信号均以 16 位自然二进制码的形式给出。它所发出的信号就是该系统的输入角 θ_i，在检测该系统时，它模拟系统的上一级计算机。

误差角显示器根据 θ_i、粗 θ_o、精 θ_o，计算出该系统的误差角 θ_e，以模拟数字打印等多种方式显示该系统的动态响应或稳态误差。误差角显示器为调试和检测该系统带来很大的方便。需要指出，这两者不是系统的组成部分。

图 10-1 中，θ_i 为系统输入角，θ_o 为系统输出角。系统主要由控制计算机、被控对象、位置反馈三部分组成。

控制计算机以 16 位单片机 MCS-96 为主体（当前也可用 DSP 器件或相应的新一代单片机取代），按最小系统原则设计，它有三个输入接口和四个输出接口。

输入接口：由两片可编程的并行 I/O 扩展芯片 8255A 的口 A、口 B、口 C 组成。来自数字量信号发生器（数字正弦机）的输入信号 θ_i（16 位）经两片 8255A 的口 A 进入控制计算机，系统输出角 θ_o 经 110XSZ1/32 多级双通道旋转变压器和 2×12XSZ741 旋变/数字转换器及其所存电路完成绝对式轴角编码的任务，将输出角 θ_o 转换成粗精各为 12 位的自然二进制数码。该数码经锁存后，取粗 12 位和精 11 位由 8255A 的口 B、口 C 进入控制计算机。经计算机软件运算，将粗、精合并，最后得到 16 位数字量的系统输出角 θ_o。

四个输出口分别为主控输出口、前馈输出口和两个误差角 θ_e 显示口。

主控输出口由 12 位 D/A 转换芯片 DAC1210 等组成。其中包含与系统误差角 θ_e 及其一阶差分 $\Delta\theta_e$ 成正比的信号，其输出为系统的模拟主控信号。

前馈输出口由两片 8 位 D/A 转换芯片 DAC0832 等组成。其中包含与系统输入角 θ_i 的一阶差分 $\Delta\theta_i$、二阶差分 $\Delta^2\theta_i$ 成正比的复合控制信号及补充信号。$\Delta^2\theta_i$ 信号经数字滤波后再与 $\Delta\theta_i$ 信号及补充信号一起经模拟滤波器滤波，然后作为系统控制量的组成部分作用于系统。其输出为系统的模拟前馈信号。

粗 θ_e 显示口和精 θ_e 显示口分别由 8 位 D/A 专用芯片 DAC0832 组成。其模拟输出口可接示波器显示，以便实时观测系统误差大小。粗 θ_e 显示口可显示误差为 $|\theta_e| \geq$ 0100H，当 $|\theta_e| <$ 0100H 时，其输出为零。

为了精确计算角度，在兵器系统的计算中常用 1 密位为角度的基本单位。定义：1 密

位$=1\text{mil}=\dfrac{360°}{6000}=0.06°$；精显示口可显示误差为$|\theta_e|<12\text{mil}$。

被控对象可以看作由 PWM 放大器、执行电机、减速器、负载、测速发电机、无源校正网络等组成。

10.1.2 被控对象及其数学模型的建立

由图 10-1 知，从控制计算机的角度看，PWM 放大器(若是交流驱动也可由各类新型交流驱动器取代)、执行电机、减速器、负载、测速发电机、无源校正网络可看成一个整体，统称为被控对象。所以，被控对象本身就是一个闭环系统。现将无源校正网络及其有关部分划出，如图 10-2 所示。其中，$R_1=1\text{k}\Omega+5.6\text{k}\Omega=6.6\text{k}\Omega$，$R_2=5.6\text{k}\Omega$，$R_3=510\text{k}\Omega$，$R_4=7.5\text{k}\Omega$，$C_4=10\mu\text{F}$，$R_5=3\text{k}\Omega$，测速发电机型号为 45CY003，$R_W$ 的分压比调试后实测为0.65。

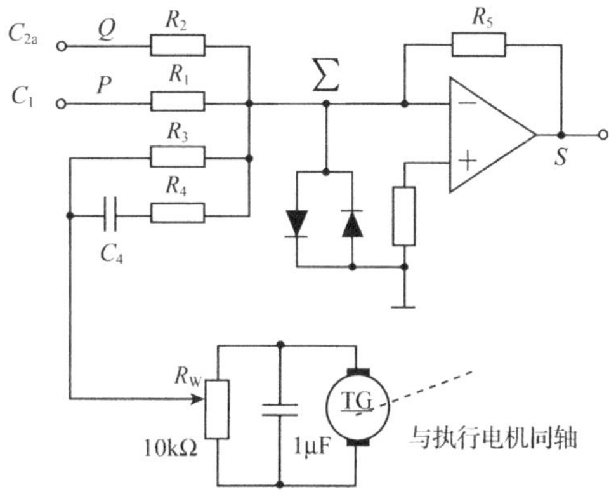

图 10-2　系统的校正网络

建立被控对象的数学模型：PWM 放大器可近似地看成一个放大环节，记作 K_{PWM}。控制变量 C_1(模拟电压)为其输入，执行电机的电枢电压 U_d(指平均值，下同)为其输出。经实测得知 $K_{PWM}=13$。

执行电机型号为 ZK-21G，其参数为：额定功率 $P_n=1.4\text{kW}$，额定电压 $U_n=110\text{V}$，额定电流 $I_n=16\text{A}$，额定转速 $n_n=6000\text{r}\cdot\text{min}^{-1}$，励磁电压 110V，实测电枢电阻 $R_a=0.8\Omega$。

经计算知，执行电机转子转动惯量、负载转动惯量在电机轴上的折算值、减速器转动惯量在电机轴上的折算值，这三者之和 $J=0.0157\text{kg}\cdot\text{m}^2$。

对于执行电机这一环节，其输入为电枢电压 U_d，输出为其角速度 Ω_d，其传递函数近似为：$K_m/(T_m s+1)$，其中 $K_m=1/C_e$，$T_m=JR_a/C_e^2$，其数值为

$$C_e=\frac{U_n-I_nR_a}{n_n\dfrac{2\pi}{60}}=\frac{110-16\times0.8}{6000\times\dfrac{2\pi}{60}}=0.155(\text{V}\cdot\text{s})$$

$$K_m=\frac{1}{C_e}=\frac{1}{0.155}=6.45(\text{V}\cdot\text{s})^{-1}$$

$$T_m=\frac{JR_a}{C_e^2}=\frac{0.0157\times0.8}{0.155^2}=0.52(\text{s})$$

所以执行电机的传递函数为

$$\frac{6.45}{0.52s+1} \tag{10-1}$$

作为减速器这一环节，输入为执行电机角速度 Ω_d，输出为该系统的输出 θ_o。由于 Ω_d 用 1/s 为单位，而 θ_o 以 δ 为单位，$1\delta=\dfrac{360\times60\times60}{2^{16}}=19.8(\text{rad}\cdot\text{s})$，$1\delta=\dfrac{6000}{2^{16}}\approx0.092$ 密位。

故以上假设会给数字系统的计算带来许多方便，因为若数字伺服系统的输入角是 16

位的，即要求输出轴可以驱动到的位置有 $2^{16}=65536$ 个，在此情况下，我们可以将一个圆周角（360°或 6000 密位）等分成 65536 份，每份记作 1δ。又由于减速器的传动比为 206，故其传递函数为

$$\frac{2^{16}}{206\times 2\pi}\times\frac{1}{s}=\frac{50.6}{s} \tag{10-2}$$

经实测得知：测速发电机的比电势为 0.197V·s，由图 10-2 以 **R** 点的电位为输入，以 **S** 点的电位为输出，其传递函数为

$$\frac{-R_5}{R_3 /\!/ \left(R_4+\dfrac{1}{C_4 s}\right)}=\frac{-R_5[(R_3+R_4)C_4 s+1]}{R_3(R_4C_4s+1)} \tag{10-3}$$

并联校正装置（输入为执行电机角速度 Ω_d，输出本应为 **S** 点的电位，为了以后画方块图方便，输出看作是 **P** 点的电位）的传递函数为

$$\begin{aligned}&0.197\times 0.65\frac{-R_5[(R_3+R_4)C_4s+1]}{R_3(R_4C_4s+1)}\frac{R_1}{-R_5}\\ &=\frac{1.66\times 10^{-3}(10.35s+1)}{0.15s+1}\end{aligned} \tag{10-4}$$

为了保证本系统很高的精度要求引入复合控制。在数字伺服系统中，是由系统本身的控制计算机来产生输入角的一阶差分及二阶差分信号的，即 $K_v\cdot\Delta\theta_i$ 及 $K_a\cdot\Delta^2\theta_i$ 均要通过专门化的模拟滤波，这时的 $K_a\cdot\Delta^2\theta_i$（即图 10-1、图 10-2 的 C_{2a}）实际加到 Q 点，若看成加到 **P** 点，则应乘以 $R_1/R_2=6.6\times10^3/5.6\times10^3=1.18$。由以上分析可知调节对象的方块图如图 10-3 所示，其等效方块图见图 10-4。

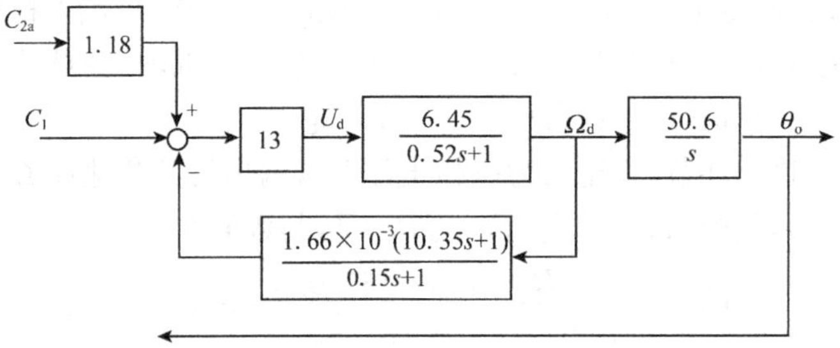

图 10-3　调节对象方块图

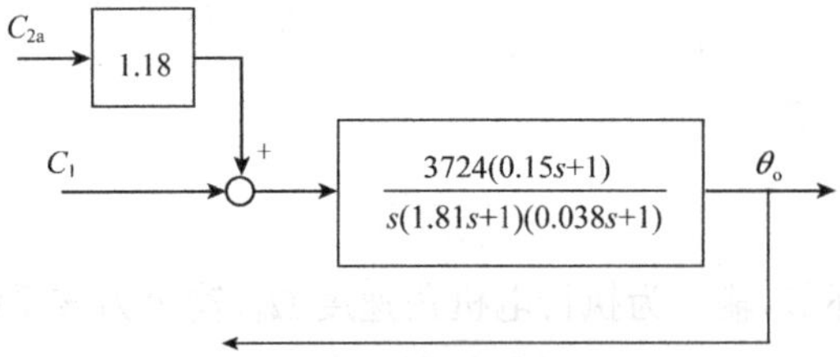

图 10-4　调节对象的等效方块图

10.1.3 基于时间次优的控制算法设计

最优控制问题是在规定的约束条件下，求使性能指标达到极值的最优解的问题。在这套实用的高速、高精度数字伺服系统中，性能指标是指在单位阶跃输入作用下的过渡过程时间。所以具体来讲，在本系统中最优控制问题就是系统在单位阶跃作用下使过渡过程时间最短、超调量接近零、振荡次数也为零的控制问题。

图 10-5 为根据误差角 θ_e 不同，将控制划分为不同的控制区的所谓误差角圆图。

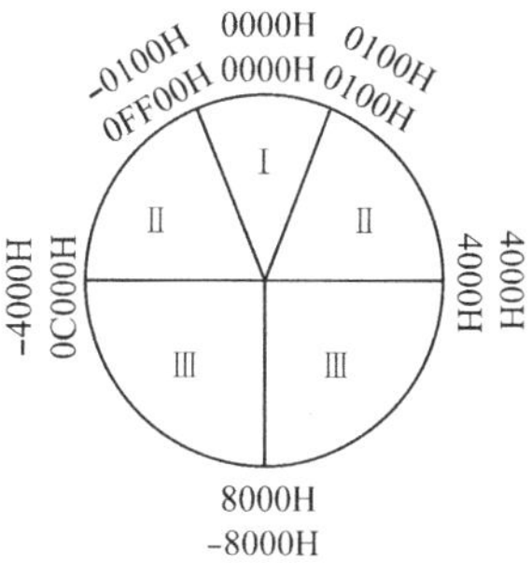

图 10-5 误差角图

图 10-6 是系统中与误差角 θ_e 有关的控制变量 C_e 与 θ_e 之间的关系示意图。

由图 10-6 可知，系统的调节过程分为三个区域，即Ⅰ区为线性区，Ⅱ区为二次最优曲线控制区，Ⅲ区为邦-邦控制区。

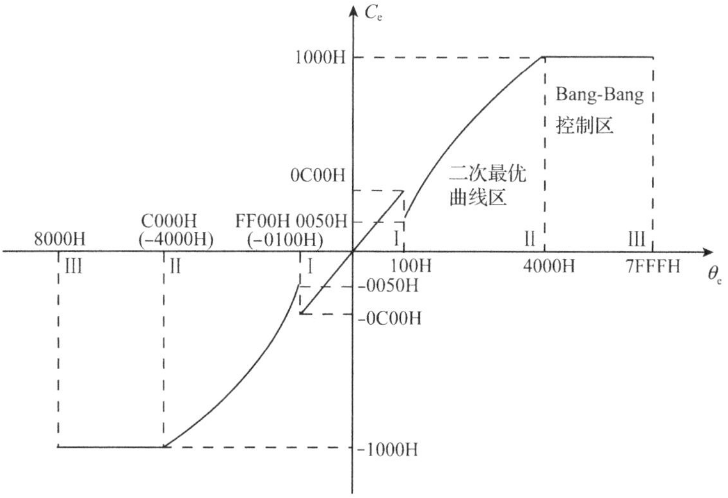

图 10-6 控制变量 C_e 与误差角 θ_e 的关系

系统的稳态误差、等速跟踪误差、正弦跟踪误差等均取决于Ⅰ区的控制算法。但当系统的阶跃输入值大于 256δ 时，系统的动态响应不仅与Ⅰ区的控制算法有关，而且与Ⅱ区的控制算法有密切关系。Ⅲ区为 Bang-Bang 控制区。各区的作用将在下面详细描述。

极小值原理和动态规划法是求解最优控制的主要方法。最优性原理的含义是：在一个多极决策过程中，最优决策具有这样的性质，即不管初始级、初始状态和初始决策如何，当把其中任何一级的状态作为初始状态时，余下的决策必构成一个最优决策。我们把整个控制区分成了Ⅰ、Ⅱ、Ⅲ三个区域，根据最优性原理，分别在每个区域内进行最优化的设计，则总的控制律就构成一个过渡过程时间的次优控制，得到单位阶跃作用下的最佳过渡过程。

一切伺服系统的控制变量都是受限的，而处理变量不等式约束的在线计算量又很大，由于采样周期的限制，难以用微处理机实现实时控制，对于一个实际的数字伺服系统由于要保证它等速跟踪及正弦跟踪的精度,因而使用简单的 Bang-Bang 控制是满足不了实际要求的,必须采用 Bang-Bang 区、等加速控制区及线性控制区来达到目的。

表 10-1 所示为系统的控制变量表。

表 10-1　控制变量表

θ_e 所在区 / 控制变量 C_e	Ⅰ	Ⅱ	Ⅲ	输出口
$C_{11}(n)$	$12\theta_e(n)$	$F_{11}[\theta_e(n)]$	±1000H	$C_{11}(n)+C_{12}(n)+C_{13}(n)$ 送主控输出口 C_1
$C_{12}(n)$	$64[\theta_e(n)-\theta_e(n-1)]$	$F_{12}[\theta_e(n)\theta_e(n-1)]$	0	
$C_{13}(n)$	$\frac{336}{100}[\theta_i(n)-\theta_i(n-1)]$			
$C_2(n)$	$23[\theta_i(n)-\theta_i(n-1)-\theta_i(n-62)+\theta_i(n-63)]$			送复合控制输出口 C_2

由于存在量化误差以及外部干扰的影响,系统采样得到的输入信号无法直接应用,必须进行数字滤波处理。数字滤波方法有如下几种。

(1)限幅滤波

$$Y_n=\begin{cases}x_n, & |x_n-x_{n-1}|\leqslant\Delta x\\ x_{n-1}, & |x_n-x_{n-1}|>\Delta x\end{cases}$$

即用本次采样值减去上次采样值,求出其增量绝对值与设定的最大允许偏差范围相比较,若位于最大允许偏差范围以内,则取本次采样值;若大于最大允许偏差,则把上次采样值作为本次采样值。

现确定本系统的最大允许偏差范围。若采样周期 $T=1.5\text{ms}$,系统跟踪角速度为 $100°/\text{s}$,则 $\Delta\theta_o$ 的最大允许值为

$$\Delta\theta_o(\max)=100°/\text{s}\times1.5\text{ms}\times\frac{2^{16}}{360°}=27.3\delta$$

实际上,为了留有余地,取 $\Delta\theta_o(\max)=32\delta=20\text{H}$。

(2)限速滤波

$$Y_n=\begin{cases}\Delta x_n, & |\Delta x_n|=|x_n-x_{n-1}|<|\Delta x|\\ \Delta x, & |\Delta x_n|=|x_n-x_{n-1}|\geqslant|\Delta x|\end{cases}$$

即用本次采样值减去上次采样值得速度,当其绝对值小于最大允许速度时,则取之;否则取最大允许速度作为本次的速度。本系统中对 $\Delta\theta_i$ 和 $\Delta\theta_o$ 的限幅就是应用这种方法。以 $\Delta\theta_o$ 为例,见限幅滤波中的分析。其最大允许速度 $\Delta\theta_o(\max)=20\text{H}$。

(3)算术平均滤波

$$Y_n=\frac{1}{n}\sum_{i=1}^{n}x(i)$$

在主控变量控制算法的程序设计中,对 $\Delta\theta_i$ 和 $\Delta\theta_e$ 的滤波就是应用这种方法。以 $\Delta\theta_e$ 为例

$$\Delta\bar{\theta}_e(n)=\frac{1}{8}\sum_{i=n-7}^{n}\Delta\theta_e(i)$$

(4)对 θ_i 二阶差分的滤波

系统输入角的二阶差分为

$$\Delta^2\theta_i(n)=\theta_i(n)-2\theta_i(n-1)+\theta_i(n-2)$$

为减小其量化误差的影响，需对 $\Delta^2\theta_i(n)$ 进行数字滤波。该数字滤波器为一 FIR（有限冲击相应）系统。其单位样本响应为

$$h(n)=\begin{cases}1, & n=0,1,\cdots,M-1\\0, & n\geqslant M\end{cases}$$

式中 $M=62$，若 $x(n)$ 为输入，则输出为

$$Y(n)=\sum_{j=0}^{M-1}x(n-j)$$

下面介绍复合控制的实现。

如图 10-7 所示，系统达到稳态后，控制系统所需信号之一部分或全部由前馈 $F(s)$ 提供，从而大大减小系统的速度误差和正弦误差，以提高系统的稳态精度。$F(s)$ 称为复合控制信号。

$$F(s)=(K_vs+K_as^2)\theta_i(s)$$

即

$$F(n)=K_v\Delta\theta_i(n)+K_a\Delta^2\theta_i(n) \tag{10-5}$$

设 $C_{13}(n)=K_v\Delta\theta_i(n)$，$C_2(n)=K_a\Delta^2\theta_i(n)$，代入式(10-5)得

$$F(n)=C_{13}(n)+C_2(n) \tag{10-6}$$

式中 $C_{13}(n)$ 将在主控变量的算法中实现，现分析 $C_2(n)$ 的设计方法。将获得 $C_2(n)=K_a\Delta^2\theta_i(n)$ 与前面所述的数字滤波方法合为一起实现，其 z 传递函数为

$$\begin{aligned}F(z)&=K_a(1-2z^{-1}+z^{-2})[1+z^{-1}+z^{-2}+\cdots+z^{-(M-1)}]\\&=K_a(1-z^{-1}-z^{-M}+z^{-1-M})\end{aligned} \tag{10-7}$$

取 $M=62$，$K_a=23$，代入式(10-7)得

$$F(z)=23(1-z^{-1}-z^{-62}+z^{-63}) \tag{10-8}$$

将式(10-8)写成离散微分方程形式，为

$$C_2(n)=K_a\Delta^2\theta_i(n)=23[\theta_i(n)-\theta_i(n-1)-\theta_i(n-62)+\theta_i(n-63)] \tag{10-9}$$

这就是复合控制信号的实现公式。

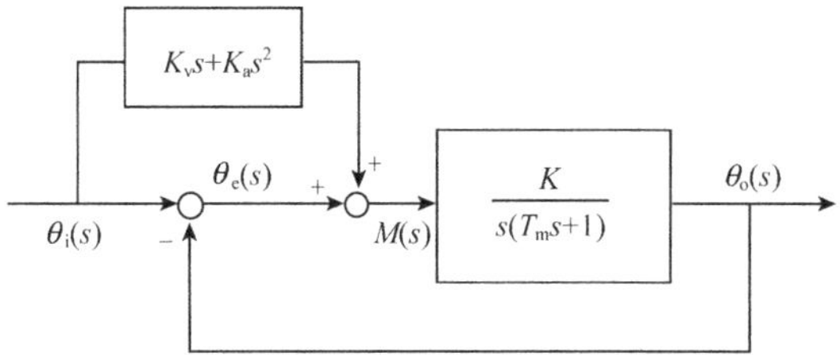

图 10-7　复合控制的实现

主控变量控制算法的实现有如下几种。

(1)θ_i 的一阶差分

这是复合控制 $F(n)$ 的一部分，见式(10-6)。因

$$C_{13}(n)=K_v\Delta\theta_i(n)=K_v[\theta_i(n)-\theta_i(n-1)]$$

取 $K_v=\frac{336}{10}$，则有 $C_{13}(n)=\frac{336}{10}[\theta_i(n)-\theta_i(n-1)]$

(2)线性控制区

如图 10-6 所示，当 $|\theta_e|\leqslant 0100\text{H}\delta=23.4\text{mil}$，系统工作于Ⅰ区，即线性区。需要指出此处所指的线性区，并非该数字伺服系统的线性区。本数字伺服系统的线性区只有约4mil。系统的等速跟踪误差、正弦跟踪误差、小阶跃输入的稳态误差的大小以及动态响应的好坏，皆取决于Ⅰ区控制算法的设计。

Ⅰ区的控制变量包括两部分：$C_{11}(n)$和 $C_{12}(n)$。

$C_{11}(n)$为与误差角 θ_e 有关的控制变量。$C_{11}(n)=K_{ve}\theta_e(n)=K_{ve}[\theta_i(n)-\theta_o(n)]$，取 $K_{ve}=12$，则有 $C_{11}(n)=12[\theta_i(n)-\theta_o(n)]$

$C_{12}(n)$为与误差角 $\theta_e(n)$的一阶差分有关的控制变量。

$$\begin{aligned}C_{12}(n)&=K_{v\Delta e}\Delta\theta_e(n)=K_{v\Delta e}[\Delta\theta_i(n)-\Delta\theta_o(n)]\\&=K_{v\Delta e}[\theta_e(n)-\theta_e(n-1)]\end{aligned}$$

取 $K_{v\Delta e}=64$，则有 $C_{12}(n)=64[\theta_e(n)-\theta_e(n-1)]$。

(3)Bang-Bang 控制区

如图 10-6 所示，当 $4000\text{H}\delta\leqslant|\theta_e|\leqslant 8000\text{H}\delta$，即 $1500\text{mil}\leqslant|\theta_e|\leqslant 3000\text{mil}$ 时，系统工作于Bang-Bang控制区。在该区域内，控制变量分别以输出正最大值和负最大值进行切换(根据 θ_e 的正负)，使系统以最大角速度向消除误差的方向运动。具体为

$$C_{11}(n)=\begin{cases}1000\text{H}, & \theta_e\geqslant 0\\ \text{F000H}(-1000\text{H}), & \theta_e<0\end{cases}$$

(4)二次最优曲线(等角加速度)控制区

如图 10-6 所示，当 $0100\text{H}\delta<|\theta_e|<4000\text{H}\delta$，即 $23.4\text{mil}<|\theta_e|<1500\text{mil}$ 时，系统工作于二次最优曲线控制区。对于大幅值的阶跃输入(如 2990mil，即接近 180°的误差)进行协调时，系统将首先在 Bang-Bang 控制下全力加速；若没有Ⅱ区，系统将以相当大的角速度和角加速度即相当大的动能进入线性区，因为线性区的范围很小，不足以抑制如此大的惯性，系统将会形成很大的超调量、经过多次振荡才会协调，且过渡过程时间会加长，从而失去了 Bang-Bang 控制的时间最优性。为避免这种现象的发生，特在 Bang-Bang 区和线性区之间设置了一个二次最优曲线区，使系统沿曲线 $y=kx^2$ 运动，其中 y 表示系统的角位移 θ_o，x 表示系统的角速度$\frac{\mathrm{d}\theta_o}{\mathrm{d}t}$。它的含义是，在此区域内系统以负的等角加速度运动(系统在减速)。这就能确保系统在进入线性区时，角速度已不大了，因此可使系统近于无超调，且过渡过程最短。

理论上可以推出，当在Ⅱ区内等角加速度达到系统可提供的最大值时，可实现过渡过程时间的最优性。

由系统的误差角 $\theta_e=\theta_i-\theta_o$ 得

$$\frac{\mathrm{d}\theta_e}{\mathrm{d}t}=\frac{\mathrm{d}\theta_i}{\mathrm{d}t}-\frac{\mathrm{d}\theta_o}{\mathrm{d}t} \tag{10-10}$$

当输入为阶跃函数 $\theta_i=$常数，$\frac{\mathrm{d}\theta_i}{\mathrm{d}t}=0$，有

$$\frac{\mathrm{d}\theta_e}{\mathrm{d}t}=-\frac{\mathrm{d}\theta_o}{\mathrm{d}t} \tag{10-11}$$

在本区域内，要求角加速度为常值，即$\frac{d^2\theta_o}{dt^2}=C$，代入式(10-11)可得

$$\frac{d^2\theta_e}{dt^2}=-C \tag{10-12}$$

所以，可将对 θ_o 的二次最优曲线的设计转化为对 θ_e 的二次最优曲线的设计。

根据运动学定理有

$$\left(\frac{d^2\theta_e(t)}{dt^2}\right)^2-\left(\frac{d^2\theta_e(t)}{dt^2}\right)^2\Bigg|_{t=t_0}=2\frac{d^2\theta_e}{dt^2}[\theta_e(t)-\theta_e(t_0)]$$

或写成

$$\Omega_e^2(t_f)-\Omega_e^2(0)=2\varepsilon_e[\theta_e(t_f)-\theta_e(0)] \tag{10-13}$$

式中当系统由Ⅲ区进入Ⅱ区的时刻规定为零时刻，即 $t_0=0$；系统由Ⅱ区进入Ⅰ区的时刻为 t_f。

设计控制律时，根据现场调试的情况先定下Ⅱ区的边界，这样 $\theta_e(t_f)$和 $\theta_e(0)$就确定下来了；根据调试的情况和经验定下Ⅱ区进入Ⅰ区的瞬时角速度 $\Omega_e(t_f)$；至于系统由Ⅲ区进入Ⅱ区瞬时的角速度 $\Omega_e(0)$，它就是系统的最大角速度，是已知的。将这些数据代入式(10-13)中，可以解出 ε_e；若解出的 ε_e 是系统能提供的，则设计工作可以继续进行下去。

就Ⅱ区内任一时刻 t 而言，由式(10-13)，当 ε_e、$\Omega_e(0)$、$\theta_e(0)$均已知，可以建立 $\Omega_e(t)\sim\theta_e(t)$间的函数关系。而控制变量 C_{11}与 Ω_e 的稳态关系是早已知道的，于是就可以求出 C_{11}与 θ_e 的函数关系，即 $C_{11}(n)=F_{11}[\theta_e(n)]$。

在本系统中，$\theta_e(t_f)=0100\text{H}\delta=1.4°$，$\theta_e(0)=4000\text{H}\delta=90°$，$\Omega_e(t_f)$取$-9°/\text{s}$。由实验(将系统主反馈断开，系统工作于调速系统方式)得知，稳态时 $C_2(n)=0$，$C_1(n)$在范围0280H～07FFH 内时系统角速度为 70°/s。将这些数据代入式(10-13)中有

$$(-9)^2-(-70)^2=2\varepsilon_e[1.4-90]$$

解之，即 $\varepsilon_e=27.2°/\text{s}^2$，注意到该系统最大跟踪角加速度为 $60°/\text{s}^2$，因此 $\varepsilon_e=27.2°/\text{s}^2$ 是可以实现的。

将 $\varepsilon_e=27.2°/\text{s}^2$，$\Omega_e(0)=70°/\text{s}$，$\theta_e(0)=90°$代入式(10-13)，经整理得

$$\Omega_e(t)=-\sqrt{54.4\theta_e(t)+4} \tag{10-14}$$

注意到 $C_1(n)=0280\text{H}(=640)$时，$\Omega_e(n)=-70°/s$，因此有

$$C_{11}(n)=\frac{640}{-70}\Omega_e(n)=\frac{640}{-70}(-1)\sqrt{54.4\theta_e(n)+4}$$

$$=9.14\sqrt{54.4\theta_e(n)+4} \tag{10-15}$$

为了节省控制计算机完成式(10-15)的运算时间，可以根据式(10-15)造一张表，将数据固化在 EPROM 中。控制计算机在执行控制算法程序时，通过查表获取 $C_{11}(n)$。这个表称为 TC_{11}，该表的制作过程如下所述。

当 $0100\text{H}<\theta_e<4000\text{H}$，$\theta_e(n)$的高字节为 01H，02H，…，3FH，共 63 种。TC_{11}表共占用 2×64 个存储单元，前两个单元不用，只用后 2×63 个单元，放 63 个 $C_{11}(n)$值。将 TC_{11}表的起始地址也记作 TC_{11}。不用 TC_{11}和 $TC_{11}+1$ 号单元。$TC_{11}+2\times01\text{H}$ 和 $TC_{11}+2\times01\text{H}+1$ 号单元放 $\theta_e(n)$的高字节为 01 时的 $C_{11}(n)$值……例如，当 $0600\text{H}\leqslant\theta_e\leqslant$

06FFH，$C_{11}(n)$取同一个值，该$C_{11}(n)$放在$TC_{11}+2\times06H$和$TC_{11}+2\times06H+1$号单元，现在来计算$C_{11}(n)$。当$0600H\leqslant\theta_e\leqslant06FFH$，可以近似认为$\theta_e(n)=0600H$。

$\theta_e(n)=0600H\delta=1536\delta=8.4°$，将其代入式(10-15)有

$$C_{11}(n)=9.14\sqrt{54.5\theta_e(n)+4}=196=00C4H$$

$TC_{11}+2\times06H$号单元放0C4H，$TC_{11}+2\times06H+1$号单元放00H。以上分析基于系统被控对象无惯性这一假设。但被控对象的惯性使系统实际的$\boldsymbol{\Omega}_e$（记作$\boldsymbol{\Omega}_{ep}$）与满足式(10-14)理想的$\boldsymbol{\Omega}_e$（记作$\boldsymbol{\Omega}_{ed}$）相差很大，我们使$C_{12}(n)$正比于$(\boldsymbol{\Omega}_{ed}-\boldsymbol{\Omega}_{ep})$，将它与$C_{11}(n)$相加后从$C_1$口输出。信号$C_{12}(n)$使$\boldsymbol{\Omega}_{ep}$与$\boldsymbol{\Omega}_{ed}$相差不大，系统以较低的角速度由Ⅱ区进入Ⅰ区。

由于$\boldsymbol{\Omega}_e$正比于系统误差角的一阶差分，所以$C_{12}(n)$正比于$(\Delta\theta_{ed}-\Delta\theta_e)$。其中$\Delta\theta_e$为实际误差角的一阶差分，控制计算机很容易获取。$\Delta\theta_{ed}$为理想的误差角的一阶差分，是$\theta_e$的函数。注意到本系统的采样周期$T_0=1.5\times10^{-3}s=1.5ms$，由式(10-14)得

$$\Delta\theta_{ed}(n)=1.5\times10^{-3}\times\frac{2^{16}}{360}\times(-1)\times\sqrt{54.4\theta_e(n)+4}$$

$$=-0.273\sqrt{54.4\theta_e(n)+4} \tag{10-16}$$

与制作TC_{11}表类似，再制作一张TD表，用以存放$-\Delta\theta_{ed}(n)$，表中值为正数（而不是负数的补码）符合人们的习惯。例如，当$0600H\leqslant\theta_e\leqslant06FFH$时，$-\Delta\theta_{ed}(n)$放在$TD+2\times06H$和$TD+2\times06H+1$号单元。

$\theta_e(n)=0600H\delta=1536\delta=8.4°$，将其代入式(10-16)，有

$\Delta\theta_{ed}(n)=-0.273\sqrt{54.4\theta_e(n)+4}=-0.273\sqrt{54.4\times8.4+4}=-5.86$（取$-6$），得

$$-\Delta\theta_{ed}(n)=6=0006H$$

$TD+2\times06H$号单元放06H，$TD+2\times06H+1$号单元放00H。在本系统中有

$$C_{12}(n)=-K_{12}[\Delta\theta_{ed}(n)-\Delta\theta_e(n)] \tag{10-17}$$

式中$K_{12}=159$。

具体来说，如$\theta_e=0600H\delta$，由以上分析可知此时$C_{11}(n)=00C4H$，该信号使系统向消除误差的方向运动，使误差角趋于零。此时$\Delta\theta_{ed}(n)=-6$。可以分三种情况来叙述。

1)如果系统的实际角速度偏高，例如，$\Delta\theta_e(n)=-7$，由式(10-17)可知，$C_{12}(n)=-159\times[(-6)-(-7)]=-159=-009FH$，它起着抵消$C_{11}(n)$的作用，使系统角速度下降。

2)如果系统的实际角速度偏低，例如，$\Delta\theta_e(n)=-5$，由式(10-17)可知，$C_{12}(n)=-159\times[(-6)-(-5)]=159=009FH$，它起着增强$C_{11}(n)$的作用，使系统角速度增高。

3)如果系统的实际角速度等于理想的角速度，如$\Delta\theta_e(n)=-6$，由式(10-17)可知，$C_{12}(n)=0$。

由式(10-17)得

$$C_{12}(n)=K_{12}\{[-\Delta\theta_{ed}(n)]+\Delta\theta_e(n)\} \tag{10-18}$$

式(10-18)就是设计控制算法程序中求取$C_{12}(n)$的依据。

10.1.4 实验测试结果

图 10-8 是系统在误差 θ_e=2990mil 作用下的单位阶跃过渡过程曲线，该曲线是用专用仪器示波与打印结果。系统有极好的过渡过程，超调量近于零，振荡次数为零。当 θ_e=1500mil 时，系统进入Ⅱ区，对应图上 A 点；当 θ_e=23.4mil 系统离开Ⅱ区，对应图中 B 点（B 点较难准确确定）。曲线 AB 十分接近抛物线，整个过程十分接近最佳过渡过程曲线，实现了时间次优控制。

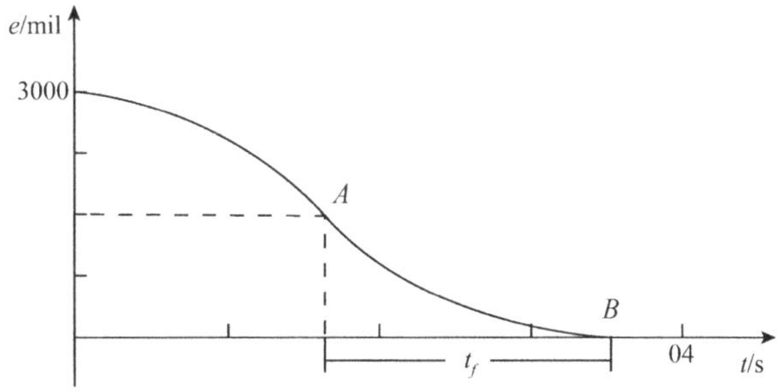

图 10-8 系统在单位阶跃作用下的过渡过程曲线

10.2 Ⅲ型数字伺服系统的 ITAE 性能指标最优控制

本节介绍一种以 ITAE 性能指标为设计准则、实现最优控制的Ⅲ型大功率数字伺服系统。

10.2.1 系统概述

该系统设计的技术难点为

1)要求有快速的动态响应，单位阶跃作用下过渡过程无超调，或跟踪 90°/s(1.57rad/s) 角速度，在跟踪以 90°/s 及 80°/s^2(1.40rad/s^2)所决定的正弦输入情况下，跟踪误差小于 4×10^{-3}rad(4mrad)之内。

2)输入信号的变化未知，不能只按照某种特定的输入设计控制律。

3)不采用通常赖以提高精度的复合控制。

由上可知，问题的实质可归结为设计综合具有优良动态性能的高阶无静差数字伺服系统。众所周知，兼顾系统动态性能和静态精度（含稳态精度）一直是控制系统设计者试图加以解决的核心问题之一。按照经典方法，无法解决快速性和精度间如此突出的矛盾。

满足二次性能指标的最优控制，因能得到解析解，是讨论和应用最多的一种方法，但加权阵的选择仍要依靠设计人员的经验和技巧，此外将伺服问题转换为调节器问题还需对输入信号的形式加以限定，这不适合此处的情况。

ITAE 意义下的最优控制，是使性能指标 $J=\int_0^{t_f} t|e(t)|\mathrm{d}t$ 最小，其中 $|e(t)|$ 为系统误差的绝对值。这类控制的优点是以时变的加权方式对不可避免的初态误差加权小，使系统具有快速又平稳的动态性能，同时系统的品质指标对参数的变化不太敏感，尽管

ITAE 最优控制无解析解，但可以得到具有 ITAE 控制律的闭环传递函数标准型。这样就可以通过改变系统的结构，通过代数方法使其具有 ITAE 控制律，因此适合工程应用。

10.2.2 系统的结构设计与控制律设计

由有关参考文献知，按匀加速输入无差设计的 ITAE 三阶伺服系统，对单位阶跃输入响应的超调量小于 10%，同它的三阶无静差性能相对照是可取的，可以满足本系统的要求。然而，迄今为止，ITAE 最优 III 型伺服系统在工程上的应用尚未见到报道。

考虑到匀加速输入 ITAE 三阶系统对非线性的敏感，及工程实现的具体条件和限制，我们建立适于工程应用的系统结构和控制律，运用它成功地实现了 ITAE 最优控制，其标准闭环传递函数为

$$\frac{2.97\omega_0 s^2+4.94\omega_0^2 s+\omega_0^3}{s^3+2.97\omega_0 s^2+4.94\omega_0^2 s+\omega_0^3} \tag{10-19}$$

ω_0 选取得越大，系统响应越快，但 ω_0 的选取受到执行机构最大输出的限制，可以从系统的传递函数、执行机构最大输出约束值，利用初值定理估计 ω_0 最大值，再根据所要求的快速性，根据经验去确定 ω_0 的适当数值。

系统的饱和非线性将破坏 ITAE 性能指标，甚至导致不稳定。解决此问题的途径是在有限的线性区内采用 ITAE 控制律，超出此范围则自动转为$\sqrt{e}$控制律。

ITAE 控制系统结构的推导过程如下所述。

不失一般性，可以假设被控对象的传递函数为

$$\frac{K_\omega}{1+T_F s}\cdot\frac{K_i}{s}$$

实为一惯性环节与积分环节的串联。式中 T_F 是受物理条件限制、不可克服的小时间常数。采用零、极点对消方法，得不到预期效果，这是因为驱动的能量有限。采用零、极点配置及最简结构分析，可以较方便地获得具有预期的闭环传递函数的系统结构。

与式(10-19)标准 ITAE 闭环传递函数相比较可知，应在伺服系统环路内再配置两个零点和一个零极点，这恰好可以用 PID 调节器实现。于是基本开环传递函数为

$$\frac{K(1+T_1 s)(1+T_2 s)}{s^2(1+T_F s)} \tag{10-20}$$

式中 $K=K_p K_\omega K_i$，K_p 为比例环节，它的单位反馈下闭环传递函数为

$$\frac{K[T_1 T_2 s^2+(T_1+T_2)s+1]}{T_F s^3+(1+T_1 T_2 K)s^2+K(T_1+T_2)s+K} \tag{10-21}$$

考虑到参数取值范围受到限制，可用局部软反馈$\frac{(1-T_F)s}{K_\omega}$包围惯性环节$\frac{K_\omega}{1+T_F s}$，如此一来基本闭环传递函数为

$$\frac{K[T_1 T_2 s^2+(T_1+T_2)s+1]K}{s^3+(KT_1 T_2+1)s^2+s(T_1+T_2)s+K} \tag{10-22}$$

下面通过状态方程做最简结构分析。标准三阶无静差 ITAE 最优传递函数的状态方程为

$$\begin{cases}\dot{\boldsymbol{x}}(t)=\boldsymbol{A}\boldsymbol{x}(t)+\boldsymbol{B}\boldsymbol{u}(t)\\ \boldsymbol{y}(t)=\boldsymbol{C}^{\mathrm{T}}\boldsymbol{x}(t)=\omega_0^3 x_1(t)+4.94\omega_0^2 x_2(t)+2.97\omega_0 x_3(t)\end{cases} \tag{10-23}$$

式中

$$\boldsymbol{A}=\begin{bmatrix}0 & 10 & 0\\0 & 0 & 1\\-\omega_0^3 & -4.94\omega_0^2 & -2.97\omega_0\end{bmatrix},\quad \boldsymbol{B}=\begin{bmatrix}0\\0\\1\end{bmatrix}$$

$$\boldsymbol{x}(t)=[x_1(t),x_2(t),x_3(t)]^{\mathrm{T}},\quad \boldsymbol{C}^{\mathrm{T}}=[\omega_0^3,4.94\omega_0^2,2.97\omega_0]$$

选定式(10-22)为基本闭环传递函数，而参数 $K=\omega_0^3$，$KT_1T_2=2.97\omega_0$，$K(T_1+T_2)=4.94\omega_0^2$，即基本闭环传递函数为

$$\frac{2.97\omega_0 s^2+4.94\omega_0^2 s+\omega_0^3}{s^3+(1+2.97\omega_0)s^2+4.94\omega_0^2 s+\omega_0^3}\tag{10-24}$$

则相应的状态方程为

$$\begin{cases}\dot{\boldsymbol{x}}(t)=\boldsymbol{A}_1\boldsymbol{x}(t)+\boldsymbol{B}\boldsymbol{u}(t)\\ \boldsymbol{y}(t)=\boldsymbol{C}^{\mathrm{T}}\boldsymbol{x}(t)\end{cases}\tag{10-25}$$

式中

$$\boldsymbol{A}_1=\begin{bmatrix}0 & 1 & 0\\0 & 0 & 1\\-\omega_0^3 & -4.94\omega_0^2 & -(1+2.97\omega_0)\end{bmatrix}$$

比较状态方程式(10-23)与式(10-25)可知，它们的差别在于状态 $x_3(t)$ 的反馈系数。如果能够设法引入状态反馈，如图 10-9 所示，则基本系统便具有标准 ITAE 三阶无静差最优控制结构了。

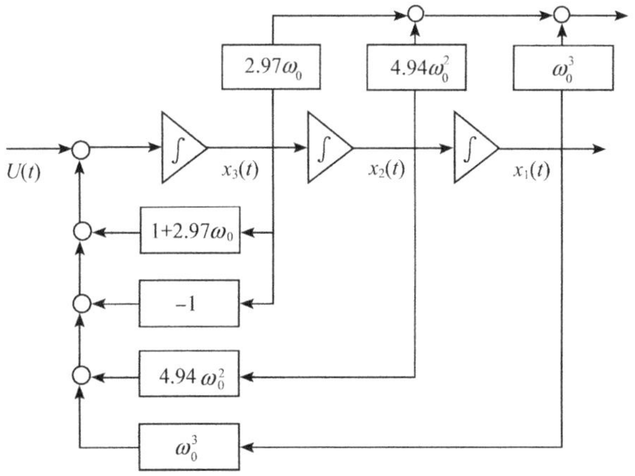

图 10-9　状态方程的模拟框图

由于实际系统的状态并非全都可以测量到，为了避免状态重构的麻烦，利用输入来实现上述状态反馈。由式(10-23)得

$$y(s)=(\omega_0^3+4.94\omega_0^2 s+2.97\omega_0 s^2)x_1(s)\tag{10-26}$$

故

$$x_1(s)=\frac{y(s)}{2.97\omega_0 s^2+4.94\omega_0^2 s+\omega_0^3}$$

又因

$x_3(t)=\dfrac{\mathrm{d}^2x_1(t)}{\mathrm{d}t^2}$，即 $x_3(s)=s^2x_1(s)$，于是

$$x_3(s)=\frac{s^2y(s)}{2.97\omega_0 s^2+4.94\omega_0^2 s+\omega_0^3} \tag{10-27}$$

显然，只要在基本系统的闭环传递函数方框图中引入式(10-27)所示的等效输出反馈，即实现了 ITAE 最优三阶无静差最优闭环传递函数。

系统实现的闭环传递函数框图如图 10-10 所示，系统实现简单，计算形式标准。

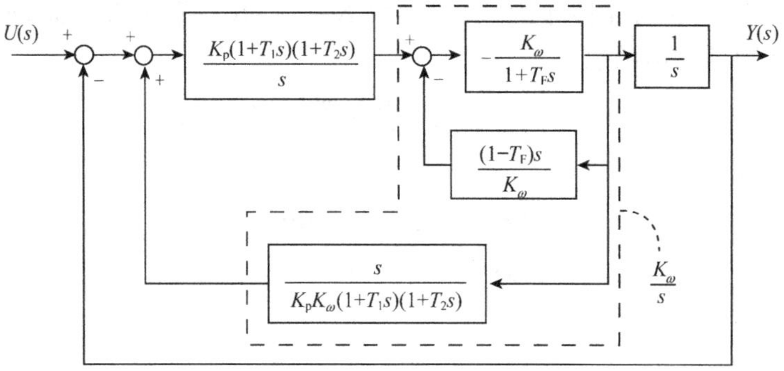

图 10-10 系统的结构框图

由图 10-10 可见，为实现 ITAE 最优控制，增加了两个反馈通道，一是加速度负反馈，一是速度正反馈，这在电气传动中均易实现。同时我们可以看到这种实现方案的实质，即增加两个反馈环从而造成了伺服系统中第三个纯积分环节$\frac{K_\omega}{s}$。

在传统的按振荡度指标设计的系统中，总是尽可能压缩不可克服的小时间常数，以使系统有较高的增益、较大的稳定储备，但这样做总是受到物理条件的约束。而在本方案中是将小时间常数改造为积分环节，事实上其结果不仅提高了无静差阶次，还比传统方法所实现的系统增加了相角储备，提高了频带宽。

ITAE 控制律对饱和非线性较敏感，由于工程上饱和非线性的存在是不可避免的，这就产生了双模控制的必要性。即系统在线性区外，采用另一种控制律。

由极小值原理出发的 Bang-Bang 快速最优控制，理论上很完善，但在工程应用中可能会产生两个问题：一是最优轨线计算量大，三阶以上的系统实现起来十分复杂；二是控制效果对状态方程系数很敏感，不易调整。相比之下，$\sqrt{e}$控制律具有简单、易调整的优点。$\sqrt{e}$控制律是指系统的速度控制服从误差平方根规律。

在一套设置有电流环的系统中，在启、制动过程中系统有基本恒定的角加速度 a_m，则$\sqrt{e}$控制律可使系统按最大角速度启、制动并无超调地到达协调点，实现时间最优控制。设系统的最大角速度为 ω_m，最大角加速度为 a_m，制动起始角 e_0，则无超调的含义为系统在误差由 e_0 到零的区间内角速度由 ω_m 降为零。

由 $\omega^2=2a_me$，有 $\omega=\text{sgn}(e)\sqrt{2a_m}\sqrt{|e|}$，其中 sgn(e)为误差的符号函数，$e_0$ 可由 ω_m 及 a_m 求出。

10.2.3 系统的原理框图及控制软件设计

如图 10-11 所示为系统的原理框图。其中执行电机为 Z132H 型，其功率为 7.5kW，额定转速为 3000r/min，额定电枢电压为 200V，额定电枢电流为 40A。系统采用 PWM 放大器作为功率放大，采用双通道自整角机作为测量元件。

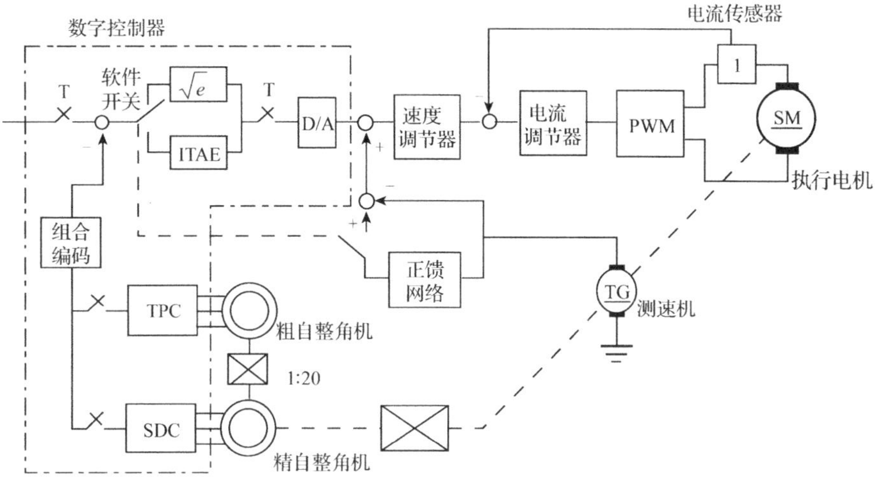

图 10-11　系统的原理框图

此系统当误差在[－24，＋24]mrad 区间时按 ITAE 算法工作，此时经正反馈网络处理的角速度信号经模拟开关接入系统，系统按 ITAE 最优三阶无静差控制工作。当误差 $|e(t)|>24$mrad 时，按$\sqrt{e}$方式工作，模拟开关将正馈网络信号切除。

如图 10-12 所示为系统的控制软件程序框图。本数字伺服系统采用 50Hz 以上采样频率和双字节(16 位)运算，采样周期在 10～20ms 之间。运行软件按典型功能分为若干模块，这样就使软件的灵活性、通用性强。程序长度近 2KB，在用 6MHz 晶振时，软件运行时间约为 2ms。

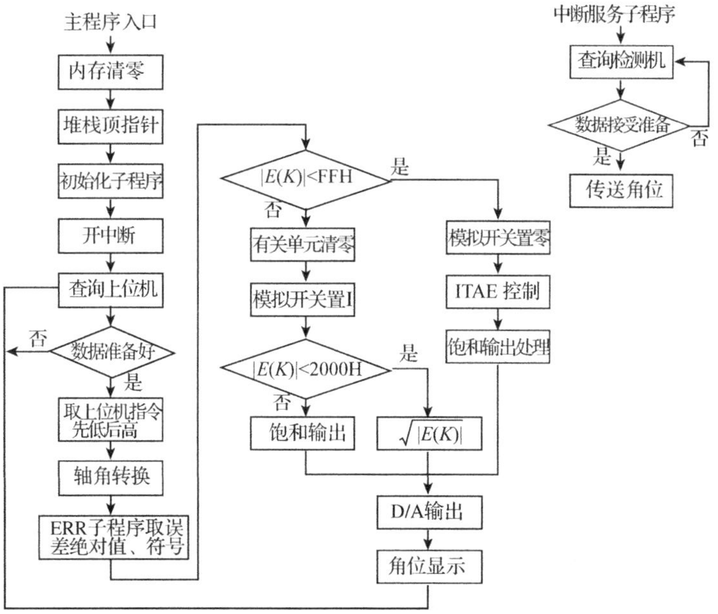

图 10-12　控制软件程序框图

10.2.4 实验结果

由图 10-13(a)中可以看到,由 2800 密位协调(2.93rad)、在 3s 内就完成了全部过渡过程,系统按最大加速度的加速能力(2.09rad)达到最大转速,1s 后又以最大的减速能力(2.09rad/s^2)制动到零且几乎无超调,符合时间最优的要求。由图 10-13(b)可知,在跟踪由 1.40rad/s,1.40rad/s^2 决定的正弦波中,误差仅为 4.18×10^{-8}rad,精度很高。

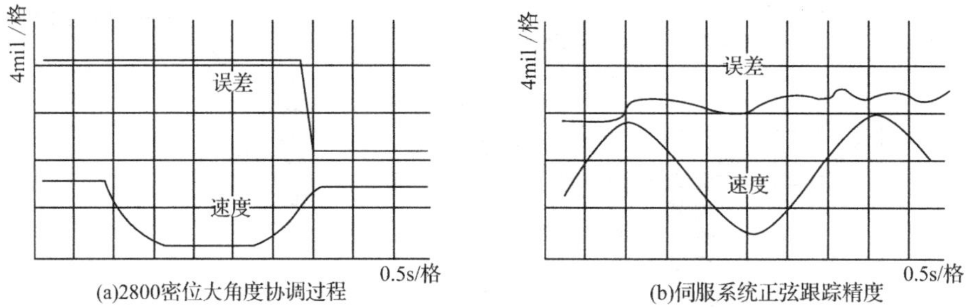

图 10-13 仿真实验结果

由上可见,用 ITAE 最优原理设计的Ⅲ型系统大大优于用经典设计理论设计的系统。

10.3 交直流混合电力系统直流制动的时间-能量双指标最优控制

本节针对一个简单交直流混合电力系统,基于非线性校正控制的概念和最优控制理论,给出了一种多目标最优的直流制动控制方案,并对构造的直流制动非线性校正控制系统进行了数字仿真。结果表明,所提出的时间-能量双最优的控制方案,在交直流混合电力系统受到大扰动时的制动效果明显地优于其他控制方案。

10.3.1 系统介绍

当电力系统遭受大扰动,如发生短路故障时,除可以采取传统的诸如投电阻制动、切机、切负荷等暂态稳定措施外,还可以通过快速调节直流传输功率 P_d 的办法,以使系统尽快维持和恢复稳定运行,通常称之为直流制动。

直流制动的控制方法是影响其控制效果的主要因素,因此得到了广泛的研究和普遍的关注。

10.3.2 直流制动非线性校正控制系统的数学模型

以图 10-14 中所示的简单交直流并列输电系统作为研究对象,设系统 1 和 2 为无穷大系统,发电机 F 为一等值机。

作为一种暂态稳定控制措施,直流制动不可避免涉及非线性控制的问题,因为无论是描述系统的数学模型,还是直流输电本身,都具有显著的非线性特性。本文主要采用非线性校正控制的概念对直流制动进行分析。

下面对所采用的仿真模型作简要说明。

1)发电机模型。

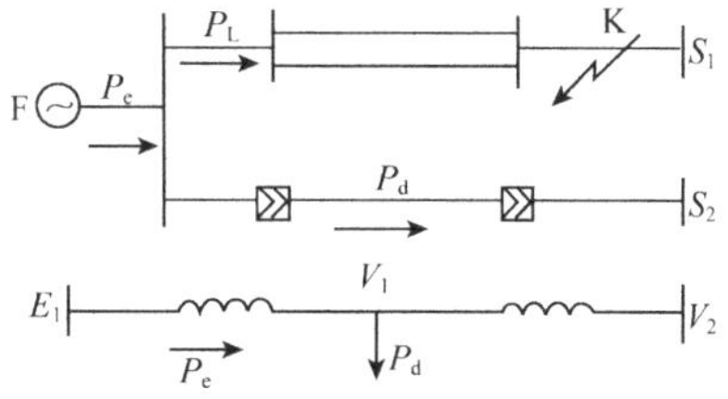

图 10-14 简单交直流并列输电系统结构示意图及等值电路

按既能准确描述发电机动态特性又不至于过于复杂的原则，选择 Park 参数系统下的三阶模型

$$\frac{d\delta}{dt}=\omega_0\omega$$

$$T_j\frac{d\omega}{dt}=-Kd\omega+P_m-P_e$$

$$T'_{d_0}\frac{dE'_q}{dt}=E_f-(X_d-X'_d)i_d-E'_q$$

式中 P_m 为注入机械功率(同时体现直流制动的作用)；P_e 为输出电磁功率；T_j 为发电机惯性时间常数；E_f 为发电机励磁电势。

2)直流输电的数学模型。

采用准稳态模型，也就是不计换流器本身的暂态过程，以稳态方程表示；考虑直流输电调节系统的作用和直流线路电流变化的动态过程，其动作特点用微分方程描述。

直流调节器的控制方式很多，不同的调节器模型和参数，在暂态过程中的响应特性有较大差别，本文选用响应特性较快的比例积分环节和较简单的 *R-L* 直流输电线路模型作为算例，其调节器传递函数为

$$G(s)=\frac{K(1+sT_3)}{sT_1}$$

式中 K 为放大系数；T_1 和 T_3 为时间常数。

3)网络方程采用代数方程表示。

处理非线性系统尚无一种通用的方法，我们采用如下的处理方法。将待仿真的非线性系统用方框图来描述，其中，线性部分的各个方框均为标准方框，即在标准方框中的传递函数的阶次不高于一阶；非线性部分的各个方框内均描述一种典型的非线性特性。这种根据仿真的需要改画的方框图称为仿真图。根据这种仿真图编制仿真程序时可采用模块式结构，即仿真图中每一个框图均对应编制一段计算子程序，而主程序则根据仿真图将各个方框相应的子程序连接起来，按一定次序逐个环节进行处理。

这种模块连接式仿真程序主要有以下优点：

可以很方便地处理各种结构的非线性系统，由于一个模块只描述一个不高于一阶的线性环节或一种非线性特性。因此，研究不同参数、不同非线性特性对系统各个状态变量的影响十分直观；对于特殊的非线性特性，只要在原程序中扩展该特性的仿真子程序就可以了，而不必改动软件的其他部分。

4)考虑到如图 10-14 所示交直流系统的特点，在进行直流制动非线性校正控制系统的数字仿真时，还作了以下一系列近似处理：

不考虑发电机调速器的作用，等值机的输入功率保持不变；不计交流系统发生大扰动时对直流系统造成的影响；直流线路的过渡过程中，直流电压 U_d 不变，即可以用直流电流代替直流功率的变化情况；仅考虑整流侧电源的作用，逆变侧电源保持不变。

10.3.3 直流制动多目标最优控制方案

直流制动和电阻制动相比,既有相似的地方,又有自己的一系列特点。例如,当直流系统双极平衡运行时,双极功率可互相自动补偿;具有很强的恒定功率控制能力和不容低估的过负荷能力;快速的调控性能和灵活多样的起停及运行方式,使直流制动可以实现"三位"控制,即在振荡周期的正负两部分都能实现制动,且易于实现多次制动控制。为了充分发挥其技术优势,这里给出了一种时间-能量双最优控制方案。

最优控制方法是根据对控制系统的要求,建立相应的目标函数,然后用数学方法研究其实现途径。因此,如何建立一个更加切合实际的目标函数,是一个决策性的问题,具有更重要的意义。

为了分析的简便,采用如下二阶线性化状态方程来描述图 10-14 所示的交直流电力系统

$$\begin{bmatrix} \Delta\dot{P}_e/S_e \\ \Delta\dot{\omega} \end{bmatrix} = \begin{bmatrix} 0 & 1 \\ \omega_0 S'_e/T & -D/T \end{bmatrix} \begin{bmatrix} \Delta P_e/S_e \\ \Delta\omega \end{bmatrix} + \begin{bmatrix} 0 \\ \omega_0/T \end{bmatrix} U \tag{10-28}$$

式中 T 为发电机转动惯性常数,单位为 s;D 为系统的阻尼系数标幺值;ω_0 为额定角速度($2\pi f_0$);P_e 为发电机电磁功率的标幺值;S_e 为同步功率系数($S_e = \mathrm{d}P_e/\mathrm{d}\theta = |E'_q|$ 为常数),U 为直流功率的变化量 ΔP_d,令 $\alpha = D/2T$;$\alpha^2+\beta^2=\omega_0 S'_e/T$;$K=\omega_0/T$;$Y_1=\Delta p_e/S'_e$;$Y_2=\Delta\omega$,则式(10-28)变为

$$\begin{bmatrix} \dot{X}_1(t) \\ \dot{X}_2(t) \end{bmatrix} = \begin{bmatrix} -\alpha & \beta \\ -\beta & -\alpha \end{bmatrix} \begin{bmatrix} X_1(t) \\ X_2(t) \end{bmatrix} + \begin{bmatrix} 0 \\ 1 \end{bmatrix} U \tag{10-29}$$

式中 $X_1(t)=\beta Y_1/K$;$X_2(t)=\alpha Y_1/K+Y_2/K$。

要求确定一个 U,使其满足如下条件:

$$|U(t)| \leqslant 1, \quad t \in [0, T_f] \tag{10-30}$$

在 U 的控制下,使式(10-29)所示系统从任意状态转移到原点,且使性能指标为最小。其性能指标为

$$J = \int_0^{t_f} [\rho + |U(t)|] \mathrm{d}t \tag{10-31}$$

式中 ρ 为加权系数,当 $\rho=0$ 时,为能量最优控制;当 $\rho=\infty$ 时,为时间最优控制。

该问题的哈密顿函数为

$$H = \rho + |U(t)| + \lambda_1(t)\beta X_2(t) - \lambda_2(t)\beta X_1(t) + \lambda_2(t)U(t) \tag{10-32}$$

由此得到协态方程

$$\begin{cases} \dot{\lambda}_1 = -\partial H/\partial X_1 = \beta\lambda_2 \\ \dot{\lambda}_2 = -\partial H/\partial X_2 = \beta\lambda_1 \end{cases} \tag{10-33}$$

其通解为

$$\begin{cases} \lambda_1(t) = -D\cos(\beta t + \alpha_0) \\ \lambda_2(t) = D\sin(\beta t + \alpha_0) \end{cases} \tag{10-34}$$

式(10-34)中,D 和 α_0 是由边界条件所确定的常数。

可以看出,使 H 达到最小的条件为

$$
\begin{cases}
U(t)=0, & |\lambda_2(t)|<1 \\
U(t)=-\operatorname{sgn}\lambda_2(t), & |\lambda_2(t)|>1 \\
U(t)\in[0,1], & \lambda_2(t)=-1 \\
U(t)\in[-1,0], & \lambda_2(t)=1
\end{cases}
\tag{10-35}
$$

可以证明，其最优控制必为一个“三位”控制，存在如下六种组合形式：

$$[+1],\quad [0,+1],\quad [+1,0,-1],\quad [-1],\quad [0,-1],\quad [-1,0,+1]$$

时间-能量双最优比单纯的时间最优更能体现对直流制动的要求，其物理意义在于既要使系统尽快恢复稳定，又要制动能量尽可能少。显然，将式(10-35)直接应用于工程实际，存在着一系列困难，需要进行次最优及简化处理。简化后所得的开关曲线如图 10-15 所示。即最优控制律为

$$
U=\begin{cases}
-1, & (X_1,X_2)\in R_1 \\
0, & (X_1,X_2)\in R_1\cup R_4 \\
+1, & (X_1,X_2)\in R_3
\end{cases}
\tag{10-36}
$$

由图 10-15，可设计如下简化判据：

$$
U=\begin{cases}
-1, & \Delta\omega>K_{set} \\
0, & |\Delta\theta\omega|\leqslant K_{set} \\
+1, & \Delta\omega<-K_{set}
\end{cases}
$$

式中 K_{set} 根据一次系统及控制系统参数(ρ)而定，并和制动功率大小有关。

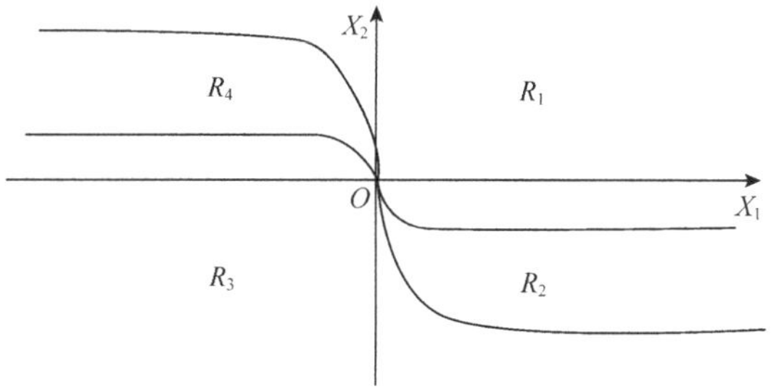

图 10-15　双最优控制的简化开关曲线

10.3.4　最优直流制动仿真分析

为了验证这种简化判据的可用性，利用前述的模型、方法进行了仿真计算，根据计算结果和工程实际经验，取 $K_{set}=0.0008$，制动功率 $|U|=0.4$，K 点发生三相短路，0.5s 故障切除，1.0s 重合闸成功，结果如下。

1)双最优控制方法能明显地改善直流输电的暂态响应特性，特别是直流电流 I_d 的反向超调量得到了显著的抑制，如图 10-16 所示。

2)相比于动作一次的时间最优控制方法，能缩短振荡过程，达到提高控制效果的目的，控制效果的功角曲线，如图 10-17 所示。

3) 相比于动作两次的时间最优控制方法，两者具有十分相似的控制效果，特别是在第一摇摆周期。其曲线略去。

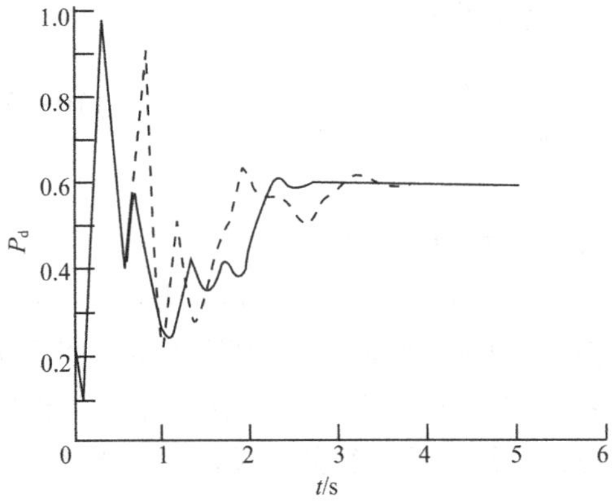

图 10-16　直流输电的暂态响应曲线

图中虚线为纯时间最优控制，实线为双最优控制

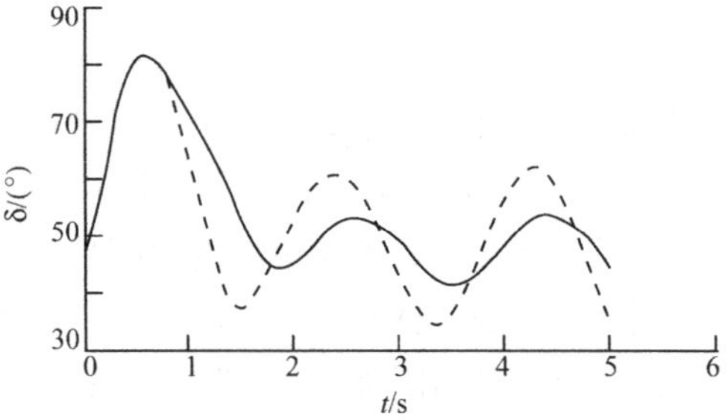

图 10-17　控制效果的功角曲线

图中虚线为纯时间最优控制，实线为双最优控制

10.3.5　双指标最优控制的优点

最优控制理论应用于直流制动，关键在于如何选择切合实际需要的目标函数。本节介绍的直流制动双最优控制方法，主要有如下特点：

1）充分利用了直流系统的特点，利用控制措施实现非线性补偿，从而减少其本身非线性动态特性对制动控制效果的影响。

2）在实现暂态稳定控制的前提下，能减少直流电流 I_d 的反向超调量，避免了直流制动对直流输电线路本身的影响。

3）能减少对两侧交流系统的冲击，降低因采用直流制动而导致负面效应的可能性。

4）控制方法简单适用，既能用于开环控制，也易于实现闭环控制。

为充分发挥直流输电的效益，进一步提高直流制动的控制效果，直流制动的概念、分析和控制方法有待于进一步研究。以下两个方面的工作是十分有价值的。

一方面，直流制动属于交直流联合调节的范畴，因此在具体实施时，须考虑交直流系统的相互影响程度，特别是动态过程中换流母线上的电压稳定性；另一方面，如果在快速调节直流功率的同时，对换流站的无功功率亦进行调节，即实现广义的直流制动，将对交流侧的稳定控制起更大的作用。

10.4　二级倒立摆的二次型最优控制

二级倒立摆系统是一个异常复杂而又对准确性、快速性要求很高的非线性不稳定控制系统。自从在 20 世纪 60 年代后期，作为一个典型的不稳定严重非线性系统的例证，倒立摆系统的概念被提了出来，得到广泛的研究。

本节针对二级倒立摆系统的平衡控制问题，首先对二级倒立摆系统进行建模；并设计了两种控制方法——线性二次状态控制器（LQR）和线性二次输出控制器（LQY）；最后根据所得控制策略进行了仿真，对所获得的控制结果进行了对比研究，不仅从理论上分析了两种方法各自的优缺点，而且从自不稳定的倒立摆实际控制系统中进一步证实了各方法的控制效果。

10.4.1 系统介绍

倒立摆系统作为一种控制装置,它结构简单、价格低廉,便于模拟和数字实现多种不同的控制方法;作为一个被控对象,它是一个典型的高阶次、多变量、严重不稳定和强耦合的非线性系统,只有采用行之有效的控制策略,才能使其稳定。因此,在稳定性控制问题上,倒立摆具有普遍性又具有典型性。倒立摆系统可以用多种理论和方法来实现其稳定控制,如 ND、自适应、状态反馈、智能控制、模糊控制及人工神经元网络等,都能在倒立摆系统控制上得到实现,而且当一种新的控制理论和方法提出以后,在不能用理论加以严格证明时,可以考虑通过倒立摆装置来验证其正确性和实用性。

因此,倒立摆系统在控制系统研究中受到普遍重视,已被公认为自动控制理论中的典型试验设备,也是控制理论在教学和科研中不可多得的典型物理模型。通过对倒立摆系统的研究,不仅可以解决控制中的理论问题,还能将控制理论所涉及的三个基础学科:力学、数学和电学有机地结合起来,在倒立摆系统中进行综合应用。近代机械控制系统中,如直升飞机、火箭发射、人造卫星运行及机器人举重物、做体操和行走机器人步行控制等,都存在有类似于倒立摆的稳定控制问题。

如图 10-18 所示,实验中的二级倒立摆系统有以下部分组成:有效长度为 90cm 的光滑导轨,可以在导轨上来回移动的小车,材料为铝的摆杆铰接在小车上,二级摆杆以同样的方式与一级摆杆相连,它们的铰接方式决定了它们在竖直平面运动,一级摆杆和二级摆杆规格相同,有效长度为 525cm。小车的驱动系统由一直流力矩伺服电机和同步带传动系统组成,小车相对参考点(即导轨的中心位置)的相对位移 x 由电位器和测量传动带而得到,一级摆杆与竖直方向的夹角 θ_1 由固定在一级摆杆和小车铰接处的电位器 1 测量得到,二级摆杆与竖直方向的夹角 θ_2 由电位器通过测量两个摆的角度差 $\theta_2-\theta_1$ 而间接得到。直流伺服电机产生驱动力 F 使小车根据摆角的变化而在导轨上运动,从而达到二级倒立摆系统的平衡。

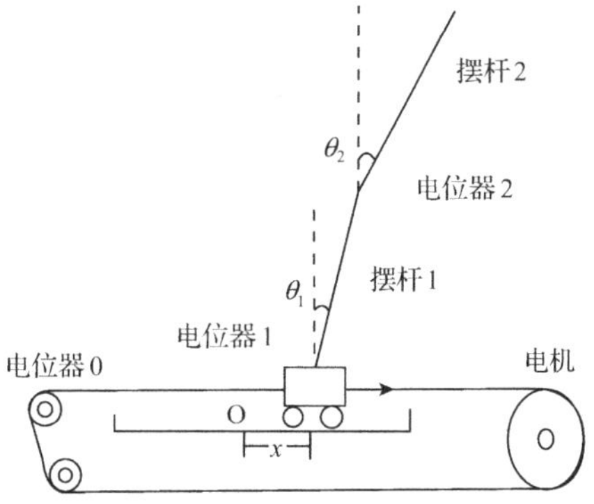

图 10-18 二级倒立摆系统

10.4.2 二级倒立摆数学模型的建立

为了进行线性控制器的设计,首先需要对被控系统进行建模。二级倒立摆系统数学模型的建立基于以下假设:

①每一级摆杆都是刚体。

②在实验过程中同步带长度保持不变。

③驱动力与放大器输入成正比,没有延迟直接施加于小车。

④实验过程中的库仑摩擦、动摩擦等所有摩擦力足够小,在建模过程中可忽略不计。

如图 10-18 所示的二级倒立摆系统,根据动力学理论,其动力学方程如下:

$$\boldsymbol{M}(\theta_1,\theta_2)\begin{bmatrix}\ddot{r}\\ \ddot{\theta}_1\\ \ddot{\theta}_2\end{bmatrix}=\boldsymbol{F}(\theta_1,\theta_2,\dot{\theta}_1,\dot{\theta}_2)\begin{bmatrix}\dot{r}\\ \dot{\theta}_1\\ \dot{\theta}_2\end{bmatrix}+\boldsymbol{N}(\theta_1,\theta_2)\begin{bmatrix}r\\ \theta_1\\ \theta_2\end{bmatrix}+\boldsymbol{GU} \tag{10-37}$$

式中

$$\boldsymbol{M}(\theta_1,\theta_2)=\begin{bmatrix}M_0+M_1+M_2 & (M_1l_1+M_2l_1)\cos\theta_1 & M_2l_2\cos\theta_2\\ (M_1l_1+M_2l_1)\cos\theta_1 & J_1+M_1l_1^2+M_2L_1^2 & M_2L_1l_2\cos(\theta_2-\theta_1)\\ M_2l_2\cos\theta_2 & M_2L_1l_2\cos(\theta_2-\theta_1) & J_2+M_2l_2^2\end{bmatrix}$$

$$\boldsymbol{F}(\theta_1,\theta_2,\dot{\theta}_1,\dot{\theta}_2)$$

$$=\begin{bmatrix}-F_0 & (M_1l_1+M_2L_1)\sin\theta_1\cdot\dot{\theta}_1 & M_2l_2\sin\theta_2\cdot\dot{\theta}_2\\ 0 & -(F_1+F_2) & M_2L_1l_2\sin(\theta_2-\theta_1)\cdot\dot{\theta}_2+F_2\\ 0 & -M_2L_1l_2\sin(\theta_2-\theta_1)\cdot\dot{\theta}_1+F_2 & -F_2\end{bmatrix}$$

$$\boldsymbol{N}(\theta_1,\theta_2)=\begin{bmatrix}0 & 0 & 0\\ 0 & (M_1l_1+M_2L_1)g\sin\theta_1 & 0\\ 0 & 0 & M_2l_2g\sin\theta_2\end{bmatrix},\quad \boldsymbol{G}=\begin{bmatrix}G_0\\ 0\\ 0\end{bmatrix}$$

式中各参量的意义及参数值如表 10-2 所示。

表 10-2　二级倒立摆系统的结构参数表

参　数	参 数 值	意　　义
M_0	1.3280	小车及驱动系统的等效质量(kg)
M_1	0.22	下摆质量(kg)
M_2	0.187	上摆质量(kg)
J_1	0.004963	下摆转动惯量($kg\cdot m^2$)
J_2	0.004824	上摆转动惯量($kg\cdot m^2$)
l_1	0.304	下摆质心至轴心的距离(m)
l_2	0.226	上摆质心至轴心的距离(m)
L_1	0.49	下摆轴心至上摆轴心的距离(m)
F_0	22.915	小车系统的摩擦系数($N\cdot m\cdot s$)
F_1	0.00705	下摆摩擦阻力系数($N\cdot m\cdot s$)
F_2	0.00264	上摆摩擦阻力系数($N\cdot m\cdot s$)
G_0	11.887	力与控制电压之比(N/V)

在平衡点 $\theta_1=\theta_2=0$ 和 $\dot{\theta}_1=\dot{\theta}_2=0$ 附近对方程(10-37)进行线性化处理,亦即设 $\sin\theta\approx\theta,\cos\theta\approx1$,得

$$\boldsymbol{M}(0,0)\begin{bmatrix}\ddot{r}\\ \ddot{\theta}_1\\ \ddot{\theta}_2\end{bmatrix}=\boldsymbol{F}(0,0,0,0)\begin{bmatrix}\dot{r}\\ \dot{\theta}_1\\ \dot{\theta}_2\end{bmatrix}+\boldsymbol{N}(0,0)\begin{bmatrix}r\\ \theta_1\\ \theta_2\end{bmatrix}+\boldsymbol{GU} \tag{10-38}$$

式中

$$\boldsymbol{M}(0,0)=\begin{bmatrix}M_0+M_1+M_2 & M_2L_1+M_1l_1 & M_2l_2\\ M_1l_1+M_2l_1 & J_1+M_1l_1^2+M_2L_1^2 & M_2L_1l_2\\ M_2l_2 & M_1L_1l_2 & J_2+M_2l_2^2\end{bmatrix}$$

$$F(0,0,0,0)=\begin{bmatrix} -F_0 & 0 & 0 \\ 0 & -(F_1+F_2) & F_2 \\ 0 & F_2 & -F_2 \end{bmatrix}$$

$$N(0,0)=\begin{bmatrix} 0 & 0 & 0 \\ 0 & (M_1 l_1+M_2 L_1)g & 0 \\ 0 & 0 & M_2 l_2 g \end{bmatrix}$$

定义状态变量

$$X=[x_1 \quad x_2 \quad x_3 \quad x_4 \quad x_5 \quad x_6]^{\mathrm{T}}=[r \quad \theta_1 \quad (\theta_2-\theta_1) \quad \dot{r} \quad \dot{\theta}_1 \quad (\dot{\theta}_2-\dot{\theta}_1)]^{\mathrm{T}}$$

$$Y=[x_1 \quad x_2 \quad x_3]^{\mathrm{T}}=[r \quad \theta_1 \quad \theta_2-\theta_1]^{\mathrm{T}}$$

那么根据式(10-38)，并作适当变换得系统的状态方程为

$$\begin{cases} \dot{X}=AX+BU \\ Y=CX \end{cases} \tag{10-39}$$

式中

$$A=\begin{bmatrix} 0_{3\times3} & I_{3\times3} \\ A_{21} & A_{22} \end{bmatrix},\quad B=\begin{bmatrix} 0_{3\times3} \\ B_2 \end{bmatrix},\quad C=[I_{3\times3} \quad 0_{3\times3}],\quad T_0=\begin{bmatrix} 1 & 0 & 0 \\ 0 & 1 & 0 \\ 0 & -1 & 1 \end{bmatrix}$$

$$A_{21}=T_0M^{-1}NT_0^{-1},\quad A_{22}=T_0M^{-1}FT_0^{-1},\quad B_2=T_0M^{-1}G$$

对连续系统(10-39)进行离散化处理，可得离散化后的系统的状态方程为

$$\begin{cases} X_{k+1}=GX_k+HU_k \\ Y_k=CX_k \end{cases} \tag{10-40}$$

式中 $G=e^{AT_s}$，$H=\int_0^{T_s} e^{A(T_s-t)}B\mathrm{d}t$，$T_s$ 为采样周期，实验中取 $T_s=0.02\mathrm{s}$。

10.4.3 最优控制算法设计

本节所介绍的两种控制器都需要用到系统状态的全反馈，而实际系统中直接可测的状态只有小车位置和倒立摆的位置。一种方法是通过采用状态观测器来得到小车以及倒立摆的速度，实际上对于倒立摆系统而言，虽然不能直接测量小车以及倒立摆的速度，但是可以很容易地通过对直接可测的小车位置和倒立摆位置的线性差分得到。这样，在进行状态反馈控制时，就不需要再设计状态观测器了。

线性二次型控制理论已成为反馈系统设计的一种重要工具。其特点是：它为多变量反馈系统的设计提供了一种有效的分析方法；它可以适应于时变系统；它可以处理扰动信号和测量噪声问题；它可以处理有限和无限的时间区间。

(1)线性二次状态控制器(LQR)

设状态反馈调节律的形式为 $U(k)=-K_rX(k)$，通过使性能指标函数(10-41)为最小，可求得式(10-42)所示的状态反馈增益阵

$$J_r=\sum_{k=1}^{\infty}[X^{\mathrm{T}}(k)Q_rX(k)+U^{\mathrm{T}}(k)R_rU(k)] \tag{10-41}$$

$$K_r=(H^{\mathrm{T}}SH+R_r)^{-1}(H^{\mathrm{T}}SG) \tag{10-42}$$

式中 S 由下列黎卡提方程获得：

$$G^{T}SG-G^{T}SH(H^{T}SH+R_{r})^{-1}H^{T}SG+Q_{r}=S \tag{10-43}$$

Q_r 和 R_r 为权矩阵，分别用来对状态向量 $X(k)$、控制量 $U(k)$ 引起的性能度量的相对重要性进行加权。在系统的仿真控制过程中，取 $Q_r=1.6\times I_{6\times 6}$，$R_r=0.8$。根据式(10-42)和式(10-43)设计出状态反馈矩阵为

$$K_r=[0.0245\quad 0.3737\quad 1.3312\quad -0.0018\quad 0.1858\quad 0.1941]$$

对二级倒立摆系统进行状态反馈控制，取初值

$$X_0=[0\quad (15/180)\pi\quad (10/180)\pi\quad 0\quad 0\quad 0]^{T}$$

仿真控制可得小车位置轨迹和倒立摆上、下摆角度轨迹以及控制输出曲线如图 10-19 中实线所示。从仿真曲线可以看出，R 控制器对于不稳定倒立摆系统的控制是很有效的。其中，实线表示 R 控制时的情况，虚线表示 Y 控制时的情况。

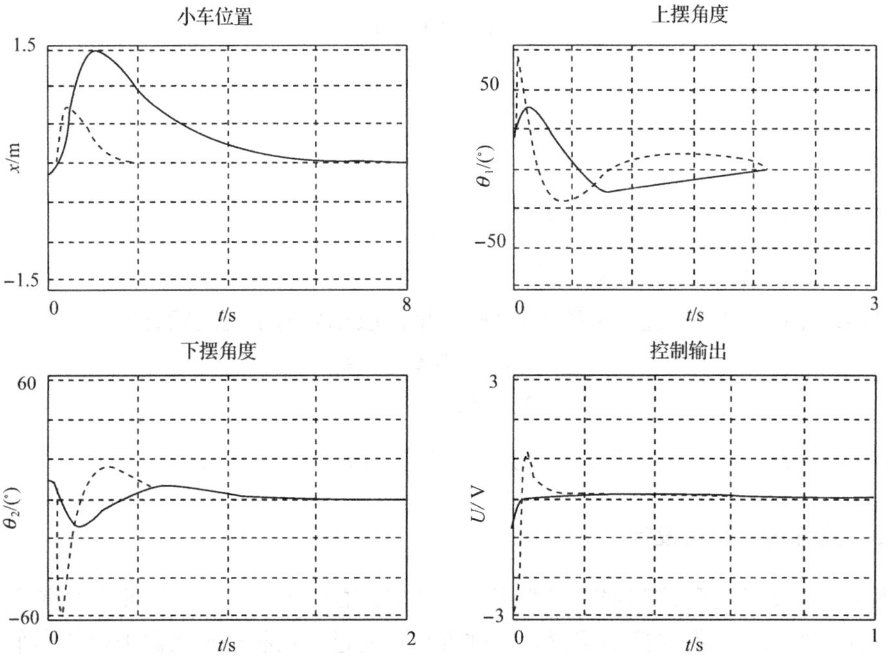

图 10-19　LQR 与 LQY 控制仿真曲线

(2)线性二次输出控制器(LQY)

设输出反馈调节律的形式为 $U(k)=-K_yX(k)$，此时可通过使性能指标函数(10-44)为最小，可求得式(10-45)状态反馈增益向量

$$J_y=\sum_{k=1}^{\infty}[Y^{T}(k)Q_yY(k)+U^{T}(k)R_yU(k)] \tag{10-44}$$

$$K_y=(H^{T}SH+R_y)^{-1}(H^{T}SG) \tag{10-45}$$

式中 S 由下列黎卡提方程获得：

$$G^{T}SG-G^{T}SH(H^{T}SH+R_y)H^{T}SG+C^{T}Q_yC=S \tag{10-46}$$

Q_y 和 R_y 为权矩阵，分别用来对输出向量 $Y(k)$、控制量 $U(k)$ 引起的性能度量的相对重要性进行加权。在系统的仿真控制过程中，取 $Q_y=5\times I_{3\times 3}$，$R_y=0.6$，根据式(10-45)和式(10-46)，设计状态反馈增益矩阵为

$$K_y = [1.0121 \quad 4.5728 \quad 6.3652 \quad 0.9117 \quad 1.5246 \quad 0.9989]$$

对二级倒立摆系统进行状态反馈控制，取初值

$$X_0 = [0 \quad (15/180)\pi \quad (10/180)\pi \quad 0 \quad 0 \quad 0]^T$$

仿真控制可得小车位置轨迹和倒立摆上、下摆角度轨迹以及控制输出曲线。如图 10-19 中虚线所示，从仿真曲线可以看出，LQY 控制器对于不稳定倒立摆系统的控制也是有效的。

从两种控制器的仿真结果来看，LQY 控制器具有较优的鲁棒性及瞬态特性，LQR 控制器的鲁棒性及瞬态特性较差；但是 LQR 控制器具有较优的稳态特性，LQY 较差。这是因为 LQY 控制器重点考虑 r、θ_1、θ_2 在 $\boldsymbol{U}$ 控制下的变化规律，而 LQR 则综合考虑 r、θ_1、θ_2、$\dot{r}$、$\dot{\theta}_1$、$\dot{\theta}_2$ 在 $\boldsymbol{U}$ 控制下的规律，从而 LQR 控制器的稳态效果较好，但是牺牲了系统的鲁棒性。综上所述，LQY 控制器相对较优。

10.4.4 系统实现

随着现代工业的要求和微电子技术的进步，一种体积更小、运算速度更快、功能更强大的数字信号处理器 DSP 应运而生，并且迅速而广泛地运用于数据处理、语音识别、视觉处理、运动控制等数据量多、运算速度要求高和实时性强的系统。由于 DSP 这些优点，可以将 DSP 应用到倒立摆系统的控制中，设计了基于 DSP 的二轮小车-倒立摆系统。比起台式倒立摆，它有更多的运动自由度，并可以脱离计算机独立工作，实现更多、实时性更好的控制功能，更方便地加入附加功能、扩展性强等特点。

图 10-20 所示为二级倒立摆系统的控制原理框图。

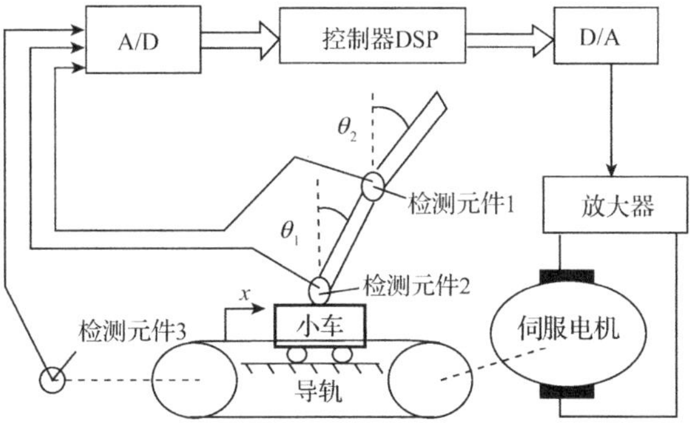

图 10-20　二级倒立摆系统的控制原理框图

(1)控制器的硬件设计

考虑到小车-倒立摆系统测量值多、程序大、扩展功能多的特点和实时性强的控制要求，在控制器的设计中，选用美国 TI 公司生产的 TMS320IY2407DSP 芯片，因为该芯片不仅处理速度快、操控灵活，而且拥有丰富的片内资源：包括 10 位 16 通道片内 A/D 转换器、两个事件管理器模块 EVA 和 EVB，分别具有两个通用定时器、3 个比较单元和 8 路 PWM 输出、同步串口和异步串口，以及 CAN 模块等片内外设、6 个 8 位标准 I/O 口、大容量片内存储器、多种外围器件接口。可以说该芯片将实时处理能力和外设控制功能集于一身，使之特别适用于本小车-倒立摆系统。

以该芯片为核心，结合其他外围芯片，包括 Allegro 公司生产的全桥式 PWM 电机驱动芯片 A3952SB，MAXIM 公司生产的 SMITH 式脉宽调制 DC-DC 降压芯片 MAX831，24V 转 5V 电压转换模块 SF5W，5V 转 3.3V 电压转换芯片 AS1117，3V 精准电压芯片 REF193，64K 高速外接存储器 IS61LV6414 及 SCHMITT 触发器 CD4OIO6B 等构建了小车-倒立摆系统的外围电路。运用计算机辅助电路设计软件PROTELSE99 完成整个控制板的设计，实现了小车-倒立摆的硬件系统。控制板的相关功能说明如图 10-21 所示。

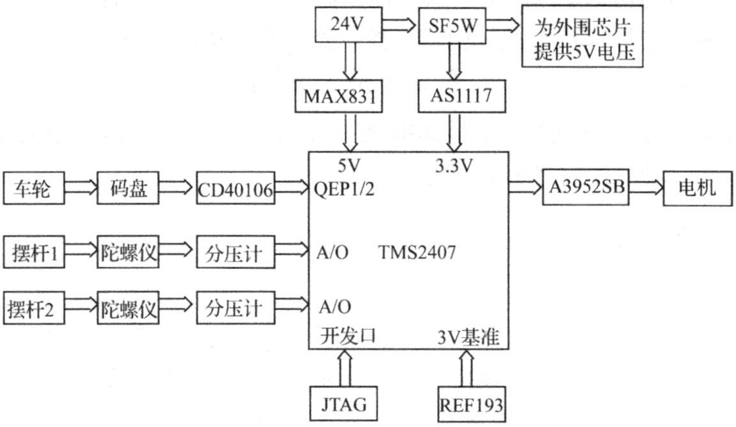

图 10-21　硬件功能说明图

(2)控制器的软件设计

控制器的软件设计采用的是 TI 公司提供的 CCS 软件开发系统。使用循环周期中断触发机制对系统进行高度实时的控制，每个周期中完成了对输入的模拟信号的软件滤波，实时计算反馈向量及给出控制量，实现反馈控制，其程序流程图如图 10-22 所示。

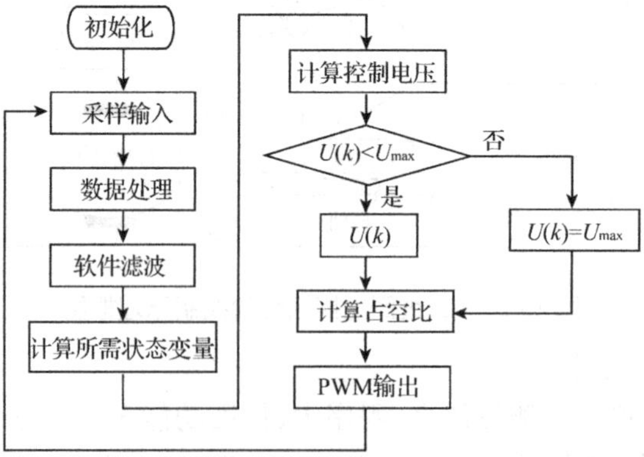

图 10-22　软件流程图

二级倒立摆的控制目标就是使倒立摆在不稳定的平衡点附近的运动成为一个稳定的运动，控制夹角 θ_1、θ_2 和位置 r 在各自的位置零点附近变化，而整个摆处于垂直状态。整个过程是一个动态平衡过程，在实际系统中想使摆静止直立在平衡位置是很难办到的，只能是在平衡位置处的振荡，即系统存在误差。

10.5 电动公交车直流牵引电动机驱动系统最优控制

发展电动汽车产业能改善空气质量、节省宝贵的石油资源，符合我国的可持续发展战略决策。电动汽车的研究开发、试制生产、运行示范、推广应用、基础设施建设等是一项完整的系统工程，对促进我国国民经济的发展具有深远的意义，是一件利国利民的伟大事业。为此，国家把电动汽车及其重要部件的研究开发列入了"十五"863 计划中 12 个重大研究专项之一，而电动汽车驱动系统是电动汽车的重要部件，因此利用最优控制的原理设计并制造电动公交客车的驱动系统是非常有意义的。

本节讨论了电动公交车直流牵引电动机驱动系统的最优控制问题。首先建立了永磁加增磁复合励磁电动机驱动控制系统的数学模型，接着应用线性二次型性能指标最优控制方法，设计了电动公交大客车加速度控制系统的控制参数，最后进行了计算仿真。结果表明该驱动控制系统具有抗干扰能力强、调节特性快速、平稳等优点，能很好地满足实际要求。

10.5.1 系统介绍

目前，电动汽车所使用的直流电动机有三种：他励直流电动机（包括永磁直流电动机）、串励直流电动机、复合励磁的直流电动机。他励直流电动机不能满足电动汽车起动、加速的大扭矩要求，串励直流电动机弥补了这一点的不足，但效率低，且难于有效实现电动汽车的再生制动要求，即使通过复杂的控制能勉强实现再生制动，制动稳定性也不好，可靠性也较差。因此，电动汽车在使用直流电动机作为牵引电动机时，最好用他励加增磁绕组的复合励磁的直流电动机，为了提高效率，他励部分最好选用钴铁硼等高磁材料构成的永磁磁极。

当今，许多使用直流电动机的电动车辆大多采用串励电动机或他励电动机，所用的电动机控制器也是针对串励电动机或他励电动机设计的。国内某单位在电动大客车上采用了永磁和增磁绕组结合的复合励磁的直流电动机作为牵引电动机，但所设计的控制器对增磁绕组的控制，只是采用了在车辆需要大扭矩驱动时把增磁绕组通过接触器闭合通电的简单增磁方法，实际上是把增磁绕组当作并励绕组使用，这样无法实现电动汽车由低速到高速起动过程中的自动弱磁，控制起来十分不便。而且，由于使用了接触器这类的有触点开关，可靠性也降低了。

针对上述直流电动机控制器的不足，给出一种根据电动汽车驱动特性要求对永磁加增磁绕组复合励磁的直流电动机进行合理控制的电动机驱动系统。该电动机驱动系统把电动机的增磁绕组接在电动机控制系统的续流回路中，产生了全新的自动弱磁调速方案，使得电动机驱动系统能很好地满足电动汽车大扭矩起动和高速运行时，电动机需要弱磁调速的特性要求。

10.5.2 电动机控制系统工作原理

电动公交大客车驱动电动机控制系统简化原理如图 10-23 所示。系统中，各组成部分功能如下：电池组 B 是 384V，为驱动系统提供动力；直流电动机 SM 为公交车的驱动电动机，它是带有永磁加增磁绕组复合励磁方式的新型牵引电动机，包括电枢绕组、增磁励磁

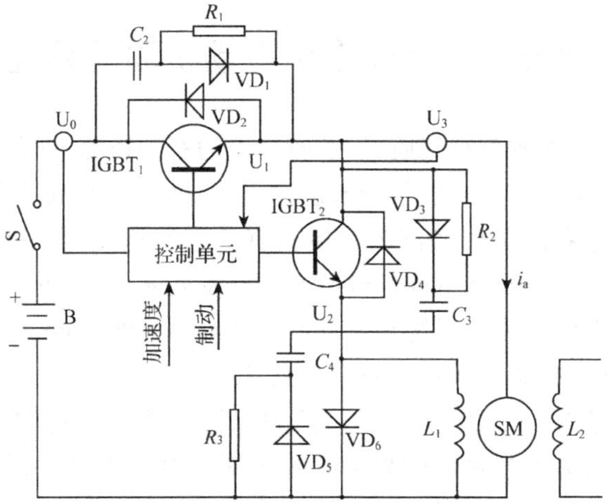

图 10-23　电动公交大客车驱动电动机控制系统原理图

绕组 L_1、永磁励磁绕组 L_2；U_1 为以 $IGBT_1$ 为主体的功率智能模块；VD_1、C_2、R_1 组成其浪涌电压吸收保护电路；VD_2 为装在模块内的反向保护二极管；$IGBT_1$ 工作在高频脉冲调宽状态，其载波电压控制驱动电动机转速；U_2 为以 $IGBT_2$ 为主体的功率智能控制模块；VD_3、C_3、R_2 组成其浪涌电压吸收保护电路；VD_4 为装在智能模块内的反向保护二极管，调节 $IGBT_2$ 的导通脉冲宽度，可以改变再生电流，以控制驱动电动机（车辆）制动；U_0 为电流传感器检测模块，用于功率模块过流保护；电流传感器模块 U_3 用于测量驱动电动机电枢电流 i_a；VD_6 为再生制动通路二极管模块；R_3、C_4、VD_5 组成其浪涌电压吸收保护电路。加速度信号来自加速度踏板，制动信号来自制动踏板，控制单元是以单片机为核心的电子线路。工作时，接通电源开关，控制单元检测来自加速踏板的加速度信号和来自电流传感器 U_3 的电枢电流 i_a，如果 i_a 小于加速度给定值，则增加 $IGBT_1$ 的高频脉冲宽度，使加在电枢两端的电压 u_a 上升和 i_a 增加，电动机 SM 加速；反之，如果 i_a 大于加速度的给定值，则减小 $IGBT_1$ 的脉冲宽度，使 u_a 下降和 i_a 减小，电动机 SM 减速。在这一过程中，$IGBT_2$始终关断。当电动机（车辆）制动时，加速度信号为零，并且 $IGBT_1$ 关断，控制单元接受制动信号，并向 $IGBT_2$ 发出相应的脉冲调宽信号，$IGBT_2$ 导通，电动机 SM 的反电势通过 $IGBT_2$ 和 VD_6 导通或者通过 VD_2 及电池 B 导通构成回路，从而实现驱动电动机的再生制动。

加在电动机电枢绕组的电压 u_a 为高频脉冲调宽形式。当 $IGBT_1$ 导通时，i_a 通过电枢绕组流回电池组 B 的负极；当 $IGBT_1$ 关断时，电枢电流 i_a 经过电枢绕组、增磁绕组 L_1 和反向二极管 VD_4 构成续流通路。在续流过程中，增磁绕组产生的磁场与永磁磁场一致，从而达到增磁的目的。当公交车处在起动或爬坡低速运行时，由于电枢反电势 E 小，要达到与加速度踏板信号对应的电流 i_a 值，$IGBT_1$ 的导通角很小，即 $IGBT_1$ 的关断时间或电枢绕组的续流时间长，使得增磁绕组 L_1 中有大的续流电流和增磁，电动机产生足够大的驱动转矩输出，因此增磁电动机有比普通并励电动机更大的起动转矩和爬坡能力。经测定，增磁电动机的转矩-转速特性曲线（实线）示于图 10-24，其中还示出同一电动机在无增磁时的部分转矩-转速特性曲线（虚线），比较其中实线和虚线可知，带有增磁绕组的电动机与同功率的并励电动机相比，两曲线相似，但在相同电枢电流 i_a 的情况下，低转速时输出转矩大为增加，而在高速运行时，其输出转矩接近。

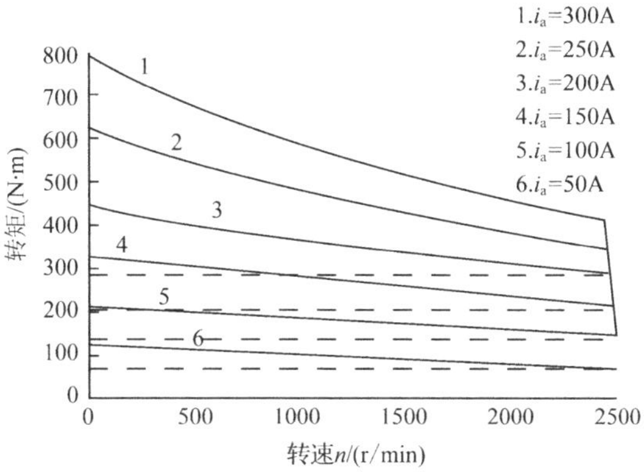

图 10-24 增磁电动机转矩-转速特性

10.5.3 驱动电机的数学模型

(1)普通并励电动机结构图及传递函数

普通并励电动机满足下述微分方程：

1)电枢电压-电流特性

$$L_a\frac{di_a}{dt}+R_ai_a=u_a-E \tag{10-47}$$

式中 u_a 为电动机电枢端电压；L_a 为电动机电枢绕组电感；i_a 为电动机电枢电流；R_a 为电动机电枢绕组电阻；E 为电动机转动时反电势。

2)电枢电流-转矩特性

$$M=C_m\Phi i_a=k_m i_a \tag{10-48}$$

式中 M 为电动机电磁转矩；C_m 为转矩常数，由电动机结构确定；Φ 为电动机励磁磁通；$k_m=C_m\Phi$。

3)电动机转动时反电势

$$E=C_e\Phi n=k_e n \tag{10-49}$$

式中 E 为电动机感应反电势；C_e 为电动势常数，由电动机结构而定；n 为电动机转速(r/min)；$k_e=C_e\Phi$。

4)转矩-加速度特性

$$J\frac{d\omega}{dt}=M-M_L \tag{10-50}$$

式中 J 为电动机转子和汽车运动时折算到电动机轴上的转动惯量之和；ω 为电动机转动角速度，$\omega=(2\pi/60)n$ 或 $n=(60/2\pi)\omega$；M_L 为电动汽车各种负载转矩之和。

令 $k_a=1/R_a$，$T_a=L_a/R_a$，根据式(10-47)至式(10-50)，并取拉普拉斯变换，可得 u_a 对 n 的结构图，如图 10-25 所示。

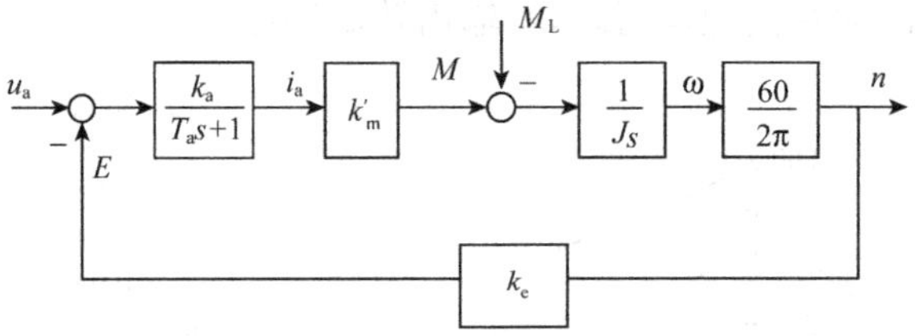

图 10-25　驱动电动机(无增磁)结构图

(2)加增磁电动机的结构图及传递函数

图 10-24(实线)示出永磁加增磁电动机的转矩-转速特性,可以看出转矩 M 是电枢电流 i_a 和转速 n 的双变量非线性函数,即

$$M=f(i_a,n) \tag{10-51}$$

若在工作点线性化,可得其增量方程

$$\Delta M=\left.\frac{\partial f(i_a,n)}{\partial i_a}\right|_{(i_{a0},n_0)}\Delta i_a+\left.\frac{\partial f(i_a,n)}{\partial n}\right|_{(i_{a0},n_0)}\Delta n \tag{10-52}$$

式中 $\left.\frac{\partial f(i_a,n)}{\partial i_a}\right|_{(i_{a0},n_0)}$ 为函数 $f(i_a,n)$ 在 $i_a=i_{a0}$ 和 $n=n_0$ 处 M 对 i_a 的偏导数;$\left.\frac{\partial f(i_a,n)}{\partial n}\right|_{(i_{a0},n_0)}$ 为函数 $f(i_a,n)$ 在 $i_a=i_{a0}$ 和 $n=n_0$ 处 M 对 n 的偏导数;ΔM 为 M 在(i_{a0} 和 n_0)处的增量;Δi_a 为 i_a 在 i_{a0} 处的增量;Δn 为 n 在 n_0 处的增量。

令

$$k'_m=\left.\frac{\partial f(i_a,n)}{\partial i_a}\right|_{(i_{a0},n_0)} \tag{10-53}$$

$$k_{mn}=\left.\frac{\partial f(i_a,n)}{\partial n}\right|_{(i_{a0},n_0)} \tag{10-54}$$

则式(10-52)可写成

$$\Delta M=k'_m\Delta i_a+k_{mn}\Delta n \tag{10-55}$$

式中 k'_m 和 k_{mn} 可根据式(10-53)和式(10-54)的定义在图 10-24 中用图解法计算,其中 k'_m 的含义是当 i_a 增加 1A 时 M 增加的转矩(N·m),而 k_{mn} 是 M-n 曲线的斜率,k_{mn} 为负数,即当转速增加 1r/min 时转矩 M 的增加数(N·m)。

考虑到式(10-55)和图 10-25,增磁电动机的线性化结构图如图 10-26 所示,图中省略了增量符号"Δ"。

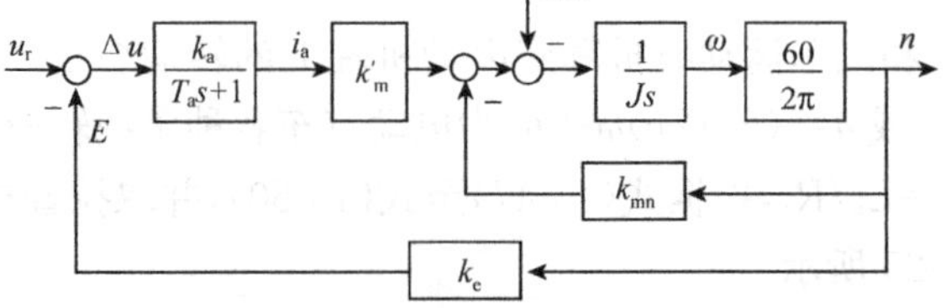

图 10-26　带有增磁绕组的驱动电动机结构图

可以看出，图 10-26 中 k'_m 代之图 10-25 中的 k_m，同时增加 k_{mn} 的电动机转速反馈回路。k'_m 是非线性参量，观察图 10-24 中的转矩-转速特性，显然有 $k'_m \geqslant k_m$，且随转速 n 的下降，k'_m 比 k_m 增加很多；而 k_{mn} 也是非线性参量，它是图 10-24 曲线（实线）的斜率，随转速 n 的增加，其绝对值逐渐减小；由于增磁作用，励磁磁通随 i_a 变化，所以 k_e 也是非线性参量。

（3）电动公交车加速度控制系统的结构图和传递函数

图 10-23 中，控制器以加速度信号为输入，以来自电枢电流传感器的信号为反馈，根据其差值调节 $IGBT_1$ 输出的脉冲宽度，$IGBT_1$ 的输出为电动机电枢电压 u_a，u_a 控制电枢电流 i_a，这样形成电流 i_a（电动机加速度）的闭环控制系统。如图 10-27 所示。

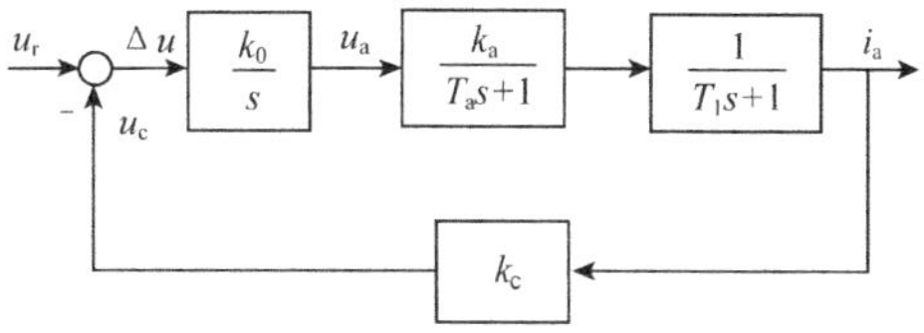

图 10-27　加速度控制系统仿真图

图中，积分器是为提高稳态精度另加的环节；电动机电枢绕组的 R_a、L_a 构成电磁惯性，$T_a = L_a/R_a$，k_a 是电枢绕组的电流增益，$k_a = 1/R_a$；$IGBT_1$ 保护电路中的 RC 和电流传感器中的 RC 也形成惯性，用 T_1 表示；k_c 是电流传感器电压-电流比例系数。参数选择和计算如下。

取 $k_0 = 251.12\mathrm{s}^{-1}$，由驱动电动机参数知 $L_a = 5\mathrm{mH}$，$R_a = 0.03835\Omega$，故 $k_a = 1/R_a = 1/0.03835 = 26$；$T_a = L_a/R_a = 5\times10^{-3}/0.03835 = 0.13\mathrm{s}$；保护电路及滤波器的时间常数估算为 $T_1 = 0.02\mathrm{s}$，当 $i_a = 300\mathrm{A}$ 时，电流传感器输出电压为 5V，故 $k_c = 5/300 = 0.0167\mathrm{V/A}$。

其闭环传递函数为

$$\Phi(s) = \frac{I_a(s)}{U_r(s)} = \frac{k_0 \times k_a}{T_a T_1 s^3 + (T_a + T_1)s^2 + s + k_0 k_a k_c} \tag{10-56}$$

代入参数值得

$$\begin{aligned}\Phi(s) &= \frac{I_a(s)}{U_r(s)} = \frac{25.12\times26}{s(0.13s+1)(0.02s+1)+93.21} \\ &= \frac{5592.6}{0.0026s^3+0.15s^2+s+93.21} = \frac{215100}{s^3+57.69s^2+384.6s+35850}\end{aligned} \tag{10-57}$$

图 10-28 所示为根据式(10-57)画出系统仿真图。

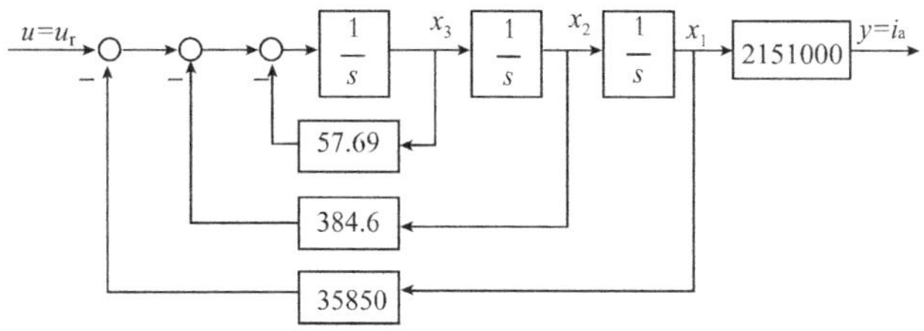

图 10-28　加速度(i_a)控制系统仿真图

根据图 10-28，写出其可控规范型状态方程如下：

$$\dot{x}_1 = x_2,\quad \dot{x}_2 = x_3$$

$$\dot{x}_3 = -35850x_1 - 384.6x_2 - 57.69x_3 + u,\quad y = 2151000x_1$$

或写成

$$\left.\begin{aligned}\dot{\boldsymbol{x}}&=\boldsymbol{A}\boldsymbol{x}+\boldsymbol{B}u\\ \boldsymbol{y}&=\boldsymbol{C}_x\end{aligned}\right\}\tag{10-58}$$

式中 $\boldsymbol{A}=\begin{bmatrix}0&1&0\\0&0&1\\-35850&-384.6&-57.69\end{bmatrix}$，$\boldsymbol{B}=\begin{bmatrix}0\\0\\1\end{bmatrix}$，$\boldsymbol{C}=[2151000\quad 0\quad 0]$。

10.5.4 最优控制系统设计

(1)加速度控制系统的稳定性分析

根据矩阵 **A** 应用 Matlab 程序，求出其特征值，即闭环系统特征根为

$$\begin{cases}r_1=-61.2405\\ r_2=1.6402+j24.1393\\ r_3=1.6402-j24.1393\end{cases}\tag{10-59}$$

因此在状态反馈之前，加速度控制系统是不稳定的。

(2)线性二次型性能指标最优控制器设计

线性二次型性能指标为

$$J=\int_0^{\infty}(\boldsymbol{x}^{\mathrm{T}}\boldsymbol{Q}\boldsymbol{x}+u^{\mathrm{T}}\boldsymbol{R}\boldsymbol{u})\mathrm{d}t\tag{10-60}$$

1)若取 $\boldsymbol{Q}=\begin{bmatrix}1&0&0\\0&1&0\\0&0&1\end{bmatrix}$，$R=1$，应用 Matlab 程序求得状态反馈系数为

$$\boldsymbol{k}=[k_1\quad k_2\quad k_3]=[0\quad 47.2643\quad 6.6813]\tag{10-61}$$

黎卡提方程解为

$$\boldsymbol{P}=\begin{bmatrix}1.4600&0.0240&0\\0.0240&0.0029&0\\0&0&0\end{bmatrix}\times10^7\tag{10-62}$$

闭环系统特征根为

$$\begin{cases}r_1=-61.0236\\ r_2=-1.6738+j24.1801\\ r_3=-1.6738-j24.1801\end{cases}\tag{10-63}$$

2)若取 $\boldsymbol{Q}=\begin{bmatrix}1&0&0\\0&1&0\\0&0&10000\end{bmatrix}$，$R=1$，应用 Matlab 程序求得状态反馈系数为

$$\boldsymbol{k}=[k_1\quad k_2\quad k_3]=[0\quad 1943.4\quad 73.5]\tag{10-64}$$

黎卡提方程解为

$$\boldsymbol{P}=\begin{bmatrix}6.9669&0.2636&0\\0.2636&0.0283&0.0002\\0&0.0002&0\end{bmatrix}\times10^7\tag{10-65}$$

闭环系统特征根为

$$
\begin{cases}
r_1 = -113.4 \\
r_2 = -8.87 + \mathrm{j}15.41 \\
r_3 = -8.87 - \mathrm{j}15.41
\end{cases} \tag{10-66}
$$

3)若 $\boldsymbol{Q}=\begin{bmatrix} 1 & 0 & 0 \\ 0 & 1 & 0 \\ 0 & 0 & 100000 \end{bmatrix}$,$R=1$,应用 Matlab 程序求得状态反馈系数为

$$
\boldsymbol{k} = [k_1 \quad k_2 \quad k_3] = [0 \quad 4082.3 \quad 276.2] \tag{10-67}
$$

黎卡提方程解为

$$
\boldsymbol{P} = \begin{bmatrix} 1.4635 & 0.0990 & 0 \\ 0.0990 & 0.0147 & 0 \\ 0 & 0 & 0 \end{bmatrix} \times 10^8 \tag{10-68}
$$

闭环系统特征根为

$$
\begin{cases}
r_1 = -320.31 \\
r_2 = -6.80 + \mathrm{j}8.11 \\
r_3 = -6.80 - \mathrm{j}8.11
\end{cases} \tag{10-69}
$$

10.5.5 系统特性仿真分析

状态反馈后的系统仿真如图 10-29 所示。其对应的闭环传递函数为

$$
\Phi(s) = \frac{I_\mathrm{a}(s)}{U_\mathrm{r}(s)} = \frac{215100}{s^3 + (57.69 + k_3)s^2 + (384.6 + k_2)s + (35850 + k_1)} \tag{10-70}
$$

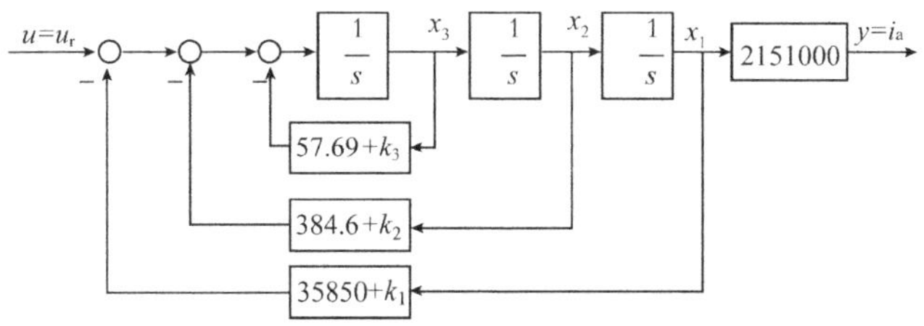

图 10-29 带状态反馈的加速度控制系统仿真图

对式 (10-70)分别代入三种不同 $\boldsymbol{Q}$、R 及计算所得的 $k=[k_1 \quad k_2 \quad k_3]$ 值,应用Matlab 软件,可得其单位阶跃响应曲线,如图 10-30 所示。比较其中三条曲线,可知曲线③的超调量较小,比较满意,故取 $k_1=0$,$k_2=4082.3$,$k_3=276.2$。

本节介绍的直流牵引电动机驱动系统的最优控制方法,主要有如下特点:

1) 驱动电动机增加激磁励磁绕组以后,改善了低速转矩-转速特性,而且这一特性是非线性的,在做系统分析时,应对不同的工作点分别进行计算。

2) 应用线性二次型性能指标,设计了加速度(电流 i_a)控制系统,所设计的系统改善了稳定性,并有较好的过渡过程指标,实验结果与设计相符。

3) 实现状态反馈有多种方法,其中方法之一是应用输出量(i_a)及其一次微分、二次微分来获得,本控制器正是这样。

4) 本加速度控制实际上是对电流 i_a 的控制,而不是对电动机转矩或加速度的控制。

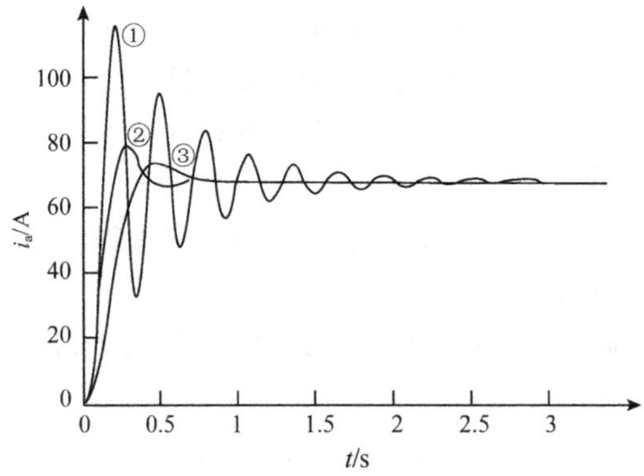

图 10-30　三种状态反馈参数下的单位阶跃响应

由于转矩-转速的非线性特性，真实的加速度控制在低速（起动）阶段更灵敏，其阶跃响应的超调量会大一些，但是由于我们在设计时，选取了图 10-30 的曲线③，超调量很小，有较大的适用范围，因此对于不同的工作点，控制特性都平稳。

参 考 文 献

奥斯特隆姆 K J. 1983. 随机控制理论导论. 潘裕焕,译. 北京:科学出版社

蔡宣三. 1982. 最优化与最优控制. 北京:清华大学出版社

陈明俊,巫亚强,江启达,等. 1993. ITAE最优Ⅲ型数字伺服系统. 自动化学报,(2):177～183

胡寿松. 2001. 自动控制原理. 4版. 北京:科学出版社

胡寿松,程炯. 1989. 输出反馈鲁棒调节器设计. 控制与决策,(4):23～28

胡寿松,何秀凤. 1989. 最优调节器的一个逆问题. 航空学报,(1):84～88

胡寿松,王燕萍. 1987. 求解奇异最优控制问题的控制变量转移法. 南京航空学院学报,(3):107～133

黄琳. 1984. 系统与控制理论中的线性代数. 北京:科学出版社

解学书. 1986. 最优控制理论与应用. 北京:清华大学出版社

解学书,钟宜生. 1991. H^∞控制理论. 北京:清华大学出版社

李育苗,瞿寿德. 1991. 奇异最优控制和负载观测器在直流随动系统中的应用. 自动化学报,(3):330～335

庞特里亚金 Π C,等. 1965. 最佳过程的数学理论. 陈祖浩,译. 上海:上海科技出版社

申铁龙,田村捷利. 1991. H^∞最优控制系统设计及应用. 信息与控制,(4):33～43

王照林,等. 1981. 现代控制理论基础. 北京:国防工业出版社

王贞荣. 1989. 最优控制. 北京:冶金工业出版社

徐承忠,王执铨,王海燕. 1994. 高精度数字伺服系统. 北京:国防工业出版社

张承宁,谭建,孙逢春. 2004. 电动公交大客车驱动系统控制特性分析. 电工技术学报,19:69～74

张义明,战兴群. 2004. 二级倒立摆的二次型最优控制研究. 计算机测量与控制,12:1067～1069

周良松,尚涛,胡会骏,等. 1996. 直流制动最优控制方法的研究与数字仿真. 华中理工大学学报,24:57～60

Anderson B D O, Moore J B. 1971. Linear Optimal Contral. New Jersey:Prentice-Hall

Bell D J,Jacobson D H. 1975. Singular Optimal Control Problems. New York:Academic Press

Black H S. 1934. Stabilized feedback amplifiers. Bell labs Technical Journal,87(1):379～385

Bongiorno J. 1970. Minimum sensitivety design of linear multirariable feedback control systems by matrix spectral factorization. IEEE Trans. on Auto. Control,14(6):665～673

Boyd S,Balakrishnan V,Kabamba P. 1989. A bisection method for computing the H^∞ norm of a transfer matrix and related problems. Mathematics of Control,Signals,and System. 2(3):207～219

Bryson A E,Ho Y C. 1975. Applied Optimal Control:Optimization,Estimation,and Control. New York: John Wiley & Sons

Clements D J,Anderson B D O. 1978. Singular Optimal Control:The Linear-Quadratic Problem. Berlin: Springer-Varlag

Doyle J C,et al. 1989. State-space solutions to standard H_2 and H^∞ control problems. IEEE Trans. on Auto. Control,34(8):831～897

Francis B A. 1987. A Course in H^∞ Control Theory. New York:Springer-Verlag

Francis B A,Doyle J C. 1987. Linear control theory with an H^∞ optimality criterion. Siam Journal on Control & optimization,25(4):815～844

Francis B A,Helton J W,Zames G. 1984. H^∞-optimal feedback controllers for linear multivariable systems. IEEE Trans. on Auto. Control,29(10):888～899

Hu S S, He Y Q. 1960. A Method of Random Variable Structure Optimal Control for Aircraft. Chinese Aeronautical and Astronautical Industrial Ministry, HJB89075

Kalman R E. 1960. Contribution to the Theory of Optimal Control. Bol. Soc Matem Mex, 102～119

Kimura H. 1984. Robust stabilizability for a class of transfet functions. IEEE Trans. on Auto. Control, 29(9):788～793

Lehtomaki N, Sandell N R, Athans M. 1981. Robustness results in linear-quadratic Gaussian based multivariable control designs. IEEE Trans. on Auto. Control, 26(1):75～93

Safonov M G. 1980. Stability and Robustness of Multivariable Feedback Systems. Cambridge: MIT Press. 68～133

Safonov M G, Laub A J, Hartmann G L. 1981. Feedback properties of multivariable systems: The role and use of the return difference matrix. IEEE Trans. on Auto. Control, 26(1):47～65

Sage A P, White C C. 1977. Optimum Systems Control. New Jersey: Prentice-Hall

Vidyasagar M, Kimura H. 1986. Robust controllers for uncertain linear multirariable systems. Automatica, 22(1):85-94

Vidyasagar M, Viswanadham N. 1982. Algebraic design techniques for reliable stabilization. IEEE Trans. on Auto. Control, 27(5):1085～1095

Zames G. 1981. Feedback and optimal sensitivity: Model reference transformations, multiplicative seminorms, and approximate Inverses. IEEE Trans. on Auto. Control, 26(2):301～320

Zames G, Francis B A. 1983. Feedback, minimax sensitivity, and optimal robustness. IEEE Trans. on Auto. Control, 28(5):585～601

Zhou K, Khargonekar P. 1988. An algebriac riccati equation approach to H^{∞} optimization. System and Control Letters, 11:85～91